北京海淀年鉴

2017

《北京海淀年鉴》编纂委员会 编

图书在版编目（CIP）数据

北京海淀年鉴. 2017 / 《北京海淀年鉴》编纂委员会编. -- 北京 : 方志出版社, 2017.12

ISBN 978-7-5144-2928-2

Ⅰ. ①北… Ⅱ. ①北… Ⅲ. ①海淀区－2017－年鉴
Ⅳ. ①Z521.3

中国版本图书馆CIP数据核字(2018)第014681号

北京海淀年鉴（2017）

编　　者：《北京海淀年鉴》编纂委员会
责任编辑：刘　珊

出 版 人：冀祥德
出 版 者：方志出版社
　　　　　地址　北京市朝阳区潘家园东里 9 号（国家方志馆 4 层）
　　　　　邮编　100021
　　　　　网址　http://www.fzph.org
发　　行：方志出版社图书经销中心
　　　　　电话（010）67110500
经　　销：各地新华书店
印　　刷：廊坊飞腾印刷包装有限公司

开　　本：889×1194　　1/16
印　　张：30
字　　数：1085 千字
版　　次：2017 年 12 月第 1 版　2017 年 12 月第 1 次印刷
印　　数：0001～1500 册

ISBN 978-7-5144-2928-2　　定价：260.00 元

《北京海淀年鉴》编纂委员会

《北京海淀年鉴》编辑部

序

国务院办公厅2015年8月印发的《全国地方志事业发展规划纲要（2015—2020年）》（以下简称《规划纲要》）要求，到2020年要做到地方综合年鉴一年一鉴，公开出版，实现省、市、县三级综合年鉴全覆盖。《规划纲要》还要求，坚持存真求实，正确处理质量与进度的关系，将精品意识贯穿于年鉴编纂出版工作全过程。2015年12月，中国地方志指导小组办公室启动中国年鉴精品工程，将其与先期实施的中国志书精品工程视为姊妹工程，一道作为加强地方志质量建设的重要抓手。

实施中国年鉴精品工程有助于推动中华优秀传统文化传承发展。近年来，在党中央、国务院的高度重视和关心支持下，全国地方志事业发展迎来最好的发展时期。年鉴编纂发端于欧洲，鸦片战争后被引入我国，在我国走过了100多年的发展历史。在长期的编纂中，年鉴在内容和形式上不断发展，逐渐演变成为适合反映中国国情、具有鲜明中国特色的一种文化载体，并在改革开放后出现了快速发展的局面。2006年5月，国务院《地方志工作条例》颁布施行，明确将地方综合年鉴纳入地方志工作范畴，年鉴工作走上了有法可依的轨道。《规划纲要》出台，为从依法编鉴转变到依法治鉴指明了方向。2016年12月，中国地方志指导小组印发《全国年鉴事业发展规划(2016—2020年)》，更进一步明确了到2020年全国年鉴事业的任务书、时间表、路线图。经过多年的发展，年鉴工作已经成为地方志工作的重要组成部分，成为中华民族优秀文化传统的有机组成部分，其存史、育人、资政作用日益彰显。实施中国年鉴精品工程，是年鉴工作者紧扣时代脉搏、坚持创新发展的一项重要举措，对于坚定文化自信，传承弘扬好中华优秀传统文化意义重大。

实施中国年鉴精品工程有助于为全面建成小康社会提供更多智力支持和历史借鉴。党的十八大作出全面建成小康社会的战略部署。党的十八届五中全会提出到2020年如期实现全面建成小康社会的目标要求。完成《规划纲要》确定的目标任务是年鉴工作者的神圣使命，更是年鉴工作者以自身力量为全面建成小康社会献上的厚礼。一方面，可以更好地利用年鉴这种年度资料性文献，及时记录各地区在全面建成小康社会伟大征程中每年取得的新成绩和新经验、出现的新情况和新问题、涌现的优秀人物和典型事迹等；另一方面，可以更好地积累地情、国情资料，为推动经济社会发展和深化改革提供智力支持，为推进国家治理体系和治理能力现代化提供历史借鉴。

实施中国年鉴精品工程有助于全面推进地方志事业转型升级。地方志不是单纯修志编鉴工作，而是全体方志人“修志问道，以启未来”的一项事业，这项事业包含着巨大的时代担当与使命追求。地方志工作要在“五大建设”总体布局和“四个全面”战略布局中发挥与其自身价值、功能相匹配的作用，就要因时而谋、乘势而上、顺势而为，全面推进地方志事业转型升级。转型升级，当下最重要的目标就是完成“两全”目标，包括“年鉴全覆盖”目标；长远的目标就是基本形成地方志编修体系、理论研究和学科建设体系、质量保障体系、资源开发利用体系、工作保障体系“五位一体”的地方志事业发展综合体系，包括“五位一体”的年鉴事业发展综合体系。中国年鉴精品工程是一项探索工程，也是一项创新工程，是推进地方志事业转型升级的重要内容。通过实施中国年鉴精品工程，不仅有助于确保年鉴质量，不断编纂出版具有鲜明时代特征、年度特点和地域特色的精品年鉴，也有助于推动年鉴工作适应经济社会发展形势和时代需要，不断改革创新，与时俱进。

多年来，在中国地方志指导小组办公室的指导和全国各级地方志工作机构的共同努力下，年鉴种类数量快速增长，年鉴成果粲然可观，为实施中国年鉴精品工程奠定了坚实的基础。实施中国年鉴精品工程，就是要在全国地方志系统起到示范作用，进一步培育精品意识，打造精品年鉴，以点带面，在提高年鉴质量方面探索出一条切实可行之路，使这项探索工程和创新工程能够积累经验，发挥引领作用。

“万山磅礴，必有主峰；龙衮九章，但挈一领。”实施中国年鉴精品工程，是筑牢地方志事业特别是年鉴事业发展根基之举，其意义与价值不言而喻。但编修出年鉴精品佳作，绝非朝夕之功，需要付出长期艰辛的努力。希望通过实施中国年鉴精品工程，能够进一步推进年鉴质量建设，使年鉴真正成为传承中华民族优秀传统文化的重要载体，成为展示中国国情、地情的重要窗口，成为“为当代提供资政辅治之参考、为后世留下堪存堪鉴之记述”的资源宝库，在全面建成小康社会过程中作出更大贡献。

是为序。

中国社会科学院副院长
中国地方志指导小组常务副组长　李培林
2016年12月

编辑说明

一、《北京海淀年鉴》是由北京市海淀区人民政府主办、北京市海淀区党史地方志办公室承编的地方综合年鉴。自2002年开始逐年编纂并公开出版，一年一卷，本卷为第16卷。

二、《北京海淀年鉴》坚持以马克思列宁主义、毛泽东思想、邓小平理论、“三个代表”重要思想、科学发展观、习近平新时代中国特色社会主义思想为指导，坚持辩证唯物主义和历史唯物主义的立场、观点、方法，存真求实，全面、客观、系统地记述区域发展情况。

三、《北京海淀年鉴》以出版年号为卷次名称。本卷全面记述海淀区2016年政治、经济、文化和社会发展的基本情况，记述时限为2016年1月1日至2016年12月31日（部分内容根据实际情况，时限略有前后延伸）。凡在文中直书月、日的，均指2016年内的日期，文中“年内”指2016年。书中涉及其他年份的时间均标明年份。

四、《北京海淀年鉴》采用分类编辑法，由类目、分目、条目组成，部分分目增设次分目。全书条目标题统一用黑体加【】表示，个别包含多方面内容的条目则在段首加黑体标题提示，方便查阅。本卷设党和国家领导人与海淀、特载、专文、大事记、区情概述、中共海淀区委员会、海淀区人民代表大会、海淀区人民政府、政协海淀区委员会、民主党派·工商联、人民团体、法治、军事、中关村国家自主创新示范区核心区、功能区建设、综合经济管理、农业与农村建设、商贸服务业、旅游业、城市建设与管理、交通·邮政·通信、科技、教育、文化、卫生·体育、社会建设、社会民生、街道·镇（地区）、人物、统计资料、附录共31个类目。

五、文中除“民主党派”部分外，未标明党派的“市委”均指“中共北京市委”，“区委”均指“中共海淀区委”，“党员”均指“中共党员”，“党建”工作均指“中国共产党建设”工作。

六、《北京海淀年鉴》配有双重检索系统：书前刊有详细目录，书后附有索引。配有电子版（光盘），并在海淀区党史地方志办公室电子资料库（hdszb. bjhd. gov. cn）中推出。

七、入鉴的资料，均由各撰稿单位确定专人撰写，并经主要负责人审核。部分资料由编辑部收集。主要数据和统计资料由海淀区统计局提供，部分数据由各相关部门提供。由于统计口径等原因，相关部门的个别数据与统计资料不一致的，以统计资料为准。

《北京海淀年鉴》编辑部

2017年12月

数字海淀

地方财政收支及增速（亿元、%）
Local Financial Revenue and Expenditure (100 million yuan,%)

海淀区分行业增加值构成图（亿元、%）
Distinguish Between Haidian Industry Added Value Proportion Chart (100 million yuan,%)

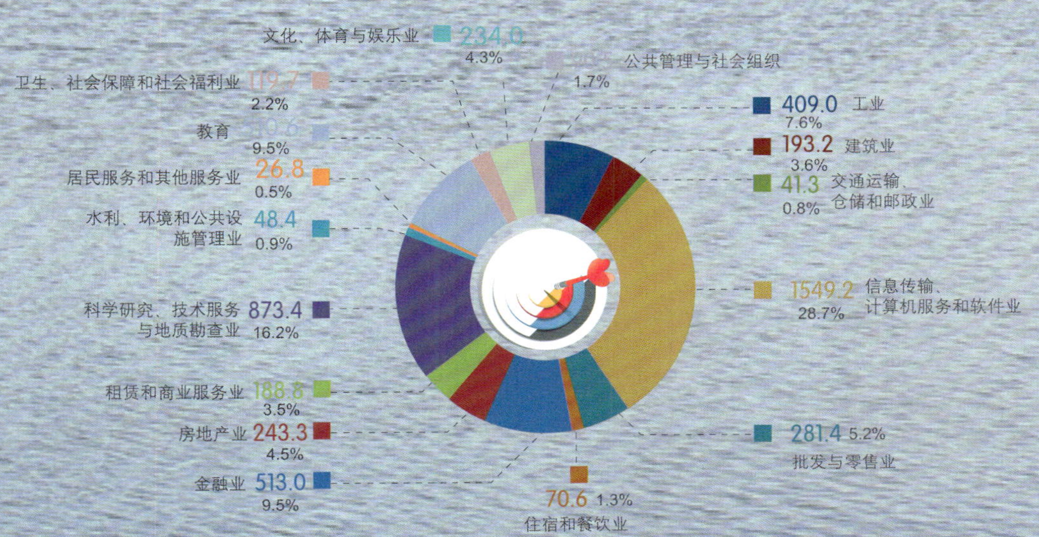

数字海淀

2016年全区居民家庭人均可支配收入构成（元、%）
2016 Per Capita Annual Income of Total Households (yuan,%)

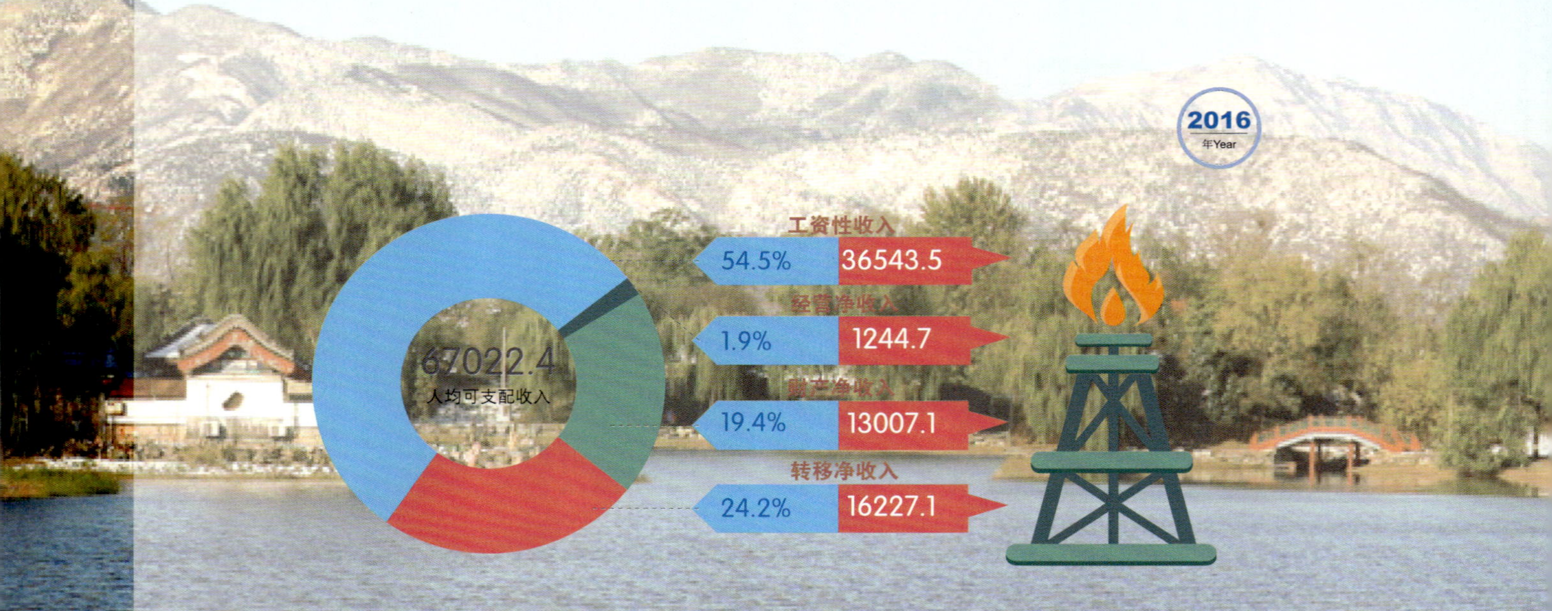

2016年全区居民家庭每百户主要耐用消费品拥有量
2016 Annual Possession of Durable Consumer Goods Per 100 Households of Total Households

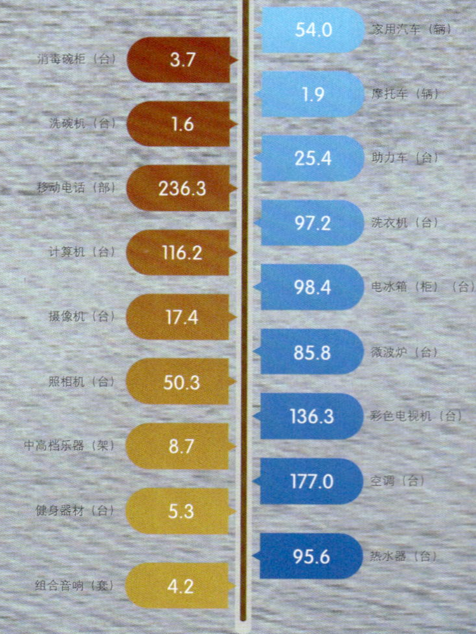

文化创意产业收入及增速（亿元、%）
Cultural and Creative Industry Income and Speed (100 million yuan,%)

环境治理能力
Environment Management

数字海淀

辖区面积：430.77 平方千米

年末户籍人口：240.2 万人

年末常住人口：359.3 万人

地区生产总值：5395.2 亿元

地区生产总值同比增长：7.5%

第一产业实现增加值：1.8 亿元

第二产业实现增加值：601.1 亿元

第三产业实现增加值：4792.3 亿元

人均地区生产总值：22293.0 美元

规模以上工业企业总产值：2108.6 亿元

农村经济总收入：270.9 亿元

农村经济纯收入：71.6 亿元

区域财政收入：2387.4 亿元

地方财政收入：477.1 亿元

全社会固定资产投资总额：872.5 亿元

社会消费品零售额（产业在地）：2213.2 亿元

海关进出口总额：282.7 亿美元

实际利用外资额：18.9 亿美元

房屋施工面积：1062.0 万平方米

房屋竣工面积：118.8 万平方米

商品房销售面积：61.2 万平方米

私人汽车：886123 辆

地方财政支出中科学技术支出的占比：1.4%

地方财政支出中教育支出的占比：14.0%

专利授权数：34899 件

技术合同成交金额：1523.9 亿元

高考本科录取率：87.3%

幼儿园数：163 所

小学学校数：107 所

普通中学学校数：76 所

中等职业学校数：11 所

区域内高等院校数（含分部）：36 所

国有科研院所数：142 个

每千人拥有医院床位数：3.2 张

农村社会养老保险参保覆盖率：99.4%

地区售电量：132.62 亿千瓦时

地区总用水量：33154 万立方米

银行人民币存款：29692.7 亿元

银行人民币贷款：7233.6 亿元

银行个人存款：4777.9 亿元

居民人均可支配收入：67022 元

居民人均消费支出：46630 元

人均绿地面积：35.3 平方米

海淀园总收入：1.84 万亿元

海淀园企业数：9886 家

海淀园实缴税费总额：746.8 亿元

12月6日—9日，中共北京市海淀区第十二次代表大会召开，选举产生中共北京市海淀区第十二届委员会和纪律检查委员会（区档案局 张梅红 摄）

12月10日—13日，政协北京市海淀区第十届委员会第一次会议召开，选举产生区政协常委会组成人员（田峰 摄）

12月15日—18日，北京市海淀区第十六届人民代表大会第一次会议召开，选举产生区人大常委会和“一府两院”组成人员（田峰 摄）

1月10日，全国统战工作实践创新现场观摩团在中关村创业大街考察“两新”组织统战工作（田峰 摄）

1月11日，区十五届人大六次会议举行代表询问活动（田峰 摄）

1月18日，2015年度街镇党（工）委书记抓基层党建工作述职评议考核会召开（田峰 摄）

政治建设

3 月 19 日，海淀区举办专题报告会，学习新修订的《中国共产党廉洁自律准则》和《中国共产党纪律处分条例》（田峰 摄）

4 月 29 日，海淀区召开"两学一做"学习教育工作会议（田峰 摄）

5月9日，四季青镇常青村第十届村委会选举投票现场（田峰 摄）

8月16日，“北京海淀”政务头条号矩阵集体入驻今日头条并签约（田峰 摄）

3月9日，海淀与萨翁林纳签旅游项目合作意向书（田峰 摄）

3月16日，海淀区工商业联合会互联网教育商会成立（田峰 摄）

4 月 8 日，北京中关村大街运营管理股份有限公司成立，38 家单位签署共建倡议书及合作协议（田峰 摄）

4 月 29 日，中关村核心区知识产权海外维权援助基地授牌并举行新闻发布会（田峰 摄）

5月26日，世卫组织官员、欧盟驻华代表、法国使馆代表到海淀区考察访问（区食药局 蒋丹彤 摄）

6月，区审计局到北安河安置房项目施工现场审计（区审计局 王洪昌 摄）

7月23日，中关村智造大街开街（区委宣传部 供图）

8月8日，各办税服务区金税三期上线首日情况汇报（区国税局 供图）

9月20日，上庄镇西马坊村稻香小镇通过“京西稻国家级农产品地理标志示范样板创建”验收（宣传部 供图）

1月21日，理工大附中举办高中“艺术素养班”舞蹈课程考核汇报展示及研讨活动（理工大附中 供图）

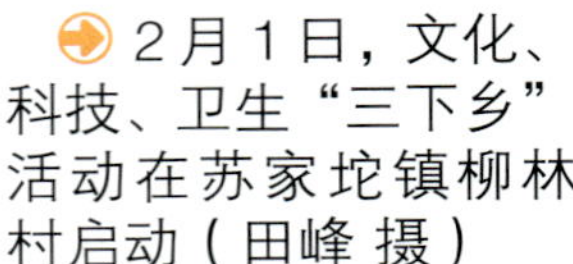

2月1日，文化、科技、卫生“三下乡”活动在苏家坨镇柳林村启动（田峰 摄）

5月6日—8日，十九中开展“百年华诞”系列活动。图为在中山音乐堂演出的民乐京昆等剧目（十九中 供图）

5月13日，北大附小肖家河分校揭牌（北大附小 供图）

6月7日，民族小学接待美国教育代表团访问（民族小学 供图）

6月27日，“七月的记忆——海淀区庆祝中国共产党成立95周年诗歌朗诵音乐会”在中华世纪坛剧场举行（张云骧 张洪军 摄）

6月，中关村一小学生参加中法校园种植竞赛并获奖（中关村一小 供图）

文化建设

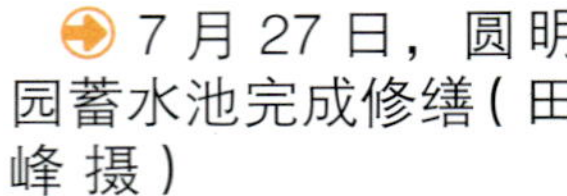

7月27日，圆明园蓄水池完成修缮（田峰 摄）

8月8日，全国“全民健身日”北京主会场活动在田村山体育公园举行（田峰 摄）

9月20日，一零一中四个书院特色课程正式开讲。图为老师在讲授物理探索实验课（一零一中供图）

10月16日，海淀区第七届文明市民艺术节比赛现场（区委宣传部 供图）

11月8日，北京市海淀区特殊教育研究与指导中心成立（区教委 供图）

11 月 26 日，海淀进修实验学校金帆话剧团演出话剧《知己》（海淀进修实验学校 供图）

12 月 8 日，北师大实验幼儿园龙樾分园正式建成（北师大实验幼儿园 供图）

12 月 10 日，举办第三届北京市民快乐冰雪季暨助力冬奥——2016 海淀及张家口冰雪挑战季（张家口崇礼站）活动（区体育局 供图）

12 月，北师大实验小学创新足球赛制，举办“童友杯”足球赛（北师大实验小学 供图）

年内，二十一世纪学校建成专业学科教室和综合活动区域。图为武术课程区（二十一世纪学校 供图）

社会建设

1月19日，2015年度“感动海淀”十大文明人物颁奖典礼举行（田峰 摄）

3月14日，运输管理处在玉渊潭公园樱花码头开展日常水上安全检查（海淀运管处 任国政 摄）

5 月 10 日，区城管指挥中心现场处置北清路井盖漏水（区城管指挥中心供图）

7 月 4 日，马连洼街道网格化社会服务管理指挥中心建成并投入使用（区委宣传部 供图）

社会建设

10 月 22 日，学院路街道社区组织志愿者、社区百姓清理车棚（田峰 摄）

11 月 1 日，15 座集中式相变储能锅炉房完成建设，为不具备通过供电增容分户实现“煤改电”的居民供暖（区宣传部 供图）

12月2日，海淀区"12·4"国家宪法日系列主题宣传活动启动，普法话剧《五道口》展演（区司法局 闫国平 摄）

年内建成的海淀街道芙蓉里小区活动广场（田峰 摄）

5月10日，海淀区召开2016年生态文明和城乡环境建设大会（田峰 摄）

9月10日，香山公园举办放飞活动（田峰 摄）

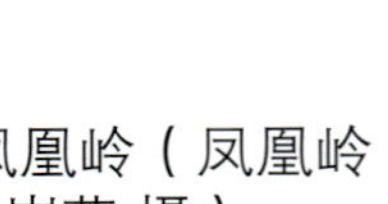

10月的凤凰岭（凤凰岭自然风景公园 崔蕊 摄）

年内完成的北亚华欣置业集团屋顶绿化（区宣传部 供图）

年内在建的大工村再生能源发电厂的发电工房（区委宣传部 供图）

年内，田村路93号院拆除违法建设后新建的笼式足球场（田村路街道 刘建明 摄）

环境整治后的玉泉山周边（区宣传部 供图）

“煤改电”工程（区宣传部 供图）

治理后的上庄水库（田峰 摄）

目　　录

党和国家领导人与海淀

特　载

专　文

大　事　记

区 情 概 述

中共海淀区委员会

综述

重要会议和活动

组织工作

宣传工作

纪检工作

统战工作

政策研究

区直属机关党建

机构编制

老干部工作

党校(行政学院)

精神文明建设

党史研究

海淀区人民代表大会

综述

重要会议

监督工作

人事任免

视察与调研

代表工作

海淀区人民政府

综述

外事及港澳台事务

综合行政服务

人事管理

信息化城市服务管理

信访

侨务

机关事务管理

政协海淀区委员会

综述

重要会议

政治协商

视察与监督

社情民意信息

专门委员会工作

民主党派·工商联

中国国民党革命委员会北京市海淀区工作委员会

中国民主同盟北京市海淀区委员会

中国民主建国会北京市海淀区委员会

中国民主促进会北京市海淀区委员会

中国农工民主党北京市海淀区委员会

中国致公党北京市海淀区委员会

九三学社北京市海淀区委员会

台湾民主自治同盟北京市海淀区工作委员会

北京市海淀区工商业联合会

人民团体

海淀区总工会

共青团海淀区委员会

海淀区妇女联合会

海淀区科学技术协会

海淀区归国华侨联合会

法　治

政法委与综治

政法委工作

社会治安综合治理

流动人口和出租房屋管理

法治政府建设

公安

检察

法院

司法行政

军　事

人民武装

人民防空

消防

中关村国家自主创新示范区核心区

综述

园区服务与管理

专业园区建设

产业与企业发展

经济信息化建设

交流与合作

财政

税务

国家税务

地方税务

金融服务管理

统计

质量技术监督

安全生产监督管理

审计

国有资产监管

出入境检验检疫

食品药品监督管理

烟草专卖与管理

工商行政管理

消费者权益保护

工业

农业与农村建设

农业

农村经济

新农村建设

商贸服务业

商业服务业

对外经济贸易

旅　游　业

旅游行业管理

旅游景点

旅游活动

城市建设与管理

规划

房地产开发及市政基础设施建设

公用事业和市政设施管理

市容环境

国土资源管理

房屋管理

城管执法监察

电力供应

环境保护

园林绿化

环境卫生

水务

气象

防震减灾

交通·邮政·通信

交通运输管理

邮政

通信

科　技

科技工作

科技成果

知识产权保护

教　育

综述

基础教育

高等教育

职业教育

继续教育

民办教育

特殊教育

文　化

综述

文化事业单位

文化创意产业

文化设施建设

文化活动

文化市场监管

文化遗产保护

媒体传播

档案

地方志

海淀区文学艺术界联合会

卫生·体育

卫生

医疗

社会民生

人口和计划生育

劳动和社会保障

民政

民族·宗教

残疾人事业

街道·镇(地区)

万寿路街道

羊坊店街道

甘家口街道

八里庄街道

紫竹院街道

北下关街道

北太平庄街道

海淀街道

中关村街道

学院路街道

清河街道

青龙桥街道

香山街道

西三旗街道

马连洼街道

花园路街道

田村路街道

上地街道

曙光街道

燕园街道

清华园街道

永定路街道

东升镇(东升地区)

海淀镇(万柳地区)

四季青镇(四季青地区)

西北旺镇(西北旺地区)

温泉镇(温泉地区)

苏家坨镇(苏家坨地区)

上庄镇(上庄地区)

玉渊潭农工商总公司

人　物

统计资料

附　录

索　引

Contents

Beijing Haidian District People's Political Consultative Conference

Democratic Parties and Federations of Industry and Commerce

People's Societies

Rule of Law

Armed Forces

Core zone of Zhongguancun National Innovation Demonstration Zone

Construction of Functional Regions

Comprehensive Administration of Economy

Agriculture and Rural Construction

Commercial and Trade Service Industry

Tourism

Urban Construction and Management

Transportation · Postal Service · Communication

Science and Technology

Education

Culture

Health · Sports

Social Development

Society and People' s Livelihood

Sub – Districts and Township(Areas)

People

Statistics

Appendix

Index

党和国家领导人与海淀

习近平到北京市八一学校考察

新华社北京9月9日电（记者霍小光、张晓松） 在第三十二个教师节来临之际，中共中央总书记、国家主席、中央军委主席习近平9月9日上午来到北京市八一学校，看望慰问师生，向全国广大教师和教育工作者致以节日祝贺和诚挚问候。

习近平强调，教育决定着人类的今天，也决定着人类的未来。基础教育在国民教育体系中处于基础性、先导性地位，必须把握好定位，全面贯彻落实党的教育方针，从多方面采取措施，努力把我国基础教育越办越好。广大教师要做学生锤炼品格的引路人，做学生学习知识的引路人，做学生创新思维的引路人，做学生奉献祖国的引路人。

八一学校位于北京市海淀区，由老一辈革命家聂荣臻元帅亲手创办的荣臻子弟学校发展而来，是一所历史悠久的名校。八一学校是习近平的母校，他小学和初中都在这里学习。

上午9时许，习近平在北京市委书记郭金龙、市长王安顺陪同下，首先来到学校图书馆楼，参观校史展、学校帮扶河北阜平学校成果展、国防教育展，了解学校发展变化、教学改革、结对帮扶等情况，称赞学校充满活力、特色鲜明、成果丰硕。在老校园照片前，习近平指着照片上一处处熟悉的建筑，追忆往事，如数家珍。看到自己小学的学籍档案、当年同老师同学的合影、1992年母校45周年校庆时自己的贺信和赠送的礼品，习近平动情地说，母校给予我很多知识熏陶和精神滋养，我怀念那一段难忘的岁月，也铭记着老师们的教诲，希望母校越来越好。

之后，习近平来到学校天工苑通用技术中心，走进科普实验室，听取学校与中国航天科技集团航天人才开发交流中心共同开发科普小卫星课程情况介绍，察看模型卫星和工程样星实物，同老师和学生交流。得知他们研制的中国首颗中学生科普小卫星计划于明年发射进行实测实验，习近平肯定通过科普活动激发学生想象力和创造力的做法，勉励同学们把科学爱好和科学实践从中学到大学连贯起来，不断取得更多成果。习近平指出，素质教育是教育的核心，教育要注重以人为本、因材施教，注重学用相长、知行合一，着力培养学生的创新精神和实践能力，促进学生德智体美全面发展。

高中部教师集体办公室，一些教师正在办公，习近平来到他们中间，同他们握手交谈，详细了解他们的工作、学习、生活情况和对教育改革的感受，祝他们教师节快乐。习近平表示，我们的教育改革要坚持文化自信，好的经验要坚持，不足的要补齐。看到学生们为老师制作的“敬师树”，习近平指出，教师是传播知识、传播思想、传播真理的工作，是塑造灵魂、塑造生命、塑造人的工作，理应受到尊敬，要在全社会弘扬尊师重教的良好风尚。

校园足球在八一学校拥有浓厚氛围。在学校体育场边，习近平观摩了小学生足球训练课。小球员们兴奋地跑过来，习近平关切询问他们训练和比赛情况，大家你一言我一语讲了自己的心得，几位小球员还展示了球技。习近平同大家合影，希望同学们把足球爱好保持和发展下去，在足球运动中感受集体力量、体验运动乐趣、强健身体素质，希望通过发展校园足球成长一批优秀足球运动员。

在另一块场地上，一位体育老师正带领一些女生上武术课，练习长拳基本动作。习近平驻足观看，祝她们越练越好。离开体育场，习近平边走边察看学校老建筑，重温自己当年的学习时光。10时许，习近平来到学校文化艺术中心，看望慰问来自北京市和八一学校的教师学生代表。见到当年的老教师，习近平十分高兴，同他们一一握手，回忆往事，感谢老师们当年的教诲，祝他们健康长寿。

随后，习近平同教师学生代表座谈。八一学校校长沈军、八一学校教师张亚红、首都经贸大学教授纪韶、八一学校学生牟迪铃和方亦昕先后发言，他们谈教育管理、谈教书育人、谈理想追求、谈学习生活，习近平不时插话交流，现场气氛活跃。

在听取大家发言后，习近平发表重要讲话。他指出，时代越是向前，知识和人才的重要性就愈发突出，教育的地位和作用就愈发凸显。我国正处于历史上发展最好的时期，但要实现“两个一百年”奋斗目标、实现中华民族伟大复兴的中国梦，必须更加重视教育，努力培养出更多更好能够满足党、国家、人民、时代需要的人才。

习近平强调，基础教育是立德树人的事业，要旗帜鲜明加强思想政治教育、品德教育，加强社会主义核心价值观教育，引导学生自尊自信自立自强。基础教育是提高民族素质的奠基工程，要遵循青少年成长特点和规律，扎实做好基础的文章。基础教育要树立强烈的人才观，大力推进素质教育，鼓励学校办出特色，鼓励教师教出风格。

习近平指出，教育公平是社会公平的重要基础，要不断促进教育发展成果更多更公平惠及全体人民，以教育公平促进社会公平正义。要加强对基础教育的支持力度，办好学前教育，均衡发展九年义务教育，基本普及高中阶段教育。要优化教育资源配置，逐步缩小区域、城乡、校际差距，特别是要加大对革命老区、民族地区、边远地区、贫困地区基础教育的投入力度，保障贫困地区办学经费，健全家庭困难学生资助体系。要推进教育精准脱贫，重点帮助贫困人口子女接受教育，阻断贫困代际传递，让每一个孩子都对自己有信心、对未来有希望。

习近平强调，基础教育是全社会的事业，需要学校、家庭、社会密切配合。学校要担负主体责任，对学生负责，对学生家庭负责。家长要尊重学校教育安排，尊敬老师创造发挥，配合学校搞好孩子的学习教育，同时要培育良好家风，给孩子以示范引导。各相关单位特别是宣传、文化、科技、体育机构要积极为学生了解社会、参与实践、锻炼提高提供条件。

习近平指出，一个人遇到好老师是人生的幸运，一个学校拥有好老师是学校的光荣，一个民族源源不断涌现出一批又一批好老师则是民族的希望。自古以来，中华民族就有尊师重教、崇智尚学的优良传统。党和国家事业发展需要一支宏大的师德高尚、业务精湛、结构合理、充满活力的高素质专业化教师队伍，需要一大批好老师。长期以来，广大教师为教育事业付出了辛劳、奉献了力量、贡献了才智，要在广大教师中、在全社会大力宣传和弘扬优秀教师的先进事迹和高尚品德。希望广大教师认清肩负的使命和责任，教育和引导学生热爱祖国、热爱人民、热爱中国共产党，教育和引导学生心中要有国家和民族、意识到肩负的责任，牢固树立为祖国服务、为人民服务的意识，立志成为党和人民需要的人才。各级党委和政府要满腔热情关心教师，让广大教师安心从教、热心从教、舒心从教、静心从教，让广大教师在岗位上有幸福感、事业上有成就感、社会上有荣誉感，让教师成为让人羡慕的职业。

习近平强调，中小学生是青少年的主体，是国家的未来和希望。中小学生要立志成才，必须勤奋学习、提高综合素质，努力做到修身立德、志存高远，勤学上进、追求卓越，强健体魄、健康身心，锤炼意志、砥砺坚韧。同学们都要自觉加强道德养成，从小就让社会主义核心价值观的种子在心中生根发芽，把国家、人民、民族装在心中，注重养成健康、乐观、向上的品格；都要乐于学习、勤于学习、善于学习，在求知境界上越来越高；都要把身心健康牢牢抓在手上，养成良好的生活习惯，经常参加劳动和体育锻炼，通过多种方式怡情养性；都要敢于面对各种困难和挫折，自觉培养不畏艰难、顽强奋进的意志品质。他希望同学们敞开胸怀拥抱自然，点点滴滴播撒阳光，经年累月铸就美好，努力做一个心灵纯洁、人格健全、品德高尚的人，努力做一个有文化修养、有人文关怀、有责任担当的人。

习近平指出，各级党委和政府要坚持把教育放在优先发展的战略位置，强化责任意识，及时研究解决教育改革发展的重大问题和群众关心的热点问题。要深化办学体制、管理体制、经费投入体制、考试招生及就业制度等方面的改革，深化学校内部管理制度、人事薪酬制度、教学管理制度等方面的改革，深化人才培养模式、教学内容及方式方法等方面的改革，使各级各类教育更加符合教育规律、更加符合人才成长规律。

王沪宁、刘延东、栗战书和中央有关部门负责人陪同考察。

（摘自2016年9月9日中国青年网）

李克强到清华大学和北京大学考察

新华社北京4月16日电　4月15日，中共中央政治局常委、国务院总理李克强到清华大学和北京大学，就教育改革发展和实施创新驱动发展战略进行考察。

上午，李克强来到清华大学。在校史馆，学校负责人介绍清华走过的百年历程，李克强在展板前驻足观看，并与部分知名学者交流。在听取学校开展的第四代先进核能技术、新能源汽车、下一代互联网、凝聚态物理、类脑计算机等重大项目研发和应用情况介绍后，李克强十分高兴。他说，创新既要靠自己的力量，也要积极借鉴国际先进理念和经验，加强院校、科研机构之间的协同创新，避免在同一水平上并行研究，以更有效地利用人才和资源，形成合力，这样创新的速度会更快、成果也会更多。

在生命科学学院蛋白质设施实验技术中心，李克强向负责的院士详细询问他们的研究方向、方法原理和与国际先进水平的比较，得知团队成员很年轻，引进大量海内外人才，在大脑机理研究等方面取得多项世界级成果，李克强表示赞许。他说，你们的研究事关人类健康，希望通过更加灵活的人才激励机制，进一步汇聚高端人才，在关键核心技术攻关上争做全球领跑者，为中国十三亿人乃至全人类的健康做出贡献。

在建筑学院，李克强与老师和同学们交流，勉励他们说，中国正处在新型城镇化和新农村建设加快推进过程中，急需大量专业人才。你们要更好地把才能发挥出来，投身国家建设，为人民造福。

“清华简”是一批记录大量经、史类书籍的战国竹简。李克强察看竹简清理、保护情况，与专家深入交流，询问竹简的研究进展和与目前经典古籍的差别比较。他说，你们的工作很了不起，对于传承和弘扬中华优秀传统文化具有十分重要的意义。李克强希望他们加大研究力量，开展多方合作，争取有更多重大发现，弥补史学研究上的一些空白缺憾。

下午，李克强来到北京大学。学校负责人汇报北大发展情况。在国家发展研究院，李克强仔细翻阅桌上展示的最新研究成果。他说，当前，经济社会发展面临不少多难选择，宏观调控、升级发展等都需要在理论与实践上不断提高和创新。听到研究院运用大数据编制推出新经济指数，李克强说，你们做了一件开创性的工作。我们要积极发展新经济、培育新动能，因为传统发展动能在减弱，只靠传统动能难以实现经济中高速增长。新经济发展能够带动大量就业，也会为传统动能改造提升创造条件。

数学科学学院新中国成立以来共培养出30余名两院院士。李克强来到这里，详细了解基础数学研究进展和后续人才情况，听到这几年报考数学专业的学生明显增加，李克强欣慰地说，数学是自然科学皇冠上的明珠。中国与世界发达国家在科学技术上存在差距，很大程度上是基础研究特别是基础数学存在“短板”。希望把基础数学研究放在重要位置，有一批人能够静下心来甘于坐“冷板凳”，把板凳坐热。要建立对基础研究长效支持机制，让教学和科研人员拥有合理稳定的收入保障和受人尊敬的社会地位。

在沿途经过经济学院、光华管理学院、法学院时，李克强与师生们交流。得知北大山鹰社正在为从北坡攀登珠穆朗玛峰做准备，李克强向他们致以美好祝愿并叮嘱要注意安全，希望广大同学们加强体育锻炼，在学习知识的同时强健体魄，更好地为国家和社会服务。

李克强还来到北大学生食堂，与学生们一起用餐，了解食堂饭菜价格和学生学习生活情况。他叮嘱学校负责人要为广大学生营造更好环境。

刘延东、郭金龙等陪同考察。

（摘自2016年4月17日人民网）

特　载

坚持创新发展　强化能力提升
为加快全国科技创新中心核心区建设而努力奋斗

——在中共北京市海淀区第十二次代表大会上的报告

中共海淀区委书记　崔述强

（2016 年 12 月 6 日）

现在，我代表中共北京市海淀区第十一届委员会向大会报告工作。

中共北京市海淀区第十二次代表大会，是在我国奋力实现“第一个百年”奋斗目标的关键时期和北京市全面推进京津冀协同发展的大背景下召开的一次重要会议。大会的主题是：深入学习贯彻习近平总书记系列重要讲话精神，围绕“五位一体”总体布局和“四个全面”战略布局，全面落实五大发展理念和首都“四个中心”城市战略定位，坚持创新发展，强化能力提升，举全区之力加快全国科技创新中心核心区建设。

一、过去五年工作的回顾

过去五年，是海淀各项事业发展态势持续向好、取得显著成绩的五年。五年来，区委认真学习贯彻习近平总书记系列重要讲话精神，坚决落实中共十八大和市第十一次党代会以来的一系列决策部署，充分发挥总揽全局、协调各方的领导核心作用，始终坚持把方向谋全局抓大事，注重调动各方面的积极性，实现了“十二五”圆满收官和“十三五”良好开局，完成了区第十一次党代会确定的各项目标任务。海淀发展迈上了新台阶。

加快转方式调结构，综合经济实力进一步增强。主动适应和引领经济发展新常态，坚持以提质增效升级、强化创新能力为中心，不断完善高精尖经济结构，推动经济持续健康发展。预计 2016 年实现地区生产总值 4900 亿元左右，占全市 20% 以上，年均增长 9%；区级财政收入超过 380 亿元，年均增长 10% 左右；全区居民人均可支配收入 6.7 万元，增速保持与经济增长同步。高新技术企业实现增加值占地区生产总值 60% 左右。万元地区生产总值能耗、水耗低于全市和全国平均水平，分别下降 22.2%、24.8%。

积极推进先行先试，形成了创新驱动发展新格局。对接各项先行先试政策，完善支持自主创新和产业发展的政策体系，积极搭平台、聚人才、接任务、出成果。中关村人才特区和国家科技金融创新中心建设取得新成效。启动中关村大街改造提升工程，建设中关村智造大街，提升科技创新能力。中关村创业大街成为全国双创策源地。我区成功入选国家首批双创示范基地，高端创新要素进一步聚集，各项创新指标保持全国领先优势。

努力创建文明城区，形成了城乡一体化发展新格局。直面“大城市病”难题，深入推进城市综合治理和精细化管理。经过三年共同努力，成功荣获“全国文明城区”称号。在此基础上，建立了全国文明城区建设长效机制，加快推进城市治理体系和治理能力现代化。完成唐家岭、六郎庄等 8 个市级重点村腾退改造，推进北部地区村庄拆迁整治，开展七王坟村就地改造试点，完成一亩园、玲珑巷、双泉堡等重点地区疏解整治。中央党校周边、玉泉山周边、圆明园周边等重点地区环境秩序综合整治和历史文化风貌保护取得阶段性成效。建立“打非治违”执法联动机制，拆除违法建设 800 余万平方米，有效遏制了新生违法建设。疏解腾退不符合首都功能定位的电子卖场、有形市场和企业 1200 余家，常住人口规模出现下降“拐点”。加强交通基础设施和道路微循环建设，新增各类停车位 3.7 万个。制定美丽海淀规划纲要及其三年行动计划，开展“山水林田湖”系统治理。实施平原造林等生态修复工程，城市绿化覆盖率达 51.9%。在全市率先建立“河长制”，启动南沙河生态修复工程，推进中小河道生态治理，建成稻香湖再生水厂。大工村再生能源发电厂投入运行。清洁空气行动成效显著，实现四环内“无煤化”，空气质量改善幅度居全市前列。

大力加强社会建设，形成了社会治理新格局。建立区、街镇、社区（村）三级网格化社会服务管理体系。推进“智慧海淀”和“六型社区”建设，建成 294 个“一刻钟社区服务圈”，被确定为“全国社区治理和服务创新实验区”。加强志愿者队伍建设，促进社会组织健康发展。落实重大决策社会稳定风险评估机制，深入开展信访矛盾纠纷排查化解工作。搭建“海淀网友”互动平台，完善社会治安防控体系，荣获“全国平安建设先进区”。落实安全生产监管责任和主体责任，做好城市运行服务和应急管理，群众安全感综合测评连续13个季度位居城六区第一。圆满完成中共十八大、抗战胜利70周年纪念活动、2014年APEC会议等重大活动服务保障任务。

着力提升文化实力，形成了文化大发展大繁荣新格局。积极开展中国特色社会主义和中国梦宣传教育，深入践行社会主义核心价值观，荣获“第四届全国未成年人思想道德建设工作先进城区”。推动文化创新与科技创新双轮驱动，被认定为首批国家级文化与科技融合示范基地。开展第三批国家公共文化服务体系示范区创建活动，建成北部文化中心，各街镇综合文化中心建设全部达标，基本实现区级文化设施南北均衡。成立演出联盟、博物馆与艺术品行业联盟，举办文化惠民演出3万多场次。推进“三山五园”历史文化景区规划建设，以曹雪芹西山故里、贝家花园为代表的文化保护传承取得新进展。积极发展文化产业，预计2016年规模以上文化创意产业单位总收入达6000亿元，占全市40%以上，年均增长15%左右。

切实保障和改善民生，提升了人民群众获得感。努力破解人民群众最关心最直接最现实的热点难点问题，为民办实事2632件。覆盖城乡居民的社会保障体系基本建立。率先探索居家养老失能护理互助保险试点，建成650个社区养老互助社，新增养老床位4500张。率先开展市场化租赁补贴、购房货币补贴以及自住型商品房试点，新建、筹集保障房9.5万套，备案家庭保障性住房需求基本解决。完成876.4万平方米老旧小区整治改造。完善社区商业服务体系，实现基本便民服务全覆盖。实施学前教育三年行动计划和中小学校建设三年行动计划，新增入园学位1.8万个、中小学学位2万个，教育服务更加优质均衡。加强公共卫生服务体系建设，率先实现辖区居民就医“医联体”全覆盖，居民健康保障水平进一步提高。

深入推进依法治区，维护了安定团结的政治局面。加强和改进人大工作，召开第四次人大工作会议，支持区人大及其常委会依法履职，不断创新监督方式，增强监督实效。召开第五次政协工作会议，加强协商民主建设，充分发挥区政协政治协商、民主监督、参政议政的重要作用。深化党外代表人士队伍建设，注重新社会阶层人士的统战工作，扩大统战工作覆盖面。加强民族、宗教、侨务、对台和群团工作。深化综合行政执法和司法体制改革。开展法治宣传教育，荣获“全国‘六五’普法先进区”。圆满完成第八届、九届社区居委会和第九届、十届村委会换届选举工作。加强国防和后备力量建设，开展双拥共建，服务军队改革，推动军民融合发展，荣获全国双拥模范城“八连冠”。

全面深化改革，增强了发展动力和活力。成立全面深化改革领导小组及其工作机构，制定全面深化改革实施意见。推进财税改革，全面落实“营改增”政策，加强政府债务管理，建立全口径预算制度。深化行政审批制度改革，启用新的综合行政服务中心，实现“同区通办、三级联动”便民服务全覆盖。完成固定资产投资并联审批模块化改革试点。深化投融资体制改革，在垃圾处理、污水治理、养老服务等公共服务领域推广政府与社会资本合作模式。健全农村集体资产监管体系，在全国率先成立区、镇两级农资委，基本完成村级产权制度改革。推进“一镇一园”建设，东升模式、玉泉慧谷模式在全市树立了新标杆。全区4.3万农村户籍人口实现农转非，四季青镇整建制农转非市级改革试点项目取得重大突破。深化国有企业改革，整合重组区属商业企业、园区开发企业，完成第一批事业单位分类改革。推进学区制改革，建立街镇协同管理公共教育的新机制。推进医疗卫生改革，探索建立公立医院法人治理结构，开展“医药分开”改革试点，支持区属医疗资源与区域医疗资源融合发展。

落实管党治党责任，提高了党的建设科学化水平。建立健全党建工作责任体系，进一步明确各级党委（工委、党组）全面从严管党治党的主体责任。加强思想政治建设，深化理论学习教育，出台《落实党委（党组）意识形态工作责任制若干措施》。制定领导班子建设实施方案，出台规范区管干部动议提名推荐人选相关制度，实施国际化人才培养五年行动计划，调整优化各级领导班子和干部队伍结构。加强党员干部监督，落实“一报告两评议”制度。加强基层党组织建设，圆满完成社区（村）党支部、镇党委换届工作。加强区域化党建，非公企业和社会组织党建取得新进展。加强作风建设，深入开展党的群众路线教育实践活动、“三严三实”专题教育和“两学一做”学习教育。落实中央八项规定精神和市委15条实施意见，制定区委18条措施，开展“为官不为”“为官乱为”专项整治，党风政风明显好转。制定落实“两个责任”的实施意见，坚持以上率下，带头履行主体责任，成立专门机构，健全专题评估、检查考核、工作约谈和“一案双查”等制度机制。深化纪律检查体制改革，强化纪委监督执纪问责职能。坚持以零容忍态度惩治腐败，制定实施惩治和预防腐败体系工作规划方案，推进廉政风险防控体系建设和区委权力公开透明运行试点，严肃查处“小官贪腐”，营造风清气正的政治生态。

回顾过去五年，我们抢抓机遇，开拓创新，攻坚克难，取得了令人鼓舞的成绩。这是市委坚强领导的结果，是区四套班子、各部委办局、街镇、企事业单位和广大干部群众齐心协力、扎实工作、团结奋斗的结果，也是驻区党政军机关、高校院所、企业、各民主党派、工商联、无党派人士、党代表、人大代表、政协委员、离退休老领导和社会各界关心关注、积极参与、大力支持的结果。在此，我代表中共北京市海淀区第十一届委员会，向历届老领导、全区广大党员干部群众、各驻区单位、社会各界，向所有关心、支持和参与海淀改革发展事业的同志们、朋友们，表示衷心的感谢和崇高的敬意！

回顾过去五年，成绩来之不易。五年的实践探索，积累了宝贵经验：

——必须遵循管党治党、服务大局的政治要求。坚持党委总揽全局、协调各方，把方向谋全局抓大事，始终与以习近平同志为核心的党中央保持高度一致，自觉服从服务于中央和全市工作大局，强化首都意识、首善意识，在大局下想问题、做决策、谋发展。牢牢把握从严管党治党新要求，勇担责任，全面加强党的建设，努力营造风清气正的政治生态，充分发挥各级党组织和广大党员的战斗堡垒、先锋模范作用，为全区改革发展提供坚实的政治和组织保障。

——必须坚持一脉相承、与时俱进的发展思路。坚持一张蓝图绘到底，咬定目标不放松，一任接着一任干，一棒接着一棒跑，坚定不移谋创新、求发展、抓落实。根据中央、市委新要求和形势发展新变化，解放思想，与时俱进，结合实际不断调整完善发展思路、空间布局和工作重点，使各项工作既保持继承性、连续性、一贯性，又体现时代性、规律性、创造性，在改革创新中推动各项事业新发展。

——必须坚定民生优先、成果共享的执政理念。坚持把保障和改善民生放在发展全局的优先位置，坚持党的群众路线，千方百计为人民群众办实事、解难事，从教育、医疗、就业、社保、住房等现实问题入手，不断完善基本公共服务体系，提高基本公共服务均等化水平，提高和谐宜居的环境品质，提高居民收入和生活质量，让人民群众在改革发展中有更多获得感。

——必须把握突出重点、统筹兼顾的工作方法。坚持以创新发展为第一要务，以经济提质增效升级、强化创新能力为中心，以中关村国家自主创新示范区核心区和全国科技创新中心核心区建设为统领，以重点功能区建设和“减人、添秤、服务”为重点，以全面深化改革为动力，不断优化产业空间布局和创新创业生态环境，构建高精尖经济结构，加强城市规划建设管理，统筹推进经济、政治、文化、社会和生态文明各项事业协调发展。

——必须营造内和外顺、团结进取的干事氛围。坚持四套班子同心协力、全区上下团结共进，打造敢于担当、勇于创新、善做善成、乐见其成的干部队伍，营造相互支持、共同拼搏、攻坚克难、积极向上的工作氛围，形成全区上下一盘棋、干事创业一条心、推动发展一股劲的工作合力。提升“四个服务”质量水平，开展协同建区，凝聚各方力量，统筹内外资源，调动一切积极因素，形成集万众之智、聚区域之力加快海淀建设发展的良好局面，最大限度地把资源优势转化为创新发展优势。

回顾过去五年，在肯定成绩的同时，我们也要清醒地看到存在的问题和面临的挑战：一是资源优势还未充分发掘，视野还不够开阔，需要进一步提高组织引导、服务保障创新创业的能力水平。二是疏功能减人口、谋创新求发展的任务十分艰巨，需要进一步提高引领示范、辐射带动京津冀协同发展的能力水平。三是城市环境和生态环境治理还有很多“硬骨头”，需要进一步提高城市规划建设管理科学化、精细化的能力水平。四是市民素质和城市品位还有待提升，需要进一步提高文化软实力支撑区域发展的能力水平。五是公共服务与人民群众新期待还有差距，需要进一步提高协同建区、共建共享的能力水平。六是部分基层党组织服务群众、引领发展、促进和谐的领导核心作用发挥不够，需要进一步提高全面从严管党治党的能力水平。对于这些问题，我们必须高度重视，切实加以解决。

二、今后五年工作的总体要求和奋斗目标

未来五年，是海淀加快全国科技创新中心核心区建设的关键时期。我们必须把海淀未来发展放在全球发展的大视野中，放在全国发展的大格局中，放在京津冀协同发展的大战略中，放在首都“四个中心”城市战略定位的契合点和落脚点中来思考和谋划。

中央提出了“两个一百年”奋斗目标和五大发展理念，为我们推动新一轮发展确立了“主基调”，提供了根本遵循。习近平总书记视察北京发表重要讲话，明确了首都“四个中心”城市战略定位和建设国际一流和谐宜居之都的总目标，为我们各项工作确立了根本指针。京津冀协同发展国家战略的实施，为我们推进区域协同、拓展发展空间、优化城市环境、提高内涵集约发展水平提供了重大历史机遇。《北京加强全国科技创新中心建设总体方案》提出了“三步走”战略，明确要求规划建设中关村科学城，实施中关村大街改造提升工程，加快海淀区“一城三街”建设，以创新创业打造经济社会发展新动力，为我们加快全国科技创新中心核心区建设指明了方向和路径。经过多年的发展，海淀在创新要素聚集、人力资源储备、产业组织水平、社会治理和政务服务能力提升方面都取得了重大进展，有基础、有能力、有责任在创新型国家建设和京津冀协同发展中作出新的贡献。

全国科技创新中心核心区建设是一项庞大的系统工程，涉及科技创新、产业发展、城市治理、政治文明、文化繁荣、社会建设、生态环境等各领域、各方面。我们要始终高举科技创新的大旗，不断强化“核心区就是海淀区、海淀区就是核心区”的意识，树立全球视野，坚持首善标准，把“减人”作为基础环节和重中之重，把“添秤”作为中心工作和第一要务，把“服务”作为区位要求和保障手段，形成相互支撑、有机统一的工作格局，坚定不移地推进全国科技创新中心核心区建设，努力谱写海淀发展的新篇章。

未来五年，海淀工作的总体要求是：深入学习贯彻习近平总书记系列重要讲话精神，坚决贯彻中央和市委的决策部署，围绕“五位一体”总体布局和“四个全面”战略布局，全面落实五大发展理念和首都“四个中心”城市战略定位，深入实施《京津冀协同发展规划纲要》和《北京加强全国科技创新中心建设总体方案》，聚焦中关村科学城，改造提升中关村大街，以提质增效升级、强化创新能力为中心，以“减人、添秤、服务”重点工作格局为支撑，统筹推进各项事业发展，举全区之力加快全国科技创新中心核心区建设，为建设国际一流的和谐宜居之都和创新型国家作出更大贡献。

今后五年，要努力实现以下奋斗目标：

——创新引领地位更加巩固。中关村科学城规划建设迈上新台阶，中关村大街功能和环境品质全面提升，成为全球科技创新的引领者和创新网络的重要节点，形成一批具有全球影响力的原创成果、国际标准、技术创新中心和创新型领军企业集群。

——综合经济实力更加雄厚。高精尖经济实力不断壮大，辐射带动全国创新发展的能力进一步提高。地区生产总值达6800亿元以上，高新技术企业实现增加值占地区生产总值比重达65%以上。区级一般公共预算收入突破550亿元。

——首都核心功能更加凸显。不符合首都功能定位和全国科技创新中心核心区定位的产业和业态有序退出，部分教育、医疗、培训机构等服务功能有序疏解。2020年全区常住人口比2014年下降15%左右，人口密度明显下降、结构进一步优化。

——城市环境更加宜居宜业。基础设施完善便捷，交通拥堵有效缓解，城市生活舒适度不断提高。单位地区生产总值能耗、水耗持续下降。生活垃圾、污水实现全处理，环境脏乱差现象基本消除。“山水林田湖”生态系统全面修复，河道水体主要指标达到地表水Ⅲ类标准，城市绿化率达到53%以上。望得见山、看得见水、记得住乡愁，成为人与自然和谐共生的最美城区。

——民生保障更加有力。医疗卫生、就业、养老、住房等公共服务体系更加健全，优质资源供需矛盾有效缓解。人民群众健康水平大幅提高，养老服务供给结构更加优化，住房保障体系更加完善。居民人均可支配收入稳步提高、获得感持续增强。

——教育服务更加优质均衡。师资水平、教育质量、教育基础设施保持全国一流。学区制管理运行高效，教育资源南北布局差异基本消除。办好百姓家门口的每一所学校，优质学位大幅增加。教育与科技、文化深度融合。多层次终身教育服务体系基本形成。

——文化魅力更加彰显。文明城区建设不断深化，“海淀故事”广泛传扬，市民文明素质明显提高，崇德向善的社会风气更加浓厚。建成国家公共文化服务体系示范区，文化“软实力”对创新发展的“硬支撑”作用持续增强。民主法治体系、社会信用体系更加健全。法治政府基本建成。

——党的建设成果更加丰富。全面从严治党的责任体系和工作机制进一步健全。非公企业党建取得新突破。党风廉洁建设取得新进展。风清气正、爱岗敬业、团结干事的良好局面进一步巩固。

三、加快创新发展，引领经济提质增效新优势

坚持把发展的基点放在创新上，高举科技创新的大旗，着力深化先行先试，着力优化双创生态环境，着力培育新经济、增强高精尖经济实力，着力打造城市空间新格局，探索形成创新驱动发展新模式。

聚焦中关村科学城，全面优化创新发展格局。南部优化城市功能、北部配齐城市要素，全面加强重点功能区综合整治，优化布局、深度挖潜、补齐短板，进一步拓展发展空间。成立中关村科学城建设专项办公室。制定实施中关村科学城建设规划，形成以中关村国家自主创新示范区核心区为重点，以中关村大街为主脉，辐射南部、带动北部，贯通南北、融合东西的中关村科学城新格局。围绕产业链部署创新链，围绕创新链完善资金链，以国家科技创新重大专项为引领，加强组织引导、服务保障和体制机制创新。依托高校院所、央企集团和创新型企业群体，聚集全球高端创新资源，推进基础科学、战略前沿高技术和高端服务业创新发展，形成一批具有世界影响力的原创成果，把中关村科学城建设成为全国科技创新引领者、高端经济增长极、全球知名科学中心。实施中关村大街改造提升工程，加强重要节点整治改造，形成功能清晰、导向明确、秩序规范的街区发展格局。通过推进“一城三街”建设，打造引领示范全国的创新创业聚集区、加速器。提升中关村智造大街和智造基地建设水平，增强区域研发能力，聚焦创新前沿、关键核心、集成服务、设计创意等高精尖产品，推动绿色智能发展。加快建设“三山五园”历史文化景区及西部历史文化带，推动文化与科技融合发展。

建设国家双创示范基地，提升双创生态环境品质。创建国家全面创新改革试验先行区，在科技成果处置、科研资源开放共享、创业支持等政策方面实现新突破，探索形成有利于创新成果加快产生、高科技产业加快发展的体制机制，不断优化以企业为主体、以市场为导向、以项目为载体、政产学研用高度互动的区域创新体系。优化完善创新创业空间布局、保障机制和服务体系，推动国家双创示范基地不断升级，打造全国双创示范区。深化国家科技金融创新中心建设，进一步聚集各类科技金融机构，探索形成金融服务科技创新和实体经济、促进经济结构调整和转型升级的新模式。加快建设国家知识产权示范城区。支持和服务驻区单位对接国家科技创新2030重大项目，推动一批国家重点实验室、国家工程中心和高端要素市场落地聚集。完善研发服务体系，支持社会力量搭建研发试验平台、中试平台等市场化、专业化公共服务平台。加快北京协同创新研究院、军民融合产业联盟等新型产学研用合作机构建设，建立高效的产学研用协同创新体系、军民融合创新体系、央地融合创新体系和京津冀协同创新体系，建设全球高端创新资源配置枢纽。

加强中关村人才特区建设。落实“千人计划”“海聚工程”“高聚工程”等重大人才工程，完善人才评价体系，汇聚一批富有创新精神、敢于承担风险、具备专业水平的高端人才队伍，着力打造高端双创人才聚集高地。加大外籍人才引进力度，推进国际人才社区建设，吸引和聚集一批能够承接重大任务、取得尖端成果、作出卓越贡献、形成“塔尖效应”的顶尖人才。深入推动央地人才协同发展，建设高校、科研院所人才与企业的对接合作平台，支持科研人员带技创业、带土移植。加快人力资源服务产业园建设，提升人才服务市场化、专业化、国际化水平。实施人才国际化素质提升工程，建设具有全球视野、精通国际规则、具备跨界交流能力、业务素质优秀的干部队伍。

持续优化、壮大高精尖产业集群。坚持高端化、服务化、集聚化、融合化、低碳化方向，一产融合发展、二产做大做强、三产优化升级，持续壮大以知识经济、服务经济、绿色经济为主导的高精尖产业实力。抢先布局超级计算机、核心通用芯片、人工智能、精准医疗、新能源、新材料、航空航天等领域一批战略性先导产业。坚持以大带小、以小促大，强化核心优势、聚焦价值链高端环节，做优做强智能制造、大数据、大健康等一批具有国际竞争力的独角兽企业和主导产业，打造一批千亿级创新型领军企业和产业集群，形成稳固的、可持续的区域经济支撑点。实施提高生活性服务业品质行动计划，聚焦养老健康家政、信息、旅游休闲、绿色、住房、教育文体等六大消费领域，推动生活性服务业规范化、连锁化、便利化、品牌化、特色化发展。积极推进服务业扩大开放综合试点，提升科技服务等生产性服务业发展质量水平。加快发展高端商务服务业和科技会展业。大力发展高端、高效、生态、安全的都市型现代农业，建设高科技农业示范区。

融入和推动京津冀协同发展。积极支持北京城市副中心建设，发挥海淀在科技、教育、文化、生态及水环境治理等方面的优势，为副中心建设多作贡献。积极参与京津冀协同创新体系建设，推动创新链和产业链、配套服务和公共服务向全市15个区及天津、河北两地拓展延伸、协同发展，努力在国家建设以首都为核心的世界级城市群工作中发挥更大影响力。整合文化旅游资源，打造京津冀文化创意产业聚集区。发挥农业高科技优势，提高海淀农业高科技在京津冀地区的转化率。加强干部交流和人才流动，促进京津冀人才一体化发展。

四、深化城市治理，塑造宜居宜业环境新形象

落实首都城市战略定位，加快非首都功能疏解，优化提升首都核心功能，下大力气治理“大城市病”，努力补齐城市发展短板，打造环境优美、宜居宜业的城市新形象。

加快功能疏解，降低人口密度。严格执行产业禁限目录，坚持严控增量、疏解存量，疏解与提升同步推进，禁、关、控、调、转综合施策，建立健全与承接地对接机制，坚定不移地推动不符合首都城市功能定位、不适合全国科技创新中心核心区建设需要的产业和服务功能疏解。统筹利用好疏解腾退出来的空间，主要用于服务科技创新、发展高精尖产业、改善居民生活条件、加强生态环境建设、增加公共服务设施。研究制定以水控人、以业控人、以房管人、以证管人等政策措施，强化街镇人口调控责任制和联动工作机制，建立科学严格的人口减量评价机制和奖惩机制，有效降低人口密度。落实居住证制度，加强流动人口服务管理。深入开展环境秩序综合整治，加大综合执法、专业执法、专项执法力度，坚决打击违法建设和违法经营，加强经营性房屋、地下空间、群租房、出租大院清理整顿，严控低端业态无序发展。

提高城市规划建设管理水平。对接北京市城市总体规划，根据全国科技创新中心核心区的新定位和国家对中关村科学城建设的新要求，谋划和重构海淀的规划布局，提高城市设计水平，突出历史文化和科技创新特色，注重留白，着力构建布局合理、配套齐全、高效便捷的城市功能体系。深化城市管理体制改革，形成权责清晰、服务为先、有序参与的体制机制，实现城市管理目标、方法和模式的现代化。构建“大城管”体制，推进城市管理重心下移、力量下沉，全面掌握全区人口、房屋、土地、事权、物业的基本状况，做到底数清、情况明、数据准、发力实、见成效。创新统筹开发模式，完成棚户区、农村危房改造和老旧小区综合整治任务，推动老旧小区自我服务治理模式全覆盖。

加强和创新社会治理。建立健全党委领导、政府主导、社会协同、公众参与、法治保障、共建共享的社会治理格局。调整优化街镇职能和工作重心，完善街镇与职能部门协调联动机制。巩固拓展全国文明城区建设长效机制，完善“门前三包”制度，开展文明街区创建活动。践行“城市修复”理念，加强人文关怀，推进社区管理体制改革，重构社区服务保障体系。依法支持各类社会组织发展，完善社会组织体系，健全社会动员机制，发挥“海淀网友”平台作用，培育覆盖各类人群的高水平、专业化社会组织和志愿者、义工队伍。深化平安海淀建设，强化科技支撑，完善立体化社会治安防控体系。健全社会矛盾排查调处工作长效机制，夯实基层基础，维护社会稳定。牢固树立红线意识和底线思维，加强安全生产监管和城市应急管理，确保区域公共安全。

加快推进农村地区城市化。加强前瞻研究和顶层设计，以首都中心城区标准规划好、建设好、管理好农村地区。按照农业现代化、农民市民化、村庄社区化的思路，融合村落文化和现代元素，探索推进“一镇一园”和特色村镇建设，加强分布式能源、污水处理等领域新技术、新产品、新模式的推广应用，全面推进农村地区市政、交通、公共服务等基础设施建设，强化农村地区在核心区建设中的战略腹地作用。加大农村地区人才队伍年轻化、专业化培养力度。加快推进整建制农转非，努力实现农业户籍人口全部成为有资产、有职业的城市居民。完善农村地区基层自治，有序推进传统村庄形态向现代城市社区形态过渡。

建设生态环境最美城区。牢固树立“绿水青山就是金山银山”的理念，实施“山水林田湖”生态系统提升工程，全面提高生态环境质量。强化约束性指标管理，实施能源和水资源消耗、土地供应等总量和强度双控行动。建立健全生态文明绩效评价考核与环境损害责任追究制度。完善“三山五园”、大西山沿线等地区绿色生态屏障，构建绿色休闲生态景观带。实施“水清岸绿”行动计划，强化科技治水，加强河道治理和生态修复，打造河湖连通的亲水城市。实施清洁空气行动计划，不断改善空气质量。加强循环经济试点区建设，建立多元化能源保障体系。完善垃圾分类和运输管理体系，基本完成终端设施建设，全面提升垃圾处理区内循环能力。加强土壤环境质量监测和污染源监管，推动污染地块治理与修复。

五、坚持立德树人，建设高水平优质均衡教育强区

全面贯彻落实党的教育方针，树立社会主义办学方向，树立大教育理念，深化教育综合改革，不断提升全民教育水平，在全区上下形成“尊师重教”的良好氛围。

增强优质教育供给能力。增加幼儿园学位供给，提升幼儿园办园品质。完善中小学校规划布局，优化教育资源结构，推进教育高水平、均衡化、特色化发展，大力度增加优质学位。在全市率先实施高中阶段免费教育。实施中小学校办学条件提升工程，推进学校体育运动场馆等设施设备校际共享。建设全国一流的特殊教育学校。加强校企合作，打造职业高中特色专业和精品课程。大力发展社区教育，建立多层次市民终身学习服务体系。

建设首都教育人才高地。按照“四有教师”的要求，全面加强师资队伍建设。实施校长职级制，试点聘任制，深化“成长中的教育家”工程，培育一批高水平校长和学校管理人才。加强教育科研和校本教研，培养优秀教师团队，完善教育人才资源储备库。坚持德育为先，聚焦核心素养，深化基础教育课程改革，加强中华优秀传统文化教育和中关村创新文化教育，提升教育国际化水平，建设全国一流的学生综合实践基地，培养学生的社会责任感、国际视野、创新精神和实践能力。

统筹利用区域教育资源。发挥驻区高校和科研院所的作用，深入推进“大中小学共建”育人模式创新。发挥企业、社会组织及各类教育培训机构的积极性，共同支持、参与海淀教育的提升发展。发挥海淀教育基金会的作用，为深化教育改革创新提供更多资金支持。整合和调动各方面力量，共同建设教育强区。

提高教育现代化治理水平。深化学区制改革，不断完善区域教育资源共建共享机制。推动科技、文化与教育融合发展，全面提升教育现代化水平，鼓励学校办出特色、教师教出风格、学生学有所成。发展互联网教育，建设智慧校园。培育先进校园文化，加强校园安全教育管理。依法保障学校办学自主权，推进现代学校制度建设。加强对社会力量办学和社会教育培训机构的规范管理。全面清理规范未经批准的各类学校。推进“管办评”分离，增强教育督导的专业性、权威性。

六、加强文化建设，培育特色城市文明新品质

主动服务首都全国文化中心建设，弘扬传统文化，厚植创新文化，聚集高端文化要素，提升市民素质和社会文明程度，为创新创业提供更加厚实的文化土壤，增强文化“软实力”对区域发展的“硬支撑”。

建设先进文化引领高地。深化习近平总书记系列重要讲话精神和治国理政新理念新思想新战略学习教育，大力践行社会主义核心价值观。深入开展社会公德、职业道德、家庭美德、个人品德教育，加强和改进未成年人思想道德建设，传承优良家风、校训、企业家精神，发挥文化育人的重要作用，稳步提高市民素质。制定实施“海淀故事”宣传教育行动计划，弘扬中关村创新文化，营造开放包容的双创文化氛围。完善社会诚信和个人信用体系，建设“诚信海淀”。牢牢把握正确舆论方向，加强舆论宣传平台和渠道特别是网络新媒体建设，扩大优质原创新闻内容供给，推动传统媒体与新兴媒体融合发展，提高舆论传播能力。发展积极向上的网络文化，净化网络环境。

建成全国一流的现代公共文化服务体系。以创建国家公共文化服务体系示范区为抓手，推动基层公共文化服务标准化、均等化、社会化和数字化建设，实现基层综合文化服务中心全部达标。规划建设海淀博物馆、海淀规划馆等一批文化设施。加大文化资源统筹力度，实施文化惠民工程、精品工程，大力开展各类群众性文化活动，增加优秀文化服务供给。

传承弘扬优秀历史文化。加强文化遗产保护抢救和开发利用，实施圆明园大宫门、西山文物遗存等一批遗址保护性修复工程。推进“三山五园”历史文化景区及西部历史文化带等地区文物的开发利用，全面完成香山、玉泉山周边、中央党校东侧等地区整治改造任务，擦亮海淀历史文化“金名片”。加强以代表性传承人为依托的传习队伍建设，构建非物质文化遗产“活态”传承体系。协助建设好故宫北院区、中国佛学院、中国国家画院等一批国家重大文化项目。

做优做强文化创意产业。深化国家级文化和科技融合示范基地建设，提高文化创意产业规模化、专业化水平及其对经济发展的贡献。建设国家文物保护装备产业基地。巩固拓展新媒体、数字内容、文化装备等文化产业领跑全市、领先全国的优势地位。探索组建区属国有文化旅游公司，推动重大文化项目建设和资源资产的专业化、市场化运营。实施文化“走出去”战略，提高海淀文化国际影响力。

七、坚持依法治区，促进民主政治文明新发展

坚定不移地走中国特色社会主义发展道路，坚持党的领导、人民当家做主和依法治国有机统一，不断促进民主政治文明新发展，营造浓郁的民主法治氛围，持续巩固和发展海淀民主团结、安定有序的政治局面。

加强民主政治建设。坚持和完善人民代表大会制度，支持和保证区人大及其常委会依法履行职能，充分发挥人大联系群众、反映民意、解决矛盾的主要民主渠道作用。坚持和完善政治协商制度，支持和保证区政协围绕团结和民主两大主题履行政治协商、民主监督和参政议政职能，充分发挥区政协作为协商民主重要渠道和专门协商机构作用。加强基层民主政治建设，在基层党组织的领导下，完善社区居民自治机制和村民自治制度，全面建立健全党支部、居（村）委会、服务站、物业、业委会、驻区重点单位多方议事协调机制，促进自治体系和自治能力现代化。

深入推进依法治区。加快法治政府建设，转变政府职能，落实权力清单和责任清单，完善法治政府建设指标体系，强化监督制约和考评结果应用。加强党对政法工作的领导，建设信念坚定、执法为民、敢于担当、清正廉洁的政法队伍。整合各类执法资源，健全行政执法和刑事司法衔接机制，提高严格规范、公正文明执法水平。支持区法院、区检察院抓好司法体制改革试点工作，提升司法公信力。开展“七五”普法宣传教育，强化市民知法守法意识，提升领导干部法治思维能力水平。创新司法行政法律服务支撑体系，建成海淀区公共法律服务中心。

八、推进协同建区，构建全民共建共享新格局

深化为民办实事工程，强化“四个服务”，全面提升公共服务质量水平，全力保障和改善民生福祉，共建共享幸福海淀。

推进健康海淀建设。积极创建北京市健康促进示范区，努力为居民提供全生命周期的卫生与健康服务。建立健全健康教育体系，倡导健康文明的生活方式。深化医疗卫生体制改革，推进医药分开。深化“医联体”建设，办好百姓身边的社区卫生服务机构，实现社区全科诊疗服务全覆盖。落实《中医药发展战略规划纲要（2016—2030年）》，实现中医药服务领域全覆盖。加大食品药品安全检查执法力度，严厉打击食品药品非法生产销售，积极创建国家食品安全城市示范区。支持和服务北京冬奥会筹备工作，完善体育公共服务体系，推广冰雪运动、足球运动，推动全民健身事业发展。

提高社会保障能力。深化充分就业区建设，动态消除“零就业”家庭。加强政策集成，加快社会救助、优抚、安置、社会福利、社会组织和慈善事业发展。整合城乡居民医保政策，深化经办模式改革。探索设置老龄人口专门服务机构，健全养老服务体系，推广居家养老失能护理互助保险试点，创新专业化运营的社会养老服务新模式，持续增加养老服务供给。保障妇女儿童合法权益，落实一对夫妇可生育两个孩子政策。完善“以租为主”的保障性住房体系，合理满足高端人才、双创人才的职住需求。

加强对驻区单位和企业的服务。建立健全“四个服务”工作机制，制定服务清单，规范服务流程，提高服务效率，促进区域资源共享、融合发展。加强对驻区中央单位的服务，落实各类重大活动服务保障任务。加强党管武装工作，支持部队建设和改革，推进国防动员和后备力量建设，深化双拥共建，加快军民深度融合发展，巩固和发展军政军民团结。加强对驻区高校院所的服务，推动周边环境秩序建设，促进科研成果转化和重大产业化项目落地聚集。加强对辖区企业的服务，加快重大项目审批、高新技术企业存量优化和增量引进，支持企业做大做强。

九、深化改革开放，激发经济社会发展新活力

落实中央和市委关于全面深化改革的各项决策部署，加快重点领域和关键环节改革，破解制约发展的体制机制难题，提升开放程度和国际化水平，持续增强区域创新发展的动力和活力。

加大改革协调推进力度。加强对全面深化改革的领导，制定实施年度重点改革任务，明确目标、措施、时间节点、质量标准和责任单位，落实督察督办责任制和评估机制。坚持问题导向，提高改革的精准度和实效性。

深化重点领域供给侧结构性改革。深化行政审批、商事服务等重点领域的“放管服”改革，建设服务型政府。推进绩效预算建设，不断完善预算编制和执行控制的方式方法。巩固“营改增”改革成果，落实各级各类涉企税收优惠政策，推进企业注册全程电子化改革。积极争取重大科技创新产业化项目和基础设施建设项目投资审批改革试点。调整优化海淀园管理体制，建立健全全国科技创新中心核心区评价指标体系和先行先试的支撑平台。深化事业单位转企改革，推进承担行政职能的事业单位改革。优化区属国有企业布局，组建千亿级的国有资本运营公司，提高国企资本运营效能，将区属国有企业打造成为服务区域发展的主力军。深化农村集体产权制度和资产监管体制改革，盘活用好农村集体资产，引导农村集体资本参与全国科技创新中心核心区建设。

提高对外开放和国际化发展水平。主动对标全球顶尖科技创新中心，积极参与“一带一路”建设，加强科技与人文交流，形成对外开放新格局。支持有条件的高新技术企业“走出去”，开展跨国并购、股权投资。培育本土国际品牌企业和跨国集团，实现外贸转型升级。深化与国际友城及其他国家、地区之间的交流，打造国际化交流平台，提升对外交往和国际合作能力。加快科技创新向全国辐射，做好对口支援和帮扶工作。

十、全面从严治党，为创新发展提供坚强政治保障

牢固树立抓好党建是最大政绩的理念，坚决落实中央关于全面从严治党的决策部署，深入推进党的建设新的伟大工程。

坚决落实党建工作责任。强化党委（工委、党组）抓党建工作的主体责任，落实书记“第一责任人”职责和班子成员“一岗双责”要求，巩固和发展齐抓共管的党建工作格局。落实《中国共产党地方委员会工作条例》和《中国共产党党组工作条例（试行）》，完善“横向到边、纵向到底、分工明确、无缝衔接”的党建工作责任链条。坚持将党建工作与中心工作同谋划、同部署、同考核，建立健全党委（工委、党组）向区委报告年度全面工作制度。深化“三级联创”活动成果，完善“三级联述联评联考”机制，全面推行党委（工委、党组）书记及各领域基层党组织书记抓基层党建述职评议考核。坚持问题导向，探索完善新时期党建工作制度体系。

加强党的思想政治建设。深化中国特色社会主义理论体系学习教育，增强道路自信、理论自信、制度自信和文化自信。增强政治意识、大局意识、核心意识和看齐意识，在党言党、在党爱党、在党忧党、在党护党、在党兴党，严守党的政治纪律和政治规矩，自觉在思想上、政治上、行动上同以习近平同志为核心的党中央保持高度一致，不折不扣地贯彻落实好中央大政方针和决策部署。落实党委意识形态工作主体责任，把好方向、管好阵地，抢占思想舆论制高点。加强正面舆论宣传，发挥互联网等新媒体作用，旗帜鲜明地抵制和反对各种“杂音”“噪音”干扰，为核心区建设营造良好舆论环境。

加强和规范党内政治生活。认真落实《关于新形势下党内政治生活的若干准则》和《中国共产党党内监督条例》。加强民主集中制建设，完善集体领导与个人分工负责相结合的具体制度和办法，健全科学的党委议事规则和决策程序，严格执行重大问题集体决策制度。坚持维护班子团结与坚守党性原则的统一，建立健全充分反映党员和党组织意愿的党内民主制度，开展积极健康的批评与自我批评，倡导阳光心态，形成内和外顺、团结和谐的党内同志关系。坚持“三会一课”制度、谈心谈话制度和民主评议党员制度。落实党代表任期制，建立健全党代表联系群众制度。

加强领导班子和干部队伍建设。贯彻落实《党政领导干部选拔任用工作条例》，坚持正确选人用人导向和好干部标准，推进干部人事制度改革，近距离考察识别干部，把政治素质过硬、勤政务实、敢于担当、清正廉洁、具有专业知识、善于管理协调、群众公信度高的干部选拔出来、使用起来。选好配强党政正职，优化班子结构，增强各级领导班子整体功能。加大干部交流和培养力度，重视培养选拔年轻干部、妇女干部、少数民族干部和党外干部。注重稳定公务员队伍。落实干部选拔任用廉政审核和责任追究制度。加强干部日常监督管理，形成事前有预防、事中有管控、事后有监督的常态化制度体系。做好新形势下的老干部工作。

加强基层党组织建设。加强非公企业和社会组织的党建工作，推动党的组织和工作全覆盖。发挥党建工作协调委员会作用，提高区域化党建水平。加强基层党组织规范化建设，深入整顿软弱涣散基层党组织，推动人、财、物等各类资源向基层倾斜，充分发挥基层党组织引领发展、服务群众、凝聚人心、促进和谐的核心作用。加强党员队伍管理，提高党员发展质量，优化党员队伍结构，妥善处置不合格党员，推动党员更好发挥先锋模范作用。落实党组织和党员干部“双报到”“双联系”等联系服务群众制度，不断增强党的影响力和凝聚力。

创新统战和群团工作。落实《中国共产党统一战线工作条例（试行）》，创新统战工作体制机制，形成区域大统战工作格局。支持各民主党派、工商联、无党派人士更好履行参政议政、民主监督职能，加强新经济组织、新社会组织、“新三类人”的统战工作，加大党外代表人士培养、选拔、使用力度。统筹做好民族、宗教、侨务和对台工作。落实《中共中央关于加强和改进党的群团工作的意见》，深化工会、共青团、妇联等群团组织改革，建立健全党建带群建长效机制，打造一批接地气、有特色、凝聚力强的群团活动品牌，开创党的群团工作新局面。

加强党风廉洁建设和反腐败工作。坚持不懈地落实中央八项规定精神，巩固和拓展党的群众路线教育实践活动、“三严三实”专题教育、“两学一做”学习教育成果，推动作风建设不断深化、党风政风持续好转。认真落实党委党风廉政建设主体责任和纪委专责监督职责。深化监察体制改革，加强反腐倡廉教育和廉洁文化建设，完善权力运行制约监督机制，加快形成不敢腐、不能腐、不想腐的体制机制。坚持无禁区、全覆盖、零容忍，有腐必反、有贪必肃。推动全面从严治党向基层延伸，切实解决好损害群众切身利益的不正之风和腐败问题。坚持把纪律挺在前面，用好监督执纪“四种形态”，用纪律管住大多数。严格执行《中国共产党党内监督条例》，加强对党员领导干部特别是重要岗位和关键环节领导干部的监督，提倡实名举报，严肃查处诬告陷害行为。建立健全激励和容错纠错机制，旗帜鲜明地为敢于担当的干部担当，为敢于负责的干部负责，营造想干事、能干事、干成事的浓厚氛围。

同志们，加快全国科技创新中心核心区建设，任务艰巨，使命光荣，责任重大。让我们紧密团结在以习近平同志为核心的党中央周围，在市委的正确领导下，高举科技创新的大旗，把握机遇，迎接挑战，开拓进取，攻坚克难，加快新一轮创新驱动发展，为建设国际一流的和谐宜居之都和创新型国家作出新的更大贡献！

政府工作报告

——2016 年 12 月 15 日在海淀区第十六届人民代表大会第一次会议上

海淀区人民政府区长　于　军

各位代表：

我代表海淀区人民政府向大会报告工作，请予审议。

一、五年工作回顾

区十五届人大一次会议以来，在市委市政府和区委的坚强领导下，在区人大、区政协的监督帮助下，我们始终坚持以习近平总书记系列重要讲话精神为指引，认真贯彻中央、市、区决策部署，攻坚克难，开拓进取，胜利完成了“十二五”规划目标任务，全区经济社会发展取得重大成就，全面开启了“十三五”区域发展新征程。

（一）创新驱动、高端引领，经济发展实现新跨越

积极应对错综复杂的外部环境和经济下行压力，主动适应引领经济发展新常态，强化科技创新的支撑引领作用，综合经济实力显著增强，发展质量效益稳步提升。地区生产总值在 2011 年迈上 3000 亿元的基础上，2014 年突破 4000 亿元，2016 年预计实现 4900 亿元左右，年均增长 9%。区级一般公共预算收入 2016 年预计达到 386 亿元，是 2011 年的 1.6 倍，年均增长 9.9%。居民人均可支配收入 5 年连跨两个万元台阶，2016 年预计达到 6.7 万元，年均增长 8.9%。万元地区生产总值能耗、水耗分别累计下降 22.2%、24.8%。

创新驱动发展的新格局初步形成。率先落实国家和市级系列创新政策，完善支持自主创新和产业发展的区级政策体系，先行先试引领优势不断巩固，海淀园总收入年均增长 15.4%。启动中关村大街改造提升，建设中关村智造大街，中关村创业大街成为全国双创策源地，创业社区等新业态不断涌现，双创蓬勃发展，我区获评首批国家双创示范基地。合力共建北京协同创新研究院等一批先进技术研究转化机构，着力促进高端创新要素的聚合协同，石墨烯、燃气轮机核心部件、北斗导航等一批高科技成果加速产业化。推进国家科技金融创新中心建设，开展外债宏观审慎管理、投贷联动、税银通等试点，设立并聚集产业并购、科技成果转化、股权投资等基金，有效撬动社会资本，形成了推动创新发展的“海淀基金系”，天使投资等创业投资高度活跃，金融创新对科技创新的助推作用不断增强。扎实推进中关村人才特区建设，人才发展环境不断优化。持续激发创新创业活力，全区技术合同成交额累计 6635 亿元，发明专利授权量年均增长 18.5%，累计新增国家级高新技术企业 2000 余家，总数超过 6100 家。

高精尖经济结构基本形成。主导产业平稳增长，信息服务业、科技服务业和以科技金融为特色的金融业在经济总量中占比超过 50%，经济增长贡献率接近 80%。集成电路设计、移动互联、大数据、导航与位置服务、生物医药、新材料新能源和节能环保等战略性新兴产业集群发展。领军企业产业整合能力和产业链构建能力显著增强，进一步向价值链高端环节聚焦，并带动中小微科技创新企业快速成长。区域呈现互联网大数据和传统产业、前沿技术和新商业模式、高端制造业和服务业等融合发展新态势。培育新动能、打造新引擎，围绕国家战略前沿实施产业布局，引进中国航空发动机集团等一批重点企业，并通过战略投资，探索深度参与科技创新“国家队”的新实践。

（二）提升品质、城乡一体，城市治理迈出新步伐

全区上下砥砺奋进，历时 3 年成功创建全国文明城区，建立健全全国文明城区建设长效机制，制定实施提升城市规划建设管理水平的若干措施，城乡环境呈现新面貌。

城市功能布局更加优化。持续推进三大功能区建设，形成特色鲜明、相互支撑、协同融合的空间发展格局。中关村科学城主体功能优化提升，北航国际航空航天创新园、北交大现代轨道交通产业技术研究院、互联网金融产业园、东升科技园等一批特色园区加快建设，玉渊潭科技商务区功能逐渐显现。北部地区作为创新发展战略腹地的作用进一步增强，中关村软件园、翠湖科技园、永丰产业基地三大组团初具规模。“三山五园”历史文化景区建设深入推进，党校西墙外、一亩园、香山东部地区一期搬迁腾退完成，玉泉山周边整治效果明显，园外园生态环境整体提升。

城乡一体化发展加快推进。以城乡接合部和北部地区为重点，完成唐家岭、六郎庄等 8 个市级挂账重点村改造，以及双泉堡、西小口、玲珑巷、五路居等重点地区整治任务，实现北部 17 个行政村搬迁腾退，开展七王坟新农村就地改造试点，美丽乡村建设持续推进。整建制农转非取得重大进展。农村集体经济产权制度改革基本完成，形成以东升科技园、温泉创客小镇等为代表的集体经济发展新模式，新农村发展活力不断增强。农资监管体系日趋完善，成立全国首家农资委，获评全国农村集体“三资”管理示范区。

城市治理水平有效提升。持续开展城乡环境秩序综合整治，累计拆除违法建设 800 多万平方米。大力推进市政基础设施建设，大工村再生能源发电厂开始运营，困扰我区多年的生活垃圾集中处理取得突破；地铁 10 号线二期等 4 条轨道线路开通，新增轨道交通运营里程 37.7 公里；西北旺南路等 70 余条道路建成通车，新增道路通车里程 107

公里。加强交通拥堵治理，完成上地环岛等101项疏堵工程，优化翠微路等55公里道路微循环，新增停车位3.6万个，开展自行车公共租赁服务试点。强化“门前三包”管理，建立起“五统一”城市管理综合考评工作体系，城市管理精细化水平不断提高。“平安海淀”建设取得成效，创新“海淀网友”等群防群治力量的社会组织动员机制，扎实开展安全生产隐患排查整治，强化食品药品日常监管，防范化解社会矛盾的机制更加有效，保持违法犯罪高压严打态势，圆满完成APEC会议、纪念抗日战争暨世界反法西斯战争胜利70周年等重大活动服务保障任务。

“美丽海淀”建设持续推进。全面实施清洁空气行动计划，加强大气污染防治网格化管理，四环内和北部地区26个村基本实现“无煤化”，空气质量改善幅度居全市前列，PM2.5年均浓度较2013年下降30%以上。持续开展中小河道生态治理，建成稻香湖再生水厂，完成翠湖等再生水厂扩容改造，在全市率先建立“河长制”，全面启动“水清岸绿”行动计划。绿色生态容量大幅增加，完成中关村森林公园等一批骨干工程，新建改造绿地林地3296.9公顷，城市绿化覆盖率提升至52.1%。

（三）以民为本、持续发力，民生保障取得新进展

坚持保基本、促均衡、建机制、优服务，加强政策支持和资金投入，区、街（镇）、社区（村）累计完成惠民实事2632件，社会事业快速发展，民生福祉不断提升。

全面加强和创新社会治理。建立健全网格化工作体系，社会服务、城市管理、社会治安三网融合、一体化运行。城市管理、安全生产等专业力量向基层网格下沉延伸，在全市率先将各类协管员力量纳入街道和社区统筹管理。“一刻钟社区服务圈”基本实现全覆盖。夯实社区治理人文基础，开展文化小院、微型花园、“清河实验”等基层治理创新实践，城市人文特质不断彰显，获批全国社区治理和服务创新实验区。

就业社保水平持续提高。全区就业形势总体稳定，城镇登记失业率控制在1.5%以内，成为北京市充分就业区。城乡社会保障体系更加完善。在全市率先建立以配租公租房为主、发放租赁补贴为辅、配售产权房为补充的住房保障体系，累计建设筹集各类保障性住房9.4万套，实施老旧小区综合整治876.4万平方米，完成38个棚户区改造项目。三级养老服务体系逐步健全，在全市率先实施居家养老失能护理互助保险试点。

公共服务体系日趋完善。累计新增幼儿园学位1.8万余个、中小学学位2万余个。建立教育人才储备库，面向全国引进优秀教育人才。区域高等教育与基础教育对接合作持续深入。实施学区制改革，将中小学纳入17个学区统筹管理。推进公立医院改革，海淀医院、中关村医院初步建立现代医院管理制度，积极探索海淀妇幼保健院特许经营合作模式。实现“6+4”医联体全覆盖。加强社区卫生服务体系建设，初步建立“城区15分钟可及、北部20分钟可及”的社区卫生服务圈，85%的社区卫生服务机构实施家庭医生服务模式。推动文化繁荣发展，大力弘扬社会主义核心价值观，北部文化中心投入使用，海淀通史展开展，举办惠民文化活动5万多场次，成立文物保护中心，开展文物修缮保护项目50个。实施全民健身三年行动计划，111所中小学体育设施向社会开放。

（四）突出重点、奋力攻坚，非首都功能疏解形成新突破

深入贯彻京津冀协同发展国家战略，强化顶层设计，制定8个方面36类具体措施，疏功能、转方式、治环境、补短板、促协同等工作加快推进。

非首都功能疏解深入开展。严格执行市级新增产业禁限目录，严把产业准入关。累计退出“三高”企业40家，完成中关村西区业态调整55万平方米，关停明光寺、万家灯火、盛宏达、西郊汽配城等有形市场218家，清理整治集体土地上不符合区域功能定位的企业1042家。加强组织引导，积极搭建产业、公共服务等功能转移承接平台，与延庆、张家口等地区开展战略合作，设立海淀园秦皇岛分园。

人口调控工作不断加强。成立区实有人口服务管理委员会及其办公室，建立“双调度、双台账、双督导、双考核”人口调控工作机制，实有人口服务管理工作体系更加健全。深入推进人口调控各项重点任务落实，持续开展群租房、地下空间、出租大院等专项整治，加强人口动态监测，2015年常住外来人口首次负增长，2016年常住人口首次实现由增到减的拐点。

（五）依法行政、改进作风，政府自身建设取得新成效

认真开展党的群众路线教育实践活动、“三严三实”专题教育和“两学一做”学习教育，深入学习习近平总书记系列重要讲话精神，全面贯彻落实中央、市委市政府和区委的各项决策部署，将坚定的理想信念转化为推动海淀创新发展的实际行动。

认真执行区人大及其常委会的各项决议和决定，自觉接受区人大工作监督、法律监督和区政协民主监督，认真听取各方面意见。累计办理区人大议案6件、各级人大代表建议批评意见2172件、区政协建议案8件、各级政协委员提案836件，解决了一批重点难点问题。以认真办理“加快推进依法治区建设法治政府”议案为契机，全面提升法治政府建设水平，获评全国“六五”普法先进区。

深化简政放权、放管结合、优化服务改革。开展投资项目四阶段并联审批模块化改革市级试点。梳理编制权力清单和责任清单。推广随机抽查，规范事中事后监管。新政务服务大厅建成启用，“同区通办、三级联动”便民服务体系覆盖全区，探索形成“创业会客厅”政务服务新模式。在全国率先试点企业登记全程电子化。整合重组区属商业企业、园区开发企业，完成第一批事业单位分类改革。各项改革有序推进，全面深化改革的成效正在显现。

加强勤政廉政。狠抓区政府系统执行力建设，团结奋进，形成合力，保障了各项重点任务顺利完成。严格执行中央八项规定和市区贯彻意见，开展“为官不为”“为官乱为”专项治理，引入第三方机构开展群众满意度测评，

驰而不息改进作风。严格落实党风廉政建设责任制，以“零容忍”态度惩治腐败。

五年来，我们着力提升“四个服务”质量水平，不断巩固深化协同建区、共建共享的良好局面。大力加强国防动员和双拥共建，荣获全国双拥模范城“八连冠”。同时，妇女儿童、档案、史志、民族、宗教、侨务、对台、对口支援、残疾人事业等各项工作均取得新的成绩。

各位代表：过去的五年，是全区经济持续健康发展、城乡面貌发生显著变化的五年，是社会事业协调发展、人民生活不断改善的五年。五年的发展，切实增强了海淀在创新型国家建设和首都科学发展中的地位和作用，提高了海淀的影响力和竞争力，激发了全区上下凝心聚力谋发展的主动性和创造性，让海淀焕发出新的生机活力，为继续前进奠定了基础、积累了经验、储备了力量。五年来，我们始终坚持以服务大局为重，自觉在国家、首都工作大局中找准定位、谋划工作、发挥作用，形成了以全国科技创新中心核心区建设统领全区各项工作的新局面，体现了海淀的胸怀、魄力、责任和担当，也标志着海淀在新阶段的发展思路逐渐走向成熟；始终坚持以创新发展为基，倍加珍惜海淀来之不易的创新实践积累和良好氛围，着力优化创新创业生态，加快形成了创新发展的新态势；始终坚持以民生福祉为本，将保障改善民生作为区政府工作的出发点和落脚点，千方百计为民办实事、解难题，努力做到发展依靠人民、发展成果人民共享；始终坚持以深化改革为源，不断强化先行意识和引领意识，在改革攻坚中破解难题、促进发展，加快构建与全国科技创新中心核心区建设相匹配的体制机制；始终坚持以政府自身建设为要，深化法治、创新、廉洁和服务型政府建设，努力使区政府各项工作更加符合形势发展的需要和人民群众的期待。

回顾五年工作，成绩来之不易，是市委市政府和区委坚强领导的结果，是全区人民团结一心、奋力拼搏的结果，是区人大监督、区政协帮助和方方面面大力支持的结果。在此，我代表海淀区人民政府，向所有关心、支持和参与海淀建设发展的社会各界，人大代表、政协委员，同志们、朋友们，表示崇高的敬意和衷心的感谢！

同时，我们也清醒地看到工作中存在的不足和前进道路上面临的挑战：一是功能疏解和人口调控任务异常艰巨复杂。既要坚定不移“瘦身”，又要持之以恒“健体”。在这个非常关键的发展过渡期，我们需要立足实际、转变观念、创新方法，形成区域发展新的比较优势，走出一条在疏解中实现发展的新路。二是经济发展持续向好的态势尚需进一步巩固。新动能加快布局，但尚未形成对区域发展的主体支撑。我们需要加快完善高精尖经济结构，既巩固壮大支柱产业，又积极挖掘和加快培育新的增长点，形成更为强劲稳定的发展动力，为首都建设全国科技创新中心提供强有力支撑。三是公共服务供给还存在与群众新期待不匹配、不精准的问题，持续保障改善民生还有很多工作要做。我们需要运用供给侧结构性改革的思路统筹谋划，深化体制机制创新，提升公共服务供给的质量和效率。四是城市治理能力有待提高。城市服务管理还比较粗放，大气、水等生态环境治理还有很多“硬骨头”。我们需要下大力气加强城市综合治理，不断提升城市环境品质。五是政府自身建设还需要狠下功夫。政府职能转变和主动引导发展还不到位，一些工作人员责任意识、服务能力与全国科技创新中心核心区建设的需要还有不小差距，作风建设和廉政建设还需要进一步加强。对此，我们务必高度重视，牢记职责使命，加倍努力工作，切实加以解决，形成推动区域创新发展的新能力。

二、今后五年奋斗目标和2017年主要任务建议

各位代表：今后五年是我们牢牢抓住首都建设全国科技创新中心的历史契机，以全国科技创新中心核心区建设为统领，全面提升海淀发展水平的战略机遇期；是我们认真贯彻落实京津冀协同发展国家战略，紧紧围绕首都城市战略定位，大力疏解非首都功能，全面优化提升城市功能的关键过渡期；是我们加快构建并不断完善与全国科技创新中心核心区相匹配的体制机制的改革攻坚期；是我们着力破解发展难题，切实增强发展新能力，不断增创发展新优势，提升区域核心竞争力的优势重塑期。在科学分析形势的基础上，区十二次党代会对今后五年目标任务做出战略部署，要在新的起点上奋力实现更高水平更高质量的创新发展，向着建设全国科技创新中心核心区迈出更大步伐。

——创新引领地位更加巩固。全面推进中关村科学城规划建设，全面提升中关村大街的功能和环境品质，全面优化创新发展格局，全面升级创新创业生态，打造全球科技创新的引领者和创新网络的重要节点，形成一批具有全球影响力的原创成果、国际标准、技术创新中心和创新型领军企业集群。

——综合经济实力更加雄厚。不断壮大高精尖经济实力，进一步提高辐射带动能力，在全面完成“十三五”发展目标的基础上，力争地区生产总值达6800亿元以上，高新技术企业实现增加值占地区生产总值比重达65%以上，区级一般公共预算收入突破550亿元。

——区域核心功能更加凸显。不符合区域功能定位的业态有序退出，部分教育、医疗、培训机构等服务功能有序疏解。2020年全区常住人口比2014年下降15%左右，人口密度明显下降、结构进一步优化。

——城市环境更加宜居。单位地区生产总值能耗、水耗持续下降。基础设施更加完善，交通拥堵有效缓解。生活垃圾、污水基本实现全处理，环境脏乱差现象基本消除。“山水林田湖”生态系统全面修复，河道水体主要指标达到地表水Ⅲ类标准，城市绿化覆盖率达到53%以上。“美丽海淀”建设取得更大成效。

——民生保障更加有力。教育、医疗卫生、就业、养老、住房等公共服务体系更加健全，优质资源供需矛盾有效缓解，群众获得感幸福感持续增强。办好群众家门口每一所学校，基础教育高水平均衡发展。人民群众健康水平大幅提升。养老服务供给结构更加优化。居民人均可支配收入稳步提高。

——文化品位更加富有魅力。文化软实力不断提升，“海淀故事”广泛传扬，市民文明素质明显提高，崇德向善的社会风气更加浓厚，国家公共文化服务体系示范区高水平建成。

——社会治理更加完善。法治政府基本建成，“平安海淀”建设深入推进，诚信体系建设取得实效，社会治理现代化水平明显提升，社会既保持和谐稳定又充满生机活力。

今后五年，我们的发展取向、工作导向、奋斗指向，更加鲜明、更加突出、更加集中，这就是：举全区之力加快建设全国科技创新中心核心区。我们要在市委市政府和区委的坚强领导下，在区人大和区政协的监督帮助下，进一步增强政治定力、创新活力、改革动力、攻坚能力，振奋精神、主动作为，力争通过五年的努力，推动区域发展再上新台阶。

2017 年是新一届区政府的开局之年，是全国科技创新中心核心区建设全面布局、打牢基础、重点突破的关键之年。区政府工作的总体要求是：深入学习贯彻习近平总书记系列重要讲话精神，牢固树立并自觉践行创新、协调、绿色、开放、共享发展理念，全面落实中央、市委市政府和区委的决策部署，围绕首都城市战略定位，聚焦区十二次党代会确定的未来五年发展目标任务，以全国科技创新中心核心区建设为统领，按照“减人、添秤、服务”重点工作格局，以提质增效升级、强化创新能力为中心，着力“瘦身健体”，完善创新体系，增进民生福祉，改善宜居环境，厚植文化底蕴，深化改革攻坚，统筹推进全区经济社会发展，努力为首都建设国际一流和谐宜居之都作出巨大贡献，以区域发展的优异成绩，迎接党的十九大和市十二次党代会胜利召开。

2017 年全区经济社会发展主要预期目标：地区生产总值增长 7% 以上；区级一般公共预算收入增长 8%；海淀园总收入增长 10%；居民人均可支配收入增速与经济增长同步；完成市下达的万元地区生产总值能耗、水耗和空气质量改善任务。

着重抓好以下几方面工作：

（一）聚焦区域定位，着力推进非首都功能疏解

深入贯彻京津冀协同发展国家战略，牢牢抓住疏解非首都功能这个关键环节和重中之重，目标集成、多措并举，同向发力、整体推进，全面落实市下达的功能疏解和人口调控目标任务。

全面推进非首都功能疏解。一是严格落实市级新增产业禁限目录，完善我区具体实施细则和增量控制监测评估机制，从源头严格控制不符合区域功能定位的增量聚集。二是突出抓好市区两级功能疏解重点项目，持续开展“疏解整治促提升”十大专项行动，大力撤调吸纳人口多、与民生保障关联度低、环境秩序负面效应突出的有形市场，整治疏解集体土地上不符合区域功能定位的业态，加快市属区属国有企业产业转型升级步伐，坚决调整退出一般性产业特别是高耗低效产业。三是积极做好对接，以产业转移为牵引，带动教育、医疗等功能有序疏解。四是统筹规划利用腾退空间，重点用于服务保障区域核心功能、改善群众生活条件、实施生态环境建设、增加公共服务设施等，织补修复、有机更新城市功能，特别是在关停市场周边做好“菜篮子”等零售网点布局，全力保障群众日常生活需要。

全面加强人口调控，有效降低人口密度。一是坚持减存量和控增量相结合，强化人口调控工作体系，细化任务台账和清单，精准到每个点位、具体到每个单位、落实到每个岗位，严格上账销账动态管理。二是深化产业结构调整对人口调控的牵动作用，重点推进生活性服务业品质提升，大幅压缩聚人空间。三是深化重点领域综合治理，拆除违法建设 300 万平方米以上，坚决遏制新生违法用地违法建设，集中开展地下空间、群租房、出租大院、“开墙破洞”等专项清理整治行动，突出抓好 16 号线等地铁沿线地区管控，积极探索水、电等领域更加严格规范的管理措施和办法。四是综合利用各方面数据，探索人口动态监测新模式，更加精确地指导调控工作。

（二）完善创新体系，着力提升创新发展能力

高举科技创新旗帜，突出抓好《北京加强全国科技创新中心建设总体方案》赋予我区的重点任务，放大海淀创新生态的价值和作用，在全国科技创新中心和创新型国家建设中当好主力军和排头兵。

全面聚焦中关村科学城，加快建设全国科技创新引领者、高端经济增长极和全球知名科学中心。一是完善工作体系。组建专项办公室等机构，建立健全市区上下联动、区域整体统筹、推动高效有力的工作机制。优化完善中关村科学城建设规划，以中关村国家自主创新示范区核心区为重点，以中关村大街为主脉，加快形成中关村科学城建设发展新形象。二是推动协同创新。主动服务国家重大科学计划、重大科技专项、重点实验室落地布局，做好全球健康药物研发中心等重点项目跟进服务，共建原始创新引导基金，聚力孕育一批具有世界影响力的原创成果。全方位深化院地校地央地军地协同创新共同体建设，加强产学研用深度融合，提升区域技术创新和研发服务能力，提升科技成果转化和产业化效率。三是优化拓展空间。全面推进中关村大街改造提升，抓紧农科院、水磨等重要节点改造前期工作，争取尽快启动，加快魏公村小区改造进度，调整提升天作大厦等楼宇业态，推动北下关科技金融服务示范区建设，有效提升中关村大街环境品质。围绕中关村科学城新定位，以新的视角和思路，集中力量挖掘释放北部产业空间，加快中关村软件园、翠湖科技园、永丰产业基地、东升科技园二期三期、西三旗（金隅）科技园等重点园区建设。

高标准建设国家双创示范基地，打造创新创业生态升级版。一是强化先行先试。挖掘国家、市级系列创新政策潜力，搭建政策评估和模拟测试的基础数据库，做好新的政策设计，积极探索先行先试政策措施，持续引领全国双创发展。二是提升双创活力和能级。支持领军企业开展内部创新和协同创新，建设以领军企业为核心的双创生态圈；

支持高校院所建设面向专业领域的新型孵化平台载体。主动参与京津冀协同创新共同体建设。积极引进全球高端创新资源，开展创新合作；发挥海外创新基金等作用，鼓励支持科技创新企业服务“一带一路”国家战略，在全球创新网络重要节点主动布局，整合链接全球创新资源。三是加快国家科技金融创新中心建设。通过引导基金、政府和社会资本合作等市场化投入方式，引导社会资本向科技创新领域聚焦，支持企业通过上市、并购等方式做大做强，推动互联网金融规范健康发展。四是优化环境氛围。深化国家知识产权示范城区、“质量强区”建设。推进中关村人才管理改革试验区建设，创新育才引才用才模式，落实好各类人才计划。举办好国家双创周、中关村创新创业季等主题活动。

持续优化高精尖经济结构，加快构建与全国科技创新中心核心区发展相适应的现代产业体系。制定实施产业结构调整优化指导意见，在壮大经济总量的同时，深度优化三次产业内部结构。一是促进一产和二三产业融合。研究制定“特色小镇”规划建设指导意见，大力培育产业形态鲜明、环境和谐宜居、文化魅力彰显的“特色小镇”；探索推进北京协同创新园等“一镇一园”项目建设；加强林地资源的保护性利用，推出一批“林间经济”示范项目，丰富都市型现代农业内涵。二是促进二产做强。坚持金融资本和产业资本并举，支持重点领军企业重构价值链、完善创新链、延伸产业链，推动产业跨越式发展和跨区域协同；促进军民深度融合发展，建立健全更加有效顺畅的对接机制和渠道，加快军民融合“一体三园”建设及重点企业项目落地；深化中关村智造大街建设，加快智能制造高端要素布局，形成多点支撑的智能制造创新中心建设格局。三是促进三产优化。制定实施加快生产性服务业创新发展的行动计划，推动生产性服务业向专业化、高端化发展，筑牢信息、科技等服务业基础，更好地服务支撑“中国制造2025”。规范提升生活性服务业，落实好生活性服务业品质提升实施方案、“菜篮子”工程三年行动计划等，规范提升蔬菜零售等生活性服务业网点100个，更好地满足群众需求。

（三）治理“大城市病”，着力改善生态宜居环境

深化拓展全国文明城区建设成果，推进生态文明建设，优化提升城市环境品质，营造更加宜居的环境，把绿色生态作为发展底色，让科技与生态结合，让美丽与发展同行。

聚焦城市功能的突出短板，强力推进棚户区改造。对棚户区进行全面系统梳理，建立分年度台账，深化改造实施路径，多渠道拓展资金来源，积极争取安置房建设跨区域平衡，加快棚户区改造步伐，完成笑祖塔院、树村等改造收尾，启动功德寺、董四墓、宝山、双新村、明光村等重点地区及城市边角地改造和整治工作。总结推广志强北园治理经验，深化老旧小区综合整治效果，大力推进电梯改造和停车设施建设，加大直管公房改造力度，加强老旧小区自我服务管理，不断改善群众社区生活环境。

全力做好大气污染防治。深入实施清洁空气行动计划，以削减污染物排放总量为抓手，加强综合治理，在用燃气锅炉全部实施低氮燃烧技术改造，淘汰老旧机动车3.3万辆，确保实现市下达的空气质量改善目标。全力推进“无煤化”改造，年底前全区基本实现“无煤化”。深化网格化环境监管体系，强化重点领域环保执法监管。

全面加强水生态治理。加快落实“水清岸绿”行动计划年度任务，形成“建管并重、系统治理、全区聚力、全民参与”的水生态治理新格局。完成上庄水库清淤，集中消除宏丰渠、团结渠等7处黑臭水体，区内水域实现全面截污，统筹推进水生态修复，加快管线改造，上庄再生水厂主体完工。完善“河长制”工作体系。严格水资源管理，深入开展涉水执法检查。加强雨洪利用，建设“海绵城市”。

大力改善交通环境。一是加强工作统筹联动。加大交通工作统筹协调力度，深化城市交通专项研究，抓好综合措施实施。二是加强交通基础设施供给。协调推进地铁16号线南段、12号线、19号线一期、西郊线和京张城际铁路的拆迁建设工作；加快上庄路北延、翠湖南路、双清路北段等道路建设，着力打通微循环，提升道路规划实现率，新增道路通车里程18公里；实施5万平方米道路大中修，新增停车位6000个，提升停车管理智能化水平。三是加强拥堵综合治理。完善物防技防设施，多部门联动执法，大力整治因乱致堵点位。加大重点地区的交通组织疏导力度，加强限时停车和路侧停车管理。制定实施大上地地区交通综合治理方案。四是加强交通精细服务。优化公交线路，有效接驳轨道交通，支持多元化公共自行车等服务模式，缓解群众出行“最后一公里”难题。

积极拓展绿色生态空间。加强大尺度、高水平、多功能的绿色生态空间建设，新建改造绿地林地280公顷。继续实施园外园、西山彩化等重点生态工程，巩固完善“三山五园”地区、大西山沿线生态屏障。建成10条道路绿色景观，不断完善道路两侧绿色生态廊道。建设荷清园二期等5个特色公园。积极开展见缝插绿、拆违还绿、小微绿地等绿色惠民工程，建设好群众身边的绿色景点。

提升城市精细化治理能力。对接北京市城市总体规划，开展区域空间发展战略研究，深化市区协作规划管理长效机制，提升重点地区城市设计水平，加强地下空间统筹规划利用。推进城市管理体制改革，优化整合城市管理职能和机构，深化“五统一”城市管理综合考评工作体系，以“城市服务管理指挥中心综合协调、市政城管等部门有力组织、各街镇统筹推进”的方式，构建“大城管”工作格局。完善再生资源回收体系，大力提升小区垃圾分类实效。加快垃圾集中处理设施建设，继续推进大工村循环经济产业园建设，厨余垃圾处理厂启用，建筑垃圾处理厂开工。加大环境整治建设力度，针对重点区域、环境薄弱地区、群众身边的背街小巷等持续开展综合治理，大力推进架空线入地工程。充分发挥“门前三包”在城市管理中的基础作用，推进“门前三包”升级版的常态治理，加快形成条块联动齐抓共管、辖区单位主动参与的良好局面，全面提升

环境秩序水平。扎实推进“智慧海淀”建设，促进大数据、物联网等现代信息技术与城市管理服务有机融合。

（四）创新社会治理，着力增强群众获得感

积极回应群众关切，提高民生服务的精准度和便利性，探索组织模式创新，推进协同共治和共建共享，持续加大民生工作力度，让人民群众收获更多的幸福。

加强社会服务管理创新，营造更加和谐有序、充满活力的社会环境。深化全国社区治理和服务创新实验区建设，调整优化街道职能和管理体制，推动服务管理重心下移，着力提升街镇对地区事务的统筹能力。继续推进“三网”融合，深化网格化工作体系，运用“互联网+”进一步提升社会服务管理水平。大力推广基层社会治理先进经验，不断丰富人文社区建设的内涵和途径，打造“亲情社区、人文海淀”社区建设品牌。深化“一刻钟社区服务圈”建设，建成20个市级社区规范化示范点。推出一批具有海淀特色和全国影响力的义工和志愿服务精品项目。加快推进“诚信海淀”建设。加强安全生产等各类隐患排查治理，实施“科技创安”工程，发挥“海淀网友”互动平台作用，完善立体化社会治安防控体系，不断深化“平安海淀”建设。进一步加强“四个服务”，巩固双拥共建成果，服务驻区部队和央企改革发展，以服务促融合，凝聚起推动区域发展的强大力量。

完善社会保障体系。优化城乡一体化就业促进政策，巩固充分就业区建设成果，登记失业率控制在1.5%以内，实现更加充分、更高质量的就业。筑牢社会保险网底，制定精准救助实施办法，加大困难群体救助力度。完善以居家为基础、社区为依托、机构为补充、专业服务为引领的养老服务体系，强化20个养老照料中心的辐射功能，推进29个养老服务驿站建设，抓好居家养老失能护理互助保险试点。加强基本住房保障，建设筹集各类保障性住房4700套，竣工1.5万套，加大市场化租赁补贴和公租房租金补贴工作力度，稳步推进经适房限价房备案家庭购房货币补贴工作，加强保障性住房后期管理，加快学校、社区卫生服务机构等配套设施建设。

推进教育优质均衡发展。继续实施学前教育三年行动计划，新增入园学位3000个。稳步推进九年一贯、合作办学、集团化办学、学校联盟等办学模式创新。实施树村学校、首师大附中北校区等一批新建改扩建工程，加快国际学校建设，新增中小学学位2520个。加快建设中小学综合实践基地。聚焦学生核心素养，深化课程教学改革。完善教育人才储备库管理机制，推进教育人才“区聘校用”模式。实施新优质学校新品牌学校建设工程，全面提升学校办学理念和教师培养、教学管理、教育科研水平。推进“智慧教育”建设，大力促进优质教育资源开放共享。

深入贯彻落实全国卫生与健康大会精神，扎实推进“健康海淀”建设，努力全方位全周期保障全区群众健康。深化医疗卫生体制改革，完善现代医院管理制度，推广社区家庭医生服务和“医养结合”等基层卫生服务模式。推进海淀医院建设全区医疗健康中心。加快西北旺亮甲店、苏家坨医疗用地规划建设。提升区属中医类医院和基层中医药服务能力，促进中西医结合医院创新发展。全力开展国家卫生城区、国家食品安全城市示范区创建工作。助力冬奥会筹备，大力普及发展冰雪运动，开展丰富多彩的全民健身活动，提高群众身体素质和健康水平。

（五）全面深化改革，着力激发内在发展动力

聚焦供给侧结构性改革，坚持问题导向抓重点、关键突破带全局、结果导向求实效，扎实推动重点领域和关键环节改革。

持续深化简政放权、放管结合、优化服务改革。一是切实加大“放”的力度。继续精简下放行政审批事项，全面清理规范非行政许可审批事项和行政审批中介服务。积极推进商事制度改革，深化企业登记全程电子化全国试点。二是切实强化“管”的能力。探索包容有效的审慎监管方式，规范引导新业态新模式健康发展，推广随机抽查，规范事中事后监管，不断提升区政府管理效能，确保管得准管得好。三是切实提高“服”的水平。提高政府服务与社会需求相匹配的精准度，深入推行“互联网+”政务服务，深化“同区通办、三级联动”便民服务体系，推广“创业会客厅”政务服务模式，引导更多社会力量进入公共服务领域，逐步开放政务服务信息资源，支撑“诚信海淀”建设并催生新产业。稳步推进环卫、园林绿化、道路养护等事业单位改革。

深化经济领域重点改革。一是探索投融资模式创新。促进民间投资健康发展，推进政府和社会资本合作，积极应用我区科技创新企业的新技术新产品新服务，在公共服务、基础设施、生态环境等重点领域形成一批典型应用案例和示范带动项目。二是深化区属国有企业改革。通过重组、升级、新设等方式构建功能板块，优化国有资产布局结构，完善国有资产监管体系，强化国有企业推动区域经济发展的主力军作用，形成承担海淀发展新任务的国资体系。三是深化财税体制改革。完善跨年度预算编制方式。认真落实国家税收优惠政策，降低企业成本，不断激发企业活力。

向农村地区配置关键发展要素，全面推进城乡一体化发展，加快城市化进程。一是强化产业支撑。探索实施好“特色小镇”“一镇一园”建设，促进空间高效集约利用，推动集体经济转型升级。二是基础设施带动。加快推进农村地区市政道路、教育医疗配套设施、生态景观等重点工程建设，为农村地区发展奠定基础、创造条件。三是延伸城市服务管理。以城区标准持续开展农村环境建设，做好腾退回迁安置社区治理，加快推动传统农村社区向现代城市社区过渡，不断提升农村地区公共服务供给水平。四是体制机制保障。深化集体经济产权制度改革，不断完善农资监管体系，有序推进具备条件的镇村整建制农转非。

深耕海淀发展的文化土壤，提升文化软实力，强化对区域发展的“硬支撑”。一是广泛开展精神文明建设。树立“海淀榜样”，引领道德风尚，在我区形成践行弘扬社会主义核心价值观的生动体现和独特表达，有力凝聚起“共建

核心区、奉献在海淀”的广泛共识和磅礴力量。深入开展家庭文明建设，推动形成区域社会主义家庭文明新风尚。二是提升公共文化服务能力。紧贴群众文化需求，统筹利用区域优质文化资源，打造集数字文化馆、数字图书馆为一体的海淀公共文化服务平台，提升惠民文化活动品质，加快建设国家公共文化服务体系示范区。三是营造良好的创新文化氛围。支持具有海淀特色和风格的文化精品创作，讲好“海淀故事”，引领各类创新主体服务国家创新发展战略的价值观念和价值导向。不断提高科普服务能力，在提升市民科学素养的同时切实增强全社会的核心区意识。四是加强历史文化保护和发展。大力推进以“三山五园”历史文化景区为核心的西部历史文化带建设，服务保障好故宫北院区、中国佛学院、中国国家画院等重大文化项目建设，彰显城市人文魅力。五是增强文化创新的驱动作用。深入实施“文化+”战略，促进文化与科技、教育、旅游等产业融合发展。组建区属国有文化旅游公司，推动重大文化项目建设和资源资产专业化市场化运营。

各位代表：新一届区政府即将产生，面对新形势新任务新要求，需要进一步加强政府自身建设。要坚定正确的政治方向，切实增强政治意识、大局意识、核心意识和看齐意识，更加自觉地在思想上政治上行动上与以习近平同志为核心的党中央保持高度一致，坚决维护党中央权威，全面落实中央、市委市政府和区委的各项决策部署。要认真执行区人大及其常委会的决议和决定，主动加强与区政协的沟通协商，认真听取各方面意见，自觉接受各方面监督，切实办好人大代表、政协委员建议提案，不断加强和改进区政府工作。要深入贯彻国家法治政府建设实施纲要，严格依法履职尽责，加强重大行政决策事项事前征求意见、专家论证、风险评估和合法性审查工作，严格规范公正文明执法，强化区政府工作人员的法治思维，提升依法行政能力。要严格执行中央八项规定和市区贯彻意见，继续引入第三方机构开展群众满意度测评，坚持不懈改进作风；按照全市深化国家监察体制改革试点工作整体部署，深入推进党风廉洁建设和反腐败斗争，有腐必反、有贪必肃。要坚持务实勤政，不断提升区政府服务管理效能，切实提高解决复杂问题、推动创新发展的能力，使区政府各项工作不断取得新成效。

各位代表：美好的蓝图由奋斗和实干绘就。让我们紧密团结在以习近平同志为核心的党中央周围，在市委市政府和区委的坚强领导下，以更加坚定的信心、更加昂扬的斗志，为加快建设全国科技创新中心核心区而努力奋斗，在建设创新型国家和国际一流和谐宜居之都的伟大征程上谱写海淀的崭新篇章！

专 文

海淀深化科技创新改革
加快全国科技创新中心核心区建设

中共十八大明确指出，科技创新是提高社会生产力和综合国力的战略支撑，必须摆在国家发展全局的核心位置。海淀区作为全国科技创新中心核心区，近年来深入落实创新驱动发展战略，围绕产学研用协同创新体系是关键、体制机制创新是动力、创新要素聚集是基础、人才特区建设是根本、科技金融创新是推手、重大科技成果转化和产业化是载体的基本认识，按照“市场主导、政府引导”工作原则，通过深入推进科技创新领域改革，持续搭平台、聚人才、建机制、出成果，着力加强创新和新经济发展全链条的组织与服务，着力优化“双创”生态环境建设，着力将科技创新资源优势转化为经济社会发展的综合竞争优势，努力探索一条具有海淀特色的科技创新之路，为北京建设全国科技创新中心做出应有贡献。

一、改革做法与成效

（一）区域协同创新体系迸发新活力

协同创新是创新型国家提升自主创新能力的新模式。海淀区充分发挥资源优势，在搭建产学研用协同创新平台，促进企业、高校、科研院所、军地之间的交流合作，有效推动科技成果转化和产业化方面进行了新探索，为构建以企业为主体、市场为导向的区域协同创新体系开辟了新途径。

构建新型产学研用协同创新载体。北京协同创新研究院是海淀区联合北京市科委推动高校院所与高科技企业共同组建的市场化、平台型、开放式的先进技术研究机构。2014 年成立至今，累计吸引社会投入 7.5 亿元，先后启动“仿真软件”“外骨骼机器人”“兆瓦级超临界二氧化碳热泵”等 134 项具有世界领先水平的重大项目，其中 92 个项目成果实现转化，设立公司 47 家，2016 年实现销售额 2.6 亿元。

推动区域高科技成果就地转化。建立健全重大项目发现、筛选、支持与跟踪服务的流程和机制，完善项目落地服务和审批绿色通道机制；通过政府采购、补助、贴息、股权投资等多种方式，加快促进重大项目落地和重大科技成果产业化。例如，海淀区联合社会资本设立北京协同创新母基金等一批成果转化基金和孵育基金。截至目前，海淀区累计设立参股基金 39 支，直投基金 1 支，撬动社会资本 143 亿元，放大财政资金 5.7 倍，强力推动了创新成果与产业的对接。

军民融合创新发展迈出新步伐。发挥驻区部队、军工企业聚集优势，搭建军民融合企业创新创业、军民技术双向转化、军民融合展示交流等平台，建设北理工军民融合创新园、中关村军民融合产业园、玉泉慧谷信息安全产业园三大园区，探索军民深度融合创新发展新模式，持续挖掘释放军民融合创新潜力。

（二）创新创业服务体系逐步完善

作为首批国家“双创”示范基地，海淀区围绕服务“双创”，统筹推进政务服务模式创新，搭建创新服务平台，完善创业孵化体系，强化知识产权保护，促进技术交易，加强高端人才服务，全面构建更加完善、更富活力、更有效率、能够支撑区域持续创新发展的创新创业生态系统。

首创中关村创业大街“创业会客厅”模式。中关村创业大街“创业会客厅”是一站式动态移动式创新创业服务平台，在全国首创“政府政务服务 + 社会专业服务”，线下设有 6 个服务窗口，主要提供工商登记、变更和注销，政策咨询与申报、知识产权、财务法务等服务。同时，采用“互联网 + 双创服务”的模式，打造创业会客厅线上平台，服务促进延伸和拓展。自 2015 年 3 月正式运营以来，创业会客厅线上线下融合了来自政府、社会 200 多个服务机构的千余项服务，接待超过 1 万次的创业咨询，为 3000 余家企业提供了专业服务。

建立中关村协同创新服务平台。中关村协同创新服务平台作为海淀区联合高校院所建立的科技创新与成果转化一站式服务平台，集聚各领域专家 400 余人、各类服务机构 600 余家、会员企业超过 1650 家、汇集技术成果 6000 余项、累计促成创新服务交易超亿元。

全链条创业孵化体系进一步完善。支持创新型孵化器和加速器发展，探索“创业投资 + 专业孵化器”孵化模式，涌现出创新工场、车库咖啡等一批新业态的创业孵化机构，形成孵化—加速—产业化的全程服务链条。以创新创业打造经济社会发展新动力，连续两年举办中关村创新创业季，完善创业服务机构间协同服务机制，帮助创业企业实现孵化链条间的自由流动。截至目前，海淀区共有孵化器 95 家，孵化企业总数达 1.4 万家。

营造良好的知识产权保护环境。推动全国首家知识产权法院——北京知识产权法院落户海淀，成立全国首家知识产权众筹平台——望远知识产权众筹平台，推出国内首个知识产权质押融资产品——智融宝，推动国内首家知识产权服务与创新创业主题书店——智慧书堂落户海淀，积极探索知识产权管理体制改革，高标准建设国家知识产权示范城区，全面提升区域知识产权的创造、管理、保护和运用能力，助推和保障区域创新发展。

全力打造科技成果交易核心区。中国国际技术转移中心集聚120多家知名技术转移机构，组织高端国际技术转移活动150余场，促成国际技术转移项目154项。海淀区技术合同成交额中技术输出的成交额占比约为75%，其中输出津冀地区的成交额增长迅速，创新辐射能力不断提升。

优化创新型人才培养和引进的体制机制。落实公安部支持北京创新发展的20条新政，实现公安部中关村外国人永久居留服务大厅落户海淀。重点面向外籍高层次人才、外籍华人、创业团队外籍成员和外籍青年学生四大类外籍人才推送政策。截至目前，中关村外国人服务大厅已接待各类咨询近万人，正式办理涉及新政的申请超过1600人，办理量逐月攀升，月均递增达30%。2016年，大厅办理绿卡申请598人（通过新政办理申请364人），460人获得绿卡；其中，最受关注的“绿卡直通车”政策（外籍高层次人才永久居留）办理申请265人，有155人获得绿卡。

（三）产业跨区域有序转移机制初步建立

深入贯彻《京津冀协同发展规划纲要》，推动产业向周边地区有序转移。

加快建立产业有序转移和利益共享机制。落实和完善兼顾产业输出地、输入地和企业等多方利益的4：4：2的共享机制，确保区域一体化发展进程中形成紧密可持续的利益共同体。海淀园秦皇岛分园运营两年来，已落地项目80余个。

推动建立跨区域产学研合作和资源整合机制。依托产业联盟和孵化器跨区域整合科研资源，加速科技成果转移转化。支持中科院秦皇岛成果转化基地建设，先后吸引中科院遥感所、地理所、自动化所、过程所、信工所等12家科研院所的19个项目入驻，成立了16个实体企业和3个所企共建平台，有力推动了区域科技成果转移转化。

探索建立京津冀地区市场资源共享机制。建立健全以市场为导向的合作机制，促进相互间开放市场，统筹推进新技术、新产品推广应用，推动承接地科技创新发展和智慧城市建设。采取品牌换空间、市场换资源、合作建园区等多种形式，强化与秦皇岛等地合作，积极推动与津冀产业对接，共同打造具有全球影响力的跨区域产业集群。

加快在津冀地区复制中关村创新创业生态系统。支持秦皇岛建设“e谷创想空间”，参照中关村孵化运营模式，为早期项目和初创企业提供开放办公、早期投资、产业链孵化等服务，孵化面积3万平方米，在孵项目68个。合作共建北京（海淀）留学人员创业园秦皇岛分园，5家企业入驻。

积极促进创新要素自由流动。进一步提升核心区协同创新、创新创业、知识产权和技术转移等平台功能，推动人才、资本、技术等创新资源在京津冀地区自由流动、高效配置。

（四）科技金融综合改革不断推进

围绕加快推进国家科技金融创新中心建设，以并购资本中心和互联网金融中心建设为主要抓手，以投贷联动试点和外汇管理改革试点为主要突破口，不断加快科技金融创新步伐，着力打造科技金融领域制度创新先行示范区。

全面启动全国并购资本中心建设。抓住全球新一轮并购浪潮的机遇，研究出台《关于建设中关村并购资本中心的实施意见》。以中关村西区为主要空间载体，打造中关村并购资本中心，聚集国际、国内知名并购基金和从事并购相关业务的中介服务机构。会同大河资本、海国投发起设立总规模达300亿元的中关村并购母基金，带动社会投资2000亿元，支持高科技企业开展全球范围内的资本并购，加快提升北京配置国际创新资源的能力。

加快推进互联网金融中心建设。实现中关村互联网金融服务中心落地，互联网金融服务平台不断丰富。大力推动数字普惠金融发展，支持传统金融业借助互联网技术创新提升服务，支持互联网支付、网络借贷、众筹融资、大数据金融等规范健康发展。

率先开展投贷联动试点。联合市银监局、市金融局、中关村管委会等部门研究投贷联动试点工作方案，探讨风险补偿分担机制方案，推动工商银行、农业银行、北京银行等金融机构与海淀区200多家高科技企业签署总额为20亿元的“本外币”集合授信与投贷联动合作协议。

深入实施外汇管理改革试点。企业境外并购外汇管理取得新突破，先后有8家企业享受政策优惠，外汇登记金额合计达2.9亿美元；外债宏观审慎管理试点成效显著，累计为64家企业办理122笔试点外债业务，试点企业境外融资总额达41.6亿美元，节约融资成本7.6亿元人民币，拓宽了企业跨境融资渠道，降低了融资成本。外商投资企业外汇本金结汇管理方式改革试点、境外投融资和返程投资管理便利化改革试点等改革成效显著。

二、经验启示

回顾近年来海淀区深化科技创新改革工作，取得了一定的成绩，总结经验，主要是把握住了“四个坚持”。

（一）坚持问题导向，瞄准深化科技体制改革主攻方向

习近平总书记明确指出，改革是由问题倒逼而产生，又在不断解决问题中而深化。海淀是科教资源密集区，也是率先触碰各类制约创新发展的体制机制政策束缚、开展先行先试的试验区。工作中确立的深化科技体制改革的所有“线索”，均来自驻区高校院所、央企、高科技企业甚至军工单位等创新主体的一线需求。海淀区始终坚持问题导向，把破解制约各类创新主体的体制机制障碍、激发创新创业活力作为改革的出发点和落脚点，着力强化科技同经济对接、创新成果同产业对接、创新项目同现实生产力对接、研发人员创新劳动同其利益收入对接，持续优化支撑创新的政策和制度环境。

（二）坚持上下联动，形成推动科技体制改革强大合力

深化科技体制改革是一项系统工程，大量的改革权限不在地方，需要中央、北京市及地方形成合力，才能确保改革

举措落地生根。例如，中关村之所以能够在外籍人才领域改革取得显著成效，主要得益于北京市积极争取公安部的支持，推出了20条新政，海淀区在推动中关村外国人永久居留服务大厅落地等方面积极配合。

（三）坚持示范引领，发挥中关村先行先试的辐射带动作用

习近平总书记在中关村“9·30”讲话中明确指出，面向未来，中关村要加大实施创新驱动发展战略力度，加快向具有全球影响力的科技创新中心进军，为在全国实施创新驱动发展战略发挥示范引领作用。海淀作为全国科技创新中心核心区，深化科技体制改革的重要目的，既要为核心区发展注入强大改革动力，又要切实承担起率先探索形成可复制可推广的改革经验的重任。近年来，中关村“1+6”“新四条”等先行先试政策逐步推向全国，未来海淀区还会进一步加快先行先试步伐，当好全国科技体制改革的排头兵。

（四）坚持敢于担当，争当全面深化改革的推动者

当前，科技体制改革已经到了啃硬骨头、打攻坚战、涉险滩、闯急流的关键时期，重要领域和关键环节的改革矛盾更多、困难更大，牵一发而动全身。这就需要地方遇到矛盾不回避，碰到困难不退缩，面对责任敢担当，以更大的政治勇气和智慧，更有力的措施和办法推进改革，方能取得决定性的成果。

三、下一步工作思路

当前，加快建设全国科技创新中心是新时期党中央、国务院赋予北京的重大战略任务，也是北京服务国家发展的重大历史使命。北京市建设科技创新中心的主战场是“三城一区”，其中中关村科学城是北京建设全国科技创新中心的重中之重。加快建设全国科技创新中心核心区，既是海淀的机遇与挑战，也是海淀的责任与使命。下一步，海淀区将重点聚焦推进中关村科学城建设，按照突出重点、体现特色、务求实效、示范引领的总体思路，着力推进六项改革任务。

（一）聚焦推动中关村科学城体制机制创新

推动完善中关村科学城建设协同推进机制，依托中关村科学城专项办平台，探索建立与中央单位、驻区高校院所、市区相关部门之间的创新资源对接机制、重大项目会商机制、储备项目动态更新机制和战略咨询机制，形成上下联动、区域统筹、高效有力的科学城工作推进机制。

（二）积极推进知识产权综合管理改革

争取率先开展知识产权综合管理改革试点，研究组建集专利、商标、版权于一体的综合行政管理部门，探索构建“三合一”的知识产权行政管理和执法体制。积极推进专利审批制度改革，积极向国家知识产权局申请开辟发明专利申请审批绿色快速审查通道，缩短发明专利审查时间，促进知识产权创造。

（三）探索建立市场化的基础研究和前沿探索引导机制

联合北京市自然科学基金、北京协同创新研究院等，通过启动运营原始创新引导基金等市场化方式，引导高水平科研团队研发具有引领性、带动性的原创技术，涵养核心区原创性、颠覆性技术和战略性新兴产业不断涌现的源头活水。

（四）继续加快产业组织创新

创新政府引导基金、股权投资基金的支持方式，持续推进跟联投，建立标准化的基金受托管理体系，加快构建覆盖基础研究、应用技术研究、成果转化产业化、产业并购在内的全链条、全生命周期、产融结合的“海淀创新基金系”。聚焦人工智能等新兴领域新设立一批产业发展基金，为产业发展添加动力。

（五）持续推进军民融合发展体制机制改革

建立健全军民科技信息交互长效机制，依托军民融合产业园整合军民融合创新资源，建立健全军地对接服务平台，完善军民先进技术发现、对接、验证及成果转化对接机制。结合国家全面实施改革强军战略，在军民技术双向转移转化、网络信息安全和信息化军民融合深度发展等方面积极争取军民融合改革试点，探索建立统一的军地双方评价体系和标准体系。

（六）有序推进投贷联动试点等科技金融领域改革

加大对投贷联动等金融创新产品的推广力度，研究投贷联动风险补偿模式，推动市区两级出资建立投贷联动风险资金池，有效降低银行开展投贷联动业务的风险。

（崔述强　中共海淀区委书记）

海淀领舞“双创”潮

——中关村创业大街调研报告

2014年6月，中关村创业大街正式运营，开创了街区创新创业的先河。经过两年多的发展，创业大街已经初步成长为中国最具活力的创业资源门户和创新展示平台，引领全国“双创”发展。2017年1月，国务院办公厅对“北京市海淀区以建设双创示范基地为契机，促进经济发展提质增效”的典型经验做法给予了通报表扬。是什么吸引众多创服机构、吸引优秀人才到这创业？海淀统计局队成立课题组，深入运营机构、创服机构访谈，探究中关村创业大街的创新创业模式、特色和面临的问题，为进一步推动“双创”工作献计献策。

一、中关村创业大街现状

开街以来，在“政府引导、市场化运作”方式下，中关村创业大街迅速成长为中国“双创”地标，初步具备了吸引全球高端创新创业人才、集聚高端创新创业服务要素、孕育产生关键颠覆性创新的功能和实力。

（一）聚集了一批具有双创带动能力的创服机构

两年间，中关村创业大街入驻的创业服务机构由最初的11家增加到45家。车库咖啡、3W咖啡、36氪、联想之星、清华经管创业者加速器、创投圈等新型创服机构均在中关村创业大街落地。街区平均每周举办近30场活动，累计举办活动超过1500场，累计入孵创业团队1000个，超过100个海外团队；合作投资机构超过2500家，有483个团队获得融资，融资额达33.88亿元。

（二）汇聚了一批提升国际创新地位的全球双创资源

近两年，中关村创业大街积极引导全球创新创业资源集聚和重组，与大型跨国公司形成战略合作关系，与其他国家服务机构联合开展跨境孵化，促进中关村更加主动地获取、利用全球创新创业资源，提升中关村在全球创新中的网络位势。2016中关村创新创业季吸引了来自以色列、美国、德国、芬兰、瑞典、瑞士等19个国家和地区的716家机构。大街还与英特尔以联合众创空间、线上创新中心、创投与产业孵化“三级推进”模式，提供从创想到创客、从创新到创业的全程价值输出。

（三）涌现了一批具有高端技术水平的创业项目

多元化服务促使中关村创业大街孵化的优秀创业项目迅速成长，出现一批细分行业领跑者，成为中关村创业大街创新发展的新名片。旷视科技成立于2011年，自主开发人脸识别、图像识别技术，2012年获得中关村创业大街入驻机构的天使投资后发展迅速，短短两年时间成为全球最大的人脸识别平台，其技术目前处于世界领先水平。2014年成立的麓柏科技（NetBRIC）从大街获得融资、创业指导后，研发出全闪存软件定义云存储系统产品，成为全球首款针对云计算市场全新开发的商用存储产品。此外，微纳芯、诺亦腾等一批创业企业，在这条有数十家创业投资机构、孵化机构的大街上获得了大量创新资源，快速成长为行业领军企业。

（四）形成了一套具有引领示范能力的创业服务生态

作为全国双创风向标，两年来中关村创业大街创业服务生态也由最初的“一杯咖啡”发展到“以资本驱动为纽带，实现技术、资本、项目等创新要素开放式循环流动”的全链条创服生态体系。目前，街区内各类创服机构在服务模式、发展方向逐渐明朗之后，开始通过资源互置，平台间深度合作，进行资源整合，优势互补，放大服务触角。街区这种多元化的创业服务生态具有较强的引领示范作用。

二、中关村创业大街创新创业模式分析

优质服务、巨额资金、前沿技术和大量人才聚集在中关村创业大街，产生了良好的互促，使街区内形成了较为完整的创新创业生态圈。依托独特的管理和服务模式，以及创服机构总部集聚等内外优势，使街区“领舞”全国双创的发展。

（一）中关村创业大街的管理和服务模式

1. 运营模式——市场化运营和管理，打造“平台的平台”

遵循“政府引导、市场化运作”的总体思路，海淀置业和清控科创联合成立北京海置科创科技服务有限公司，对中关村创业大街进行公司化运营。公司以创业企业的需求为导向，整合全球范围内的服务资源，以“创业投、融资+创业展示”为核心功能，开展创业交流、创业会客厅、创业媒体、专业孵化、创业培训五项主要工作。其中“创业会客厅”在全国首创了“政务服务+专业服务”模式，联合政府部门及100余家专业服务机构，构建“线上+线下”的服务，为创新创业企业提供工商注册、孵化服务、政策咨询、投融资对接、法律服务、财务管理等八大模块40余项专业服务，打造快捷、高效、优质的一站式创新创业服务平台。

2. 服务模式——多元化引入创服机构，全面服务创新创业发展

中关村创业大街先后入驻了45家创服机构，根据其成立的背景可分为咖啡系、创客空间系、企业平台系、高校系和投资机构系等，不同类型的创服机构其服务模式不同，选择的行业和项目也有差别。这种差异化的运营和服务引导着不同的双创企业发展（见表1），同时也形成了大街自身独特的风格。

表 1 中关村创业大街创服机构分类汇总

机构分类	服务模式	主要特点	适用人群	典型机构
创业咖啡系	工位＋创业服务＋投融资对接	创立门槛较低、背景多元化	缺乏办公场地、需要广聚人脉的创客	车库咖啡、3W 咖啡、binggo 咖啡等
创客空间系	资源集合＋会费＋众筹	低成本、便利化、全要素、开放式	产业链较为复杂、技术门槛较高的创业团队	硬创邦、创业邦、天使空间、创客全球、硬派空间等
企业平台系	技术平台＋产业资源＋投资	大型科技企业主寻，着眼于先进技术突破和创新	需要企业平台资源的创业者	联想之星、京东 JD＋开放孵化器、和管天下、药明康德等
高校系	校内资源＋办公场地＋培训＋导师	高校资源、校友圈资源特色突出	在校师生、校友及其他创业者	清华经管创业者加速器、北京大学创业训练营
投资机构系	投资＋导师	大创投机构和基金主导居多，项目筛选严格	创业项目符合所属投资机构投资方向的创业者	创投圈、联创投资、红杉资本、伙伴创投、初心资本、天天投等

在服务模式上，通过创服机构的差异化服务形成了中关村创业大街对创新创业企业的全链条服务。不同的创服机构聚集在创业大街上，在服务方面差异化，在具体工作方面有分工，使得他们也就是创业大街形成了从项目初选到产业化发展的全链条一体化创业孵化服务体系，对处于不同发展阶段的企业，均可提供服务。车库咖啡、3W 咖啡的孵化项目主要处于创业发展的种子期、初创期，其所提供的服务也是以早期的孵化服务为主，而联想之星、清华经管创业者加速器主要的孵化项目在创业发展的成长期或成熟期阶段，其所提供的服务也是中后期的孵化服务为主。创投圈作为国内顶级的投融资平台，运用互联网平台汇聚国内最活跃的顶级投资人和大量早期创业项目，同时提供项目筛选服务，推荐好项目给投资人。

在孵化行业上，依托机构自身的背景和资源聚焦于前沿发展领域。大街上的创服机构在选择创业产业类别时，通常都依托自身背景和资源优势。整体来看，大街孵化的项目和技术聚焦于前沿发展方向。联想之星主要专注于 TMT、医疗健康等领域，积极布局人工智能、智能机器、互联网改造传统产业等前沿领域。清华经管创业者加速器搭建分享经济与社群经济、大健康和人工智能等领域的创新创业走廊，为这些领域的创业者和他们的创业项目成长服务。3W 咖啡作为一个运营高质量互联网的圈子和创新型创业孵化器的机构，主要面向互联网创业者。车库咖啡帮助创业团队整合资源，为互联网、教育等十多个行业的创业者提供创业孵化服务。

在项目准入上，高标准筛选创新创业项目和人才。从创业大街运营方看，除选择高质量的创服机构入驻外，还很注重培育有潜力的创业型创服机构。从创服机构方看，其对创业项目和创业团队的筛选较为严格，非常注重创新创业管理团队能力、商业模式有效性及核心技术竞争力等方面。联想之星、清华经管创业者加速器等创服机构通过创新创业教育和培训，选择有潜力的项目和创业团队进行深度孵化。

（二）中关村创业大街的创新创业特点

特点一：优质双创要素集聚，推动“资源汇集模式”引领

中关村创业大街位处中关村核心区——海淀，人才、科技、资本的数量和质量均在全国遥遥领先。从人才看，海淀拥有以北大、清华为代表的高等院校 83 所，在校大学生人数占北京市一半以上；中国科学院和中国工程院两院院士 582 人，占全国的 37%。从科技资源看，海淀拥有以联想、百度等为代表的国家高新技术企业 6000 多家，占全国的 1/10；国家重点实验室、国家工程研究中心、国家工程技术研究中心、国家级企业技术中心占全国的 1/8。从资本资源看，全国 80% 的天使投资人活跃在中关村，披露的创业投资案例和金额占全国 40% 以上。多种优质资源的集聚，进一步强化了各类资源的黏合度，使得各种优质的创客、资本等资源以更高的效率向街区集聚。

特点二：创服机构总部集聚，辐射带动全国双创发展

中关村创新创业大街呈现出明显的双创产业总部经济特征。大街上的创服机构以总部为主，大都在其他城市建立了分支机构，形成了“以中关村双创大街为源头，辐射全国”的服务业务格局。例如，车库咖啡在合肥、珠海等 7 个城市设立了分支机构；3W 咖啡在深圳、广州等 10 个城市设立了分支机构；联想之星在苏州、旧金山等 2 个城市设置了分支机构。这种总部经济的模式充分利用了分支机构所在地的土地、成本优势，以及总部所在地密集的人才、信息、技术资源优势，有效降低了企业资源配置的成本。

特点三：创服机构多元化，推动“多维协同服务模式”引领

中关村创业大街不同类型的创服机构已经形成多元化

布局，对于不同背景、不同行业的创业者，在企业成长初期所需要的各种服务，都有相应的机构能够进行专业指导。例如，创业者可以和街区各家创服机构进行线上投递和深度沟通，在双向选择的过程中确定入驻机构；联想之星可以为入选的创业者进行专业的创业培训；创投圈可以为创业者提供新一代的投融资交流平台；创业者还可以在黑马全球路演中心进行创业项目展示和推广。可以说，街区内各家双创服务机构在开放的氛围中已经形成了多维协同的服务模式。

特点四：产业升级前瞻性，推动“成果定位模式”引领

从资源优势和面向全球的双创中心的定位出发，街区的创新创业方向更加面向国家的重大需求和全球行业发展尖端，其双创成果对于推动行业转型升级更有效。2016年成功落地孵化的英国项目 Medical Realities 是人工智能新技术在医疗领域应用的先驱；美国项目 5D Robotics 智能交通系统实现了敏感度和精度的国际突破，这些均反映了街区双创的国际化和全球产业尖端这一特色。通过培育前瞻产业，街区实现对全国双创的成果定位引领。

特点五：专业化公司管理运作，推动“街区管理模式”引领

由企业（海置科创）对中关村创业大街进行专业化运营，是街区运行管理模式的重要特点。一方面，企业在运营管理方面的专业性和敏锐度，能够即时维护街区良好发展环境，第一时间发现街区各类型企业和机构存在的问题，协调各类型产业要素的构成比例，从而使街区发展朝预定方向发展。另一方面，由于管理方拥有国有企业背景，与政府之间关系密切，使其能根据所在地区的发展规划及时调整街区运营策略，同时，可以更有效地搭建创业者、服务机构和政府间的沟通协商平台。通过街区管理的市场化运营，街区实现对全国双创产业的管理模式引领。

特点六：政策体系完备稳定，推动“政策支持模式”引领

双创产业本身具有较高的风险性，对于政策的变动极为敏感，透明与稳定的政策更有利于创业创新活动。海淀区在双创扶持的政策上具有公开性、稳定性和落实能力强等突出特点。从政策的涉及面看，针对创业者，在项目资助、贷款贴息与房屋补贴、配偶安置与子女教育、医疗与社保等方面，均有稳定明晰的政策；针对创服机构，推出了科技中介与科技平台、科技金融机构、创业孵化服务机构的相关政策。通过政策制度的规范建设，街区实现了对全国双创产业的政策引领。

三、国内外经验借鉴

（一）国内典型创新创业街区成功经验

综合考虑地理位置、资源禀赋等创新要素，我们选择深圳湾创业广场和杭州梦想小镇进行对比分析（见表2），以找出街区成功的关键，进一步推动海淀创新创业事业的发展。

表2　**中关村创业大街与国内典型“双创”街区情况对比一览表**

街区	中关村创业大街	深圳湾创业广场	杭州梦想小镇
创建时间	2014年6月	2015年6月	2015年3月
地理位置	位于中关村西区核心位置	位于深圳软件基地，为一条商业步行街	位于杭州余杭区未来科技城的仓前区域
创服机构	车库咖啡、3W咖啡、Binggo咖啡、飞马旅、36氪、创投圈、联想之星、天使汇、清华经管创业者加速器等专业创服机构入驻街区	联想之星、3W咖啡、京东智能、中美创投、创新工场、“北斗+”众创空间等国内外一流专业孵化及创业服务机构	500 Startups、36氪、plug & play、苏河汇等国内知名孵化器
融资机构	创投圈、中国投资人中心、怡仁融创等11家	天使汇、大家投、众投邦等23家科技金融服务机构	光大资管、草根投资、PA基金等金融机构
融资总额	33.9亿元	—	30.3亿元
创业项目	拉勾网、Face++、微纳芯、诺亦腾、伏牛堂等一批优质创业企业	思必驰、悦动圈、爱范儿、多有米、新众玩、安煋车联网、美吧秀、超级猩猩等一批明星创业项目	游菜花、图片社交平台in等一批优质孵化项目
发展思路	重点打造“创业投融资+创业展示”两大核心功能，以及“创业交流+创业会客厅+创业媒体+专业孵化+创业培训”五大重点功能	以创业企业的需求为导向，致力于构建完善的创业生态，打造集“3+6”功能于一体的全链条创业服务体系	互联网创业小镇和天使投资小镇双镇联合
重点领域	科技创新领域、新兴产业	互联网、智能硬件等	电子商务、软件设计、大数据、动漫设计等

1. 政府的支持是推动创业街区发展的有力保障

政府的引导和支持能够更好地营造创新创业生态环境，激发群众创造活力。通过对三地发展分析发现，政府都给予了街区大力支持。深圳湾创业广场在深圳市政府的支持下，由深投控、深圳湾科技公司打造了集聚创新创业创客创投的“四创联动”主题街区。杭州梦想小镇是在浙江省、杭州市大力发展信息经济的背景下，依托杭州未来科技城，推出了一系列创业优惠政策，打造的创新资本集聚高地。

2. 优越的地理位置及创业环境是创新创业的核心要素

创业街区的地理位置对于街区的发展及创新创业的发展至关重要，优越的地理位置有利于集聚各类创新创业资源，优越的创业环境有利于持续推动创新创业发展。深圳湾创业广场位于深圳软件基地，优越的地理位置和良好的创业环境实现了运营与创业投资的完整闭环。杭州梦想小镇位于杭州余杭区的未来科技城，小镇的创业、生活环境一流，但创业成本却相对较低，建立了完善的创业环境，适宜互联网创业。

3. 独具特色的资源优势是促进创新创业发展的必要条件

优势资源集聚是形成区域创新创业发展特色、建成创新创业特色街区的重要因素。深圳湾在专业化的运营以及众多高端服务机构提供高质量创业服务的支持下快速发展，其创投资本雄厚，而且资金来源多元化，对推动创新创业的发展有着极其重要的作用。互联网创业、培育互联网企业是梦想小镇创新创业最大的特色。

中关村创业大街与国内的其他街区相比，都有国企和政府的大力支持，地理位置都十分优越，都汇聚了最具代表性的创业服务机构，并拥有丰富的创业资源。同时三者都有各自的特色，中关村创业大街的高校资源更加突出，深圳湾创业广场的资本投资资源、杭州梦想小镇的互联网行业资源更加具有优势。

（二）硅谷创新创业经验借鉴

硅谷有一个综合性的、开放并且具备持续自主演化能力的科技创业生态系统，其成熟、先进的科技创新创业体系是其竞争力和创造力的源泉，对中关村创业大街未来的创新创业有积极的借鉴意义。

表 3 **中关村创业大街创新创业与硅谷的情况对比一览表**

	要素	硅谷	中关村创业大街
创新创业环境	孵化环境	以民间孵化为主，产业链完善，孵化配套体系健全	以创业企业的需求为导向，以全球范围内的服务资源整合为基础
	融资环境	公平竞争和合理分配的市场机制，发达的风险投资和股权激励机制	融资环境逐步完善，但风险投资易受资本市场及政策导向影响
	人才环境	以斯坦福大学为代表的大学和科研机构	以北京大学、清华大学及中国科学院为代表的高校和科研院所
投融资机制	资本投入	多元化的资金来源渠道，私人资本占据了主导地位	风险投资等各类创业投资发展较快，但与硅谷相比还有差距
	运行机制	开发一个成熟的项目，有多个承担者，项目的投资运行机制成熟	获得资金难度较大，获得资金后管理使用资金的经验缺乏
	退出机制	拥有成熟的风投退出机制和途径	上市融资的障碍较多，创业企业上市难度较大
科研资源	高校资源利用	周边发达的教育体系推动着硅谷的成长，不仅提供多层次的创新人才，还提供了能够通过市场转化为效益财富的科技创新成果	高校资源丰富，但提供的创新基因仍然有限
社会服务	知识产权	健全的知识产权保护制度	知识产权保护意识相对有差距
	中介服务	完善的中介服务体系	中介服务完善，尚未形成专业化体系
	法律环境	良好的法律环境和市场环境	法律服务环境基本形成

1. 与高水平大学的良性互动是成功的关键

高校资源是硅谷和中关村创业大街都具有的特色资源。与斯坦福大学科研和产业“联姻”，在几代创业者们的努力下，硅谷逐渐成为科技创新创业的沃土。强大的高校资源不仅为硅谷提供了多层次的创新人才，还提供了能够通过市场转化为效益财富的科技创新成果。为鼓励创业和成果转化，斯坦福大学和硅谷联合出台了很多鼓励政策，科技成果转化率极高。

2. 完善的科技金融服务链和投融资机制是重要支撑

资本投入方面，硅谷的投资包括政府直接出资和大公司的风险基金，也包括金融机构贷款和个人资本等民间资本，私人资本占据了主导地位，资本投入灵活而且多元化。运行机制方面，在硅谷开发一个成熟的项目通常需要多个承担者，项目推进的过程中有标准化的投资机制制约。退出机制方面，硅谷的创业资金拥有成熟的风投退出机制和途径。

3. 符合创业规律的社会服务体系是有力保障

社会服务体系能为技术转化和产业化提供信息、技术、人才和资金等多角度、多层次的服务。硅谷拥有高度发达的创业服务体系，包括成熟的知识产权体系、中介机构服务网络和法律服务体系等。硅谷的企业对知识产权方面的问题非常重视，政府先后制定了多部法案，有效推动了本土的基础研究和技术转移。硅谷为创业企业在各个阶段的发展都提供了必要的中介服务，极大地提高了创业成功率。硅谷所在地方政府注重营造公平竞争的法律环境，有大量分工明确的从业律师，为科技创业活动提供了法律保障。

四、创新创业面临的问题及进一步推进的建议

通过对街区的调查研究和国内外的对比分析，我们发现街区的“双创”工作仍面临一些困难。这些困难中有的是街区发展存在的个性问题，有的是全区创新创业需共同关注的问题。可以从如何利用区域高校资源、如何推动加速器发展等方面入手，进一步推动区域创新创业水平，保持海淀创新创业的领先地位。

（一）面临的主要问题

1. 创服机构盈利情况有待改善

街区上的创服机构收入的主要来源有三个：赚取房租差价、对外出售注册地址和争取政府补贴①，少数机构能够从孵化项目获取投资收益。目前，只有少数机构能够实现盈亏持平，其余多数仍处于亏损状态，需依靠外部融资来支撑运营。盈利困难的主要原因有两个：一是大多数创业项目成功率并不高，而且培育期和回报期较长，要想从项目孵化中获取投资收益仍比较困难。二是创服机构的运营成本仍然较高，目前房租虽然已经低于市场价一半，但是仍占据机构运营成本的1/3～1/2。

2. 技术创新水平有待提升

当前虽然大街已经涌现出一些具有高端技术水平的创业项目，但总体来讲，大部分创业项目还是停留在App、O2O等商业模式创新的层面上，主要是针对消费端，抓用户量、抓眼球，缺乏技术创新能力强的团队，缺少核心技术和深度技术。相比美国、以色列等创新强国，国内创业者中技术出身的并不多，甚至原本做技术的创业者也去做模式创新的创业项目。

3. 创新创业服务链条需要加快拓展

海淀区在创新创业服务的整个链条中更侧重于创业初期的孵化和培育，在后期的加速和落地阶段仍有待进一步拓展。一是缺乏促进企业进一步成长的加速器。据统计，中关村核心区共有各类创业服务机构百余家，科技企业加速器只有7家，而高成长企业更需要能支持研发成果转化、能为企业快速扩张提供服务和空间的加速器。二是创业企业与产业园区之间的对接渠道还不顺畅。当前不少从创服机构毕业的企业难以在海淀区寻找到合适的落脚点，只能去其他区或京外寻找园区入驻。虽然政府部门已经出台了创业企业“落户”海淀的鼓励政策，但创服机构仍缺乏引导企业落地的手段。

4. 补贴机制需进一步完善

当前海淀区出台了对创服机构的鼓励和补贴政策，但仍需更加合理的利用，加大对优质创服机构的支持力度。目前各级孵化器的认定标准以“硬服务”为主，主要关注提供的工位数量、孵化场地面积、在孵企业数、毕业企业数等方面，如国家级孵化器认定标准及中关村孵化器管理办法中都明确提出满足孵化器场地面积的要求。但中关村创业大街部分优质创服机构的办公场地面积有限，难以达到相关标准。建议补贴政策应该更多关注于创服机构的“软服务”能力，如孵化项目的质量、投资机制、创业导师与孵化的后续支持机制等方面。

5. 科技人员的创业活力仍需进一步释放

释放人的创新创业活力和激情是进一步提升创新创业效果的核心要素。中关村周边有充足的创业人才资源，但目前利用的还不够，要进一步发挥人才资源优势，尤其需进一步落实高校、科研院所专业技术人员可离岗创业3年的政策，打通在基层单位落实的“最后一公里”上。海淀作为创新创业先发地区，可率先与相关部委、科研院所等机构联合制定具体办法、完善相关制度，鼓励和支持各类科研事业单位给予科技人员在市场中探索、试错的机会，充分发挥人才在创新创业的主观能动性。

（二）推进创新创业的政策建议

1. 继续鼓励建设专项孵化器和企业加速器

鼓励多元化的社会资本和大企业投资建设专项孵化器和加速器，修订和完善现有促进科技企业加速器的政策措施。依据重点行业自身特点鼓励建设行业型专项孵化器，深耕重点行业，提高对技术创新的孵化能力；在企业加速器支持政策中降低自有可支配场地面积在30000平方米以上的认定标准；提高按照实际出租面积给予加速器的补贴标准（现有标准为每天每平方米0.5元）。

2. 着力推动毕业企业落地海淀

着力优化服务，建立起“集中办公区—孵化器—加速器—产业园区”全链条服务体系。通过创新创业服务平台等形式，健全创业企业与孵化器、加速器、产业园区之间的对接渠道；建立海淀区产业地图，快速准确掌握各产业

① 政府补贴主要包括：中关村管委会认定的创新型孵化器可以获得80万～100万元左右，海淀园管委会有40万元左右的补贴费用，北京市科委认定的众创空间可以享受40万元左右的补贴。

园区的空间流转情况，打通企业和落地园区间的信息不对称障碍；统筹海淀区内产业用地，为产业发展腾退可用的空间资源。通过渠道的建立、创服机构的服务以及政府的政策宣传，帮助毕业企业在海淀区内找到合适的成长空间。

3. 改进对创服机构的奖励办法

对创服机构的评价应做到定量与定性相结合，应强化可持续发展能力、服务体系构建能力、链接与整合资源能力及与海淀区优势产业的融合、推动能力的评估，如创业导师机制、社会贡献能力、技术创新能力等。引导科技企业孵化器、加速器、众创空间等新型创业服务机构的健康发展，提升其管理水平与创业孵化能力，进一步创新创业服务体系建设，提升创业创新核心竞争力。

4. 完善促进创新创业的政策体系

调整完善知识产权、科技成果转化、人才政策、创业失败保障机制。探索落实商业模式等新形态创新成果的知识产权保护办法，建立知识产权维权援助网点和快速维权通道；落实完善科研项目资金管理等改革措施，赋予高校和科研院所更大自主权；建立健全科研人员双向流动机制，落实高校、科研机构专业技术人员离岗创业有关政策；探索建立国际交流大市场，打造国际人才信息共享平台；建立对创业失败者的保障机制，使创业者、投资人都能及时退出。

5. 做好创新创业监测和政策评估

探索建立创新创业统计指标体系，将其应用于海淀区创新创业活动的统计工作中，定期对海淀区尤其是中关村创业大街的创业活动进行监测。及时做好创新创业政策的评估工作，既要关注创新创业政策的落实情况及创业者和服务机构的收益情况，也要关注税收、就业、创新成果转化等。

（区统计局）

大 事 记

1 月

4 日　“海淀网友”互动平台正式上线，初步实现情况收集、线索举报、在线互动、资讯推送、意见反馈、在线鼓励等功能，拓展社会力量参与平安海淀建设的渠道。

5 日　中共北京市海淀区委十一届九次全会召开。会议审议并表决通过《中国共产党北京市海淀区第十一届委员会第九次全体会议决议》《中国共产党北京市海淀区第十一届委员会第九次全体会议关于递补区委候补委员黄亦红同志为区委委员的决定》。

7 日—9 日　政协海淀区第九届委员会第五次会议召开。大会审议通过区政协常委会工作报告和提案工作报告，听取并讨论政府工作报告，通过大会决议。听取区政协九届五次会议提案征集情况报告。

10 日　全国统战工作实践创新现场观摩活动在中关村大街举行。中央统战部副部长陈喜庆、冉万祥率由全国各省、区、市统战部部长组成的考察团，考察新形势下“两新”组织统战工作实践创新所取得的成果。

11 日—15 日　海淀区第十五届人民代表大会第六次会议召开。会议表决通过《关于海淀区人民政府工作报告的决议》《关于海淀区 2015 年预算执行情况和 2016 年预算的决议》《关于海淀区 2015 年国民经济和社会发展计划执行情况与 2016 年国民经济和社会发展计划的决议》《关于海淀区国民经济和社会发展第十三个五年规划纲要的决议》《关于海淀区人大常委会工作报告的决议》《关于海淀区人民法院工作报告的决议》《关于海淀区人民检察院工作报告的决议》。选举于军为北京市海淀区人民政府区长。

17 日　中关村股权投融资平台因果树推出“期权变现通”，在国内首次实现期权交易。

19 日　海淀区举行 2015 年度“感动海淀”十大文明人物颁奖典礼，张志伟、李玲、赵彤言、王小东、贾磊、马昀、张爱华、王蒙一、廖理纯、高宝来获奖。

是日　德国联邦教研部部长约翰娜·万卡率德国联邦教研部代表团到海淀区考察创新创业服务平台建设工作。

2 月

18 日　区纪委十一届六次全会召开。会议审议通过区纪委常委会工作报告和《中共北京市海淀区第十一届纪律检查委员会第六次全体会议决议》，部署 2016 年任务。

25 日　市委书记郭金龙、市长王安顺就抓好习近平总书记视察北京重要讲话精神和《京津冀协同发展规划纲要》的学习贯彻工作到海淀区调研。

26 日　北京海淀剧院有限责任公司举行揭牌仪式，成为海淀区第一家完成转企改制的事业单位。

29 日　“2015 年中关村独角兽企业榜单”在京发布，40 家上榜企业，全部来自电商、大数据、互联网金融等新兴产业。

3 月

1 日　公安部推出 20 项出入境新政，涉及外国人签证、入境出境、停留居留等方面。公安部外国人永久居留服务大厅暨北京市公安局出入境管理局中关村外国人服务大厅在海淀区双榆树北里甲 22 号院同日投入使用。

是日　区委书记崔述强就“十三五”期间海淀区在非首都功能疏解、人口调控和创新驱动发展等方面的工作接受市属媒体采访。

2 日　海淀区召开全区领导干部大会。大会传达学习市委书记郭金龙、市长王安顺到海淀区专题调研时的重要讲话精神，对推动全国科技创新中心核心区建设和 2016 年的重点工作进行再动员、再部署、再推进。

8 日　区委党的群团工作会议召开。会议分析全区党的群团工作面临的新形势新任务，研究推进创新全区党的群团工作的新思路新举措，安排部署党的群团工作。

是日　芬兰萨翁林纳市政府市长詹尼·莱恩一行到海淀区访问，区政府与萨翁林纳市政府签署《旅游项目合作意向书》，在旅游领域开展合作。

16 日—18 日　区领导就“落实京津冀协同发展规划纲要，加强交流合作推动协同发展”主题，率队赴昌平区、延庆区和河北省张家口市考察学习。海淀区政府与延庆区政府签订战略合作框架协议，与张家口市政府缔结为友好区市并签订战略合作框架协议。

29日　全国首个“一带一路”国际合作服务社团组织——中关村“一带一路”产业促进会在海淀区成立。

30日　北京市海淀区教育科学研究院成立。

是月　区商务委搭建的蔬菜联采联盟平台上线，实现优质源头蔬菜供应基地与区内各蔬菜零售网点直接对接。

4月

8日　海淀区发布《中关村大街提升发展规划》。

是日　北京中关村大街运营管理股份有限公司成立，42家单位与运营公司签署共建倡议书和合作协议。

10日—12日　联合国秘书长青年特使艾哈迈德·阿尔汉达维一行11人到华访问，参观中关村创业大街企业和社区青年汇，并进行交流座谈。

12日　因果树公司推出的“AlphaGo+全球首个投资机器人”在中关村正式发布。

14日—7月　以“传承历练革新”为主题的第十届海淀区商业服务业职业技能风采大赛举行，一线员工参与超过40万人次。

15日　由海国投公司旗下的北京三聚环保新材料股份有限公司和北京华石联合能源科技发展有限公司联合开发的中国首套自主研发的超级悬浮床（MCT）工业示范装置一次开车成功新闻发布会在北京举行。

22日—12月底　“阅读照我中国梦，无尽书香进万家”——2016年“书香海淀”全民阅读活动举行。活动由启动仪式、各图书馆专题活动、实体书店和高科技园区主题活动、29个街镇阅读活动等组成，包括5个单元。

24日　清河再生水厂退水口处截污管线阀门开启，清河北岸污水截流工程实现全线贯通。

28日　区人口调控工作动员部署大会召开。大会总结2015年全区人口调控工作情况，部署2016年重点工作任务，并与相关单位签订责任书。

29日　以“知识产权运营与保护”为主题的中关村知识产权论坛在中关村国家自主创新示范区展示中心举行。同时发布2015年《中关村核心区知识产权白皮书》，启动全国首家知识产权众筹平台——望远知识产权众筹平台、全国首家知识产权服务与创新创业主题书店——智慧书堂，举行知识产权海外维权援助基地授牌仪式。

是月底　海淀区在全市首推计生特扶家庭父母意外、疾病住院护理补贴保险。

5月

截至1日零时　在海淀区工作或居住的两院院士共586名，其中中国科学院院士333名、中国工程院院士253名。

6日　第八届海淀区“十大杰出青年”名单公布，王振、王晛、矣晓沅、杨涛、杨毅、陈佳伍、陈云霁、宋晶晶（女）、姚鑫、唐文斌入榜。

10日　海淀区召开2016年生态文明和城乡环境建设电视电话会议。会议总结2015年工作并对2016年生态环境建设工作进行动员部署，区领导分别与区环保局、区水务局、区城管执法监察局、区安监局签订清洁空气、水环境治理、打击违法建设、安全生产工作目标责任书。

11日　中关村硅谷创新中心在美国硅谷开业。

12日　中关村大数据产业园在海淀区挂牌成立。产业园设立中关村软件园和清华科技园两个分园，建筑面积2.5万余平方米。同时成立北京大数据研究院。海淀区已聚集大数据产业链上下游企业140余家，约占全市的65%、全国的35%。

是日　国务院办公厅印发《关于建设大众创业万众创新示范基地的实施意见》，公布确定的首批28个双创示范基地名单。海淀区域内有海淀区1个区域示范基地、清华大学1个高校示范基地和中国航天科工集团公司1个企业示范基地。

16日　中共海淀区委第五次政协工作会召开，出台《关于进一步加强政协协商民主建设的实施意见》，推进新形势下政协协商民主建设。

是日　中共海淀区委统战工作会议暨区委统战工作领导小组第一次全体（扩大）会议召开。会议学习贯彻中央和市委统战工作会议精神，部署2016年全区统战工作总体思路和要求。

17日—18日，由区委教工委、区教委与北京师范大学出版社联合举办的全国中小学心理健康教育研讨会暨海淀区第八届中小学心理健康教育活动周在海淀区举行。

18日　全区镇级领导班子换届工作正式启动。

是日　由区文化委主办、主题为“以青春的名义追梦中关村”的第六届“青春的海”中关村国际青年艺术节开幕。艺术节持续2个月，分为阳光青春、文化青春、戏剧青春、歌吟青春、光影青春、艺术青春6个单元，汇集26项艺术活动，60万名青年参与。

19日　2015年党风廉政建设责任制检查考核集体约谈会召开，通报6家被约谈单位党风廉政建设责任制检查考核情况。

21 日　市长王安顺到凤凰岭中国佛学院规划地块调研项目相关情况，并听取海淀区工作汇报。

27 日　中法人文交流海淀论坛在北京外国语大学举行。论坛主题为“中法文化交流在海淀”，是国家级“中法文化论坛”的分论坛活动之一。

是日　国内首个知识产权质押贷款产品——“智融宝”在海淀区发布。

5 月—12 月 27 日，海淀区第七届文明市民艺术节举行。艺术节开展 15 项文化活动，参与市民超过千人，影响力超过万人次。

6 月

2 日　海淀区精神文明建设委员会暨文明城区建设工作委员会全体会议召开。会议审议通过《海淀区“十三五”时期精神文明建设规划》《2016 年海淀区精神文明建设及文明城区建设工作要点》。

是日　圆明园四十景之一的万方安和遗址完成修复。

2 日—7 月 26 日，第十四届中关村国际美食节在海淀区举行。在开幕式上，海淀饮服行业协会发布《2016 年海淀区餐饮消费大数据分析报告》。

3 日　市委书记郭金龙、市长王安顺就防汛工作到西郊砂石坑蓄洪工程现场检查工作。

是日　农村工作会暨农村基层党建工作会召开。会议总结全区农村工作及基层党建工作，部署下一步工作任务，通报表彰海淀区第二批“有突出贡献的农村实用人才”。

5 日　民进海淀区第四次代表大会召开。大会听取并审议民进海淀区第三届委员会工作报告，选举产生由 23 人组成的民进海淀区第四届委员会，邓佑玲当选为主任委员。

7 日　区委书记崔述强接受新华社、《北京日报》、北京电视台等中央、市属媒体采访，重点介绍海淀区作为北京市中心城区、全国科技创新中心核心区，在推进京津冀协同发展方面的最新进展和具体举措。

是日　民建海淀区第五次代表大会召开，选举产生由 23 人组成的民建海淀区第五届委员会，王玉梅当选为主任委员。

11 日　北京市 2016 年“文化遗产日”主会场活动在圆明园举行。

12 日　2016 年全国节能宣传周暨北京市节能宣传周启动仪式在玉渊潭公园举行。

12 日—15 日　第三届 Innoway 创新创业节在中关村创业大街举行。在开幕式上，中关村创业大街分别与保定国家高新区、中欧区域经济合作中心签署合作协议。中欧区域科技创新中心正式挂牌，中关村创业大街创新展示中心、视频孵化实验空间——创视记正式启用。

14 日　中关村创业大街与多家机构联合发布“全球创新青年领袖计划”，在全球搭建挖掘、筛选和培养优秀创新青年的平台。

15 日　民盟海淀区第五次代表大会召开。会议听取民盟海淀区第四届委员会工作报告，选举产生民盟海淀区第五届委员会，张维佳当选为主任委员。

16 日　京津冀文化创意产业（海淀—西青）示范基地在京正式挂牌。

18 日　台盟海淀区第五次盟员大会召开。任命由 7 人组成的台盟海淀区第五届工作委员会，杨旭被任命为工委主任。

19 日　农工党海淀区第四次代表大会召开，选举产生由 19 名委员组成的农工党海淀区第四届委员会，徐凤芹当选为主任委员。

20 日　海淀区村“两委”换届选举工作总结会召开。7 个镇的 84 个村民委员会和村党组织完成换届。

24 日　区委政法委召开第三次全体委员（扩大）会。会议审议《海淀区刑事案件速裁程序试点工作实施细则》及《海淀区贯彻落实〈领导干部干预司法活动、插手具体案件处理的记录、通报和责任追究的规定〉实施办法》。

是日　中国航空发动机集团有限公司落户海淀区战略合作备忘录签约仪式举行。

是日　市人大常委会主任杜德印就老旧小区改造议案办理工作到北太平庄街道志强北园社区调研。

是日　2016 海淀旅游资源推介会在中关村国家自主创新示范区展示中心举行，推介“皇家园林文化游”“中关村科教游”“西山文化休闲游”三大旅游品牌资源以及数十项系列活动。

25 日　九三学社海淀区第五次代表大会召开，选举产生由 23 名委员组成的九三学社海淀区第五届委员会，叶培贵当选为主任委员。

26 日　致公党海淀区第四次代表大会召开，选举产生致公党海淀区第四届委员会，安雪晖当选为主任委员。

27 日　海淀区庆祝中国共产党成立 95 周年大会召开，表彰近 5 年来全区各条战线上涌现出来的优秀共产党员、优秀党务工作者和先进基层党组织。

7 月

5 日　《海淀区居家养老失能护理互助保险试点办法》发布，海淀区在北京市先行试点全国首个政策性长期护理保险。

5日—8月5日　区委防范处理邪教办会同区体育局举办以“反对邪教，从我做起，从身边做起”为主题的反邪教警示教育宣传月活动，受教育人数达50万人。

7日　有17年经营历史的中关村海龙电子城正式停止对外营业，将改造为以智能硬件创新为主的企业聚集区。

是日　西郊砂石坑蓄洪工程基本完成，成为北京市蓄水量最大的雨洪利用工程和防洪生态工程。

10日　海淀北部文化中心正式对公众开放，“海淀通史展”同时长期展出。

12日　海淀区正式实施协同创新券政策，总计2000万元的创新扶持资金，将用于补贴小微企业购买研发创新服务或成果。

23日　中关村智造大街在海淀区五道口正式开街。大街全长380米，是中国首个高度聚集围绕“智能制造”创新创业资源的街区。

23日—25日　由科技部火炬中心、北京市科委、中关村管委会、海淀区政府主办的首届中关村国际创新周在海淀区举行，全国首台可商用的氢燃料电池发动机和首台巨型载人机甲等前沿科技产品同时发布。

24日—27日　中共北京市海淀区委十一届十次全会召开。会议表决通过《中国共产党北京市海淀区第十一届委员会第十次全体会议决议》《关于加快全国科技创新中心核心区建设提升城市规划建设管理水平的若干措施》《关于召开中国共产党北京市海淀区第十二次代表大会的决议》《中国共产党北京市海淀区第十一届委员会第十次全体会议关于接受鲁为等5名同志辞去委员职务的决定》。

27日　圆明园海晏堂蓄水楼本体加固保护工程完工。

28日　北京（海淀）留学人员创业园秦皇岛分园正式开园。

8月

3日《海淀报》报道　稻香湖再生水厂近日投入试运行，一期工程日处理污水8万吨，规划总处理规模26万吨/日。这是北方地区第一座全地下式再生水厂。

4日　区政府与北京能源集团有限责任公司签署战略合作框架协议。

5日—21日　第31届夏季奥林匹克运动会在巴西里约热内卢举行。海淀区输送的运动员林跃、陈艾森夺得男子双人十米跳台金牌，刘晓彤获得女排金牌。

16日　圆明园西北景区的廓然大公完成水生态修复工程，即日起将对游客开放。

25日　中央电视台《焦点访谈》栏目以“平平凡凡用情为民”为题，讲述海淀区普通片警高宝来。《人民日报》同日发表《首都需要宝来精神》快评。26日，中央电视台《新闻联播》栏目播出“时代楷模”高宝来的先进事迹。

26日　市长王安顺到海淀区志强北园社区，调研老旧小区治理工作，并听取居民的意见建议。

31日　海淀区召开“六五”普法总结暨“七五”普法启动大会。全区“七五”普法要围绕“减人、添秤、服务”三大核心任务，健全普法宣传服务重点工作常态化工作机制，提升普法的针对性和实效性，确保普法各项任务落到实处。

是日　民革海淀区第七次代表大会召开，成立民革海淀区第七届工作委员会，汤维建被任命为工委主委。

是月　北京市海淀区中关村大街建设办公室成立。主要职责：围绕环境提升、空间优化、业态调整等核心工作，将中关村大街打造成为全国创新创业新地标。

9月

1日　全国政协副主席杜青林就创新创业发展情况到中关村智造大街调研。

11日　清华大学艺术博物馆正式开馆。

11日—13日　区委书记崔述强带队，赴上海市浦东新区、徐汇区考察科技创新、城市规划建设管理等工作。

14日　海淀科技金融本外币集合授信和投贷联动启动会召开。海淀区的200家“新三板”企业与中国工商银行等金融机构签署总额为20亿元的本外币集合授信与投贷联动合作协议，中国银监会投贷联动试点率先在海淀区落地。

是日　区政府与北京银行签署全面战略合作协议。根据协议，北京银行将全面支持海淀区在园区建设、科技金融、创新企业等领域的业务发展。

20日　中国佛学院项目举行奠基仪式。该项目位于苏家坨镇车耳营村，总占地面积8.4公顷，总建筑规模5.7万平方米。

23日　海淀区首家公办民族幼儿园——海淀区民族幼儿园开园。

23日—10月31日　主题为“智慧商业　品质生活”的第十二届海淀品牌消费节举行。第三届海淀网络品牌消费节同期举办，22家商业企业入驻百度地图进行推广宣传。

27日　全国首创的海淀智享自行车正式启动运行。

是日　北京市首批8家“五证合一”企业营业执照在海淀工商分局颁发。

30日—10月7日　第七届曹雪芹文化艺术节举行。在开幕式上，北京曹雪芹学会联合贵州省博物馆发布对《种芹人曹霑画册》的鉴定考查结果，认可画册的真实性，并为收藏人张行捐赠的曹雪芹书箱入藏揭幕。

30日　全区烈士纪念日公祭烈士活动在万安公墓举行，区四套班子领导出席。

是月　团区委启动生活困难家庭青少年精准帮扶工作，符合条件的青少年共1281人。

10月

8日　区教委公布《“十三五”时期教育改革和发展规划》，提出重点实施学位供给保障工程、校校优质工程等“十大工程”，未来五年实现“全区中小学生在优质校就读的比例达到90%以上，义务教育学校社会满意度达到88%以上”的目标。

12日　主题为“发展新经济，培育新动能”的2016年全国大众创业万众创新活动周（以下简称“双创周”）北京会场暨中关村创新创业季在中关村国家自主创新示范区展示中心开幕。“双创周”活动持续至18日，中关村创新创业季持续至21日。

14日　中关村海淀创业园石家庄分园正式开园。

17日　区政协、区委统战部联合召开海淀区2016年度议政会。各民主党派、工商联及政协委员代表围绕海淀区中心工作提出意见建议。

18日　北京因果树网络科技有限公司发布全国首创的互联网公司智能知识图谱“图灵”，三秒钟就能解答50类创业、投资领域的问题。

是日　“2016年中关村金秋演出季”开幕。本届演出季历时3个月，汇聚国内外86项精品项目、370余场演出。共售出惠民票3.79万张，惠民票补贴429万元。

是日　北京海淀国际教育投资有限公司（以下简称海教投）成立。海教投将通过构建教育服务市场化的平台，满足社会对教育的多层次和选择性需求。

21日　海淀区设立中关村并购母基金，基金计划募集3期，共计300亿元。一期计划筹募100亿元，重点支持中关村领军企业、龙头企业。在未来3至5年，支持中关村领先企业开展1500亿元~2000亿元的并购。

26日　为期两个月的第十三届海淀文化季开幕。文化季由区文化委主办，包括主题会展专题、歌舞展演专题、诗歌戏剧专题、非遗文物专题、文化暖心专题、综合文化专题6个单元活动。

是月下旬　南沙河流域生态修复工程启动。

11月

1日　北京市工商局企业登记全程电子化试点工作在海淀区启动，企业通过全程电子化平台申请设立登记，经审批后可领取电子营业执照。

是日　中国国民党主席洪秀柱率中国国民党大陆访问团到中关村创客中心参观。

8日　市委副书记、代市长蔡奇就科技创新、非首都功能疏解等工作到海淀区调研。

18日　市委副书记、代市长蔡奇就科技创新中心建设工作到中关村软件园调研。

25日—27日　首届全国工业机器人技术应用技能大赛决赛在海淀区举办。来自25个省（自治区、市）的123名选手参加决赛。5人获职工组一等奖，5人获学生组一等奖。

26日　中共海淀区委十一届十一次全会召开。会议审议《关于中共北京市海淀区第十一届委员会工作报告、第十一届纪律检查委员会工作报告起草情况及第十二次党代会筹备情况的说明》和第十二次党代会有关文件的说明，决定正式提交区第十二次党代会审议。

26日　海淀区天主教召开第三次代表会议。会议审议通过天主教第二届常委会、监事会工作报告和章程修正案，选举产生新一届委员会、常委会和监事会。

29日　海淀园企业中科曙光公司宣布，由其研发的全球首款亿级并发云服务器系统在天津正式量产。

30日　2016“北京旅游进社区最美旅游线路”征集评选活动颁奖大会举行，海淀区三条线路分别获得最美旅游线路奖、最具特色奖、最佳亲子旅游线路奖。

12月

1日　中关村智造大街联合党委成立。

是日　市委常委、常务副市长李士祥就重点企业应对空气重污染相关措施落实情况到海淀区检查。

6日—9日　中国共产党北京市海淀区第十二次代表大会召开。大会表决通过有关决议，选举产生中国共产党北京市海淀区第十二届委员会委员45名和第十二届纪律检查委员会委员29名。

10日—13日　政协海淀区第十届委员会第一次会议召开，选举产生第十届区政协主席1名、副主席6名、秘书长和常务委员75名，通过《政协北京市海淀区第十届委员会第一次会议决议》，听取区政协十届一次会议提案审查情况的报告。

12 日　2016 中关村大数据日活动暨京津冀协同发展高峰论坛在中关村国家自主创新示范区展示中心开幕。此次论坛设置 16 个专题论坛，宣布成立京津冀大数据产业协同创新平台，发布《京津冀大数据产业地图〈2016〉》。

15 日—18 日　海淀区第十六届人民代表大会第一次会议召开。会议审议并表决通过有关事项；依法选举产生新一届区人常委会组成人员，区人民政府区长、副区长，区人民法院院长，区人民检察院检察长。

16 日　20 时，北京市空气重污染红色预警启动，持续到 21 日 24 时。

20 日　海淀区工商业联合会（商会）第十次代表大会召开。大会选举产生区工商联第十届执行委员会和第十届工商联、商会领导班子，海淀区人民政府副区长陈双当选为海淀区第十届工商联主席、商会会长。

21 日　中关村军民融合产业园在海淀区启动运行。产业园总面积 11 万平方米，主要用于军民融合重大项目落地、军民融合项目展示对接。

是日　海淀区首家孔子学堂——中国孔子基金会孔子学堂在田村路办公中心揭牌。

24 日　中关村军民融合军地对接平台暨军方联络处在海淀区揭牌。中关村军民融合创新学院发布中关村军民融合评价标准体系，13 家军方联络处揭牌。

27 日　中央第一环保督察组组长马馼就环境保护工作到海淀区检查，并听取海淀区环保工作汇报。

28 日 11 时 23 分　高景一号商业遥感卫星在太原卫星发射中心发射升空，同时搭载发射中国首颗中学生科普小卫星——由北京市八一学校学生研制的“八一·少年行”卫星。

29 日　市委常委、市委宣传部部长李伟就创新文化工作到中关村智造大街、国际创客中心调研。

31 日　轨道交通 16 号线二期工程（北安河—西苑段）通车试运行。这是全市首条采用 8 辆编组 A 型列车运营的线路，全长 19.7 千米。

年内　海淀区在全体党员中开展“两学一做”（即“学党章党规、学系列讲话，做合格党员”）学习教育活动。

年内　推进四环路内平房区和北部地区 26 个村的“无煤化”工程。共完成改造住户 15716 户、企事业单位 102 家。

年内　建成全市首套房屋全生命周期管理系统，实现房管领域信息系统全覆盖和日常管理即时信息化。

年内　拆除违法建设 1265 处 311 万平方米，疏解人口 14.2 万人。

年内　棚户区改造和环境整治项目完成 7750 户。

（钟冷）

区情概述

基本地情

海淀名字由来。依出土文物考证，距今7000年~4000年，海淀区现辖域已有人类居住和活动。海淀镇一带在古代是一片浅湖区，当地人称之为“海淀”。后来在湖边逐渐形成居民聚落，亦以“海淀”命名。“海淀”在历史文献中又称为“海甸”“海店”，在现存史料中最早见于元初王恽所撰《中堂事记》（见明·叶盛《水东日记》）。

历史沿革与行政区划。历史上海淀区现辖地区没有设置单独的行政建置，分属不同的行政区域。自秦、汉以来，南半部成为历代北京城附廓县的辖地；金、元时，一部分地区是金中都、元大都的城区；至近代，大部分成为北京市辖行政区域。北半部历来属于以北京为中心的大行政区的属县（州）。1949年7月，在海淀地区正式设置单一行政区域，称北平市第十六区。后两次更名，于1952年9月1日命名为海淀区。海淀区行政区域经过多次变动，至1963年形成现辖域。2016年，海淀区辖7个镇（地区）、22个街道、84个村、576个社区。

地理位置。海淀区位于北京市城区的西部和西北部，跨北纬39°53′~40°09′、东经116°02′~116°23′，总面积430.77平方千米，约占北京市总面积的2.62%。东接朝阳区、西城区，南接丰台区，西接石景山区、门头沟区，北接昌平区。地形西高东低，兼有山地、平原。辖域呈不规则平行四边形，南北纵向长于东西横向。从北极点双塔村至南极点吴家场，距离约30千米，从东极点河北村至西极点阳台山，距离约29千米。区人民政府驻长春桥路17号，东南距北京市政府驻地正义路2号11.05千米。

地形地貌。海淀区位于北京市区西北部、华北平原北部边缘与太行山余脉西山山脉交会地带，大地构造处于阴山东西向复杂构造带南缘、祁吕—贺兰山字型构造东翼反射弧与新华夏构造带三构造交接部位，西部山区为北京西山隆起带，东部平原为北京平原沉降带，故地质构造发育、构造形迹复杂。西部属中山（海拔500~1000米的山）山区边缘，东部为冲积扇平原，局部为平原洼地，地形西高东低。西部、中部为海拔100米以上的山地，面积约占辖区总面积的16.4%。有大小山峰60余座，最高峰为阳台山，海拔1278米。香山以南、以东诸山海拔在200~600米之间。京西西山山系多南北走向，而海淀区境内的西山支脉大体为东西走向，横亘于中部，成为辖域南、北两部分的天然分界，习称南半部为“山前”、北半部为“山后”。东部、南部和北部为海拔100米以下、向东微倾斜的平原，面积约占辖区总面积的83.6%。山前平原为永定河洪冲积扇，山后平原为南沙河、南口洪冲积扇。东北部的黑泉村，海拔35米，为最低处。有大小河渠19条，总长164.02千米。河道一部分为自然形成，后经人工改造；一部分属于人工开挖。

气候。海淀地处暖温带半湿润半干旱大陆性季风气候区，四季分明：春季风大，湿度低；夏季炎热，降雨集中；秋季凉爽，光照足；冬季寒冷，雨雪少。冬季最长，夏季次之，春、秋季较短。夏季多刮偏南风，春、秋、冬季盛行偏北风。3月—5月为大风集中月份，夏季有短时雷雨大风出现。雨量等气象要素年内差异明显，时空分布不均，暴雨、雷电、冰雹、大风、雪害等灾害性天气较多发生。2016年平均气温13.2℃，比常年平均气温（12.8℃）偏高；年极端最高气温为38.5℃，极端最低气温为-15.9℃。降水受季风气候影响，季节变化很大，多集中在夏季。年降水量739.4毫米，比常年降水量（557.5毫米）偏多30%以上；7月降水量最大，达373.4毫米。

资源。矿产资源有煤、泥炭、砖用黏土及砖用页岩、建筑用砂、砂砾石、制灰灰岩、花岗岩、石墨、矿泉水等。到2016年，除矿泉水开采和地热利用外，所有固体矿产开发开采全部停止。全区河流长度204.7千米，水资源总量1.6亿立方米。有野生植物5门，其中国家二级保护植物6种、北京市二级保护植物4种。有野生动物4门（亚门）9纲83科268种，其中国家一级保护动物6种，北京市一级保护动物18种。

人口。2016年，全区常住人口359.3万人，其中户籍人口240.2万人，常住外来人口139.3万人；男性186.7万人，女性172.6万人；城镇人口352.7万人，乡村人口6.6万人。在户籍人口中，非农业人口236万人，农业人口4.2万人；性别比（女=100）100.0。全年出生30616人，出生率8.4‰；死亡15393人，死亡率4.2‰；自然增长率4.2‰。

人文历史。海淀区地处北京市的上风上水。有“三山五园”等皇家园林，是中华民族悠久历史文化遗产的重要组成部分。有为皇家建筑做出重要贡献的建筑世家“样式雷”，近代教育家英敛之、熊希龄、李石曾等杰出人物；有曹雪芹、纳兰性德、顾太清、杨沫等名人的足迹和诗文；有双清别墅、孙中山纪念堂、李大钊烈士陵园等独具历史文化价值的公墓和纪念性文物。海淀区在京城政治生活中具有重要地位。自清代康熙年间起，皇帝每年有很多时日住在西郊御园处理政务，这里成为紫禁城外又一政务中枢。中华人民共和国成立前夕，中共中央和人民解放军总部从西柏坡进驻香山，筹备中华人民共和国的成立。一部分中央党政机关、解放军总部驻在海淀区，一些具有重大历史意义的会议在此召开。1949年后，海淀区逐步发展成为全国著名的文化教育中心、科研基地，尤其是近年来，成为国家自主创新示范区核心区、全国科技创新中心核心区，有各类科研院所200余个、图书馆200余个、普通高等院校37所。

经济建设

2016年，海淀区生产总值5395.2亿元，不变价增速7.5%。全社会固定资产投资872.5亿元，同比增长0.2%，其中城镇固定资产投资588.7亿元，同比下降2.9%；基础设施投资350.7亿元，同比增长7.9%。房地产业房屋施工面积1062.1万平方米，同比增长11.3%，其中新开工面积196.5万平方米，同比下降2.1%。商品房销售面积61.2万平方米，同比下降13.6%。城镇固定资产投资中，第二产业投资29.8亿元，同比下降25.4%；第三产业投资553.3亿元，同比增长0.3%。第一、二、三产业增加值占生产总值比重分别为0.03%、11.13%和88.83%。规模以上工业企业实现工业总产值1753.9亿元，同比下降8.5%。社会消费品零售总额2213.2亿元，同比增长5.7%。进出口总额282.7亿美元，同比下降6.9%。其中，进口额196.4亿美元，同比下降8.5%；出口额86.3亿美元，同比下降2.8%。居民人均可支配收入67022元，同比增长7.5%；居民人均消费支出46630元，同比增长4.5%。城镇登记失业率0.94%。区级一般公共预算收入386.11亿元，同比增长8.0%；区域财政收入2387.39亿元，同比增长9.3%。

经济发展。工业增速降幅继续收窄，投资保持平稳增长，商品消费持续回升，重点服务业企业收入增长较快，海淀园经济平稳增长。创客经济、平台经济、共享经济等新模式新经济快速发展。第三产业在全区经济占比超过88%，信息、科研、金融三大行业对经济增长的贡献率近八成。万元地区生产总值能耗、水耗分别同比下降5.79%、4.8%。投资对土地要素的依赖程度降低，民间投资健康发展；市场总消费同比增长8.5%左右。规模以上工业总产值中高技术制造业产值占比60.3%。海淀园总收入1.8万亿元，同比增长10%，占中关村国家自主创新示范区的39%。

创新创业。海淀区成为国家首批双创示范基地，创客经济成为经济发展新动力。全链条创业服务体系不断完善，创业期科技型企业集中办公区126家，市级众创空间95家，占全市一半以上。新注册科技型企业1.4万家，占新注册企业的53.3%，同比提高12个百分点。海淀区获国家知识产权示范城区称号，区域内集聚800余家知识产权服务机构，万人发明专利拥有量达177件。中关村大街沿线形成一批具有创新创业特色的主题楼宇，中关村广场购物中心转型成为中关村国际创客中心，科贸大厦、E世界、中发电子城等分别挂牌中关村互联网教育创新中心、中关村科技金融创新中心、中关村智能制造创新中心。英特尔开放创新实验室正式入驻中关村创业大街。中关村智造大街聚集中国电子标准院、硬创梦工场、Plug and Play中国总部等一批创新型智能硬件企业及孵化器，在全国智能制造领域形成较大影响力。承办全国“双创周”北京会场活动，举办中关村创新创业季（2016），吸引19个国家和地区的5万余人参加。

产业结构调整。印发《海淀区“互联网+”行动实施方案（2016—2018年）》。累计设立产业并购基金、科技成果转化引导基金、知识产权运营基金、股权投资基金等40余支，撬动140多亿元社会资本。北部地区新浪总部研发楼、百度科技园二期等12个产业项目竣工，新增产业空间160万平方米。通过中关村协同创新院，完成77项技术转移，设立企业27家。中国国际技术转移中心集聚技术转移机构120余家，促成国际技术转移项目154项。中关村大数据产业园挂牌，成立北京大数据研究院。文化创意产业实现产值6100亿元，同比增长10%。围绕国家战略前沿实施产业布局，中航发动机集团、财政部首支PPP基金、京津冀协同票据交易中心等重大项目落地。

科技金融创新。区域金融机构总数2800余家，中关村西区、西直门外等科技金融功能区聚集金融机构600余家。股权投资机构总数1120余家。新增上市挂牌企业310家，累计868家。助推互联网金融健康发展，推动互联网金融协会落地。推进中关村并购资本中心建设，设立300亿元的中关村并购母基金，以市场化手段撬动上下游创新资源整合。在全国率先开展中小微企业外债集合授信、投贷联动、税银互动等金融服务创新。

非首都功能疏解。严格执行市级禁限目录，严把产业准入关，全区制造业、建筑业新设主体分别下降94.7%、99.5%。完成8家一般性制造业企业疏解，涉及占地20余公顷。关停万家灯火、豫园城等24家有形市场，盛宏达市场疏解搬迁至河北燕郊。出台《海淀区菜篮子工程三年行动计划（2016—2018年）》，在关停市场周边累计新建和改造蔬菜零售网点121处。通过政府统筹趸租腾退出的地下空间、群租房等方式，用于完善社区文化活动场地、人才公寓等。

重点区域改造提升。启动中关村大街改造提升工程，发布《中关村大街发展规划》；在街区运营、机构引入等方面探索市场化运作模式，成立中关村大街运营管理股份有限公司。海龙、鼎好、中关村地下广场等西区6个楼宇腾退商业面积7.1万平方米。启动中关村大街形象提升规划国际竞赛，面向全球征集中关村大街形象设计方案。统筹推进锦绣大地转型升级，关停果品、肉类、水产蔬菜等市场6.29万平方米；借助"互联网+"转型升级保障供应，推动批发市场向线上线下一体化管理方向转型。

人口规模调控。制订人口调控重点任务年度实施方案，建立双调度、双台账、双督导、双考核"四双"工作机制，禁、关、控、调、转综合施策。全年拆除违法建设300余万平方米。对63处三级挂账社会治安重点地区、市区级城乡接合部重点地区开展综合整治，清理取缔1600家无证无照小门店。关停人防工程162处，清理普通地下室251处，治理违法群租房1839户。首次实现全区常住人口规模下降。

区域协同发展。与延庆区、河北省张家口市签订战略合作框架协议，搭建产业、功能转移承接平台。海淀园秦皇岛分园创新生态初步建立，19个项目入驻中科院成果转化基地，中关村意谷创想空间、海淀留学人员创业园秦皇岛分园等开业运营。

城乡建设与管理

城市运行保障。创新建立城市综合考核评价工作体系。地铁16号线（西苑至北安河段）通车运行，地铁12号线、19号线、京张铁路加快建设。新增通车里程17千米，西三旗南路、翠湖东路等主干路和天秀路西延等11条次支干路建设完成。三山五园地区香泉路启动建设，玉西路、颐西路建成通车。新增停车位6300个，五棵松地下停车库建设完成，6个居住小区安装立体机械式停车设备。11家单位错时开放停车位729个。在中关村大街、上地等路段试点路侧停车电子收费。推广闲置自行车智能化再利用，收集清理并以市场化方式运营闲置自行车2万辆。北京外国语大学密闭式清洁站和板井路密闭式清洁站机械化分类试点投入运行，大工村再生能源发电厂试运行，厨余垃圾处理厂完成主体工程建设。持续推进智慧海淀建设，4G信号有效覆盖率达98%，新增2000余个区域无线网络覆盖，基本实现公共服务区域公益性无线网络全覆盖。

城市化进程。翠湖科技园071地块、永丰H地块等实现供应上市，徐各庄、西玉河村庄腾退基本完成，安置房竣工138万平方米。四王府等东部地区一期改造工程3个自然村完成搬迁；两园之间腾退取得突破，中央党校西墙外安置房竣工交房。一亩园地区棚改搬迁腾退基本完成，安置房实现开工建设。棚户区拆迁完成6000余户，开工建设棚改安置房7500余套，学院路北端、祁家村等项目拆迁腾退完成，树村、笑祖塔院等项目全面启动。开展腾退回迁安置房社区治理创新试点，推进城市社区服务管理向农村地区延伸。完成第十届村委会换届选举。

社会治理。开展城乡接合部、老旧小区、背街小巷等重点地区的环境治理。在学院路、八里庄等街道开展"三网"融合试点，提升城市精细化管理水平。推进市级43个"一刻钟社区服务圈"示范点、17个社区规范化建设示范点、101个老旧小区自我服务管理、6个农村社会服务管理创新试点和211个智慧社区建设，"一刻钟社区服务圈"建设基本实现全覆盖。建立清河实验、乐活中关村等基层社会治理创新模式，开展"亲情社区、人文海淀"基层治理创新项目，海淀区被确定为全国社区治理和服务创新实验区。

生态环境。四环内和26个村庄基本实现"无煤化"，涉及1.6万户家庭，淘汰高排放老旧机动车4万辆，空气中细颗粒物（PM2.5）平均浓度同比下降10%。实施"水清岸绿"行动计划，完成南沙河下游清淤，基本完成北沙河等7处黑臭水体截污工程。长河、清河、京密引水渠、土城沟4个跨界水体断面考核达标。完成353.5公顷绿化建设。新建和改造西冉城市生态公园、定慧公园等公园绿地、小微绿地20处，完成羊坊店西路等特色景观道路绿化5条。园外园生态景观环境提升一期、二期工程基本完成。

科技 教育 文化 卫生 体育

高科技企业研发投入同比增长17.3%，企业研发投入强度达4.7，高于全市平均水平。海淀区专利授权量34899

件，同比增长 11.9%，占北京市的 34.7%。技术市场成交总额 1523.9 亿元，同比增长 6.1%。驻区单位共有 37 个项目分获国家自然科学奖、国家技术发明奖和国家科技进步奖（通用项目），占北京市通用项目获奖总数的 52.9%，占全国通用项目获奖总数的 13.3%。截至年底，海淀区累计“千人计划”1040 人、“海聚工程”267 人、“高聚工程”184 人，分别占北京市总入选人数的 70%、36% 和 68%；累计评选“海英人才”617 人。海淀园新增 3 家院士专家工作站，“三站”建站总数达 92 家，其中院士专家工作站 29 家，博士后工作站 55 家，博士后（青年英才）创新实践基地工作站 8 家，累计进站院士 67 人次、博士后 325 人。3 家院士专家工作站被评为优秀院士专家工作站。海淀园科协被中国科协评为 2016 年示范院士专家工作站（园区服务中心）。

完成第二期学前教育三年行动计划年度目标，增加幼儿园学位 3000 个；万泉小学曙光校区等 5 处校址竣工交付使用，新增学位 2400 个。启动育英中学整体改扩建、人大附中航天城学校建设、树村学校新建等 6 个项目，调整北京信息管理学校 2 个校区用于义务教育办学。委托人大附小、北大附小分别承办亮甲店小学和肖家河小学，永丰小学并入清华附中永丰学校。推进学校管理体制、招生考试制度、人才队伍、课程教学和评价等方面的综合改革。实施小学“六年一学位”① 入学政策，规范适龄儿童入学管理。建立海淀区高端教育人才储备库，面向全国招聘优秀教师，探索编外人员“区聘校用”模式。

推进国家公共文化服务体系示范区建设，街道（镇）综合文化中心基本达标，社区（村）综合文化活动室达标率达 95%。海淀北部文化中心正式对公众开放，并举办“海淀通史展”。组织“海之春”新春系列群众文化活动、中关村国际青年艺术季、中关村金秋演出季等各类文化活动2 万余场，惠及群众 400 余万人次。开展区级文保单位标准化工作。推进文化事业单位改制转企，成立海淀剧院有限责任公司。完成北太平庄影视产业带、魏公村舞蹈产业街区等特色文创园区前期论证和项目规划，西山文化带建设被纳入市“十三五”重点文化发展项目。

海淀医院与北医三院合作深化，引进北医三院专家 900 余人次，重点学科能力提升。成立中关村医院理事会、监事会和院务会。推进海淀妇幼保健院与首都医疗集团特许经营合作。以医联体建设为抓手推进分级诊疗，首诊病人基层就诊比例达到 46.5%。新增 6 家社区卫生服务站，全区卫生服务机构总数达到 235 家。家庭医生式服务新模式在社区卫生服务机构覆盖率达 85%，受益家庭达 60 万户。公共卫生服务体系进一步健全，通过政府购买服务，新建花园路急救分站，精神卫生三级康复体系成为全国示范样板，加强社区慢性病专项防治。做好全面两孩生育政策调整后的计划生育服务管理工作。

新建（更新）182 套全民健身工程。承办市级活动 4 次，参加市级活动 3 次，举办区级活动 11 次，参与人数 30 万余人次。开展“快乐健身迎新年，龙腾狮跃闹元宵”为主题的全民健身系列活动，举办“走向 2022 三山五园行”2016 海淀凤凰岭山地徒步大会、我们的节日——2016 年北京市端午节赛龙舟大赛暨海淀区庆端午龙舟比赛、“喜迎冬奥会，共圆冰雪梦”2016 年海淀区首届职工冰壶体验赛等全民健身系列活动。完成 2016 年国际田联世界田径挑战赛北京站和北京—惠灵顿“首都杯”足球友谊赛的观众组织工作。创建“一社区（村）一品”体育品牌活动 80 个。地区体校运动员在全国、北京市比赛中，共获得金牌 128 枚、银牌 117 枚、铜牌 122 枚。向北京市输送运动员 32 人。截至年底，地区共有国家级传统校 6 所、市级传统校 23 所、区级传统校 38 所。出台《海淀区发展冰雪运动行动计划（2016—2022 年）》。

社会服务管理和社会保障

16 个市级挂账地区案件同比下降 15.7%，社区（村）三类可防性案件同比下降 18.7%。推广“海淀网友”和社区警务工作团队群防群治创新模式。受理来信来访总量同比下降 30%。调解劳动人事争议案件约 1.6 万件。药品抽验合格率、重点食品安全监测抽查合格率均达 99%。完善应对极端天气应急保障制度。实现全国双拥模范城“八连冠”。

充分就业街镇、充分就业社区（村）占 97%，2.2 万名城乡劳动力实现就业。5 项社会保险参保人数同比增长 6%。完成城乡低保标准、退休人员养老金、城乡居民养老金等调整，稳步推进机关事业单位养老保险改革。5 个养老照料中心开工建设，20 家社区养老服务驿站建成，居家养老失能护理互助保险试点正式启动，国家级居家养老服务业标准化试点项目通过考核验收，发放 23 万张养老助残卡。通过趸租、市场化租赁补贴等模式，建设、筹集保障房 1 万余套，竣工 1 万套，解决 1.04 万户保障家庭住房困难，基本完成经适房、限价房备案家庭住房解困任务。采用产权单位自筹与政府补贴等方式，完成 134 台老旧住宅

① “六年一学位”政策，即自 2016 年起，海淀区对适龄儿童入学登记地址、就读学校实施记录管理，自该套住房地址用于登记入学之年起，原则上六年内只提供一个入学学位（符合国家生育政策的除外）。

电梯更新改造。

深化改革

“放管服”改革。合并取消行政许可事项31项；按照“通用责任＋专项责任”清单管理模式，梳理编制1198项行政权力清单。深化投资项目四阶段并联审批试点，通过“一口受理、一口办结”新模式，办事效率提升75%。创新工商注册登记模式，探索企业住所和经营场所分离登记管理模式，在全国率先试点企业登记全程电子化。中关村外国人服务大厅在海淀区投入使用，20项服务外籍人才出入境政策落地实施。三级联动服务实现街镇便民服务中心即办、通办、联动事项79个。北部新政务大厅正式启用，初步实现政务服务和社会服务在大厅融合。启动政务大数据基础平台建设，建成全国第一家区级政务云平台，政务光缆专网形成区、街、居三级网络全覆盖。

重点领域改革。推进投融资体制改革，制定出台海淀区关于推进供给侧结构性改革进一步做好民间投资工作任务分解方案，海淀区建筑垃圾循环利用综合处置等10个PPP①项目在第八届投资北京洽谈会上正式发布。改进跨年度预算编制方式，对跨年度的项目实行“一次性批复，跨年度安排资金”；部门预算公开范围增加至85家。4家区属企业完成混合所有制改革。探索经营类事业单位转企改革，第一批13家事业单位改革全部完成，海淀剧院、区房地中心转制为区属国有企业并挂牌运营。完善农村集体资产监督管理委员会职能，完成四季青镇资产量化工作。

精神文明建设和民主法治建设

围绕纪念建党95周年、长征胜利80周年，举办爱国主义教育系列主题实践活动300多场次。深化“我们的价值观”百姓宣讲和“海淀榜样”“道德模范”宣传。“海淀·故事”微信公众号成为覆盖全区、联通各重点行业的社会主义核心价值观公共传播平台。开展“文明北京·蓝天行动”、文明旅游宣传、文明上网用网等“文明在身边”系列活动。加强未成年人思想道德建设，6人入选“首都美德少年榜”，12人入围“北京少年·孝心榜样”。成立“共话十三五”宣讲团，举办“展望‘十三五’发展谱新篇”系列政策报告会30余场，开展理论宣传300多场次。组织“周末社区大讲堂”“理论家走基层”活动150余次。开展意识形态责任制专项督查。建立意识形态和社会舆情大数据监测平台，处置突发敏感舆情。

开展法治宣传教育主题活动9100余场（次），受众335万人（次）。各类人民调解组织调解案件19186件，调解成功18538件，成功率96.6%。完成法律援助案件7082件，为当事人挽回经济损失8800余万元。“148”法律服务电话咨询、网络咨询、接待来访等共计4万多人（次）。编制印发《关于在全区开展法治宣传教育的第七个五年规划（2016—2020年）》。在80个商务楼宇普法工作站中开展高新技术企业系列法制宣传。在29个街镇开展“以案释法”宣讲活动226场（次）。创建3个市级“民主法治示范村”。全区653个村（居）全部实现“一村一居一法律顾问”。全区各类行业性、专业性调解组织达58家。组建“海淀区人民调解讲师团”，开展宣讲活动23场（次）。29个街镇便民服务大厅均设立法律援助申请窗口，方便居民就近申请法律援助。区法律援助中心获“全国法律援助工作先进集体”四连冠。海淀区被评为全国“六五”普法先进区。

全年办理区人大议案、建议482件，区政协提案190件。

（周勇　钟冷）

① PPP模式，即Public－Private－Partnership的首字母缩写，是指政府与私人组织之间，为了合作建设城市基础设施项目，或是为了提供某种公共物品和服务，以特许权协议为基础，彼此之间形成一种伙伴式的合作关系，并通过签署合同来明确双方的权利和义务，以确保合作的顺利完成，最终使合作各方达到比预期单独行动更为有利的结果。

中共海淀区委员会

2017
北京海淀年鉴

3月4日，海淀区纪委纪律审查工作会召开（区纪委 黄创新 摄）

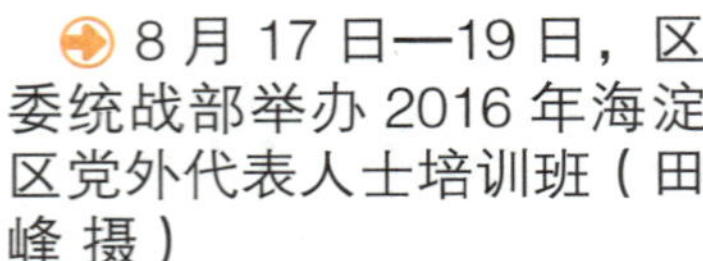
8月17日—19日，区委统战部举办2016年海淀区党外代表人士培训班（田峰 摄）

9月23日，组织机关党员干部到中国人民革命军事博物馆参观“英雄史诗 不朽丰碑”长征主题展览（区直机关工委 供图）

9月，举行“美丽海淀”百姓宣讲活动（区委宣传部 供图）

12月28日，海淀、石景山、延庆区委党校举办学习贯彻中共十八届六中全会精神师资培训班（海淀区委党校 供图）

10月10日，由区委组织部、区老干部局主办，区体育局协办的海淀区第三十届老干部运动会在海淀体育场举行（田峰 摄）

年内建成的紫竹院文明小屋（田峰 摄）

综 述

【概况】 2016年，中共海淀区委深化“海淀区就是核心区、核心区就是海淀区”理念，统筹推进疏功能减人口和创新发展，探索中关村国家自主创新示范区与全国科技创新中心融合发展的有效途径，加快全国科技创新中心核心区建设，加强供给侧结构性改革，优化“高精尖”经济结构，加强“四个服务”，加强依法治区，提高城市治理能力，保障和改善民生，实现“十三五”良好开局。召开区第十二次党代会1次，区委全会4次、常委会会议49次、常委（扩大）会议6次、书记专题会14次。

推动京津冀协同发展 贯彻京津冀协同发展国家战略，开展非首都功能疏解，加强人口调控工作。制定《海淀区2016年人口调控重点任务实施方案》，明确“拆违打非、业态调整提升、加大以房管人力度、棚户区改造和环境整治、健全人口调控机制、强化非首都功能疏解带动作用”六大领域31项折子任务。严格执行市级禁限目录，全区制造业、建筑业新设主体分别下降94.7%、99.5%。完成8家一般性制造业企业疏解，涉及占地20余公顷。关停万家灯火、豫园城等24家有形市场，盛宏达市场疏解搬迁至河北燕郊。海龙、鼎好、中关村地下广场等西区6个楼宇腾退商业面积7.1万平方米。统筹推进锦绣大地转型升级，关停果品、肉类、水产蔬菜等市场6.29万平方米。全年拆除违法建设311万平方米；清理取缔无证无照小门店1600家，关停人防工程162处，清理普通地下室251处，治理违法群租房1839户。与延庆区、河北省张家口市签订战略合作框架协议，搭建产业、功能转移承接平台；海淀园秦皇岛分园创新生态初步建立。

政治建设 支持区人大及其常委会依法履行职能，改进和创新监督方式，提高人大代表建议办理实效。支持政协组织围绕中心工作开展调查研究，丰富协商民主内容，凝聚社会共识。支持民主党派、工商联、无党派人士发挥作用。加强工会、共青团、妇联等群团工作，海淀区被评为“实施中国妇女儿童发展纲要国家级示范区（2016—2020）”。获“全国‘六五’普法先进区”称号。757个人民调解组织完成人民调解案件4.2万余件，涉及当事人8.8万余人。做好城市运行服务和应急管理，群众安全感综合测评居城六区首位。推进军民融合发展，获“全国双拥模范城”八连冠。

经济建设 地区生产总值5395.2亿元，增长7.5%。第三产业占比超过88%，万元地区生产总值能耗、水耗分别同比下降5.79%、4.8%。城乡居民人均可支配收入6.7万元，区级一般公共预算收入完成386亿元，同比增长8%。规模以上工业总产值中，高技术制造业产值占比保持60%以上。推进中关村大街升级改造，不断完善创新创业服务体系。中关村智造大街启动运营，入驻企业产值达30多亿元。海淀区被纳入国家首批区域双创示范基地。成功举办全国“双创周”北京会场等29场活动，吸引19个国家和地区5万余人参加。全链条创业服务体系不断完善，创业期科技型企业集中办公区126家，市级众创空间95家，占全市一半以上。海淀区获国家知识产权示范城区称号，800余家知识产权服务机构集聚发展，万人发明专利拥有量177件。全区入选“千人计划”1040人、“海聚工程”267人、“高聚工程”184人。截至年底，净增上市、挂牌企业310家，累计上市、挂牌企业868家。

文化建设 围绕建设全国科技创新中心核心区，协调中央驻区各大媒体和网络新媒体深入中关村采访报道。为纪念建党95周年、长征胜利80周年，举办“四月的足迹——海淀爱国主义教育基地寻踪”活动、“七月的记忆——庆祝建党95周年专题朗诵会”。《中关村传奇》系列网络电影制作入选中国文联“中国精神·中国梦”主题文艺创作扶持项目。举办第六届国标舞大赛和“三山五园”文化上海站、香港站巡展。出台《海淀区“十三五”时期文化创意产业发展行动计划》，建立中关村文化科技研究院。与天津市武清区、西青区签订战略合作协议，京津冀文创产业示范基地项目正式落地。

社会建设 教育综合改革取得新突破，缓解上学难问题；实施小学“六年一学位”入学政策。精神卫生三级康复体系成为全国示范样板。推进国家公共文化服务体系示范区建设，新建（更新）182套全民健身工程，8.8万平方米的海淀北部文化中心正式对公众开放。充分就业街镇、充分就业社区（村）占比达97%，帮助2.19万名城乡劳动力实现就业，城镇登记失业率0.94%。5个养老照料中心开工建设，20家社区养老服务驿站建成，国家级居家养老服务业标准化试点项目通过考核验收，发放23万张养老助残卡；完成134台老旧住宅电梯更新改造。地铁16号线（西苑至北安河段）通车运行，地铁12号线、19号线、京张铁路加快建设。推广闲置自行车智能化再利用。加快推进清洁空气行动计划，四环内和26个村庄基本实现“无煤化”，惠及1.6万户家庭；淘汰高排放老旧机动车4万辆。新建和改造西冉城市生态公园、定慧公园等公园绿地、小微绿地20处。

作风建设 加强对区委、区政府重大决策部署的监督检查，对执行纪律不严、贯彻决策不实、落实工作不力的，严肃查处、严格问责。完善“12380”电话、信访、网络、短信“四位一体”举报体系，加大违规用人举报查核力度。针对不作为、不担当等问题，开展“为官不为”“为官乱为”专项治理，给予38人党政纪处分或组织处理。查处案件35件，对34人次进行通报曝光。以“严肃党的纪律和规矩”为主题，组织998名处、科级干部参加廉政法规知识测试。组建“讲述身边好规矩”巡回宣讲团，在各工委系统宣讲10场，4000余名党员干部聆听宣讲。编印发放《讲述身边好规矩优秀作品集》，弘扬好家风家训。

党的建设 持续深化习近平总书记系列重要讲话精神、五大发展理念学习宣传贯彻，组织区理论中心组集中学习10次、区处联学5次；贯彻落实中共十八届六中全会精神，开展"两学一做"学习教育，成立领导小组和9个督导组，以上率下、区分层次、分类指导。出台关于加强新形势下发展党员工作的若干措施，试行《发展党员工作手册》，加强对《中国共产党发展党员工作细则》贯彻落实情况的督促检查。结合实施"党员意识提升行动"，开展"亮身份、树形象、作表率"主题实践活动。召开纪念建党95周年大会。推进领导干部落实党风廉政建设主体责任全程纪实，对区、处两级领导班子履责内容实行清单式管理，对领导班子党风廉政建设情况实施记账式实录，对班子成员履责过程实行档案式管理。全区62个参选村完成第十届村委会换届选举。对2014年、2015年69个软弱涣散基层党组织整顿工作进行"回头看"。明确1476个社区党组织党务专职社区工作者人员编制。建立60个商务楼宇党群服务站。开展"四查四纠"活动，强化党组和基层组织规范化建设。推进党风廉政建设，117家处级单位逐级签订党风廉政建设责任书。

（徐静宇）

【王安顺调研中国佛学院项目】 5月21日，市长王安顺到海淀区调研中国佛学院项目建设情况。市委常委、常务副市长李士祥，市委常委、副市长陈刚，副市长王宁，市政府秘书长李伟陪同调研。王安顺一行到凤凰岭中国佛学院项目规划地块，结合展板了解中国佛学院规划情况以及待解决的问题，仔细询问项目配套设施等情况。区长于军就相关情况进行汇报。随后，市领导一行到海淀区政府，王安顺主持召开市政府专题会，研究中国佛学院建设有关事宜。

（吴保军）

【王安顺考察社区治理工作】 8月26日，市长王安顺到海淀区志强北园社区，考察老旧小区治理工作，并听取居民的意见建议，听取北太平庄街道、志强北园社区的工作汇报。志强北园社区建于20世纪70年代末80年代初，违建现象突出，环境脏乱。通过治理，拆除全部违建，腾退地下空间，疏解外来人口1000余人，把腾退的地下室改造为社区活动中心。王安顺充分肯定北太平庄街道老旧小区治理工作取得的显著成效，并提出抓好社区治理的三项重点工作：加强社区环境建设，最大程度改善人民群众的居住条件和生活环境；提高社区服务品质，进一步完善社区公共服务设施，不断丰富居民文化生活；加强社区综合管理，进一步推进物业管理，严控新生私搭乱建、开墙打洞、无照经营等违法行为，加大对群租房的整治力度，营造安全和谐的生活氛围。

（钟冷）

【蔡奇到海淀调研】 11月16日，市委副书记、代市长蔡奇先后到怀柔区、昌平区和海淀区，调研推动科技创新中心建设。在海淀，蔡奇听取中关村生命园发展成果、建设现状和中关村生物医药公司规划情况的汇报，参观罗敏敏、汤楠工作室，叮嘱相关负责人加大服务力度，集聚更多高端创新要素和顶尖人才团队。蔡奇到中关村软件园企业中科曙光、软通动力公司，听取创新成果介绍，要求政府部门加强政策创新，持续激发企业创新活力，使中关村成为原始创新策源地、自主创新主阵地。蔡奇强调，北京要以"三大科技城"（中关村科学城、未来科技城、怀柔科学城）为主平台，整合创新资源，发挥示范带动作用；要以高校、科研院所和科技创新型企业为主力军，优化创新创业环境，调动创新主体积极性；要以重大创新项目为抓手，攻坚克难，加快推动重大项目落地。市领导陈刚、隋振江、李伟一同调研。

（钟冷）

重要会议和活动

【区委十一届九次全会】 1月5日，中共北京市海淀区委十一届九次全会召开。区委书记崔述强作区委常委会工作报告并讲话，区长于军作关于全区经济社会发展工作的报告。会议全面总结2015年工作，研究部署2016年任务，审议通过《中国共产党北京市海淀区第十一届委员会第九次全体会议决议》《中国共产党北京市海淀区第十一届委员会第九次全体会议关于递补区委候补委员黄亦红同志为区委委员的决定》，关成启、彭兴业、刘长利等区四套班子领导出席会议。

（徐静宇）

【郭金龙到海淀调研】 2月25日，市委书记郭金龙到海淀区拆迁腾退现场、高科技企业，就深入贯彻中共十八届五中全会和习近平总书记视察北京重要讲话精神，加快疏解非首都功能，实施创新驱动发展战略，落实首都城市战略定位进行调查研究。市长王安顺陪同调研。郭金龙仔细察看中关村东升科技园三期的项目拆迁腾退和规划建设情况，察看中国航空工业集团公司北京航空材料研究院和一亩园地区拆迁腾退工作进展。实地察看后，郭金龙主持召开座谈会，海淀区汇报工作，市相关部门就海淀区进一步做好工作提出意见建议。郭金龙充分肯定海淀区深入学习贯彻习近平总书记视察北京重要讲话精神，落实《京津冀协同发展规划纲要》，攻坚克难、开拓创新，各项工作都取得新成效。郭金龙在讲话中强调，要持续把学习贯彻习近平总书记视察北京重要讲话精神引向深入；海淀区要紧紧围绕城市核心功能定位，在更大尺度上谋划和推进各项工作，不断优化区域功能；要通过全面深化改革有效推动工作；要构建区域融合发展的新格局；要高度重视和加强党的建设。市领导陈刚、苟仲文、张工、隋振江一同调研。

（徐静宇）

【全区领导干部大会】 3月2日，海淀区召开全区领导干部大会。会议传达学习2月25日市委书记郭金龙、市长王安顺到海淀区专题调研时的重要讲话精神，贯彻落实国家、市、区一系列重要会议精神，对推动全国科技创新中心核心区建设和2016年的重点工作进行再动员、再部署、再推进。区四套班子领导出席会议。区长于军从“减人、添秤、服务”三个方面部署具体工作。区委书记崔述强在讲话中指出，要以全国科技创新中心核心区为统领，确保做好“减人、添秤、服务”重点工作；要深入贯彻落实郭金龙书记调研讲话精神，持续把学习贯彻习近平总书记视察北京重要讲话精神引向深入。

（钟冷）

【区委党的群团工作会议】 3月8日，区委党的群团工作会议召开。会议深入学习贯彻习近平总书记重要讲话和中央、市委党的群团工作会议精神，分析全区党的群团工作面临的新形势新任务，研究推进创新全区党的群团工作的新思路新举措，安排部署当前和今后一个时期海淀区党的群团工作。区四套班子领导出席会议。会上，区委副书记、政法委书记刘长利就《中共北京市海淀区委关于加强和改进党的群团工作的实施意见（征求意见稿）》作说明。区总工会、团区委、区妇联、甘家口街道、西北旺镇5家单位作经验交流发言。

（钟冷）

【考察调研】 3月16日—18日，区四套班子领导率队赴昌平区、延庆区和河北省张家口市，考察学习推动京津冀协同发展，以冬奥会、世园会为契机推动经济社会发展的经验做法，推动建立交流合作机制。海淀区与昌平区加强区域协同创新，推动创新驱动发展。区政府与延庆区政府签订战略合作框架协议，围绕疏功能减人口、产业链打造、园区发展、产业转移承接、冰雪产业、养老产业、教育医疗、食品安全等方面推动协同发展。区政府与张家口市政府缔结为友好区市关系并签订战略合作框架协议，双方在教育发展、产业转移、旅游养老、冰雪运动发展等方面对接，促进两地协同发展。区领导刘勇、傅首清、孟景伟、龚宗元、李宏以及相关部门负责人一同考察学习。

（钟冷）

【确定188项区委、区政府重点工作任务】 3月29日，区委常委会审议确定2016年区委、区政府重点工作任务，分为八大类188项，涉及牵头单位59家，协办责任单位覆盖全区各单位。第一类为贯彻京津冀协同发展战略，18项，占9.6%；第二类为强化创新驱动，34项，占18.1%；第三类为重点功能区建设，27项，占14.4%；第四类为巩固扩大文明城区创建成果，29项，占15.4%；第五类为深化社会治理创新，25项，占13.3%；第六类为深化改革，13项，占6.9%；第七类为加强政府自身建设，19项，占10.1%；第八类为从严管党治党，23项，占12.2%。

（徐静宇）

【人口调控工作动员部署大会】 4月28日，海淀区人口调控工作动员部署大会召开，会议贯彻落实市委、市政府关于非首都功能疏解与人口调控的工作要求，区委书记崔述强出席并讲话，区长于军总结2015年区人口调控工作情况，部署拆违打非、业态调整提升、加大以房管人力度、棚户区改造和环境整治、健全人口调控机制、强化非首都功能疏解带动作用等2016年重点工作任务，并与区城管执法监察局、区国资委、四季青镇、学院路街道、海淀街道等重点任务牵头单位及街镇代表签订2016年人口调控责任书。2015年，海淀区推进疏功能、减人口各项任务落实，统筹实施“拆、调、建、管”等综合措施，常住人口369.4万人，增速为0.4%，比2014年下降2.5个百分点。

（徐静宇）

【区委第五次政协工作会】 5月16日，中共海淀区委第五次政协工作会召开。会议贯彻市委第四次政协工作会议精神，总结区委第四次政协工作会议以来全区推动政协协商民主建设的经验，研究部署新形势下海淀区的政协工作，出台《关于进一步加强政协协商民主建设的实施意见》，推进新形势下政协协商民主建设。区四套班子领导出席会议。区政协主席彭兴业就区政协贯彻落实区委关于加强政协协商民主建设的实施意见讲话。崔述强在讲话中充分肯定五年来区政协的工作成绩，对进一步做好新形势下海淀政协工作提出要求。

（钟冷）

【区委统战工作会】 5月16日，中共海淀区委统战工作会议暨区委统战工作领导小组第一次全体（扩大）会议召开，区四套班子领导出席会议。会议学习贯彻中央和市委统战工作会议精神，研究部署新形势下全区统一战线工作。成立由区委书记任组长的区委统战工作领导小组。统战部部长刘勇作2015年统战工作报告，部署2016年统战工作总体思路和要求。崔述强对全区的统战工作提出4点要求：把握正确处理一致性和多样性关系的方针；及时把新出现的社会阶层和群体纳入工作视野，进一步扩大统战工作覆盖面；做好政党协商工作，推动海淀政党协商工作迈上新的台阶；不断创新改进统战工作的方式方法。

（钟冷）

【崔述强接受中央市属媒体采访】 6月7日，区委书记崔述强接受新华社、《北京日报》、北京电视台等多家中央、市属媒体采访。区委常委、宣传部部长陈名杰，区委常委、常务副区长孟景伟参加活动。崔述强向媒体重点介绍海淀区作为北京市中心城区、全国科技创新中心核心区，支持北京城市副中心建设，推进京津冀协同发展方面的最新进展和具体举措，并表示确保中央和市委各项部署要求在海淀落地生根，取得实效。市属媒体记者围绕海淀高科技企业发展聚集、中关村大街改造提升、京津冀协同发展、“水清岸绿”行动计划等方面进行提问。

（钟冷）

【庆祝中国共产党成立95周年大会】 6月27日，海淀区庆祝中国共产党成立95周年大会召开。大会重温党的光辉历史，表彰近5年来全区各条战线上涌现出来的优秀共产党员、优秀党务工作者和先进基层党组织。崔述强、关成启、彭兴业、刘长利等区领导出席会议。区委常委、组织部部长刘勇宣读区委《关于命名表彰海淀区优秀共产党员、优秀党务工作者和先进基层党组织的决定》。韩德会等100名共产党员、夏淑芳等100名党务工作者、海淀区万寿路街道铁家坟社区党委等100个基层党组织分别被授予“海淀区优秀共产党员”“海淀区优秀党务工作者”和“海淀区先进基层党组织”称号。先进基层党组织代表学院路街道二里庄社区党委书记魏立，优秀共产党员代表北京梦之城文化股份有限公司董事长、总经理于仁国，优秀党务工作者代表北京市十一学校党总支书记、校长李希贵作了交流发言。

（钟冷）

【区委十一届十次全会】 7月24日—27日，中共北京市海淀区委十一届十次全会召开。全会学习贯彻落实中央城市工作会议和市委十一届十次全会精神，总结上半年工作，研究部署下半年任务。会议通过《中国共产党北京市海淀区第十一届委员会第十次全体会议决议》《关于加快全国科技创新中心核心区建设提升城市规划建设管理水平的若干措施》《关于召开中国共产党北京市海淀区第十二次代表大会的决议》《中国共产党北京市海淀区第十一届委员会第十次全体会议关于接受鲁为等5名同志辞去委员职务的决定》。

（钟冷）

【区委党的建设工作领导小组会】 8月3日，区委党的建设工作领导小组会议召开。会议总结2015年全区党建工作，审议通过调整后的区委党建工作领导小组暨区建设学习型党组织工作协调小组及下设机构成员名单，明确由区委书记担任组长，负责牵头抓总，区委专职副书记担任常务副组长，具体负责统筹协调落实；将区委党建工作领导小组下设的区委非公有制企业和社会组织党的建设工作办公室，拆分为区委非公有制企业党的建设专项工作组和社会组织党的建设专项工作组。其中，社会组织党的建设专项工作组加挂社会组织党建工作联席会的牌子。审议通过区委党建工作领导小组2016年工作要点。区委党建工作领导小组其他成员及办公室成员出席会议，各街镇党（工）委书记和区委直属单位党委书记列席会议。

（钟冷）

【党政代表团赴上海考察】 9月11日—13日，由区四套班子领导，城市规划建设管理、园区建设管理相关委办局及街镇主要负责人组成的海淀区代表团赴上海市浦东新区、徐汇区考察交流，学习城市规划建设管理、科技创新发展的经验。在与浦东新区的工作交流座谈会上，双方分别介绍各自的经济社会发展情况，表示希望双方进一步建立深化交流对接机制，在城市发展、科技创新等方面互相借鉴，深化合作，共同发展。海淀区代表团一行参观上海中心大厦和金领驿站，借鉴金领驿站管理服务机制，助力海淀区非公党建工作的开展。代表团考察了徐汇区在信息化建设、社会治理等方面的创新工作。

（钟冷）

【全国“双创周”北京会场活动】 10月12日—21日，主题为“发展新经济，培育新动能”的2016年全国大众创业万众创新活动周北京会场暨中关村创新创业季在中关村自主创新示范区展示中心举行。活动由国家发改委、国科学技术协会、北京市人民政府主办，科技部火炬高技术产业开发中心、北京市发展改革委、北京市科学技术委员会、中关村科技园区管委会、海淀区人民政府承办。启动仪式上，国家知识产权局授予海淀区“国家知识产权示范城区”奖牌；海淀区发布“双创宣言”；中关村创新发展研究院发布“中关村指数2016”。北京会场共举办80余场活动，195个创新创业项目在北京主会场主题展亮相；中关村创新创业季共举办24场活动，吸引19个国家和地区的5925个创业项目、5万余人参与。

（程晓荷 钟冷）

【中央环保督察工作动员会】 11月29日，中央环保督察组督察工作海淀区动员部署会召开，区委书记崔述强出席并讲话。海淀区成立由区委书记和区长任组长，区委、区政府领导任副组长，相关部门和街镇主要领导为成员的领导小组；建立综合组、材料组、交办案件落实查办组、后勤组、安保维稳组、宣传组6个专项工作组开展具体工作。区委制定《海淀区环境保护职责分工》，逐项明确区属各党政部门的环保职责。区四套班子领导分别到各自的街镇联系点督促检查指导工作，重点检查各街镇环保工作职责、重点任务措施、属地监管等方面的落实情况，查漏补缺，不留死角。对督察组交办的案件，做到随到随办。各部门和街镇按照时限办理要求做好整改查处工作；区纪检监察部门全程监控案件办理过程，对未按要求做好落实整改工作的相关责任人进行问责，确保上级督办的案件全部整改落实到位。12月15日—17日，中央环保督察组到海淀区开展督察。

（徐静宇）

【海淀区第十二次党代会】 12月6日—9日，中国共产党北京市海淀区第十二次代表大会召开。大会主题是：深入学习贯彻习近平总书记系列重要讲话精神，围绕“五位一体”总体布局和“四个全面”战略布局，全面落实五大发展理念和首都“四个中心”城市战略定位，坚持创新发展，强化能力提升，举全区之力加快全国科技创新中心核心区建设。区长于军主持会议，区委书记崔述强代表十一届区委向大会作题为《坚持创新发展 强化能力提升 为加快全国科技创新中心核心区建设而努力奋斗》的报告。海淀区第十一届纪律检查委员会工作报告以书面形式提请大会审议。大会通过关于十一届区委工作报告和十一届区纪委工作报告的决议，选举产生中国共产党北京市海淀区第十二届委员会和中国共产党北京市海淀区第十二届纪律检查委员会。12月9日，中共北京市海淀区第十二届委员会举行第一次全体会议，依法选举产生海淀区第十二届委员会委员45名、候补委员9名，崔述强当选为中国共产党北京市海淀区第十二届委员会书记。于军、刘勇当选为中国共产党北京市海淀区第十二届委员会副书记。崔述强、于军、刘勇、肖韵竹、周志军、陈名杰、孟景伟、龚宗元、王际祥、高念东当选为中国共产党北京市海淀区第十二届委员会常务委员会委员。会议通过区纪委十二届一次全会选举结果的报告。

（徐静宇）

组织工作

【概况】 2016年，区委组织部工作以“两学一做”学习教育和区、镇领导班子换届为主线，推进组织工作各项任务落实。发展党员1335名。截至12月31日，全区有基层党组织7282个，中共党员173911名（不包括驻区中央、市级单位和部队等位于海淀区、但组织关系不隶属于海淀区委的党组织和党员）。其中，女党员82037名，占总数的47.17%；少数民族党员6837名，占总数的3.9%；35岁及以下的党员30894名，占总数的17.76%；大专以上文化程度党员121416名，占总数的69.82%。全年调整处级领导干部228名，其中提拔62名、交流76名、改任90名；调整处级非领导干部83名，其中调研员22名、副调研员61名，包括行政团职军转干部50名。

召开庆祝中国共产党成立95周年大会，表彰100名优秀共产党员、100名优秀党务工作者和100个先进基层党组织。

（杜晓莺）

【街镇工委书记述职考核测评】 1月18日，区委组织部组织召开2015年海淀区街镇党（工）委书记抓基层党建工作述职评议考核会。述职会邀请部分区党代表、区人大代表、区政协委员，以及基层党员干部群众代表参加会议。24名街镇党（工）委书记分别作会议现场述职，4名书记作书面述职。与会代表以现场提问的方式与街镇党（工）委书记进行互动交流，区委常委对每位党（工）委书记述职逐一进行点评。会议还进行现场考核测评。

（杜晓莺）

【组织宣传工作电视电话会议】 4月14日，海淀区组织宣传工作电视电话会议召开。会议贯彻落实全国和全市组织部部长、宣传部部长会议精神，总结2015年全区组织和宣传思想文化工作，部署2016年重点工作任务。区领导崔述强、刘长利、刘勇、陈名杰、傅首清出席会议。区委常委、组织部部长刘勇作全区组织工作报告，区委常委、宣传部部长陈名杰作全区宣传思想文化工作报告。区委教工委、西三旗街道党工委、花园路街道党工委、西北旺镇土井村党支部作交流发言。区委书记崔述强强调，全区组织宣传工作要适应全国科技创新中心核心区建设要求而开展。会议对2016年全区组织工作提出四点要求：切实抓好“两学一做”学习教育；努力打造高素质干部队伍；推进基层党建工作创新；加快中关村人才特区建设。对全区宣传思想文化工作提出三点要求：着力宣传塑造海淀良好形象；抓好意识形态领域工作；加快构建大宣传工作格局。

（钟冷）

【“两学一做”学习教育】 根据中央和市委、区委的统一部署，海淀区在全体党员中开展“两学一做”学习教育活动。4月29日，海淀区“两学一做”学习教育工作会议召开，对全区开展“两学一做”学习教育工作进行部署。成立领导小组及其办公室和9个督导组，区分层次、分类指导，全程督促、整体联动，推动区、处和基层党组织开展学习教育。轮训各级党组织工作骨干，编印党组织活动案例选编。6月1日至9月8日，区委组织部依托“红色海淀”微信公众号组织开展“两学一做”微信知识竞赛答题活动，参与答题的党员人数累计1.2万余人，答题人次累计超过10万次。6月30日至12月31日，区委组织部依托“红色海淀”微信公众号组织开展“党日活动随手拍”活动，全区各级党组织和党员共上传图片3600余张。开展微党课微征文活动。开展党员“亮身份、树形象、作表率”活动，组织系统率先佩戴党员徽章，带动全区各级党组织特别是窗口单位普遍采取设立党员先锋岗、党员示范窗口等方式亮出身份、公开承诺、接受监督。

（杜晓莺）

【农村工作和农村基层党建工作会】 6月3日，海淀区2016年农村工作会暨农村基层党建工作会召开，会议深入贯彻落实中央、全市农村工作会议精神，全面总结全区农村工作及基层党建工作，部署下一步工作任务。区长于军主持会议，区委书记崔述强出席会议并讲话。副区长高念东作题为《贯彻新理念，立足新定位，加快推进农村建设管理城市化》的农村工作报告；区委常委、组织部部长刘勇作题为《强化政治引领，夯实基层基础，全面提升农村基层党建工作整体水平》的农村基层党建工作报告；区委常委、副区长龚宗元部署农村地区精准帮扶工作。区委副书记、政法委书记刘长利宣读2015年度农村工作先进单位、海淀区2013—2015年度农村基层党建工作先进单位及个人、海淀区第二批“有突出贡献的农村实用人才”的表彰通报。

（钟冷）

【村“两委”换届选举完成】 6月20日，海淀区村“两委”换届选举工作总结会召开。会议通报和总结村“两委”换届选举工作。全区村“两委”换届选举工作2015年10月启动，到2016年6月基本完成。全区现有7个镇、84个村，84个村党组织全部参加换届选举，共选举产生村党组织班子成员389名，其中书记84名、副书记67名、委员238名。62个村进行村委会换届选举，全区共登记参加选举的村民65241人，参加投票选举的村民63452人，参选率为97.3%。选出村民委员会成员286人，其中村委会主任62人、副主任17人、委员207人。其余22个村按照法定程序，经区政府批准，未参加村委会换届选举。村“两委”交叉任职比例41.2%，较上届提高11.2%，书记、主任一肩挑比例27.4%，提高8.6%。

（杜晓莺）

【农村基层干部培训班】 6月20日—21日，海淀区委组织部、区委农工委在市委党校二分校举办海淀区村“两委”换届选举工作总结暨2016年农村基层干部培训班，总结全区村“两委”换届选举工作，提高农村地区基层干部，特别是基层党组织书记的能力和素质，近300人参加。10月8日至11月8日，区委农工委举办农村基层干部异地挂职锻炼培训班，选派15名农村基层干部赴广东省东莞市担任村（社区）书记、主任助理，进行为期1个月的挂职锻炼培训；10月17日—21日，区委农工委与区委组织部、区社工委联合开办2016年海淀区基层党建骨干能力建设培训班，农村系统45名社区党组织专职副书记和专职党务工作者参加；11月22日—23日，区委组织部、区委农工委举办为期两天的村党组织新任书记能力提升专题培训班，27名新任村党组织书记和5名软弱涣散村党组织书记参加培训。

（侯进）

【镇领导班子换届】 9月，完成海淀区镇党委和纪委换届选举工作，党员代表大会和党委、纪委一次全会一次性选举成功。选举产生新一届党委委员63名、纪委委员49名、镇党代会代表853名。其中，基层一线代表429名，占50.3%，比上届提高12.4%；妇女代表356名，占41.7%；少数民族代表43名，占5.0%，分别比全区妇女和少数民族党员占党员总数的比例提高4.9%和2.2%。新一届镇党委班子中，35岁及以下的干部8名，其中2人担任党委书记；女干部16名，其中2人担任党委书记；具有村干部、大学生村官和镇属事业单位工作经历的干部10名；交流干部占1/5。11月，完成海淀区镇人大常委会和政府换届工作，7个镇依法选举产生新一届镇人大和政府组成人员，组织提名的7名人大主席和42名政府班子人选均高票当选。新一届镇政府班子成员平均年龄42.69岁，其中具有大学本科以上学历的41人，具有村干部、大学生村官和镇属事业单位工作经历的干部9人，每个镇均配备1名30岁左右的副镇长，至少有1名女干部。

（杜晓莺）

【中关村智造大街联合党委成立】 12月1日，区委组织部和东升镇党委举行中关村智造大街联合党委暨新的社会阶层人士联谊会揭牌仪式。中关村智造大街联合党委微信公众号上线运行，并同步开展公众号宣传推广工作。中关村智造大街7月开街，已汇聚“人工智能和智能硬件创新平台”等多类服务主体，入驻企业产值达30余亿元，街区员工近500人。

（钟冷）

【基层党建】 年内，全区开展“四查四纠”活动，推进基层党组织按期换届工作，重点查找设置不规范、调整不及时、隶属关系不合理等问题，确保基层党组织“应建尽建”“应换尽换”“应齐尽齐”“应符尽符”。完成党员党费收缴专项检查工作。推进非公企业和社会组织“两个覆盖”工作，成立中关村智造大街联合党委，建成60个商务楼宇党群服务站，非公企业、社会组织党组织覆盖率分别达80%和50%。召开农村基层党建工作座谈会，组织区党政机关、国有企业和高新技术企业“精准帮扶”北部四镇部分村党组织。指导街道（镇）、社区（村）层面党建工作协调委员会组建工作，推进地区区域化党建工作。开展第三批“强基础、解难题、促发展”党建工作组对口帮扶基层党组织活动，深化党组织和党员到社区报到、党员志愿服务工作，推进软弱涣散（后进）基层党组织集中整顿工作。组织各级党组织以党支部为单位，对所属党员进行排查，查找失联党员。截至年底，全区5760名失联党员中，取得联系的有3478人，无法取得联系的2282人。排查党代会代表和党员违法违纪未给予相应处理情况，查出2013年以来违法违纪党员139人、党代表6人、人大代表7人，并给予相应党纪处分。

（杜晓莺）

【党员教育培训】 年内，区委组织部制定关于加强新形势下发展党员工作的若干措施，调控党员规模、优化党员结构、规范发展程序，发展党员1335人。制定关于加强新形势下党员教育管理服务工作的若干措施，举办和承办全国党员教育培训骨干师资培训示范班、党员发展与党员教育管理工作专题培训班等班次13期，培训组织员、党员3000余人次。区委党校被确定为全国党员教育示范培训基地。

（杜晓莺）

【社区党组织党务专职社区工作者管理】 年内，区委组织部印发《关于下发2016年海淀区社区党组织党务专职社区工作者编制情况表的通知》，明确1476个社区党组织党务专职社区工作者人员编制，其中包括专职书记162人、专职副书记533人、专职党务工作者771人，区域化党建工作增配人员10人，90%社区党组织专职副书记全部由社区工作者担任。

（杜晓莺）

【基层党组织专项培训】 年内，区委组织部举办12期基层党组织书记轮训班，对全区2337名各领域党组织书记开展轮训，提升基层党组织书记的思想意识和服务能力。会同区委社会工委组织开展社区党组织书记专题培训班，对526名社区党组织书记开展培训。举办非公党务工作者培训班，对近400名非公党建指导员、楼宇专职社工等开展培训。举办基层党建工作骨干培训班，组织全区各系统、各街镇、各直属单位党组织副书记、组织部部长赴江苏、浙江调研培训。

（杜晓莺）

【干部教育培训】 年内，区委组织部依托区委党校举办学习习近平总书记系列重要讲话、学习贯彻“五大发展理念”等培训班次近30期，通过专题辅导、学员论坛、党性分析会、革命传统教育等形式，对处级干部轮训一遍。举办4期“科技创新国际化人才”专题培训班，采取“走出去、请进来”的方式培训处、科级干部156名。

（杜晓莺）

【干部挂职锻炼】 年内，海淀区接收挂职干部19批91人次。其中，包括第六批北京市和中央金融单位、中央企业互派挂职、京冀互派挂职、2016年南水北调对口协作、2016年京蒙对口帮扶等市委组织部重要挂职工作项目。选派1名处级干部到中央单位挂职，4名处级干部到河北省挂职，1名处级干部到丹江口市挂职。

（杜晓莺）

【央地人才协同发展】 年内，区委组织部落实《关于进一步促进海淀区央地人才协同发展的实施意见》，推动驻区央属高校院所人才与海淀经济社会融合发展。企业研发项目公开招标平台正式运行，征集企业共性关键技术需求700项，成功对接专利技术32项；央地人才交流合作俱乐部举办产学研对接活动15期，与19家央属高校院所的44位专家达成技术合作项目44项；设立“通航产业基金”“京工弘元产业基金”，促进中国科学院、北京航空航天大学、北京理工大学等高校院所科技成果转化落地；与清华大学、北京大学联合培养产业领军人才，委托中介机构开展新兴产业基础人才订单式培养，共培训培养人才近1400名；海淀区92家企业“院士专家工作站”“博士后工作站”“博士后（青年英才）创新实践基地工作站”累计进站院士67人次、博士后325人。建设首都院士之家海淀服务中心，为在海淀工作生活的两院院士及科研团队提供服务。

（杜晓莺）

【创新创业人才队伍建设】 年内，区委组织部在引进海内外顶尖创业人才（团队）、企业科技创新人才、外籍人才引进聚集等方面提供配套支持。搭建创新创业服务平台，支持以北京协同创新研究院、中关村创业大街为代表的双创基地建设；举办“中关村人才创客大赛”“创客训练营”系列活动；依托海淀区高层次人才发展促进会，搭建创新创业对话交流平台，举办主题学习、高端政策对话会、人才特色服务站和“走进标杆企业”系列活动。落实公安部支持北京创新发展20项出入境政策措施，先行先试外籍高层次人才申请永久居留新政策。实施园区企业科技创新国际化人才专题培训，组织国（境）外青年学生到园区企业考察、实习和就业，推进中关村大街国际人才社区建设。

（杜晓莺）

【高层次人才服务工作】 年内，区委组织部落实中央“千人计划”、北京市“海聚工程”“中关村高聚工程”重大人才工程。截至年底，海淀区入选“千人计划”1035人、“海聚工程”267人、“高聚工程”184人、“海英计划”617人。与北京海外学人中心签订第三轮合作协议，累计服务海外高端人才1300余次，支持600名海归人才创办企业，支持资金6000万元。提供科研项目、职称评审、交流培训、子女入学、公寓配租、医疗、落户等公共服务。

（杜晓莺）

宣传工作

【概况】 2016年，海淀区宣传工作把握“两个巩固”根本任务，围绕全国科技创新中心核心区建设，聚焦“减人、添秤、服务”工作总格局，突出思想引领，深化正面宣传，加强舆论引导，繁荣区域文化，夯实基层基础，为全区经济社会发展提供良好宣传舆论环境和思想道德滋养。

理论宣传 学习贯彻习近平总书记系列重要讲话精神，开展中国特色社会主义和中国梦宣传教育。突出党中央治国理政新理念新思想新战略重大主题宣传，抓好各级理论中心组学习和基层理论宣讲。组织区理论中心组学习17次。在《人民日报》、《求是》杂志、求是网等媒体发表学习研究成果5篇。中央电视台《新闻联播》6次播发、《人民日报》头版3次刊载海淀新闻。成立“共话十三五”宣讲团，举办“展望‘十三五’发展谱新篇”系列政策报告会30余场，开展理论宣传300余场次。组织周末社区大讲堂、理论家走基层150余次。

意识形态领域工作 建立会商研判、情况通报等制度机制，组织全区意识形态责任制专项督查。举办处级单位党委（党组）书记、党委分管领导专题培训班。加强讲座论坛、文化场所等阵地管理，严格文化执法。建立全区政务网站和新媒体工作联席会机制，在全市率先建立意识形态和社会舆情大数据监测平台，积极稳妥处置突发敏感舆情。

培育和践行社会主义核心价值观 围绕纪念建党95周年、长征胜利80周年，举办爱国主义教育系列主题实践活动300余场次。举办“四月的足迹——海淀爱国主义教育基地寻踪”活动、“七月的记忆——庆祝建党95周年专题朗诵会”。深化“我们的价值观”百姓宣讲和“海淀榜样”“道德模范”宣传。升级改版“海淀·故事”微信公众号，形成覆盖海淀区、联通各重点行业的社会主义核心价值观公共传播平台。举办“2016北京榜样”系列宣传、“海淀·道德模范在身边”事迹巡展，组织“感动海淀十大文明人物”“海淀志愿服务星光闪耀之海淀十大志愿者风采”网上宣传。开展“文明北京·蓝天行动”、文明旅游宣传、文明上网用网等“文明在身边”系列活动，以“讲家训、传美德、树家风”为主题，在600余个社区选出“社区文明小使者”890名。6人入选

"首都美德少年榜"，12 人入围"北京少年·孝心榜样"。

发展区域文化 推进文化事业单位改制转企，成立海淀剧院有限责任公司。创建全国公共文化服务体系示范区，区、街镇、社区（村）三级文化设施网络基本建成。实施优秀文化产品供给倍增计划，举办文化惠民活动 2 万余场次，惠及群众 400 万人次。完成北太平庄影视产业带、魏公村舞蹈产业街区等特色文创园区前期论证和项目规划，西山文化带建设被纳入市"十三五"重点文化发展项目。海淀区规模以上文化创意产业单位收入突破 6000 亿元。

（韩松）

【"四月的足迹——海淀爱国主义教育基地寻踪"活动】 4 月 14 日，由海淀区委宣传部主办的"四月的足迹——海淀爱国主义教育基地寻踪"活动在香山公园双清别墅启动，海淀区香山街道办事处等单位党员干部及海淀区内 23 家爱国主义教育基地代表近 200 人参加启动仪式。"四月的足迹——海淀爱国主义教育基地寻踪"活动是海淀区委宣传部主办的海淀区爱国主义教育月重点活动之一。本次寻踪活动从全区 23 家爱国主义教育基地中精选出香山公园双清别墅、颐和园耕织图景区、圆明园遗址公园、南水北调团城湖明渠纪念广场、北京艺术博物馆、团城演武厅、"一二·九"运动纪念地、李大钊烈士陵园 8 家适合踏青祭扫的基地，设计制作宣传明信片，开启团体参观"绿色通道"。

（韩松）

【捐献《长征万里图》画卷】 4 月 26 日，区委宣传部、区文联组织艺术家向贵州省习水县四渡赤水纪念馆捐献《长征万里图》画卷，以纪念中国工农红军长征胜利 80 周年。《长征万里图》由区文联美术家协会 7 位书画家，以山水画、书法等艺术形式创作，反映两万五千里长征的壮美画卷。画卷长 60 米，高 0.75 米，涵盖长征途中近 40 个重要事件，画卷中穿插长征诗词书法作品，为同类题材中最长的书画作品。

（韩松）

【中法人文交流海淀论坛】 5 月 27 日，中法人文交流海淀论坛在北京外国语大学图书馆举行。论坛活动由欧美同学会法比分会、北京外国语大学法语系、海淀区委宣传部共同主办，以"中法文化交流在海淀"为主题。海淀区常委、宣传部部长陈名杰，中国驻法国大使馆原政务参赞、《贝熙业传奇》作者张伟，旅法作家郑碧贤等发表主题演讲。陈名杰在《如何讲好中法文化交流故事》主题演讲中指出，海淀拥有丰富的中法文化交流资源，20 世纪初，海淀西山聚集了一大批中法知识分子，为中国的乡村建设、农业发展、社会教育做了诸多改革和尝试，形成包括贝家花园、贝大夫桥、温泉中学、圣－琼·佩斯著诗处等在内的众多中法文化交流史迹。与会嘉宾通过主题演讲形式，回顾中法文化交流中贝熙业、铎尔孟、谢阁兰等人物故事，讲述中法大学的历史和今天，对中法人文交流基地建设提出规划建议，主办方为共建中法人文交流基地举行揭幕仪式。本次中法人文交流海淀论坛是"中法文化论坛"的分论坛活动之一。"中法文化论坛"为非官方、非营利性、定期、不固定具体地址的国际会议，由全国人大常委会副委员长陈竺、法国前总理法拉兰发起，自 2016 年起，由中法双方轮流选择一个主办城市每年交替举办。首届"中法文化论坛"由中国主办，于 5 月 26 日在人民大会堂举行，主题为"'一带一路'：文明对话与融合"。

（韩松）

【海淀通史展开展】 7 月 10 日，由区委、区政府主办，区委宣传部承办的主题为"山水海淀 创新之城"的海淀通史展在海淀北部文化中心开展。作为首个梳理海淀发展历史脉络的展览，设在文化中心二层，占地 2700 平方米。展览梳理了首都西部海淀发展的历史脉络，呈现从新石器时代起，海淀的山川水系、聚落城址、庙宇文化、园林名胜，以及近现代以来区域经济文化、科技教育等方面所取得的成就，分为序厅、京西宝地、百年寻路、走向辉煌 4 个展区，通过图片、文字、影像、实物、VR、三维漫游等方式，直观形象地展示海淀丰富多彩、博大精深的历史文化和发展历程。采用多项多媒体互动手段和高新技术，第一次系统展示海淀 5000 年的历史。展览陈列大纲 33835 字，图片 1053 张。此展为长期展览。

（韩松）

【"三山五园历史文化遗产价值与功能"学术研讨会】 10 月 29 日，北京联合大学和海淀区委宣传部联合举行"三山五园历史文化遗产价值与功能"学术研讨会。来自天津大学、中国人民大学、中国文化遗产研究所等高等院校、科研机构和文化产业领域百余名专家学者，以及部分国外专家代表，围绕三山五园历史文化价值及其传播、香山静宜园与西山文化带遗产和保护、三山五园文化经济功能与产业化利用等问题展开讨论。北京联合大学特聘教授、北京史学会会长李建平，英国威尔士三一圣大卫大学副教授、孔子学院外方院长 Thomas Jansen 博士，北京园林绿化局副局长高大伟，法国巴黎拉维莱特高等建筑院校教授邱治平，天津大学建筑学院张凤梧分别就三山五园与北京历史文化、中西交流下的圆明园、颐和园景观修复等主题作学术报告。在分组讨论中，加拿大温哥华亚历山大学院教授程龙以《1860 到 1900 年间英法驻京外交官群体与三山五园影像》为题，北京地方志办公室副主任、研究员谭烈飞以《佛香阁是依原样重建吗》为题，北京联合大学教授武家璧与圆明园管理处常华以《论波士顿美术馆持有的圆明园旧藏唐〈张符出牧图〉》为题，北京外国语大学公共外交研究中心副主任周鑫宇以《"三山五园"国际化开发的比较研究》为题，北京水晶石数字科技股份有限公司郑亚以《虚拟现实技术在文博体验中的应用》为题，分别对三山五园历史文化遗产价值与功能、保护与利用，以及产业化开发等问题阐述己见，引发与会专家讨论。

（韩松）

【媒体宣传】 年内，区委宣传部围绕全国科技创新中心核心区建设、非首都功能疏解、京津冀协同发展等全区中心工作，召开新闻发布会100余场，接待媒体记者2000余人次，组织专题报道50次。《经济日报》头版头条刊发《北京海淀疏解腾退空间推进产业转型：“白菜心”里“腾笼换鸟”》。中央电视台《新闻联播》播出《北京海淀疏解腾退空间推进产业转型》，北京电视台《北京新闻》栏目及《北京日报》头版连续推出关于海淀非首都功能疏解和全国科技创新中心核心区的报道。在《人民日报》刊登稿件23篇，新华社刊登18篇，《北京日报》刊登117篇。有关海淀的新闻在中央电视台播出8条，北京电视台播出70条。“海淀在线”政务微博粉丝量达197.7万人，发布原创微博1.5万余条。

（韩松）

【精品文艺创作】 年内，区委宣传部编撰出版报告文学集《海淀表达》；参与拍摄的由市委宣传部主办的纪录片《大西山》上线热播；舞剧《香巴拉》赴法国参加阿维尼翁戏剧节获得成功，20天演出23场，获最佳剧目提名，被法国国家图书馆永久收藏。

（韩松）

纪检工作

【概况】 2016年，全区各级纪检监察组织贯彻落实中共十八届六中全会精神，按照全面从严治党要求，压实党风廉政建设责任，严明党的纪律，继续落实中央八项规定精神和市委、区委实施意见，加大纪律审查力度，深化纪律检查体制改革，纪检监察工作取得新进展、新成效。全区各级纪检机构89个，其中区纪委1个，处级单位纪检机构88个（含18个派驻纪检监察组）。

（刘梦瑶）

【区纪委十一届六次全会】 2月18日，中共海淀区纪委十一届六次全会召开。会议学习贯彻习近平总书记系列重要讲话精神，落实中纪委六次全会，市纪委五次全会和区委八次、九次全会工作部署，总结2015年纪律检查工作，部署2016年任务。会议通过区委常委、纪委书记芦育珠所作的题为《忠诚履行职责，把纪律挺在前面，坚定不移推进党风廉政建设和反腐败工作》的工作报告。大会表决通过《中共北京市海淀区第十一届纪律检查委员会第六次全体会议决议》。市纪委常委张才雄、区委书记崔述强出席会议并对2016年党风廉政建设和反腐败工作提出要求。一是深入学习领会习近平总书记重要讲话精神，深刻把握党风廉政建设和反腐败斗争取得的重大成效，深刻领会中央对党风廉政建设和反腐败斗争的部署要求，深刻领会全面从严治党和强化党内监督的新内涵新要求，把思想和行动统一到中央和市委的决策部署上来。二是保持坚强的政治定力，将党风廉政建设和反腐败工作向纵深推进。要尊崇党章，严格执行（《关于新形势下党内政治生活的若干准则》）和（《中国共产党党内监督条例》）；坚持不懈，狠抓作风建设不放松；有腐必惩，保持遏制腐败的高压态势；延伸责任，切实加强基层党风廉政建设。三是坚持把纪律挺在前面，坚决落实各级党组织全面从严治党的主体责任。四是切实加强党内监督，积极探索强化党内监督的有效途径。严格落实党内监督制度，严肃党内政治生活，突出对“关键少数”的监督。区四套班子领导、区属各单位党政主要负责人以及区纪检监察干部等500余人参会。

（刘梦瑶）

【区纪委十二届一次全会】 12月9日，中共海淀区第十二届纪律检查委员会举行第一次全体会议。会议通过《中国共产党北京市海淀区第十二届纪律检查委员会第一次全体会议选举办法》，通过第十二届区纪委常委、书记、副书记候选人名单，通过监票人名单。会议依法选举产生第十二届纪律检查委员会常务委员会委员、书记、副书记，并报中共海淀区第十二届委员会第一次全体会议批准。肖韵竹当选为第十二届纪律检查委员会书记，刘志平、曾涛、李传峰当选为纪律检查委员会副书记。肖韵竹、刘志平、曾涛、李传峰、陈璐、付海涛、樊中恒、刘东辉、毕鲁宁当选为纪律检查委员会常务委员会委员。

（刘梦瑶）

【落实党风廉政建设“两个责任”】 年内，区纪委落实党风廉政建设责任制党委主体责任和纪委监督责任，采取签字背书、约谈、检查考核、责任追究等措施，建立健全一级抓一级、层层抓落实的党风廉政建设责任体系。全区各单位逐级签订党风廉政建设责任书，制定个性化责任清单。建立领导干部落实主体责任全程纪实制度，实施过程化、痕迹化管理。处级单位党政主要领导向区纪委全委会述责述廉并接受质询评议。由区四套班子领导带队重点检查，对处级单位落实“两个责任”情况检查全覆盖，检查考核结果纳入全区绩效考核。区委常委会专题听取检查情况汇报，区委书记、区纪委书记及主管区领导约谈考核排名靠后的6家单位主要领导。落实责任倒查，对苏家坨镇北安河、徐各庄两村侵占林地案等实施“一案双查”，给予纪律处分28人、组织处理5人。

（刘梦瑶）

【纪律检查】 年内，区纪委围绕疏解非首都功能、全国科技创新中心核心区建设，聚焦“减人、添秤、服务”核心任务，开展“为官不为，为官乱为”专项治理，建立落实问题发现和处理机制，立案38件。强化对人口规模调控、打击违法用地和违法建设等重点工作的执纪监督，对执行纪律不严、贯彻决策不实、落实工作不力的，严肃查处、严格问责，确保政令畅通。严明换届工作纪律，严格执行“九个严禁”纪律要求，坚决查处违反换届纪律问题。严查“四风”问题，严防节日腐败。组织财政、审计、税务、工商等部门及政府特邀监察员成立专项检查组，到机关、商场、餐饮、酒店开展监督检查，累计调阅购物用餐发票9万余张，单位财务账目7000余条；检查网酒网、去哪儿网两家电子商务企业交易记录2万余条。引入第三方社会机构对全区党政机关和基层站所开展群众满意度考评，考评结果全区通报并纳入区绩效考核和领导班子考核。组建572人的党风监督员队伍，开展经常性监督检查，建立作风巡察常态化机制。开通“清风海淀”微信公众号，及时收集群众意见建议，拓宽群众监督渠道。查处违反中央八项规定精神问题案件35件，通报曝光21人。

（刘梦瑶）

【纪律教育】 年内，区纪委开展经常性纪律教育。学习贯彻《中国共产党廉洁自律准则》《中国共产党纪律处分条例》，并纳入各级理论中心组学习，作为党校必修课。区四套班子领导带头听取前两项法规辅导报告，220余名正处级领导干部参加专题培训，发放两部法规宣传画和警示教育挂图到基层党组织，教育对象覆盖到所有基层党支部和党员。组织1290名处、科级干部参加廉政法规知识测试。组建“讲述身边好规矩”宣讲团，在全区巡回宣讲。开展“纪律教育在身边”征文活动。制作并发放警示教育片《恣意的权力》600套。组织122家单位的4014名党员干部参观区警示教育基地。建设圆明园廉政文化基地。

（刘梦瑶）

【纪律审查】 年内，全区纪检监察组织受理检举控告类信访举报1167件次，处置问题线索426件，立案201件，结案170件，给予党纪政纪处分149人，挽回经济损失2120万元。查处六里屯垃圾填埋场环境污染案等典型案件。约谈67人次，函询70件次。结合苏家坨镇北安河、徐各庄两村侵占生态林案，在全区集中开展侵林毁林行为专项治理行动，查处侵害生态环境违法行为，推动生态环境保护工作。

（刘梦瑶）

【纪检体制改革】 年内，区纪委建立区反腐败协调小组追逃追赃工作协调机制。推进派驻机构改革，推动派驻监督向区级党和国家机关全覆盖。落实镇、派驻（出）机构和区属国有企业纪（工）委书记（纪检组长）、纪（工）委副书记（副组长）提名考察办法，实现纪检领导干部提名考察以区纪委会同区委组织部为主。建立3个纪律审查协作区，组建99人的人才库，整合全区监督执纪力量。加强司法机关、行政执法机关与纪检监察机关之间协作配合，建立线索定期报送、联查联审、提前介入、案件移送等机制。加强纪检监察队伍建设，区纪委常委会带头巩固深化“三严三实”“两学一做”学习教育成果。加强能力建设，坚持定期培训、轮岗代训、岗位练兵。

（刘梦瑶）

统战工作

【概况】 2016年，海淀区统一战线贯彻落实中央、市委关于统一战线一系列重大决策部署，围绕国家和首都战略布局、发展理念，结合海淀经济社会发展实际和功能定位，推动统一战线各领域工作，为加快建设全国科技创新中心核心区提供广泛的力量支持。

服务区域改革发展 巩固共同思想政治基础。开展坚持和发展中国特色社会主义学习实践活动，引导民主党派、无党派人士坚定“四个自信”；以“守法诚信、坚定信心”为重点，开展理想信念教育实践活动，授予139家会员企业为“海淀区诚信经营承诺示范会员单位”。围绕首都城市战略定位，聚焦“减人、添秤、服务”，组织民主党派承担调研课题37项，其中区级关注课题8项，编报信息176条。推进京津冀协同发展，成立海淀区工商联京津冀协同发展战略联盟，为加强三地民营企业交流合作、推动经济共同发展打造新的平台；召开会员企业产业疏解推进会，实现会员企业平稳有序疏解。举办民营企业家经济论坛系列活动，推动民营企业转型升级。以“海归驿站”和“海归沙龙”品牌活动为载体，为海归人才提供精准服务。举办“海淀区第五届新侨乡文化节”系列活动，吸引新侨和归国留学人员万余人次参与。

换届工作 民主党派完成区级组织换届工作。区工商联、侨联完成换届工作。完成区政协换届人事安排工作。民主党派中政协委员研究生以上学历占72.9%，博士研究生占33.1%；中高级职称占61.6%。

新的社会阶层人士统战工作 与中央统战部等单位召开中关村创业大街统战工作联席会，为创业大街新阶层联谊会增补6名理事。对中关村智造大街、知识产权一条街、海淀园创业服务中心的新阶层人士进行摸底调查，建立新阶层人士统战工作联席会机制。依托智造大街联合党委，成立中关村智造大街新的社会阶层人士联谊会。探索中关村知识产权一条街、留学生创业园开展新阶层人士统战工作，扩大新阶层人士工作覆盖面。

党外代表人士队伍建设 举办2016年度党外代表人士培训班，规范非公有制经济人士综合评价工作，建立以区委统战部部长为组长，14家单位参加的评价工作领导小组，完成210人的非公评价工作。

民族工作 召开海淀区城市民族工作会议，探索将民族工作纳入网格化管理。完成第五届全国少数民族文艺会演服务保障工作。开展民族团结进步创建工作，举办海淀区第十届民族社区运动会。支持民族经济发展，为区内少数民族企业争取市级扶持资金200万元。

宗教工作 开展“规范年”和谐寺观教堂创建工作，海淀区多个宗教场所和个人被评为全国、北京市级先进。与宗教团体、场所签订安全管理责任书，排查整治安全隐患。投入资金修缮危旧宗教活动场所，做好浴佛节、圣诞节等宗教活动的安全服务保障工作。妥善处理宗教领域矛盾纠纷，做好宗教房产落政和基督教专项工作。

对台工作 完成中央及北京市交办的涉台专项任务。建立海淀区与台湾基层社区组织的长期交流互访机制。海淀、高雄两地成功同步举办端午节、重阳节京台社区大舞台活动，17个社区与台湾社区签订《交流合作协议书》。接待洪秀柱等台湾重要人士到海淀参访。加大涉台宣传教育及调研力度。扩大对党员干部，尤其是社区干部的涉台交流培训。6所中小学校被授予“北京市青少年涉台教育基地”称号。海淀区教育学会和台湾中小学校长协会签订交流合作协议。优化涉台发展环境，开展“区长接待台商日”、座谈联谊等活动；成立“海淀台商之家”、北京市海淀区两岸青年文创交流发展基地。推进在科技教育、智慧城市、节能环保等领域与台专业交流合作。承办北京市“第二届京台基础教育校长峰会”，京台两地400余名中小学校长、教育专家参加。

（王彩虹）

【全国统战工作实践创新现场观摩活动】 1月10日，全国统战工作实践创新现场观摩活动举行，中央统战部副部长陈喜庆、冉万祥率全国统战工作实践创新观摩团到中关村创业大街，考察新形势下“两新”组织统战工作实践创新所取得的成果。市委常委、统战部部长戴均良，区领导崔述强、于军、彭玉敬、傅首清、孟景伟一同观摩。观摩团分别考察创业会客厅、洛可可、黑马会等创业服务机构的统战工作情况。区委书记崔述强就中关村创业大街的基本情况以及海淀区在“大众创业、万众创新”背景下统战工作实践创新的推进情况进行介绍。

（王彩虹）

【“海淀台商之家”成立】 4月16日，北京台资企业协会（以下称市台协）“海淀台商之家”暨北京市海淀区两岸青年文创交流发展基地在台资企业北京智装科技有限公司正式揭牌成立。市台办、市台协、市台协海淀分会等负责人出席仪式。

（王彩虹）

【统战工作会议】 5月16日，中共海淀区委统战工作会议暨区委统战工作领导小组第一次全体（扩大）会议召开，区四套班子领导出席会议。会议学习贯彻中央和市委统战工作会议精神，研究部署新形势下全区统一战线工作。区委书记、区委统战工作领导小组组长崔述强作讲话，区委副书记、区长于军主持会议，区委常委、组织部部长、区委统战工作领导小组副组长刘勇作工作报告。

（王彩虹）

【中关村创业大街统战工作联席会】 6月3日，2016年中关村创业大街统战工作联席会暨新的社会阶层人士联谊会会长会在中关村创业大街创业会客厅召开。中央统战部六局、市委统战部、中关村管委会党组、海淀区委统战部、海淀园工委、海淀置业集团党委和海淀街道党工委有关负责人，中关村创业大街新的社会阶层人士联谊会部分会长和理事参加会议。会议研究2016年度新阶层人士工作。增补6名新阶层联谊会理事。

（王彩虹）

【海淀区社区交流团赴台参访】 6月4日—10日，海淀区社区交流团赴台开展京台社区发展论坛、京台社区大舞台等活动，探索两岸基层民间“社区一家亲”常态化、机制化交流模式。其间，甘家口街道西钓、甘东、西三环三个社区与台北市中山区剑潭里共同举行“2016京台社区端午文化大舞台交流活动”。甘家口街道西钓社区与台北市中山区剑潭里社区签订《京台社区交流合作协议书》，缔结成为“结对交流社区”。中关村街道华清园社区与高雄大昌里共同举办“咱的节日”主题京台社区大舞台活动。中关村街道华清园社区和高雄市楠梓区大昌社区签订《京台社区交流合作协议书》。2016京台智慧社区医疗养老健康交流对接会在台湾基隆经国管理暨健康学院举行，台湾中华两岸颐养促进会与医养康健康管理有限公司签订战略合作协议，推动京台社区在智慧社区为老服务领域开展进一步交流合作。10月5日—11日，区台办、区委社会工委、区社会办联合海淀社会组织联合会，组织7个街道赴台湾高雄举办以“交流共融，合作发展”为主题的“登高看海京台社区大舞台暨海淀·高雄社区重阳交流系列活动”。邀请两地的专家学者、社会知名人士、社区志愿者、社区主任、村里长参与，共度中华民族传统佳节——重阳节。

（王彩虹）

【“台湾年轻人走出去”文创交流活动】 7月7日，海淀区台办与北京市台资企业协会海淀分会在“海淀台商之家”组织开展“台湾年轻人走出去”文创交流活动。来自台湾清华大学、交通大学、政治大学、云科科技大学、辅仁大学、静宜大学、嘉义大学等的26名年轻学生参加文创交流互动活动。

（王彩虹）

【专题民主协商会】 7月14日，中共海淀区委召开专题民主协商会，就《海淀区关于加快全国科技创新中心核心区建设，提升城市规划建设管理水平的若干措施（征求意见稿）》，听取各民主党派区（工）委、区工商联负责人和无党派人士代表的意见和建议。区委书记崔述强主持会议并讲话。区领导关成启、彭兴业、刘勇、傅首清、孟景伟参加协商会。

（王彩虹）

【九三学社中央巡视督导组到区巡视】 7月19日，全国政协副主席、九三学社中央主席韩启德，辽宁省人大常委会副主任、九三学社中央常委、九三学社中央监督委员会副主任刘政奎等九三学社中央巡视督导组领导在北京市政协副主席、九三学社北京市委主委马大龙等的陪同下到海淀，对九三学社北京市委区级组织的工作开展情况进行巡视督导。区委书记崔述强，区委常委、组织部部长、统战部部长刘勇出席会议，并围绕加强基层组织建设、深化沟通交流合作、推动科技创新发展等方面进行座谈。

（王彩虹）

【党外代表人士培训班】 8月17日—19日，区委统战部举办2016年党外代表人士培训班。海淀区各民主党派、党外知识分子联谊会和新的社会阶层人士联谊会领导班子成员共60余人参加培训。中共海淀区委统战部常务副部长杨志洪主持培训班。

（王彩虹）

【第二届京台基础教育校长峰会】 10月18日—20日，第二届京台基础教育校长峰会在海淀区召开。峰会以“面向未来的基础教育”为主题，京台两地中小学校长、教育专家围绕学生素养提升，从学校管理创新、教育教学理念、校园文化、教师专业发展等方面进行交流研讨互动。中共中央台办、国务院台办主任张志军会见参加第二届京台基础教育校长峰会的70余位台湾中小学校长。

（王彩虹）

【党派团体协商会】 10月26日、11月15日、11月18日，中共海淀区委分别召开党派团体协商会，就部分人大代表候选人建议人选、区政协委员建议人选、区人大常委会人选、区政府领导班子人选、区法院院长人选、区检察院检察长人选、区政协领导班子及常委人选进行协商。

（王彩虹）

【专题协商会】 11月18日、11月30日，中共海淀区委分别召开专题协商座谈会，邀请海淀区各民主党派、工商联负责人和无党派人士代表，就区十二次党代会报告（征求意见稿）和区2017年政府工作报告（征求意见稿）进行专题协商提出意见和建议。

（王彩虹）

【台湾屏东县参访团到区参访】 12月1日—5日，台湾屏东县参访团一行20余人到海淀区苏家坨镇参访交流。苏家坨镇商会与恒春镇里长联谊会签署交流合作协议书，确立两地进行经济、文化及旅游交流的意向及发展方向。

（王彩虹）

【台湾新北市到区参访】 12月26日，台湾新北市副市长叶惠青率团到海淀区参访。参访团一行到中关村紫金数码园东华合创大厦参观东华软件股份公司，并与东华软件股份公司、英业达股份有限公司等驻区企业座谈交流，对接经济合作事宜，探讨智慧城市解决方案。

（王彩虹）

政策研究

【概况】 2016年，区委区政府研究室形成各类文稿和报告160余篇，计50余万字；开展和参与调研活动100余人次；启动全区138项调研课题的跟踪管理服务工作；编印《海淀研究》6期；编印《2016年海淀区调查研究重点课题集》和《2016年度海淀区优秀课题集》。

（孙旭）

【推进全区改革工作】 年内，区委区政府研究室强化对改革工作的顶层设计和统筹指导，完善改革体制机制，制定完成16项重点改革任务和53项专项改革任务。形成区全面改革领导小组统筹决策机制和区委改革办工作沟通协调机制，组织召开改革领导小组全体会1次、专题会2次，区委常委会、区政府常务会等会议研究改革议题47次，各专项改革工作组研究改革议题90余次。编发海淀改革工作简报41期，市委改革办刊登海淀区改革工作专稿45篇。

（孙旭）

【重大问题研究决策】 年内，区委区政府研究室结合区委、区政府重点工作，启动16项重大课题研究。围绕加强党建工作和落实全面从严治党，开展“基层党组织落实从严治党的体制机制与工作措施研究”和“区域化基层党建工作机制研究”两项课题；围绕核心区建设，开展“海淀区加快全国科技创新中心核心区建设的路径”课题研究，该课题是区委书记主持的市级课题，并在此基础上启动“海淀区‘十三五’期间促进科技创新的政策措施研究”；围绕京津冀协同发展、疏功能减人口和深化城市治理，开展“海淀区推进京津冀协同发展的体制建设”“海淀区探索新型城镇化发展新模式”等课题研究；围绕全面深化改革，开展“海淀区‘十三五’期间重点改革任务顶层设计研究”等多项课题研究；围绕提升文化软实力，开展“海淀区‘十三五’期间促进文化创新的政策措施研究”“中华优秀传统文化进入国民教育体系的政策措施研究”等课题研究。

（孙旭）

【调查研究工作】 年内，区委区政府研究室支持指导各单位围绕中心开展课题研究，推动成果转化，加强调研成果交流。开展2015年度海淀区调研工作先进单位和优秀调研成果评比；举办2016年度海淀区调研工作培训会；坚持开门搞调研，发挥专家优势，加强与国家行政学院、中关村管委会、北京师范大学、北京城市学院等区域单位的课题沟通与合作。在已完成的调研成果中，共有109项成果实现转化。其中，转化为制度、意见、方案、规划等71项，在市级以上刊物上发表和获奖的16项，转化为具体项目或活动的22项。

（孙旭）

区直属机关党建

【概况】 2016年，中共海淀区委区直属机关工作委员会（简称区直机关工委）领导65家单位（包括9个党委、23个党总支、33个党支部），所属党员6986名，其中在职党员5580名，离退休党员1223名，其他存档党员183名。机关纪工委、机关工会、机关团工委、机关妇工委4家机构隶属于区直机关工委，下辖50家机关工会分会

（小组），有工会会员2805名；17家机关基层团组织，有共青团员267名。

年内，区直机关工委围绕机关党建“服务中心、建设队伍”核心任务，开展“两学一做”学习教育。开展“讲述身边好规矩”主题教育，推荐“身边好人”“北京榜样”“感动海淀人物”。围绕“培育和践行社会主义核心价值观”“中国共产党成立95周年”、海淀区“十三五”规划和“京津冀协同发展”4个主题，开展百姓宣讲活动。举办机关党组织书记集中培训班1次、“两学一做”骨干示范培训班1次、党员发展对象培训班1次，81名入党积极分子参加培训并通过考核。

（周志强）

【“两学一做”学习教育】 年内，区直属机关系统65个机关党组织、338个基层党支部以落实“三会一课”等党内基本政治生活制度为重点，以主题党日、警示教育、志愿服务、联系群众、专题讨论等形式和载体，开展“学党章党规、学系列讲话，做合格党员”学习教育。编印《区直机关“两学一做”学习教育手册》，发放到每名党员手中。按照重点在学、关键在做的要求，在区直机关系统开展以“有责有为有担当 促勤促廉促发展”为主题的“践行两学一做，争当学做先锋”实践活动。年底，对所属机关党组织开展“两学一做”学习教育情况进行督导调研。

（周志强）

【基层党组织建设】 年内，区直机关工委与各级党组织负责人签订《党建工作责任书》，开展党员组织关系集中排查及党费收缴专项检查，收缴补缴党费17310836.33元。推进非公有制企业和社会组织“两个覆盖”，覆盖率70%。指导26个基层党组织完成换届及委员调整工作，审批发展党员81名，转接组织关系657人次。

（周志强）

【基层团组织建设】 年内，区直机关团工委召开团干部座谈会，推进区域化团建工作。与四季青镇团委、海淀行知实验学校联合组织“心系流动花朵 播洒爱心阳光”为务工子弟送温暖活动。开展“舞动青春奉献月”主题志愿活动，组织团员青年参观西山无名英雄纪念广场，义务植树，关爱福利院孤残儿童。新成立基层团支部1个。

（周志强）

【群团工作】 年内，区直机关工委组织机关党员干部参加海淀园外园二期环玉泉山社区公园义务植树活动；举办2016年海淀区直机关系统职工运动会；举行庆祝建国67周年机关干部“升国旗、唱国歌”活动；组织开展电影放映、“感受大自然 唯美半边天”庆祝“三八”妇女节健步走、重阳节健身登山等文体活动。

（周志强）

【关爱帮扶】 年内，区直机关工委组织“共产党员献爱心”捐献活动及“关爱困难老知青”捐款活动，共募集善款44.68万元。开展“三八”节女职工电影周、为职工送生日祝福等活动。为12名职工建立因病致困档案，发放慰问金2.75万元。帮扶困难党员44人，发放困难补助17.2万元。

（周志强）

机构编制

【概况】 2016年，海淀区机构编制委员会办公室（简称区编办）继续推进行政审批制度改革和事业单位改革工作。继续清理规范政府部门行政审批中介服务事项，组织区级15家单位梳理本部门行政审批事项，对应取消行政审批事项5项。办理事业单位法人设立登记18家，变更登记139家，注销登记32家，收缴印章109枚，完成737家事业单位新版“事业单位法人证书”的换发工作。89家党政机关、群团发放统一样式“统一社会信用代码证书”。30家单位完成梳理编制本部门行政权力运行流程图，通过“北京海淀”门户网站向社会公布。

（饶培培）

【清理规范行政审批中介服务事项】 1月—8月，区编办按照《国务院关于第一批清理规范89项国务院部门行政审批中介服务事项的决定》《国务院关于第二批清理规范192项国务院部门行政审批中介服务事项的决定》和市政府审改办下发的《北京市关于第一批清理规范政府部门行政审批中介服务事项的决定（征求意见稿）》文件要求，区编办组织全区31家单位对应梳理区级政府部门行政审批中介服务事项，并针对“征求意见稿”征求相关单位意见，区级相关单位均未提出修改意见。

（饶培培）

【完成第二批事业单位分类】 3月17日，区编办完成第二批39家事业单位分类工作。根据中央和北京市关于分类推进事业单位改革精神以及事业单位分类标准，明确第二批区属事业单位类别。其中，公益一类事业单位32家，公益二类事业单位5家，从事生产经营活动事业单位2家。

（饶培培）

【推广随机抽查规范事中事后监管工作】 6月24日，区编办召开海淀区推广随机抽查规范事中事后监管工作会，要求相关单位就行政检查事项建立随机抽取被检查对象、随机选派检查人员的“双随机”抽查机制，并对“双随机”工作进行培训、工作部署。截至年底，25家行政执法部门均已制定部门“双随机”抽查工作方案，并通过区政府法制办审核。12月20日，区卫生计生委与甘家口街道、工商海淀分局、区城管执法监察局开展公共卫生领域“双随机”联合抽查工作，并将抽查结果向社会公布。

（饶培培）

【编制行政职权运行通用责任清单】 7月—11月，区编办编制海淀区政府部门行政职权运行通用责任清单，以区政府名义印发《关于公布权力清单责任清单和建立清单管理制度的通知》，建立权责清单动态管理制度。通用责任清单通过“北京海淀”门户网站向社会公开。11月，制定海淀区《大气污染防治专项责任清单》，健全海淀区大气污染防治体制机制。

（饶培培）

【调整海淀区北部地区开发建设委员会办公室】 8月10日，区编办根据市编办《关于同意北京市海淀区北部地区开发建设委员会办公室加挂牌子的批复》精神，北京市海淀区北部地区开发建设委员会办公室加挂北京市海淀区中关村大街建设办公室牌子，简称“区大街办”，负责统筹推进中关村大街的开发建设和环境整治工作。

（饶培培）

【推进承担行政职能事业单位改革】 9月21日，区编办召开海淀区推进承担行政职能事业单位改革工作会。会议决定海淀区凡承担行政职能的各级各类事业单位均纳入改革范围，通过剥离事业单位承担的行政职能，理顺政府与事业单位的关系，实现行政职能逐步回归行政机构，健全政府职能体系。

（饶培培）

【通过国务院第三次大督查】 9月27日，按照国务院第三次大督查工作安排，国务院第六督导组到北京市进行督查。海淀区作为区代表，于9月27日迎接国务院第六督导组实地检查，区编办承担海淀区深化“放管服”改革迎检工作，国务院第三次大督查重点督查事项涉及海淀区任务分解表中“推进供给侧结构性改革”重点方面的第七项，具体共涉及7个小项：深化行政审批制度改革、商事制度改革、清理规范行政审批中介服务事项、全面推行“双随机”工作、落实权责清单管理制度、推行“互联网+政务服务”、清理规范基层证明。经专题汇报、查阅文件资料、实地检查，“放管服”工作成果得到国务院第六督导组的认可。

（饶培培）

【清理规范开具证明工作】 11月17日，区编办按照市审改办《关于清理各区要求提交的涉及群众办事创业各类证明的通知》《关于取消调整74项市政府部门要求基层开具的涉及群众办事创业各类证明的通知》要求，向海淀区65家相关单位下发《关于开展清理规范政府部门各类证明和盖章环节工作的通知》，明确要求各部门不再要求提供市级取消调整的74项证明，方便群众办事创业。12月29日，印发《关于取消调整7项区政府部门要求提交的涉及群众办事创业各类证明的通知》，向社会公布取消调整的7项证明。

（饶培培）

【派驻纪检机构全覆盖】 12月7日，区编办根据《中共北京市委办公厅印发〈关于加强北京市纪委派驻机构建设的实施意见〉的通知》《中共北京市委办公厅印发〈关于全面落实北京市纪委向市级党和国家机关派驻纪检机构的方案〉的通知》和市纪委、市编办关于区级派驻纪检机构全覆盖工作指导意见，印发《关于我区派驻纪检机构全覆盖工作中有关机构设置、编制划转的通知》，明确海淀区党和国家机关派驻纪检机构全覆盖工作的机构设置、编制和职数核定，以及编制划转原则。

（饶培培）

【调整镇行政编制】 12月29日，区编委印发《关于各镇行政编制、处级领导职数及内设机构调整的通知》，为7个镇分别增加行政编制2名，其中核增组织部部长（副处级）1名，共增加14个编制。内设机构方面调整：党建办公室更名为组织部；工会团委联合办公室更名为宣传部，加挂工青妇联合办公室牌子；教科文卫体办公室（公共卫生科、人口和计划生育办公室、妇联）更名为教科文卫体办公室（卫生和计划生育科），科室职责对应调整。

（饶培培）

【事业单位法人公示信息抽查】 12月，区编办对2015年度报送事业单位法人年度报告的事业单位，按照1%的比例对北京市健翔学校等7家事业单位进行首次实地核查。被抽查单位法人登记事项和年度报告书等公示信息与实际情况一致，未查到违法违规行为。

（饶培培）

【完成第一批事业单位改革】 年内，区编办完成第一批13家事业单位改革工作。撤销区评剧团，电影管理处整合到海淀剧院，海淀剧院转为区属国有企业，区房地中心机关及所属9家经费自理事业单位转企，组建北京海房投资管理集团有限公司。

（饶培培）

老干部工作

【概况】 2016年，中共海淀区委老干部局开展“两学一做”学习教育，全面落实离退休干部的政治待遇和生活待遇。截至年底，全区有区属离休干部690人，易地来京安置离休干部81人，副处以上退休干部1632人。

离退休干部政治待遇 依托海淀区老干部党校和社区课堂，举办3期老干部党校培训班和3次形势报告会，组织部分局级老干部和离退休干部党支部书记参加市老干部局举办的形势报告会和通报会9次，参加学习培训的老干部1000余人次。召开“进一步加强离退休干部‘两项建设’座谈会”，了解基层离退休干部党支部思想政治建设、党支部建设和老干部发挥正能量情况。组织部分离退休党员赴顺义区赵全营镇板桥村参加纪念中国共产党成立95周年暨“讲传统、看变化、话改革、助发展”主题党日活动；组织部分副处级以上退休干部赴河北开展“缅怀革命先烈，弘扬革命传统”主题教育活动。建立海淀区退休干部信息库。开通“海淀区老干部局”微信公众号，推送“两学一做”专题信息、老干部工作动态及《海淀老干部》杂志文章精选。老干部关心下一代工作委员会和中央财经大学金融学院金融工程15-1团支部联合举办主题团日活动，与大学生们交流互动，重温历史党史；组织老干部宣讲团到苏家坨镇北分社区、中关村街道知春东里社区和海淀街道倒座庙社区进行“两学一做”专题党课报告；在所有街道、镇推进老党员先锋队的建设，建成老党员先锋队115支4000余人。

离退休干部生活待遇 为31名离退休干部审核办理医药费个人负担部分补助金37万余元。完成120多家单位离休及副处级以上退休干部体检工作，1650位离退休干部参加体检。接待老干部及其家属来信、来访28次，接听生活待遇新老政策电话咨询600余人次。为360名离休干部上门安装更新急救呼叫器。为82名易地来京安置离休干部每人选购一台健康助老用品电子血压仪。走访慰问红军遗孀，行政14级以上离休干部、直属离休干部、特困离退休干部、易地离休干部、离退休党支部书记以及住院的老干部370余人次，送去慰问品（金）70余万元。

离退休干部服务工作 继续推进“四就近”[①] 工作常态化，举办“四就近”专职工作者（助老员）培训班，提升助老员综合能力素质，为离休干部提供服务，助老员试点工作的万寿路街道和中关村街道30余名助老员参加培训。为街道、镇发放市、区离休干部高龄养老服务管理经费130万余元。

离退休干部文化活动 举办离退休干部“讲传统、看变化、话改革、助发展”系列主题活动。举办“吟诵伟大长征，高歌盛世中华”老干部喜迎国庆联欢活动。组织老干部长青艺术团舞蹈队参加区中老年优秀健身项目，荣获优秀表演奖。组织老干部书画组到北京长青肛肠医院开展书画交流联谊活动。老干部活动中心全年接待老干部2万余人次。

（王瑛）

【海淀老龄大学】 年内，海淀老龄大学青龙桥街道西苑挂甲屯社区分校和四季青镇西郊机场社区分校正式成立，构建起老龄大学本校及6所分校（花园路、双榆树、西北旺、甘家口、挂甲屯、西郊机场）规模，统一管理、统一教学大纲、统一师资。海淀老龄大学建立11个临时党支部、105个党小组，有教学班105个，开设书法、绘画、摄影等99项课程，学员3770余人。2016年，海淀老龄大学被北京市老年大学联谊会评为“北京示范老年大学”。

（王瑛）

【海淀区老干部座谈会】 1月29日，海淀区老干部座谈会以电视电话会形式召开。区四套班子领导、区老领导、区委老干部工作领导小组成员单位、全区各单位主要领导、老干部工作人员和离退休干部代表参加大会。区委书记崔述强对老干部工作提出要求，要将为党的事业增添正能量作为贯穿全年老干部工作的一条主线和重中之重，按照全面从严治党要求，进一步加强离退休干部思想政治建设和党支部建设，落实好老干部的生活待遇，做好老干部高龄养老服务工作。区长于军通报全区经济社会发展情况，区委常委、组织部部长刘勇传达全市老干部工作会精神，区委党校老干部党支部代表胡萍和香山街道退休干部王同利在会上做交流发言。

（王瑛）

【老领导暑期座谈会】 8月4日，海淀区四套班子领导与老领导暑期座谈会召开。区四套班子领导和22位老领导参加会议。区委书记崔述强主持并讲话，区常务副区长孟景伟代表区委、区政府通报全区上半年工作情况和下半年工作安排，区委常委、组织部部长、统战部部长刘勇通报2015年区四套班子老领导在暑期座谈会上所提意见建议的办理情况。会上，老领导对海淀城市建设、环境建设、园区建设、教育发展等8个方面提出20余条意见建议。

（王瑛）

【第30届老干部运动会】 10月10日，海淀区第30届老干部运动会在海淀体育场举行。区四套班子领导、相关单位主要领导、老干部工作主管领导出席开幕式。区属87家单位的1700余名离退休干部参与颠球、投掷羽毛球、门球过门、足球射门、乒乓球、台球、保龄球、踢毽入筐8个比赛项目。

（王瑛）

党校（行政学院）

【概况】 2016年，中共海淀区委党校完成主体培训班30期，培训学员2319人次。在北京市委党校召开学习贯彻中共十八届六中全会精神理论研讨会暨科研颁奖会上，获2014年—2015年度优秀科研工作组织奖，《缩小城乡居民收入差距——基于系统动力学视角》《聚焦外部性与城市制造业企业生产率研究》两篇论文获2014年—2015年度优秀科研成果一等奖，研究报告《关于进一步推进校地协同创新发展的建议》获二等奖。

（吴小红 赵燕）

【“学习贯彻十八届六中全会精神”师资培训班】 12月28日—29日，由海淀、石景山、延庆区委党校共同举办的“学习贯彻十八届六中全会精神”师资培训班在稻香湖景酒店举办。党建专家、反腐理论研究专家，《求是》杂志原副总编辑黄苇町以《十八届六中全会精神解读》为题，中组部全国组织干部学院培训部副主任李震以《现代培训课程设计》为题，中央党校教务部副主任王志成以《突出主课，不断提升党校教学的质量和水平》为题，分别作主题讲座，来自3所区委党校的64位教师参加培训。

（吴小红 赵燕）

【对口支援干部培训班】 年内，区委党校对口支援培训西藏自治区尼木县、内蒙古自治区敖汉旗、贵州省修文县、天津市滨海新区、甘肃省秦安县与河北省秦皇岛市六地干部培训班6期，共256人次（见表4）。

① “四就近”：就近学习、就近活动、就近发挥作用、就近得到关心照顾。

2016 年海淀区委党校 6 期对口支援干部培训班一览表

表 4

序号	培训主题	日期	人数
1	西藏自治区尼木县副科级公务员培训一期	5 月 29 日至 6 月 25 日	15
	西藏自治区尼木县副科级公务员培训二期	10 月 10 日至 11 月 25 日	15
2	天津市滨海新区党校培训班	6 月 26 日至 7 月 2 日	37
3	贵州省修文县领导干部现代管理专题研修班	7 月 4 日至 7 月 8 日	41
4	内蒙古自治区敖汉旗统计局业务培训班	9 月 21 日至 9 月 23 日	33
5	秦皇岛市服务企业项目人才业务能力提升专题培训班	12 月 6 日至 12 月 8 日	70
6	甘肃省秦安县领导干部培训班	12 月 11 日至 12 月 17 日	50

（吴小红　赵燕）

【30 期主体培训班】　2016 年，党校（行政学院）完成各类主体培训班 30 期，培训学员 2319 人次（见表 5）。

2016 年海淀区委党校 30 期主体培训班一览表

表 5

序号	培训主题	日期	人数
1	军转一期培训班	3 月 6 日至 4 月 1 日	58
2	海淀区正处级领导干部学习贯彻五大发展理念　推进全国科技创新中心核心区建设专题轮训班（第一期）	3 月 14 日至 3 月 18 日	70
3	海淀区正处级领导干部学习贯彻五大发展理念　推进全国科技创新中心核心区建设专题轮训班（第二期）	3 月 28 日至 4 月 1 日	80
4	海淀区 2016 年处级干部进修一班	3 月 28 日至 4 月 29 日	47
5	海淀区第 33 期中青年干部培训班	3 月 28 日至 5 月 20 日	56
6	海淀区第 30 期副科级公务员任职培训班	4 月 5 日至 4 月 29 日	64
7	海淀区 2015 年度第二期军转干部培训班	4 月 11 日至 4 月 15 日	27
8	海淀区正处级领导干部学习贯彻五大发展理念　推进全国科技创新中心核心区建设专题轮训班（第三期）	4 月 11 日至 4 月 15 日	77
9	科技创新国际化人才培养专题班	5 月 9 日至 6 月 3 日	33
10	第 37 期正科级公务员任职培训班	5 月 9 日至 6 月 3 日	39
11	2016 年第一期规范纳入培训班	5 月 9 日至 5 月 13 日	143
12	政务服务窗口服务能力提升示范培训班	5 月 10 日至 5 月 12 日	57
13	科技金融专题培训班	5 月 16 日至 5 月 20 日	130
14	海淀区第 31 期副科级公务员任职培训班	5 月 30 日至 6 月 24 日	55
15	生态文明建设专题培训班	6 月 13 日至 6 月 16 日	71
16	海淀区 2016 年新任副处级领导干部培训班	6 月 13 日至 6 月 17 日	41
17	2016 年第一期公务员初任培训班	6 月 20 日至 7 月 8 日	87
18	修文县领导干部现代管理专题研修班	7 月 4 日至 7 月 8 日	41

续表5

序号	培训主题	日期	人数
19	第38期正科级公务员任职培训班	9月1日至9月30日	34
20	海淀区2016年处级干部进修二班	9月5日至9月30日	43
21	海淀区第34期中青年干部培训班暨科技创新国际化人才培养专题培训班	9月5日至11月4日	58
22	第39期正科级公务员任职培训班	10月8日至11月4日	38
23	第32期副科级公务员任职培训班	10月10日至11月4日	46
24	第十六期处级女干部培训班	10月19日至10月21日	132
25	2016年第二期公务员初任培训班	11月14日至12月2日	74
26	新农村建设与新型城市化专题培训	11月28日至11月30日	60
27	2016年第二期规范纳入培训班	12月5日至12月9日	196
28	秦皇岛市服务企业项目人才业务能力提升专题培训班	12月6日至12月8日	70
29	2016年第三期规范纳入培训班	12月12日至12月16日	187
30	2016年第四期规范纳入培训班	12月19日至12月23日	205

（吴小红　赵燕）

精神文明建设

【概况】 2016年，海淀区精神文明建设工作围绕全区工作大局，以巩固、深化文明城区创建成果为统领，培育和践行社会主义核心价值观，推进公民道德建设和群众性精神文明创建，完善工作制度和机制，着力提升市民文明素质和城区文明程度，为海淀经济社会全面协调发展提供思想保证、精神动力和舆论支持。

年内，区文明办开展“2016北京榜样”系列宣传活动，开设“北京榜样”举荐榜，杜佳椙和张志伟荣登五月海淀上榜人物。设计制作“海淀·道德模范在身边”事迹宣传展板，在社区、广场、公园等巡回展出。开设“感动海淀十大文明人物网上展示”“海淀志愿服务星光闪耀之海淀十大志愿者风采展示”等专题宣传活动，开展道德模范进社区、进村镇、进企业、进学校宣讲活动，把榜样力量转化为生动实践，营造崇德向善的社会氛围。加强驻区单位的统筹协调，打造驻区高校系统平台和全国文明单位联盟平台，开展区校共建活动，推动周边环境秩序建设，举办区情培训，加强区域单位的互动，形成区域精神文明建设资源共享、优势互补、互帮互促的良好态势。海淀区累计创建全国文明单位15家、全国文明镇1家，首都文明标兵单位25家、首都文明单位80家、首都文明社区128家、首都文明镇3家、首都文明村28家，区级文明社区176家、区级文明单位842家、区级文明镇2家、区级文明村27家。海淀区通过全国文明城区复查。

（邹立宏）

【文明城区长效机制建设】 年内，区文明办印发关于建立健全文明城区建设工作长效机制的意见，成立区、街镇两级工作体系，建立责任包干、综合调度、考核评比、合作共建工作机制。推进“门前三包”工作，强化“属地为主”责任制，健全专项测评评比、督查考核以及“门前三包”管理员队伍奖惩机制。推进环境秩序问题整改、整治，对全区1062个老旧小区进行全覆盖式的测评检查，促进卫生保洁、绿化美化、动态秩序、设施维护等方面的3222项问题整改。对医院、商超、市场、景区、河道、学校、地铁站等187个重点地区的周边环境秩序情况进行测评检查，督促整改环境秩序问题959项。开展“雷霆行动”，进行夜间露天烧烤、大排档占道经营问题专项检查，取缔违规经营问题83处。开发“文明海淀”手机APP，鼓励群众发现问题、反馈问题。

（邹立宏）

【培育文明风尚】 年内，区文明办开展“家庭文明微行动”，推出低碳环保、文明旅游、文明交通、家风家训等系列活动。开展“礼运海淀万家行”活动，宣传市民文明守则等文明规范，举办一百场礼仪公益讲座；开展“文明旅游我最美”活动，普及出境游常识，倡导文明旅游；开展“文明北京·蓝天行动”活动，组织“绿色生活好市民”评选，普及垃圾减量、垃圾分类知识，培养家庭生态文明意识；开展“家庭文明作品征集”活动，征集作品808件。开展“最美家庭”评选，评选出区级“最美家庭”300个，推荐首都“最美家庭”15个。开展公共文明引导，组织2000余名公共文明引导员开展“讲秩序、讲卫生、讲礼貌”保春运服务活动，组织疏导乘客，引导排队候车，历时37天，完成春运引导服务。以“绿色、文明、平安”为主题，开展文明祭扫引导服务活动，在通往4个公墓、陵园，5个公园，1个祭扫公交临时专线公交站台开展服务活动。

（邹立宏）

【志愿服务】 年内，区文明办举办学雷锋志愿服务日主题活动，组织创新创业企业、公益社会组织和相关委办局组成的专业志愿服务团队，为社区群众提供医疗义诊、法律咨询、科普知识、义务理发、免费按摩、自救互救、金融知识宣传等便民服务。开展以空巢老人、流动儿童、农民工、残障人士和困难家庭为重点的“邻里守望”志愿服务工作，春节期间，采取“一帮一”“多帮一”的形式，组织志愿者为他们提供生活救助、情感关怀、权益维护、法律维权等方面的志愿服务活动。

（邹立宏）

【群众性文明创建活动】 年内，区文明办在全区开展宣传栏普查工作，支持老旧社区宣传栏建设，宣传栏覆盖率达100%。指导贝家花园、曹氏风筝等乡情村史陈列室改扩建，推进村镇电子显示屏、文化长廊建设。对2015年度新申报的文明社区、文明村镇、文明单位名单进行核对，以第三方实地测评和档案检查的方式对社区和村镇进行督促性检查。评选出2015年度文明社区130个、文明村12个、文明单位814家。与区教委联合开展文明校园创建活动，对全区申报的55所中学进行测评，评选出首批文明校园30多所。

（邹立宏）

【未成年人思想道德教育】 年内，区文明办以《全国未成年人思想道德建设工作测评体系》为抓手，发挥社区作用，开展“我们的节日”主题教育活动，引导青少年在社区学习传统文化，诵读中华经典，体悟中华美德。以“学雷锋志愿服务活动日”和寒假社区道德实践活动为载体，组织广大未成年人在全区600余个社区以“讲家训、传美德、树家风”为主题，开展“青少年心理素质拓展营”等百余项社区活动，评选出“社区文明小使者”890人。在海淀文明网开设“网上祭英烈”等专题栏目，参与活动的中小学生达18万余人次，学校参与率达100%，网上寄语、留言12.5万余条。主办5场“学习雷锋 做美德少年——雷锋生前辅导过的孩子”专题报告会，引导青少年做新时代的雷锋传人。海淀区推荐的北京盲人学校的王雅祺等6人入选首都美德少年榜，12人入围“北京少年·孝心榜样”。

（邹立宏）

【培育网络文明】 年内，区文明办做好中国文明网海淀站，“文明海淀”微博、微信公众平台建设，完成北京海淀文明网“感动海淀十大文明人物网上展示”“海淀志愿服务星光闪耀之海淀十大志愿者风采展示”“‘两学一做’专题”等6个网站专题。加强网络文明志愿者队伍建设，发挥网络评论员、文明信息员两支队伍力量，开设“欢欢喊你看演出”“欢欢送书”“欢欢的六一礼物”等活动，阅读点击量73.2万次，转发3807次，评论2601条。

（邹立宏）

党史研究

【概况】 2016年，海淀区党史地方志办公室（简称区史志办）围绕全区重点工作，开展党史宣传和征集工作。编印并发行《海淀史志》期刊5期3500本，30万余字；发行《纪念杰出的华人反法西斯女战士李效黎诞辰百年座谈会》专刊700本。完成“海淀通史展”展览内容策划、资料统筹、大纲编写工作，启动《中国共产党北京市海淀区历史》编撰工作，完成资料收集和初稿撰写。

（徐佳伟）

【“中共中央在香山”图片展】 6月27日至7月8日，区史志办在海淀区一区办公楼阳光大厅举办“中共中央在香山”图片展，纪念中国共产党成立95周年。展览共展出80余张图片，以1949年3月—9月中共中央在香山为主题，展现这一时期党中央在内政、外交、军事、经济等方面实施的重大政策。1949年3月23日，毛泽东、朱德、刘少奇、周恩来、任弼时等中央领导人率领中共中央机关、人民解放军总部离开西柏坡迁往北平。3月25日到达北平，进驻香山。6月15日，毛泽东开始在香山、中南海两地办公。9月中旬，毛泽东迁居中南海。中共中央在香山时期是一个旧的历史阶段即将结束，同时也是一个新的历史阶段的开始，是中国人民解放战争从基本胜利向全国胜利的过渡。党中央在香山领导全党贯彻中共七届二中全会决议，实现中共七届二中全会提出的各项战略任务，军事上，指挥了举世闻名的渡江战役并向全国进军；政治上，同各民主党派一道协商，筹备召开新政协、建立中央人民政府；经济上，成立中央财政经济委员会，进一步制定新中国经济建设方针与各项政策。中共中央在香山时期的贡献具有深远的历史意义。区四套班子领导和机关干部参观图片展览。

（徐佳伟）

【纪念李效黎100周年诞辰座谈会】 7月15日，区政协、区史志办、中国人民大学新闻学院联合举办“一切为了我的祖国”——纪念杰出华人反法西斯女战士李效黎100周年诞辰座谈会。区政协主席彭兴业，区委常委、宣传部部长陈名杰参加会议并讲话。国际友人林迈可、李效黎夫妇之子吉姆·林赛，中国医学基金会副主席殷子烈，开国上将吕正操之子吕彤羽，外交部原部长乔冠华、龚澎夫妇之女乔松都，中央统战部原副部长金城之女金戈，中国人民大学华侨华人研究中心主任殷强，中共北平地下党员肖再田之子肖行军等参加座谈会。1937年，李效黎考入燕京大学，成为林迈可的学生，学习社会学。林迈可在燕京大学执教期间，曾深入革命根据地并由此参加到中国人民抗日战争中，为根据地组装电台，运送药物，接送往来人员。受到林迈可的信任，李效黎经常帮助林迈可做一些翻译化学药品订货单的工作，或者充当林迈可与地下联络人的翻译，李效黎由此参与到抗战当中。1941年，林迈可、李效黎结婚，两人更加积极地将军需物资送往根据地。太平洋战争爆发后，林迈可夫妇逃亡到平西根据地。随后经过晋察冀根据地抵达延安。在平西和晋察冀根据地，李效黎在电讯学校教授英文，充当翻译，帮助训练技术人员。在延安期间，林迈可担任无线电通讯顾问，协助改进宣传方式，打破国民党当局对抗日根据地的新闻封锁。林迈可、李效黎被延安外语研究中心邀请参与筹建英语学校，李效黎是三位英文老师中的一位。1945年，林迈可夫妇返回英国，二人为中英建交做出很大贡献。后多次到华。座谈会回忆李效黎从帮助林迈可向革命根据地运送药品到身赴延安参加抗战，再到出国后仍心系祖国、倾力奉献的一生。介绍有关李效黎的研究现状，讨论今后研究方向。

（徐佳伟）

【完成“海淀通史展”文稿撰写】 年内，区史志办参与由区委宣传部统筹策划的“海淀通史展”工作。主要负责内容策划、资料统筹、文稿撰写、图片搜集整理、大纲编写工作。查阅有关海淀史料典籍和研究书籍100余册、考古发掘报告200余份、出土文物档案7000余份，搜集图片1053张、档案资料近400份，报送陈列大纲3.38万字。7月，“海淀通史展”在海淀北部文化中心长期展出，并免费对公众开放。

（徐佳伟）

海淀区人民代表大会

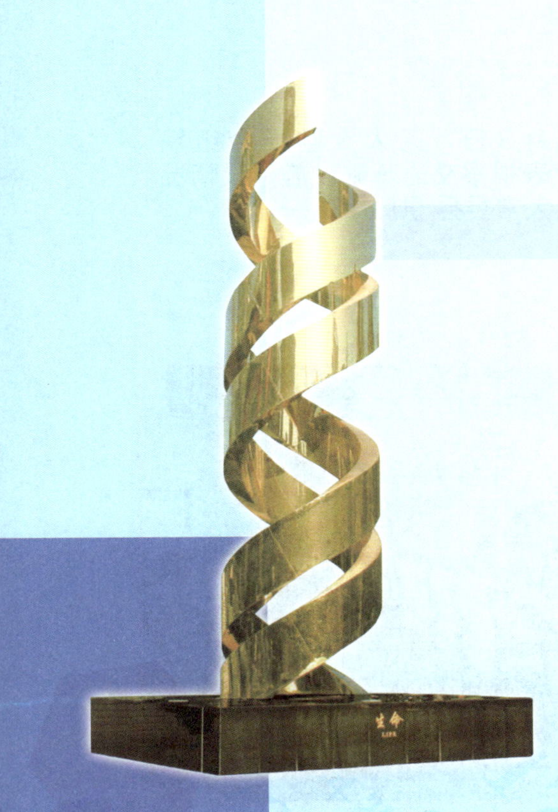

1月11日，区十五届人大六次会议期间，人大代表分组审议《海淀区国民经济和社会发展第十三个五年规划纲要（草案）》（区新闻中心 田峰 摄）

1月13日，区十五届人大六次会议期间，召开京津冀协同发展专题座谈会（区新闻中心 田峰 摄）

6月3日，区人大常委会组织人大代表视察交通基础设施建设情况（区人大常委会 供图）

10月13日，召开区、镇人大换届选工作推进会(区新闻中心 田峰 摄）

综 述

【概况】 2016年，海淀区人大常委会共召开常委会会议9次、主任会议14次，听取和审议“一府两院”工作报告29项，作出决议、决定19项，形成审议意见书3份；督办议案1件；依法选举产生海淀区第十六届人民代表大会代表445名、镇人大代表396名；依法任免国家机关工作人员163人次，完成区十五届人大六次会议确定的工作任务。

（吴向荣）

【代表论坛】 7月6日，区人大常委会第一次代表论坛举办。本次论坛的主题是“坚持党的领导、充分发扬民主、严格依法办事三者有机统一原则，依法做好区、镇人大代表换届选举工作”。20余位人大代表围绕主题，就如何做好人大代表选举工作提出建议意见。

（吴向荣）

【区人大常委会组成人员读书班】 7月20日—22日举办。区人大常委会主任、常务副主任、副主任以及常委会委员参加。其间，区委副书记、区长于军，区检察院检察长王伟参加读书班活动。与会人员结合学习领会习近平总书记《在庆祝中国共产党成立95周年纪念大会上的讲话》精神，围绕京津冀协同发展和疏解非首都功能任务，“人大如何发挥好监督作用”以及“如何做好人大换届选举工作”两个主题，进行交流和研讨，并提出意见和建议。其间，与会人员赴延庆区考察延庆规划展览馆、延庆博物馆，学习了解延庆发展史、建设史及生态文明建设成果；赴张家口学习考察生态文明建设和冬奥会设施建设情况。

（吴向荣）

【区镇人大代表换届选举结果】 8月—11月，依法选举产生区第十六届人大代表445名、镇人大代表396名。区人大代表构成：妇女代表152名，占34.16%；少数民族代表27名，占6.07%；中共党员代表340名，占76.40%；领寻干部94名，占21.12%；基层一线代表329名，占73.93%；连任代表179名，占40.22%。镇人大代表构成：妇女代表130名，占32.83%；少数民族代表22名，占5.56%；中共党员代表323名，占81.57%；领导干部41名，占10.35%；基层一线代表355名，占89.65%；连任代表184名，占46.46%。

（吴向荣）

【党风廉政建设情况通报会】 11月30日，区人大常委会召开2016年党风廉政建设情况通报会。区人大常委会和区纪委、区监察局有关领导及部分区人大代表出席会议。会上，区纪委副书记、区监察局局长刘志平向参会代表通报2016年海淀区党风廉政建设和反腐败工作情况。区人大代表就加强党政“一把手”及纪检干部工作培训，进一步建立健全工作制度、明确责任，杜绝“不作为”现象等方面提出意见和建议。

（吴向荣）

【十五届人大六次会议】 1月11日—15日召开。听取和审议《海淀区人民政府工作报告》《关于海淀区2015年预算执行情况和2016年预算（草案）的报告》《海淀区人大常委会工作报告》《海淀区人民法院工作报告》和《海淀区人民检察院工作报告》，审议《关于海淀区2015年国民经济和社会发展计划执行情况与2016年国民经济和社会发展计划（草案）的报告》，审议《海淀区国民经济和社会发展第十三个五年规划纲要》，通过关于各项工作报告和区“十三五”规划纲要的决议。会议期间，组织人大代表询问活动，区四套班子有关领导及区人大常委会、区政府、区法院、区检察院及各委办局共53家单位参加询问活动；召开京津冀协同发展和核心区建设、依法治区与社会治理、保障和改善民生、生态文明建设4个专题座谈会，区四套班子领导分别参加座谈会，听取代表的意见和建议。会议期间，收到代表10人以上联名提出的议案36件（其中立案一案12件），主要内容是“进一步加强全国科技创新中心核心区建设，发挥创新引领和辐射带动作用”，转为“建议、批评和意见”的共24件；收到代表提出的“建议、批评和意见”476件。会后，区人大常委会将议案和“建议”转交区“一府两院”办理。

（吴向荣）

【区人大常委会第三十一次会议】 3月1日召开。会议审议通过区人大常委会2016年工作要点，决定印发全体代表监督执行。听取区人大常委会代表联络室所作的海淀区人大常委会关于2016年代表建议、批评和意见办理工作意见的报告和代表建议综合分析情况的说明。

（吴向荣）

【区人大常委会第三十二次会议】 4月19日召开。会议分别听取区人民法院所作的海淀区人民法院关于司法体制改革试点工作实施方案及开展情况的报告，区人民检察院所作的海淀区人民检察院关于司法体制改革试点工作情况的报告。决定相关人事任免事项。

（吴向荣）

【区人大常委会第三十三次会议】 6月21日召开。会议听取和审议区财政局所作的海淀区2015年财政决算（草案）的报告，区审计局所作的关于海淀区2015年本级预算执行和其他财政收支的审计工作报告，决定批准关于北京市海淀区2015年财政决算的报告。听取和审议区人民政府所作的关于改善交通环境、加强基础设施建设情况的报告。听取代表资格审查委员会关于个别代表的代表资格的审查报告，审议通过关于接受赵寒辞去海淀区第十五届人民代表大会代表职务的决定。决定相关人事任免事项。

（吴向荣）

【区人大常委会第三十四次会议】 7月19日召开。会议听取和审议区司法局所作的关于海淀区“六五”法治宣传教育基本情况和《关于在全区开展法治宣传教育的第七个五年规划（2016—2020年）》的报告，并通过《海淀区第十五届人民代表大会常务委员会关于开展第七个五年法治宣传教育的决议》。会议听取区发展改革委所作的关于《海淀区“十三五”时期基本公共服务体系建设规划》编制情况的报告，听取区政府所作的《海淀区“十三五”时期农村城市化规划》的报告。决定相关人事任免事项。

（吴向荣）

【区人大常委会第三十五次会议】 8月22日召开。会议审议通过《海淀区人民代表大会常务委员会关于区、镇人民代表大会换届选举若干问题的决定》、海淀区人民代表大会换届选举工作委员会组成人员名单、各镇人民代表大会换届选举工作委员会组成人员名单、各镇人民代表大会换届选举工作办公室组成人员名单、各镇人大换届选举代表名额分配方案。决定相关人事任免事项。

（吴向荣）

【区人大常委会第三十六次会议】 9月20日召开。会议听取和审议区发展改革委所作的关于海淀区2016年国民经济和社会发展计划上半年执行情况及下半年工作安排的报告和区财政局所作的关于海淀区2016年上半年财政预算执行情况和对本级财政预算作部分调整（草案）的报告，通过关于批准海淀区人民政府部分调整2016年本级财政预算的决议。听取区人民政府所作的关于启动海淀区“十三五”时期水域生态治理行动计划情况的报告。决定相关人事任免事项。

（吴向荣）

【区人大常委会第三十七次会议】 11月17日召开。会议听取代表资格审查委员会关于个别代表资格变动情况的报告，并决定依法对外公告。听取和审议区政府所作的关于并案办理“进一步加强全国科技创新中心核心区建设，发挥创新引领和辐射带动作用”议案情况的报告。分别听取和审议区“一府两院”关于十五届人大六次会议代表所提建议、批评和意见办理情况的报告，区人大常委会代表联络室所作的关于十五届人大六次会议代表“建议、批评和意见”办理及检查情况的报告。会议决定，海淀区第十六届人民代表大会第一次会议于2016年12月中旬召开。决定相关人事任免事项。

（吴向荣）

【区人大常委会第三十八次会议】 12月1日召开。会议初步审查区财政局所作的海淀区2016年预算执行情况和2017年预算（草案）初步方案的报告。听取区审计局所作的关于海淀区2015年度本级预算执行和其他财政收支审计查出问题整改情况工作报告。听取区人大常委会所作的关于2016年海淀区区、镇人大代表换届选举工作情况的报告，海淀区第十六届人民代表大会第一次会议筹备工作情况的报告。讨论通过提请海淀区第十六届人民代表大会第一次会议审议的区十五届人大常委会工作报告，决定将报告修改完善后提交代表会前活动讨论。听取海淀区第十五届人大常委会代表资格审查委员会关于海淀区第十六届人民代表大会代表资格的审查报告，决定会后将代表名单依法予以公告。

（吴向荣）

【区人大常委会第三十九次会议】 12月14日召开。会议通过无记名投票，补选刘长利为海淀区出席北京市第十四届人民代表大会代表。

（吴向荣）

【十六届人大一次会议】 12月15日—18日召开。会议听取《海淀区人民政府工作报告》《海淀区2016年预算执行情况和2017年预算（草案）的报告》《海淀区人大常委会工作报告》《海淀区人民法院工作报告》《海淀区人民检察院工作报告》，审议《海淀区2016年国民经济和社会发展计划执行情况与2017年国民经济和社会发展计划（草案）的报告》，通过关于各项工作报告的决议。依法选举刘长利为海淀区第十六届人民代表大会常务委员会主任，王鲁豫、臧桂武、杨莉、刘佩金、邓佑玲为副主任，选举39名区第十六届人民代表大会常务委员会委员，选举85名代表为区十六届人民代表大会各专门委员会委员；选举于军为海淀区人民政府区长，选举孟景伟、龚宗元、郑海洋、陈双、李长萍、吴计亮、刘圣国、梁爽为副区长；选举焦慧强为区人民法院院长；选举邹开红为区人民检察院检察长。会议期间，组织人大代表询问活动，区四套班子有关领导及区人大常委会、区政府、区法院、区检察院及各委办局共49家单位参加询问活动；召开经济建设与核心区发展、民主与法制两个专题座谈会，区四套班子领导分别参加座谈会，听取代表的意见和建议。会议期间，收到代表10人以上联名提出的议案29件（其中立案一案7件），主要内容是“关于大力推进非首都功能疏解，加快建设和谐宜居海淀”，转为“建议、批评和意见”的共22件；收到代表提出的“建议、批评和意见”320件。会后，区人大常委会将议案和“建议”转交区“一府两院”办理。

（吴向荣）

监督工作

【概况】 2016年，区人大常委会会议听取和审议区“一府两院”代表建议办理情况的报告，区政府关于改善交通环境、加强基础设施建设情况的报告。听取区政府关于海淀区“十三五”时期基本公共服务体系建设规划编制情况的报告，关于海淀区“十三五”时期农村城市化规划的报告，关于启动海淀区“十三五”时期水域生态治理行动计划情况的报告；关于海淀区2015年度预算执行和其他财政收支情况审计查出问题整改情况的工作报告。听取区人民法院关于司法体制改革试点工作实施方案及开展情况的报告，区人民检察院关于司法体制改革试点工作情况的报告。初步审查海淀区2016年预算执行情况和2017年预算（草案）的报告。

区人大常委会主任会议听取区政府关于海淀区“十三五”时期教育改革与发展规划、社会治理规划、产业发展和空间布局规划编制工作，创建国家公共文化服务体系示范区工作，落实大气污染防治五年清洁空气行动计划工作，政府投资项目管理、2015年人口调控工作总结及2016年重点工作安排、推进高科技现代农业、推进旅游产业发展、提升海淀区社区卫生服务水平、村民委员会选举等工作情况的报告，督促区政府不断提高依法行政水平。

督办“关于进一步加强全国科技创新中心核心区建设，发挥创新引领和辐射带动作用”1项议案。

（吴向荣）

人事任免

【概况】 年内，区人大常委会依法行使人事任免权，依法任免国家机关工作人员163人次。

（吴向荣）

【任免事项】 4月19日，区十五届人大常委会第三十二次会议，根据区人民法院院长鲁为的提请，决定：免去马喜领、王剑海淀区人民法院审判员职务；任命刘伟、陈争争、赵晨、李盛荣为海淀区人民法院审判委员会委员。

6月21日，区十五届人大常委会第三十三次会议，根据区十五届人大常委会第57次主任会议提请，决定：王国强不再担任人大常委会羊坊店街道工作委员会主任职务；寇平不再担任人大常委会田村路街道工作委员会主任职务，任人大常委会羊坊店街道工作委员会主任；张西渭不再担任人大常委会清河街道工作委员会主任职务；贺捷不再担任人大常委会八里庄街道工作委员会主任职务，任人大常委会清河街道工作委员会主任。

根据区人民政府区长于军的提请，决定：免去李伟北京市海淀区市政市容管理委员会主任职务；免去黄亦红北京市海淀区旅游发展委员会主任职务；任命赵寒为北京市海淀区市政市容管理委员会主任。

根据区人民法院院长鲁为的提请，决定：任命焦慧强为海淀区人民法院副院长、审判委员会委员、审判员；任命张鹏为海淀区人民法院刑事审判第一庭副庭长；任命覃波为海淀区人民法院刑事审判第二庭副庭长；任命于洋等76人为海淀区人民法院审判员；免去石金平海淀区人民法院副院长、审判委员会委员、审判员职务；免去肖中华海淀区人民法院副院长、审判委员会委员、审判员职务；免去张鹏海淀区人民法院刑事审判第二庭副庭长职务；免去覃波海淀区人民法院刑事审判第一庭副庭长职务；免去赵印、魏九川海淀区人民法院审判员职务。

根据区人民检察院检察长王伟的提请，决定：免去吕良、苗继元、刘妍、杨文、魏云、戴佳玲、熊路、杨秋波、马晶北京市海淀区人民检察院检察员职务。

根据鲁为请求，决定：接受鲁为辞去海淀区人民法院院长职务的请求，并报海淀区人民代表大会备案。

根据区十五届人大常委会主任会议提请，决定：焦慧强为海淀区人民法院代理院长。

7月19日，区十五届人大常委会第三十四次会议，根据区人民政府区长于军的提请，决定：免去沙海江北京市海淀区园林绿化局局长职务；免去陈爱清中共北京市海淀区委区政府信访办公室主任职务；免去韩顺新北京市海淀区民防局局长职务；免去曹宇明北京市海淀区社会建设工作办公室主任职务；任命林航为北京市海淀区农村工作委员会主任；任命曹宇明为北京市海淀区旅游发展委员会主任；任命高毅为北京市海淀区民防局局长。

8月22日，区十五届人大常委会第三十五次会议，根据区人民政府区长于军的提请，决定：任命李长萍为海淀区人民政府副区长。

根据区人民检察院检察长王伟的提请，决定：任命陈诏、刘岩绅、刘康、杨亚东为北京市海淀区人民检察院检察员。

9月20日，区十五届人大常委会第三十六次会议，根据区人民法院代理院长焦慧强的提请，决定：任命孟凯锋、杨哲、李欣、王金鑫、谭铁城、王媛媛、孙婉仪、罗源、宁璐、王栖鸾、王多、尹斐、张颖超、刘晓、杨文君、张侨珊、王肖、杭欢欢为海淀区人民法院审判员；免去侯建中海淀区人民法院审判委员会委员、审判员职务，免去方斌海淀区人民法院民事审判第二庭副庭长、审判员职务，免去莫泰京海淀区人民法院上地人民法庭副庭长、审判员职务，免去陈书壮、魏玮、唐绍芬、张鹤海淀区人民法院审判员职务。

11月17日，区十五届人大常委会第三十七次会议，根据区人民政府区长于军的提请，决定：免去徐永全海淀区人民政府副区长职务；免去李长萍海淀区科学技术委员会主任职务；免去孙继光海淀区水务局局长职务。任命郑海洋为海淀区人民政府副区长；任命刘文萍为海淀区人民政府副区长（挂职至2017年8月）；任命李劲松为海淀区水务局局长。

根据区人民检察院检察长王伟的提请，决定：任命邹开红为北京市海淀区人民检察院副检察长、检察委员会委员、检察员。

根据王伟辞职请求，接受王伟辞去海淀区人民检察院检察长、检察委员会委员、检察员职务，并报海淀区人民代表大会备案。

根据区第十五届人大常委会第六十二次主任会议的提请，决定：邹开红为海淀区人民检察院代理检察长，并报北京市人民检察院和北京市人民代表大会常务委员会备案。

（吴向荣）

视察与调研

【概况】 2016年，区人大常委会围绕全区中心工作、常委会重点工作和人大代表、人民群众关心、关注的热点问题，组织常委会组成人员、人大代表开展视察和调研。全年组织开展调研、视察30余次。

（吴向荣）

【视察老旧小区综合整治工作】 3月18日，区人大常委会组织代表先后到北太平庄街道志强北园社区、北下关街道皂西社区和紫竹院街道车道沟南里社区，分别听取各街道负责人介绍老旧小区环境建设、改造工程进度情况，实地了解工程进度，并就整治改造工作中的问题与街道、社区负责人交流。区人大常委会副主任臧桂武参加视察。

（吴向荣）

【视察政府投资项目建设情况】 4月6日，区人大常委会组织代表实地查看海淀北部文化中心以及地铁16号线永丰站的建设情况，并听取相关单位关于两个项目的汇报。区人大常委会主任关成启，副主任臧桂武、杨莉、刘佩金参加活动。

（吴向荣）

【议案视察】 4月8日，区人大常委会部分组成人员和市、区人大代表实地考察中科院理化所，了解热声发动机、液态金属等高新技术在海淀区的产业化情况；听取海淀园负责人关于议案办理方案的汇报，并对办理工作提出意见建议。区人大常委会主任关成启，常务副主任王鲁豫，副主任臧桂武、刘佩金参加视察。区长于军陪同视察。

（吴向荣）

【检查重点督办建议办理情况】 5月5日，区人大常委会组织代表实地检查王中阳代表所提“关于拓宽邓庄南路的建议”办理情况和王越代表所提关于“关注海淀区水源，彻底整治黑臭水体的建议”办理情况。随后召开座谈会，区教委、区人力社保局、区民政局、区民防局书面汇报相关重点建议承办情况，代表们就做好代表建议办理工作提出意见和建议。区人大常委会主任关成启，副主任臧桂武、杨莉、刘佩金和部分委室主任、建议督办监督员以及提出建议的代表参加检查，区政府副区长龚宗元和相关委办局负责人陪同检查。

（吴向荣）

【视察议案办理工作】 6月28日，区人大常委会组织部分常委会组成人员和提出议案的代表，以“先行先试政策落地”为主题开展视察调研活动。视察组一行实地视察中国人民银行中关村国家自主创新示范区中心支行和公安部中关村外国人永久居留服务大厅，听取区政府关于落实先行先试政策相关工作情况的汇报并进行座谈。区人大常委会常务副主任王鲁豫参加视察活动。

（吴向荣）

【区人大常委会领导调研换届选举工作】 6月—8月，区人大常委会主任关成启，常务副主任王鲁豫，副主任臧桂武、杨莉、刘佩金分别赴八里庄街道等街、镇，围绕区、镇人大代表换届选举工作开展调研。

（吴向荣）

【区人大常委会开展议案办理工作视察调研活动】 8月26日，区人大常委会组织代表在中关村智造大街进行智慧体验，参观快制中心实验室硬创梦工场、神州泰科科技有限公司，了解企业发展情况和发展需求。在召开的座谈会上，区政府有关领导介绍海淀区推动区域协同创新和科技成果转化的工作情况，与会代表对核心区建设提出建设性意见建议。区人大常委会常务副主任王鲁豫，副主任臧桂武、杨莉以及部分委员、议案领衔代表和附议代表参加视察活动。

（吴向荣）

【区人大常委会组织代表视察议案办理工作】 10月14日，区人大常委会组织代表到中关村创业大街创新展示中心，观看“双创周”的“极客挑战赛72小时”项目展示，到区综合行政服务中心，视察国税、地税联办服务区和双创服务区。在召开的座谈会上，听取海淀园管委会、区综合行政服务中心负责人关于全区双创工作情况和优化政府服务工作情况的汇报。区人大常委会常务副主任王鲁豫，副主任臧桂武、刘佩金参加视察，区政府副区长、海淀园管委会常务副主任李长萍陪同视察。

（吴向荣）

【刘长利调研基层党建工作】 12月22日，区人大常委会党组书记、主任刘长利到香山街道及四季青镇党建联系点，围绕基层党组织在党建工作中的特色、亮点、做法及开展基层党建工作遇到的实际困难和难题进行调研，并向基层党组织征集对区级班子的意见建议。

（吴向荣）

【2016年部分视察与调研活动】 年内，区人大常委会共组织市、区人大代表开展调研、视察30余次（见表6）。

2016年区人大常委会部分视察与调研活动一览表

表6

时间	地点	主题	参加人员
3月18日	北太平庄街道志强北园社区、北下关街道皂西社区和紫竹院街道车道沟南里社区	视察老旧小区综合整治工作情况	区人大常委会副主任臧桂武、部分常委会组成人员和人大代表
4月6日	海淀北部文化中心、地铁16号线永丰站	视察政府投资项目建设情况	区人大常委会主任关成启，副主任臧桂武、杨莉、刘佩金、部分常委会组成人员
4月8日	中科院理化所	视察议案办理工作	区人大常委会主任关成启、常务副主任王鲁豫、副主任臧桂武、刘佩金，部分组成人员和市、区人大代表。区政府区长于军陪同视察
4月14日	甘家口智慧社区居民医疗养老健康指导中心	调研内务司法工作和代表工作	市人大常委会副主任刘伟，市人大常委会内务司法委、代表联络室有关人员，区人大常委会主任关成启、常务副主任王鲁豫、副主任杨莉，副区长徐永全和区民政局有关人员
4月14日	育英学校本部及其万寿路校区	调研教育发展工作	区人大常委会常务副主任王鲁豫
4月26日	区人力社保局	调研建议办理工作	区人大常委会副主任刘佩金、部分区人大代表
5月5日	邓庄南路等	检查“关于拓宽邓庄南路的建议”和“关注海淀区水源，彻底整治黑臭水体的建议”等重点督办建议办理情况	区人大常委会主任关成启，副主任臧桂武、杨莉、刘佩金和部分常委会委室主任，建议督办监督员以及提出建议代表。区政府副区长龚宗元和相关委办局负责人陪同检查
5月19日	福朋喜来登酒店、明翔国际影院及金源燕莎购物中心部分餐饮企业	对控烟条例开展执法检查	区人大常委会常务副主任王鲁豫、部分区人大代表
5月26日	区财政局和区审计局	调研财经工作	区人大常委会副主任刘佩金
6月7日	北下关街道	调研代表换届选举工作	区人大常委会副主任杨莉
6月12日	八里庄街道	调研代表换届选举工作	区人大常委会主任关成启
6月13日	温泉镇、曙光街道	调研代表换届选举工作	区人大常委会副主任臧桂武
6月13日	花园路街道	调研代表换届选举工作	区人大常委会副主任刘佩金
6月23日	北京铁路局调度中心、北京铁路局“毛泽东号”展室、北京动车段	调研中国高速铁路运营管理	区人大常委会副主任杨莉、刘佩金，市人大海淀团二、四联组代表
6月24日	中关村街道	调研代表换届选举工作	区人大常委会副主任杨莉
6月28日	中国人民银行中关村国家自主创新示范区中心支行、公安部中关村外国人永久居留服务大厅	视察议案办理工作	区人大常委会常务副主任王鲁豫、部分区人大代表
6月30日	东升镇	调研代表换届选举工作	区人大常委会副主任臧桂武

续表6

时间	地点	主题	参加人员
7月12日	西三旗街道	调研代表换届选举工作	区人大常委会常务副主任王鲁豫
7月25日	北下关街道五塔寺社区	视察指导防汛及环境整治工作	区人大常委会副主任杨莉
8月26日	中关村智造大街、快制中心实验室硬创梦工场、神州泰科科技有限公司	视察议案办理工作	区人大常委会常务副主任王鲁豫，副主任臧桂武、杨莉，部分常委会组成人员，议案领衔代表和附议代表
9月1日	区财政局	调研财经工作	区人大常委会副主任刘佩金
9月1日	区发展改革委	调研财经工作	区人大常委会副主任刘佩金
9月2日	唐家岭新城综合文化服务中心和海淀北部文化中心图书馆、文化馆等	视察海淀区建设国家公共文化服务体系示范区工作	区人大常委会常务副主任王鲁豫、副主任刘佩金和部分常委会委员、区人大代表
9月8日	二十一世纪空间技术应用股份有限公司	调研高科技企业发展状况	海淀团市代表、区人大常委会常务副主任王鲁豫
10月14日	中关村创业大街创新展示中心、区综合行政服务中心	视察议案办理工作	区人大常委会常务副主任王鲁豫，副主任臧桂武、刘佩金，部分区人大代表。区政府副区长、海淀园管委会常务副主任李长萍陪同视察
12月22日	香山街道及四季青镇	调研基层党建工作	区人大常委会党组书记、主任刘长利
12月23日	北京知识产权法院	开展“人大代表知产行”活动	区人大常委会主任刘长利、原主任周来升、副主任杨莉，部分海淀团市人大代表

（吴向荣）

代表工作

【代表学习培训】 年内，区人大常委会围绕代表履职需求，不断丰富培训内容，为市、区、镇三级人大代表举办“中国经济运行态势”“让五大发展理念成为五大发展行动”等专题讲座，拓展代表履职知识面。通过召开区情和全区党风廉政建设情况通报会、邀请代表列席常委会、为代表订阅学习资料等方式，保障代表知情权，为代表履职做好服务。

（吴向荣）

【代表活动】 年内，区人大常委会围绕加快核心区建设、区人大代表换届选举等，召开代表论坛和专题研讨会，发挥代表献计献策、促进工作的作用。编印代表履职事迹文集，宣传代表履职事迹，展示代表的履职风采，凝聚务实为民的正能量。配合市人大常委会，做好闭会期间海淀团市代表的集中培训和视察、年中活动、会前活动等工作。围绕高铁建设、疏解非首都功能等方面，组织市人大代表开展座谈交流、专题视察，发挥市人大代表在推动海淀经济社会发展中的作用。

（吴向荣）

【建议督办】 年内，区人大常委会坚持常委会重点督办、跨年跟踪督办、代表参与督办、加强复查补办、推进网上督办等做法，落实督办责任。完善代表建议网上办理系统，逐步形成“事前有布置，事中有检查反馈，事后有跟踪”的网上督办工作流程，督促承办部门加强与代表的联系沟通，促进建议办理工作的落实。从代表多年提、反复提的难点建议入手，通过区政府协调和承办单位的努力，“回收枫丹丽舍小区配套公办幼儿园”等建议得到落实。

（吴向荣）

海淀区人民政府

2017
北京海淀年鉴

3 月 18 日，温泉镇举办"春风行动"招聘会（区人力社保局 周琼 摄）

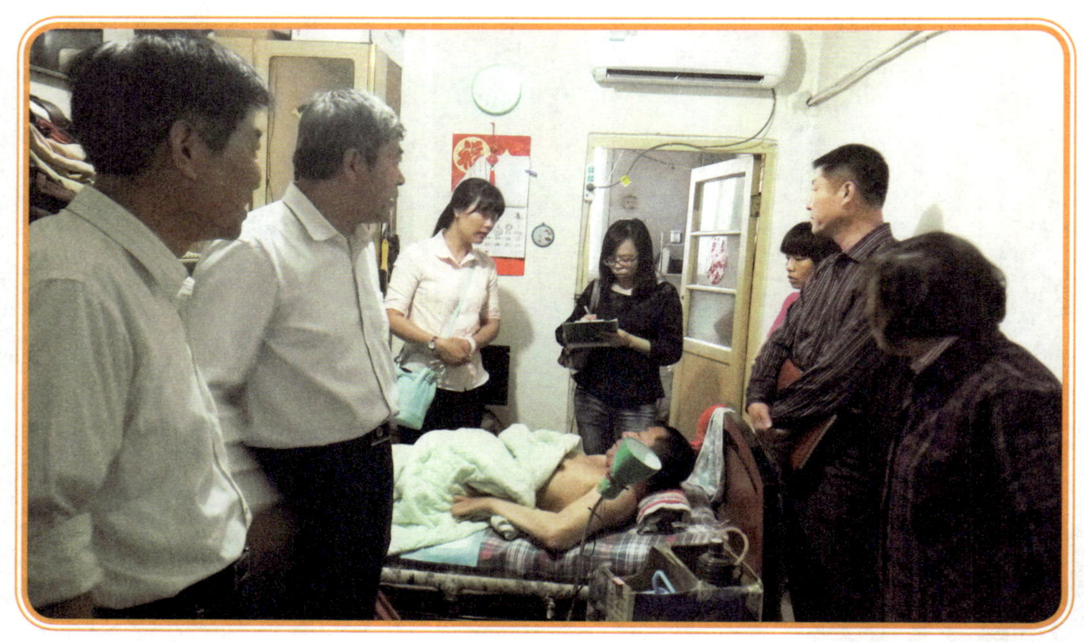

5 月 17 日，区民政局上门为特殊困难家庭办理低保（区民政局 供图）

5 月 28 日，美国 PNP 公司高层及硅谷市长代表团到海淀区访问，双方就加强合作交流，推动 PNP 公司中国总部的发展进行座谈（田峰 摄）

6 月 8 日，区政务中心巡检大厅窗口（区政务中心 供图）

10月14日，区人力社保局举办农转非政策讲解（区人力社保局 周琼 摄）

10月21日，为期十天的中关村创新创业季2016闭幕（田峰 摄）

综　述

【概况】　2016年，区政府会议（区政府全体会、政府常务会、区长专题会）召开88次，研究议题252项。其中，召开区政府常务会39次，讨论议题133项；召开区长专题会49次，讨论议题119项。安排会前学法4次。召开区政府党组民主生活会、区政府党组会、区政府党组扩大会33次，召开部门座谈会、小范围专题会、工作汇报会、专项调度会等会议38次。

京津冀协同发展　持续推进非首都功能疏解。全区制造业、建筑业新设主体分别下降94.7%、99.5%。完成8家一般性制造业企业疏解；关停24家有形市场，盛宏达市场疏解搬迁至河北燕郊。出台《海淀区菜篮子工程三年行动计划（2016—2018年）》，在关停市场周边累计新建和改造蔬菜零售网点121处。加强对疏解腾退空间的管控规划，通过政府统筹趸租腾退出的地下空间、群租房等方式，用于完善社区文化活动场地、建人才公寓等。

启动中关村大街改造提升工程，发布中关村大街发展规划。中关村西区6个楼宇腾退商业面积7.1万平方米。统筹推进锦绣大地转型升级，关停果品、肉类、水产、蔬菜等市场6.29万平方米，推动批发市场向线上线下一体化管理方向转型。

人口规模调控。效果明显，首次实现常住人口规模下降。

区域协同发展不断深化。与延庆区、河北省张家口市签订战略合作框架协议，搭建产业、功能转移承接平台。海淀园秦皇岛分园创新生态初步建立，19个项目入驻中科院成果转化基地，中关村意谷创想空间、海淀留学人员创业园秦皇岛分园等开业运营。海淀区企业对津冀两地投资额居全市首位，成为京津冀地区重要的创新和投资辐射源头。

新动能新经济快速发展　地区生产总值5395.2亿元，增长7.5%。创客经济、平台经济、共享经济等新模式新经济快速发展，第三产业在全区经济占比超过88%，前三大行业信息、科研、金融对经济增长的贡献率近8成。万元地区生产总值能耗、水耗分别同比下降5.79%、4.8%。城乡居民人均可支配收入6.7万元，同比增长7.5%左右。区级一般公共预算收入完成386亿元，同比增长8%。内需结构持续优化，投资对土地要素的依赖程度降低，民间投资健康发展相关工作得到国务院督查组及市政府的肯定；市场总消费同比增长8.5%左右。工业总产值中高技术制造业产值占比保持60%以上。海淀园总收入占整个中关村示范区的39%，达到1.8万亿元，同比增长10%。

创新创业。海淀区成为国家首批“双创”示范基地，创客经济为经济发展注入新动力。有创业期科技型企业集中办公区126家、市级众创空间95家，占全市一半以上。推广创业会客厅模式，在辖区28家科技园区设立综合政务服务站。新注册科技型企业1.4万家，占新注册企业的53.3%，同比提高12个百分点。800余家知识产权服务机构在海淀集聚发展，万人发明专利拥有量达177件。中关村大街沿线形成一批具有创新创业特色的主题楼宇，聚集一批创新型智能硬件企业及孵化器，在全国智能制造领域具有较大影响力。举办全国“双创周”北京会场、中关村创新创业季（2016）活动，吸引19个国家和地区5万余人参加。

产业组织能力持续提升。设立产业并购基金、科技成果转化引导基金、知识产权运营基金、股权投资基金等40余支基金，撬动社会资本140亿余元。北部地区12个产业项目竣工，新增产业空间160万平方米。中关村协同创新院完成77项技术转移，在海淀设立企业27家。中国国际技术转移中心集聚技术转移机构120余家，促成国际技术转移项目154项。文化创意产业实现收入6100亿元，同比增长10%。中航发动机集团、财政部首支PPP基金、京津冀协同票据交易中心等重大项目落地。

国家科技金融创新中心加快发展。区域金融机构总数突破2800家，股权投资机构总数超过1120家。推进中关村并购资本中心建设，设立300亿元的中关村并购母基金，以市场化手段撬动上下游创新资源整合。在全国率先开展中小微企业外债集合授信、投贷联动、税银互动等金融服务。

民生保障　完成二期学前教育三年行动计划年度目标，增加幼儿园学位3000个；新增2400个中小学学位。

提升医疗卫生服务能力。以医联体建设为抓手，推进分级诊疗，全区首诊病人基层就诊比例达46.5%；家庭医生式服务新模式在社区卫生服务机构覆盖率达85%，受益家庭达60万户；精神卫生三级康复体系成为全国示范样板。

完善公共文化服务体系。推进国家公共文化服务体系示范区建设，街道（镇）综合文化中心基本达标，社区（村）综合文化活动室达标率达95%。海淀北部文化中心正式对公众开放。组织文化活动2万余场，惠及群众400余万人次。新建（更新）182套全民健身工程，开展各类主题的全民健身系列活动。

充分就业街镇、充分就业社区（村）占比达90%以上，城镇登记失业率始终控制在1%以内。启动居家养老失能护理互助保险试点，国家级居家养老服务业标准化试点项目通过考核验收。建设、筹集保障房1万余套，竣工1万套，基本完成现有经适房、限价房备案家庭住房解困任务。完成134台老旧住宅电梯更新改造。

城市建设与管理　11条次支干路建设完成，新增通车里程17千米。推进生活垃圾智能管理。推进智慧海淀建设，4G信号有效覆盖率达98%，基本实现公共服务区域公益性无线网络全覆盖。

翠湖科技园071地块、永丰H地块等实现供应上市。徐各庄、西玉河村庄腾退基本完成。四王府等东部地区一期改造工程涉及的3个自然村完成搬迁。中央党校西墙外安置房竣工交房。一亩园地区棚改搬迁腾退基本完成，安置房实现开工建设。棚户区腾退完成拆迁6000余户。学院路北端、祁家村等项目拆迁腾退完成，树村、笑祖塔院等项目全面启动。开展腾退回迁安置房社区治理创新试点，推进城市社区服务管理向农村地区延伸。

社会治理。开展城乡接合部、老旧小区、背街小巷等重点地区的环境治理。在部分街道开展“三网”融合试点，提升城市精细化管理水平。推进市级“一刻钟社区服务圈”示范点、社区规范化建设示范点、老旧小区自我服务管理、农村社会服务管理创新试点和智慧社区建设，“一刻钟社区服务圈”建设基本实现全覆盖，建立一批基层社会治理创新模式，实施“亲情社区、人文海淀”基层治理创新项目。海淀区被确定为全国社区治理和服务创新实验区。

生态环境。四环路内和26个村庄基本实现“无煤化”，惠及1.6万户家庭，淘汰高排放老旧机动车4万辆，完成空气中细颗粒物（PM2.5）平均浓度下降5%的任务目标。实施“水清岸绿”行动计划。推进生态园林建设，累计完成353.5公顷绿化建设。

重点领域改革 推进“放管服”改革，合并、取消行政许可事项31项，梳理、编制海淀区1198项行政权力清单。深化投资项目四阶段并联审批试点，办事效率提升75%。在全国率先试点企业登记全程电子化。公安部推出的20项服务外籍人才出入境政策率先落地实施。完善三级联动服务体系，实现街镇便民服务中心即办、通办、联动事项79个。推进“互联网+政务服务”，率先建成全国第一家区级政务云平台。

推进投融资体制改革，10个PPP项目在第八届投资北京洽谈会上正式发布。推进财政制度改革，部门预算公开范围增加至85家。4家区属企业完成混合所有制改革，第一批13家事业单位完成改革。完成四季青镇资产量化工作。

（望震）

【区领导调研】 年内，区领导参加调研、检查、走访慰问等活动180余次。其中调研驻区单位32家，走访基层社区7个，走访慰问困难群众4次，走访驻区大型单位7家，考察区属重大项目6次，参加各种安全检查17次，参加市、区重大活动24次。

（杨鹏飞）

【建议提案办理】 年内，区政府共办理人大代表建议、政协提案608件，涉及主责单位61家。其中，市人大代表建议17件、市政协提案9件，区人大代表建议430件、区政协提案152件。办理区人大常委会议案1件。市人大代表建议、政协提案满意（同意）率均为100%，区人大代表建议、政协提案的解决率达50%以上。区人大常委会重点督办建议解决4件，区人大常委会、区政府联合督办建议解决4件，区政协、区政府联合督办提案解决9件。使用办理建议提案专项资金1206万元，用于道路改造、修建居民活动场所等。

（李冰）

【督查考核】 年内，区政府共督查落实市、区重大决策部署22类567项。完善“困难任务预警、问题及时提醒、实地检查复核、督促落实整改”的工作机制，加大现场督办、会议督办和电话催办力度，通过明察与暗访的方式实地检查，做好主动跟进和协调服务工作。依托“三级网络、两个体系、五层架构”的督查工作格局，对各责任单位采取建账、报账、对账、销账的动态管理方式，做到有问题早发现、早解决、不积压。做好国务院第三次大督查、国务院促进民间投资专项督查、北京市政府督查室第七督查组督查等专项督查迎检工作，国务院办公厅对海淀区“建设双创示范基地为契机，促进经济发展提质增效”典型经验做法给予通报表扬。

（刘洋）

【政府信息公开】 年内，区政府主动公开政府信息14784条。启用新政务服务大厅政务公开查询场所。向区政务中心、海淀图书馆、区档案局等信息公开查阅场所及全区84个村委会、569个社区居委会阅览室移送政府公报2000余份。办理依申请公开1785件。全年因信息公开引发行政复议183件、行政诉讼564件。召开政务公开工作会议或专题会48次，举办培训班9次，接受培训人员319人。

（赵振营）

【34件重要民生实事完成】

一、实施笑祖塔院、树村等26个棚户区改造和环境整治项目，完成7750户棚户区改造任务。

二、坚持日常巡查和街镇属地管理，实行违法建设首查责任制，完善“1+2+N”的拆违联动机制，拆除违法建筑311万平方米。

三、清理251处普通地下室，疏解人口13967人。印发《海淀区关于普通地下室规范使用的指导意见（试行）》，建立海淀区普通地下室规范使用工作联席会制度，优化普通地下室资源配置，用于社区活动场所、便民菜店、便民超市，提升服务群众、服务社会的效果。

四、建设筹集各类保障性住房13127套，竣工10042套。加快推进安置房建设，实现北安河东区竣工45万平方米。加大公租房租金补贴和市场化租赁补贴，筹集北坞嘉园和五福玲珑居富余安置房、紫金庄园整治腾退群租房等累计1369套，全方位多途径解决保障家庭住房困难。

五、完成剩余290个共1400栋楼约997万平方米老旧小区自我服务管理启动工作，全区老旧小区自我服务管理达到“五好”标准（自治组织建设好、自我管理机制好、自我服务效果好、驻区单位协同好、突出问题解决好），保障小区实现“四有”目标（有安全防范、有绿化保洁、有维修维护、有停车管理），满足居民基本服务要求，改善小区居住环境。

六、地铁12号线需临时施工占地46处，其中6处已进场；地铁19号线需占地19处，其中5处已进场；京张铁路已征地4.7公顷。翠湖南路、树村路正在施工，东埠头中路、天秀路西延、玉泉新村南一街等10条次、支干路已具备通车条件，邓庄南路、翠湖东路（北清路—京密引水渠北侧）主路已通车，实现新增道路通车里程17千米。

七、完成八家东西线东段、旱河路与玉虹北街交叉口改造等10个疏堵点位改造，完成中直路北段及西苑医院路、上地十街内环路及北侧步道大修养护，完成清华西路、北坞村路、西北旺西路、双坡路、玉泉山路、上地九街等道路的中修养护，总计完成5万平方米的道路大中修。

八、调整大上地、玉泉山、西山地区地面交通网络，对开拓北路、玉渊潭南路等4条道路采取交通管理措施，畅通区域微循环，提高道路通行效率。对闵庄路东口、复兴路装司路口、上地九街西口、永丰路与西北旺北路交叉口等15处交通节点开展交通优化、设施完善、信号灯配时调整等工作。

九、缓解居住区周边停车难问题，调整交通组织，压缩车道宽度，在世纪城三期周边蓝靛厂西路、老营房路、蓝晴路等10条道路施划路侧停车位2559个；对北三环辅路、西三环辅路、复兴路、北洼路、上地九街等道路增设隔离护栏约5000米，压缩违法停车空间，规范静动态交通秩序，在万寿路东街、上地地区增设10个违法抓拍探头。

十、在上地地区建设24个公共自行车租赁点，投入1000辆自行车，于7月1日投入运营，满足群众短途出行需求。

十一、完成龙泉驾校东路、冷泉村北路、美丽园东路南段、西山林语西路等10条背街小巷环境综合整治，达到市级背街小巷环境整治标准。

十二、调试运行厨余垃圾收运监管平台，为50辆餐厨厨余垃圾收运车辆安装行驶记录仪、计量称重、摄像头等设备，利用信息化手段确保小区分类后的厨余垃圾得到分类收集、运输和资源化处理。

十三、继续加强污染防治工程治理，采取“煤改电”“煤改气”及相变储能锅炉房集中供暖和连接热源等方式，基本实现四环内和农村地区26个村的“无煤化”，完成农宅节能保温改造8172户，对暂不实施“煤改清洁能源”的村庄和集体公共场所实施优质燃煤替代，定购优质燃煤7.8万吨。液化气下乡共开户28979户，换气112587瓶。完成减煤换煤约19万吨。多渠道开展老旧机动车淘汰政策宣传，进一步加大对老旧机动车的执法监管力度，淘汰老旧机动车58249辆。督促北京金隅天坛家具股份有限公司全面停止西三旗厂区家具产品加工和生产，生产线全部拆除，全区实现削减挥发性有机物18%。

十四、在蓝靛厂北路安装2套固定式遥感检测系统，采用先进的俯射检测方式，在不影响正常交通的情况下，实现24小时不间断对多车道机动车进行实时排放检测。完成位于区环保局、区环保科技园、阜成路裕惠大厦的3个电磁辐射环境监测子站建设，通过区环保局网站和接待大厅显示屏实时公开电磁辐射环境数据。

十五、完成南沙河下游清淤治理工程；通过生态补水、水体循环等措施，保障南沙河等主要河道有水运行及水体质量，完成补水约791万立方米。

十六、加强城市景观建设，建成园外园生态环境提升（四海）工程、西冉城市公园景观工程、永丰四区代征绿地绿化工程等8处精品公园，实施完成羊坊店西路（南段）绿化工程、圆明园西墙外绿化工程、田村南路南侧绿地改造工程，增加屋顶绿化面积2万平方米。

十七、通过实施改扩建项目、以租代建引用社会资源办园、未经审批看护点整改达标等措施，完成第二个学前教育三年行动计划，新增3000个入园学位。北方交通大学附属小学北校区迁建项目已完工，新增960个学位。万泉小学曙光校区扩建项目已完工，新增480个学位。

十八、新建八家嘉苑、水岸温泉等7个社区卫生服务站，在西三旗等10个社区卫生服务中心设立中医综合诊区。制定《2016年海淀区医联体考核工作方案》，安排第三方对北京大学第三医院、中国中医科学院西苑医院等11家核心医院进行考核评估，组织专家下基层10851人次，开展义诊3292人次，让区域内城乡居民就近享受优质医疗服务。

十九、加强文化基础设施建设。7月10日，海淀北部文化中心开馆，免费向群众开放，年内累计接待群众约30万人次。29个街（镇）级文化设施实现100%达标，601个社区（村）综合文化活动室达标。精心策划“到人民中去”精品演出下基层系列活动、“海之声”新年演出季、中关村儿童演出季和金秋演出季，组织开展百姓周末大舞台、星火工程演出、“五月的鲜花”等公益性文艺演出500余场；设立基层培训点，完成各类文化培训约6万人次。

二十、扩大无线网络覆盖范围，新增覆盖区域972个，包括政府服务区域54个、科技园区服务区域5个、社会服务区域454个、交通场站服务区域459个。新装无线热点4801个，月登录用户次数超过100万次，流量超过50TB。

二十一、完成97个“一刻钟社区服务圈”示范点的建设任务，基本实现“一刻钟社区服务圈”全覆盖，满足社区居民的服务需求。

二十二、规范建设菜篮子、早餐、便利店、家政等各类网点383处，积极引入连锁品牌入驻，加大开店力度，便民网点设施达到社区全覆盖。

二十三、在北部和城乡接合部银行较少地区新设3家银行网点。在上地设立民生银行中关村软件园支行，在上庄北部地区设立民生银行北京馨瑞家园社区支行、北京三嘉信苑社区支行两家社区银行。

二十四、全年新建、更新120套全民健身工程，培训和注册1000名社会体育指导员。

二十五、完善“1+10”促进就业政策体系，提高就业服务质量，建立就业服务电子台账，帮助20146名城乡劳动力实现就业，城镇登记失业率为0.95%。

二十六、开展城乡妇女素质提升工程。举办中国结、剪纸等就业及手工技能等培训122场3850人次，扶持培育有前景的农村妇女创业项目5个，挖掘培养城乡妇女致富带头人、女性创客15名。开展厨艺培训、月嫂、家居保洁等家政服务员培训及业务指导

31场1100余人次。

二十七、全区审批通过因病致贫家庭医疗救助工作涉及21人，支出救助资金251041.24元，有效缓解了因患重病家庭高额医疗费用负担。

二十八、在婚姻登记处建设独立的婚姻家庭辅导室，选择北京市海淀区方圆心理健康服务中心作为服务机构，配备10余名专业心理咨询师等专业人士提供免费辅导咨询服务，现场开展婚前教育、婚姻辅导、夫妻关系调解、心理咨询、婚姻知识讲座等服务。超过80%的家庭接受辅导。

二十九、制定《海淀区养老照料中心（养老机构）辐射区域内居家社区养老服务实施方案》，对2014年以来区内市级、区级照料中心和养老机构开展居家社区辐射服务工作检查抽查，听取老年人及其家属的意见和建议。委托海淀区养老服务管理协会，在双榆树公园、圆明园等地开展养老机构推介活动。支持10家养老照料中心和养老机构完善服务功能，为社区居家老人提供助餐、助浴、短期照料、精神关怀等居家养老服务。

三十、率先将商业保险融入基本公共服务领域，以制度的形式将居民健康管理、居家生活照料、专业护理康复等居家养老服务内容有机整合。印发《海淀区居家养老失能护理互助保险试点办法》，出台《北京市海淀区失能护理互助保险实施细则（试行）》和《海淀区居家养老失能护理互助保险养老服务机构准入与管理办法》，组织养老服务评估师和规划师培训，实施居民个人投保，低保、低收入、计生特扶家庭等政府全额补助对象的集体投保工作。

三十一、推动志愿者服务常态化和规范化。组织志愿者在毛主席纪念堂引导岗、轮椅岗、接待岗、蓝立方等岗位进行服务。重阳节期间，在四季青敬老院开展“温暖夕阳”敬老月主题志愿活动，为老人进行健康义诊、金融知识和预防诈骗宣传等志愿服务。举办2016年志愿服务项目大赛颁奖仪式，为16个获奖项目颁奖。海淀区各地区、各系统、各专业志愿者累计上岗10万余人次，服务时间250余万小时。

三十二、为696户持残疾证、有改造需求且具备改造条件的肢体残疾人家庭进行家庭无障碍改造。

三十三、开发食品溯源系统，共享食品信息数据。新增55个食品药品安全社区监测点，在经营场所醒目位置摆放公告板，公示开放时间、可检内容和范围、受理程序、检测程序、处置结果等工作流程。

三十四、举办223场33200人应急救护知识等培训，338期1.69万人取得救护技能证书，提高群众避险逃生和自救互救能力；开展116场“星光自护”教育活动，直接参与青少年3380人，提高社区青少年防盗、自救等方面的自我保护能力。

（刘洋）

外事及港澳台事务

【概况】 2016年，全区共接待外宾来访32批876人次，各部门主办、协办外事交流活动40余场，其中国际科技合作交流占60%以上。全年审批办理党政干部团组43批74人次，事业单位团组56批219人次，其中教育系统团组45批176人次。全区因公证照收缴率100%。为21家企业办理邀请外国人来华申请335人次，受理121家企业223人次申办APEC卡服务。

（田力）

【加拿大埃德蒙顿市代表团到访】 1月6日，加拿大阿尔伯塔省埃德蒙顿市市长唐·埃维森先生一行7人访问海淀区。双方商讨在城市垃圾处理再利用领域建立长期合作关系，并就推动两地深入开展务实合作达成共识。

（田力）

【接待德国联邦教研部代表团】 1月19日，德国联邦教研部部长约翰娜·万卡率德国联邦教研部代表团到海淀区考察创新创业服务平台建设工作。全国政协副主席、科技部部长万钢会见约翰娜·万卡一行，双方围绕创新创业、企业孵化、智能制造等方面内容进行交流座谈。代表团到中关村创业大街参观3W咖啡并听取情况介绍，了解3W创业服务生态体系和发展规划；参观中关村智能硬件梦工场敏捷制造车间及创新技术成果展示，了解梦工场服务内容、功能定位和战略规划。

（钟冷）

【芬兰萨翁林纳市政府代表团到访】 3月8日，芬兰萨翁林纳市政府市长詹尼·莱恩一行8人到访。区长于军与代表团进行会谈，就推进旅游业发展，促进两地高校、高新技术企业交流合作项目等方面开展交流。双方签署《旅游项目合作意向书》，进一步加深两地在旅游领域的合作，推动北京市海淀区与塞马湖地区的旅游项目筹备工作。

（田力）

【联合国系统青年事务官员代表团到访】 4月10日—12日，应全国青联邀请，以联合国秘书长青年特使艾哈迈德·阿尔汉达维为团长的联合国系统青年事务官员代表团一行11人到华访问。代表团一行到中关村创业大街黑马会参观访问，创业黑马集团负责人向代表团介绍中关村创业大街发展情况、黑马集团工作进展及黑马集团创新创业等情况。代表团还到玲珑家园社区青年汇参观，并进行交流座谈。

（钟冷）

【美国硅谷市长联盟代表团到访】 5月28日，区委书记崔述强、区长于军接待Plug and Play（简称PNP）全球创始人拉希姆·亚美迪及美国硅谷市长联盟代表团一行12人，双方就加强海淀与美国硅谷的务实合作，推动PNP中国总部发展进行深入交流。海淀园管委会与美中硅谷协会就加强双方项目、人才合作签署合作备忘录。

（田力）

【全球创新青年领袖计划正式启动】 6月14日，中关村创业大街联合北京大学、新加坡国立大学及普华永道、因果树、创业黑马、清华阳光共同发布“全球创新青年领袖计划”。该计划通过创新创业体验、创业实习、创业第二课堂等方式，在全球搭建能够挖掘、筛选和培养优秀创新青年的平台，引领全球青年创业浪潮，促进全球创新文化交流和思想碰撞。

（田力）

【境外安全应急培训暨演练】 6月28日—29日，区外事办举办2016年海淀区第二期境外安全应急培训暨演练。区国资委、海淀园管委会等部门负责人，部分中小学主管领导及涉外教师，"一带一路"促进会企业会员，部分区属企业负责人，以及重点涉外街道、社区负责人约70人参加。

（田力）

【香港青年教师国情交流团到区考察】 7月21日，香港青年教师国情交流团一行40人到中关村街道华清园社区参观考察。清华园社区负责人向交流团一行介绍中关村地区的历史、发展历程和科技、人文资源，以及社区在服务特色、人才队伍专业化建设、基层党建工作等方面所作的探索和创新。

（田力）

【接待莫斯科市绿城区代表团】 9月28日，在北京市与莫斯科市举办友好城市圆桌论坛期间，海淀区接待友好城区绿城区副区长安德烈·诺沃日洛夫率领的代表团及驻华使馆工作人员一行5人。区领导与代表团就双方在科技创新、文化、教育方面的区情现状以及未来进一步合作交流的方向进行会谈。

（田力）

【参与2016年北京外语游园会活动】 10月15日，2016年北京外语游园会主会场活动在北京朝阳公园开幕。游园会以"学外语 促交往 迎冬奥"为主题，鼓励市民参与外语学习，不断提高外语交流水平和对外交往能力。海淀区推荐的2个节目参与中心舞台区的表演。

（田力）

【韩国开发研究院MPA研修班学员到区考察老年事业】 10月20日，国家行政学院韩国开发研究院MPA研修班来自16个国家的30名学员，以"老龄化社会的机遇和挑战"为题，到四季青敬老院和甘家口社区服务中心考察，了解中国养老服务和老年事业的发展情况。

（田力）

【芬兰萨翁林纳市教育官员来访】 11月8日，芬兰萨翁林纳市教育和文化发展部主任马克库·坎克库宁一行8人到区访问，区外办、区旅游委、区教委及部分中小学校长与来访官员就拓展合作领域、推进务实合作向纵深发展、推动更多的合作项目落地等进行交流。

（田力）

【外事人才培训班】 11月17日—18日，由区外办、区友协共同主办的2016年海淀区服务企业国际化发展外事人才培训班举行，驻区100余家高新科技企业负责人、行业协会主管及部分区属委办局代表共120余人参加培训。培训班主要围绕海淀区科技创新融合发展形势、鼓励支持创新创业政策、知识产权保护促进企业国际化发展等内容授课，旨在拓宽企业管理者及公司成员的国际化视角、思维、素质和能力。此期培训课程内容结合海淀区涉外高新科技企业众多、中小学对外交流活跃及外国留学生总数全市第一的区情特点。

（田力）

【处级领导干部公务与外事礼仪轮训】 年内，区委、区政府启动国际化人才培养五年行动计划。8月，区委组织部、区外办联合举办"海淀区处级领导干部公务与外事礼仪专题轮训班"。轮训班每周一期，共分四期举办，全区处级干部及区属企事业单位负责人共800余人参加。培训邀请外交部资深外交官、著名学者、驻斯洛文尼亚共和国首任大使鲁培新等专家进行授课。

（田力）

综合行政服务

【概况】 2016年，区政务中心大厅客流量110万余人次，受理各项政务服务事项55万余件，发放证照20万余件，群众评价满意率达99%以上，收到锦旗12面、表扬信40封，接待全国其他省、市、区（县）同行的考察调研7批次。完成财政下达的集中采购项目68个、预算金额2.3亿元，收退保证金700笔，实质性投诉为零。年内，新政务大厅启用运行。

（张成佳）

【44项委托事项进大厅】 3月20日，海淀区综合行政服务中心针对事项办件量小、季节性强、部门单设窗口人员工作量不饱和等问题，正式启动推行委托事项业务办理服务工作模式，公布拟订推进工作方案，完成12个委办局72个事项的沟通梳理确认工作。截至年底，共有9个委办局44个事项进大厅。

（张成佳）

【召开区政务服务工作交流会】 3月24日，区政务服务工作交流会召开，全区56家窗口单位及28家园区服务站共计200人参加了会议。会议由区政务中心主任马学印主持。会上，观看主题实践活动总结视频；通报2015年度窗口十佳名单、"窗口故事"演讲比赛获奖名单及区政务大厅"双优"名单，十佳代表、纳税人代表及基层人大代表发言。区委常委、常务副区长孟景伟出席并讲话。

（张成佳）

【《关于进一步加强政务大厅服务体系建设提升政务服务水平的意见》印发】 5月10日，由综合行政服务中心起草的《关于进一步加强政务大厅服务体系建设提升政务服务水平的意见》通过两次区政府常务会审议，以区政府名义印发全区。文件明确了全区政务大厅服务体系的总体目标和管理体制，从提升实体大厅服务功能、推进政务服务标准化建设、优化政务服务运行方式、完善智慧政务综合服务平台、加强政务服务队伍建设、强化政务服务作风建设6个方面提出重点任务，为全区政务服务体系建设提供顶层设计。

（张成佳）

【公共资源交易平台上线运行】 8月31日，海淀区公共资源交易平台门户网站、政府集中采购交易系统上线试运行。全区政府采购招投标信息实时发布，并可提供网上投标报名、网上下载标书、信息发布查询等功能，使交易运行更加规范高效。

（张成佳）

【新政务大厅正式启用】 9月28日，海淀区新政务大厅正式启用，开始对外办公。第一批进驻的审批部门有区国税局和地税局，共开通了33个办事窗口，可办理税务登记、税务认定、发票办理、申报纳税、优惠办理、证明办理、税收政策宣传辅导咨询、纳税人权益维护共计八大类144项业务。年内，区商务委、食药局、工商局、质监局、卫计委、统计局小客车指标办、发展改革委、文化委、住建委、市政市容委、地震局、气象局、环保局、水务局、园林局、民防局、国土分局和规划分局服务窗口陆续迁入大厅。

（张成佳）

【公共资源交易新场地启用运行】 12月6日，北京市十一学校“教学综合楼改造弱电系统建设网路改造项目”政府采购项目在政务中心新大楼完成了开评标工作，标志着公共资源交易新场地正式启用试运行。

（张成佳）

【举办窗口行业风采展示大赛】 12月10日，以“树窗口形象、展服务风采”为主题，海淀区政务服务窗口行业2016年风采展示大赛在海淀区工人文化宫拉开帷幕。来自全区政务服务窗口行业的16家单位选送的24个节目参加初赛。区人力社保局、区国税局、西三旗街道、中关村街道、甘家口街道、工商海淀分局、区地税局、区房管局、清河街道以及海淀街道等10家单位选送的节目进入决赛。区人力社保局的情景诗歌朗诵《我们就在您身边》获一等奖，其中二等奖有3家单位，三等奖有6家单位，同时集体获奖有16家单位。

（张成佳）

【组织培训和考察活动】 年内，分层次、分部门在北京市内培训600余人次；组织7批窗口单位220余人次赴武汉市、长沙市、岳阳市、银川市、西安市及昆明市等外省市政务服务相关单位考察学习，形成调研报告7篇。

（张成佳）

人事管理

【概况】 2016年，海淀区政府系统科级及以下公务员4665名。录用185名应届毕业生、56名社会人员、13名大学生村官、5名大学生士兵。7610人参加2015年度考核工作，1531人被评为优秀等次，5810人被评为称职等次，267人不定等次，343人记三等功，1527人记嘉奖。全区共有事业单位566家，编制35416个。其中，教委所属事业单位编制19245个，实有18560人；公共委所属事业单位编制6688个，实有4849人。事业单位公开招聘应届高校毕业生781人，面向社会公开招聘202人。全区共有25727人参加2015年度事业单位考核，其中优秀4799人、合格20667人、基本合格7人、未确定等次254人，未参加考核340人。事业单位专业技术人员23533人，其中教委共有专业技术人员17486人，公共委共有专业技术人员4106人，上述两家单位专业技术人员总数占区属单位总数的91%。

（张丽伟）

【人才引进】 年内，完成人才引进审核129人，新办工作居住证1.9万个，续签8824个，信息变更1.4万个。

（张丽伟）

【军转干部及随军家属安置】 年内，北京市下达海淀区计划安置军转干部352人，应报到177人，实际报到75人（其中团职22人、营以下技术级53人），进入公务员队伍40人，报到率42.37%。接收2016年自主择业干部1909名，随军家属190人。

（张丽伟）

【人力资源市场建设】 年内，共召开各类招聘会221场，参会企业2278家，向社会提供工作岗位12367个，参会求职个人4万余人次；开展京内外校园招聘活动60场，共计1300余家次企业参会，吸引优秀毕业生10万余人；举办博士、博士后以及“高端人才洽谈会”活动3场，吸引100余家次区重点企业、800余名高端人才参会；与清华大学、北京大学、中国人民大学等院校合作，开展北大COO班（首席运营官培训班）、清华CEO班（首席执行官培训班）、人大CHO班（首席人事官培训班）各1期；举办海淀区重点企业骨干人才培训班6期，实施战略新兴产业人才提升特训营9期，累计培训重点企业中高层管理人员及技术骨干700余人次。开展公务员培训40期，培训近9900人次。完成2016年度区军转干部培训、科级领导干部科学发展能力提升培训、面试考官及大学生村官等委托培训，培训学员270余人（次）。

（张丽伟）

【15项全国性人事考试完成】 年内，完成15项全国性人事考试任务，共涉及考点66个，考场1975个，接待考生约13.5万人次。发放各类人事考试证书22467人次。组织一级建造师、二级建造师、经济师、注册计量师、北京市新闻出版（数字编辑）等7类资格审核，审核通过18958人。

（张丽伟）

信息化城市服务管理

【概况】 2016年，全区网格化融合平台累计受理信息179万余条，其中网格案件147万件，走访日志31万条，受理各城市管理问题64万件，及时率92.83%，结案率94.47%。通过大循环处置问题15560件，小循环处置问题52万件，微循环处置问题89万件；小、微循环占到整个案件总量的98.90%。受理各类群众及企业诉求137203件，除咨询类直接回复外，分拣转办83811件，及时率98.26%，办结率100%。累计上报区委、区政府《重要情况报告单》1件、《区长电话要情》8期，协调、稳妥处理维稳事件925起，收到群众表扬信82封。全年共接报处理突发事件287起，其中事故灾难146起，社会安全事件140起，参与现场协调处置突发事件39次。

（孙焱珠）

【中关村热线宣传月活动】 5月4日—17日，区非紧急救助服务中心在全区29个街镇开展中关村热线“96181”宣传月及社区课堂宣传活动。各活动现场采取设立咨询台、悬挂宣传横幅、设置宣传展板、发放宣传资料、开展现场咨询、登记受理群众诉求等形式开展宣传。通过宣传活动，强化热线服务群众、服务企业的意识，让更多群众了解区非紧急救助的服务宗旨、工作内容和受理范围，提高热线服务的群体覆盖和社会认同。

（孙焱珠）

【首届应急专家委员会成立】 5月5日，区城市指挥中心召开海淀区首届应急专家委员会成立仪式暨第一次会议。区应急专家委员会由17名专家组成，专业领域涵盖综合应急管理、风险管理、危化品安全、公共卫生、建筑安全等方面。其中，主任委员由中国科学院化学所院士李玉良担任，副主任委员由中国科学院大学应急管理研究中心教授黄钧担任。专家们将在“十三五”时期为海淀区应急管理各方面工作出谋划策。

（孙焱珠）

【处置龙岗路燃气泄漏事故】 5月6日，龙岗路东段好家宾馆门前发生燃气泄漏，涉及25097户家庭。接报后，市燃气五分公司、区市政市容委、区应急办、区安监局、西三旗街道迅速赶赴现场进行处置。区长于军、副区长龚宗元赶赴现场部署抢修工作。区应急办组织区市政市容委、区安监局、交通支队、公安分局、消防支队、区房管局、区食药局、城管执法监察局、西三旗街道、东升镇以及市燃气集团五分公司等单位召开现场会议，落实区领导指示，妥善开展抢修工作。现场抢修工作于8日早6时许全部完成，道路回填完毕，交通恢复正常。经区安监局现场调查，初步认定该事故不是生产安全事故。

（孙焱珠）

【“5·12”防灾减灾日活动】 5月9日—15日，海淀区各部门、各系统、各行业、各街镇围绕“减少灾害风险 建设安全城市”主题，开展“5·12”防灾减灾宣传周系列活动。活动期间，共出动各部门、各行业、各系统、各街镇领导干部和应急工作者、社区工作者7800余人，以各专项应急指挥部、街镇应急委为主体开展主题宣传活动和应急演练660余场，覆盖所有社区（村），共发放宣传材料10万余份。

（孙焱珠）

【区领导接听“12345”热线】 6月8日，区长于军、副区长龚宗元带领海淀区7个职能部门“一把手”到北京市非紧急救助服务中心参加“听民意、解民忧”第三季接听热线活动，现场受理群众诉求67件次，内容涉及城市环境建设、城市管理、住房、教育、交通等多个方面。接听活动结束后，区城市服务指挥中心牵头召开落实区领导接听市政府热线受理案件协调会，对于受理的67件案件进行逐一落实。区政府督查室提出具体办理要求，参会的37家单位按要求签订《办理责任书》，严格落实解决区长接听热线所受理的案件。

（孙焱珠）

【实施“五统一”城市管理综合考核评价】 9月起，海淀区正式实施“五统一”城市管理综合考核评价工作，创建多维度考核模式，实现海淀区城市管理综合考核工作的统一领导、统一指标、统一组织、统一平台和统一结果运用。包括现场检查考核、执法过程考核、专项考核、网格化工作考核和社会评价5部分，包含211个三级指标（含55个服务性指标），考核对象涉及28个区级部门和29个街镇。

（孙焱珠）

【网格化图像信息系统二期建设活动】 年内，按照“统一设计、统一平台、统一标准、统一采购、统一监理、统一审计”的原则，区城市指挥中心完成网格化图像信息系统二期建设初步设计，二期内容主要是将现有2480台老旧模拟标清摄像机升级为高清网络摄像机，新建344路普通高清摄像机及836路微卡口型摄像机，扩大城市管理与治安防范重点区域视频监控系统覆盖范围，提高社会化服务精细管理程度，总投资2.4亿元。

（孙焱珠）

【“大城管”指挥调度工作机制初步建立】 年内，海淀区初步形成以信息流为核心，以一口汇聚、统筹调度、协同联动、综合考核、科技支撑为特点的“大城管”工作体系和机制，取得阶段性成效。在区级层面，形成每周一视频中心综合调度和部门联勤调度机制已是常态，特殊时期集中指挥制度比较完善，建立微信群同步实时推送问题信息、跟踪反馈处置过程，初步显现出信息共享、指挥精准、调度有力、反馈及时、处置得当的“大城管”指挥调度的核心作用。通过“大城管”指挥调度，城市管理系统统筹联动、协同作战意识和能力不断增强。在街镇层面，完成城市管理相关科室归口管理，初步实现指挥、管理、执法、作业一体化，部分街镇先行先试“大城管”改革创新，取得阶段性成效。

（孙焱珠）

【“大城管”指挥调度体系应对空气重污染】 年内，区城市服务管理指挥中心（区应急办）联合区环保局，加强空气重污染应急应对工作。搭建三大综合指挥调度平台，即区领导指挥平台、部门联席调度平台、以微信群为支撑的扁平化调度和反馈平台；建立三种监督检查机制，即全时段、全覆盖监督检查机制，群众诉求和监督检查联动机制，重点点位现场联合调度工作机制。全时段、全覆盖监督检查机制是指挥中心安排检查人员进行24小时全时段、全覆盖巡查监控，发现问题通过信息化系统派转至责任单位，同时推送到微信群，相关部门和街镇24小时值守运行，第一时间响应处置。群众诉求和监督检查联动机制是把群众通过“12345”“96181”反映的空气重污染措施落实不到位的问题作为监督检查线索，安排人员现场核实、处置反馈。重点点位现场联合调度工作机制是指挥中心联合管理、执法、业务部门对重点点位、难点问题进行现场联合调度。

（钟冷）

【概况】 2016年，区信访办以信访工作制度改革为主线，大力推进“阳光信访、责任信访、法治信访”建设，加强信访业务规范化建设，着力化解

信访积案，积极维护信访秩序，完成了全国“两会”、中共十八届六中全会、G20杭州峰会等重大活动期间的保障任务。区信访办、羊坊店街道等5家单位被评为北京市信访工作先进集体，7人被评为先进个人。

全区全年受理信访案件21765件（批）次，“信访总量、集体访、重复访和初信初访”呈现四下降（信访总量下降10.5%、集体访下降14.07%、重复访下降21.86%、初信初访下降15.5%）。落实首办责任，出台《海淀区关于加强初信初访办理工作办法》。严格执行办理流程和办理要求，明确了有权处理机关解决信访问题的主体责任，提高了初信初访办理质量和效率。通过将初信初访办结率纳入区信访工作考核指标体系和定期对初信初访办理情况进行通报等方式，使初信初访数量同比下降15.5%，办结率提升到90%。

（彭敏）

【信访工作会】 4月22日，海淀区2016年信访加密工作电视电话会议召开。区委副书记、区委政法委书记刘长利，副区长王际祥，各街道、镇主要领导、信访工作主管领导及信访工作人员，各委办局、各企事业单位信访工作主管领导等参会。会上，区信访办对2015年全区信访工作进行总结，并部署2016年重点工作。

（彭敏）

【信访宣传月活动】 5月5日，以“信访法治在路上，网上信访更阳光”为主题的信访条例暨网上信访宣传月活动启动。主会场设在金源购物中心南广场，全区各街道、镇分别设立信访宣传站点。活动期间，海淀区共设立31个宣传站点，共制作宣传横幅31条、海报200余张，发放宣传材料12000份、宣传品35000份，接受群众咨询500余人次，各街道、镇自制宣传品6万余件。

（彭敏）

【信访工作培训会】 6月20日—21日，区信访办组织召开海淀区2016年信访工作培训会。全区各部、委、办、局主管领导和信访干部，各街道、镇主管领导和信访干部及区信访办工作人员共260余人参会。

（彭敏）

【矛盾排查】 年内，开展2次区级矛盾纠纷大排查和9次专项排查，发现5391件各类矛盾纠纷和疑难信访案件，化解5019件，化解率93%。针对农民工讨薪问题，开展了专项排查和治理，实现了该类问题上访量的大幅度下降。关注重点群体、重点人员，成功化解石佛寺鲁艺项目、东钓鱼台、大石桥拆迁遗留问题的矛盾隐患。

（彭敏）

【安排信访专项资金5000万元】 年内，安排矛盾纠纷排查化解专项资金5000万元，支持解决信访人生活困难、久拖不决的疑难信访积案等，进一步推动信访人息诉罢访。化解了水岸明居小区公共设备年久失修、见义勇为家庭生活困难补助等疑难信访案件，切实维护群众利益。

（彭敏）

【领导接待信访制】 年内，区领导接待群众24批152人次，批阅重点信112件。区、处两级领导共接访群众450批1480人次，批阅处理群众信件3169件，及时解决了一大批群众信访难题。区委书记崔述强先后两次接待了异地退休返京老知青，倡导募集了老知青帮扶救助专项资金，解决了部分特困老知青的实际困难。区长于军接待见义勇为人员李红军，和属地街道相关人员共同研究，当场解决其生活困难问题。全区各单位处级班子领导接访下访，将信访问题化解在基层、解决在属地，有效缓解了矛盾上行压力。

（彭敏）

【领导包案制】 年内，区领导始终坚持“分级负责、分类处置”的工作原则，对涉及面大、群众反映强烈的重点矛盾纠纷，落实区、处两级领导包案制度，实行领导包案“六包”责任制（包调研、包稳控、包协调、包处置、包督办、包巩固）。区、处两级领导共包案64件，田村路街道玉海园三里电改问题、北下关街道天作市场商户退租问题等一大批重点矛盾得到化解或推进。

（彭敏）

【积案化解】 年内，加大对属地及有关处理机关的督导力度，聚焦“事要解决”，有效化解万泉庄拆迁遗留问题等一批疑难矛盾纠纷。严格按照“三到位一处理”的工作标准，集中力量做好信访积案的攻坚化解工作。开展“百日会战”活动，将信访积案化解工作作为贯穿全年的一项重要工作。全年共化解信访积案23件（国家信访局交办1件，市级3件，区级3件，街道、委办局16件），信访积案化解率实现100%。

（彭敏）

【老知青困难群体帮扶救助】 年内，针对异地退休返京老知青困难群体制定了救助办法，设立专项基金。各街、镇也先后对179名知青进行走访慰问，发放慰问金11.74万元，人均656元，特别是帮扶救助特困老知青29人次，发放救助款35.53万元。

（彭敏）

【信访工作模式创新】 年内，区政府安排资金75万元为118家单位购买政府公众责任保险，全年为区市政市容委、海淀交通支队、区园林绿化局和海房集团等单位理赔案件41件，理赔金额94.39万元。经保险介入的案件，没有一起转化为信访问题，《人民日报》《新华社》《北京日报》等媒体进行宣传报道。通过购买服务的方式建立心理咨询和法律服务团队，为全区413名干部进行心理辅导。区信访办与区委党校联合开展调研，形成《对北京市信访工作现状的思考与研究》调研报告，获市委常委、政法委书记张延昆的批示。

（彭敏）

【创新信访矛盾多元化解机制】 年内，不断创新信访矛盾多元化解机制，将矛盾化解在基层。区总工会和区人力社保局率先在全市成立劳动争议调解中心，配备律师和人民调解员，成功调解5000多件劳动争议。上庄镇白水洼村成立全市首个村级服务站；甘家口街道的微事处理机制、田村路街道的胡国松人民调解工作室、学院路街道的心桥室、万寿路街道的民情窗口等新举措，使绝大部分矛盾纠纷和苗头隐患化解在基层。

（彭敏）

【网上信访成为工作主渠道】 年内，区级受理网上信访件共计3273件，占区级信访总量的76.1%。在区政府门户网站，开辟了书记信箱和区长信箱专栏。研发“海淀区信访管理系统”，推动信息开放共享，实现了信访工作与信息化的深度融合，使信访工作更加便民快捷高效，网上信访已成为信访工作主渠道。2016年，海淀区代表北京市在全国网上信访基层应用工作会上作经验发言，介绍网上信访工作的创新做法。

（彭敏）

【概况】 2016年，区民宗侨办广泛宣传中关村国家自主创新示范区的特殊政策和现实需求，召开中关村侨创大会，引导海外高端科技和人才汇集中关村。承办首都现代服务业创新论坛，就创新创业空间打造、利用“互联网+”思维发展现代物流快递业等主题发表演讲。接待国侨办领导到公安部中关村外国人永久居留服务大厅和海淀区留创园考察调研。开展海淀侨创园侨情调查，挖掘涵养侨界优质创新企业，了解企业需求。以侨资企业协会为载体，开展为企业服务活动。帮助侨资企业家协调社会保险、劳动监察等难题，解决企业劳资纠纷等涉侨信访案件10余件。

（高燕）

【国侨办领导到海淀区考察调研】 3月8日，国侨办副主任郭军，国内司司长王萍、副司长熊万鹏等，到公安部中关村外国人永久居留服务大厅和海淀区留创园考察调研，听取海淀区留创园园区华侨华人创新创业的意见建议。北京市侨办、中关村管委会、海淀区有关负责人参与调研。国侨办一行与园区华侨华人创业代表进行座谈交流，海淀区就优化政府职能、吸引高端海外人才和支持华侨华人回国创新创业开展服务等情况作了汇报。8月11日，国侨办主任裘援平一行到中关村外国人永久居留服务大厅和中关村科技园区考察调研，听取支持北京创新二十条出入境新政实施、大厅工作运行情况和前期执行外籍华人新政策等情况汇报。8月25日，国侨办副主任王晓萍一行到中关村国家自主创新示范区展示中心和中关村国际创客中心参观考察调研，听取相关工作情况汇报。了解孵化企业情况，参观微软技术实践中心、腾讯创业基地、百度、京东、共享财务中心等，并进行现场体验。

（王斯雅）

【市侨办领导考察海淀侨资企业】 3月15日，北京市侨办主任刘春锋、副主任李长远等领导走访海淀区侨资企业北京美华新智力科技有限公司，与该企业负责人座谈交流。了解企业智慧教育研发项目、前景规划等在国内的运营情况，并就企业关心的文化创意产业扶持项目和相关政策给予指导。海淀区政府、区民宗侨办负责人陪同考察。

（王斯雅）

【中关村华人华侨创业大会】 7月3日—6日，由北京市人才工作领导小组办公室、国务院侨务办公室经济科技司指导，北京市政府侨办、中关村管委会、市经济和信息化委员会、市科委、海淀区政府、北京经济技术开发区管委会、北京海外学人中心、中关村发展集团等8家单位共同主办的中关村华人华侨创业大会在京召开，来自41个国家和地区的550名海外杰出华人科学家、侨界科技人士，以及在京创新创业的侨界专业人士参会。大会主题为“万侨创新，共享机遇”，邀请中关村大街、百度外卖、云鸟科技、中科富创、车库咖啡、停简单信息技术有限公司，就创新创业空间打造、互联网+思维发展现代物流快递业等主题发表演讲。海淀区承接政策宣传推介、“首都现代服务业创新论坛”组织实施及中关村展示中心、中关村创业大街、公安部中关村外国人居留服务大厅现场体验接待工作；搜集中关村大街宣传片，在大会上向海外侨胞、媒体宣传推介。

（王斯雅）

【侨务工作培训班】 9月26日—27日，区民宗侨办举办侨务工作培训班。全区29个街镇的主管领导、民政科长、侨务干部及侨务重点社区主任80余人参加培训。市侨办侨政处处长刘云艳以《借力借势推动侨政工作，用心用情依法为侨服务》为题，从全面认识侨务工作、首都侨务工作整体情况、国内侨务工作内容和做好国内侨务工作的方式方法4个方面，为参训人员作业务培训。北京大学特聘教授刘湛泉到会讲课，从高效行政沟通诀窍的看、听、问、说的4个步骤等方面，为参会人员在工作中做好行政沟通作了精彩讲解。

（王斯雅）

机关事务管理

【概况】 2016年，区政府机关事务管理处集中管理和保障服务第一办公区、第二办公区、中关村人才发展中心、招商大厦、新海大厦、八里庄一站式服务大厅、曙光办公中心、综合楼办公区、上地办公中心、田村路办公中心、妇女儿童活动中心、西北旺办公中心、海淀北部文化中心13个集中办公场所，负责80家处级单位、28家处级以下单位共6700多人的后勤服务保障工作。

（张莉莉）

【公共机构节能管理】 年内，制定“十三五”时期公共机构节能规划，明确了全区公共机构节能目标及能耗定额指标。制定2016年节能绩效考核方案，在原有考核项目和能耗考核指标的基础上，修订公车考核内容。完成公共机构节能平台二期建设、2015年集中办公区能源审计、公共机构能耗数据统计分析等工作。落实北京市碳排放权交易试点工作。举办以“节能领跑　绿色发展”为主题的海淀区公共机构节能宣传周系列活动；围绕“节能减碳”主题，邀请专家开展培训。8月，海淀区第一办公区被国家机关事务管理局评为“节约型公共机构示范单位”。

（张莉莉）

【国有资产管理】 年内，根据《北京市海淀区财政局关于开展2016年海淀区行政事业单位国有资产清查和事业单位及所办企业产权登记工作的通知》要求，完成资产清查、产权登记和审计工作；按月完成固定资产及低值易耗品的新增购置验收及入账工作。完成2015年资产决算、2016年固定资产报废工作。强化资产内控管理，完成处内培训工作，在资产管理平台上新增资产条码扫描应用。接收并完成62套空置公房产权过户工作。继续推进区公安分局、区法院办公楼产权办理工作。

（张莉莉）

【住房管理】 年内，完成前三期周转房、敬老院、幼儿园及底商房屋租金、停车费、物业费等收取工作。对周转房小区存在的停车、供暖、防水、消防等问题，进行及时整改，提高了居住的安全性和物业的服务水平。对违反周转房管理规定的人员进行处罚，对不符合租住周转房条件的人员进行清退。完成大学生公寓秋露园、东馨园小区房屋装修、改造工作。完成2016年度大学生公寓租金收取工作，对不符合入住大学生公寓的人员进行清退。

（张莉莉）

【日常办公保障】 年内，建立“海淀区综合车辆管理平台”，对全区车辆进行统一管理；制定《海淀区公车改革集中管理方案》和《机关事务管理处车辆管理制度》，明确公务车辆的使用范围、管理方式、审批流程、车辆派遣等，确保公务用车改革工作的落实。在3个办公区安装了充电桩，开通了4条线路通勤车。全年共接收、发送文件24611件。其中，外收函件12585件（收市机要局2456件、国办交换站8342件、邮局挂号1787件），外发函件2506（市机要局242件、国办交换站2264件），内部交换9520件，区委机要局大宗件39次，无密级函件约12350件。

（张莉莉）

【区机关幼儿园】 年内，海淀区机关幼儿园和龙岗路幼儿园分别完成了北京市市级示范幼儿园（2016年度）和一级一类幼儿园的验收工作。两所幼儿园均完成了区教委年度考核、优秀教师评选、师资队伍建设、专题教研课程研究、环境创投检查等工作。在2016年推进实施《海淀区二期学前教育三年行动计划（2014—2016年）》工作中，海淀区机关幼儿园被区教委授予“先进集体奖”称号。

（张莉莉）

政协海淀区委员会

2017
北京海淀年鉴

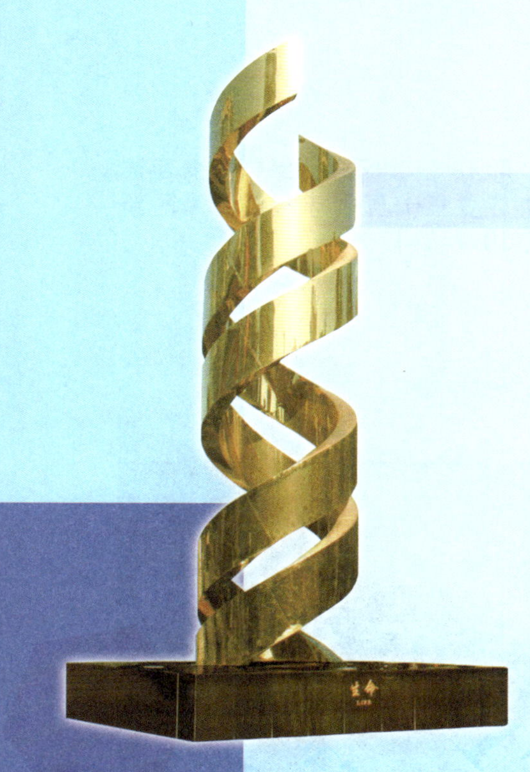

1月7日，区政协九届五次会议开幕（区新闻中心 田峰 摄）

1月7日，区政协九届五次会议委员分组讨论政府工作报告和“十三五”规划纲要（草案）（区新闻中心 田峰 摄）

1月18日，区政协举行纪念海淀区政协成立三十五周年座谈会（区新闻中心 田峰 摄）

4月20日，市政协调研组到海淀区调研人口管理工作（区新闻中心 田峰 摄）

综　述

【概况】　2016 年，九届区政协共召开常委会会议 7 次、主席会议 7 次、秘书长会议 3 次。十届区政协共召开常委会会议 1 次、主席会议 1 次。11 月 16 日，经九届区政协常委会第三十四次会议协商决定，丁志明等 416 人为政协海淀区第十届委员会委员。12 月 10 日—13 日，政协海淀区第十届委员会第一次会议召开，会议选举政协北京市海淀区第十届委员会主席、副主席、秘书长，选举常务委员 75 人。十届区政协共有委员 416 人，比九届区政协减少 13 人；常委会组成人员 83 人，比上届增加 2 人。

（石峰）

【全国和北京市政协委员座谈会召开】　2 月 26 日，区内全国和北京市政协委员座谈会召开。会上，通报了拟请全国和市政协委员协助呼吁的事项和拟请各位委员带到全国和北京市政协全会上的提案；围绕“城中村”改造，驻区单位与中小微企业的对接，盘活区内“双创”资源，扶持创新企业的发展，搭建创新公共平台，建立新技术、新科技、新材料等进入政府采购范畴的绿色通道，体育产业发展，推动西山文化创意大道的建设等内容座谈交流。区委书记崔述强，区委副书记、区长于军等区领导出席。区政协主席彭兴业主持。

（石峰）

【全体委员学习报告会】　4 月 22 日，全体委员学习报告会召开。听取全国政协理论研究会秘书长原冬平所作的“懂政协、会协商、善议政”主题辅导报告，200 余人参加报告会。

（石峰）

【第二十八期读书班】　7 月 20 日—22 日，区政协、区委统战部与区社会主义学院联合举办第二十八期读书班。听取区发改委关于海淀区供给侧结构性改革相关举措的通报，围绕“发挥协商民主重要渠道作用，聚焦‘减人、添秤、服务’中心工作”的主题，开展大会发言、交流发言、实地考察等活动。5 名委员代表和党外人士代表分别围绕发展北部地区生态产业、以“生态城”建设促进海淀生态文明发展、创新教育理念及基础教育改革与创新、创造良好发展环境等方面作交流发言。

（石峰）

【十届区政协委员任前履职培训会】　11 月 28 日，十届区政协委员任前履职培训会举行。听取全国政协理论研究会秘书长原冬平所作的辅导报告，进行提案工作培训、网络政协平台安装使用培训，老委员代表交流履职体会。

（石峰）

重要会议

【九届五次会议】　1 月 7 日—9 日，区政协九届五次会议召开。大会应出席委员 432 人，实际出席 419 人。会议审议通过区政协主席彭兴业所作的常委会工作报告和副主席丁志明所作的提案工作报告，听取并协商区委副书记、代区长于军所作的政府工作报告，讨论 2015 年国民经济和社会发展计划执行情况与 2016 年国民经济和社会发展计划（草案）报告、2015 年财政预算执行情况和 2016 年财政预算（草案）报告，协商讨论区委、区政府关于九届四次会议以来提案办理情况的报告，选举胡淑彦为区政协副主席，审议通过九届五次会议决议。

（石峰）

【常委会会议】　2016 年，区政协共召开 8 次常委会会议，分别为：

第二十八次会议　1 月 7 日召开。讨论选举办法（草案）和副主席候选人建议名单。

第二十九次会议　1 月 8 日召开。通过选举办法（草案）和副主席候选人名单，讨论确定总监票人和监票人建议名单；听取小组讨论汇报，审议 2016 年政协协商计划、政协委员履职情况统计一览表、大会决议（草案），审议通过 2016 年常委会议、主席会议排期和 2016 年常委会工作要点。

第三十次会议　3 月 16 日召开。集体学习全国政协会议精神，协商区委关于加强协商民主建设及政治协商工作的相关文件、海淀区域形象构建等有关事宜，听取关于区政府 2016 年为群众拟办重要实事的通报，研究 2016 年区政协重点调研课题有关事宜。

第三十一次会议　5 月 18 日召开。传达区委第五次政协工作会议和区委统战工作会议暨统战工作领导小组第一次全体扩大会议有关精神，协商海淀区水系生态治理和提高城市生活性服务业品质等相关工作。

第三十二次会议　7 月 20 日召开。听取区发展改革委关于海淀区供给侧结构性改革相关举措的通报，围绕供给侧改革与海淀创新发展、北部新区农林用地土壤改良、北部新区水生态优美景观建设、北部新区“无煤化”、北部新区农业科技产业发展、北部新区生态文化旅游、北部新区生态文明建设等专题进行大会发言。

第三十三次会议　9 月 21 日召开。听取区政府关于 2015 年常委会建议案办理情况的通报，协商整建制“农转非”、提升社区卫生服务能力等有关事宜，听取 2016 年度议政会筹备、“具有突出贡献提案”评选等工作汇报。

第三十四次会议　11 月 16 日召开。听取海淀区党风廉政建设和反腐败工作情况和区委、区政府关于 2016 年提案办理工作的通报，协商决定十届区政协委员名单、十届一次会议主席团成员建议人选名单和秘书长建议人选名单，审议区政协十届一次会议议程（审议稿）和日程（审议稿）、九届区政协常委会工作报告（审议稿）和提案工作报告（审议稿）。

十届区政协常委会第一次会议　12 月 12 日召开。审议通过十届区政协关于任命副秘书长的决定、各专门委员会名单、人事任免以及 2017 年常委会会议、主席会议排期等有关事宜，听取各小组讨论政协、政府工作报告情况的汇报以及大会决议（草案）的修改意见。

（石峰）

【主席会议】 2016年，区政协召开主席会议8次，分别为：

第二十九次会议 1月7日召开。讨论副主席候选人建议名单。

第三十次会议 1月9日召开。审议2016年政协协商计划，2016年常委会议、主席会议排期，《政协北京市海淀区第九届委员会政协委员履职情况统计一览表》以及2016年常委会工作要点。

第三十一次会议 3月9日召开。审议2016年常委会工作要点任务分解及全年工作安排表，常委会议、主席会议议题安排；研究确定2016年重点提案及评选表彰“具有突出贡献提案”的工作方案；研究2016年常委会重点调研有关事宜。

第三十二次会议 5月17日召开。听取当年一季度经济形势分析和企业迁进迁出有关情况的通报，协商区属国有企业改革发展有关事宜，传达区委第五次政协工作会议精神。

第三十三次会议 7月6日召开。研究举办第二十八期读书班有关事宜，研究决定召开第三十二次常委会议暨专题议政性常委会议有关事宜，听取互联网金融行业规范管理和风险防范有关情况的通报。

第三十四次会议 9月7日召开。听取“互联网+”三年行动计划有关情况以及中关村大街建设相关工作情况的通报，听取“具有突出贡献提案”评选情况的汇报，研究2016年议政会有关事宜。

第三十五次会议 11月2日召开。审议九届区政协常委会工作报告（讨论稿），提案工作报告（讨论稿），十届一次会议议程（讨论稿）、日程（讨论稿）；听取十届区政协委员遴选情况的汇报；研究届末评优有关事宜。

十届区政协第一次主席会议 12月12日召开。审议人事任免，关于任命十届区政协副秘书长，2017年常委会会议、主席会议排期，各专门委员会名单等有关事宜；审议通过地区政协委员活动小组名单。

（石峰）

【政协十届一次会议】 12月10日—13日，区政协十届一次会议召开。大会应出席委员416人，实际出席406人。会议审议通过彭兴业所作的常委会工作报告和丁志明所作的提案工作报告；听取并协商区委副书记、区长于军所作的政府工作报告；协商2016年国民经济和社会发展计划执行情况与2017年国民经济和社会发展计划（草案）报告、2016年财政预算执行情况和2017年财政预算（草案）报告；协商讨论区委、区政府关于九届五次会议以来提案办理情况的报告；选举傅首清为政协北京市海淀区第十届委员会主席，刘恪、丁志明、胡淑彦、张维佳、徐凤芹、王玉梅为副主席，杨剑飞为秘书长；选举常务委员75人；审议通过十届一次会议决议。

（石峰）

政治协商

【概况】 2016年，共提出建议300条，形成意见建议专报14件。区政协充分利用政协全体会议、常委会议、主席会议、双周协商座谈会等协商平台，完善专题协商、对口协商、界别协商、提案办理协商等协商形式。围绕创新创业与开放共赢、生态建设与协调发展、民生改善与社会治理等全区重点工作开展全体会议协商，围绕区委第五次政协工作会议文件、区域形象构建、供给侧改革、生态文明建设等全区重要工作开展常委会会议和主席会议协商，围绕常委会决策事项的推进落实、政协重要工作、团结统战相关事项开展秘书长会议协商，针对制约全区发展的重大问题举办议政性常委会议，聚焦发展中的热点难点问题和民生问题开展各类经常性、灵活性的专题协商座谈会。完善协商成果报送、采纳、落实和反馈机制。

（石峰）

【全体会议协商】 1月，在区政协九届五次会议上集中协商了区政府工作报告、2015年国民经济和社会发展计划执行情况与2016年国民经济和社会发展计划（草案）报告、2015年财政预算执行情况和2016年财政预算（草案）报告等，并就创新驱动与深化改革、依法治区与社会治理、环境建设与民生改善等方面协商议政。12月，在区政协十届一次会议上集中协商了区政府工作报告、2016年国民经济和社会发展计划执行情况与2017年国民经济和社会发展计划（草案）报告、2016年财政预算执行情况和2017年财政预算（草案）报告等，并就全国科技创新中心核心区建设、城市治理与生态文明、民生改善与社会建设等方面协商议政。

（石峰）

【常委会会议协商】 3月16日，九届区政协常委会第三十次会议协商区委关于进一步加强政协协商民主建设的实施意见、区域形象构建等有关事宜；5月18日，常委会第三十一次会议协商海淀区水系生态治理和提高城市生活性服务业品质等有关事宜；7月20日，常委会第三十二次会议及专题议政性常委会议专题协商供给侧结构性改革和生态文明建设等有关事宜；9月21日，常委会第三十三次会议协商整建制“农转非”和提升社区卫生服务能力等有关事宜；11月16日，常委会第三十四次会议协商决定十届区政协委员名单、十届一次会议主席团成员建议人选名单和秘书长建议人选名单。

（石峰）

【主席会议协商】 5月17日，九届区政协第三十二次主席会议暨专题议政性主席会议协商区属国有企业改革发展等有关事宜。

（石峰）

【党派团体协商会】 11月2日，召开2016年党派团体协商会。协商九届区政协常委会工作报告和提案工作报告，以及区政协十届一次会议议程、日程等有关事宜。

（石峰）

【双周协商】 年内，针对社区综合治理、北部地区水系生态治理、供给侧改革、北部农业科技与生态旅游、加强社区民族工作、教育学位供给、建设海淀展览馆及非遗展示中心建设、加强和完善政府购买社会组织服务机制、中心城区棚户区改造、智慧社区养老服务体系建设等开展双周协商活动。每次活动至少邀请1位区委、区政府主管领导出席，参加的委员和专家学者240余人次，参与的党政部门负责人30余人次；以信息专报的形式向区委、区政府报送100余条建议，并推动协商成果转化为政协提案。

（石峰）

【提案办理协商】 年内，区政协开展办理协商活动30余次，全年经审查立案的189件提案已全部办复。支持各党派团体、专委会和界别发挥优势，选择群众普遍关注、涉及群众切身利益的问题作为提案重点。建立和完善区委常委领衔督办重点提案、专委会和界别共同参与督办提案、重点提案办理与视察调研相结合、提案办理追踪落实等机制，抓好“提、立、办、督、评”等各环节，在提高提案涉及问题的解决率上下工夫。做好提案分办协商、推进办理过程协商和办理结果协商，针对难点问题开展高层协商，类似问题开展集中协商。

（石峰）

视察与监督

【概况】 2016年，区政协通过常委会议和主席会议听取全区党风廉政建设、国民经济和社会发展计划执行、促进大健康产业发展建议案办理、城市生活性服务业发展等重点工作及重大民生项目的进展情况。围绕北部地区生态文明建设、北太平庄街道临街住宅“破墙开门”整治、“国学经典教育”系统工程等公众关注度高的重要事项开展监督性的视察和专题调研活动54次，参加委员440余人次。

（石峰）

【议政会】 10月10日—17日，区政协开展网络议政周活动。10月17日，召开年度议政会。围绕海淀绿色发展、推进海淀北部新区全面发展、健康海淀建设、规范互联网金融行业发展、社会工作介入居家养老服务、完善区域医疗联合体建设、中关村创新创业大街升级改造、科技服务业发展、打造“双创”闭环生态圈、学前教育、老旧小区停车自治等重点工作及群众关注的难点、热点问题提出意见建议。议政会前后，累计有政协委员、群众代表360人次通过政协移动终端建言，提出有效建议100余条。会后，形成《2016年议政会期间各民主党派、工商联、政协委员、群众代表对区委、区政府工作的意见建议》，共梳理4个方面39条意见建议，报区政府研究办理。

（石峰）

【监督工作】 年内，区政协加强咨议小组专家队伍建设，围绕依法治区等方面开展专项咨议，充分发挥财政金融、核心区建设、生态文明建设、教育、城乡一体化发展、社会保障、文化发展、民族和宗教咨议小组的专项咨议优势，增强了专项监督效能。协调推荐3名政协委员担任政府部门的党风政风监督员，加强对政府工作的民主监督。继续加强地区政协委员活动小组建设，召开地区政协委员活动小组工作会议，各地区小组全年共组织视察、调研、座谈、研讨等活动40余次，300余人次参加。

（石峰）

社情民意信息

【概况】 2016年，共编报信息188件。其中，《应进一步加强城市防洪排涝工作》《进一步改善我市养老服务的相关建议》《关于推进出租车、网约车改革与管理的建议》受到市领导批示。

（石峰）

【信息工作会】 5月24日，区政协2016年信息工作会召开。会上，通报2015年社情民意信息工作情况，传达市政协关于信息工作的最新精神，部分信息工作先进单位代表进行交流发言。

（石峰）

【社情民意信息队伍建设】 年内，加强街镇地区信息联系点的工作，各基层信息联系点分别组织辖区委员开展了40余次活动，有效拓宽了委员知情议政渠道，提高了政协信息网络的覆盖面。完善特邀信息员队伍和信息工作专家组建设，共有特邀信息员队伍150人、信息工作专家组成员12人。加强与驻区大专院校、科研院所、中央和市属机构中的高级知识分子和专家学者的联系，充分突出信息专业性强、内容涉及面广、观点鲜明的海淀特色。

（石峰）

专门委员会工作

【提案委员会】 年内，共征集提案211件，经审查立案189件，所有提案全部办结。其中，问题得到解决的108件，占立案总数的57%。通过集中授课、经验分享等多种形式，开展政协提案工作培训。落实《政协北京市海淀区委员会关于加强重点提案工作的实施办法》，共计确定重点提案43件。针对难点问题开展高层协商，类似问题开展集中协商，共计开展办理协商活动30余次。建立区委常委领衔督办党派提案制度。推动提案公开与交流，建立“预提案”交流平台。开展优秀提案和优秀提案人的评比表彰工作，共计评选出26件优秀提案和47名优秀提案人。开展“具有突出贡献提案”的评选活动，对评选出的35件提案和23家承办部门进行表彰。

（石峰）

【经济科技委员会】 年内，共举办调研视察座谈活动11次，参与委员100余人次。承担了“以供给侧结构性改革推动海淀的创新发展”常委会重点调研任务，组织课题组开展多次调研活动，形成了调研报告；召开了双周协商座谈会，提出了降低劳动力成本、土地成本、金融成本、补齐中高端附加值制造业短板、资本驱动科技创新、提升高端人才结构优势、设立国际生态文明建设与生态产业发展创新示范区、建立产业引导母基金等意见建议。

组织民建、科协、经济、科技、工商联、农业等界别委员围绕北部科技与绿色生态旅游、商服业转型升级、军民融合发展等开展视察、调研、座谈等界别互动。

（石峰）

【城建城管和环保委员会】 年内，开展各类视察、座谈、调研活动20余次，累计参加委员200多人次。围绕“海淀北部地区水系生态治理”“北部农业科技与生态旅游”“中心城区棚户区改造及地下空间综合整治和利用”等主题，组织召开3次双周协商座谈会，形成意见建议40余条。承担“海淀区北部生态文明建设研究”常委会重点调研课题任务，分别开展“北部新区水生态文明建设”“北部新区建筑节能情况研究”“上庄镇农林业循环发展模式”“释放农林科技创新潜能，创造北部生态双重优势”“北部生态文化旅游发展研究”5个子课题研究，组织委员赴科研院所及相关院校调研6次、村镇及企事业单位调研9次，召开各类座谈会8次，在此基础上形成调研报告。

（石峰）

【教文卫体委员会】 年内，围绕“办好每所学校，推进教育均衡发展”的主题，召开双周协商座谈会，提出意见建议14条。开展“关于‘二孩’政策出台后的应对”专委会调研，形成调研报告报区委、区政府研究参考。组织8位委员参与区委宣传部组织的《北京市海淀区“十三五”时期文化建设与发展规划（征求意见稿）》，提出意见和建议14条。组织委员视察北京旗舰食品集团公司、北京石刻艺术博物馆、北京科技大学附属中学、高思教育培训学校等。

（石峰）

【社会和法制委员会】 年内，围绕“社会治理”的主题召开双周协商座谈会，提出意见建议17条。组织召开“民生改善与社会治理”专题协商议政会，围绕社会治理、社区管理、精细化城市建设、交通、教育、养老等方面提出意见建议20余条。组织开展“整建制农转非”专委会调研，形成调研报告报区委、区政府研究参考。会同丰台、朝阳、石景山等区政协共同参与市政协组织的“城乡接合部地区产业转型升级和人口调控”调研，统筹研究疏解人口、破解“大城市病”、实现产业转型升级等问题，调研成果以建议案、提案等形式提交市政协。召开以清洁能源替代劣质能源专题协商座谈会，为实现无煤化目标提出可操作性的建议。组织委员先后视察太和妇产医院、未成年人管护帮教基地等。

（石峰）

【学习和文史委员会】 10月，编纂出版《政协的魅力》，全书20万字，刊登照片176张。年内，征集海淀文史选编第20辑稿件50余篇、照片500余张。围绕“海淀区非物质文化遗产中心建设”的主题，召开双周协商座谈会，提出意见建议10余条。会同区政协港澳台侨委员会、区教委、区史志办、区侨联、中国人民大学华侨华人研究中心等单位联合召开“一切为了我的祖国”——纪念杰出的华人反法西斯女战士李效黎诞辰100周年座谈会。召开《海淀文史选编》30年暨九届区政协文史资料工作总结答谢会。组织委员视察立马关帝庙、西顶娘娘庙、永山宅院等文物保护和非物质文化遗产基地建设情况。

（石峰）

【港澳台侨委员会】 年内，组织调研、视察、界别活动8次，参与委员80人次。开展“海淀区机器人产业发展现状”专委会调研，形成调研报告报区委、区政府研究参考。会同区侨联、中关村归国留学人员联合会、海淀园管委会等单位联合开展“创业中华——创新发展·爱国奉献——‘海归’创新创业分享”活动。会同区侨联、区人大内司委、区文化委等单位联合举办第五届海淀区新侨乡文化节。组织委员视察海淀留学人员创业园、金丝特（北京）餐饮有限公司等。

（石峰）

【民族和宗教委员会】 年内，组织调研、视察、界别活动6次，参与委员60人次。围绕“落实中央民族工作会议精神，加强社区民族工作”的主题召开双周协商座谈会，提出意见建议6条。对2015年召开的“设立民族幼儿园，满足少数民族适龄儿童入园需求”双周协商座谈会提出的意见建议落实情况进行追踪，推动海淀区首家公办民族幼儿园——海淀区民族幼儿园如期开园。开展“关于宗教工作法治化——宗教活动场所法人登记的思考”专委会调研，形成调研报告报区委、区政府研究参考。与港澳台侨委员会联合视察金丝特（北京）餐饮有限公司。

（石峰）

民主党派 · 工商联

2017
北京海淀年鉴

5 月 19 日，区工商联召开营改增政策专题培训会（区工商联　周宇衔 摄）

8 月 30 日，农工党海淀区委国家卫计委支部到小汤山社区卫生服务中心就基本公共卫生服务、居家养老、医养结合等问题进行调研（农工党海淀区委　李八龙 摄）

8月，民进海淀区委地大支部赴青海省化隆县开展精准扶贫服务活动（民进区委 供图）

9月24日，召开台盟海淀区工委议政会（台盟海淀区工委 刘兴福 摄）

10月14日，民建海淀区委考察河南省濮阳市新型农业经营主体（民建区委 供图）

10月21日—22日，召开九三学社海淀区委2016年基层干部和中青年骨干学习班（九三学社区委 供图）

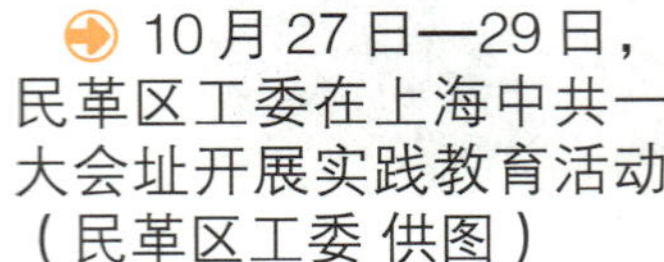

10月27日—29日，民革区工委在上海中共一大会址开展实践教育活动（民革区工委 供图）

中国国民党革命委员会 北京市海淀区工作委员会

【概况】 2016年，中国国民党革命委员会北京市海淀区工作委员会（简称民革海淀区工委）有21个支部、997名党员。党员中有全国政协委员3名、市人大代表2名、市政协委员5名（其中常委2名）、区人大代表1名、区政协委员15名（其中常委3名）。

年内，民革海淀区工委开展以下活动：3月25日，举行学习全国“两会”精神报告会，传达全国政协十二届四次会议的主要精神。7月30日，召开全委扩大会议，学习中共中央总书记习近平在庆祝中国共产党成立95周年大会上的讲话。8月，举办暑期学习班。10月27日—28日，组织区工委委员、支部负责人举办“不忘初心，继续前进”主题实践教育活动，在上海中共一大会址、嘉兴南湖红船进行现场教学。10月29日，举行纪念孙中山诞辰150周年纪念活动。12月，举办学习贯彻中共十八届六中全会精神培训班。

（石军）

【暑期学习班】 8月27日—28日，民革海淀区工委举办暑期学习班，区工委主委汤维建，区工委委员、支部委员及后备干部80余人参加。中央社会主义学院原副院长、全国政协“人民政协讲坛”特聘教授张峰作题为《统一战线学习贯彻习近平总书记“七一”讲话精神》的报告；海淀区发展和改革委员会副主任钟福林作题为《海淀区“十三五”规划纲要》的报告。

（石军）

【民革海淀区第七次代表大会】 8月31日，民革海淀区第七次代表大会召开，成立第七届工作委员会。全国政协常委、民革中央、北京市政协、民革北京市委以及区领导出席大会。会上宣布对民革海淀区第七届工作委员会领导班子和领导机构的任命决定，汤维建被任命为新一届区工委主委，万建中、文宗瑜、王真、程静为副主任委员。区工委换届后成立学习宣传与文史老龄专委会、法制工作专委会、经济金融与科技专委会、教文卫体妇专委会、人资环与三农专委会、社会服务专委会、祖国统一工作专委会。

（石军）

【学习贯彻中共十八届六中全会精神培训班】 12月8日，民革海淀区工委举办学习贯彻中共十八届六中全会精神培训班，邀请著名党建研究专家、《求是》杂志研究员黄苇町作题为《学习贯彻六中全会精神，进一步推进从严治党》的报告，民革中央宣传部副部长蔡永飞作题为《学习贯彻六中全会精神，进一步做好民革工作》的报告。

（石军）

【参政议政】 年内，民革海淀区工委在区政协召开的议政会上，作题为《强化互联网金融行业组织自律，规范我区互联网金融行业发展》的发言。在区政协十届一次会议上，提交《强化互联网金融行业组织自律，规范我区互联网金融行业发展》《促进海淀科技创新发展，加强专业科技服务平台建设》2件党派提案。《关于打造海淀智能硬件生态链条的提案》被区政协评为2016年优秀提案，《关于建立海淀非物质文化遗产展览馆的提案》被区政协评为具有突出贡献提案。编写的信息被采用40余条，其中《关于制定〈司法鉴定法〉，加快推动司法鉴定法治化进程的建议》被全国政协采纳。

（石军）

【社会服务】 年内，民革区工委赴贵州开展教育扶贫调研工作和爱心捐助公益活动，在贵阳市修文县调研。向六广镇德政小学捐赠价值8万元的3000册图书，协助德政小学图书馆建成挂牌。组织农业专家到田村路街道社区服务中心进行社会公益培训活动。到革命老区河北阜平县开展“博爱—健康农业”结对帮扶捐赠，并开展蔬菜栽培技术培训活动，捐赠有机肥和农用通环境监测系统。民革中国农科院支部在门头沟区军庄镇东山村开展“博爱—健康农业”结对帮扶捐赠高效有机肥活动，向东山村捐赠华孚含有机酸水溶肥。区工委和北京体育大学、红丹丹视障文化服务中心举办以“运动健康快乐促进盲健融合”为口号的红丹丹第八届盲人趣味运动会。区工委主委、中国人民大学法学院教授汤维建在红丹丹视障文化服务中心“心目讲堂”作题为《民法典与公民权利保障》的普法讲座，并解答视障人士提出的法律问题。

（石军）

中国民主同盟 北京市海淀区委员会

【概况】 2016年，中国民主同盟北京市海淀区委员会（简称民盟海淀区委）下属1个基层委员会、3个总支委员会、49个支部，有盟员1567人。盟员中，有民盟中央委员4人（其中常委2人）、民盟北京市委委员11人（其中常委1人），有市人大代表1人、区人大代表2人（其中常委1人），有全国政协委员5人、市政协委员4人、区政协委员13人（其中副主席1人、常委2人、副秘书长1人），有院士1人。

年内，召开主任委员会议7次、全体委员会议4次、调研课题工作会3次。选派百余名中青年盟员参加各类学习班。编发《盟务动态》6期。

北京外国语大学支部等4个基层组织完成班子换届。民盟海淀区委被民盟北京市委评为优秀区级组织，11个基层组织被评为先进基层组织，46人被评为盟务工作先进个人，6人被评为参政议政先进个人，3人被评为思想宣传理论研究先进个人，2人被评为社会服务先进个人，15名入盟40年以上的盟员被单列入光荣册。

年内，民盟海淀区委主要开展以下活动：3月，召开传达全国两会精神座谈会，与多家单位共同召开2016年“海外人才库”高级人才座谈会。4月，联合北京技术市场协会举办专题沙龙。5月，联合民盟南京市委课题组调研海淀区中关村双创工作。8月，选派骨干盟员参加民盟市委“文化传承、书香民盟——盟员大讲堂”、2016年海淀区党外代表人士培训班、民盟北京市委十一届十一次全委扩大会议。

（王东旭）

【“海外人才库”高级人才交流座谈会】 3月24日，民盟海淀区委科技文化专委会与北京市工业经济联合会、中国留学人才发展基金会—留学人才服务中心召开2016年“海外人才库”高级人才交流座谈会，30余名海淀区盟员参加会议。民盟区委主委张维佳表示，民盟具有人才优势，要利用好“海外人才库”的平台优势，引导和鼓励民盟成员为国家建设服务，特别是服务首都经济建设、京津冀一体化发展以及“一带一路”建设。会议向到场的首批注册入库50名盟员中的代表发放注册国际人才证书。

（王东旭）

【专题沙龙活动】 4月27日，民盟海淀区委科技文化专委会联合北京技术市场协会共同举办“实施《促进科技成果转化法》若干规定政策解读”专题沙龙活动，来自北京技术市场协会会员单位、海淀区盟员、北京地区部分国家技术转移示范机构、中关村高新技术企业等110余位代表参加活动。中国科学技术发展战略研究院科技体制与管理研究所副所长张赤东作题为《〈促进科技成果转化法〉解读》的专题报告。北京市科委政策法规与体制改革处处长杨仁全作题为《北京市促进科技成果转化相关政策介绍》的报告。对话交流环节中，两位专家就美国HUYA（沪亚）公司、钢铁研究总院等代表提出的科技成果的界定、转化项目公示、领导干部的成果转化权益、科技成果转化工作的边界等问题进行解答。

（王东旭）

【联合调研中关村“双创”工作】 5月26日，民盟南京市委课题组一行13人赴京考察调研中关村“双创”工作。民盟海淀区委联合民盟南京市委开展调研活动。课题组参观中国国际技术转移中心展厅，了解技术转移中心的基本情况和项目成果。与入驻部分企业代表就技术转移推动“双创”工作的成功经验和先进做法，海淀区在推动“双创”工作中面临的难题，企业在发展过程中需要的扶持政策等内容进行探讨。到中关村创业大街调研，了解并学习创业大街入驻机构创业的先进经验。

（王东旭）

【民盟海淀区第五次代表大会】 6月15日，中国民主同盟北京市海淀区第五次代表大会召开。全国政协常委、民盟中央副主席、北京市政协副主席、民盟北京市委主委葛剑平，中共海淀区委常委、组织部部长、区委统战工作领导小组副组长刘勇，海淀区各民主党派和工商联领导以及近100名盟员代表出席。葛剑平对第四届民盟区委班子5年来所作的积极贡献给予充分肯定，对即将产生的民盟海淀区第五届委员提出希望。会议听取张维佳主委代表民盟海淀区第四届委员会所作的工作报告。选举产生由23名委员组成的民盟海淀区第五届委员会。主任委员张维佳，副主任委员张百海、王明进、吕大鹏、颜忠诚、丛巍、董伟光（女）、张月华（女），秘书长张月华（兼）。

（王东旭）

【暑期读书班】 9月2日—3日，民盟海淀区委举办暑期读书班，近90名盟员参加。邀请区委、区政府研究室副主任刘访作海淀区情报告；北京航空航天大学战略问题研究中心教授张文木作《变动中的世界格局与中国海洋安全》专题报告；民盟海淀区委副主委、北京世纪坛医院乳腺中心主任医师吕大鹏作急救知识讲座。与会盟员结合市情区情，就如何服务于海淀区现阶段工作大局、基层组织如何建设和发展、盟员如何结合各自专业特点参政议政等方面进行讨论。

（王东旭）

【参政议政】 年内，有5位盟员出席全国政协十二届四次会议，并提交十几件个人提案。在区政协九届五次会议上提交《加强海淀区公共场所无障碍设施管理与维护的建议》《海淀区居家养老长期照护需求评估与对策研究》2件党派团体提案、9件个人提案，作题为《加强海淀区公共场所无障碍设施管理与维护的建议》的大会发言。《提高海淀区停车场利用和运营效率的建议》被评为2015年度优秀党派团体提案。《建立社区与高校组织对接机制，有效促进社区建设》被评为2015年度优秀委员提案。在区政协十届一次会议上提交《关于改善海淀区义务教育阶段教师职业生存现状的对策建议》《社会工作介入海淀区居家养老服务模式的探索》2件党派团体提案、4件个人提案，作题为《关于改善海淀区义务教育阶段教师职业生存现状的对策建议》的大会发言。

完成中共海淀区委统战部《社会工作介入海淀区居家养老服务模式的探索》《课程改革背景下海淀区义务教育阶段教师职业生存现状及对策研究》《海淀区私家园林利用保护调研》《阅读障碍儿童的现状及教育对策的探讨》《扶持海淀区制造工艺创新企业，助力“中国制造2025”——推动3D打印技术不断创新发展》5篇调研报告，其中“社会工作介入海淀区居家养老服务模式的探索”为中共海淀区委、区政府调研关注课题，并作为海淀区政协恳谈议政会上的大会发言。报送信息71条，其中《深刻认知国际移民与侨的新形势，以侨为重点创新开展国际移民工作》被民盟中央采用。3条被市委统战部采用，13条被区委办公室采用。3条信息被评为2015年度海淀区统战系统优秀信息。民盟区委被区政协评为反映社情民意信息工作先进单位、反映社情民意工作优秀单位。

（王东旭）

中国民主建国会北京市海淀区委员会

【概况】 2016年，中国民主建国会北京市海淀区委员会（简称民建海淀区委）下属基层委员会3个、支部33个，会员1468人。其中，具有大学及以上学历1159人，占会员总数的78.9%；具有中高级职称会员781人，占会员总数的53.2%。会员中，民建中央委员2人（其中常委1人），民建北京市委委员15人（其中副主委3

人，常委1人），全国人大代表1人、北京市人大代表1人、海淀区人大代表11人（其中常委1人），全国政协委员2人、北京市政协委员11人（其中常委2人）、海淀区政协委员29人（其中副主席1人，副秘书长1人，常委7人），担任特约职务94人次。全年新发展会员57人。年内，选举产生第五届委员会，其中研究生20人，具有中高级职称的19人。

年内，召开主任委员会议11次、全体委员（扩大）会议6次、专委会联席会1次、基层组织联席会1次。编印《海淀民建》5期，编印《肝胆相照　砥砺前行——民建海淀区委2011年—2015年调研报告选编》《凝心聚智　求真务实》画册、《民建海淀区第五次代表大会文件汇编》；撰写报送宣传稿件122篇，其中47篇被民建中央采用，116篇被民建北京市委采用。报送信息369篇，56篇被民建中央、民建市委、市委统战部采用，其中《政务公开负面清单提法不准确应修正》得到中共中央政治局常委、国务院副总理张高丽批示。

（赵欣）

【第四届民建“城市发展论坛”】 5月22日，第四届民建“城市发展论坛”在北京大学英杰交流中心举办，论坛的主题是“生态文明与城市发展”。民建中央副主席、环境保护部原副部长吴晓青，民建中央副主席、北京市政协副主席、民建北京市委主委王永庆，北京大学、北京市政协、民建中央、北京市委、海淀区委各专委会和基层组织的领导，以及其他民主党派会员约100人出席论坛。论坛由民建北京大学委员会主委陈效逑主持。论坛邀请4位嘉宾作主题演讲：民建中央委员、北京大学环境科学与工程学院教授、中国科学院院士倪晋仁作《面向生态的水资源高效利用》主题演讲；中国农工民主党中央常委、北京市委副主委、环境保护部环境规划院副院长王金南作《清洁空气与污染减排战略再思考》主题演讲；北京大学城市与环境学院教授柴彦威作《智慧城市与绿色出行》主题演讲；中美清洁汽车联盟副主任、清华大学汽车系教授王贺武作《中国大城市新能源汽车的节能减排》主题演讲。

（赵欣）

【民建海淀区第五次代表大会】 6月7日，中国民主建国会北京市海淀区第五次代表大会召开。大会审议通过民建海淀区第四届委员会工作报告，选举产生中国民主建国会北京市海淀区第五届委员会23名。五届一次全委会上选举王玉梅为主任委员，崔新健、邱建国、王颖、李海龙、赵晓光、徐春财、郭斌为副主任委员，任命李春霞为秘书长。民建北京市委常务副主委任学良，中共海淀区委常委、区纪委书记芦育珠等领导，以及海淀区各民主党派、工商联负责人出席大会。芦育珠代表中共海淀区委致辞，充分肯定四届民建海淀区委在思想建设、组织建设、参政议政、政治协商、交流联络等方面取得的成绩。

（赵欣）

【京津冀友好支部签约】 7月2日，首届民建京津冀协同发展健康产业论坛暨京津冀友好支部签约仪式举行。论坛指导单位为民建北京市委、民建天津市委、民建河北省委，主办单位为民建北京市海淀区委、民建天津市河西区委、民建廊坊市委，民建北京市海淀区专业一支部为承办单位，民建天津市河西区经贸支部、民建河北廊坊市综合二支部为协办单位。民建中央、民建北京市委、北京市政协领导，京津冀民建市委、区委有关领导以及三地民建会员70余人出席签约仪式和论坛。

民建北京市海淀区委、民建天津市河西区委、民建廊坊市委签署《京津冀民建友好支部协议书》。民建天津市河西区委副主委兼文教支部主委李玉杰作《携手京津冀，共同打造“大健康”完整产业链》主题演讲。民建廊坊市直属支部主委杨洪渭作《健康住宅引领健康生活》主题演讲。民建海淀区委副主委王颖作《协同京津冀，共谋大健康》主题演讲。

（赵欣）

【赴盐城调研智慧城市及相关课题】 8月22日—25日，民建海淀区委副主委徐春财、秘书长李春霞带队到江苏省盐城市，就智慧城市及相关课题进行调研。调研主题围绕智慧城市建设、绿色环保以及民建组织建设等方面展开。课题组先后走访盐城市城南新区大数据产业园、国家级盐城开发区中韩盐城产业园、盐城市开发区软件园、盐城市科技局、盐城市大丰区高新技术区等单位。与民建盐城市委，就“智慧城市”“绿色环保”及“民建组织工作”三个调研专题召开座谈会。盐城市人大常委会副主任、民建盐城市委主委肖紫英，民建盐城市委专职副主委孙秀丽及相关部门负责人出席会议。

（赵欣）

【成立10个专门委员会】 9月3日，召开参政议政、组织工作、理论宣传、社会服务、企业、科技、金融、青年、妇女、老年10个专门委员会成立大会。民建北京市委常务副主委任学良、民建海淀区委以及专委会委员160余人参加大会。会后，各专委会分别召开专题会议，部署下一步工作。

（赵欣）

【2016年读书班】 9月10日，民建海淀区委举办2016年读书班，民建区委委员、专委会主任和基层组织班子成员以及部分骨干会员共80余人参加。学习班邀请中央财经大学金融学院教授、博士生导师郭田勇作《宏观经济形势与金融体制改革》主题报告。学员们围绕主题报告，以及新一届区委如何推动各项工作进行讨论。

（赵欣）

【民建中央副主席辜胜阻到海淀调研】 9月14日，全国人大常委会委员、财经委副主任委员、民建中央副主席辜胜阻到海淀区调研。民建海淀区委、民建中央财经大学领导陪同调研。调研期间，辜胜阻听取海淀区民政局和老龄办关于“长期护理保险”在海淀区的试点推进情况、海淀区面临老龄化的挑战以及养老体系建设的工作情况介绍，并就政府救助式推动与积极应对老龄化存在的矛盾等问题进行交流。

（赵欣）

【赴濮阳考察农业新型经营主体】 10月14日—16日，民建海淀区委调研组一行8人到河南省濮阳市调研农村新型经营主体的发展状况，考察6家当地农业龙头企业和合作社，与濮阳市委统战部、农办、农业局、商务局、科技局、农科院、市农业示范园区、濮阳县政府、清丰县政府、县农业局主管领导及当地农业企业家进行交流。濮阳市、民建濮阳市委、濮阳市委统战部负责人陪同调研。

（赵欣）

【第二届中国人民大学民建学术论坛】 12月16日，中国民主建国会中国人民大学支部举办第二届中国人民大学民建学术论坛，中国人民大学统战部副部长郝丽、民建海淀区委副主委赵晓光出席。论坛主题为“经济新常态与政府改革”。分“政府改革与发展”和“经济新常态问题”两场，中国人民大学法学院教授李艳芳作题为《电力体制改革与〈电力法〉修订》报告，提出现行新一轮电力体制改革的背景是能源革命，而能源革命有多方面的深层次原因；中国人民大学公共管理学院教授刘太刚作题为《财政学的基础逻辑及财政改革》报告，从公共管理学的视角对主流财政学的一些基本观点提出质疑；中国人民大学环境学院教授王汶作题为《基于体感温度的中国供暖分区》报告；中国人民大学汉青研究院教授李勇作题为《京津冀一体化中的金融发展问题探讨》报告。

（赵欣）

【参政议政】 年内，民建海淀区委参加中共海淀区委协商会，协商《中共北京市海淀区委北京市海淀区人民政府关于加快全国科技创新中心核心区建设提升城市规划建设管理水平的若干措施》、人大代表名单、政协委员名单、党代表工作会议、政府工作报告。在区政协九届五次全会上，提交《虚拟海淀 区域联动 人口疏解与产业发展同步推进》《海淀北部地区乡村生活污水处理现状调查及分散式污水处理建议》2件党派提案，19件委员个人提案。在区政协十届一次全会上，提交《关于中关村CID建设创新型产业集群的有关建议》《关于海淀区“高校+社区”融合养老新模式的建议》《海淀区政府在落实“京津冀协同发展”战略、促进中小企业发展中采取实际措施的建议》3件党派提案，21件委员个人提案。其中，《关于中关村CID建设创新型产业集群的有关建议》为大会发言。在区党外代表人士座谈会上，《加大科技创新投入，促进海淀区实体经济发展》作为党派发言；在区政协议政会上，《积极发展绿色产业，促进海淀绿色发展》作为党派发言。《进一步提升核心区（海淀园）企业创新环境》的提案被区政协评为“九届区政协具有突出贡献提案”，《虚拟海淀 区域联动 人口疏解与产业发展同步推进》的提案被区政协评为2016年度优秀提案。完成参政议政调研课题32项，报送民建市委调研报告27篇。

（赵欣）

【社会服务】 年内，民建海淀区委组织69场“关爱长者·春风行动”敬老活动，参加的志愿者1200余人次，受益老人1670余人次，得到民建中央、民建北京市委的肯定与支持，此活动已列为民建北京市委的工作重点，被首都精神文明建设委员会命名为“首都学雷锋志愿服务岗”。“民建海淀同心基金”继续资助中国政法大学贫困学生，科技园支部与妇委会联合慰问北安河敬老院。文教一支部开展“爱心书屋”和“企业家进校园”活动。地震局支部开展地震科普活动。三综支部到龙泉老年公寓开展敬老助老活动。文教二支部开展“丰宁优秀教师培训助学”活动。

接待民建石家庄市委、安徽安庆市委、天津河北区委等地考察团，就组织建设、海淀区与其他区域进行产业合作的模式和方向等进行探讨。中关村支部、企业经济委员会牵头组织会员企业家赴邯郸、天津、张家口、石家庄等地，就京津冀协同发展进行交流研讨。科二支部与民建邢台市委创新支部签署友好支部协议。专业一支部与天津市河西区经贸支部、河北省廊坊市综合二支部结合京津冀友好支部，举办“首届民建京津冀协同发展健康产业论坛”。

（赵欣）

中国民主促进会北京市海淀区委员会

【概况】 2016年，中国民主促进会北京市海淀区委员会（简称民进海淀区委）有区属基层委员会2个（下属支部9个）、区属支部38个，会员1110人。会员中，有民进中央委员4人（其中常委1人）、民进市委委员8人（其中常委5人）、全国人大代表（常委）1人，全国政协委员1人、市人大代表1人、市政协委员5人（其中常委2人）、区人大代表2人（其中常委会副主任1人）、区政协委员17人（其中常委4人），各类特约监察员20人、长江学者2人。

民进海淀区委全年召开主委会7次、全委（扩大）会3次、暑期读书班暨新会员培训会1次、其他会议13次。组织150余名骨干会员参加各类学习培训。

（王玲）

【民进海淀区第四次代表大会】 6月5日，民进海淀区第四次代表大会召开。民进北京市委主委庞丽娟，中共海淀区委常委、区委统战工作领导小组副组长刘勇出席开幕式并讲话，民进北京市委、市委统战部、区人大常委会、区政协委员领导和80余名会员出席会议。大会听取并审议民进海淀区第三届委员会工作报告，选举产生民进海淀区第四届委员会，通过《民进海淀区第三届委员会工作报告的决议》《民进海淀区第四次代表大会的决议》。邓佑玲当选第五届民进区委主委，吴森堂、殷强、檀晋轩、王钢、王德胜、赵建国、沈腾当选为副主委，任命王钢（兼）为秘书长。23人当选区委委员。

（王玲）

【2016年读书班】 8月15日—16日，民进海淀区委举办2016年读书班暨新会员培训班，区委委员、各支部负责人以及部分专委会委员、中青年骨干会员、2015年新入会会员约120人参加。培训主题是“围绕中心，加强学习，提升能力”。读书班邀请民进中央

参政议政部副部长姜其和作参政议政专题报告，邀请海淀区委、区政府研究室主任刘建民作《海淀区区情介绍及上半年海淀区经济情况》的报告。

（王玲）

【民进海淀区委成立20周年纪念大会】 12月24日，民进海淀区委召开民进海淀区委成立20周年纪念大会，民进北京市委，中共海淀区委、区人大、区政协领导出席会议。会上，与会领导和会员观看纪念短片；宣读《关于纪念民进海淀区委成立20周年表彰先进基层组织、优秀会务工作者、参政议政先进个人、信息工作先进个人、信息工作优秀个人、社会服务先进个人、荣誉会员的决定》。向22个先进基层组织、116名优秀会务工作者、31名参政议政先进个人、17名信息工作先进个人、34名信息工作优秀个人、143名社会服务先进个人以及107名30年以上会龄的会员颁发荣誉证书；部分会员代表发言。

（王玲）

【参政议政】 年内，民进海淀区委在区政协九届五次会议上，提交《关于加强海淀区中小学法治教育的建议案》《关于推进海淀区“三山五园”历史文化景区发展的建议案》《海淀区小微企业创新创业现状与发展需求的建议案》3件党派提案，其中《海淀区小微企业创新创业现状与发展需求的建议案》转化为大会发言。《关于海淀区商品交易市场现状与对策的研究》被区政协评为优秀党派提案。在区政协议政会上，作题为《关于进一步推进海淀北部新区全面发展的建议》大会发言。在区政协十届一次会上，提交《关于进一步深化海淀城乡义务教育一体化发展的建议》《关于中关村法务加速创新平台的建议》《关于进一步推进海淀北部新区全面发展的提案》3篇党派团体提案，其中《关于中关村法务加速创新平台的建议》转化为大会发言。《关于海淀区商品交易市场现状与对策研究》被区政协评为具有突出贡献提案。完成“关于进一步推进海淀北部新区全面发展的对策研究”“关于进一步深化海淀城乡义务教育一体化发展”“关于北京市基础教育资源整合校实施过程中的若干建议”3项调研课题。“高校文化设施共享机制与模式研究”被评为北京高校心桥工程优秀项目。

（王玲）

【社会服务】 年内，民进海淀区委继续帮扶“彩虹舞蹈教室”，完成“彩虹舞蹈教室”一年级到六年级26个民族和国家的舞蹈教材编写，民进小教北支部赴山西省长治市黎城县孔家峧村小学捐赠学习用品，并开展为期一周的授课。民进中国地质大学（北京）支部会员和马克思主义学院博士生一行5人到青海省化隆县开展精准扶贫有效衔接调研和对口支援服务活动。民进北外支部调研海淀区落实国家“一带一路”倡议并安排专题讲座。民进北航基层委员会、承德市科技局、承德市兴隆县科技局在承德市兴隆县共同举办“民进北航委员会—兴隆县科技合作研讨会”，为北京民进优质科研成果及优质企业在兴隆县落地和成果转化搭建服务平台。

（王玲）

中国农工民主党北京市海淀区委员会

【概况】 2016年，中国农工民主党北京市海淀区委员会（简称农工党海淀区委）有支部29个，党员814人。党员中，有农工中央委员2人（其中常委1人）、农工市委委员9人（其中常委4人）、市人大代表1人、区人大常委1人、全国政协委员1人、市政协委员2人、区政协委员15人（其中常委3人）、国务院参事1人、长江学者1人。

年内，举办暑期干部读书班；召开第九期联情会，就如何支持民主党派履行参政议政、社会服务等职能进行座谈。报送信息152条，被农工党中央采用6条，被全国政协采用2条。出版《海淀农工》3期。

（方鹏飞）

【农工党海淀区第四次代表大会】 6月19日，中国农工民主党北京市海淀区第四次代表大会召开。农工党北京市委专职副主委兼秘书长刘迎，中共海淀区委常委、组织部部长、区委统战工作领导小组副组长刘勇，海淀区人大常委会常务副主任王鲁豫，海淀区政协副主席刘恪，中共海淀区委统战部常务副部长杨志洪及海淀区各民主党派、工商联领导应邀出席大会开幕式。大会审议通过农工党海淀区第三届委员会工作报告，选举产生由19名委员组成的农工党海淀区第四届委员会，徐凤芹当选为农工党海淀区第四届委员会主任委员，段新芳、吴敏华、曹卫东、胡敏健、张盼月、于逢春当选为副主任委员。

（方鹏飞）

【暑期读书班】 8月27日，农工党海淀区委举办第十一期暑期读书班，区委班子成员、各基层组织负责人、各调研课题负责人和新党员共60余人参会。宣讲团讲师、北京市社会主义学院教授孙瑞华在读书班上作《中国共产党的新方略与民主党派的新任务》主题宣讲；主委徐凤芹回顾农工党的历史进程，介绍农工党市委和区委的基本情况，就新形势下的党派建设问题提出要求和希望。

（方鹏飞）

【参政议政】 年内，农工党海淀区委完成调研课题10篇，其中“海淀区‘医联体’运行模式现状及问题分析”“积极发挥海淀区社区卫生服务机构在‘医养结合’养老模式中的作用”“海淀区污水处理厂市政污泥排放特征与处理处置对策”“全面放开二胎政策对海淀区妇幼卫生保健服务业影响的调研”在中共海淀区委统战部立项，《海淀区“医联体”运行模式现状及问题分析》被列为中共海淀区委统战部、海淀区政协高端议政会大会发言。《关于在社区推广建立“精残人康复之家”》《关于加强海淀区社区居家养老服务体系建设》《关于海淀区属中小学安装空气净化系统》《关于加快发展我区大健康产业、培育经济增长支柱产业》4个提案被区政协评为具有突出贡献提案。

（方鹏飞）

【社会服务】 年内，农工党海淀区委开展“中国环境与健康宣传周”活动，在北京出版集团举办“如何拥有健康睡眠”专题讲座。在昌平区流村镇高崖口村开展健康教育及义诊活动，受益群众80余人。与海淀区温泉镇联合举办中国“国际科学与和平周”手拉手义诊活动，20余名专家参加义诊及健康咨询。农工党北京市委、农工党河北省委、农工党海淀区委、农工党廊坊市委共同组建的京津冀协同发展联合基地在廊坊市中医院揭牌。

（方鹏飞）

中国致公党北京市海淀区委员会

【概况】　2016年，中国致公党北京市海淀区委员会（简称致公党海淀区委）有支部19个，党员692名。党员中，有致公党中央委员8人（其中常委1人）、全国政协委员5人、致公党北京市委委员10人（其中常委4人）、市人大代表1人、市政协委员3人（其中常委2人）、区人大代表3人（其中常委1人）、区政协委员18人（其中常委4人）。

1人获北京市“三八”红旗奖章称号。1人被评为全国2015年度知识产权（专利）领域有影响人物。1人获第十四届中国青年科技奖。1个家庭获2016年“首都最美家庭”称号。2人获高等学校科学研究优秀成果技术发明一等奖。1人获高等学校科学研究优秀成果技术自然科学一等奖。

（李冬妮）

【致公党海淀区第四次代表大会】　6月26日，中国致公党北京市海淀区第四次代表大会召开。致公党北京市委副主委闫傲霜、高杰，中共海淀区委常委、组织部部长、区委统战工作领导小组副组长刘勇等领导出席开幕式。大会听取并审议致公党海淀区第三届委员会报告，通过《工作报告的决议》和《代表大会的决议》，选举产生由6人组成的致公党海淀区第四届委员会，安雪晖当选为新一届区委主委，常务副主委为顾传强，副主委王继华、刘阳生、李军、胡永芳。

（李冬妮）

【参政议政】　年内，致公党海淀区委在区政协九届五次会议上，提交党派提案《推动海淀区创新创业和加快科技成果转化》《破除机制体制障碍，推动海淀创新创业》《关于筹建中国高等教育博物馆的建议》，作题为《坚持创新引领型发展，保护利用好海淀的多种文化资源》的大会发言。《推动海淀区创新创业和加快科技成果转化》得到海淀区政协的高度重视，《破除机制体制障碍，推动海淀创新创业》被区政协评为2016年度优秀提案。《关于建设法治海淀，创建全国文明城区的建议》《关于海淀区地铁10号线西土城站A出口电线杆挡路问题的建议》被评为具有突出贡献提案。《关于加强政府大数据保护和共享的建议》《增强北京博物馆活力　充分发挥博物馆藏品文化价值》被评为中国致公党北京市委员会2015年度参政议政优秀调研成果。1人参加致公党中央“加快供给侧结构性改革，促进实体经济健康发展”调研。1人参加致公党中央“长江非法采砂对长江经济带健康发展的影响”和“边境地区经济社会发展情况”调研。1人参加致公党中央“国际科技合作与大科学计划”调研。1人参加“充分发挥科技类民办非企业单位在全面创新改革中的积极作用”专题调研。1人参加致公党中央“文化走出去”调研。在区政协议政会上，作题为《关于中关村创新创业大街改造过程中的几点建议》大会发言。报送信息60余条，其中《关于修改〈国家知识产权战略纲要〉的建议》《关于围绕“一带一路”推动跨境电子商务发展的建议》获致公党北京市委2015年度优秀社情民意信息。

（李冬妮）

【社会服务】　年内，致公党海淀区委与陕西省安康市、四川省达州市签订精准扶贫协议。致公党海淀区委与致公党陕西省委、致公党苏州市委举行“致公党京苏陕精准扶贫对口帮扶对接座谈会”，签订《致公党京苏陕精准扶贫对口帮扶框架协议》，明确对口帮扶工作计划的时间表，形成帮扶工作的联席会议机制。北京市海淀区侨海联谊会累计向宁夏捐赠电脑150台、图书3.4万册、冬装3700件。致公党海淀区委联合团中央光华科技基金会、宁夏回族自治区团委、中阿青年创业园探索宁南九县精准扶贫新模式。在宁南九县建立2个园区、65个双创扶贫电商服务站，举办电商扶贫培训25场次，销售农副产品50余种，辐射带动4000余人就业创业。利用阿里修网上平台，建设服务站22个，开发服务网点56个，参与服务人员260余人。致公党海淀区委举办“关爱孤残儿童，让爱撒满人间”主题活动。捐赠价值7000余元的物品。

（李冬妮）

九三学社北京市海淀区委员会

【概况】　2016年，九三学社北京市海淀区委员会（简称九三学社海淀区委）有基层委员会5个、支社（小组）50个，成员1728人。成员中，有九三学社中央委员7人（其中副主席1人）、九三学社市委委员9人（其中常委1人）、市人大代表4人、区人大代表4人（其中常委2人）、全国政协委员4人（其中常委1人）、市政协委员7人、区政协委员26人（其中常委8人），有院士2人。

全年组织青委会、老龄委和妇委会活动11次。出版《海淀九三》4期、老龄委专刊1期，“海淀九三”微信公众号发文72篇，向九三学社北京市委网站供稿189篇。举办“德赛讲堂”和“走基层、讲科普、送服务”活动。4月7日，九三学社海淀区委召开届终领导班子述职测评会暨换届工作动员部署会。九三学社海淀区委被九三学社中央列为地市级机关能力建设试点单位。年内，11个支社被授予“庆祝九三学社北京市委员会成立65周年”先进集体称号，67人获评优秀社务干部，100人获评优秀社员，1人被授予“九三楷模”称号。

（赵国春）

【九三学社海淀区第五次代表大会】 6月25日，九三学社北京市海淀区第五次代表大会召开。大会表决通过《关于九三学社北京市海淀区委员会第四届委员会工作报告的决议》和《九三学社北京市海淀区第五次代表大会决议》，选举产生由23名委员组成的九三学社北京市海淀区第五届委员会。叶培贵当选为主任委员，王汝芳、马鸿韬、黄宇平、刘艳青、颜丹平、夏海山、赵国春当选为副主任委员。

（赵国春）

【基层干部和中青年骨干学习班】 10月21日，九三学社海淀区委举办2016年基层干部和中青年骨干学习班，共100余人参加。学习班上，九三学社中央常委、北京市委副主委方炎作《履行党派职能，做好社务工作》的报告，中共海淀区委、区政府研究室主任刘访作《对海淀未来发展的思考》的专题报告。

（赵国春）

【参政议政】 年内，九三学社海淀区委在区政协九届五次会议上，提交《对海淀区整体统筹“山水林田湖”建设的建议》《关于培育与弘扬海淀科技创新文化的建议》《关于海淀区发展科普服务业的建议》3件党派提案。上述提案中的部分建议已融入《海淀区“十三五”时期文化发展规划》，纳入《海淀区全民科学素质行动计划实施纲要（2016—2020）》。在区政协十届一次全会上，提交《发挥海淀高端引领作用，促进机器人产业发展》《关于进一步加强海淀区农业文化遗产保护与利用的建议》《关于提升海淀区文化创意产业发展水平的建议》3件党派提案。其中，《发挥海淀高端引领作用，促进机器人产业发展》作为大会发言。完成“关于海淀区引领机器人行业发展的政策建议”“适应新常态，发展新经济，引领新发展——推动海淀区新经济发展对策研究”“支持科技型小微企业发展的科技金融政策研究”“海淀区科技服务业发展需求调查与对策研究”“海淀及周边地区潜在农业文化遗产资源现状调查”“海淀区文化创意产业发展状况研究”“‘二胎’政策放开后出生人口素质保障措施的研究”“海淀区中小企业融入全球创新网络现状的调研”“关于建立北京高教园区共同体的思考与探索——以良乡高教园区为例”9个调研课题。编报信息67篇，被采用45篇。九三学社海淀区委被海淀区政协评为反映社情民意信息工作先进单位，被海淀区委统战部评为海淀统战系统信息工作优秀单位二等奖。

（赵国春）

台湾民主自治同盟北京市海淀区工作委员会

【概况】 2016年，台湾民主自治同盟北京市海淀区工作委员会（简称台盟海淀区工委）有3个支部，盟员76人。盟员中，有全国人大代表1人、全国政协委员2人（其中常委1人）、市政协委员4人（其中政协副主席1人、常委兼副秘书长1人）、区人大代表1人（常委1人）、区政协委员8人（其中常委1人、副秘书长1人）。

全年组织盟员参加海淀区统战部组织的“统一战线大讲堂”1次、各类培训班6次、报告会6次、座谈会4次和领导干部读书班3次，盟员累计参加学习培训116人次。

（曾军）

【台盟海淀区第五次盟员大会】 6月18日，台盟北京市海淀区第五次盟员大会举行。北京市政协副主席、台盟北京市委主委蔡国雄，区领导刘勇、刘佩金、刘恪出席会议。台盟海淀区第四届工委相关负责人作本届工作报告，台盟北京市委负责人对台盟北京市海淀区第五届工委领导机构组成作说明，并宣布《关于台盟北京市海淀区第五届工作委员会领导班子和领导机构的任命决定》。杨旭被任命为台盟海淀区第五届工作委员会主任，冼海珍、吴京、曹晖为工委副主任，孔德硕、姜亚芳、冥武为工委委员。

（曾军）

【参政议政】 年内，台盟海淀区工委在区政协九届五次会议上，提交《加快完善社区居民“参与式协商”模式的建议》《关注老年人心理健康状况、完善社区居家养老健康服务体系建设》2件党派提案，5件个人提案。在区政协十届一次会上，提交《加强全科医生队伍建设，促进社区医疗体系发展》《以众创空间为主要载体以专业化服务推动和加强“大众创业　万众创新”闭环生态圈的发展》2件党派提案、6件个人提案、1件联名提案。4件党派团体提案获评九届政协优秀党派团体提案，其中《完善海淀区社区卫生服务中心建设》被海淀区电视台作专题报道。报送信息66篇，被台盟北京市委、区委统战部、区政协采用36条。1人被聘请为2016年度海淀区人民政府人民建议特邀建议人。台盟海淀区工委获台盟中央2016年地市级参政议政先进集体称号。

（曾军）

【社会服务】 年内，台盟海淀区工委为“助梦起航”爱心助学捐款1150元；为“城乡手拉手”帮扶对象——温泉镇敬老院的11位五保户老人每人捐助500元慰问金。组织盟员与台生台商开展春季植树、中秋节游长河、登中央电视塔、“奔跑吧　台盟——We are Family”拓展培训等活动。与北京市涉台法律事务研究会开展“台生在大陆就学就业相关法律与实务问题”调查研究，参与编写《台生服务手册》。区工委与台盟东城区委共同举办暑期读书班，区工委组织盟员开展信息—议政培训会，老年支部开展参观古北水镇、北京后花园等活动，中青年支部开展重走西山“林迈可小道”等活动。

（曾军）

北京市海淀区工商业联合会

【概况】 2016年，北京市海淀区工商业联合会（简称区工商联）有会员近1800户。会员单位法人代表中，有区人大代表8人、区政协委员37人。有团体会员8个，分别是中关村软件国际孵化软件协会、海淀区户外广告行业协会、海淀区种子商会、海淀区饮食服务行业协会、海淀区商业联合会、中关村高新技术企业协会、北京市民营企业家协会、中关村多媒体创意产业园。有基层商会14个，分别是苏家坨镇商会、西北旺镇商会、田村路街道商会、清河街道商会、学院路街道商会、青龙桥街道商会、上地街道商会、中关村街道商会、西三旗街道商会、马连洼街道商会、八里庄街道商会、温泉镇商会、紫竹院街道商会、曙光街道商会。有园区商会2个，分别是留学人员商会、中关村翠湖科技园商会。有行业商会5个，分别是医药业商会、文化创意产业商会、传统服务业商会、中介服务业商会、互联网教育商会。有联谊会1个，即青年企业家联谊会。

组织中共党组成员、班子成员、党员企业家及机关干部，学习贯彻中共中央总书记习近平3月4日重要讲话精神，通过工商联网站、微信公众号等方式收集并上报会员企业家对讲话内容的民意反映。五四青年节组织青年企业家联谊会赴河北涞源举办主题教育活动，邀请3位企业家讲课。“七一”前夕，组织中共党员企业家到河北乐亭参观李大钊纪念馆。授予139家会员企业为“海淀区诚信经营承诺示范会员单位”，引导企业自觉接受社会监督，依法诚信经营。向全区民营企业发出《坚定理想信念　做廉洁企业和廉洁企业家》倡议书，提出“守法为纲，诚信至上，廉洁从业，正气兴企”的倡议宣言。

（张雪松）

【区工商联第十次代表大会】 12月20日，海淀区工商业联合会（商会）第十次代表大会召开。中共海淀区委副书记、统战部部长刘勇等区四套班子领导以及市委统战部、市工商联有关负责人，海淀区各民主党派和人民团体的领导应邀出席大会开幕式。海淀区工商联（商会）会员代表300余人参加大会。选举产生区工商联第十届执行委员会97人和新一届工商联、商会领导班子30人以及工商联常务委员21人，海淀区人民政府副区长陈双当选海淀区第十届工商联主席、商会会长。

（张雪松）

【参政议政】 年内，区工商联组织非公经济代表人士参加区委、区政府协商会、通报会及政协理论研究会。在区政协九届五次会议上，作题为《在疏解中集聚，在集聚中创新》的大会发言，并被区政协评为优秀团体提案。完成《海淀区民营高科技企业创新能力研究》调研报告，为区委、区政府制定促进非公经济发展的政策提供参考。

（张雪松）

【服务区域经济社会】 年内，区工商联成立包括天津北辰区，河北秦皇岛、邯郸等津冀两地9个地区的“海淀区工商联京津冀协同发展战略联盟”，打造三地民营企业交流合作、推动经济共同发展的新平台。与区商务委等部门联合召开会员企业产业疏解推进会，会员企业下属的金五星、集美集团、中发集团、万家灯火等有形市场实现产业疏解。在区工商联九届六次执委会上学习《海淀区2016年国民经济和社会发展计划》。举办海淀区工商联第三届创新产品发布会。举办主题为“适应新常态，聚力新发展——探索新形势下民营经济新蓝海”的民营企业家经济论坛系列活动，就疏解非首都功能、推动企业转型升级等问题开展研讨。

（张雪松）

【社会公益事业】 年内，区工商联鼓励会员企业开展“精准扶贫”和“产业扶贫”。中发时代科技发展有限公司连续第7年在四川丹巴开展爱心助学活动，北京蓝波绿农公司与河北省承德市平泉县签订食用菌购销协议，西三旗街道商会筹资60余万元为丹江口市修建爱心桥，中关村、清河等商会走进敬老院、乡村学校，扶助困难群体。

（张雪松）

【会员服务工作】 年内，成立北京市海淀区工商联知识产权纠纷人民调解委员会，为区内高科技企业提供知识产权纠纷调解、法律咨询等服务。开展营改增政策培训，400余名企业代表参加。与区食药局、区饮服协会联合举办主题为“预防食物中毒”的食品安全培训，100余家餐饮单位参加。与区红十字会合作，到留学人员创业园商会及相关会员企业开展应急救护培训。“三八”妇女节前夕，举办“美的鉴赏与分享”等系列主题联谊活动。与区饮食服务行业协会共同举办“庆五一，赏千年食文化”专题活动，近200名企业家参加。与区饮服协会共同举办“新形势、新挑战、新机遇”餐饮高峰论坛活动。

（张雪松）

【组织建设】 年内，区工商联制定《关于开展常委、执委书面述职的暂行规定》，5位副主席、副会长在区工商联九届六次执委会上述职。获得全国“五好”工商联称号。选举产生由97名委员组成的第十届执行委员会以及新一届工商联、商会领导班子，区政府副区长陈双当选为工商联主席、商会会长。田村路街道商会和西北旺镇商会完成换届。成立互联网教育商会。制定《基层商会指导手册》。组织机关干部开展“两学一做”教育活动。

（张雪松）

【帮助原工商业者】 年内，区工商联帮助原工商业者解决生活困难，为原工商业者发放临时困难补助9万元。走访慰问老工商业者10余次。

（张雪松）

人民团体

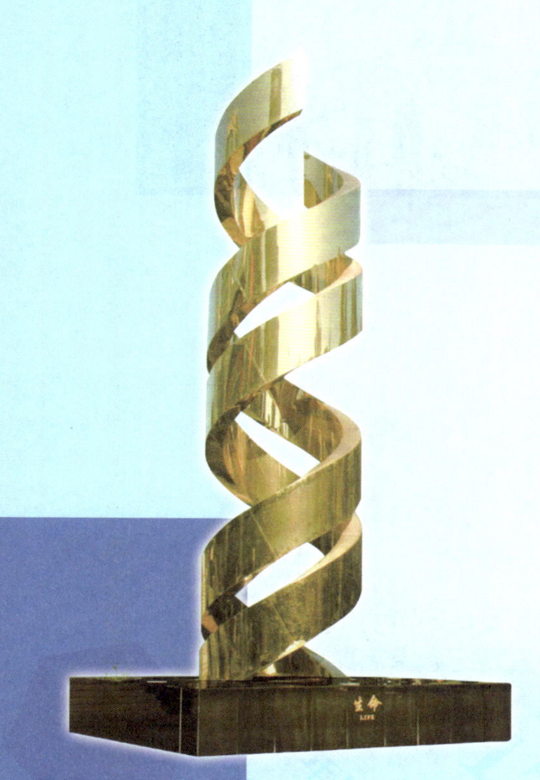

5 月 18 日，“发展中国家女官员领导能力建设研修班”一行到海淀参观交流（区妇联 供图）

8 月 22 日—24 日，海淀区第五届新侨乡文化节——话剧《海外剩女》成功演出（区侨联 供图）

9 月 18 日，海淀志愿者参加毛主席纪念堂志愿服务活动，图为宣誓仪式（团区委 供图）

9月28日，海淀区第七次归侨侨眷代表大会召开（区侨联供图）

12月23日，海淀区律师行业工会联合会成立（区总工会供图）

12月24日—25日，区科协举办中国梦·中关村核心区居民家庭科技智慧火花、创意创新成果展示会暨中关村核心区科普产品博览会（海淀区科协 供图）

海淀区总工会

【概况】 2016年，北京市海淀区总工会（简称区总工会）下属海淀工人文化宫、海淀职业介绍所、海淀区职工服务（帮扶）中心3家直属事业单位。现有工会组织8743家，工会会员25万人，其中区总工会直属基层工会120家，有专职工会干部594人，兼职工会干部8790人。区总工会获全国“安康杯”竞赛组委会授予的“全国职工安全卫生消防应急知识普及竞赛活动优秀组织单位”称号，获北京市总工会授予的“‘八小时约定’主题教育实践活动优秀组织奖”，获北京市总工会、共青团北京市委员会和北京市卫生和计划生育委员会授予的“北京市基层卫生岗位练兵和技能竞赛活动优秀组织奖”。评选出全国五一劳动奖章获得者1名、全国五一劳动奖状1个、全国工人先锋号2个、首都劳动奖章个人16名、劳动奖状集体3个、首都工人先锋号7个。

（李欣）

【国际交流】 1月19日，区总工会在中国劳动关系学院与到京访问的以吉米达娃·斯韦特兰娜·叶甫盖尼耶夫娜为团长的俄罗斯劳动与社会关系学院代表团进行交流座谈。双方就职工帮扶工作如何创新开展、帮扶经费如何筹集、工会如何增强吸引力等方面进行交流探讨。

（李欣）

【海淀区职工服务（帮扶）中心成立】 3月21日，依据区编办批复精神，区总工会成立海淀区职工服务（帮扶）中心（同时撤销海淀区技术交流站、海淀区职工休养服务部）。该中心为正科级财政补助事业单位，主要职责是为本区工会会员提供法律援助、互助保障、困难救助等帮扶服务。

（李欣）

【第二十四届海淀区职工艺术节】 4月5日至10月30日，区总工会举办以“聚力核心区·唱响主旋律”为主题的第二十四届海淀区职工艺术节。区总工会在各基层工会开展活动的基础上，举办“凝心聚力核心区·匠心共筑中国梦”职工摄影大赛和书画大赛、“聚力核心区·唱响主旋律”职工歌手大赛、“聚力海淀·舞动奇迹”舞蹈大赛、“铭记历史·缅怀先烈”摄影采风等赛事。来自全区各条战线，包括70余家企业职工在内的4000余名职工参赛。

（李欣）

【温暖子基金成立】 9月2日，区总工会建立海淀区温暖子基金。作为北京市温暖基金的子基金，海淀区温暖子基金的运作按北京市温暖基金的办法进行，配套救助因病或因自然灾害陷入困境的职工，每名职工临时救助金额为1000元，首次注入启动资金30万元。截至2016年12月底，临时救助职工16人，金额为16000元。

（李欣）

【第二十八届海淀区职工“长春杯”越野赛】 11月5日，区总工会在圆明园遗址公园举办“创新引领在海淀·共建共享核心区”第二十八届海淀区职工“长春杯”越野赛，4000余名职工参赛。越野赛分为全民健身组和竞赛组进行，经过激烈角逐，教育工会夺得团体冠军，四季青镇总工会和海淀园工会分获团体亚军和季军。“长春杯”越野赛是海淀区职工体育的品牌项目和引领示范项目，已成为全区职工生活中的传统体育盛事。

（李欣）

【北京市海淀区律师行业工会联合会成立】 12月23日，北京市海淀区律师行业工会联合会成立并召开第一次代表大会，会议选举产生工会联合会第一届委员会和经费审查委员会委员。联合会的宗旨是维护职工合法权益、促进企业健康发展、保障行业和谐稳定。律师行业联合会组建工作始于4月，是由区总工会与区司法局协作配合，按照“逐级分层，总体规划”的工作思路，在全区范围内开展。全区共建立律师事务所工会133家，发展会员1659人。

（李欣）

【慰问帮扶】 年内，区总工会开展“把海淀问候带回家”“情系职工，温暖到家”慰问帮扶活动。元旦、春节期间，对承担值守任务的56家单位的2万余名干部职工进行慰问，向全区在库的400余名劳动模范发放慰问金及帮扶慰问金118万余元，向在册的126名困难职工发放慰问金37.2万元，对困难职工进行走访慰问并送去50.4万元慰问品。“五一”期间，向全区126名困难职工每人发放1000元慰问金。国庆期间，向全区在册的113名困难职工每人发放1000元慰问金，全年使用专项帮扶资金55.37万余元，对55名职工开展临时应急救助。

（李欣）

【就业援助】 年内，区总工会针对经济下行、产业结构调整和疏解非首都功能给职工就业带来的不利影响，开展“就业援助”活动。2月，组织6家用工企业参加2016年“全国工会就业创业援助月”活动。8月，组织18家用工企业参加2016年京津冀蒙跨区域促进就业招聘会。全年举办招聘会114场，参会企业1733家，提供就业岗位4万余个。

（李欣）

【工会组织建设】 年内，海淀区新建工会组织1094家，其中独立建会企业262家，发展会员5万余人。推进50人以上已建会单位职工之家建设，新增职工之家69个。实现全区90%以上的50人以上已建会单位职工之家的实体化建设。

（李欣）

【职工素质建设】 年内，区总工会投入38.22万元对218名参加继续教育并取得专科和本科学历的职工进行资助；投入60余万元对2015年以来获评的全国、市级和区级职工书屋配送书籍；投入8.4万元为基层开展主题教育大讲堂30余场。评选10名海淀“知识型职工标兵”。举办“送电影进工地”活动，为基层单位放映电影18场次，2280人次观影。

（李欣）

【工资集体协商】 年内，区总工会依托区住建房管行业工会联合会，完成区域内建筑劳务、拆迁评估、物业三个行业工资集体协商工作。对区域内从事建筑劳务的16家外地企业实施行业工资集体协商，惠及8000余名职工。全区全年签订集体合同企业3966家，覆盖职工17万余人；签订工资专项合同企业3834家，覆盖职工19万余人。

（李欣）

【法律援助】 年内，区劳动争议调解中心受理案件1287件，其中劳动报酬等670件，经济补偿金等案件630件，养老保险赔偿金案件20件，集体案件32件，涉及128人。调解成功773件，调解成功率60%，为职工挽回经济损失1159万元。区法律援助中心收案2465件，其中劳动报酬等1448件，经济补偿金等665件，养老保险赔偿金352件，结案归档1288件，为职工挽回经济损失3300余万元。

（李欣）

【厂务公开】 年内，全区建立职代会制度企业4971家，建制率90.7%，覆盖职工27万余人。其中，行业性职代会覆盖企业256家，职工2万余人；区域性职代会覆盖企业3942家，职工近6万人；全区国有企业职代会建制率达100%。工资集体协商数据库覆盖企业共4658家，覆盖职工总数23万余人，签订集体合同企业3897家，覆盖职工16万余人，完成83.66%；签订工资专项合同企业3607家，覆盖职工15万余人，完成77.44%。数据库覆盖百人以上企业403家，覆盖职工15万余人，签订集体合同企业283家，覆盖职工10万余人，完成70.22%；签订工资专项合同企业283家，覆盖职工10万余人，完成率70.22%。

（李欣）

共青团海淀区委员会

【概况】 2016年，海淀区有团员57471人，基层团组织4386个，其中团委232个，团工委27个，团总支153个，团支部3974个。区机关、街道（镇）、企事业单位等直属团组织52个。在基层团组织中，包括村（居）团支部62个、社区团支部298个、学校团组织2762个。机关事业团组织248个，“两新”团组织3611个（非公有制企业团组织3521个，新社会团组织90个）。全区有专职团干部49人，兼职团干部2306人。希望工程北京捐助中心海淀区工作站全年筹集款物34.4万元，捐助青少年241人次。

2016年，海淀团区委被评为“2016年北京共青团信息工作先进单位”“2016年度海淀区综治宣传工作先进单位”。2个基层团组织被评为北京市五四红旗团委，1人被评为全国优秀共青团员，2个基层团支部被评为北京市五四红旗团支部，3人获北京市优秀团干部称号，1人获北京市优秀团员称号。

（韩谦）

【海淀区未成年人保护委员会】 海淀区未成年人保护委员会（简称区未委会）办公室设在团区委，2016年有成员单位38家，街镇未委会29家。区未委会深入社区开展星光自护、青春红丝带等品牌活动171场次，辐射青少年5500人次。

（韩谦）

【海淀区青年联合会】 2016年，海淀区青年联合会（简称海淀青联）设有团体会员组，科学教育组，经济金融组，公共管理组，文艺体育组，解放军政法组，医药卫生组，民族、宗教、民主党派组，归国留学、华人、华侨9个界别组，委员总数428人。海淀区青联之友联谊会、各系统联谊会和地区青年联谊会是海淀青联的外围组织。年内，海淀青联引导委员、会员参与捐资助学、义诊、植树、城市志愿服务等社会公益活动。

（韩谦）

【北京市海淀区志愿服务联合会】 北京市海淀区志愿服务联合会是海淀区十大“枢纽型”社会组织之一，办公室设在团区委。2016年，海淀区志愿服务联合会共有团体会员320余家。社区志愿服务示范站109家，其中市级示范站34家、区级示范站75家。新增首都学雷锋志愿服务站35个、示范站2个，首都学雷锋志愿服务岗13个、示范岗1个。全区志愿者累计上岗12万余人次，服务时间300余万小时，累计服务群众300万余人次。截至年底，海淀区通过验证的注册志愿者76万余人，占全市注册人数的21%；注册志愿服务团队9200余个，占全市的16.7%；登记志愿服务项目1.6万余个，占全市的17%。海淀区志愿服务联合会获第五届“北京市扶残助残先进集体”称号。

（韩谦）

【寻找中关村U30活动】 年内，团区委开展寻找30岁以下改变世界的创业者（中关村U30）活动。该活动以中关村为核心，面向全国和全世界，针对30岁的创业者及团队，通过季度寻找、年度寻找等环节，搭建青年同创业导师展示交流、资源对接等平台，引导青年开展创新性强、前瞻性好的创业项目，扶持培育科技含量高、商业模式新的创业团队，在青年中传播“世界因青春的创业者而更精彩”的理念。截至年底，中关村U30已经举办4次季赛，一次年度决赛，累计有来自全国各地的千余位创业者报名参赛，创业领域覆盖TMT、健康、教育、金融、旅游、社交、生活服务、营销服务、新媒体等行业。经过初选和季赛，31位选手获得2015—2016年度“中关村U30”称号。

（韩谦）

【“温暖创业者”系列活动】 年内，海淀区青年联合会开展“温暖创业者”系列活动。活动包括健康义诊、趣味运动会、创业政策大讲堂等。“温暖创业者”系列活动之“有健康 有未来”义诊活动先后在创客家园、中关村创业大街开展活动；联合中关村大街团委开展首届“助梦创业行·共享成长”第一届中关村创业大街趣味运动会，来自创业大街内各个创业公司员工、创始人等共计200余名青年创业者参与此次趣味运动会。

（韩谦）

【海淀创业政策大讲堂】 年内，每月定期开展海淀创业政策大讲堂，邀请区税务局、工商局、经信办等职能部门，结合青年在创业过程中的实际需求，解读海淀创业相关政策，解答青年在创业中的问题。

（韩谦）

【社区青年汇建设】 年内，团区委对

全区92家社区青年汇进行布局优化调整。开展“旧物换新生 珍惜爱家园”环保主题活动、“端午粽飘香，六一同欢乐”迎端午庆“六一”主题活动等。出台《海淀区社区青年汇活动信息报送积分制度（试行）》，鼓励更多社区青年汇报送活动信息，扩大活动影响力。

（韩谦）

【非公经济组织团建】 年内，团区委开展摸底排查调研、新建高质量的非公经济团组织、选派专职团建工作人员、开展系列主题实践活动、整合打造“一揽子”服务项目。新建“两新”团组织219家，全部为新经济组织。截至年底，海淀区共有“两新”团组织3611家。

（韩谦）

【预防青少年违法犯罪】 年内，团区委持续推动未成年人司法保护工作，出台的《海淀区涉诉未成年人观护帮教工作运行管理办法（试行）》，将“附条件不起诉”的未成年人扩大到“被决定治安管理处罚的”“被决定取保候审的”“有严重不良行为的”以及“被裁定假释、暂予监外执行需要矫正的”等6类未成年人群体。针对涉诉未成年人个体差异，设计需求评定、分类转介、专业帮扶、结案考核、后续跟踪5项流程，在法定考察期结束后，继续开展6个月的跟踪服务。在帮扶内容上，提供生活支持、心理疏导、教育服务和发展服务等多个模块的单独式或组合式服务。在2016年的终期考核中，“推进青少年权益工作法制化进程”和“促进未成年人保护工作机构有效运转”两个试点方向取得全国第一的成绩，在“完善青少年权益工作考评机制”试点方向中取得全国第三的成绩。依托海淀区青少年权益创新研究基地，与北京大学、首都师范大学合作，开展青少年社会工作专题研究，形成《关于对海淀新发展社区青年群体调研情况的报告》《海淀区青少年社会组织发展研究》《社会工作在少年司法保护中的功能和作用研究》《司法社工在预防青少年违法犯罪中的作用》等调研报告。

（韩谦）

【未成年人司法保护】 年内，海淀检察院设立未成年人案件检察部，海淀法院设立未成年人案件审判庭，海淀公安分局设立未成年人案件审查中队，专门设置未成年人办案区，保障涉诉未成年人的合法权益。截至年底，海淀区合适成年人和社会调查工作贯穿公、检、法各个阶段，刑事案件社会调查公安阶段实现京籍和非京籍100%全覆盖。45名合适成年人到场为涉诉未成年人提供服务765人次。

（韩谦）

【海淀区志愿服务项目大赛】 年内，团区委以“志愿新常态、共建核心区”为主题，开展海淀区志愿服务项目大赛。大赛分为项目初审、立项培训、项目实施、走访指导、结项评估、激励表彰环节。包括驻区高校、高新技术企业、社会组织、街道、社区、村等75家单位、162个志愿服务项目报名参赛，项目内容涉及关爱他人、关爱社会、关爱自然三大服务类别，服务对象有普通市民和空巢老人、残疾人、农民工子女等特殊群体。专家和评委通过对项目的可行性、影响力、可持续性、创新性、志愿者参与等方面进行考核，选拔出70个项目入围复赛。组织参赛团队的200余名志愿者，分别开展项目书写作指导、正式立项、项目理论及实操等培训，并通过对项目实地走访指导，帮助优化项目内涵，提高项目服务品质。大赛评选出16个获奖项目，包括一等奖1个、二等奖2个、三等奖3个、优秀奖4个、单项奖6个。同时，将优秀项目推荐至北京市及全国参加志愿服务项目大赛，5个优秀项目在第三届中国青年志愿服务项目大赛中获得银奖。区志愿服务联合会“吹响志愿集结号”海淀社区志愿日、“三山五园”文明环保志愿行项目在第三届中国青年志愿服务项目大赛中获得银奖。

（韩谦）

【书香海淀·悦读青春】 年内，团区委依托“海淀青年”微信公众号，开展“书香海淀·悦读青春”系列读书活动。活动以“赏读经典”为主题，以每个月为周期，包括“线上报名”“好书认领”“潜心阅读”“众乐共享”4个环节。截至年底，活动共开展12期，参与活动500余人次。

（韩谦）

【志愿服务品牌项目】 年内，团区委开展“邻里守望 爱在海淀”系列志愿服务品牌项目。联合区教工委、区残联等部门，开展“应急救护知识进校园”“六一”儿童节特色主题活动、“关爱孤残儿童 让爱洒满人间”全国助残日主题活动和“温情暖夕阳”敬老志愿服务活动，服务覆盖小学16所、“温馨家园”32家、敬老院30家。深化“海淀社区志愿日”系列志愿服务项目，开展“迎新送暖”“弘扬传统文化”“学习雷锋”“绿色环保”“青春奉献”“关爱七彩童年”等特色主题活动，组织法律、科普、文化、教育、心理、卫生、环保等专业志愿者走进基层、走进社区、走进家庭，弘扬“奉献、友爱、互助、进步”的志愿精神。

（韩谦）

海淀区妇女联合会

【概况】 2016年，海淀区妇女联合会（简称区妇联）下属海淀区妇女儿童活动中心、海淀区三八家政服务中心2家事业单位和海淀区家庭教育研究会1个法人社团。有区直机关、教育工委、公共委、国资委、民主党派、工商联6家妇工委，1家非公企业妇工委，1家区级工会女职工委员会，设有区域女性人才联谊会、女领导干部联谊会、女司法工作者联谊会、中小学女校长联谊会、台港澳侨胞姐妹联谊会、女教授联谊会、女村长女书记联谊会、女企业家联谊会、女医务工作者联谊会、中关村核心区女企业家沙龙10个女性联谊组织。有街道妇联22个、镇妇联7个、行政村（居委会）妇女代表会84个、社区妇联567个。

完成农村妇代会改建妇联工作。改建后，各村妇联执委中村“两委”干部占执委总数的29.2%，社会各界占执委总数的70.8%。

加强维权工作机制建设，在海淀法院诉前调解中心建立婚姻家庭调解室。关注贫困儿童、失独家庭、失地妇女等群体，开展走访慰问、就业创业指导等精准帮扶。开展寻找“海淀最美家庭”和“承家风、继家训、传家教”主题宣传活动，与区纪委、区委组织部围绕“廉洁家风”开展系列宣传活动，弘扬廉洁家风。

完成《海淀区全面二孩生育现状调查分析报告》《海淀区妇联从“三个注重”推动家庭文明建设现状调研报告》等调研报告。

接待泰国国家妇女院院长、韩国首尔特别市西大门区公务员以及来自40个国家近百位发展中国家女官员等外国官员和友人参观交流。

2016年，海淀区被国务院妇女儿童工作委员会授予“实施中国妇女、儿童发展纲要国家级示范区（2016—2020）”称号。区妇联推荐表彰全国“最美家庭”2户、首都“最美家庭”15户，评选表彰200名区级三八红旗手、100个三八红旗集体、300户海淀最美家庭、300户“学习型家庭”、300户“平安家庭”、48所“示范家长学校”。在全区扶持4家“妇”字号基地，组织开展专业技能和经营管理等培训387期，超过1万人次参与。

（*唐馨玲*）

【家庭成长星假期训练营】 1月18日—29日，区妇联在海淀区妇女儿童活动中心举办第十二届“家庭成长星”假期训练营活动，开设国画、儿童画、魔术、魔方、创客手工、结艺编织6门课，开课58次，受益人数1160人次。7月4日至8月19日，在海淀区妇女儿童活动中心举办第十三届“家庭成长星”假期训练营活动，开设创新手工、旧物改造、珠心算、机器人、结艺编织、打花棍6门课，开课60次，受益人数1030人次。

（*唐馨玲*）

【“超级爸爸”亲子训练营活动】 5月28日至8月，区妇联、妇儿工委办在酷酷兔少儿拓展天地举行“超级爸爸”亲子训练营暨庆“六一”主题实践活动。5月28日，“亲子教育示范基地”挂牌成立。“超级爸爸”亲子训练营希望将爸爸“勇敢、坚强、智慧、忍耐”等优秀的品格传递给孩子，引导爸爸更多地参与家庭教育，陪伴孩子成长。海淀区1000户“最美家庭”和“好家长”家庭参与亲子拓展体验活动。

（*唐馨玲*）

【第八届海淀区商业服务业、家庭服务业女职工技能竞赛】 6月7日，由区妇联、区商务委、区商联会联合举办的第八届海淀区商业服务业、家庭服务业女职工技能竞赛在海淀区妇女儿童活动中心举办。竞赛设有面包花制作、植物组合盆栽制作、茶席设计3个比赛项目，以及现场pop海报制作表演展示，共有23人参加4个项目的竞赛和展示。

（*唐馨玲*）

【建立示范“儿童之家”】 6月，妇儿工委办培育中关村东里南社区、田村阜四社区、万寿路太平24号院社区、四季青镇、上地树村社区、八里庄美丽园社区、学院路逸城社区、西三旗育新社区8个示范“儿童之家”，并对每个“儿童之家”给予15万元活动经费，为“儿童之家”配备玩具、图书等用品。

（*唐馨玲*）

【第三届“畅享阅读，启迪童心”儿童经典诵读季】 6月—8月，为弘扬国学经典，在全区少年儿童中掀起诵读传承国学经典的热潮，提高海淀区少年儿童的阅读品质和水准，区妇联开展第三届“畅享阅读，启迪童心”儿童经典诵读季活动。全区各级妇联组织开展各类亲子诵读活动近千场。

（*唐馨玲*）

【全国妇联到海淀调研】 7月7日，全国人大常委会副委员长、全国妇联主席沈跃跃、全国妇联书记处书记邓丽等一行到海淀，就海淀区家庭教育工作开展情况进行调研。沈跃跃一行参观中国科学院第三幼儿园，了解早期教育指导服务情况。在海淀区妇女儿童活动中心，了解家庭教育阵地建设情况，参观早期教育健康促进中心、“家庭成长星”假期训练营课程等。沈跃跃肯定了海淀区家庭教育工作开展情况，并就发挥妇联组织优势、扎实做好家庭教育指导服务工作等新时期家庭教育工作提出希望和要求。

（*唐馨玲*）

【组织“巧娘”参加北京市第四届职业技能大赛】 7月—9月，区妇联组织59名优秀“巧娘”参加北京市第四届职业技能大赛八大类别比赛，获得金奖1名、银奖1名、铜奖3名、优秀奖19名，区妇联获大赛优胜奖。

（*唐馨玲*）

【第四届“家庭教育宣传月”活动】 9月—10月，区妇联在全区开展第四届“家庭教育宣传月”活动。与专业的社会组织合作，开展“智慧家长中的正向教育”项目活动，送最新、最实用的家教理念进社区，为家庭解决家教过程中存在的问题和难题。活动加大网上家长学校宣传力度，在“海淀女性”微信公众平台建立“家庭教育微课堂”，扩大家教宣传工作影响力和覆盖面。

（*唐馨玲*）

【区第十六期处级女干部培训班】 10月19日—21日，区委组织部、区妇联、区委党校联合举办的海淀区第十六期处级女干部培训班，来自全区各系统、各部门的154名处级女干部参加。培训着重突出女性领导干部的素质能力拓展与身心健康的培养，邀请清华大学、中国科学院心理研究所、中央电视台、首都保健营养美食学会等单位的老师授课，课程内容包括“关注自我成长在家庭中彰显女性智慧”“党史讲座”“电影赏析”“直面上班族的健康危机”和“道德经”，力求多样丰富且贴近女干部的实际需求。

（*唐馨玲*）

【申报市级巾帼农业基地】 10月，区妇联申报北京一品盛园农业技术有限公司、北京尚庄度假村有限公司、苏家坨镇车耳营村巧娘协会为北京市“双学双比”示范基地。推荐北京上庄新欣果蔬种植专业合作社为第四批“首都巾帼现代农业科技示范基地”。

（*唐馨玲*）

【平安家庭表彰】 12月8日，区妇联在海淀区妇女儿童活动中心举办“我家的小幸福　国家的大平安”平安家庭表彰暨“12·4”国家宪法日主题宣传活动。各街镇、村社区妇联主席，巾帼亲情服务队队员代表以及获奖家庭代表130余人参加。区妇联命名320

户区级“平安家庭示范户”，并且在示范户中发起“我家的小幸福　国家的大平安”家庭微视频征集评选活动。专家从30个参赛微视频中评选出一等奖1户、二等奖3户、三等奖5户。海淀区法律援助中心作“2016年度海淀区妇女法律援助报告”，分析妇女法律援助情况，解读相关政策。

（唐馨玲）

海淀区科学技术协会

【概况】　2016年，海淀区科学技术协会（简称区科协）策划第二届中国中关村机器人科技运动会和首届中关村国际机器人博览会等活动。开展“科普之春”“北京科技周”“科普之夏”“全国科普日”等品牌科普活动。主导组织开展科普文化讲堂100场，科普巡展近20场，直接受众100余万人。出刊《世界、中国十大科技进展》《药食同源（三）》《科技巨星耀中华》《饮食与健康》《引力波探索之路》等5套科普展板1068块，科普小册子2万余册，发放至街镇、社区及学校。新建24家企业科普示范基地。

年内，区科协获“第36届北京青少年科技创新大赛优秀组织奖”“第16届北京青少年机器人竞赛优秀组织奖”。

（步平）

【第16届海淀区青少年机器人竞赛】　1月9日，由区科协联合相关单位主办的第16届海淀区青少年机器人竞赛在海淀体育中心开赛。来自全区的138支参赛队伍近500名学生参加决赛。竞赛项目包括机器人综合技能比赛、机器人创意比赛、机器人足球比赛、FLL机器人工程挑战赛、VEX机器人工程挑战赛、ASC机器人能力挑战赛6项。每个项目分小学、初中和高中3个组别，分别决出第一名代表海淀区参加第16届北京青少年机器人竞赛。最终，北京市第五十七中学、北京大学附属小学、北方交通大学附属中学、北京理工大学附属中学小学部、北京市第四十七中学、海淀区第二实验小学、中国人民大学附中实验小学7所学校入选。

（步平）

【获44项北京青少年科技创新大赛一等奖】　3月25日—27日，第36届北京青少年科技创新大赛在怀柔区举办。区科协组织海淀区各代表队参加，获得中学项目一等奖26项、二等奖31项、三等奖19项；小学项目一等奖8项、二等奖13项、三等奖6项；少年儿童科学幻想画项目一等奖8项、二等奖19项、三等奖17项；科技实践活动项目二等奖4项、三等奖1项；科技辅导员项目一等奖2项、二等奖1项；十佳科技辅导员1名。区科协获得大赛优秀组织奖。

（步平）

【区第18届“科普之春”活动】　4月9日，区科协在海淀区科普示范基地上庄镇田妈妈蘑法森林园区、上庄镇双塔村堉荟沅举办海淀区第18届“科普之春”主场活动，其余6个镇分别开展“科普之春”主题活动。“科普之春”期间共开展活动32项，直接参与人员5534人。

（步平）

【青少年科技创新大赛辅导教师培训班】　4月26日—27日，区科协举办青少年科技创新大赛辅导教师培训班及VEX IQ和动手做科技竞赛辅导教师培训班，130余名相关领域科技教师参加。通过培训，科技辅导员的业务素质和组织能力得到提升。

（步平）

【海淀科技周主会场活动】　5月21日，由区科协主办的海淀科技周主场活动携手北京市公园管理中心科普游园会在颐和园举办。国杰老教授科学技术咨询开发研究院、北京师恩阳光教育科技有限公司、北京日化学会、海淀科技中心等科普资源单位参展。活动搭建科普服务平台，围绕科技周主题，针对社会热点和群众需求，通过展览展示、专家咨询、知识问答、互动体验等宣传手段，向居民传播科学知识。

（步平）

【青少年物联网科普嘉年华主题活动】　5月27日，区科协在世纪金源南广场举办海淀科技周主题活动——青少年物联网科普嘉年华，面向全区青少年展示物联网技术的创新及应用，指导各街镇及部分科普联席会成员单位结合各自科普资源优势开展多种主题科普活动。

（步平）

【获17项北京青少年机器人竞赛奖】　7月23日—28日，区科协组织海淀区各代表队参加在中国科学院大学举办的第16届北京青少年机器人竞赛，获得一等奖5项、二等奖8项、三等奖4项。区科协获得优秀组织奖。

（步平）

【第18届北京市科普之夏海淀主场活动】　8月18日—19日，区科协在海淀区政府第一办公区举办第18届北京市科普之夏海淀主场活动。活动以“航天梦之旅”为主题，将静态展示、知识问答、交互体验与科技秀结合，搭建集科普、学习于一体的航天主题展。区科协向各街镇配送数千份宣传资料，帮助指导开展科普之夏活动。各街镇共开展活动66项，直接参与近万人次。

（步平）

【全国科普日海淀主场活动】　9月24日，区科协在玉渊潭公园科普广场举办以“创新放飞梦想　科技引领未来”为主题的全国科普日海淀主场活动。海淀科技中心、北京植物园等10余家科普资源单位参加活动。区公共委等13家社区卫生服务中心、区农委、区发改委、海淀公园、翠湖湿地等单位以及各科普联席会议成员单位、学（协）会、科普基地、企业科协分别开展科普活动。海淀科技中心打造智慧海淀建设成果展示基地。区属卫生系统针对社区居民开办健康教育大课堂3863次，参加人数207658人次；播放健康教育宣传电影、录像1972场，观看人数17753人。区发改委和区机关事务管理处承办节能宣传周进机关系列活动。海淀科普教育协会组织开展科普讲座47场，惠及人数5000余人次，主题涉及航空航天、科技创新、机械、电子、科学思维、天文、气象、动物、植物、生态等，深化科普课程

2137课时，惠及人数7.4万余人次。

（步平）

【中关村核心区科普产品博览会】 12月24日—25日，区科协举办“神州通信杯”中国梦·中关村核心区居民家庭科技智慧火花、创意创新成果展示会暨中关村核心区科普产品博览会。本次博览会有88个家庭项目和50家企事业单位的66个项目参展。参展者最小年龄9岁，最大年龄65岁，吸引上万名群众参观。在科普产品展区，展出大型无人机、安防无人车、智能平衡车、足球机器人、助老机器人、巧客3D智造馆、大吉AR涂涂乐、坐姿视力矫正器、“学森智慧小屋”等原创科普产品。在居民家庭创意创新成果展区，展出公共广告电子发布栏、自适应快捷变色的电子太阳镜、山路急转弯道智能会车提醒系统等改善科技民生、提升城市科学管理、促进节能减排、保护生态环境、发展新能源以及畅想未来美好生活等好创意、好设计、好发明。北京第二十中学张久柏同学家庭参展项目“北京市推广居民公共广告电子发布栏”获“最佳家庭·区长奖”；人大附中实验小学齐佳、张之乐、陈宗熙三位同学代表的家庭参展项目“山路急转弯道智能会车提醒系统”获“最佳家庭·设计一等奖”；董振声发明的“自适应快捷变色的电子太阳镜”获“最佳家庭·创新一等奖”；王建民发明的“一种有折椅功能的拉杆箱式便携折叠电动车”获“最佳家庭·实用一等奖”。博览会还设立“最具有创新活力家庭”奖。

（步平）

【科普惠农兴村、科普益民计划】 年内，区科协实施北京市“社区科普益民计划”“科普惠农兴村计划”。6个优秀科普社区、1个优秀科普基层场馆、5名优秀科普宣传员、1名农村致富带头人获得奖补资金70.5万元。甘家口街道水科院社区获得2016年中国科协基层科普行动计划科普示范社区奖补资金20万元。

（步平）

【两院院士统计调查】 截至5月1日零时，在海淀区域内工作或居住的两院院士总数为586人，其中中国科学院院士333人、中国工程院院士253人。海淀区域内的两院院士数占全国两院院士总数（1603名）的36.56%，占北京两院院士总数（756名）的77.51%；中国科学院院士数占全国（766名）的43.47%，占北京院士（401名）的83.04%；中国工程院院士数占全国（837名）的30.23%，占北京（355名）的71.27%。在海淀区域内的两院院士中，获“两弹一星”功勋奖章院士7人，获国家最高科学技术奖院士10人，双院士11人，女院士22名。从2000年起，区科协每隔两年即对区域内的院士状况进行统计调查，2016年为第五次调查，此项工作被海淀区人才工作领导小组列为人才工作折子工程。

（步平）

【专家建议工作】 年内，区科协全年重点立项12个。区科协与驻区单位合作，重点就海淀区全民阅读状况、中关村及周边地区空间结构优化、中关村科学文化高地建设、中关村企业信用现状及提升、海淀区蔬菜废弃物处理现状及其技术需求等课题进行研究。中科院地理资源所毛汉英、赵令勋提交的《中关村科学城核心区空间结构亟待调整优化》被北京市副市长隋振江批示。区科协与区政协港澳台委员会合作的关于发展科普服务业的专题调研报告被全国政协选中，受邀在2016年全国政协科教文卫体第一次双周协商座谈会议上作专题报告。区科协向区委、区政府提交《关于策划组织举办第一届中关村国际机器人博览会》可行性报告。

（步平）

海淀区归国华侨联合会

【概况】 2016年，海淀区归国华侨联合会（简称区侨联）有19个街道侨联组织及海淀园1个园区侨联组织。

2016年，区侨联组织侨界人士参加“走向2022三山五园行”2016海淀凤凰岭山地徒步大会活动。组织30户侨界家庭参加“第十三届海淀公园插秧节”活动，体验农耕的乐趣等活动。组织首都侨界32支代表队参加“2016新侨汇·全民健身微健大赛”公益跑步活动。区侨联法律援助中心接待来访来电涉侨法律咨询，及时化解矛盾。开展“普法宣传角”活动，向新侨人士和归国留学人员发放《侨务法律法规政策问题100答》等法律宣传资料500余份。区、街道侨联走访慰问760人次，发放慰问品、慰问金14.9万元；组织老归侨、街道侨联百余人举办侨界新春观影活动，空巢老人代表“我们e起过大年”活动。

2016年，区侨联获北京市侨联理论研究和调查研究优秀成果奖，获市侨联系统信息工作一等奖。区侨联获北京市侨联新侨创新创业系列活动优秀组织奖，7名侨界人士获“创新人才”奖，1名侨界人士获“创新成果”奖，1家侨企获“创新企业”奖。

（于玮玮）

【第五届新侨乡文化节】 4月—10月，区侨联与区人大、区政协、区民宗侨办、致公党区委、区委统战部、区文明办、区文化委、区体育局共同举办“海淀区第五届新侨乡文化节”系列活动。活动被列入区委宣传部“文明海淀·共建共享”主题活动，首次尝试将海外元素引进活动中。8月22日—24日，邀请由旅美侨胞组成的北美枫香剧社到京演出话剧《海外剩女》6场，吸引6000人次观看。“新侨乡文化节”系列活动共开展7次“健步走+”活动、2次侨界亲子营活动、1次书画笔会、1次卡丁车赛，组织街道侨联开展2次摄影采风活动。

（于玮玮）

【参政议政】 年内，区侨联为侨界政协委员和侨联委员履职搭建平台。在海淀区政协九届五次全会上，提交1件团体提案、2件界别提案、10件个人提案；走访区内150余家侨企，发放调查问卷1700余份，撰写《聚焦海归需求，提供精准服务》调研报告；报送提案、信息、舆情等90余件（条），内容涉及核心区建设及海淀政治、经济、社会、文化建设等内容。

（于玮玮）

【海外联谊】 年内，区侨联聘请67位海外顾问和委员，加强与海外侨领和侨团的联系。重视对外交流，邀请、接待北京市侨联第十六届海外侨界高层次人才为国服务团等海外人士400余人次访问海淀，并与区商务委、海淀园管委会等单位对接交流；与香港华侨华人总会青委会、香港东区青年活动委员会、香港专业人士（北京）协会青委会等香港侨界社团合作，举办“香港青年学生走进海淀”“京港青年一家亲，同心共圆中国梦”等系列活动，邀请200余名香港青年学生走进海淀，增进香港青年学生对祖国、北京和海淀的关注和了解。

（于玮玮）

【服务新侨及归国留学人员】 年内，区侨联启动“海归驿站”品牌活动，与北京市侨联、中关村管委会、北京市科委、海外学人中心等单位举办创业政策解读和创业分享活动。对新侨人士创新创业发展的服务需求开展调研。联合其他五城区侨联共同举办“创新发展爱国奉献——‘海归’创新创业分享”活动，并列入中国侨联“创业中华”系列活动，300余人出席。举办“2016侨界创新发展联盟”活动，来自上海、天津、石家庄、沧州、张家口、扬州、南通以及城六区侨联和侨界海内外高层次人才300余人出席活动；联合区委统战部、天津市西青区委组织部与统战部、欧美同学会等单位举办“2016海外归国人员创新创业高级研修班”，来自留创企业的50余名代表参加。定期开展“海归沙龙”品牌活动，举办26期“书香侨界·一起悦读”读书会活动，吸引来自驻区高校、科研院所、留创企业的归侨侨眷和归国留学人员4000余人次参与。

（于玮玮）

【区第七次归侨侨眷代表大会】 9月28日，北京市海淀区第七次归侨侨眷代表大会召开。169名参会代表均确认为归侨侨眷，涵盖区属单位及驻区中央市属单位、科研院所、高等院校和街道侨联。会议听取并审议海淀区侨联第六届委员会的工作报告，选举产生区侨联第七届委员会并通过大会决议。本届候选委员会候选人47名，海淀创业园有8人入选。

（于玮玮）

法　治

2017
北京海淀年鉴

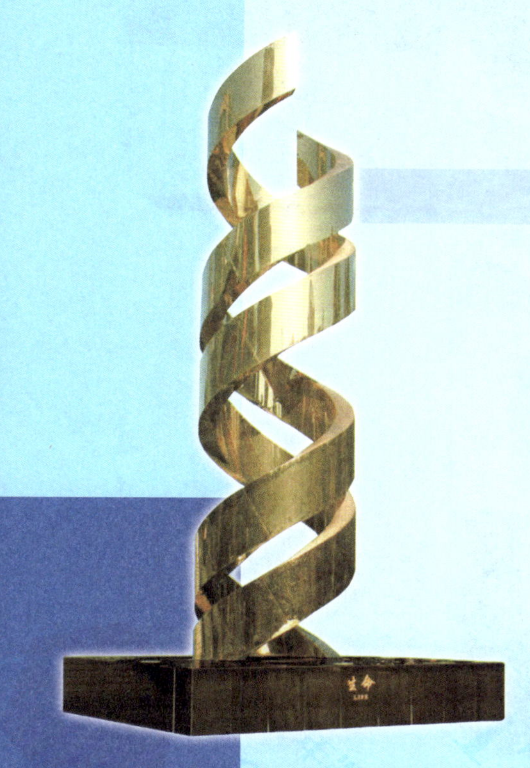

3月1日，公安部中关村外国人永久居留服务大厅暨北京市公安局出入境管理局中关村外国人服务大厅启用，20项出入境新政在海淀先行实施（区新闻中心 田峰 摄）

3月2日，海淀公安分局万寿路派出所民警发还群众被盗手机现场（区公安分局 供图）

3月4日，举行海淀网友宣传活动（区综治办 张顺 摄）

4 月 26 日，区法院组织干警参加首批法官入额考试（区法院 供图）

6 月 24 日，区委政法委机关党员开展“两学一做”主题党日活动（区政法委 供图）

法

治

6 月 28 日，开展群租房清退宣传（区流管办 供图）

7 月 26 日，海淀检察院首批计入员额检察官宣誓（区检察院 姚辉 摄）

8 月 31 日，海淀区“六五”普法总结暨“七五”普法启动大会召开（区司法局 闫国平 摄）

9月6日，爱心 敬老 慈善——海淀区老年维权宣传月活动在圆明园启动（区司法局 闫国平 摄）

10月25日，海淀公安分局民警在香山红叶节期间为群众服务（区公安分局 供图）

12月29日，海淀区法学会成立（区政法委 供图）

政法委与综治

政法委工作

【概况】 2016年，全区政法系统贯彻落实中央和市委、市政府的决策部署，为全国科技创新中心核心区建设和海淀区安全稳定做出贡献。

安保维稳。完成全国“两会”、G20杭州峰会等重大活动和敏感时期安保维稳任务。妥善处置群体信访聚集活动。完善国家安全人民防线体系建设。推进社会稳定风险评估工作，保障一批重大政策、重要项目的实施，受到驻区中央机关以及市、区领导的高度评价。

平安建设和人口调控。43个社会治安三级挂账重点地区全部实现摘牌销账，社区（村）三类可防性案件同比下降18.8%。加强对困难群体的法律帮扶救助，深化养老服务体系建设；解决世纪城三期停车问题，为大型社区停车管理探索有益经验；群众安全感连续14个季度位居城六区第一名，海淀区被评为2016年度首都社会治安综合治理（平安建设）优秀区。人口调控工作取得突破性进展，常住人口较上年减少10.1万人。

司法改革。推进基础性司法体制改革，落实人财物市级统管工作。形成以区法院刑事速裁，区公安分局、区检察院“执法办案中心＋派驻检察室”为代表的一批改革成果，得到中央政法委和市委政法委的肯定。制定《海淀区贯彻落实〈领导干部干预司法活动、插手具体案件处理的记录、通报和责任追究规定〉的实施办法》。

司法服务保障。区公安分局全年破获各类刑事案件12763起，8类案件侦破率较2015年提高2.5个百分点，达90.16%。区检察院受理审查逮捕、起诉案件5036件6421人，批准逮捕、提起公诉2664件3252人；海淀法院收案62734件，收结案比106.6%，在全国22家新收案件超过4万件的基层法院中位居第二名。开展区“两代表一委员”换届、社区（村）“两委”换届联审工作，推进人民调解工作。开展法治宣传教育，海淀区获全国“六五”普法先进区称号。成立海淀区法学会。

政法队伍建设。开展“两学一做”学习教育，组织“忆传统、学英模、做忠诚卫士”系列主题活动，树立宣传“时代楷模”高宝来，“最美警察”黄文祝、陈佳伍，“全国优秀法官”陈昶屹等一批先进英模。

（朱亮）

【区委政法委第三次全体委员（扩大）会议】 6月24日，区委政法委召开2016年第三次全体委员（扩大）会议，听取区委政法委统筹区政法机关开展刑事案件速裁程序试点工作情况的汇报，审议《海淀区刑事速裁程序试点工作细则（送审稿）》；听取区委政法委、区法院、区检察院关于司法改革工作情况汇报和关于建立领导干部干预司法活动责任追究制度的工作情况，审议《海淀区贯彻落实〈领导干部干预司法活动、插手具体案件处理的记录、通报和责任追究规定〉的实施办法（送审稿）》。

（朱亮）

【区维护稳定工作领导小组（扩大）会议】 8月25日，海淀区召开区维护稳定工作领导小组（扩大）会议，动员部署G20杭州峰会维稳安保工作。全区48个相关委办局、29个街镇主管领导，以及区公安分局16个科处室主要领导和35个派出所所长参加会议。按照部署要求，全面启动情报信息会商、社会面防控、矛盾纠纷排查、值班带班、应急处置、督导检查等工作机制，全力做好G20杭州峰会期间维稳安保工作。

（朱亮）

【召开区委政法委员会机关第二次代表大会】 11月9日，中共北京市海淀区委政法委员会机关第二次代表大会在海淀区机关召开。来自区委政法委员会机关党委所属党组织的97名代表出席。会议选举产生6名中共北京市海淀区第十二次代表大会代表。

（朱亮）

【动漫宣传片获市法治动漫微电影动画类三等奖】 12月20日，区政法委参加2016年北京市法治动漫微电影征集活动。参展影片《民告官——怎么告》获得2016年北京市法治动漫微电影动画类三等奖。

（朱亮）

【海淀区法学会成立】 12月29日，海淀区法学会成立大会暨第一次会员代表大会在世纪华天大酒店召开。区领导、政法系统各单位、委办局、街镇、驻区高校及企业代表共276人出席会议。会议审议通过了《北京市海淀区法学会工作规则（草案）》和《北京市海淀区法学会第一届理事会会长、副会长（常务副会长）、秘书长、常务理事、理事选举办法（草案）》，并选举产生海淀区法学会第一届理事会理事80人、常务理事38人、会长1人、副会长14人及秘书长1人。在区委政法委领导下，海淀区法学会将组织开展法治宣传和调研实践活动。

（朱亮）

社会治安综合治理

【概况】 2016年，海淀区社会治安综合治理工作围绕全国科技创新中心核心区建设和“减人、添秤、服务”的工作部署，以提高平安海淀建设质量、增强社会治安综合治理实效为主线，以提升群众安全感和满意度为重点，健全完善立体化社会治安防控体系，开展社会治安重点地区综合治理，夯实综治基层基础。群众安全感连续五年在城六区位居首位。海淀区被首都综治委授予“首都社会治安综合治理优秀区”称号。完善社会治安综合治理领导责任制，区综治委与区综治委成员单位、各街镇签订《2016年度海淀区社会治安综合治理责任书》，按照“谁主管谁负责”和“属地管理”的原则，确保综治工作“条专专到底、块统统到位”。区综治办组织区综治委成员单位和街镇，开展学习贯彻落实中央《健全落实社会治安综合治理领导责任制规定》专题活动。

（刘鑫）

【**社会面防控**】 1月—10月，区综治办统筹协调区综治委各成员单位和各街镇，按照中央、市、区统一部署，结合海淀区重要单位多、重点场所多、重点路线多等特点，组织发动各类群防群治力量17.5万人实名制布控、全时段值守。针对治安秩序、交通秩序、安全生产、食药安全等领域开展拉网式排查整治，采取综合督查、专项督查等形式督导检查防控措施落实情况，确保全区社会面的安全稳定。共启动社会面等级防控11次63天。治安拘留各类扰序人员2794人，查扣“黑车”1084辆，清查取缔无照游商2890个。

（刘鑫）

【**可防性案件下降近二成**】 年内，区综治办健全完善社区（村）三类可防性案件发案通报、会商、约谈等工作机制，每月向公安、城管等职能部门和29个街镇印发《社区（村）三类可防性案件通报》，每月组织高发案社区（村）属地街镇、派出所召开案情分析会商会。加强社区（村）物技防建设，新加装楼房门禁1111个，新装防爬刺1.7万余套监控探头2155个。全区社区（村）三类可防性案件同比下降18.8%。

（刘鑫）

【**铁路沿线安全隐患整治**】 3月—4月，针对京包铁路沿线笑祖塔院社区存在的违章建筑、堆放易燃物品、人员穿行等安全隐患问题，区综治办组织协调属地北太平庄街道、北京北站派出所、城管等部门，开展铁路沿线安全隐患专项治理。通过实地调查、研究会商、制订方案、综合执法等工作措施，铁路沿线的消防治安环境得到改善。共拆除违章建筑5处90平方米，清除易燃物品、垃圾120立方米，消除消防隐患7处。

（刘鑫）

【**社会治安重点地区三级挂账整治**】 4月—11月，围绕盗抢、黄赌毒、号贩子等突出治安问题，由区综治办牵头开展7个市级挂账、7个区级挂账和29个街镇级挂账的社会治安重点地区综合整治。通过不断完善属地牵头协调、职能部门主责、相关部门联动、条块互相结合的工作模式，建立健全全面排查、综合挂账、监测通报、专项督导、考核验收等工作制度，实现重点地区的突出问题得到有效治理，全部达到销账标准。

（刘鑫）

【**城乡接合部重点地区公共安全隐患综合整治**】 4月—12月，由区综治办牵头开展16个市级挂账、4个区级挂账、12个区级重点关注城乡接合部重点地区公共安全隐患问题综合整治工作。协调建立7位区领导参加的协调综合整治指挥体系，按照“一村一策”原则，组织开展违法建设、治安秩序、消防安全、安全生产违法行为、违法经营、环境卫生、食品药品安全、违法出租房屋8项专项整治，重点地区各类公共安全隐患明显消除，治安、生产、经营秩序明显好转，群众居住生活环境明显改善。16个市级挂账重点地区刑事案件同比下降15%，三类可防性案件同比下降25%，拆除上账违法建设113处近16万平方米，消除安全隐患211处，取缔无证照商户260户，疏解人口20657人。

（刘鑫）

【**平安海淀建设主题宣传**】 11月，区综治办组织开展以“共建平安海淀、共享海淀平安”为主题的平安海淀宣传活动。宣传活动围绕影响群众身边的突出问题，通过标语、电视等传统媒体和微博、微信等新兴媒体，举办“预防煤气中毒集中宣传日”“平安北京、平安海淀主题宣传日”“我为平安北京、平安海淀支一招”“我心目中的平安社区”等特色活动。发放《致市民朋友的一封信》等宣传材料1.8万余份，为平安海淀建设提供建议730余条。花园路街道牤牛桥社区和清华园街道西北社区被首都综治办授予“十佳平安社区”称号。羊坊店街道的智能安防系统、曙光街道的智慧门禁、海淀街道的治安志愿者积分制被评为平安海淀建设“一街一镇一品”创建项目一等奖。

（刘鑫）

【**社区（村）警务工作团队建设**】 年内，区综治办联合公安分局，借助网格化服务管理平台，开展以社区民意主导警务、多方参与支撑警务、辖区群众评价警务为载体的社区（村）警务工作团队建设。每个团队将本社区（村）专业和群防群治力量按职责划分为核心力量、基础力量、依靠力量三个层级，实施日常和战时不同运行模式，以实现社区治安好、治理效果好、警务工作好、群众评价好的工作成效，在区域社会治安综合治理工作中发挥重要作用。共组织发动社区警务工作团队成员17.7万余人，其中核心力量6900余人、基础力量4.3万余人、依靠力量12.7万余人。

（刘鑫）

【**寄递物流行业专项整治**】 年内，针对寄递物流行业存在的突出安全隐患，区综治办组织协调市西区邮政局、区公安分局、区商务委等职能部门，开展寄递物流行业专项清理整治行动。通过专题调研，摸清寄递物流行业日常监管的薄弱环节和群众反映强烈的突出问题。通过专题会商会，层层落实工作责任。整治中确保“五个到位”：重点时段，隐患排查管控到位；以会代训，教育培训到位；综合执法，以罚促管到位；延伸末端，便利群众生活到位；工作创新，服务企业发展到位。全区407家寄递物流行业存在的安全隐患得到治理，运营秩序得到规范。

（刘鑫）

流动人口和出租房屋管理

【**概况**】 2016年，海淀区流动人口和出租房屋管理委员会办公室（简称区流管办）把工作重心从“治理”转向“管理”，从“后期管理”转向“源头预防”，推进流动人口和出租房屋管理工作。

全区流管员队伍增配957人，总数

达3155人，平均配比达2.4‰。为管理员增配信息采集仪369台，达到每个社区至少1台。截至2016年12月31日，海淀区共有流动人口117.2万人。

（刘彦芝）

【疏减功能人口督导组成立】 4月，在全区抽调处级后备干部，成立疏减功能人口督导组，在区非首都功能疏解与人口调控领导小组及其办公室领导下开展人口调控督导工作。按照“职责清、情况明、数据准、发力实、见成效”的工作要求，建立“四双”① 工作机制，以拆违打非、环境整治、棚户区改造、功能疏解等31项重点任务为抓手，强化任务分解、责任落实和绩效考核，统筹推进人口调控工作。

（刘彦芝）

【实有人口信息采集核对】 8月11日至11月，区流管办在全区范围内组织开展实有人口和出租房屋信息集中采集核对专项工作。专项工作体现和突出五个重点：以流动人口聚居、关注群体聚居、案件高发、问题隐患集中的地区为重点；以实有人口登记率相对较低、实有人口管理员配备不足、无法达到三个月走访核对一遍要求的社区为重点；以日常入户难的中高档住宅、商住两用楼（公寓）、流动人口变化频繁的小区为重点；以深宅大院、日租房、短租房、群租房等重点出租房屋和日常敲不开门、见不到人的居民户为重点；以季度、年度人口抽样调查选取的样本点位为重点，清查摸底常住人口、常住外来人口情况。专项工作期间，共新采集登记流动人口20.1万人，维护流动人口信息68.7万条，核销流动人口信息20.2万条；新登记出租房屋9686户，维护出租房屋信息5.9万条，核销出租房屋信息9379万条。

（刘彦芝）

【人口规模调控】 年内，海淀区超额完成北京市下达的人口调控目标任务。全区常住人口359.3万人，减少10.1万人，常住人口首次实现由增到减的拐点，减人量在全市各区县中居首。年初确定的15.6万人的涉及减人任务提前4个月完成，全年累计涉及疏减人口43.6万人，是年计划任务的279%。全区拆除违法建设311万平方米，清理普通地下室251处，政府趸租、散租房屋1065套，破墙开门专项治理1405户，关停有形市场任务29家，查处关停无证无照小门店1761户，完成棚改7750户，退出“三高”企业8家，整治集体土地上企业197家，北部地区村庄腾退674户。中关村西区压缩市场和商业面积6.8万平方米。完成锦绣大地市场转型升级工作。协调配合高校外迁学生1.79万人，疏解5家教育培训机构。

（刘彦芝）

【群租房治理】 按照“属地负责、部门尽责、依法治理、常态管理”原则，牵头推进全区违法群租房治理工作。针对群租房反弹的现象，以紫金庄园社区为突破口，集中4个月时间重点整治该社区群租房121套。探索存量空间资源利用、公益使用、政府统筹趸租等处置措施，将群租房变身为保障房、人才公寓、创业阵地，为腾退空间的有效利用和防止反弹探索宝贵经验。流管、房管、公安、工商等部门和各属地街镇配合顺畅，已形成长效沟通治理机制。

全年开展违法群租房宣传教育1771次，安装宣传标牌2350块，发放《致居民的一封信》65246封，张贴宣传海报5184张，印制《通告》7672张，悬挂条幅791条，发放其他宣传品20441份。开展联合执法312次，查处各类违法违规案件53起，处罚违法经纪机构12家，其中约谈252家、行政处罚6家、罚款2300元。处罚“黑中介”5家，其中行政拘留7人，批评教育366人，罚款400元。关停黑旅店2家，其中行政拘留3人，批评教育5人。

全区累计上账1839户，已100%完成治理，涉及疏解13449人。市流管平台下发转办的投诉举报件共113件，市流管办下发转办的“12345”热线违法群租房投诉举报件共484件，已全部治理完成。

（刘彦芝）

法治政府建设

【概况】 2016年，北京市海淀区人民政府法制办公室（简称区法制办）推进行政权力清单制度，深化行政审批制度改革，强化重点领域行政执法。审查各部门报送文件90件，提出法律建议270余条。区政府制发行政规范性文件8件，各委办局报备行政规范性文件18件。办理市政府法规、规章出台征求意见18件。审核海淀区城管执法监察局报送强制拆除违法建设64件，批准62件。区政府法律顾问参与区政府涉法事项处理565件，出具法律意见书124份，其他法律建议350余条。共接收行政复议案件387件，纠错21件；行政调解21347件，成功10582件。

（于森　张少民）

【政府法律顾问工作专题研讨会】 3月15日—16日，区法制办组织召开政府法律顾问工作专题研讨会。镇政府、街道（地区）办事处，委、办、局36家单位45人，12家律所的21名专家律师参加会议。与会代表就本单位政府法律顾问工作情况及取得的成绩进

① “四双”，一是“双调度”。成立非首都功能疏解与人口调控专项工作组，建立办公室主任双周调度和组长月调度机制，全面督导各单位人口调控工作落实和进展情况。二是“双台账”。重点任务牵头单位和街镇对照人口调控责任书，分别建立工作方案和明细台账，实现部门、街镇台账相互对应。三是“双督导”。抽调精干力量成立5个疏功能减人口工作督导组，分别由正处级领导牵头负责，面向各部门、各街镇开展巡回督导和实地检查。四是“双考核”。研究制定非首都功能疏解与人口调控工作考核办法，探索建立人口调控转移支付专项资金，将人口调控工作考核与街镇体制财力相挂钩，重点支持街镇、社区开展好人口调控涉及的“禁、关、控、转、调”等各项重点任务。

行交流，对工作中存在的问题进行探讨，并就如何为政府法律顾问提供培训、保证政府法律顾问工作独立性、保持合作关系相对稳定性等方面提出意见和建议。

（于森　张少民）

【市法制办到区就拆违工作开展立法调研】 4月7日，市法制办信息中心主任韩景峰一行4人到海淀区，就违法建设拆除问题开展专项调研。调研组一行实地考察四季青镇违建现场，并听取海淀区法制办及查违办、城管执法监察局、镇政府、街道（地区）办事处等部门相关负责人就违法建设拆除情况的汇报。汇报内容主要包括：拆除违法建设履责主体的法律资格；乡村违法建设拆除工作的特殊性和存在的困难；查处违法建设流程中的沟通协调问题。调研组针对海淀区违法建设拆除工作提出意见和建议，为现有政策及法律法规的执行和修订提供参考和依据。

（于森　张少民）

【行政复议应诉工作总结暨培训会】 5月4日—5日，区法制办召开行政复议应诉工作全年总结暨培训会。各委办局、街镇150余名主管领导及复议办案人员参加会议。会议对2015年全区行政复议应诉工作进行总结，对2016年的工作进行部署。2015年，全区行政复议案件受理407件，除1件案件中止外，共审结案件406件。以区政府为行政应诉主体的案件704件，同比增长105.85%。其中，行政诉讼658件，行政复议46件。海淀区案件数量位居全市各区首位。此次培训会邀请北京市人民政府法制办和海淀区人民法院行政庭的专业人员，重点围绕案件类型和实务中易出现的问题，用大量鲜活的案例，从复议和应诉两个方面为大家进行重点讲解。

（于森　张少民）

【行政执法工作培训会】 6月15日—16日，区法制办召开2016年度行政执法工作培训会，来自区属、直属42家委办局法制、执法部门负责人共计120人参加。培训内容主要包括年度工作要点及考评标准培训、案卷评查培训、“两法衔接”工作培训、执法平台及岗位梳理工作培训四个模块。培训会上，区法制办介绍2016年全市行政执法监督工作要点有关内容及考核指标调整变化情况，全市行政执法信息平台建设情况，2016年一季度海淀区行政处罚工作情况，全市执法岗位及人员管理有关要求及工作部署，并对海淀区强化和规范执法工作提出具体要求。区检察院通报2015年及2016年上半年海淀区“两法衔接”工作开展情况，对全面推进“两个专项监督”工作、落实市2016年度“两法衔接”工作计划提出具体要求。培训会邀请中国政法大学“两法衔接”事项梳理项目组介绍海淀区“两法衔接”事项梳理工作开展有关情况，邀请市政府法制办监督处围绕2016年行政处罚案卷评查标准和评查评分细则，讲解行政处罚案卷制作规范。

（于森　张少民）

【查处违法建设工作培训】 7月30日—31日，区法制办组织查处违法建设工作培训，7个镇政府主管领导、司法所所长及核查队人员共计74人参加。区法制办邀请北京大学教授对查处违法建设相关理论进行辅导；邀请海淀区城管执法监察局执法人员对违法建设查处主体、职权划分及法律适用以及法律文书制作进行讲解；邀请海淀法院法官对行政诉讼中查处违法建设相关案件进行分析。与会人员就工作中存在的难点和问题进行讨论交流。

（于森　张少民）

【政府法律顾问工作专题培训会】 7月26日—27日，区法制办在北京稻香湖景酒店举办海淀区政府法律顾问工作专题培训会。各委、办、局，各街镇办事处等单位共141人参加。会议重点分析全区政府法律顾问现状并讲解工作要求，针对行政诉讼典型案例进行精讲。区食药局、温泉镇政府就法制机构如何开展政府法制工作进行汇报交流；北京中洲律师事务所律师莫洁云分享为政府提供法律服务的经验做法。培训会还邀请国家行政学院行政法研究中心副主任王静从真实案例入手，分析法治国家背景下的政府法制工作队伍建设。

（于森　张少民）

【区政府举行政府法律顾问聘用仪式】 11月28日，为推进海淀区依法行政工作，根据《北京市海淀区人民政府关于建立政府法律顾问制度的实施意见（暂行）》，海淀区举行法律顾问聘用仪式，聘用北京市乾坤律师事务所、北京市中洲律师事务所、北京市高警兵律师事务所、北京市炜衡律师事务所、北京市帅和律师事务所为2016—2017年度区政府法律顾问单位，并颁发聘书。

（于森　张少民）

【政府依法行政工作会】 12月2日，海淀区推进依法行政领导小组工作会议召开。会议听取区政府法制办等部分小组成员单位2016年依法行政工作情况汇报，审议落实京津冀协同发展规划纲要精神、加强行政执法工作情况，并对海淀区下一步依法行政工作进行部署。

（于森　张少民）

【“12·4”普法进机关活动】 12月初，区法制办开展“12·4”国家宪法日系列主题普法讲座进机关活动。本次普法活动，采用单位“点餐”、律师“配餐”、政府“埋单”的“菜单式”普法模式。首先，区法制办通过前期调研，了解各行政执法单位实际工作需求，并针对其关心的法律问题进行梳理；其次，政府法律顾问量身制作“政府信息公开工作所涉法律风险的相关探析”“规范行政执法活动，提高执法机关权威”“细微之处防范行政执法风险”等“普法菜单”；最后，由行政执法单位授课。12月6日，区法制办在海淀区招商大厦举办第一场专题普法讲座，区体育局、区安监局、区发改委等10家行政执法单位共50余名法制工作人员参会。讲座以案释法，以法论事。

（于森　张少民）

【政府会前学法】 12月19日，区政府在新一届政府第一次常务会议前，组织学习《中华人民共和国地方各级人民代表大会和地方各级人民政府组织法》（简称《地方政府组织法》）。区政府领导班子全体成员和各镇政府、街道办事处、各部门及有关单位主要领导参加。聘请中国政法大学法治政府研究院教授、博士生导师王青斌主讲。王青斌从《地方政府组织法》的基本情况、基本内容、存在的问题和地方政府组织的未来走向4个方面进行阐述，重点讲解与区政府履行职权有关的内容，使区政府领导对《地方政府组织法》有基本了解，增强区政府各级领导依法行政的基本意识和能力。

（于森　张少民）

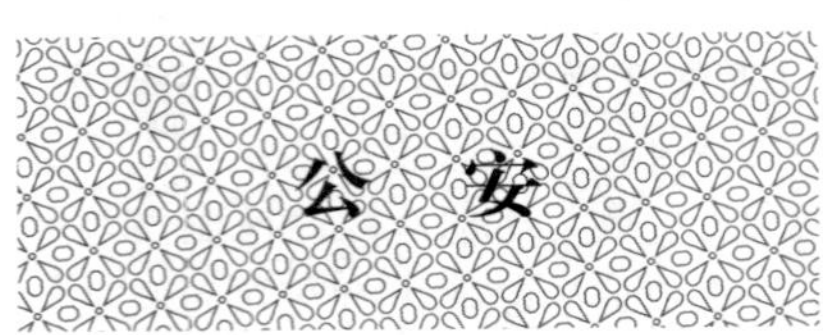

公安

【概况】　2016年，海淀公安分局把握首都“四个中心”和海淀区“科技创新中心核心区”的战略定位，围绕区委“减人、添秤、服务”三大核心任务，完成G20杭州峰会、中共十八届六中全会等重大安保任务，推进平安海淀建设和司法制度改革。完成中央主要领导视察国防大学、八一学校等警卫任务3641场次。强化网站安全管理和有害信息监控清理，及时发现并有效处置网上有害信息78.7万余条，主动开展舆情导控16.7万次，净化网络舆论环境。提升重大敏感案件查破和系列团伙犯罪的侦破能力，增强对侵财犯罪、经济和食药犯罪、黄赌毒犯罪的规模化惩治效能。全年接报110警情22万件、刑事警情1.6万件，同比分别下降17.79%和3.01%。共破获各类刑事案件12763起，两类命案连续6年实现100%侦破；破获8类危害严重犯罪案件504件，破案率为90.16%；破获“两抢一盗”案件5742起，同比上升6.6%；破获经济犯罪案件670起，其中破获非法集资案件8起，追缴经济损失约2.7亿元。

围绕群众反映强烈的治安秩序问题，与区属相关职能部门和街镇配合，采取阶段性集中打整行动、重点部位阵地看控等措施，净化治安环境。拘留各类扰序人员3326人，查扣“黑车”1118辆，清理取缔无照游商1554摊，秩序类警情下降53%，群众安全感连续10个季度在城六区保持第一。检查危险物品单位3923家次，检查刀具销售企业5614家次，整改隐患21处。检查物流寄递企业1022家次，发现问题隐患540余件，取缔5家。发现并整改隐患违法出租房屋2216件。监管大型活动152项345场，未出现群死群伤安全事故。开展火灾防控联合执法390余次，发现整改各类隐患2.7万余件，未发生重大安全责任事故。社区民警将清理整治三大类57项隐患问题排查作为社区日常管理的规定动作，发现隐患问题1300余件，取缔黑旅店、日租房184家，关停无照商铺、三合一经营出租房162家，处罚违法出租房主359余人。针对不断增多的医患纠纷和校园安全问题，加大驻院警务室建设，处置35起医患纠纷事件，医院和校园周边秩序类警情分别下降39.3%和16.7%。

海淀公安分局深化党建队建工作，推出“时代楷模”、第五届“全国道德模范”、“北京榜样”高宝来等典型。

年内，经北京市公安局批准，增设网络安全保卫大队和特警大队。下辖派出所39个，其中户籍派出所33个、治安派出所6个。

（周南南）

【“海淀网友”互动平台启动】　1月4日，由区综治办联合区公安分局搭建的“海淀网友”互动平台启动仪式在海淀区政府报告厅举行。平台作为城市治理中畅通民意、联系群众、化解矛盾、惠及民生的重要载体，设置“线索举报”“网友说吧”“经典时刻”“小薇说事”“精彩活动”“个人中心”六大模块，实现转递民意、收集舆情信息、处置社会问题、配置调度资源等功能，拓展社会力量参与平安海淀建设的渠道。至年底，有3万余名群众通过微信搜索“海淀公安”服务号或直接扫描二维码的方式加入“海淀网友”队伍，向平台提供情况和线索近5000条，提高整治治安秩序和打击违法犯罪的针对性和时效性。

（刘鑫　朱亮）

【第20个“110”宣传日活动】　1月10日，海淀公安分局在金源时代购物中心举办海淀区第20个“110”宣传日活动。分局主管领导、有关职能部门领导及民警在现场解答群众的各类咨询。各派出所采取巡逻民警上街、社区民警入户、行业民警入店等方式，深入居民社区、繁华场所、机关单位、大专院校、金融网点，宣传110接处警工作。

（周南南）

【“金点子”沙龙活动】　1月20日，海淀公安分局在海淀区创业大街开展“金点子”沙龙活动。市局政治部、分局的主管领导、团市委有关领导及3W集团创始人出席活动并担任评委。市局局属各单位团委书记、分局民警代表共计100余人参加。分局9位民警分别以“入室盗侦查”“未成年犯罪工作室”“派出所武装车反恐”“建立助警翻译库”“创新执法办案”“智能防控系统”及“提高民警队伍建设”等为主题，对首都公安改革工作提出新思路。其中的“金点子”解决了公安业务瓶颈问题，直接服务于警务创新和日常工作。

（周南南）

【春节前集中清理整治】　2月2日，海淀公安分局会同区综治办、流管办，组织36个派出所及属地街镇，以高发案社区、流动人口聚居区、存在安全隐患出租房为重点，在全区开展春节前夕净化社区环境、集中清理整治行动。共出动警力920余人，辅警力量990余人，街道综治、工商、城管、房管、食药等部门力量380余人。入户检查出租房屋1900余间，审查流动人口4000余人，核录3800余人。通过工作，发现列管流动人口“三无”人员2人，排查整改各类安全隐患问题50余件。

（周南南）

【赴肯押解电信诈骗犯罪嫌疑人】　4月12日，海淀公安分局按照公安部、北京市公安局的统一部署，派出120余名警力赴肯尼亚，将实施跨国电信诈骗的77名犯罪嫌疑人押解回国。负责押解、接机的民警安全有序地将嫌疑人押送至分局执法办案管理中心，有关职能部门组织审查讯问、物品交接等相关事宜，确保押解审查工作快速开展。

（周南南）

【交通秩序整治】 4月23日，海淀公安分局缓堵办会同海淀交通支队，开展"五一"节前交通秩序大整治工作。各交通大队和有关派出所以公园景区、车流人流密集区域、大型购物场所周边为重点，联合整治交通秩序，行政拘留扰乱公共秩序人员160余人（其中"黑车""黑摩的"占路揽客40余人，占道游商80余人）。为缓解节日期间公园周边的交通压力，新开辟200余个临时车位。

（周南南）

【处置突发事件演练】 5月27日，海淀公安分局会同有关单位在金四季购物中心组织开展处置突发事件演练，分局有关职能部门、派出所民警及金四季购物中心、欧尚超市、苏宁电器、百安居等企业的保卫干部、从业人员共1800余人参加。参演人员协作紧密，经过巡逻发现、现场控制、逐级上报、启动预案、疏散人员、联动处置等流程，人员疏散快速有序。通过演练，提高人员密集购物场所的处置突发事件能力，加强从业人员自我防护意识，磨合各单位联动处置机制。

（周南南）

【取缔涉黄场所】 6月5日，海淀公安分局上地派出所根据群众举报，联合上地街道综治办、工商、城管等部门，集中对东北旺中路、马北路、上地南路等区域的无照经营小发廊、足疗店开展清理整治卖淫嫖娼专项行动。出动民警及执法力量30余人，取缔8家以美发、足疗形式作掩护实施招嫖活动的涉黄场所，查处2名卖淫嫖娼人员。

（周南南）

【受理来京人员申领居住证业务】 10月1日，北京市正式启动来京人员申领居住证工作。海淀公安分局人口管理大队及各户籍派出所如期开展此项工作。当日出动警力1000余人、流管员1300余人，解答群众咨询2000余人次。截至年底，办理居住证10.9万个，办理居住登记卡9.6万个，受理量居全市各区第二。

（周南南）

【群体性事件防范处置】 年内，海淀公安分局通过见面核查、清理检查、动态管控、情报搜集等措施，防止、处置涉军群体非法聚集、E租宝受害群体聚集上访等事件434批2万余人次，实现海淀区涉访群体政治中心区上访聚集事件零发生。劝返外地来京上访人员5100余人次。加强对突出涉访人员的教育转化，推动、协调化解各类纠纷46件，转化78人；依法查处非访人员300余人。

（周南南）

【街面巡逻防控】 年内，海淀公安分局围绕街头高发犯罪类型，发挥巡逻车和警务站优势，加强对可疑人员、车辆的盘查核录。提高多警种联动查控频率，严防街头快闪、悬挂横幅、聚集滋事、暴力恐怖等突发事件发生。接报街头110刑事警情2200余起，同比下降1.3%。出动武装处突车辆1.5万辆次、警力4.5万人次，盘查核录可疑人员106万余人次，检查可疑车辆5.7万辆，抓获违法犯罪人员5300余人。

（周南南）

【整治治安秩序】 年内，海淀公安分局针对快捷酒店、洗浴、歌厅、游戏厅、足疗、发廊、养生会所等行业场所易发生涉黄涉赌的情况，结合"惊雷"专项行动及春夏平安行动，共摸排发现无证照涉黄可疑足疗、发廊及会所290余家，全部予以关停、取缔、转型。针对医托号贩子问题，重点医院实行每周两次清整措施，接报警情260余件，同比下降49%；抓获号贩子427人，其中刑事拘留13人、行政拘留414人。

（周南南）

【"一村（格）一警"工作】 年内，海淀公安分局充实基层警力，将398名市局前置警力全部安排到社区基础工作岗位，全区996个社区中已有913名按照"一村（格）一警"的标准配齐社区民警，完成率91.7%。建成445个标准规范化社区警务室，为警务室调配值守辅警1300余人。居民小区新加装门禁1400余个、防爬刺4.2万延米，新建监控探头2900余部，社区重点部位物技防覆盖率达95%。

（周南南）

【电信网络诈骗案件防控】 年内，海淀公安分局针对电信网络诈骗高发、诈骗手法不断翻新、网上银行手机银行及电话银行转账汇款大幅上升的特点，研究探索应对措施。对全区653个金融网点加强日常监测，定期召开银行行长座谈会，培训企业财务人员28次1.9万余人次，提升金融系统整体防范能力。全区共发生电信网络诈骗2900余件，同比下降33%（ATM转账汇款730余件，同比下降43%；银行柜台转账汇款20余件，同比下降64%）。银行网点成功堵截电信网络诈骗89件，成功防止群众经济损失1300余万元。

（周南南）

【执法办案管理中心】 年内，海淀公安分局执法办案管理中心细化案件办理机制，建立全程透明可控的执法办案流程体系，被中央政法委、市人大法工委、市公安局法制总队推荐为执法规范化建设调研点，累计接待国内外参观考察团180余批3100余人次。收审违法犯罪嫌疑人7200余名，信息化查询研判各类人员17万余人次。加强对全局20余个办案场所的巡控检查和执法管理，发现提示整改不规范执法及安全隐患行为800余件，基层"三室"管理问题同比减少63%。

（周南南）

【"一键搜"信息应用系统上线】 7月1日，由海淀公安分局自主研发的"一键搜"信息应用系统上线。该系统整合全国和北京市十五大类295项数亿条数据，实现跨警种、跨平台、跨区域的检索查询和对查询结果的深度挖掘和关联分析，达到一键式查询、全智能分析、可视化展示的要求。系统正式运行以来，月均使用量达7.5万余次。在社区基础防范中常态化利用"一键搜"系统，侦破多起重大案件。

（周南南）

【执法突出问题集中整治】 年内，海淀公安分局把执法突出问题集中整治作为重点工作，从现场执法监督、网上执法公开、标准化办案场所和群众诉求管理4个方面，基本实现执法监督体系全覆盖。警务督察部门共出动督察警力150余组3000余人次，发现问题22件，追责处理32人。会同区检察院设立检察院派驻执法办案管理中心检察室。

（周南南）

【未成年人司法保护工作】 年内，海淀公安分局在刑事案件侦查中对犯罪的未成年人坚持教育为主、惩罚为辅的原则，实行教育、感化、挽救的方针，出台《未成年人训诫》《违法未成年人帮教》《未成年被害人救助》等工作规范。通过使用未成年办案专区、设置专门谈话室、落实监护人到场制度、引入专业社工矫正帮教、给予被害人救助等服务措施，保障涉案未成年人的合法权益。

（周南南）

【民警执法办案培训】 年内，海淀公安分局以安全执法为主题，以规范执法活动环节、细节为重点，探索构建多种形式、对接实战、覆盖全警的教育培训体系。建立4个警察训练营，筛选40余名兼职警务实战教官开展教材编写和集中备课，将执法办案要点浓缩成便携卡片，对全局民警进行应对持刀持械、醉酒滋事、疑似精神病人闹事等33个科目71项规范动作的轮训，轮训民警1.2万人次。提升一线民警执法办案技能，减少执法办案安全事故。

（周南南）

【养犬管理】 年内，全区共办理登记年检犬91895条，收缴无证犬和流浪犬2031条，查处违规养犬行为1206起，查处各类举报129件，答复人大代表、政协委员建议提案3件。发放宣传材料10万余份，悬挂横幅2000余条。

（刘水）

案例选辑

【特大号贩子犯罪团伙案】 2月28日，海淀公安分局破获一个特大网络号贩子犯罪团伙，在北京、天津、张家口、武汉、菏泽、双鸭山、葫芦岛等地抓获以宇某某（女，1988年10月出生）为首的29名犯罪团伙成员。经工作，嫌疑人交代从2015年10月起，每日组织亲友利用自制的抢号软件快速抢占健康之路医护网预约平台上空军总医院的专家号，再通过“龙商会”微信群高价倒卖给急需就医的患者。截至2016年2月底，共抢挂700余张专家号，非法获利万余元。宇某某等14名犯罪嫌疑人因涉嫌破坏计算机信息系统罪被刑事拘留。

（周南南）

【技术开锁入室盗窃犯罪团伙案】 3月3日，海淀公安分局会同相关单位破获特大技术开锁入室盗窃犯罪团伙，抓获杨某某（男，1978年2月出生）、张某某（男，1980年9月出生）、资某某（男，1975年3月出生）、梁某某（男，1983年9月出生）等9名团伙成员。经工作，嫌疑人交代自2月24日起，连续在海淀区上地佳园、上地东里小区利用技术开锁，入室盗窃价值8万余元的黄金珠宝首饰。嫌疑人还供认2015年11月以来，在海淀、朝阳、昌平等地，利用锡纸、锁槽等技术开锁手段，入室盗窃30余起的犯罪事实。

（周南南）

【特大非法吸收公众存款案】 5月17日，几十名群众聚集在海淀公安分局办公楼前，反映海淀区聚智堂培训学校收取学生家长大量钱款后，聚智堂董事长杨某出逃美国，北京各校区已关门停课。海淀公安分局立即启动涉众案件维稳机制，在疏导分流聚集人员的同时立案侦查，抓获犯罪嫌疑人21人，主犯杨某在逃。经工作查明：聚智堂培训学校以学生预交培训费返还免费课时费到期返本的方式大量吸收资金，在全国非法吸收公众存款7.39亿元。收缴的学费大部分用于收购北京东星时尚广场，通过出租场地、租赁连营获取暴利。

（周南南）

【特大驾车持械抢劫案】 10月19日，海淀公安分局破获特大系列驾车持械抢劫案，抓获犯罪嫌疑人张某（男，1997年10月出生）、张某（男，1992年3月出生）、马某（男，1997年10月出生）。起获匕首、电警棍、摩托车等作案工具。经审查，嫌疑人供认：10月18日，3人在海淀南路工商银行门口持U型锁殴打胁迫一事主，抢走人民币5500元和一部苹果手机。嫌疑人同时还交代，自2016年10月以来，在海淀、丰台、大兴、房山、朝阳等地，驾车持械抢劫9起。

（周南南）

检察

【概况】 2016年，海淀区人民检察院（简称区检察院）从推进司法规范化建设、强化从严治检、推进司法改革三个方面，开展各项工作。被最高人民检察院授予全国先进基层检察院称号，并再次被评为全国检察信息工作先进单位。

区检察院全年受理审查逮捕案件2267件、3076人，同比下降11.35%和6.17%；受理审查起诉案件2769件、3345人，同比下降14.3%和15.1%。批准逮捕1446件、1910人，提起公诉2416件、2807人，不批捕1172人，不起诉333人。立案贪污贿赂犯罪案件39件、42人，立案渎职侵权案件4件、5人。刑事立案监督4人，追诉漏罪25起，追诉漏犯3人。受理各类民事行政类申诉案件85件，协查71件。对在押人员羁押期限情况进行动态检查815人次，对暂予监外执行罪犯病情鉴定工作开展同步检察并到场监督4件。

推动司法改革。做好首批检察官入额选拔。制订入额实施方案，明确进入员额的检察官必须在司法一线办案的配备标准。制定公平合理的入额标准和考核办法，依托办案业绩，将办案数量多、办案质量好的业务骨干选入员额。坚持“人岗相宜”，制作岗位说明书，引导检察人员客观审视自身能力和素质，结合职业发展目标，找到符合自身实际的检察官岗位。

整合内设机构。根据市检察院《内设机构优化设置实施意见（试行）》的部署，结合基层实际，将原有的29个内设机构整合为19个：增设侦查监督部、审判监督部，凸显监督职能；将原有的控申处、案管处、研究室合并为新的检察管理监督部，统筹加强内部管理和监督；组建司法行政事务局，强化司法行政对业务工作的服务保障功能；立足海淀建设全国科技创新中心的区域定位，在原有的知识产权检察处基础上成立新的知识产权检察部，设立科技犯罪检察部，以提升专业化办案水平。

完善司法责任制配套措施。围绕建立更加科学的检察权运行机制，在学习最高人民检察院、市检察院关于完善司法责任制相关文件要求的基础上，抽调力量组建司法责任制改革专项小组，列出20项司法责任制配套文件清单，开展文件起草、问题收集、政策解读、平台搭建等各项工作。8月，院党组研究通过《优化后各部门职责以及履职途径》《检察官权限清单》《检察官履职清单》《办案组织设置和运行办法》《案件分级和分案制度》《检察长、副检察长、专职委员直接办理案件规定》《检察官联席会议制度办法》《检察人员流动管理规定》8个启动改革运行所必需的基础性文件，为改革措施落地奠定基础。

（付强　徐云）

【新一届专家咨询委员会成立】 1月，为加强法学理论与司法实践的融通互动，强化智库建设，区检察院聘请27名相关领域的专家，担任新一届专家咨询委员会委员。范围涵盖刑法、民法、行政法、诉讼法、知识产权、金融、社会工作等多个专业领域，既有高校教授、科研院所工程师，也有专家型领导、律师等。

（付强　徐云）

【“两法衔接”工作办法签署】 1月28日—29日，区检察院举办食品药品安全刑事犯罪研讨会暨“两法衔接”工作办法签署仪式。区检察院与区农委、区食品药品监管局分别签署《海淀区农产品行政执法与刑事司法衔接工作办法》及《海淀区食品药品行政执法与刑事司法衔接工作办法》。上述两个工作办法，畅通案件流转程序，完善食品药品及农产品领域“两法衔接”工作机制。

（付强　徐云）

【“两微一端”完成全覆盖】 2月18日，区检察院入驻“今日头条”手机客户端，在全市基层检察机关中率先实现“两微一端”（微信、微博和新闻客户端）全覆盖。

（付强　徐云）

【“互联网+检察工作与舆情应对”专题培训】 3月9日，区检察院党组理论中心组召开专题扩大会，邀请中国传媒大学互联网信息研究院就“互联网+检察工作与舆情应对”进行专题讲座。区检察院党组理论中心组成员、各处室负责人参加。

（付强　徐云）

【《海淀区人民检察院驻所检察室〈关于加强犯罪原因调研分析、服务区域大预防的实施办法〉》出台】 3月，为推进检察预防工作，增强区域风险防控能力，区检察院制定《海淀区人民检察院驻所检察室〈关于加强犯罪原因调研分析、服务区域大预防的实施办法〉》（简称《实施办法》）。《实施办法》共10条，内容包括开展犯罪原因调研分析、服务区域大预防的宗旨阐述、外部联络及先期信息掌握要求、工作方法要求、案件类型选取要求、调研报告的内容和审批、发布要求等各个方面，同时对与该项工作相关的专题培训、工作纪律等也作出明确规定。

（付强　徐云）

【专题检务公开活动】 4月21日，区检察院开展“护航创新服务发展——海检知识产权保护专业化办案的回顾与展望”专题检务公开活动。活动回顾知识产权处成立5年来的工作成果。2011年4月25日，区检察院在全国率先成立了第一家独立建制的知识产权检察处。在审查批准批捕、审查起诉、法律监督、犯罪预防等多职能合一的定位下，办理知识产权类刑事案件，生产、销售伪劣商品类刑事案件，非法经营类刑事案件等共计17类案件。5年来，知识产权检察处共计办理审查逮捕案件491件、738人，审查起诉案件541件、856人，其中办理侵犯知识产权类审查逮捕案件225件、373人，审查起诉案件175件、348人。会议明确以后的工作方向：更加主动融入大局，进一步提高服务发展水平和检察工作专业化水平。

（付强　徐云）

【《检企共建——预防职务犯罪》协议书签订】 4月28日，区检察院与航天信息股份有限公司签订《检企共建——预防职务犯罪》协议书。双方将在信息交流、反腐倡廉宣传及警示教育、查办案件业务指导、专项防控、廉洁准入机制、联合调研与课题研讨等方面开展合作，将“检企共建”工作落到实处。

（付强　徐云）

【专题片《“犯罪”未成年人》在央视播出】 5月21日，由区检察院与中央电视台新闻频道共同录制的专题片《“犯罪”未成年人》在央视新闻频道《新闻周刊》栏目视点板块播出。专题片以4月底国务院教育督导委员会印发的《关于开展校园欺凌专项治理的通知》和区检察院未检处赴河北沧州开展社会调查的未成年人孟某盗窃案为切入点，探讨近年来校园欺凌等未成年人犯罪案件频发的原因，以及家庭、学校、司法机关、社会应承担的责任。

（付强　徐云）

【澳门特别行政区检察院代表团到院交流】 8月12日，澳门特别行政区检察院代表团一行9人到区检察院交流访问，双方就统一业务应用系统的软件开发、应用、操作、存在的问题、发展前景等进行交流。

（付强　徐云）

【妥善处理一起集体访事件】 9月28日，区检察院妥善处置一起200余人的集体访事件。当日上午9时许，“聚智堂”集资诈骗案200余名受害投资人在区检察院信访接待大厅门口聚集。

根据工作预案，检察管理监督部、法警队组织来访人员进入接待大厅，要求来访人选派5名代表与承办人进行沟通，并对部分情绪激动上访人反复开展情绪安抚工作。接待过程中，承办人耐心听取信访代表的诉求，向其通报案件证据情况和办理进展，并就其提出的有关案件程序等方面的问题进行解释。通过接访工作，信访代表对区检察院工作予以肯定和感谢，并表示虽然该案受害人数众多，但会依法表达诉求。当日11：30左右信访人陆续离开。

（付强　徐云）

【立案审查市首例民事公益诉讼案件】 11月，区检察院依法对海淀区六里屯垃圾填埋场污染环境民事公益诉讼案立案审查，这是司法改革后北京市首例立案审查的民事公益诉讼案件。六里屯垃圾填埋场于2016年因排放废水污染物超标、臭气浓度超标造成环境污染，被区环保局先后5次处以行政处罚，并责令限期整改。但该单位未整改到位，臭气浓度仍不达标，严重损害社会公共利益，影响周边居民的工作生活和身体健康。区检察院民事检察部门对该线索予以初步评估后，立即确定由民事检察部主任督办的“公益诉讼专案办案组”负责，并快速开展民事公益诉讼案件线索初查工作：一是审查证据材料，确定民事公益诉讼工作重点、工作计划与初查提纲；二是走访六里屯垃圾填埋场，通过相关人员了解实际情况，实地勘查垃圾渗滤液处理厂及垃圾填埋场现场；三是前往区环保局，调取近5年来区环保局对该单位行政处罚的相关材料及卷宗。

（付强　徐云）

【派驻公安机关执法办案管理中心检察室挂牌】 11月24日，区检察院举办派驻公安机关执法办案管理中心检察室揭牌仪式，这是全国首家派驻公安机关执法办案管理中心检察室。检察室主要承担立案监督、侦查活动监督以及应公安机关请求，提前介入重大、疑难、复杂案件等职责。

（付强　徐云）

法院

【概况】 2016年，北京市海淀区人民法院（简称区法院）收案62734件，加上上年未结案22667件，共计85401件，同比上升12.06%；审结、执结66898件，同比增长24.9%。其中，刑事案件收案2485件，审结2505件；民事案件收案23743件，审结24221件；商事案件收案12973件，审结13449件；知识产权收案6625件，审结6765件；行政案件收案1249件，审结1622件；执行案件收案15546件，执结18218件；申诉、再审等其他案件收案113件，结案118件。

审判工作。刑事审判工作：依法审结快播传播淫秽物品牟利案等一批具有政治敏感性、社会关注度高的重大疑难复杂案件。民商事审判工作：依法审结“全国首例被遗忘权纠纷”，成功调解一起莆田系资本公司与部队医院合作引发的合同纠纷。知识产权审判工作：创建类案速裁审判团队，单名法官全年审结案件1000余件；发布《关于网络不正当竞争纠纷案件的调研报告》等类型化案件调研报告，为统一裁判尺度提供参考。行政审判工作：成立行政简易速裁组，在全市基层法院中首家创制并使用“表格式裁判文书模板”，审判效率大幅提升。

执行工作。丰富执行工作手段，破解“执行难”的问题，完成玉泉路八号院热力站腾退执行、碧森里小区地下人防工程腾退执行等工作。

涉诉信访工作。解决涉诉信访案件，引导当事人理性维权，总结“一个制度、二个理念、三项原则和多种方法”信访工作经验，依法处置诉求不合理、无休止缠访闹访、破坏信访秩序的行为。围绕重要节日结点开展专项矛盾排查工作，推进远程接访，将信访人吸附在当地，依法维持法治秩序。

司法改革，推进4项基础性改革。组织完成首批和第二批法官入额遴选、司法辅助人员招录、以购买社会化服务的方式招聘事务性人员等工作。落实立案登记制改革，通过网上预约立案平台，受理民事案件12880件；成立诉调对接中心，与区调解与法律援助中心、中国互联网协会调解中心等5家调解组织建立合作关系，聘请36名调解员在立案阶段针对物业供暖、著作权侵权纠纷等涉众型纠纷开展诉前调解，促成600余起纠纷在立案前化解。推进人民陪审制试点改革，分4批对新选任的456名陪审员进行岗前培训。落实司法公开，推送公开的裁判文书15361份，在北京市基层法院中首个开通“今日头条”官方号，完善“两微一端”自媒体平台建设，实现由单一、单向普法模式向多元、互动交流形态的转变。

建立“海法人”微信公众号。开展“海法大讲堂”等活动，组织培训20期，推进“实训制”培训。开展第二届“海法榜样”展示、投票活动。2篇案例获全国法院年度优秀案例分析一等奖、1篇案例获三等奖；1篇案例获全国第三届全国青年法官优秀案例评选特等奖；20篇裁判文书被评为第六届“金玫奖”优秀裁判文书。

在基础建设方面，山后法庭已投入使用；东升法庭新址已选定完成，新建工作正在加紧推进；四季青法庭已获立项批准。全年开发并推广文书快速生成软件、诉前化解系统等，其中4款软件获得著作权证书。

区法院被评为全国模范法院。陈昶屹获“全国法院先进个人”“全国法院党建工作先进个人”称号，4名法官被评为“北京市法院模范法官”，7名法官被评为“北京市法院先进法官”。

（廖钰　林挚）

【新任人民陪审员岗前培训】 2月23日，区法院新任人民陪审员岗前培训班正式开班。117名新任人民陪审员参加首期培训，就刑事审判、民商事审判、事实认定、行政审判中的基础法律问题进行学习。全年共进行4期培训，共465名新任人民陪审员参加培训。

（廖钰　林挚）

【“海法大讲堂”活动】 9月9日，

区法院举行首场“海法大讲堂”，区人大代表张永慧、祖砚铭应邀出席。区法院信访办负责人以“涉诉信访与基层司法实践”为题作讲座。全院 200 余名干警参加活动。

（廖钰 林挚）

【教学实践基地共建协议签订】 11 月 4 日，区法院与中国劳动关系学院商谈实践基地，就理论与实践的融合、合作形式、合作内容等共建事宜进行协商，并签署共建协议。

（廖钰 林挚）

【涉网约车侵权纠纷案件新闻发布会】 11 月 30 日，区法院召开涉网约车侵权纠纷案件新闻发布会，发布《涉 App 出行平台交通事故案件调研报告》，对涉 App 出行平台交通事故案件的案件数量、责任承担等内容进行分析，并预测今后案件的增长情况。

（廖钰 林挚）

案例选辑

【北京市首例替考案】 1 月 14 日，区法院公开审理侯某代替虎某考试案。公诉机关指控，虎某通过他人联系侯某，让其代替自己参加 2016 年全国硕士研究生招生考试，侯某在代替虎某参加管理类联考综合能力科目时，被监考人员当场发现。

区法院经审理后认为，侯某代替他人考试，虎某让他人代替自己考试，两人明知代替考试扰乱国家考试的正常秩序，仍为个人私利无视法律，两人行为均已构成代替考试罪，应予惩处。并对两人当庭宣判，判处侯某拘役一个月，罚金人民币 1 万元；判处虎某拘役一个月，罚金人民币 8000 元。本案裁判后，侯某、虎某二人未提出上诉。

该案系《中华人民共和国刑法修正案（九）》生效以来在北京地区审结的首例代替考试案，具有较为广泛的社会关注度。区法院于 1 月 12 日受理该案，13 日向被告人送达起诉书副本，并当日联系被告人辩护人，14 日适用速裁程序审理终结。从立案到审结，期限仅为 3 天，体现“简案重效率”的速裁理念。

（廖钰 林挚）

【全市首例禁用学籍行为保全案】 5 月 10 日，区法院受理原告王某起诉被告廖某、第三方某房地产经纪有限公司、某银行的房屋买卖合同纠纷一案。诉讼中，原告向区法院申请禁止被告使用涉诉房屋的学籍，区法院依法作出禁用学籍行为保全裁定。后经区法院调解，案件当事人于 6 月 16 日北京市小学招生登记工作开始前达成和解。区法院在作出调解书的同时，作出解除行为保全裁定书，并及时送达相关学校。本案系全市首例禁用学籍行为保全案件，经各大新闻媒体大量报道，引起社会广泛关注。

案件双方当事人于 4 月 10 日经中介公司签订房屋买卖合同，由原告购买被告出售的位于海淀区万寿路的房屋一套。协议签订当日，原告依约支付定金 10 万元。4 月 26 日，双方完成网签。但此后被告拒绝继续履行合同。原告提起本案诉讼，要求被告廖某继续履行合同，同时提出行为保全申请，称根据房屋买卖合同的约定，自己享有涉案房屋对应学籍的使用权。根据当前学籍政策，学籍被使用后 6 年内，该房屋学籍不得再次使用，如果被告恶意使用该学籍，将造成原告购房目的不能实现，故原告向法院申请行为保全，禁止使用涉案房屋学籍。

区法院经审查发现，在双方签订的房屋买卖合同补充协议中，被告确曾承诺涉案房屋为某小学学区房，且学区名额未被使用。区法院认为王某的申请符合民事诉讼法第 100 条关于行为保全的规定，遂作出禁止使用涉案房屋及该房屋对应户口学位的民事裁定书，并及时向相关学校进行送达。

为力求在不影响学籍使用的前提下，区法院在作出行为保全后仍多次通过电话与双方进行沟通，阐明相关法律规定和行为后果，同时与相关学校密切联系。经过多个回合的沟通、谈判，双方当事人最终在学校入学登记最终期限前两天达成和解协议。区法院作出调解书，对双方和解内容进行了确认，并同时根据原告申请作出解除行为保全裁定书，于 1 小时内送达相关学校。

（廖钰 林挚）

【全国首例被遗忘权案】 7 月 21 日，区法院依法审结原告任某诉被告北京百度网讯科技有限公司（简称百度公司）侵犯名誉权、姓名权、一般人格权（被遗忘权）一案。

任某系管理学领域的从业人员，其于 2014 年 7 月 1 日起在无锡陶氏生物科技有限公司从事相关的教育工作，2014 年 11 月 26 日，该公司向其发出《自动离职通知书》解除劳动关系。百度公司系提供网页搜索、相关搜索等搜索链接服务的提供商。2015 年 4 月 8 日，任某进入百度公司搜索页面，键入“任某”后在“相关搜索”处显示有“陶氏教育任某”“国际超能教育任某”“美国潜能教育任某”“香港跨世纪教育任某”；在搜索框内键入“陶氏教育”，在“相关搜索”处显示有“无锡陶氏教育”“陶氏教育骗局”“陶氏远航教育是骗局吗”。用手机上网，点击“百度”网页，键入“任某”，手机页面中“相关搜索”处显示有“陶氏教育任某” “国际超能教育任某”。2015 年 4 月 23 日，任某向区法院提起诉讼，主张因陶氏教育在业界名声不好，其并未在陶氏教育工作，百度公司在搜索页面中公开其与陶氏教育有关的个人信息侵犯了其名誉权、姓名权及作为一般人格权的“被遗忘权”，要求百度公司停止侵权、赔礼道歉、赔偿经济损失。百度公司认为其提供的“相关搜索”服务只是客观反映搜索关键词的信息关联状态，并未侵犯任某的民事权益，不同意任某的全部诉讼请求。

区法院经审理认为，相关搜索词系由过去一定时期内使用频率较高且与当前搜索词相关联的词条统计而由搜索引擎自动生成，并非由于百度公司人为干预。百度公司在“相关搜索”中推荐涉诉词条的行为，明显不存在对任某进行侮辱、诽谤等侵权行为。“任某”在相关算法的收集与处理过程中就是一串字符组合，并无姓名的指代意义，显然不存在干涉、盗用、假冒本案原告任某姓名的行为。任某在本案中主张的应“被遗忘”（删除）信息的利益与任某具有直接的利益相关性，而且，其对这部分网络上个人信息的利益指向并不能归入我国现有类型化的人格权保护范畴，只能从一般人格权的角度寻求保护，但是由于任某主张的该利益不具有正当性和受法律保护的必要性，不应成为侵权保护的正当权益，故2015年7月21日，区法院判决驳回了任某的全部诉讼请求。一审宣判后，任某向北京市第一中级人民法院提出上诉，该院审理后驳回上诉，维持原判。

该案是适用我国现行法律在“被遗忘权”司法保护领域作出判决的全国首例案件，对在网络时代如何保护个人信息的“被遗忘权”问题进行有益的规则探索和司法实践，具有理论和实务的重大研究意义。

（廖钰 林挚）

【快播公司传播淫秽物品牟利案】 9月，区法院依法审结深圳市快播科技有限公司（简称快播公司）传播淫秽物品牟利案。

北京市海淀区人民检察院指控认为，快播公司自2007年12月成立以来，通过向国际互联网发布免费的QVOD媒体服务器安装程序（简称QSI）和快播播放器软件的方式，为网络用户提供网络视频服务。快播公司及其主管人员被告人王某、吴某、张某、牛某以牟利为目的，在明知QSI及快播播放器被网络用户用于发布、搜索、下载、播放淫秽视频的情况下，仍予以放任，导致大量淫秽视频在国际互联网上传播。2013年11月18日，北京市海淀区文化委员会（简称海淀文委）从北京网联光通技术有限公司（简称光通公司）查获快播公司托管的服务器4台。后北京市公安局从上述3台服务器里提取29841个视频文件进行鉴定，认定其中属于淫秽视频的文件为21251个。2015年2月10日，北京市海淀区人民检察院遂向海淀区人民法院提出公诉。

2016年1月7日—8日，区法院进行第一次庭审。快播公司、各被告人及辩护人认为案件事实不清、证据不足、程序违法、适用法律错误，指控罪名不成立，具体就传播“主体”认定、传播“内容”认定、传播“行为”认定、“网络安全管理义务和措施”以及“主观故意”等方面进行辩护。在9月9日的第二次庭审中，对于指控事实和罪名均表示无异议，辩护人主要围绕量刑情节做罪轻辩护。

区法院经查明认为，快播公司通过免费提供快播资源服务器程序和快播播放器程序的方式，为网络用户提供网络视频服务。为提高下载速度，在视频文件点播达到一定标准后，便通过缓存服务器对视频自动存储，而部分淫秽视频因用户的点播、下载次数较高，便自动存储，方便、加速了淫秽视频的下载、传播。四被告人作为公司直接负责的主管人员，未履行监管职责，放任淫秽视频在快播公司控制和管理的缓存服务器内存储并被下载，导致大量淫秽视频在网上传播，以此牟取大额广告费、会员费等利润。

最终，区法院于9月9日作出判决，被告单位及被告人指控传播淫秽物品牟利罪成立，判处快播公司罚金人民币1000万元；被告人王某判处有期徒刑3年6个月，罚金人民币100万元；被告人张某判处有期徒刑3年3个月，罚金人民币50万元；被告人吴某判处有期徒刑3年3个月，罚金人民币30万元；被告人牛某判处有期徒刑3年，罚金人民币20万元。

宣判后，被告人王某、张某、牛某均明确表示接受判决，不再上诉；被告人吴某于2016年10月17日上诉，北京市第一中级人民法院于2016年12月15日作出判决，维持原判。

该案分别入选《中国审判》《人民法院报》评选的2016十大典型案例、2016年度人民法院十大刑事案件。

（廖钰 林挚）

司法行政

【概况】 2016年，海淀区司法局（简称区司法局）下辖海诚、求是、国信3家公证处，海淀区法律援助中心以及海淀区阳光中途之家。管理律师事务所413家，基层法律服务所12家；执业律师4403人，基层法律服务工作者83人。法律援助工作站99家，人民调解员14898名，人民调解指导员30名，人民陪审员465名。司法所29家，法律顾问346人，人民调解委员会766个。全区AAA级规范化司法所总数达25家，创建率为96.2%。年内，区司法局推进法律宣传、法律服务、法律保障各项工作。

海淀区被评为“全国‘六五’普法先进区”，区法律援助中心获“全国法律援助工作先进集体”“全国农民工工作先进集体”称号，区法律援助中心主任王保民获“全国法律援助工作先进个人”称号。

（周凤红）

【5家律师事务所注册为法援类民办非企业单位】 1月20日，区司法局在北京市帅和律师事务所举办法律援助类民办非企业单位揭牌仪式，授予帅和律师事务所“北京市海淀区帅和法律援助与研究中心”匾牌。北京市海淀区炜衡法律援助与研究中心、北京市海淀区百瑞法律援助与研究中心、北京市海淀区博景泓法律援助与研究中心、北京市海淀区高界法律援助与研究中心、北京市海淀区帅和法律援助与研究中心5家法律援助类民办非企业单位全部完成“民非”注册工作，具备合法从事法律援助与研究经营资质。业务范围主要包括：解答法律咨询，代拟法律文书；接受法律援助机构的指派，为符合法律援助条件的当事人代理诉讼和非诉讼案件；接受民事案件当事人委托，担任代理人参加诉讼和非诉讼活动；开展法律援助工作的理论研究和法律援助宣传。

（周凤红）

【“法治海淀 精彩故事”开讲】 3月3日，由海淀区“法之声”普法宣讲团开展的2016年“法治海淀 精彩故事”宣讲活动在海淀街道倒座庙社区开讲。来自“法之声”普法宣讲团普法进社区（村）宣讲团队的4位讲师分别从遗产继承、人民调解、老年人再婚、信用卡诈骗4个方面，用以案释法的形式，为社区居民进行讲解，海淀街道倒座庙社区及附近几个社区60余位社区居民参加。

（周凤红）

【区司法行政基层工作管理信息平台建成】 3月初，海淀区司法行政基层工作管理信息网络平台基本建成，功能涵盖人民调解管理、多元调解管理、司法所建设管理、基层法律服务管理等板块。

（周凤红）

【司法行政工作会议】 3月22日，2016年海淀区司法行政工作会议召开。会议总结2015年全区司法行政工作，部署2016年工作任务。对2015年度先进集体和先进个人进行表彰。各街镇主管领导、司法局全体人员、矫正干警、部分律师、公证员、法律援助工作者、人民调解员、社区矫正协管员代表共300余人参加。

（周凤红）

【“海淀公证”微信公众号开通】 4月初，“海淀公证”微信公众号开通。作为海淀区公证管理工作的官方发布平台，该公众号面向全区公证队伍和社会公众，开设“微便民+”“微课堂”以及“公管动态”等板块，集合学习交流、教育培训、业务咨询、公证宣传等主要功能。

（周凤红）

【紧急事故财产评估公证】 4月29日，根据区“红联南村甲一号院燃气爆炸事故后期处置工作协调会”要求，国信公证处、海诚公证处、求是公证处组成紧急工作组，集中为红联南村所损房屋财产评估工作提供公证服务，对受损严重的36户居民开展入户查勘工作。

（周凤红）

【律师事务所考核】 4月—5月，区司法局完成377家律师事务所的考核工作，占全区总数的95%，考核结果均为“合格”。考核工作分为网上审核、现场办理及巡查检查等步骤。同时对全区近4600名律师进行考核，并加盖年度考核备案章。除7名律师考核为“基本称职”、2名律师“暂缓考核”外，其余全部律师考核“称职”。

（周凤红）

【法援律师参与刑事速裁】 5月9日，在海淀区法律援助中心驻看守所速裁办公室，值班律师徐卫平通过电视和话筒，为当日接受视频会见的犯罪嫌疑人薛某提供远程法律帮助。

（周凤红）

【区领导干部法治思维养成与法治政府建设专题培训班】 5月23日—27日，区委组织部、区司法局、区法制办联合举办“海淀区领导干部法治思维养成与法治政府建设专题培训班”。68名处级领导干部参加培训。培训主要围绕法治国家、法治政府、法治社会建设以及领导干部法治思维的养成等内容，设置习近平总书记系列讲话精神解读、腐败形式特点及治理腐败对策、法治思维、法治政府实施纲要及法律文化建设等课程。

（周凤红）

【区律师事务所开放日活动启动】 5月25日，海淀区律师事务所开放日活动启动仪式在北京市炜衡律师事务所举行。区委常委、常务副区长孟景伟出席。区司法局、区律师协会及各律师事务所相关人员参加活动。局长周玉鑫主持活动。4～6家律师事务所作为开放日举办单位，通过邀请函、网站、微信、短信等方式，向各机关、企事业单位、社会团体和社区群众推广宣传，同时，海淀区律师协会微信公众号正式开通上线。孟景伟为8家“品牌律师事务所”代表授牌。

（周凤红）

【行专人民调解组织建设培训会】 5月25日—26日，区司法局组织召开全区行业性、专业性人民调解组织建设培训会。邀请市局基层处为参会人员授课，29个街镇司法所所长，各行业性、专业性人民调解组织负责人以及基层科全体工作人员共80余人参加会议。

（周凤红）

【“司法行政在身边”主题开放日活动】 5月27日，区司法局在曙光街道举办“司法行政在身边”主题开放日活动。活动将“创新、协调、绿色、开放、共享”发展理念贯穿司法行政工作全过程，以展板、发放宣传材料、法律咨询解答等形式，展示司法行政工作。本次活动在曙光司法所设立1个主开放点，其他28个街镇司法所设分开放点，区司法局12个机关科（处）室、5家律师事务所、3个公证处、法援中心、中途之家等51家单位参与开放日活动。活动邀请特邀监督员、人民监督员、法律服务对象、社区居民、院校学生等110余人参加。司法行政干警、律师、公证员等通过宣传司法行政工作职能特点、工作举措、工作成果，组织参观办证大厅，开放公证办理流程，开展便民服务，座谈交流等形式，搭建与群众沟通互动平台。

（周凤红）

【区人民调解讲师团成立】 6月14日，海淀区举行骨干人民调解员培训班暨人民调解讲师团成立启动仪式。10位讲师团成员根据街镇需求，开展“百场人民调解员培训宣讲活动”，对人民调解员进行专业授课，提高调解工作水平。同时，向地区居民和单位宣传人民调解制度的优势，扩大人民调解覆盖面，提升人民调解工作的公信力和品牌效应。仪式还为人民调解讲师团成员颁发聘书及讲师专用包。

（周凤红）

【人民调解协议司法确认工作专题研讨会】 6月30日，区司法局组织各街镇司法所召开人民调解协议司法确认工作专题研讨会。会议总结海淀区近几年司法确认工作，甘家口、永定路、北太平庄街道分别介绍工作经验。会议对下一步工作提出三点要求：进一步明确调解阶段的工作流程和具体要求，对管辖、证据审查、协议内容等进行规范；进一步明确法院确认阶段的立案标准、负责部门、申请材料；加强与法院会商沟通，加强业务培训，提高工作效率。

（周凤红）

【“法治宣传教育的第七个五年规划决议”通过审议】 7月19日，区人大常委会召开第三十四次会议，审议《关于在全区开展法治宣传教育的第七个五年规划（2016—2020年）的决议》，区司法局向会议作《关于海淀区“六五”法制宣传教育基本情况和〈关于在全区开展法治宣传教育的第七个五年规划（2016—2020年）〉的报告》，区人大内务司法委员会办公室就《关于在全区开展法治宣传教育的第七个五年规划（2016—2020年）的决议》向会议作说明。会议原则通过《关于在全区开展法治宣传教育的第七个五年规划（2016—2020年）的决议》。

（周凤红）

【法律援助进军营活动】 7月28日，区司法局法律援助中心组织律师到武警北京总队第十六支队开展送法进军营法律宣传活动。举办军人合法权益与保护法治讲座，就官兵普遍关注的退伍安置、军婚保护、军地纠纷、军属权益等涉军涉法问题与官兵们进行面对面交流答疑。

（周凤红）

【“六五”普法总结暨“七五”普法启动大会】 8月31日，海淀区召开“六五”普法总结暨“七五”普法启动大会。区法治宣传教育领导小组成员单位主管领导、法宣工作负责人和工作人员，各街镇主管领导、宣传部部长、司法所所长、司法助理员和村居委会代表，律师、志愿者、人民团体和企事业单位代表共计300余人参加。会议报告海淀区“六五”普法工作情况，对“七五”普法工作进行部署，对“六五”普法先进集体和先进个人进行表彰，为海淀区“七五”普法形象大使——北京卫视主持人曹一楠颁发聘书；区检察院、区教委、曙光街道、百瑞律师事务所等单位作典型发言。

（周凤红）

【“公证爱民月”宣传活动启动仪式举行】 9月2日，海淀区司法局在紫竹院公园东门外举行“公证爱民月”暨纪念《中华人民共和国公证法》颁布11周年主题宣传活动启动仪式。特邀北京电视台主持人赵彬彬作为“形象代言人”。全区各街镇司法所、社区居民以及海诚公证处、求是公证处以及国信公证处共计200余人参加。

（周凤红）

【老年维权宣传月启动仪式】 9月6日，主题为“爱心 敬老 慈善”的海淀区老年维权宣传月启动仪式暨庆祝首个“中华慈善日”公益慈善宣传活动在圆明园公园南门广场举行。各街镇主管领导、民政科科长及法律援助律师等近百人参加活动。区法律援助中心的律师团现场进行法律咨询，对老年人在财产、婚姻、家庭生活中遇到的法律问题进行解答，并为咨询老人发放宣传资料和联系电话。

（周凤红）

【为航天员陈冬办理“飞天公证”】 9月30日，在“神舟十一号”飞船出发前，海诚公证处公证员、北京市优秀共产党员乔树林应邀来到北京航天城为航天员陈冬办理声明书公证。

（周凤红）

【“双创”公证论坛服务】 10月17日，由北京市国信公证处主办，区司法局、区金融办、区知识产权局共同承办的“服务双创，公证与你同行之公证论坛”在皇苑大酒店举行。活动为北京“双创周”活动之一，专家学者、律师、“双创”企业及公证行业同人共计500人参加。北京市国信公证处宣布正式推出“公证云”。“公证云”能够将电话录音、现场录音、各类网页、手机拍照等电子数据实时加密，储存到公证处的云端服务器，为当事人提供即时、有效的电子证据公证保管服务。具有即时取证、安全存储、便捷出证的优势，解决电子证据存证难、取证难、出证难的问题。

（周凤红）

【“12·4”国家宪法日主题宣传活动】 12月2日，区法宣办、区司法局联合区委宣传部举办“12·4”国家宪法日系列主题宣传活动启动仪式。区法宣领导小组成员单位主管领导、法宣工作负责人，各街镇主管领导、宣传部部长、司法所所长，律师、志愿者和群众代表共计280余人参加。启动仪式上对“法之声”普法宣讲团先进集体和先进个人进行表彰，启动“海淀微说法”微信公众平台，并展演由海淀区“律之韵”法治艺术团创作的普法励志原创话剧——《五道口》。系列宣传活动从11月下旬至12月下旬，通过在全区开展“送法入户”行动、普法话剧展演、宪法专题学习教育等形式，宣传《中华人民共和国宪法》基本原则和内容，强化法治意识，树立宪法权威和尊严。

（周凤红）

【“海淀微说法”微信公众平台开通上线】 12月2日，“海淀微说法”微信公众平台开通上线。作为海淀区法治宣传教育领导小组办公室的官方发布平台，“海淀微说法”微信公众平台面向社会公众，开设“资讯速递”“法与生活”“创新创业”等板块，每周更新3期，以满足不同对象、不同人群的法律需求。

（周凤红）

【律师行业人大代表政协委员座谈会】 12月6日，区司法局召开海淀区律师行业人大代表和政协委员专题座谈会。代表和委员们从服务区委、区政府中心工作，推动中关村核心区建设，推动政府依法行政，服务地区科技创新企业发展等方面如何进一步发挥律师行业作用进行探讨；就全区律师行业发展面临机遇和问题进行讨论；对进一步加强律师行业管理与服务，为律师行业搭建平台，形成海淀区律师行业发展良好氛围等方面提出建议。

（周凤红）

【法律服务工作者培训交流会】 12月8日—9日，海淀区法律服务工作者培训交流会召开。会议传达学习法律服务所统一社会信用代码有关文件，讲解市司法局基层法律服务类行政处罚裁量标准，对法律服务工作者申请纳入区人民调解专家库工作进行部署。12个法律服务所主任、法律工作者，司法局基层科全体工作人员共70人参加培训。中关村街道、海淀街道、清河街道、东升镇的法律服务所分别作交流发言。

（周凤红）

【法治宣传教育】 年内，海淀区启动“七五”普法工作。加强社会面宣传，在中关村创业大街、四环路主干道过街天桥，利用户外电子显示屏、广告牌、宣传横幅宣传“七五”普法内容。聘请北京电视台主持人曹一楠、赵彬彬担任海淀普法形象大使。在全区处级领导干部中开展“法律书香”阅读活动。组织法官、检察官、公安干警、律师走进200余家中小学校，向师生普及法律知识和自护方法。组织参加北京市第三届青少年法治文艺大赛，获创作类二等奖、表演类二等奖。在80家商务楼宇普法工作站开展系列法治宣传活动，每月一个主题，打造“创业公社商务楼宇普法示范站”。“法之声”普法宣讲团在29个街镇开展“以案释法”宣讲活动226场（次）。“律之韵”法治艺术团创作普法话剧《五道口》，公演4场。编印并发放《百姓法律生活》12期，共120万份。建立“海淀微说法”微信公众平台，推送普法信息73期，300余条。各街镇利用普法广场、普法长廊、宣传橱窗等开展普法活动，新建田村路街道乐府家园社区百米法治文化墙等特色普法阵地。开展“送法下乡”活动，创建上庄镇东小营村、苏家坨镇苏三四村和西北旺镇韩家川村3个市级民主法治示范村。全年共开展法宣活动9100余场（次），发放法治宣传材料348万份，受众335万余人。

（周凤红）

【法律服务】 年内，区司法局整合法律援助、律师、公证、人民调解职能，提供一站式公共法律服务，启动“海淀区公共法律服务中心”建设。出台《关于在核心区建设中进一步发挥律师行业作用的12条措施》。协助做好红联南村燃气爆炸事故善后处理，组织3家公证处第一时间做好公告现场监督、财产保全公证、财产评估现场监督等工作，为64户房屋受损居民办理保全证据等公证事项141件；协调4家律所、40名律师服务团，协助做好事故善后处置文件审核、法律咨询、值班接待、入户谈判等工作。

（周凤红）

【法律援助】 2016年，区法援中心完成法律援助案件7082件，同比增长28.1%，为当事人挽回经济损失8800余万元，发放法律援助案件补贴810余万元。“148”法律服务专线电话咨询、网络咨询、接待来访等共计4万多人（次）。

年内，区法律援助中心全面优化法律援助受理、审核、指派工作，当日受理、当日审核、当日指派达99.6%。完善刑事速裁法律援助快速送达、视频会见机制，为刑事犯罪嫌疑人、被告人提供法律援助621人（次），为其近亲属提供咨询解答5000余人（次）。建立区看守所、区法院、区法院刑事审判庭、区知识产权大厦专业法律援助工作站4家，新建律师事务所法律援助工作站10家，新成立法律援助类民办非企业单位8家。29个街镇便民服务大厅均设立法律援助申请窗口，方便居民就近申请法律援助。建设法律援助“大数据库”，实现案例分析、质量评估、统计查询全过程、全链条信息化。

年内，海淀区法律援助中心获“第五届全国法律援助工作先进集体”“全国农民工工作先进集体”称号。

（周凤红）

【律师管理】 年内，区司法局贯彻落实司法部新修订的《律师执业管理办法》和《律师事务所管理办法》，梳理、编制律师类“9+X”权力清单。完成律师事务所年度考核、律师行业“统一社会信用代码”赋码和新执业许可证换发等工作。加强村居法律顾问配备、考核，全区653个村（居）全部实现“一村一居一法律顾问”，区属80家律所、346名律师参与村居法律服务，开展法治讲座1337场（次），解答法律咨询18298人（次）。举办“律师事务所开放日”活动，评选“品牌律师事务所”25家。

区律师党校举办培训班3期，240余名律师参训。区律协牵头组织“互联网创业企业知识产权保护”“律师与众筹及‘新三板’业务”“投资理财类纠纷热点难点问题”等业务培训、研讨论坛20余场，参加律师3300余人（次）。1名律师当选区党代表，2名律师当选区人大代表，6名律师担任政协委员。

（周凤红）

【公证服务】 年内，全区有海诚公证处、求是公证处、国信公证处3家公证机构，公证员45人。全区公证机构办理公证事项139488件。其中国内公证事项57965件，占41.6%；涉外公证事项81085件，占58.1%；涉港澳公证事项438件，占0.3%。区司法局办理行政许可事项8件，均为公证员一般任职事项，其中海诚公证处1件、求是公证处1件、国信公证处6件。区属3家公证处为苏家坨、清河、紫竹院、八里庄、甘家口、万寿路、羊坊店、北下关、田村路、北太平庄、四季青11个街镇强制拆违办理保全证据、现场监督公证共计114件，涉及面积1.2万平方米。

（周凤红）

【人民调解】 年内，海淀区有各类人民调解组织766个，调解员14890人，其中街镇调委会29个，村居调委会653个，全区行业性、专业性调解组织58个，诉前调解组织2个，治安纠纷、民间纠纷联合调解室21个，个人调解室3个。年内，各类人民调解组织调解案件19186件，调解成功18538件，成功率96.6%，涉及当事人43023人。达成协议17885件（其中口头协议12235件，书面协议5650件）；调解成功达成协议率96.48%；履行17267件，达成协议后履行率96.54%；司法确认96件；调解疑难复杂案件85件，协议涉及金额1.34亿元。

开展“人民调解宣传月”活动，印发《优秀人民调解案例汇编》。组建“海淀区人民调解讲师团”，开展宣讲活动23场（次）。实施人民调解员分级分类培训，其中培训骨干调解员180人；各街镇新任人民调解员业务培训35场（次），参训6100余人（次）；召开海淀区行业性、专业性调解组织培训交流会。办理司法确认案件80件。与区法院配合，成立海淀区诉前人民调解委员会，实现人民调解、司法调解有效衔接。培训465名新任人民陪审员。

（周凤红）

【社区矫正安置帮教】 年内，全区新接收社区服刑人员239人，解除266人，在管社区服刑人员351人，其中缓刑292人，假释31人，暂予监外执行26人。新接收安置帮教人员489人，在管安置帮教人员3093人，解除508人。坚持管理与教育并重的社区矫正工作理念，利用中途之家，开展初始教育、分类教育和解矫教育，开展集中初始教育，举办分类教育43期、解矫教育11期，接受教育1106人（次），开展心理测评192人（次）。海淀区联合5所高校创办中途学院，由高校教师对社区矫正对象提供针对性分类教育的做法，被写入国务院新闻办发布的《中国司法领域人权保障的新进展》白皮书。新建区级社区服务（公益劳动）基地2个，开展公益劳动

9次，参加242人（次）。29个街镇配备社区评议员813名。为138名新接收社区服刑人员和重点人佩戴电子监管腕表，29个街镇司法所全部配备社区矫正执法终端。围绕“两类”人员排查台账、重点人稳控、教育管理、帮扶措施、档案管理等工作落实情况，开展季度执法督查。规范违纪违法社区服刑人员收监执行程序，破解“两类”人员落户难、治疗难等问题。

（周凤红）

案例选辑

【违法转包被判支付欠薪案】 2014年2月，27名农民工经人介绍到北京市海淀区某回迁安置房工程做劳务工，与包工头崔某某约定工资按日计算。但工作至2014年12月底，崔某某只支付部分劳务费，告知工人剩余费用等工程决算完后支付，并分别给每人打了欠条。一年后，工程决算完成，崔某某仍然未支付剩余劳务费用。农民工到海淀区劳动监察大队投诉，工作人员找到包工头崔某某，但见过一次面后便“失踪”。2016年春节前，农民工们到海淀区法律援助中心寻求帮助。

法律援助中心指派北京冠楠律师事务所的两位律师负责这起法律援助案件。经工作，2月底完成证据材料收集工作。经庭审调查，该工程的劳务分包方为河北省某建筑有限公司。因崔某某未到庭应诉，法庭对他进行公告送达，庭审中，河北某建筑有限公司庭审答辩称：公司与农民工不存在直接的劳务雇佣关系，也未签订过任何书面劳务合同，或以口头或其他形式对劳务关系有过任何约定，崔某某是实际用工人，欠条直接证明农民工与崔某某之间的债权债务关系，与公司没有任何法律上的联系。公司并非本案的适格主体，要求法院驳回农民工对公司的起诉。公司与崔某某并非劳务关系，崔某某系公司钢筋组负责人，公司已将所有的费用全部结清，并向法庭提供崔某某签字的已经结清劳务费的支取凭证，不同意支付崔某某拖欠农民工的劳务费用。

区法院审理认为，本案被告崔某某经本院合法传唤，无正当理由拒不到庭应诉，视为其放弃答辩和质证的权利，崔某某向这些农民工出具欠条，可以证明其拖欠劳务费的具体数额，河北某建筑有限公司虽对该欠条的真实性不予认可，但并未提供反证推翻该证据，故本院对该欠条的真实性予以确认，河北某建筑有限公司将其承包的工程分包给没有任何施工资质的个人，属于违法分包。根据相关法律的规定，无论河北某建筑有限公司是否向崔某某支付全部工程款，其均应对崔某某所拖欠的劳务费承担连带清偿责任。11月29日，区法院作出判决：崔某某、河北某建筑有限公司于本判决生效后七日内给付农民工的劳务费。

（周凤红）

【七旬老太反家暴案】 3月7日，王某某向海淀区法律援助中心申请法律援助，申请保护自己的人身安全。王某某74岁，大学退休教授，与丈夫吴某某结婚45年。在漫长的婚姻关系中，两人一直因生活琐事发生争执。吴某某时常控制不住自己的情绪，对王某某进行辱骂，甚至殴打。随着年纪不断增长，吴某某的暴力行为越来越严重，甚至动用菜刀。王某某不想离婚，只想让丈夫停止对自己的家庭暴力行为。

海淀区法律援助中心在接到王某某的申请后，立即指派律师联系王某某，向其详细地了解其所遭遇的家庭暴力行为。律师根据王某某目前处境，向王某某讲解到，根据3月1日实施的《中华人民共和国反家庭暴力法》（简称《反家庭暴力法》），王某某可以向人民法院申请人身安全保护令，防止自己再受到家庭暴力行为的侵害。于是援助律师为王某某起草人身安全保护令申请书，并指导王某某准备其多次遭受家庭暴力时的报警记录以及医院的诊断证明等证据材料，递交到海淀区人民法院。

区法院在接到王某某的申请后，传唤王某某到法院，对其遭受家庭暴力的事实进行调查与询问。认定王某某的丈夫吴某某对其存在家庭暴力行为。5月10日，区法院签发〔2016〕海民保令4号民事裁定书，裁定禁止吴某某殴打、威胁、辱骂王某某，裁定有效期为6个月，如果吴某某有违反禁止令的行为，法院将依据《反家庭暴力法》第三十四条规定，视情节轻重，处以罚款、拘留；构成犯罪的，依法追究刑事责任。法院还将裁定书送达王某某所在的派出所和居民委员会，并告知王某某，如果再遭受家庭暴力时，第一时间拨打110报警或者向所在单位、居委会、妇女联合会等单位投诉、反映或者求助，并注意保留相关证据。

此案系区法律援助中心首例反家庭暴力案件。

（周凤红）

军 事

2017
北京海淀年鉴

1月21日，2016年海淀区迎新春军政座谈会召开（区新闻中心 田峰 摄）

7月19日，消防支队官兵抗击特大暴雨灾害（区消防支队 杨元平 摄）

8 月，区民防局开展地下空间整治（区宣传部 供图）

11 月，北下关街道开展 119 消防宣传月活动（北下关街道 供图）

人民武装

【概况】 2016年，中国人民解放军北京市海淀区人民武装部（简称区武装部）以深化国防和军队改革为主线，围绕党在新形势下的强军目标，按照北京卫戍区党委“举旗铸魂、聚焦打赢、依法治理、强基固本、创新推动、坚强核心”的工作思路和区委、区政府的决策部署，推进融合，改革创新，保持国防后备力量建设的良好发展势头。在维稳敏感期和重大节日期间，认真组织民兵执勤，配合公安和武警部队维护社会治安，维护了安定团结的政治局面。超额完成新兵征集任务，大专以上学历青年占新兵总数94.5%。海淀区获全国双拥模范区“八连冠”称号。

（刘洋 张艺）

【民兵整组工作】 针对新形势下民兵预备役人员分布广、流动大的实际，坚持把科学编组作为战斗力建设的经常性基础性工作来抓，探索新形势下编组模式和流动民兵预备役人员管理办法。坚持依法按纲施训，围绕“三个联合”（联合防空、联合防卫、联合防暴）职责要求，采取措施加强战备训练，开展基础性训练和使命课题演练，组织实弹射击训练，提高应急应战能力。

（刘洋 张艺）

【加强党管武装制度】 年内，区武装部着眼军民融合，强化首位意识，落实军地双重领导、双向兼职、党委议军、国动委例会、第一书记述职等组织领导制度。贯彻市委《关于加强新形势下首都民兵预备役部队建设的意见》和北京市民兵预备役年度工作会议精神。6月23日，组织召开议军会，传达学习北京市党管武装会议精神，汇报区国防后备力量建设情况和下步工作打算，审议通过表彰2015年度国防后备力量建设先进单位和个人的通报。

（刘洋 张艺）

【提升应急应战能力】 围绕战斗力这个唯一的根本标准，按照能打胜仗的核心要求，加强应急方案预案体系建设。坚持在经济建设中考虑国防动员要求，在基础设施建设中落实战时防空要求，在科技建设中兼顾军事信息化建设需要，全区公共人防面积达1.2平方米/人，全区五环内防空警报系统覆盖率和鸣响率实现“双百”目标，研究制定海淀区《关于深入推进海淀区人民防空改革发展的实施办法》。组织机关干部岗位培训，参加卫戍区组织的人武干部集训和军事资格认证，机关干部整体素质和指挥能力明显提高。

（刘洋 张艺）

【双拥工作】 贯彻军民融合发展重大战略思想，发挥区域资源优势和国防动员系统的桥梁纽带作用，开展双拥共建活动，以北京市总分并列第一名的成绩获全国双拥模范区“八连冠”称号。2016年，共接收安置营以下军转干部148人，接收安置退伍士兵587人。组织随军家属培训会11场，为1935名随军家属发放生活补助费343万元，为16名随军家属发放自谋职业奖金共72万元。协调教委完成驻区部队军人子女1006人的入学工作。

（刘洋 张艺）

【推动军民融合深度发展】 贯彻军民融合发展重大战略思想，发挥区域资源优势和国防动员系统的桥梁纽带作用。3月29日，举办海淀区军民融合协同创新西郊论坛活动，驻区部队6家单位、6所军事学院的相关领导和国家发改委国际交流合作中心领导，环境保护部国际合作司、中国国际广播电台、航天科技集团、中国空间技术研究院、保利科技有限公司、中国航空技术进出口有限责任公司、中国船舶工业贸易公司、中国资源卫星应用中心、北方工业公司、中关村科技园企业家代表、军方代表200余人应邀出席，进一步探讨全区军民融合发展的趋势、特点和规律，助推全区军民融合向更广领域、更深层次、更高水平发展，达到军转民、民参军的产业项目落地海淀。

（刘洋 张艺）

人民防空

【概况】 2016年，海淀区民防局以“准军事化”建设为主线，以“争创全国一流民防”为目标，完成各项工作任务，区民防局被人力资源社会保障部、中央军委国防动员部评为“全国人民防空工作先进集体”。围绕打造国际一流的和谐宜居之都、疏解非首都功能与民防工作的契合点，起草《关于深入推进海淀区人民防空改革发展的实施方案》，并经区常务会、常委会会议审议通过，印发全区。

推进“海淀民防之家”微信企业号方便、快捷的功能，增开“民防时事”栏目，将习近平总书记的重要讲话精神、“两学一做”专题教育的要求和重要文件的解读等内容及时“推送”到党员干部手机上，扩大党建工作的影响面和覆盖面。

（张金升）

【组织“三练一鸣”专业训练】 年内，区民防局开展民防队伍训练、群众疏散演练、跨区拉练外训和警报试鸣专业工作，改革组训模式，确保训练人员、时间、内容、效果“四落实”。组织全局人员参与特种救援训练、防汛演练；组织清河四小学生、北辰香麓社区群众学习自救互救技能，参与疏散演练；完成通信电台京津冀跨区指挥通信联通训练，完成2次跨区支援通信演练和野营集中训练。

（张金升）

【地下空间综合整治】 年内，根据京津冀一体化总体要求，区民防局制定《非首都功能疏解与人口调控总体工作方案》和《人防工程综合整治工作专项实施方案》，召开联席会议，建立联动工作机制。全年清理关停部分人防工程，疏解人口13797人。其中，挂账内工程清退9245人，账外工程清退4552人。

（张金升）

【人防工程科技创安】 年内，区民防局推进人防工程科技创安工程与“智慧海淀”深度融合，参与海淀区“十三五”时期信息化发展规划的调研论证，完成“人防工程视频监控系统建设项目”客户端安装。高点视频监控全部接入区应急指挥中心，已建成的人防工程视频监控图像信息可根据实际需要与相关部门实现资源共享，为海淀区社会治安防控提供技术保障。

（张金升）

【“民防进社会”工作】 年内，区民防局推进“民防进社会”工作，在马连洼街道百旺茉莉园社区、清河第四小学、温泉镇辰尚社区、紫竹院公园等地开展防空防灾公共安全知识“五进入”活动，发放人民防空和应急防护宣传材料8000余份。

（张金升）

【人防工程管理】 年内，海淀区对全区人防工程进行维护维修。全年未发生人防工程安全责任事故。区民防局开展“2016年安全大检查”“冬春季火灾防控”“2016年夏季消防检查”“安全生产月”“有限空间安全管理”“标本兼治防范重特大事故”“地下空间消防安全整治”“护航行动”等专项检查活动，出动检查人员2032人次。完善《人防工程防汛方案和应急预案》，修订《人防工程事故应急预案》《海淀区民防系统突发事件总体应急预案》。

（张金升）

【民防执法检查】 年内，区民防局出动执法人员320人次，累计执法91次，检查人防工程53处，重点对43处未经批准、擅自使用地下人防工程的单位和个人进行查处。关停8处，行政处罚3起，法院强制执行6起，非诉性强制执行3起，罚款33万元。受理民防信访389件，回复率100%。

（张金升）

【民防宣传教育】 年内，区民防局发挥主题宣传、阵地宣传、媒体宣传、网站建设“四位一体”的宣教工作体系。开展“国际民防日”、“5·12防灾减灾日”宣传周、“9·17全民国防教育日”、“安全生产月”社会宣传活动。海淀区人民防空展馆等宣教基地接待12批次1100余人次学习考察交流和现场教学培训。在《中国国防报》《中国人民防空》《人防信息》《华北民防》《北京民防》《海淀报》和海淀有线电视台等媒体发表民防信息37篇。

（张金升）

【防空防灾基础设施建设】 年内，区民防局完成区政府、鼎好大厦、公主坟农业银行、上地创业园4处高点监控系统升级改造；新建上庄馨瑞嘉园、车耳营文化大院、北安河林管站、中央电视塔、西北旺镇政府等7处高点监控；完成区民防局、花园路街道、甘家口街道3台3G移动指挥车通信系统的组网传输和验收。完成包括1个基本案、7个行动方案和12个保障方案在内的全套方案初稿的修订与撰写。

（张金升）

消 防

【概况】 2016年，海淀区公安消防支队（简称区消防支队）下辖清河、颐和园、采石路（特勤中队）、双榆树、香山、航天城、五棵松、西二旗、首体南路、向阳、凤凰岭、杨庄（供水中队）、四季青、八家、北安河、圆明园16个消防中队。海淀区防火安全委员会办公室设在区消防支队。

2016年，区消防支队推进落实公安部“四项建设”工作目标和市公安局“四个第一”理念要求，完成重点节假日等重大安保工作任务。全年接处警5243起，其中火警2388起，抢险救援2523起、无效警332起，出动车辆11985车次、官兵83525人次，抢救被困人员278人，疏散群众2686人。全区实际发生火灾542起，同比增加25起，上升4.84%；死亡3人（均不纳入生产经营性场所亡人考核指标），同比减少1人；受伤1人，同比减少3人；直接财产损失613.3万元，同比减少639.2万元，下降51.03%。未发生较大以上火灾事故，社会面火灾形势整体稳定。检查单位19469家，督促整改火灾隐患或违法行为27241处，下发责令改正通知书15470份，下发临时查封决定书132份，责令“三停”（停止施工、停止使用或者停产停业）单位56家，罚款577.65万元，行政拘留57人。消防设计审核项目1001个，设计备案抽查79个，验收消防项目829个，验收备案抽查92个。建立马坊、明光村、宝山3个地区小型消防站。

（秦鹏宇 尚艺璇）

【烟花爆竹消防安全】 1月，区烟花办及区消防支队、安监、公安、交通、工商、城管等职能部门，组织各街镇以宣传发动为主线、以安全监管为抓手、以打击非法为保障的春节烟花爆竹消防安全管理工作。区烟花办组织各街镇重点围绕16类禁放点位，开展全面梳理摸排，共摸排出1148处禁放点位。

（秦鹏宇 尚艺璇）

【公安部消防局夜查元宵节消防安保工作】 2月22日夜，公安部消防局到海淀区检查指导元宵节消防安保工作。市消防局、区政府、海淀公安分局、区消防支队负责人陪同。检查组深入区市级挂账火灾隐患肖家河“板房村”和区级挂账火灾隐患青龙桥街道二河开城乡接合部及海友快捷酒店中关村店，实地检查火灾隐患整改和元宵节消防安全防控措施落实情况。

（秦鹏宇 尚艺璇）

【集中夜查全国“两会”消防安保】 3月1日夜，区消防支队联合属地镇政府、治安、内保、派出所等部门集中组织夜查辖区全国“两会”代表团住地、沿线及周边人员密集场所消防安全隐患。共出动22个检查组对住地周边及沿线社会面100余家单位进行检查，发现火灾隐患或违法行为155处，督促整改火灾隐患153处。3月11日，区消防支队联合属地街镇、派出所组成联合执法检查组，采取“白加黑”（白天加晚上）工作模式，对全国“两会”代表团住地周边、行车沿线以及区部分镇街社会单位落实消防安全工作开展集中检查。针对检查中存在的个别问题，能当场整改的，检查组责令各单位立即改正；对难以马上整改的，依法下发《责令限期改正通知书》，要求限期整改，并在整改期间严格落实各项安全防范措施。

（秦鹏宇 尚艺璇）

【区第三次消防工作联席会】 5月12日，海淀区召开2016年第三次消防工作联席会暨夏季消防检查动员部署会，专题研究夏季消防检查工作。区安监局、区消防支队、区政府办、区属各相关委办局、街镇共120名负责人参加专题研究。会议就推动落实全区夏季消防检查和安全生产工作提出三项任务：认清形势，提高认识；落实上级部署，完成既定任务；开展安全生产大检查和夏季消防安全检查，强化重点行业领域专项治理。

（秦鹏宇　尚艺璇）

【夏季夜查行动】 5月19日，区消防支队集中开展夏季夜查行动，发动各警种、各街镇成立联合检查组，对网吧、KTV等人员聚集场所和夜间营业场所进行联合检查。出动24个检查组，检查72家娱乐场所。发现并整改隐患167处，下发责令整改通知书31份，查封3家，罚款20.5万元，发放消防宣传材料3000余份。

（秦鹏宇　尚艺璇）

【消防应急演练】 5月20日，区消防支队联合区应急办、区防汛办、区安全监管局、区国资委、区住建委等单位开展市政工程综合应急演练。此次综合演习包括消防灭火救援、地下深坑救援、雨季防灾防汛三大项科目。6月14日，区消防支队联合区商务委在华联万柳购物中心开展商业服务业企业应急疏散演习，增强消防应急处突能力。

（秦鹏宇　尚艺璇）

【抗击特大暴雨灾害】 7月19日，区气象台先后发布暴雨蓝色、黄色、橙色预警，降雨量突破1959年建台以来的最大记录。区消防支队共接处因强降雨造成的各种抢险灾害事故86起，出动指挥员94人前往一线指挥，出动车次109次、772人次，抢救疏散被困群众562人，排水3290吨。

（秦鹏宇　尚艺璇）

【消防安全重点单位责任人管理人培训】 8月10日，区消防支队在北京航空航天大学体育馆召开“海淀区2016年消防安全重点单位责任人管理人培训会议”。全区1581家消防安全重点单位的责任人和管理人参加。会议分析夏季全区火灾形势，指出消防安全重点单位普遍存在的问题，重申责任人和管理人职责，要求各单位以“四个责任”为抓手，消除各类消防安全隐患，进一步加强人防、物防、技防工作力度。

（秦鹏宇　尚艺璇）

【消防安全隐患整治行动】 9月，区消防支队在重点安保区开展消防安全隐患整治行动。此次检查组织38组次、76人次，对八一中学及周边单位开展地毯式检查，检查单位213家次，发现并整改隐患297处，下发责令整改通知书123份，查封“三停”单位2家，罚款8万元。对周边社会单位逐一开展培训，张贴并发放消防宣传材料3000余份，发放《社会单位火灾事故应急处置程序》《消防控制室管理及应急程序》1000份，开展消防安全讲座3场次，受教育人群5000余人次。

（秦鹏宇　尚艺璇）

【“11·9”消防宣传月活动】 11月9日，区消防支队在世纪金源购物中心举行海淀区第二十六届“11·9”消防宣传月活动启动仪式。市消防总队、区政府、区公安分局、世纪金源时代购物中心等相关领导，以及各街镇、各派出所的消防工作主管领导，街镇代表、公安派出所民警、消防安全重点单位、北京金源时代购物中心全体商户等3500余人参加。仪式结束后，消防支队在现场开展了解消防、体验消防、学习消防、感受消防、参与消防等多项活动。发放《消防安全常识手册》《消防安全常识二十条》《人民公安报·消防周刊》等宣传材料2万余份，并发放志愿者服装。

（秦鹏宇　尚艺璇）

【《海淀区“十三五”消防事业发展规划》印发】 11月9日，区政府印发《海淀区“十三五”时期消防事业发展规划》（简称《规划》）。《规划》由前言、“十二五”消防工作回顾、规划指导思想及目标、发展建设主要任务、发展重大项目、规划实施保障等章节组成。总结“十二五”时期消防事业发展规划实施情况及主要成就，分析“十三五”期间消防工作面临的主要挑战，明确“十三五”期间全区消防工作发展的目标与任务。主要目标：火灾形势持续保持稳定；消防基础设施更加完善；灭火救援水平力争一流；多种消防力量较快发展；消防安全环境明显改善；市民消防素质普遍提高；消防科技水平显著提升。主要任务：主动服务社会经济发展；全力保障全区安全稳定；着力提高灭火救援能力；强力打造为民办实事安全工程；推进消防网格化管理。

（秦鹏宇　尚艺璇）

【“零点”夜查行动】 12月1日，区政府紧急召开第二零六次区政府常务会议，研究部署消防、环保、水务等重点工作。会后，由区领导带队，分2组深入重点地区开展“零点”夜查行动。此次夜查重点针对城乡接合部、城中村、施工现场、重点隐患区域及薄弱环节，检查大气污染、环境保护、安全生产、消防管理、在建工地等影响地区安全的问题。

（秦鹏宇　尚艺璇）

【区领导夜查消防安全工作】 12月16日夜，区委书记崔述强，区长于军，副区长孟景伟、龚宗元、王际祥等领导带队对辖区建筑工地、印刷厂、修理厂等重点企业单位消防安全工作开展夜查。区委办、政府办、环保局、住建委、经信办、市政市容委、安监局、消防支队、城管执法局、西北旺镇共10家单位的负责人参加。区领导一行先后到北京宝昌彩色印刷有限公司、中关村永丰产业基地地块B2商务用地项目工地、北京驰野汽车修理有限公司3个重点企业及重点区域进行检查。

（秦鹏宇　尚艺璇）

中关村国家自主创新示范区核心区

2017

北京海淀年鉴

1月14日，北京高精尖产业发展基金发布会在海淀区举行（海淀园 供图）

1月19日，德国联邦教研部部长约翰娜·万卡率德国联邦教研部代表团到海淀区考察创新创业服务平台建设工作（田峰 摄）

5月25日，百城千校十万智能制造人才培养助推计划新闻发布会举行（中关村软件园 姚远 摄）

8月13日，中关村大街形象提升规划国际竞赛新闻发布会举行（海淀园 供图）

9月1日，中关村系列发布活动之区域对接项目发布会暨中国好产品大赛启动（海淀园 供图）

9月27日，北京－莫斯科城区友好合作论坛举行。图为俄罗斯绿城与海淀园签约（区宣传部 供图）

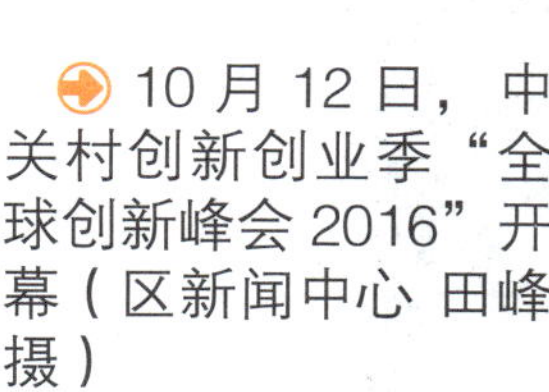
10月12日，中关村创新创业季“全球创新峰会2016”开幕（区新闻中心 田峰 摄）

10月12日，中关村软件园与内蒙古民族大学共建大学生创新创业基地签约仪式在内蒙古民族大学举行（中关村软件园 冯志伟 摄）

10月18日，中关村并购母基金合伙协议签约（区新闻中心 田峰 摄）

12月1日，中关村智造大街联合党委暨新的社会阶层人士联谊会成立（海淀园供图）

综　述

【概况】　2016年，中关村科技园区海淀园（简称海淀园）坚持以创新、协调、绿色、开放、共享五大发展理念为统领，以“产业先行、聚焦尖端、存量挖潜、双创联动”为着力点，围绕“核心区就是海淀区，海淀区就是核心区”的发展思路，深入落实“减人、添秤、服务”的核心任务，强化顶层设计，切实担当起全国科技创新中心核心区的使命。年内，园区入统高新技术企业总数9886家，从业人员109.1万人，工业总产值2140亿元，实现总收入1.8万亿元，进出口总额252.5亿美元，上缴税费746.8亿元，利润总额1407.9亿元，资产总计3.7万亿元，科技活动经费支出总额1045.2亿元，专利申请3.5万件，专利授权1.66万件。

区内拥有各类服务机构超102家，包括新兴产业孵化器14家、中关村创新型孵化器23家、国家级孵化器19家、大学科技园18家、留学人员创业园21家、科技企业加速器7家，孵化总面积260万余平方米，累计孵化企业2万余家，累计毕业企业1万余家。各类孵化机构参与举办创启未来国际青年科技创业大赛、WISE互联网创业峰会、中国天使投资人大会、全球移动互联网大会、中关村创新创业季等品牌化、国际化的创新创业活动，打造具有全球影响力的创新创业集聚区。

优化“高精尖”产业结构，实施“互联网+”行动和技术转移三年行动计划，打造具有全球影响力的技术转移重要枢纽。中关村大数据产业园挂牌，构建四大生态圈，搭建九大产业服务平台，成为集聚产业链上下游及跨界融合创新的专、精、特产业园。中关村集成电路设计园创新创业平台发布。加快海龙电子城等传统电子卖场转型升级，打造智能硬件创新中心。打造特色科技街区和功能区。

集成电路设计产业成立中关村芯园（北京）有限公司，建设集成电路公共技术服务平台。发布《关于促进中关村国家自主创新示范区集成电路设计产业发展的若干措施》《中关村国家自主创新示范区集成电路设计产业发展资金管理办法》。举办第十四届中国通信集成电路技术与应用研讨会高端论坛，打造具有国际影响力的品牌峰会。

生物工程和新医药产业依托中关村医学工程转化中心，引进4家专业服务机构及110家创新创业企业，引入专利技术成果343项，汇聚高端精英创业人才170余人，初步形成集科研临床开发及相关配套服务为一体的医药创新创业生态系统。推进建设北京海淀协同创新科技园。推动“北京脑科学与智能技术研究院”等重大协同创新项目落地。

节能环保产业完成对弗瑞格林等两家公司进行股权投资1200万元。为8家煤改企业、39家节能降耗企业推广新技术新产品。在国产F级300兆瓦重型燃气轮机、特大电网一体化调度和控制系统技术以及氢燃料电池发动机技术有重大突破。

导航与位置服务产业完成海淀区北斗导航产业推介，推动北斗产业基金落地。

轨道交通产业推动建立核心区轨道交通产业联盟，形成一批创新能力强、带动作用大、竞争力强的龙头企业集群，建立产品、技术供需信息库。开通在大上地建设核心区轨道交通示范线，开展“互联网+便捷交通”示范区研究。

文化与科技融合产业文化和科技融合特色园区及孵化器收入超过3000亿元。推动建设创意经济孵化、工业设计服务、创意数码转化3个平台，累计孵化、合作项目100余项。互联网教育创新中心全部完成转型，清退不符合业态企业245家，引入企业73家。

智能硬件产业依托中关村智造大街，打造具有全球竞争力的智能硬件产业集聚区。吸引创新主体21家，产值30余亿元。加快海龙大厦等传统电子卖场转型升级，打造智能硬件创新中心。引入智车优行等40余家创新企业和创业孵化器。依托清河—西三旗区域，打造北京市智能制造创新中心，形成《金隅天坛智能制造创新园产业规划方案》。

（程晓荷）

【中关村U30第二赛季】　1月23日，“寻找改变世界的青年创业力量”中关村U30第二赛季在北京银行中关村小巨人创客中心启动。创业项目来自TMT、健康、教育、社交、生活服务、营销服务、新媒体等领域，15位选手成功晋级年度决赛。北京银行中关村分行、大河创投、易一资本、领创金融4家机构联合签署中关村U30项目战略合作协议。合作各方共同为中关村U30的参赛选手提供综合资本方案和资源支持。全年四次季赛、一次年赛，最终评选出30名30岁以下的创业青年，获得创业导师陪伴、投资基金支持、媒体宣传跟进、政府资源保障。

（蔡宇行）

【第三届Innoway创新创业节】　6月12日—15日，由中关村科技园区海淀园管委会、中关村创业大街主办的第三届Innoway创新创业节在中关村创业大街举行。科技部火炬中心、北京市科委、中关村管委会以及海淀区领导出席开幕式。在12日的开幕式上，中关村创业大街分别与保定国家高新区、中欧区域经济合作中心签署合作协议，中欧区域科技创新中心正式挂牌，中关村创业大街创新展示中心、创视记—视频孵化实验空间正式启用。创新创业节设置创新集市、智慧教育创新展、全球科技投融大赛、盛景全球创新大奖文化娱乐专场、智能硬件节、街区机构主题活动等13场活动，吸引来自美国、澳大利亚、韩国、新加坡、挪威、法国、中国香港7个国家和地区的254家创新创业服务机构、大企业、政府机构、创业团队、社会组织，1.3万余人次参与，数百个创业项目得到展示。超过150万人在互联网上关注线上直播。13日，启动第一届全球创业投融大赛。14日，中关村创业大街与多家机构联合发布《全球创新青年领袖计划》。该计划与全球知名高校、机构建立合作，通过创新创业体验、创业实习、创业第二课堂等方式，在全球搭建一个能够挖掘、筛选和培养优秀创新青年的平台，引领全球青年创业浪潮，促进全球创新文化交流和思想碰撞。

（钟冷　程晓荷）

【中关村智造大街开街】 7月23日，中国首个高度聚集围绕“智能制造”创新创业资源的街区——中关村智造大街在海淀区五道口正式开街，工业和信息化部副部长怀进鹏、北京市副市长隋振江、科技部火炬中心主任张志宏以及市相关委办局领导、海淀区领导出席启动仪式及相关活动。中关村智造大街是北京市落实“中国制造2025”和“互联网+行动计划”的重要措施，由中关村管委会、海淀区共同打造。智造大街北起双清路，南至成府路，全长380米。大街以“创意转化和硬件实现”为目标，围绕智能制造领域，打造七星服务生态体系（包括敏捷制造快制、产品创意工业设计、技术研发方案设计、检验检测标准认证、产品中试中小批量、协同创新科技服务、市场推广品牌提升）。开街仪式上，中国电子技术标准化研究院、京东方、北京协同创新研究院等签约，正式入驻中关村智造大街；工信部和北京市政府签约，共同建设人工智能与智能硬件创新创业平台；国际协同创新平台正式成立；智能制造产业基金成功签约，设立10亿元智能制造产业基金。首届“中关村国际创新周”同时开幕，中国首款商用氢燃料电池发动机亮相，这款由北京亿华通科技股份有限公司研制的发动机是一款终极环保发动机，可实现零污染。大街汇集20余家孵化机构和40余家国内外优秀创业服务机构，全年举办创业活动2800余场次。

（钟冷　程晓荷）

【全国人大常委会领导调研中关村智造大街】 8月2日，全国人大常委会副委员长陈昌智一行20余人，到中关村智造大街调研科技中介和成果孵化服务体系建设情况。中关村智造大街以“创意转化和硬件实现”为目标，以全链条服务和孵化为特色，涵盖各类服务机构，帮助海淀原创的硬科技实现从0到1的过程，并为企业加速发展提供资本、政策和空间等多方位支持，是海淀布局硬科技创新转化的核心节点。陈昌智强调，要着力做好促进科技成果转化相关工作，不要让新技术新应用停留在实验室里，要在社会中发挥作用。

（程晓荷）

【中关村大街形象提升规划设计国际竞赛发布会】 8月13日，由区政府主办、中关村大街建设办公室及北京中关村大街运营管理股份有限公司承办的“中关村大街形象提升规划设计国际竞赛发布会”在中关村国家自主创新示范区展示中心举行。竞赛总体研究对象为中关村大街（南起白石新桥，北至清华西门，总长度7.2千米）两侧可视范围内的城市形象。竞赛内容重点从形象规划及专项研究两大方向深入开展。通过对中关村大街空间环境与形象定位的深入研究，为大街空间塑造和品质提升提供创新性的设计理念和领先国际的设计水准，提出兼具前瞻性和可操作性的规划方案和实施计划，引导中关村大街空间改造工作的可持续推进。

（蔡宇行）

【“中关村指数2016”发布】 10月12日，“中关村指数2016”发布。“中关村指数”由北京方迪经济发展研究院和中关村创新发展研究院共同研发，由“创新创业环境、创新能力、产业发展、企业成长、辐射带动、国际化”6个分项指数组成，包含14个二级指标和38个三级指标。从分项指数来看，创新创业环境指数为542.1，较2015年提高184.4，是增长最快的分项指数。指数报告显示，2015年，在中关村内进行股权投资的机构为672家，占全国的41%；风险投资额达1020.3亿元，约为2014年的3倍。2016年上半年，中关村PE/VC（私募股权投资/风险投资）投融资活动持续活跃，705家（712起）企业获投金额1255亿元，同比实现翻番增长。在其他指数方面，国际化指数为439.9，较2015年提高158.3；辐射带动指数为358.3，较2015上年增加68.2；创新能力指数为334.8，较2015年提高73.1；产业发展指数为265.4，较2015年提高19.5；企业成长指数为260.6，较2015年提高9.9。

（钟冷）

【Demo the World 赛事】 10月16日，中关村创新创业季全球顶级赛事——Demo the World在中关村创业大街举行。大赛由中关村创业大街等单位主办，以人工智能领域为主，来自韩国、美国、英国、芬兰、意大利、瑞士、爱尔兰等国家的代表队参赛。大赛为获得优胜奖的团队提供1万美元奖励，由中关村创业大街提供6个月的孵化落地服务。

（蔡宇行）

园区服务与管理

【概况】 2016年，海淀园“三站”建站总数92家，其中院士专家工作站29家，博士后工作站55家，博士后（青年英才）创新实践基地工作站8家，累计进站院士67人次，博士后325人。园区“千人计划”“海聚工程”“高聚工程”累计入选人数分别为1040人、267人和184人，分别占全市入选总数的70%、36%和68%；累计617人入选“海英人才”，其中创业领军人才217人、创新领军人才313人、青年英才87人。

海淀园院士专家工作站服务中心、园区设站单位中国电子工程设计院、北农大院士专家工作站被中国科协企业创新服务中心评为2016年示范院士专家工作站（园区服务中心）。

（程晓荷）

【出入境新政策宣讲】 3月15日，海淀园管委会在中关村高端人才创业基地举办政策宣讲会，邀请中关村管委会和北京市公安局出入境管理局负责人作最新政策解读，并进行现场答疑。3月1日，公安部推出20项出入境新政，涉及签证、入境出境、停留居留等方面，主要服务在北京创新创业的外籍高层次人才、外籍华人、创业团队外籍成员和外籍青年学生4类外籍人才，并在中关村国家自主创新示范区先行先试。海淀区创业服务机构及入驻企业、区重点企业、海英人才企业、外籍创业者等近60人参加。

（程晓荷）

【科技与产业政策培训会】 8月26日，由中关村新兴科技服务业产业联盟主办、海淀园管理委员会支持的“2016年海淀区科技与产业政策培训会”在泰智会协同创新中心举办。海淀园管委会对2016年全国高新技术企业认定和中关村高新技术企业认定、海淀区协同创新券、海淀区生物工程和新医药批件落地专项和海淀区企业研发投入补贴专项4项政策进行解读与梳理。合众思壮、助力科技、大唐电信等80家单位的92位代表参加培训。

（程晓荷）

【“创e堂”专题培训】 8月27日，北京高校大学生创业园（软件园）举办主题为“初创企业如何绕开九大死亡之‘坑’”和“社群营销的方法、技巧与实践”的专题培训。“创e堂”是中关村软件园大讲堂针对创业者新开设的创新创业培训课程，旨在帮助初创企业解决在发展过程中遇到的问题。“初创企业如何绕开九大死亡之‘坑’”的培训主题，分析公司在创立之初普遍面临的九大死亡之“坑”，针对九大死亡的原因给出切实有效的解决之道；“社群营销的方法、技巧与实践”的培训主题，从概念到实操，分享社群的营销方法。

（蔡宇行）

【“创响中国”北京站创业培训】 9月22日，“创响中国”北京站“五个一”系列活动之创响中国北京站创业培训活动在国家自主创新示范区展示中心举行。活动由中关村创业大街和北京大学创业训练营联合主办，主题为“精益创业：创业者必修课”，来自全国的双创人才逾200人参加活动。活动现场，导师与创业者互动，针对实质性创业问题进行解答交流。活动期间，海淀区开展“五个一”系列活动（一次政策宣讲、一次创业培训、一次创业沙龙、一次创意设计、一系列自选活动），集中展现近年来创新创业发展的主要成果。

（宋鸽）

专业园区建设

【概况】 2016年，海淀园围绕落实国家创新驱动发展战略部署，加快建设全国科技创新中心核心区。对接高校院所，发掘重大科技成果。建立常态化工作会商机制，做好资金链、产业链等各种资源的配置服务，有效促进海淀区的高技术产业发展，整合科技成果转化资源。支持航材院石墨烯成果转化平台等重点项目建设，由海淀区国有资产投资经营有限公司出资5000万元，参与组建项目公司。发挥航材院和中国航发的技术及市场平台优势，在海淀区打造石墨烯材料的跨行业产业集群；设立基金，促进科技成果转化。推进北航科技成果转化落地，促进海淀区通用航空产业的发展。海淀区与软银中国资本、北京航空航天大学和中航资本共同设立“通航产业基金”。中关村玉渊潭科技商务区、中关村东升科技园、清华科技园启迪孵化器等11家单位获“北京商务服务中心”授牌。

（程晓荷）

【北京实创高科技发展有限责任公司】 2016年，公司资产总额为226.96亿元，净资产18.85亿元，其中归属母公司净资产18.52亿元；实现总收入39.70亿元，实现利润总额29118万元，净利润24489万元，上缴税费27154万元。统筹推进大上地地区道路体系完善、环境整治、产业园区及配套建设的分类实施工作。其中，G7西侧交通疏堵与环境综合整治工程完成立项和初步设计及疏解工作，签署搬迁腾退协议金额8.67亿元，支付资金5.92亿元。培育战略性新兴产业，围绕智能软硬件、人工智能、大数据产业，推动创新型孵化器、加速器、众创空间等整合创新资源的市场化集成运营平台建设。中关村虚拟现实孵化空间累计孵化创业项目和团队80余个，获得创业投资2亿余元，打造成为VR企业发展微型生态圈，初步形成中关村虚拟现实产业链。创新园区物理空间服务和全链条科技产业投资相结合的科技服务新模式，出资2000万元投资中科飞鸿，出资2700万元投资中科海迅，出资1000万元投资参与北京市重点知识产权基金设立。完成“新三板”基金北京中海实创投资基金管理中心增资，发起或参与设立专业化产业发展基金、创投基金，提升企业盈利能力。

（孙燕艳）

【永丰产业基地新园】 年内，永丰基地完善园区综合规划，以功能定位约束空间规划、约束开发强度、约束用途用量，推进“多规合一”，科学布局生产空间、生活空间和生态空间，加快智慧生态园区建设，打造国内智慧生态园区的示范品牌。推进G、H、C地块供地工作，完成入库协议签订。G、H地块实现11宗土地供地，建设用地面积29.4公顷，可为中关村科学城北部地区产城融合提供10万平方米的商业空间和46万平方米的居住空间，其中经营性用地实现招拍挂，收回土地开发成本23.6亿元。C4、C5公租房项目规划作为北京市最大的住宅产业化社区和绿色三星建设示范工程，完成后可为园区提供20.7万平方米的公共配套空间。推进路网建设，政府投资项目大牛坊中街、永丰东环路北延、唐家岭路、皇后店中街7.05公里城市次干路建设进展顺利，其中大牛坊中街、唐家岭路达到使用条件。

（孙燕艳）

【北京海淀科技园建设股份有限公司】 公司成立于2000年6月18日，经过重组和改制后，现为一家以民营上市企业控股、国有资本参股的混合所有制企业，下属控股公司有北京德成置地房地产开发有限公司、北京德成兴业房地产开发有限公司、北京盛世翌豪房地产经纪有限公司。2016年，公司主要承担西北旺新村（百旺新城）综合开发和冠城大通百旺府的开发建设。冠城大通百旺府实现开复工面积33.8万平方米，竣工面积9.56万平方米。6月，西北旺A3地块项目取得市、区两级立项批复。

（程建华）

【北京实创科技园开发建设股份有限公司】 2016年，公司实现总收入2266万元，净利润6163万元；完成投资86亿元；现金流入144.88亿元，其中经营性现金流入89.12亿元。实创股份所属园区2015年承担61个开发建设项目，计划总投资159.3亿元，实际完成投资86亿元。实创股份作为责任主体，完成固定资产投资34亿元。重点二级项目中关村壹号、北部服务大厦、科技企业加速器、国际学校、海淀北部文化中心等完成投资12.7亿元。

（陈天鹏）

【中关村软件园】 2016年，中关村软件园入园企业总数累计532家，同比增加129家，其中上市企业47家（含分支机构），国家规划布局重点软件企业23家，“十百千工程”企业26家，中国软件百强企业11家，入选“瞪羚计划”企业35家，收入过亿企业60家。新增从业人员1万人，累计6.4万人。产值1819.4亿元，增长13.5%；利润177.3亿元，增长9.7%。拥有知识产权32320项，同比增加8237项，其中授权专利19250件，同比增加13042件。科技成果转化389项，同比增加55项；企业发布236件新产品新技术，同比增加139项；累计25人入选中组部“千人计划”，累计15人入选“国务院特殊津贴”，累计16人入选“青年千人”，1人入选“长江学者”，累计21人入选“海聚工程”，累计17人入选“高聚工程”，累计7人入选“科技北京领军人才”。研发经费投入205亿元，同比增长17.1%。举办愿景与行动——“漫话中以双创之旅”沙龙、“2016国际视野下的创新与资本论坛”、第三季创新之源大会“智慧健康”专场等活动。与贵州民族大学共建软件学院，获贵州省教育厅批复，开设计算机科学与技术（移动互联网方向）、软件工程（JAVA开发方向）、信息与计算科学（大数据应用方向）、市场营销（互联网营销方向）4个专业方向，开始招收本科生。与河北省廊坊市签约共建“中关村软件园人才培养与创新创业平台”。与昆明学院合作共建软件工程（软件开发方向）和软件工程（大数据方向）两个专业，开始招收本科生。与内蒙古民族大学共建大学生创新创业基地。中关村软件园企业合作体系与120所高校建立合作关系，和20所高校开展专业共建，园区实训基地累计培训4万余名大学生，其中3万余人进入中关村企业实习或就业。

（张蕾）

【中关村大数据产业园挂牌】 5月12日，中关村大数据产业园揭牌暨入驻企业签约仪式在中关村软件园举行。产业园由海淀区人民政府、北京市经济和信息化委员会、中关村管委会共同建设，设立中关村软件园和清华科技园两个分园，建筑面积2.5万余平方米。产业园与10余家企业签订入驻协议，同时成立北京大数据研究院，初步形成科技创新驱动大数据落地的“北京模式”。海淀区聚集大数据产业链上下游企业140余家，占全市的65%，占全国的35%，具备较完善的产业链条，在商业应用、平台技术等领域成为重要支撑。

（张蕾）

【中关村软件园与廊坊签约共建】 5月17日，中关村软件园与廊坊市人民政府在廊坊国际会展中心签约，合作共建“中关村软件园人才培养与创新创业平台”。根据协议，双方在创新创业人才培养和创新创业服务两方面开展合作，包括建立创新创业人才培养体系，为京津冀区域内的云计算、大数据、电子商务等领域的企业提供中、高层专业技术人才；搭建创新创业生态体系，培养选拔优秀创业项目，孵化培育科技型中小企业，承接中关村IT企业合作项目，重点引进和培育“互联网+”、电子商务、软件与信息服务产业创新创业团队，建成集综合服务、科技金融、企业孵化、众创空间等功能为一体的创新创业服务平台。

（张蕾）

【百城千校十万智能制造人才培养助推计划发布会】 5月25日，由中鑫创投（北京）教育科技有限公司（简称中鑫创投公司）和中关村软件园公司共同主办的“百城千校十万智能制造人才培养助推计划新闻发布会”在中关村软件园举行。中鑫创投公司与德国著名的职业教育机构Trias及瑞士著名的智能制造企业史陶比尔公司合作，推出“百城千校十万智能制造人才培养助推计划”，用5年左右的时间，与国内100个大、中型城市的1000所院校合作共建机器人专业，联合培养10万名智能制造人才，以满足智能制造产业发展的用人需要。发布会上，中鑫创投公司与德国Trias公司签订合作协议，形成人才共育、过程共管、责任共担和成果共享的紧密型合作关系。

（张蕾）

【共建MBA实践基地】 10月28日，海淀创业园与闽江学院新华都商学院合作共建新华都商学院海淀创业园MBA实践基地。海淀创业园为实践基地的创业者提供实践机会、工位、完备的孵化服务。新华都商学院为海淀创业园提供专业咨询服务，利用MBA学员的实践项目，在实际操作中获得切实可行的孵化新方式，开拓解决疑难问题的新思路。

（宋鸽）

【组建海淀科技产业空间优化基金】 年内，由北京实创高科技发展有限责任公司、北京实创科技园开发建设股份有限公司和联想控股成员企业弘毅投资联合发起设立的海淀科技产业空间优化基金正式注册成立。空间优化基金总规模300亿元，首期规模50亿元，主要用于优化园区乃至核心区的产业空间，通过产业引导吸引产业入驻、扶植产业发展，通过改造翻新、业态调整、管理提升等方式，在实现产业升级和腾笼换鸟的同时，实现资产的保值增值。

（孙燕艳）

【中关村科学城发展研究】 年内，海淀园开展中关村科学城建设进展评估与新时期深化建设战略措施研究工作，通过对主要11个建成投入项目分析，企业注册数量和注册资本总额呈现逐年递增的态势，科学研究和技术服务类企业占40.1%。接洽企业来访80余次，包括实创股份公司自持加速器等重点项目17个。拉卡拉总部选址中关村壹号；实创股份“国家生物医药+大健康产业园区”可为“生物医疗器械产业”储备发展所需空间资源。

（宋鸽）

产业与企业发展

【概况】 2016年，海淀园完善产业促进体系，构建“高精尖”经济结构。发挥产业集聚创新资源与要素的特征，进一步激发企业活力和产业发展动力，推动中关村产业向高端化、国际化发展。开展中关村核心区产业要素组织及培育方式研究，壮大优势产业，拓展新兴产业，推动创新创业深化，加速产业结构升级。

（程晓荷）

【中关村国家自主创新示范区展示交易中心】 2016年，中关村国家自主创新示范区展示交易中心（简称展示交易中心，由展示中心、会议中心和海淀安全馆三部分组成）发挥成果展示、项目发布、交易洽谈、文化传播、会议论坛、教育培训等功能。完成“2016全国双创周”北京会场、全国总工会“五一”特别节目、“ASFC·尖兵之翼”第七届中国无人机大会暨展览会”等活动的场地准备、布展协调、外围保障和接待任务。展示中心以“加快建设全国科技创新中心，打造中关村示范区升级版”为主题，集中展示中关村在人工智能、数据与信息安全、生物健康、新材料、智能制造、智能交通、节能环保、3D打印、集成电路、“互联网+”十大领域的360余家企业的前沿创新成果570余项，全年接待中央和国家机关、省市领导、外国政要、企业、军队和学校等各类参观团体990批、5万余人次；海淀安全馆接待团体387个和散客3.8万余人次。会议中心接待各类会议、论坛等770场、7.1万余人次。展示交易中心公共接待部荣获北京市“工人先锋号”称号。

（彭志生）

【全球首款自平衡车变形机器人发布】 2月24日，小米公司旗下的生态链企业Segway&Ninebot在CES（国际消费类电子产品展览会）上发布一款名为“Segway Robot”的机器人。机器人结合小米、英特尔和Segway&Ninebot的技术优势，使用九号平衡车底盘，是全球首款自平衡车变形机器人，平时是一款自平衡车，打开开关就成为一台有眼睛、会说话、能听懂人指令的机器人。

（梁冰）

【“亭基地”落户海淀】 2月28日，青亭网与创业公社在北京共同宣布，首家虚拟现实产业基地——中关村虚拟现实加速器“亭基地”落户创业公社中关村国际创客中心。“亭基地”占地2000平方米，以VR/AR特色街区作为基地，组成VR产业集群；在VR街区布置最高端、新锐的VR展示、体验项目和设备。创业公社助推入驻企业申报“中关村雏鹰计划”“中关村高新技术企业”“国家级高新技术企业”等数十项相关政策扶持；中关村国际创客中心为入驻项目提供路演、活动、产品发布场地；创业公社与青亭网平台上的100家媒体联盟，可为入驻企业提供媒体资源共享，助力品牌传播；创业公社汇集合作伙伴斯坦福大学商学院、清华大学等数十所学术机构，红杉、IDG、经纬、险峰华兴、顺为、真格等百余家投资机构，全程助推入驻的VR/AR项目。

（梁冰）

【中关村e谷签约辽宁锦州】 3月1日，北京航空航天大学科技成果在辽宁转化项目推进会在北京辽宁大厦举行。中关村e谷在北京、天津、河北、山东、山西、浙江、贵州等地运营管理11个基地和产业园区，累计孵化面积近40万平方米；打造出两个国家级产业基地、4个省级孵化基地，累计孵化科技型企业1500余家，成功孵化企业560余家，解决人员就业1.28万余人。

（梁冰）

【中国政企合作投资基金落户海淀】 3月4日，注册资本为1800亿元的中国政企合作投资基金股份有限公司正式落户中央财经大学科技金融产业园。中国政府和社会资本合作（PPP）融资支持引导基金是由财政部和国内10家大型金融机构、投资机构共同发起设立的政企合作投资基金，是中国第一支国家级PPP基金，也是目前最大的一支PPP基金。中央财经大学科技金融产业园是国家科技金融创新中心北下关科技金融功能区的龙头，2011年6月29日海淀区与北京市政府签约共建，被列为中关村科学城的重点建设项目。中央财经大学科技园在园企业注册资本总额突破1850亿元。

（梁冰）

【三峡集团与中船重工集团签署合作协议】 3月14日，总部设在海淀区的中国三峡集团与中船重工集团签署战略合作协议和风电项目合作协议。三峡升船机船厢室段采用国内外联合设计方式，设计工作由长江设计院和德国LI/KUK设计联营体共同承担。中船重工承担三峡升船机主体设备的二次设计和制造任务，提供船厢结构及其设备、平衡系统、电气传动、计算机监控、图像监控、通航调度指挥等设备。

（梁冰）

【联想集团总收入突破3000亿元】 3月30日，联想控股集团发布自上市以来首份年度业绩报告，全年收入3098亿元，同比增长7%，成为海淀区首家总收入突破3000亿元的企业。股东应占净利润为46.59亿元，同比增长12%。联想控股财务投资板块投资收入及收益40.49亿元，同比增长63%；净利润41.87亿元，同比增长98%。作为支柱产业的战略投资收入2932.55亿元，同比增长8%，主要为联想集团整合X系统和摩托罗拉业务带来的收入增加。在战略投资领域，除IT业务外，金融服务板块、现代服务板块和农业食品板块表现突出。

（梁冰）

【北京协同创新研究院与香港科技园签约】 3月31日，北京协同创新研究院与香港科技园签署合作协议，北京协同创新研究院投放1亿港元在香港成立“北京协同创新香港基金”，鼓励香港青年投身科技创业。根据协议，北京协同创新研究院香港分院将落户香港科学园，通过与当地大学、科研机构、科技企业和人才合作发展创新科技。

（程晓荷）

【同方金融IC卡芯片获国际认证】 4月20日，北京同方微电子有限公司在北京清华同方科技广场举行CCEAL5+颁证典礼，挪威SERTIT安全认证部主任Kjartan向同方微电子颁发国际CC EAL5+安全认证证书，标志着同方微电子自主研发的双界面金融IC卡芯片THD88/M2064（简称“THD88”）成为国内唯一一款获得该认证的芯片产品。紫光国芯股份有限公司、挪威SERTIT认证机构代表、荷兰Brightsight实验室代表、30余家合作伙伴代表、同方微电子公司员工共300余人出席典礼。THD88是全球唯一一款同时获得CC EAL5+认证、银联卡芯片产品安全认证和国密二级认证的金融安全芯片，同方微电子有限公司成为国内唯一一家通过此认证的安全芯片企业。

（蔡宇行）

【新浪总部大楼竣工交付使用】 5月9日，新浪总部大楼竣工典礼暨交付仪式在中关村软件园二期举行。该大楼位于中关村软件园二期，占地2.9公顷，建筑面积约13.22万平方米，耗资约15亿元。该大楼于2013年2月奠基，地上6层，地下3层，包括工作区域、员工休息区和健身房、餐厅、停车场等功能区。

（张蕾）

【中国航空发动机落户海淀】 6月24日，海淀区与中国航空发动机集团有限公司举行中国航发落户海淀区战略合作备忘录签约仪式。中国航空发动机集团是国务院批复设立的国有控股商业类军工集团公司，下属企业包括中航工业所属从事航空发动机及相关业务的企事业单位共46家（在京单位9家），企业注册资金500亿元（北京市入资100亿元，占股20%）。

（梁冰）

【中关村科学城互联网服务创新园开工】 7月20日，中关村科学城互联网服务创新园（中国科学院信息化大厦）奠基暨开工仪式举行。中科院、海淀区政府等单位相关负责人及大厦设计、施工、监理单位的代表等180余人参加。创新园是中关村科学城第四批建设项目，以互联网服务产业为核心，将打造成为国际互联网区域交流中心，集研发、孵化和总部产业基地为一体的互联网高技术服务产业链航母集群。整体建筑面积6.7万平方米，高度80米，施工周期3年。

（程晓荷）

【“威客空间”落户海淀】 7月22日，北京市首个互联网信息安全基地——威客空间发布会暨安全孵化项目启动仪式在海淀区益园文创基地举行。作为国内首个将“互联网+安全”结合落地的专属安全孵化器，“威客空间”秉持“直击痛点·让创业者专其所长，助力安全小微企业和创业团队崛起”战略，通过与多家机构开展战略合作，构建专属于信息安全领域的企业孵化基地，提供对接支持与针对性创业服务，助力小微企业和创业团队成长升级。活动由北京锦龙信安科技有限公司（“威客安全”）与北京顺宝蓝庭投资有限公司（“ta众创”）联合主办，海淀园管委会和公安部主管的《信息网络安全》杂志社指导。

（宋鸽　梁冰）

【PNP中国总部落户海淀】 7月23日，在中关村智造大街开街仪式上，Plug and Play（简称PNP）中国总部正式签约落户中关村智造大街。PNP总部位于加里福尼加州桑尼韦尔市，是美国亚美迪集团公司旗下专注于科技型创业团队孵化和投资的机构，也是全世界最早成立的孵化器之一。PNP被美国硅谷《商业时报》评为“2014年度最佳孵化和投资机构”。PNP在美国硅谷、中国、德国、新加坡、西班牙等30余个国家建有合作机构或孵化中心，PNP在北京、上海、深圳、杭州、苏州、郑州、西安、重庆设立8个科技孵化加速中心，投资并孵化超过200家本土初创企业。PNP中国总部将管理并服务于全国8个加速中心，为中国提供孵化器全球网络、一体化创业生态、投资人直通车、世界500强企业资源对接等方面的服务。

（梁冰）

【《海淀区“互联网+”行动实施方案(2018年)》发布】 8月5日，区政府印发《海淀区“互联网+”行动实施方案（2016—2018年）》（简称《方案》）。《方案》包括总体思路与发展目标、重点行动、保障措施三大部分，提出实施“互联网+”产业转型升级行动、“互联网+”服务业创新行动、“互联网+”城市管理提升行动、“互联网+”发展基础夯实行动、“互联网+”体制机制创新行动五大重点行动，到2018年，突破一批“互联网+”关键核心技术，形成一批“互联网+”公共服务平台和产业创新中心，培育一批“互联网+”新兴业态，打造一批“互联网+”领军企业和创新示范企业，构建起适合“互联网+”发展的开放包容环境，海淀区互联网与经济社会各领域实现深度融合，成为京津冀地区协调发展高地和全国“互联网+”带动辐射中心。

（程晓荷）

【中关村智通智能交通产业联盟成立】 8月29日，“中关村智通智能交通产业联盟”成立。联盟由北京市交通委员会指导，由海淀园千方股份、清华大学、北汽新能源等30家知名智能汽车与智能交通企业、科研院所和高校发起，产业覆盖通信、汽车、汽车电子、交通管理服务等领域。联盟将对接国家智能汽车与智慧交通相关政策，在绿色用车、智慧路网、智能驾驶、便捷停车、智能收费、智慧管理以及车联网等应用领域开展工作。

（梁冰）

【中关村创业大街与英特尔公司共建实验室】 9月21日，中关村创业大街与英特尔公司正式签约，宣布联合成立开放创新实验室。利用中关村创业大街的引领示范、聚集辐射作用和英特尔的技术优势、产业资源，支持智能硬件、机器人、AR、VR、物联网、大数据等前沿领域技术创新项目的研发和落地，帮助优秀的国际国内创新企业快速发展。

（蔡宇行）

【全球首款亿级并发云服务器量产】 11月29日，中关村海淀园企业中科曙光公司宣布，由其研发的全球首款亿级并发云服务器系统在天津正式量产，通用服务器系统并发能力从“千万”级步入“亿”级。并发云服务器系统实现三大核心技术突破：全新云计算基础装备；国产自主设计的体系架构，确保云基础设施安全可控；超高性能功耗比，亿级并发访问，性能提升显著。曙光云服务器系统与传统架构相比，节点性能功耗比提升3倍以上，总拥有成本降低70%。此款云服务器已在中国电信的天翼云、中国银联的联云平台、中国教育电视台的教育新媒体云上部署应用。

（钟冷）

【中关村军民融合军地对接平台启动】 12月24日，中关村军民融合军地对接平台暨军方联络处在海淀区启动。北京市、部队系统、工业和信息化部、国防科工局、市政府、市经信委、中关村管委会、北京市双拥办和企业代表及海淀区领导出席活动，共同启动中关村军民融合军地对接平台，并为中央军委联合参谋部、后勤部保障部、训练管理部、陆军、海军、空军、火箭军、战略支援、军事科学院、国防大学、武装警察部队、后勤学院、空军指挥学院13家军方联络处揭牌。中关村军民融合创新学院同时启动，并发布军民融合评价标准体系，打造“第四代产业园共治模式”“政产学研介金孵军”等八大市场主体在一个平台发展。

（钟冷）

经济信息化建设

【概况】 2016年，经济信息化办公室推进“智慧海淀”建设，着力优化区域发展基础环境。推进无线网络覆盖，实现在2598个区域免费上网，包括政府公共服务区域396个、科技园区服务区域3个、社区公共服务区域1360个、商业服务区域17个、交通场站服务区域822个。累计注册人数78万，上网流量155.5TB。

（郑雪）

【中关村“互联网+”产品发布会】 1月16日，由中关村“互联网+”品牌孵化中心举办的中关村“互联网+”产品发布会召开。作为国内首个“互联网+”产品发布会，微众传媒、优势科技、硬蛋空间、好狗狗4家公司集中发布“互联网+”产品，产品涵盖新概念产品、“互联网+”服务、智能硬件等诸多领域。30余家企业的“互联网+”产品参与现场体验抢购，包括食品、饮品、日用品、化妆品、保健品、智能设备等。

（程晓荷）

【“智慧海淀”展厅项目产品推介会】 1月29日，由海淀区经信办、海淀园科技中心筹建的“智慧海淀”展厅项目开始企业技术成果及产品的推介工作，项目于2015年3月启动。展示内容主要包括智慧家居、智慧厨房、智慧交通、智能建筑、智慧教育、智慧医疗、智能城市管理及智能产品应用等。

（梁冰）

【中关村数据资产双创平台启动】 4月28日，全球首个数据资产评估模型发布暨中关村数据资产双创平台在中关村启动。该评估模型是集群性的，涵盖数据的内在价值、业务价值、绩效价值、成本价值、市场价值、经济价值6个子模型，从数据的数量、范围、质量等多个维度，按不同的权重配比等，实现对数据资产的全方位、标准化评估。企业创新创业融资可用数据资产进行抵押。在启动仪式上，全国首笔“数据贷”成功发放。

（梁冰）

【“中关村领创金融咖啡”开业】 7月12日，位于中关村创业大街的“中关村领创金融咖啡”正式开业。金融咖啡馆是一个全新的金融服务平台，在解决双创企业融资难题上持续提供创新解决方案，为创业者提供创业咨询、创业培训、搭建线上线下信息交流平台等一系列配套服务。邮储银行和中关村发展集团签署协议，邮储银行提供100亿元意向性授信，用于中关村科技园区建设、科技金融创新和中小微企业一体化金融服务等。中关村领创金融咖啡的落地，是国有资本引领创新创业的试点和窗口，也是探索建立“国有金融机构+国有科技产业集团+创新创业服务全要素”的示范性服务空间的新尝试。

（梁冰）

【启迪之星投资获两项国家级殊荣】 11月6日，由中国母基金联盟主办的中国私募基金峰会暨颁奖盛典在北京举行，“2016中国私募股权基金排行榜”揭榜。清华科技园启迪之星投资获“2016中国天使投资基金TOP20”和“2016年中国双创基金TOP10”两项殊荣。

（梁冰）

【北京中关村银行获批】 12月21日，海淀企业用友网络、碧水源、光线传媒公司等11家A股上市公司发布公告，称合作组建的北京中关村银行股份公司获银监会和北京银监局批复。北京中关村银行是全国第12家民营银行，是北京市首家民营银行，定位为科技银行、互联网银行。注册资本40亿元，其中用友网络出资11.92亿元，持有29.8%的股权，为公司第一大股东；碧水源出资10.8亿元，持有27%股权，位列股东第二位；光线传媒、东方园林、东华软件、华胜天成、东方雨虹、梅泰诺、鼎汉技术等上市公司参与该行的股权认购。

（梁冰）

【政务云平台建设】 年内，区经信办完善政务云平台、政务光缆和办公平台建设。全年部署56家单位163个业务系统。其中，使用云服务器422台、云数据库171个、云负载均衡29个，实际支出费用761.45万元，比自建模式节省480.41万元。敷设光缆总长度1524.24公里，覆盖区属单位（含二级以下单位）475家，建设费用3年累计约5236万元，较租用同类同量光纤节省约7814万元。部门办公系统增加至88个。全区办公系统收发文单位覆盖120家，全区流转办理文件78840件，信息发布12043件，公文收发27444件，会议通知7943件，实现公文流转无纸化传递，减少人工传递公文，节约纸张的使用。

（郑雪）

【整合系统功能】 年内，区经信办整合企业信用评级、创业创新服务、企业信息化服务等系统功能，为企业入孵、办公选址、政策对接、信用评级、融资对接提供网上服务。截至年底，为4507家企业提供网上服务，同比增长53%，沉淀企业各类数据超6万条，同比增加48%。

（郑雪）

【城市管理信息系统建设】 年内，区经信办建成一批提升城市管理水平的信息系统。建设区突发事件预警信息发布系统，实现网格化区域预警信息分灾种、分区域、分群体、分时段发布。扩大重点公共区域的监控覆盖面，实现重要区域24小时全天候图像监控服务。搭建海淀区实时公众信息统计分析及决策服务平台，为政府部门提供管理决策参考，带动区域经济的快速发展。搭建区市政市容环境监控指挥系统，实现对全区所有环卫车辆道路作业情况、区内垃圾楼、垃圾处理厂等环卫设施的远程监管，提升城市管理精细化水平。继续推进智慧教育、智慧卫生、智慧社区、街镇项目等一批民生服务项目建设，全面增强民众获得感。

（郑雪）

交流与合作

【概况】 2016年，海淀园注重强化国际交往功能，发挥中关村国家自主创新示范区核心区的独特优势，引进来，走出去，加紧建设具有全球影响力的科技创新中心，实施促进政策，开展品牌活动“环球商机系列活动”，助推企业国际化；建立海外研发中心及海外并购，给予一定的费用补贴。设立海外创新母基金。与中海投、盛景网联研究合作设立海外创新母基金，支持及引入创新项目落户海淀；依托中关村核心区驻硅谷、香港等地的创新驿站，促进技术创新资源的双向流动，并在全球化网络的重要节点展开布局。

（程晓荷）

【2016国际视野下的创新与资本论坛】 1月19日，由中关村管委会、海淀区政府、中关村发展集团、中关村股权投资协会共同发起的2016国际视野下的创新与资本论坛（第四届）在中关村软件园举办。来自中国、以色列、美国、加拿大、法国等国的200余位创业精英、10个国家驻华大使馆及300余位创业精英、专家学者近1000人齐聚论坛。论坛设有国际及国内“三优三高”项目展示、以色列跨境视频路演专场，项目涵盖环保、农业、医疗、纳米技术、先进制造、IT和视频压缩等领域的高科技创新项目。投资方与海外项目代表直接洽谈。

（张蕾）

【“创业之美”女性创业沙龙】 3月10日，由全国妇联、北京市妇联主办，北京市妇女国际交流中心和中国投资人中心承办的“全国三八红旗手走进中关村创业大街专场活动暨‘创业之美’女性创业沙龙”活动在中关村创业大街举行。活动邀请三位互联网行业的女性作为主讲嘉宾，以“互联网开启女性创业黄金时代”为主题，分享各自的创业感受与体悟。国内首个专业女性科技创业加速器TechBase她本营的创始人兼CEO凌子涵，以互联网创业者和加速器运营方的双重身份，剖析互联网时代女性创业的优势和挑战；悠泊代客泊车APP的创始人兼首席体验官赵珏映，讲述如何打破传统观念、把女性视角和创业项目有机融合、抓住社会痛点获得成功的故事；专为女性打造的旅游生活APPYOLO-BOO的创始人及CEO蒲彧，分析中外移动互联网用户特别是女性用户的习惯差异，以及如何抓住其中的创业机遇。活动邀请商务部2015年发展中国家女官员领导力建设研修班的学员参加，50余名来自亚洲、非洲、美洲和欧洲等的学员与3位主讲嘉宾共同探讨国内外女性创业经验。

（蔡宇行）

【“环球商机”系列活动】 年内，海淀园共举办6场“环球商机”系列活动。“环球商机”系列活动是海淀园打造的国际化服务平台，旨在落实国家“一带一路”倡议和《中关村核心区促进企业国际化发展三年行动计划》，助力园区企业加强国际交流，推进国际产能合作。3月25日，由海淀园管委会主办，中国国际技术转移中心、北京泰德设计传媒有限公司承办的“环球商机——设计创新与环球商机论坛”在中关村软件园举行。与会专家就设计创新作主题发言。来自海淀的企业、工业设计供应商以及设计领域的代表200余人参加活动。6月1日，由海淀园管委会主办的“环球商机——发展中国家商机研讨会”在海淀鑫泰大厦举行。来自包括加纳、博茨瓦纳等20余个国家和地区的商务部援外培训班的学员以及中关村科技园区的企业家代表共160余人参加活动。6月30日，由海淀园管委会主办的“环球商机——国际技术产业化及合作商机论坛”在北京世纪华天大酒店举行。来自北京及外地的专家与企业代表100余人参加活动。海淀园管委会、世界知识产权成本组织中国办事处、中国国际经济技术控股集团、中国技术交易所国际业务负责人、韩国ZetaPlan投资公司创始人、RGCJenkins&Co中国区总经理、英国及欧洲专利代理人等嘉宾出席并作主题演讲。8月25日，由海淀园管委会和威拓国际共同主办的“环球商机——东盟商机研讨会”在鑫泰大厦举行。来自全国的企业代表120余人参加活动。马来西亚使馆、印度尼西亚使馆、老挝使馆官员分别介绍各自国家的经济发展情况和政策环境，并对本国重点招商领域、税收减免规定等作出详细说明；知识产权专家作主题发言，重点介绍“一带一路”建设中的风险、机遇及法律案例。9月9日，“环球商机——气候变化与绿色低碳发展论坛”在海淀招商大厦举行。尼泊尔环境与人口部、巴西环境部林业局、赞比亚卫生部官员出席会议并作主题发言。中方博天环境集团、雷力科技、北京嘉克新兴科技有限公司负责人作主题演讲。中外嘉宾120余人参加论坛。10月28日，海淀园管委会联合美国加州政府投促局举办“环球商机——美国加州清洁能源商机论坛”。来自美国加州的代表团20余人和中方代表50余人参加论坛。海淀投资促进局介绍海淀区的投资环境，中美双方企业分别介绍希望合作的业务领域。

（蔡宇行）

【IBM 2016前瞻者高峰论坛】 4月12日，由IBM和中关村软件园共同主办的“认知时代，智者先行——IBM 2016前瞻者高峰论坛”在中关村软件园举行。会议围绕“认知技术”如何帮助企业实现“真智能”、经济与生态新格局下的中国认知未来、“认知商业”的未来发展等话题展开。IBM 中国研究院院长、首席技术官，赛迪研究院副院长，中国互联网协会副理事长分别以“晓说认知——IBM 解读认知时代”“认知技术的商业创新应用”“拥抱认知、携手开创”为主题作发言。IBM 大中华区代表与光年无限、普猎创新、德同合伙人及滴滴出行、神州云科、光合派等企业相关负责人围绕“认知技术的行业应用与实践”“‘互联网＋’走进行业走向认知”两个主题进行对话。

（蔡宇行）

【中关村硅谷创新中心开业】 5月11日，北京中关村发展集团海外子公司中关村（国际）控股公司在美国加利福尼亚州圣克拉拉市举行中关村硅谷创新中心开业仪式。中关村硅谷创新中心由中关村（国际）控股公司与美国 C. M. 资本投资公司合作设立，经过一年的建设，中关村硅谷创新中心以一座 3 层楼建筑为主体，占地面积超过 6500 平方米。中心内设空间分别用作企业“孵化”和“加速”、展示、培训以及会议和办公，启用当天，与多家中美入驻企业签署了服务协议。

（钟冷）

【中关村软件园与赫尔辛基市政府企业服务中心签署合作协议】 5月13日，在芬兰赫尔辛基市市长尤西·伊尔马里·帕尤宁和芬兰经济发展部部长的共同见证下，中关村软件园与赫尔辛基市政府企业服务中心——New Co Helsinki 共同签署《初创企业交换项目协议》。根据协议，双方为中芬两国的初创企业提供互相通往双方市场的平台，利用缔约方的资源、有关初创企业及服务的经验，帮助双方的交换企业了解当地市场，在国际范围内开展试点项目。

（张蕾）

【“漫话中以双创之旅”沙龙活动】 6月2日，由中关村软件园公司、以色列施拉特公司主办，中国以色列商会、广联达软件股份有限公司、辛迪艾科技（北京）有限公司协办的以“创新＋创业”为主题的愿景与行动——“漫话中以双创之旅”沙龙活动在中关村软件园举办。以色列驻华大使马腾·维勒奈、以色列施拉特公司总裁马诺、以色列商会总经理梅花女士及其会员单位和园区企业代表、媒体代表 60 余人参加活动。以色列施拉特公司 COO 王琦介绍中以创新中心及中以基金情况。沙龙活动举行以色列高科技公司与中国企业/基金股权投资签字仪式。

（张蕾）

【“中法创新之旅”北京站新闻发布会】 11月4日，“中法创新之旅”北京站新闻发布会在海淀区中关村创业大街举办。发布会上，法国 11 家创新型初创企业进行路演，创新项目涉及物联网、半导体、电子商务、医疗等。专注于新生儿监护的医疗平台 Logipren、专注于空气净化的 TEQOYA 项目、可以随时随地进行云打印的 twipbox 项目等颇受专家学者、投资者青睐。

（蔡宇行）

园区投融资

【北京高精尖产业发展基金发布会】 1月14日，北京高精尖产业发展基金发布会在展示中心多功能厅举行。发展基金由北京市政府批准设立，旨在落实“中国制造 2025”战略，打造符合首都城市战略定位、内生于城市创新要素、具有国际竞争力的高精尖产业，创新财政资金使用方式，吸引多方力量共同支持高精尖产业发展。发展基金计划总规模 200 亿元。其中，财政资金计划出资 50 亿元，重点支持《〈中国制造 2025〉北京行动纲要》提出的产业发展方向，聚焦于新一代移动互联网、自主可控信息系统、新一代健康诊疗、云计算与大数据、通用航空与卫星应用、新材料、现代都市等领域。北京高精尖产业发展基金首批拟合作机构 11 家，合作基金计划总规模达 55 亿元，财政资金计划出资 13 亿元；10 家战略合作银行计划为高精尖产业发展基金及投资项目提供配套资金 2400 亿元，为高精尖企业提供全生命周期融资解决方案、金融服务绿色通道、投贷联动和跨境并购等多种服务。前期制定出台《北京高精尖产业发展基金管理办法》，对高精尖基金运作、子基金遴选、风险控制、监督管理等作了详细规定。

（蔡宇行）

【TCL 携手紫光组建产业并购基金】 2月23日，TCL 集团携手紫光集团举行产业并购基金启动发布会，双方共同宣布，利用双方在各自行业的影响力、产业上下游丰富的投资经验及横跨境内外的资本市场平台优势，协同打造百亿元规模的产业投资平台，兼具产业协同效应和资本效应，促进中国半导体和消费电子产业的转型与升级。基金重点投资于紫光集团和 TCL 集团产业上下游及相关产业、TMT（科技、媒体和通信）、工业 4.0、工业 2025 及“互联网＋”等行业。

（蔡宇行）

【“创融 e 家”开业】 4月7日，由北京中关村软件园发展有限责任公司创办的“创融 e 家”开业。“创融 e 家”包含创融、e 平台和家园 3 个元素，通过大数据、云计算、移动互联等技术，提供创客空间、创业云、创业社区、创新工具库等线上资源，让创与融在 e 平台上共享；通过中关村发展集团“新时贷”等领创金融服务以及园区的“创客秀”“项目汇”“沙龙萃”“大讲堂”“国际范”“商务惠”“政策通”等服务，让创与融在服务中融合。“创融 e 家”分两期建设，一期位于中关村软件园软件广场 D 座，面积 5000 平方米。二期位于中关村软件园孵化加速器，面积 1.5 万平方米。“创融 e 家”聚集雷雷伙伴孵化器、祁晒科技孵化器等众创项目，引进合伙圈、众筹芯、银华投资、理房通、工商银行服务平台等汇融项目。

（张蕾）

【“银企对接”活动】 6月21日，平安银行和华夏银行在创业大厦与园区的近 20 家中小微企业进行新一次的“银企对接”活动。两家银行分别介绍了各自产品的定义、特点、准入条件、贷款具体要求、授信资料等，为在座人员提供清晰的贷款思路和流程。平安银行的主讲师向在座各位讲解平安银行“税金贷”项目；华夏银行讲解银行高新易贷、创业易贷、小企业年审制贷款、高新技术企业信用贷款、乐业贷5款产品。

（蔡宇行）

【北京银行发布支持中关村“万家创客”行动计划】 6月29日，北京银行在中关村国家自主创新示范区展示中心发布支持中关村“万家创客”行动计划。北京银行依托中关村小巨人创客中心，创新投贷联动服务模式。作为首批获批投贷联动的试点银行，北京银行通过设立专营机构、加大与该行及外部机构的联手互动，推广“投贷通”产品落地。

（蔡宇行）

【百度创建风险投资公司】 9月13日，百度公司宣布成立独立的风险投资公司，专注于人工智能，以及AR、VR等下一代科技创新项目。百度风投独立于百度公司现有投资并购团队，通过创新评估机制，加快决策流程，实现更加高效的投资运作。百度风投集中投资于早期项目，第一期基金规模达2亿美元。

（蔡宇行）

【海淀科技金融本外币集合授信和投贷联动启动会】 9月14日，海淀科技金融本外币集合授信和投贷联动启动会举行。海新会、工行、建行、招行、农行、北京银行等金融机构签署总额为20亿元的本外币集合授信与投贷联动合作协议，即200家“新三板”企业签署总额为20亿元的本外币贷款集合授信。北京银行和中国银行分别与两家“新三板”企业代表签署投贷联动投资和贷款协议，银监会投贷联动试点率先在海淀区落地。海新会与清华控股等机构和部分“新三板”企业共同发起设立全国首支“新三板”产业创新发展基金。基金立足支持“新三板”企业并购重组、定向增发，实施投贷联动，在证监部门和股转公司指导下开展做市等创新业务。

（蔡宇行）

【海淀区政府与北京银行签署战略合作协议】 9月14日，区政府与北京银行签署新一轮全面战略合作协议。根据协议，北京银行将全面支持海淀区在园区建设、科技金融、创新创业等领域的业务发展。未来三年，为海淀区及驻区机构提供1000亿元意向性战略授信；参与并支持政府产业基金，搭建产融结合的平台；在海淀区注册投资子公司，开展投贷联动业务试点，支持海淀先行先试、创新创业；实施“万家创客”行动计划，支持海淀建设全国科技创新中心核心区。

（梁冰）

【中关村并购母基金启动】 10月21日，中关村创新创业季2016闭幕式暨中关村并购母基金启动签约仪式在中关村核心区举行。基金总规模300亿元，一期100亿元，并购母基金根据上市公司并购需求设立子基金，快速、低成本解决上市公司并购融资需求，调整产业结构，最终支持1500亿～2000亿元的并购。

（蔡宇行）

【国家农业信贷担保联盟有限责任公司落户海淀】 年内，由财政部、农业部、银监会三部委联合发起设立的国家农业信贷担保联盟有限责任公司（简称农担公司）在海淀区注册成立，注册资金40.26亿元。农担公司是一家政策性农业信贷再担保机构，旨在放大财政支农资金的政策效能，促进农业适度规模经营，加快现代农业建设，激发农村发展活力，开创农业发展的新局面。农担公司股东包括财政部和全国省级农业信贷担保机构，拟分3年形成约150亿元的资本金规模。省级机构股东根据其组建进展情况，分期分批加入。全国有13家省级机构完成工商注册。

（蔡宇行）

【光大中船基金落户海淀】 年内，由中国光大实业（集团）有限责任公司、中船投资发展有限公司和力神资本管理（北京）有限公司出资5000万元设立的光大中船新能源产业投资基金管理有限公司（简称光大中船基金）成立并落户海淀。光大中船基金负责运作总规模为100亿元的新能源产业基金，重点支持新能源汽车、动力电池和储能三大领域项目，通过并购重组等方式对新能源产业进行整合。

（蔡宇行）

中关村西区

【概况】 中关村西区于2000年6月20日启动建设，2006年规划占地面积51公顷，2009年调整为95公顷，公共建筑（写字楼）规模约340万平方米，建成楼宇57座。驻有单位8000余家，从业人员约10万人。2016年，新增入驻企业1549家，其中科技研发企业1078家，科技金融企业98家，创新和科技中介类企业337家。

（郭佳）

【整合空间资源】 年内，中关村西区完成压缩市场和商业面积74756平方米，腾退商户572户，疏解5862人。海龙电子市场7月7日正式发出公告，关闭市场和转型升级，压缩面积16276平方米，疏解人员2878人，引进创新要素类企业优客工场；鼎好压缩2380平方米，疏解人员94人；光耀东方地下广场压缩商业面积4万平方米，疏解人员1474人，建设中关村国际创客中心；海兴大厦B座腾退面积6500平方米，疏解人员981人，打造航天云网众创空间；中钢餐饮压缩商业面积3900平方米，疏解人员110人，打造中钢科技创新创业中心；疏解鸿诚拓展大厦4层新东方培训学校2200平方米，疏解人员10人；调整利康金桥电子市场500平方米，疏解60人；压缩大洋服装市场3000平方米，疏解255人。

（郭佳）

【央企落地西区】 年内，中关村西区协调航天科工众创空间落户海兴大厦。督促海龙集团做好海兴大厦B座的腾退工作。9月，海龙集团和航天云网签订租赁协议，打造航天云网众创空间；协助推进国家知识产权局与国资委在中钢大厦打造的中央企业知识产权交易中心，中钢集团完成压缩大厦8层餐饮面积3900平方米，疏解人员110人，“中钢科技创新创业中心”在中钢大厦挂牌。

（郭佳）

【企业服务保障】　年内，中关村西区依托海淀街道创业公社红帆党群工作站，设立中关村西区创新创业服务站，搭建线下服务企业平台。引进律所、科技中介、科技支行、人力资源服务等专业机构近30家，对创业者提供多项免费服务，服务创业企业530余家。建立西区微信公众号“西区创新创业服务站”，发布各类政策、新闻信息、机构展示等177条信息。开设“新闻政策”栏目，发布信息45条，宣传西区业态调整政策和海淀区“1+4”政策体系；“党建工作”栏目发布信息25条；“创新创业”栏目发布信息107条，展示西区创新创业服务机构、专业服务机构和西区楼宇情况，定期发布西区创新创业路演和活动信息，服务创业者和创业机构。

（郭佳）

【“幸福西区秀”系列活动】　年内，中关村西区开展“挖掘中关村西区创新创业故事‘幸福西区秀’“等一系列活动。《西区故事》采编创新、创业、诚信、爱情等方面60篇文章，印刷2万册，免费发放到西区各楼宇，提供给西区创业者阅读；举办市、区“十三五”时期发展规划的专题培训，推动“大众创业、万众创新”提供思想基础和舆论环境；举办西区知识产权法律沙龙，普及知识产权知识，增强知识产权保护意识；举办西区创业大讲堂，帮助创业者掌握经营管理知识，营造良好创新创业环境。

（郭佳）

【电子市场综合整治】　年内，中关村西区制定《西区电子市场产业调整升级工作方案》，督促市场主办方加快西区海龙、鼎好等电子市场产业升级；组织工商、发改、质监等部门每周对电子市场执法检查，各职能部门经组织市场检查210余次，对193户违法违规经营商户进行封店处理，对市场主办方处罚4次。

（郭佳）

【环境提升】　年内，中关村西区通过夜景建设配合西区业态升级。委托专业管理公司对中关村广场喷泉进行精细化管理。中关村一号桥西南角景观水池移交至海淀区绿化队。督促海淀区绿化队补植大叶黄杨1万余株、银杏6棵、月季1500平方米、萱草2000平方米、丹麦草1500平方米、撒花子1000平方米、小叶黄杨5000平方米、金日女贞1000平方米，修补斑秃300平方米，土建维修30平方米。在西区各大厦步道前增设自行车停放区域，施划自行车停车线7672.6米，车标493个，标牌94个；在中关村广场周围增设82个挡车桩。协调区养路队完成路面养护维修239处、282平方米，其中沥青路面37平方米，方砖步道245平方米。协调区环卫中心出动清扫保洁2万人次，各类机械作业3000余车次，清理垃圾1600余吨，更换130个新果皮箱，维修46处垃圾箱，清理小广告16万余张、高空广告113张，清理污水油泥3500余处，清理装修垃圾及废旧家具2000余处。

（郭佳）

【规范广告牌匾标识】　年内，中关村西区组织城管开展西区违规户外广告和牌匾标识集中整治行动，委托专业拆除公司拆除违规户外广告牌匾23块，涉及海兴大厦、方正国际等大厦约560平方米。

（郭佳）

【编写“十三五”业态规划】　年内，中关村西区委托中关村创新研修学院编制中关村西区“十三五”时期的发展规划。形成《“十三五”时期中关村西区业态发展规划（2016—2020）》，明确“十三五”时期中关村西区经济社会发展的指导思想、基本原则、发展目标、战略任务、重大项目布局和主要政策措施等内容。

（郭佳）

园区党建

【概况】　2016年，中共海淀园工委（简称海淀园工委）围绕园区中心工作，开展“两学一做”学习教育，组织19次中心组学习，开展“一带一路”等专题讲座。截至年底，直属园区工委党组织共计609家，工会组织1123家，团组织160家。

园区工委打造“平台、数据库、网站”三位一体数字工会，网站浏览量突破46万人次；开通海淀园工会微信订阅号，发布100余条活动推广，关注量11.7万余人，累计阅读量2.9万人次。依法选举30名中共海淀区十二次党代会代表。推荐提名32名海淀区第十届政协委员。

完美世界（北京）软件有限公司引擎中心被评为全国工人先锋号。博彦科技股份有限公司获首都劳动奖状，3人获首都劳动奖章，北京四方继保自动化股份有限公司战略方向研究部、中关村国家自主创新示范区展示交易中心公共接待部被评为北京市工人先锋号。1人被评为北京市优秀共产党员；纳通公司党委被评为北京市社会领域先进个人，第三联合党委徐耀东、高能党委吕正勇被评为北京市社会领域先进个人，大北农公司和新奥特公司党委的活动品牌被评为北京市社会领域先进活动品牌。创建区级10家先进基层党组织，评选出10位优秀党务工作者、11位优秀共产党员；15家基层党组织被评为2015年度海淀区“五型五好”基层党组织。

（吴丽芸）

【全国统战工作实践创新观摩团考察中关村创业大街】　1月10日，中央统战部副部长陈喜庆、冉万祥率全国统战工作实践创新观摩团到中关村创业大街，实地考察新形势下“两新”组织统战工作实践创新成果。考察以“‘两新’组织统战工作和‘大众创业、万众创新’背景下统战工作的实践创新”为主题，到创业会客厅、洛可可、黑马会等创业服务机构，通过听取工作汇报、观看专题片和展板、现场演示、实地考察、互动交流等形式，考察创新创业企业和人员的统战工作，了解中关村创业大街的基本情况以及海淀区在“大众创业、万众创新”背景下开展统战工作实践创新的推进情况以及取得的成果。市委常委、统战部部长戴均良陪同考察。

（蔡宇行）

【市委统战部领导调研中关村创业大街】 8月9日，中共北京市委统战部副部长严卫群调研中关村创业大街，并与创业大街新的社会阶层人士联谊会部分理事代表成员座谈，了解中关村创业大街的历史、改革和现有业态情况；参观洛可可创新设计工场并体验新产品设计；了解知识产权服务工作，与创业企业黑马公司负责人交谈。听取中关村创业大街联合党委、中关村创业大街新的社会阶层人士联谊会的工作汇报，同与会人员讨论联合党委及新阶层人士联谊会的经费来源，党建带统战、统战促党建的理念以及新阶层人士联谊会的总体工作情况等。

（蔡宇行）

【非公企业党建】 年内，园区工委对3000家非公企业和27家社会组织党建情况进行摸底调查，建立台账；开展后进基层党组织摸排整改；指导3家单位升级中共党委建制工作。两个覆盖和平台建设经验在全区进行推广。新建完美世界中共党委等基层党组织77家。直属园区工委党组织共计609家，其中党委62家、党总支26家、党支部521家。非公企业中共党组织覆盖达85%，社会组织覆盖达50%。举办中共党组织负责人、优秀基层党务干部培训班，对党建平台新任党建指导员进行多批次培训。开展中共党组织关系集中排查工作，查找并取得联系党员2352人。指导各基层党组织完成2万余名党员的信息采集工作。收缴党费517.9万元，其中补缴党费292.7万元。培训入党积极分子、党员发展对象共计620人，发展党员192名，办理党员转正270名。

（吴丽芸）

【推出“1+3”会员精准服务】 年内，海淀园工委以“互联网+专人、专区、专项”的“1+3”模式推动“线上选择、线下体验、双线互促”的工会会员服务。成立会员服务部，打造“小窗口、大世界”的网站会员活动专区，开展会员专享活动27项，发放票券7600张，吸引职工9000余人次参与；开展会员专属优惠商户活动32项，涉及运动健身、生活服务、教育培训等九大类；拓展京卡搭载项目，发布市区优惠活动52项；新采集（修改）会员信息4354人，办理工会会员互助服务卡5146张。

（吴丽芸）

【法治宣传教育】 年内，海淀园工委开展“4·26”知识产权周、“12·4”国家宪法日等节点宣传教育主题活动。创建“普法进企业”手机微信群，提出“点餐”式普法方式，搭建企业与普法律师直接对接、按需普法平台。在多家企业、专业园区开展针对外来务工人员法律问题和税法的普法活动。定期组织法律法规专题讲座和法庭观摩，为园区职工提供法律援助服务，维护员工合法权益。其中，海淀园工会工委举办法律法规培训4次，吸引1086家企业的工会劳资委员和HR（人力资源）负责人1200人次参加；组织开展劳动仲裁庭审观摩活动18次，663家企业的823人次参加；开通劳动政策法律咨询热线，为37家企业的37名职工提供法律援助服务。

（吴丽芸）

【党员纪律审查】 年内，针对海淀园非公企业党员纪律审查工作案件数量大、办理难度高、案情复杂及部分涉案人员层级高的特点，在区纪委指导下，海淀园纪工委与企业党组织采取联合、联动的方式开展工作。全年立案9件，结案9件，给予企业党员党纪处分9人。执行党员处分决定18件，受理区纪委转来违纪党员线索10件。对历年违法违纪党员进行梳理排查上报。非公企业纪律审查工作经验在海淀区纪律审查工作会上交流，《海淀园探索非公企业纪律审查新路径》在北京市纪委监察局网站和《是与非》杂志刊登。

（吴丽芸）

功能区建设

2017
北京海淀年鉴

3月，“三山五园”绿道全面贯通，图为北坞公园—玉东公园段（王冠 摄）

10月，北坞公园京西稻及周边水系（李效倩 摄）

10月，党校西墙外搬迁腾退居民回迁安置房建设施工现场（韩恩摄）

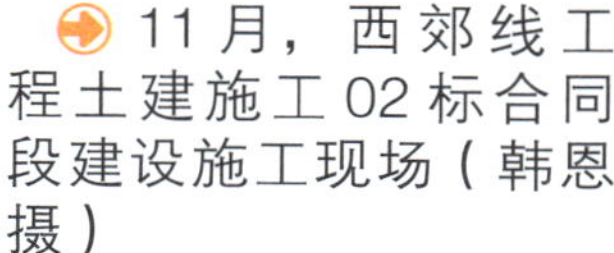

11月，西郊线工程土建施工02标合同段建设施工现场（韩恩摄）

11月，中关村科学城指挥部到笑祖塔项目现场踏勘（中关村科学城指挥部 供图）

北部生态科技新区

【概况】 北部生态科技新区包括大上地地区和北部四镇平原地区，具体范围东至八达岭高速，南至五环路，西与门头沟交界，北与昌平区毗邻，面积238平方千米，占全区面积的55%。按照批复的北部地区街区控规，未来北部地区将要打造为产值过万亿元、具有全球影响力的科技创新基地、城乡统筹发展的典范地区和生态环境一流的城市发展新区。全年实现116个项目开复工，开复工面积848万平方米，其中新开工面积61万平方米，竣工面积240万平方米，完成投资280亿元。

（韩雨华）

【土地一级开发】 年内，永丰基地G、H地块实现收储，其中093、099、108等10余宗地成功上市；新组团范围调整事宜通过市国土局联合审核专题会，取得授权延期及范围调整批复。翠湖科技园071地块以14.1亿元的价格出让，高出起始价7.3亿元；D21、D22、3－3－107、121等地块完成征地、控规批复等手续办理。

（韩雨华）

【村庄腾退安置】 年内，完成永丰G、H地块和大工村腾退收尾工作。徐各庄村完成120个院落搬迁腾退，完成比例达98%。西玉河村完成340个院落搬迁腾退，完成总量的81%，其中故宫北院区涉及的崔家窑自然村腾退任务完成过半。北安河、大牛坊、六里屯西区等安置房项目实现竣工面积138万平方米。

（韩雨华）

【园区建设和产业发展】 年内，中关村软件园、集成电路产业设计园、翠湖科技园三大园区开复工项目35个，开复工面积327万平方米。其中，中关村软件园的新浪总部研发楼、百度科技园二期等项目竣工，腾讯总部结构封顶。永丰基地的四维图新、大唐电信等项目完工，中关村壹号基本完工，集成电路产业设计园进行结构施工。翠湖科技园的央行清算中心、国开行数据中心进入收尾阶段，农业银行数据中心、建行数据中心等项目进行装修和设备安装。12个产业项目竣工，新增产业空间113万平方米。“一镇一园”集体产业项目加快推进，温泉镇351“创客小镇”项目基本建成。西北旺021租赁房项目进行地上结构施工。云中心北地块西区处于装修收尾阶段。北大协同创新园项目前期手续加快推进。

（韩雨华）

【城市配套设施建设】 年内，军温路取得道路规划方案；上庄东路、翠湖南路、翠湖东路、邓庄南路等主干路进行综合管线施工，东埠头路、东埠头中路建成通车；地铁16号线山后段开通运营。海淀北部文化中心项目竣工投入使用，爱文国际学校进行二次结构施工。前沙涧小学、杨家庄小学、六里屯幼儿园等办理前期手续，北部能源中心完成燃机、汽机、发电机及相应的辅助设备安装。

（韩雨华）

“三山五园”历史文化景区

【概况】 2016年，海淀区拓展“三山五园”历史文化景区的区域功能。开展各重要城市节点和交通节点规划编制工作，重点针对香山四王府等东部地区、功德寺地区、香山中心区等重要节点展开规划编制和方案调整。继续做好园外园景观提升工程，玉西路、颐西路等玉泉山周边路网优化工程基本完工。推进两园之间改造、一亩园地区搬迁腾退收尾工程，加快一亩园腾退居民的安置房建设，党校西墙外腾退居民的安置房建设基本完工。

（李效倩）

【系列文化创意创新创业大赛】 5月28日至8月30日，先后在五道口加速器、创业黑马举办5场文化创意创新创业大赛，挖掘具有成长性的创新创业人才和项目，激发文创领域创新创业的活力，提升海淀区文化创意产业创新创业氛围。

（于佩丽）

【昆曲《纳兰》四平巡演】 6月12日—14日，海淀区委、区政府与纳兰文化研究中心受四平市政府之邀，赴四平市完成为期3天的“四海一家”昆曲《纳兰》四平巡演活动。演出活动包括大型展演1场和基层演出2场。

（于佩丽）

【“三山五园”文化巡展（上海站）】 11月3日—6日，为期4天的“三山五园”文化巡展亮相上海艺博会。展出增加“写意三山五园楼阁山水画廊”板块，在专业艺术品云集的上海艺博会上，以“展中展”形式展开，接待观众万余人次，媒体关注度上百万阅读数。

（于佩丽）

【香山地区整体改造和交通建设】 年内，三山五园办完成四王府等香山东部地区一期搬迁腾退收尾工作，开展安置房选址调整、设计和报批。安置房选址于四季青镇祁家村，完成祁家村村民的搬迁腾退及地块平整工作。完善香山中心区保护性建设规划方案；启动西五环西辅路、西山隧道、香泉路等改造建设工作，西郊轻轨线建设顺利；调整上庄路南延（西山隧道）路由，保证南北过境交通畅通。

（李效倩）

【玉泉山周边环境整治】 年内，三山五园办围绕玉泉山周边整治环境，田园山水风貌凸显。园外园生态环境提升工程一期园林绿化和景观提升工程全部完工，二期基本收尾，完成绿化面积85公顷；开展三期及后续方案编制和提升工作，计划远期实施260公顷。加大玉泉山周边违法建设和相关低端产业拆除工作，累计拆除20万平方米，疏解人口近万人。加快玉泉山周边村庄整治，玉泉山东侧功德寺地区改造项目被列入海淀区棚户区改造计划，开展方案设计和安置房选址等工作。贯通36.09千米的“三山五园”绿道系统，该绿道串联起香山、颐和园、圆明园等公园和古迹，成为串联历史名园、景点最多的绿道之一。完成玉西路、颐和路两条道路建设。

（李效倩）

【两园之间拆迁腾退】 年内，颐和园和圆明园之间的改造工作主要涉及：加快中央党校西墙外项目土地一级开发，北宫门等3个地块全部实现还绿；中央党校西项目安置房建设进展顺利。一亩园地区的居民和集体企业搬迁腾退全部收尾，唐家岭安置房施工建设进展顺利。大宫门（一亩园）地区概念性设计方案进一步深化，初步恢复并再现圆明园大宫门历史风貌；充分利用地下空间，安排文化交流展示、旅游配套服务和停车设施，保证地上空间开敞和整洁。配合“双创周”落户中关村展示交易中心，将六郎庄和西苑操场地区打造成为以科技创新展示为主的展示中心配套区，创建文化科技融合示范区，设计方案基本论证成熟。

（李效倩）

中关村科学城

【概况】 2016年，中关村科学城计划固定资产投资项目总计49个，新开工项目39个，实际完成投资额83.03亿元（见表7）。

2016年中关村科学城指挥部各分指挥部固定资产投资任务完成情况统计表

表7

名称	项目数量（个）	计划投资（亿元）	完成投资（亿元）	完成比例（%）
玉渊潭分指挥部	8	5.55	3.48	62.7
东升分指挥部	5	24.50	35.50	144.9
中知学分指挥部	22	30.05	26	86.5
四季青分指挥部	2	6	1.87	31.2
西三旗分指挥部	2	5	0.48	9.6
北下关分指挥部	2	6	2	33.3
供地促开工等重点项目	8	51.37	13.68	26.6
合　计	49	128.47	83.03	64.6

（石颖芳）

【疏解腾退】 年内，中关村科学城地区建设指挥部成立非首都核心功能疏解与人口规模调控工作领导小组，建立多级互通的联络员制度。打击各类新生违法用地行为，实现违法占用耕地零增长。全年疏解腾退土地空间项目898个，总占地面积186万平方米。其中国有土地项目609个，集体土地项目289个；中关村西区腾退空间项目6个，疏解面积7万平方米。在所有疏解腾退项目中，占地面积1万平方米以上项目38个，总占地面积113万平方米。东升地区疏解项目36个，疏解土地面积约36万平方米。八里庄地区疏解项目109个，疏解土地面积约2.2万平方米；西三旗地区疏解土地面积约25.6万平方米。

（石颖芳）

【重点项目折子工程】 年内，中关村科学城地区建设指挥部建立重点项目折子工程台账，实时动态更新项目进展情况。全年需推进的重点项目折子工程15个（10个为续建项目，5个为新启动项目）。其中，西南饭店、阜石路东商务楼、学院路科技园回迁安置房、肖家河教工住宅等10个续建项目正常推进，4个新启动项目开工。2个市级绿通重点项目中，中关村航空科技园二期正办理施工证，卫星通信大厦在小市政施工。笑祖塔院项目共签约155户。

（石颖芳）

【落实中关村大街建设督查任务】 年内，中关村科学城地区建设指挥部协助推进中关村大街改造提升，摸底区域土地空间资源分布情况，具体包括低效用地和完成非首都核心功能疏解后待升级的项目两大类。其中，中关村大街地区梳理的低效用地地块共49个，占地面积约159公顷，通过自行开发、棚改开发、项目收储等模式推进。位于大院大所、科技园区范围内的项目加强与主体单位对接，促进纳入大街整体改造计划并加强实施；城中村等项目通过棚改等方式推进；符合收储条件的项目研究收储事宜等。统筹推进鼎好电子城、海龙电子城楼宇主体功能优化，吸引高端创新创业要素聚集。

（石颖芳）

【玉渊潭地区分指挥部】 年内，玉渊潭地区分指挥部推进固定资产投资项目8个，完成投资3.48亿元。西南饭店改造项目，阜石路仁和商务楼、阜石路东商务楼、阜石路敬老院项目加快施工进程。五路居商务楼项目完成四方验收。五路居回迁安置房项目与农科院协商征地补偿事宜达成协议。中裕花园与宝联公园项目因受项目方案复函审批工作影响进展缓慢。对照区政府下达的疏功能减人口目标任务，调整与首都功能定位不符的经营业态，疏解人口6723人。

（石颖芳）

【东升地区分指挥部】 年内，东升地区分指挥部推进固定资产投资项目5个，完成投资约35.5亿元，超额完成全年任务，其中天地邻枫项目完工。中关村东升科技园二期项目完成征地结案，大市政工程取得项目综合、道路及管线规划条件，回迁安置房7栋住宅楼（总建筑面积20万平方米）竣工，产业用地规划设计方案通过市规委公示。东升科技园三期（京昌路楔形绿地）项目回迁安置房设计方案确定，产业用地设计方案正在进行深化，住户腾退工作和集体房屋腾退工作基本完成，进行国有房屋腾退工作。学院路科技园项目住户腾退工作全部完成，回迁安置房工程实现主体封顶。

（*石颖芳*）

【中知学地区分指挥部】 年内，中知学地区分指挥部推进固定资产投资项目22个，比2015年增加8个，完成投资26.2亿元。其中，北大附小体育馆、北京大学学生宿舍楼（二期）、中国卫星通信大厦实现完工。肖家河教职工住宅楼一期完工，二期地下结构施工。8家教职工及配套幼儿园等三项结构封顶、内部装修。北京舞蹈学院学生宿舍楼内部二次结构施工。实验设备2号楼进行地下结构施工，景观设计大楼内部装修，北京大学附属中学体育馆及教学北楼进行主体结构施工。清华大学法律图书馆、生物医学馆进行地下结构施工，南区宿舍楼二期进行主体结构施工。互联网创新服务园完成地下结构施工。人民大学创业产业技术研究院、集团宿舍楼、科研楼三项完成地下结构施工。农业大学植保楼、图书馆等两项完成主体结构施工。

（*石颖芳*）

【四季青地区分指挥部】 年内，四季青地区分指挥部推进上河大厦和互联网产业园2个项目，年度计划总投资6亿元。上河大厦项目办理规划工程许可证。互联网产业园项目主体结构封顶，完成1.87亿元投资。

（*石颖芳*）

【西三旗地区分指挥部】 年内，中关村西三旗（金隅）科技园取得科技园研发用地一期立项备案和规划意见书，进入土地预审阶段，同步启动规划方案设计、招商对接相关工作。佰能硅谷大厦项目施工场地进行拆除和平整工作，办理燃气管线切改申请手续。中关村西三旗移动健康产业园重新完善产业规划方案。完成久运停车场的清退拆违任务。清缘东区保障房项目调整项目容积率，办理规划调整手续。金隅翡丽三期项目具备交房条件，1号楼完成交房工作。

（*石颖芳*）

【北下关地区分指挥部】 年内，北下关地区分指挥部落实关于有形市场清理整顿关停的相关要求，西冷、果批项目疏解580人。关停方圆大厦三、四层，关停农科院南门和解放军艺术学院门脸房，推进开源物业楼升级改造。治理五塔寺50号院，关停五塔寺便民菜站。整治违法群租房29处，开展2处棚户区城中村整体改造，治理无证无照小门店91家，开展普通地下空间清理整治5处，开展人防工程治理5处，完成违章拆除13处，面积9555平方米，疏解1970人。

（*石颖芳*）

综合经济管理

2017

北京海淀年鉴

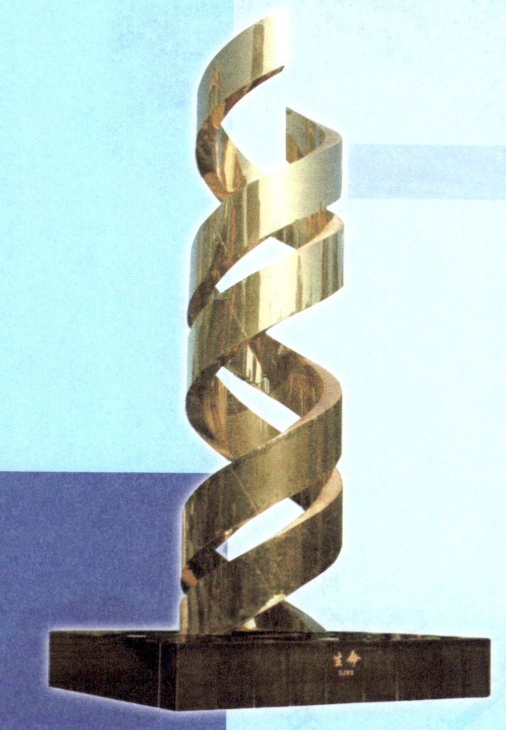

2月5日，海淀区质监局执法人员检查商品条码（区质监局 罗莎 摄）

2月16日，海淀国税局与公安局召开联合新闻发布会，展示“10·8”案查获的部分作案工具（区国税局 供图）

2月26日，北京海淀剧院有限责任公司揭牌（海淀置业 供图）

3月10日，北京市地税局到众创36氪就“四众”问题进行调研（区地税局 供图）

3月14日，北太平庄工商所开展“3·15”消费者权益宣传（区新闻中心 田峰 摄）

3月30日，海淀检验检疫局宣讲进口医疗器械产品质量安全企业政策（海淀检验检疫局 供图）

5月20日，区质监局举办计量器具现场检测服务咨询活动（区质量技术监督局 供图）

6月28日，海淀区食品安全宣传周主题活动暨北京大学校园食药安全文化推广百日活动启动（区食药局 蒋丹彤 摄）

6月，区审计局开展2016年度项目审计（区审计局 王洪昌 摄）

7月29日，区财政局举行"七五"普法知识竞赛总决赛（区财政局 杜勤生 摄）

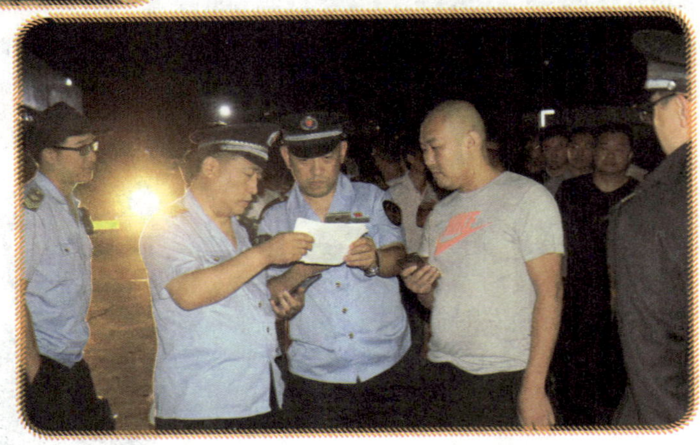

9月9日，北京市食药局开展畜产品"除瘤"行动（区食药局 蒋丹彤 摄）

9月9日，海淀百家中小企业集合授信贷款项目启动(区宣传部 供图)

9月19日，开展“农业普查 福到农家”海淀统计开放日活动(区统计局 张琳 摄)

9月28日，区国税、地税联合办税服务厅(区国税局 供图)

12月28日—29日，区国资委组织企业董事长及董事会秘书培训(区国资委 供图)

经济社会发展与经济调控

【概况】 2016年，海淀区发展和改革委员会（简称区发展改革委）牵头承担市、区重点任务35项，其中市、区决策性督查任务33项，专项督查任务2项，全部完成。报送决策性督查225件次，接办区领导批办件415件。经国家发改委批复，海淀区成为“十三五”时期服务业综合改革试点城区。固定资产投资完成872.5亿元，超额完成市政府年初下达的870亿元投资任务。集中投向以公共服务设施建设为主的城镇公用基础设施领域，占总投资的70%。投资建设安排正式项目150项、尾款项目343项、储备项目226项。正式项目当年资金总需求119.29亿元，其中安排市级资金23.37亿元，区级资金79.67亿元，市级统筹北部地区重点项目建设资金14.92亿元，引入社会资本安排1.33亿元。正式项目当年共拨付政府资金135.54亿元，完成率113.62%，其中区级资金拨付85.88亿元，完成率107.79%。推进政府投资，一批关系经济和社会发展的项目完工并投入使用。政府投资项目形成推进一批、建设一批、投产使用一批的良性循环。由区发展改革委编制的“十三五”专项规划《产业发展及空间布局（审议稿）》通过区政府常务会审议。编辑两期《海淀发展与改革研究》（季刊）。在《北京调研》杂志上发表《关于全球独角兽企业发展情况的报告》。

（刘宏）

【区“十三五”基本公共服务体系建设规划发布】 3月10日，区发展改革委编制的《海淀区“十三五”时期基本公共服务体系建设规划》（简称《规划》）发布。《规划》编制坚持“补短板、促均衡、保底线”方针，涵盖公共教育、就业和社会保障、医疗卫生、基本社会服务、住房保障、公共文化、公共安全、生态环境8个基本公共服务领域，体现“学有所教、劳有所得、病有所医、老有所养、住有所居、活有所乐、居有所安”。生态环境作为基本公共产品，在“十三五”时期突出优化提升，加强供给保障。

（车春媛）

【国民经济和社会发展年度目标】 2016年，海淀区国民经济和社会发展的预期目标是：地区生产总值增长7%以上，区级一般公共预算收入增长8%，城乡居民人均可支配收入与经济增长同步；高新技术产业总收入增长10%以上；城镇登记失业率控制在1.5%以内；人口规模控制在北京市下达任务以内；空气中细颗粒物浓度、单位地区生产总值能耗和水耗下降完成北京市下达任务。

（车春媛）

【国民经济和社会发展6项任务】 2016年，海淀区国民经济和社会发展的主要任务：坚持以提质增效为核心，加强功能疏解和人口调控；坚持以改革创新为动力，推动核心区创新发展；优化供需结构提升质量效率，着力构建高精尖经济结构；大力加强生态文明建设，持续改善城乡环境面貌；坚持以和谐宜居为目标，着力提升居民幸福水平。

（车春媛）

【国民经济和社会发展完成情况】 年内，海淀区国民经济和社会发展实际完成情况：全区实现地区生产总值5036.8亿元，按不变价增长7.5%；社会消费品零售额实现2213.2亿元，同比增长5.7%；全社会固定资产投资872.5亿元，同比增长0.2%；区级公共财政预算386.11亿元，同比增长8%；城乡居民人均可支配收入67022元，同比增长7.5%；万元地区生产总值能耗下降5.57%；城镇登记失业率0.94%。

（车春媛）

【项目立项审批】 年内，区发展改革委完成立项及立项初审2071项，总投资586.52亿元，其中包括区政府投资审批75项，投资67.48亿元；核准19项，投资23.11亿元；备案84项，投资94.95亿元。上报北京市发改委审批的政府投资项目立项初审4项，总投资11.23亿元；上报市发改委核准的企业投资项目初审25项，总投资389.60亿元。报送市发改委年度投资计划58项，完成节能登记备案58项，节能专篇审查19项。完成权限内初步设计概算审批20项，上报市发改委初步设计概算初审20项。

（刘英）

【41个项目纳入市级绿色审批通道】 年内，海淀区分4个批次向市扩大内需办申报市级绿通项目118项，其中41个项目通过审核纳入市级绿色通道，涉及投资630亿元。主要包含海淀北部地区1片区西郊农场东部局部地块（北区）、神州数码智慧城市产业集团总部基地大楼、中关村集成电路设计园以及重点道路、随路管线、大型城市电网工程等项目。

（刘英）

【疏解非首都功能】 年内，区发展改革委印发《禁限目录实施细则》等区级配套文件，接受与禁限目录有关的咨询1582人次，其中禁止新设立市场主体1527个，变更经营范围55件。提前完成8家企业一般性制造业疏解任务，涉及从业人员1355人；关停29家有形市场（其中5家为市折子任务），涉及从业人员近5万人；推动中关村大街改造提升和锦绣大地转型升级两个重点项目；接洽门头沟、延庆、房山等区，研究推进核心区与其他中关村分园产业对接，引导产业项目优先在市内布局。

（韩枫）

【人口调控】 年内，海淀区完成人口调控市区折子31项任务。区发展改革委起草《海淀区“十三五”时期人口发展和调控规划（2016—2020）》。推进“海淀区人口调控面临的形势与路径分析”调研课题，草拟《海淀区涉农政策与北部地区人口调控工作挂钩的建议》。完成《北京市关于进一步推进户籍制度改革的实施意见（征求意见稿）》。完成《关于加强北京市“十三五”期间人口调控综合考评的意见》征求意见工作。

（韩枫）

【高新技术专项项目管理】 年内，区发展改革委配合北京市发展改革委开展高新项目监督检查，完成436件高新专项备案、10余个专项101个项目的推荐工作，项目中期评估30件，开展项目验收38件。走访区纳税百强企业29家，走访蚂蚁金服、百度等30余家高新企业，协助组织28家驻区央企参加2016年服务驻区单位工作座谈会。

（韩枫）

【对口支援】 年内，区发展改革委统筹协调全区各部门、街镇在产业、教育、医疗、商贸、旅游、挂职交流等领域开展对口支援，安排专项资金支持结对地区赤峰市敖汉旗古鲁板蒿农贸市场和丹江口市沧浪洲生态湿地步行桥建设项目。

（贾帅争）

【节能减碳】 年内，区发展改革委组织编制《海淀区“十三五”能源发展规划》《海淀区“十三五”节能减碳实施方案》。加大能耗监测力度，关注能耗增加重点行业、领域及用能单位，排查能耗增长原因，加强对重点用能单位的监督管理，推动重点用能单位开展节能改造、节能监测监察、清洁生产审核、碳排放履约等工作。组织80家重点用能单位开展能源管理负责人备案和能源利用状况报告报送及审核工作。对10家用能单位列入淘汰目录的设备情况开展专项监察，敦促淘汰高耗能落后用能设备。配合市节能监察大队对26家重点用能单位开展节能监察工作。完成中国劳动关系学院等19家单位清洁生产初审工作。推进分布式光伏发电示范区建设，累计备案分布式光伏发电项目30个，装机容量达到25.53兆瓦。对17个项目奖励节能专项资金793.04万元。组织11家用能单位申报北京市节能技术改造项目奖励。组织2016年节能宣传周进机关系列活动，以“节能低碳，绿色发展”为主题，展示低碳科技创新成果，推广节能环保新技术、新产品。经核算，2016年，海淀区能源消费总量728.82万吨标煤，万元地区生产总值能耗下降5.57%。

（张文博）

【“无煤化”工作】 年内，区发展改革委根据海淀区“2016年基本实现四环内无煤化，2017年底之前基本实现辖区无煤化”的工作目标，会同区农委、环保局等部门制定《海淀区2016—2017年基本实现“无煤化”工作总体方案》。根据方案总体工作部署和任务分工，推进外电网改造、相变储能锅炉房建设、连接周边热源集中供暖、分户“煤改电”户内设备改造、“煤改气”、企事业单位“无煤化”、农宅节能保温等工程建设。完成“无煤化”改造住户15716户。其中，农村地区3个镇26个村11132户，完成市下达的21个村的任务指标；完成四环路内10个街道4584户。完成企事业单位“无煤化”改造102家，其中四环路内63家，北部26个村改造39家。

（张文博　侯进）

【压减燃煤】 年内，区发展改革委围绕北京市压煤办下达的4万吨压减燃煤任务要求，制定《海淀区2016年压减燃煤和清洁能源建设工作计划》，确定分解31项重点工作措施。通过燃煤设施改造、“三高”企业退出、棚户区改造、违法建设拆除、清洁能源改造、优质燃煤替代等方式，推进城乡接合部和农村地区散煤治理，取消劣质燃煤。棚户区烧煤改造完成1453户，北部地区农村拆迁腾退完成1313个院落，退出“不符合首都功能”企业8家，拆除违建311万平方米。推进优质燃煤替代工作，在2016年全年暂不实施“无煤化”的村庄（社区）住户和单位（含设施农业）实施优质燃煤替代。通过招投标确定4家优质煤供应企业。2016年—2017年采暖季完成优质煤替代约9万吨。

（张文博）

【电力建设】 年内，区发展改革委与电力公司在重点支持完善地区电网基础设施、提高电网可靠性、加强居民老旧小区改造、加快充电设施建设步伐、推进煤改电等方面开展合作，拨付电力配套专项资金4亿元。协调海淀供电公司推进2016年主网及配网建设项目，三星庄、航天城110千伏输变电工程完工；完成10千伏马坊村路标准化及分段联络改造工程等61项配电网改造项目，完成北部地区19个村和四环内13个片区“煤改电”外电源改造工程。

（殷丽娜）

【电力监管】 年内，区发展改革委推进电力行业打非治违、有限空间作业和地下管线安全管理等工作。处置百望家苑小区停电、红联南村施工爆炸引发停电、崔家窑路10千伏线路停电事故、西四环油罐车拉倒10千伏线杆倒杆事故等电力突发事件应急工作，协调电力部门开展应急抢修工作，及时恢复供电。开展大面积停电事故情景构建工作，提升专项应急指挥部的应急能力和工作水平。

（张文博）

【价格管理】 年内，区发展改革委以日报、周报、旬报、月报、节假日报等形式开展全天候价格监测。向北京市价格监测中心报告海淀区生活必需品价格形势分析14篇；在《北京市价格风向标》发表《浅析北京市蔬菜价格上涨影响因素》。采用日常价格监测的详细微观数据，结合北京市蔬菜的生产特点、流通成本、宏观经济影响等因素，对蔬菜价格异常性波动的影响机制提出相关对策建议；完成民办学历教育学费、住宿费标准审批8所。对一所公办幼儿园进行价格备案。为一所公办校的住宿费收费标准进行定价。为一所公办校办理《教育收费公示审核表》；完成非学历收费标准备案98所；办理民办幼儿园备案20所；核准30家占道停车场机动车收费标准核准；推行大型活动停车计次收费，“红叶节”期间，对香山周边地区2个占道停车场实行机动车停车计次收费。

（林平）

【价格监督检查】 年内，区发展改革委完成教育收费、医药价格收费、机动车停车收费、商超价格、行政事业性收费、人才职介机构收费、涉企价格收费、银行收费、电子产品、商品房明码标价、节假日和重大活动期间的价格专项检查。全年检查企事业单位、个体工商户4720户，查处价格违法案件22件，经济制裁总金额12万元。受理价格信访、投诉和举报4809件，为群众挽回经济损失98.98万元。

（李小红）

【价格鉴定】 年内，区发展改革委受理涉及房产、机动车、电动自行车、机动车维修、电子产品和假冒产品等司法机关委托的价格认定2565件。

（车爱军）

财　政

【概况】 2016年，海淀区一般公共预算收入386.1亿元，同比增长8%，按财政部同口径计算增长18.1%。区级一般公共预算支出完成593亿元，同比增长16%。完成30家重点企业的引入落地服务工作。通过政策引导和资金支持，推进楼宇“腾笼换鸟”业态调整和区属行政事业单位非自用房屋经营业态调整升级。建立健全产业疏解和人口调控财政资金奖惩机制。投入资金11.3亿元，开展农村“煤改电”“煤改气”等替代工作。投入财政资金90661万元用于大气污染防治，比2015年增长1.2倍。医疗卫生与计划生育和社会保障与就业支出104.69亿元。

（白洁　李思宇）

【营改增完成】 5月1日，区财政局全面推开营改增，即营业税剩余的四大行业——建筑安装业、房地产业、金融业、生活服务业全部纳入改革试点范围，为企业减税。全年拨付市、区两级扶持资金25414.38万元，涉及企业73家。

（白洁　李思宇）

【资产清查及产权登记】 5月—9月，在全区行政事业单位范围内开展资产清查和产权登记工作。全区337家区属行政事业单位、36家镇及下属单位参加资产清查，资产价值552.59亿元。259家事业单位参加并通过产权登记，资产总额181.95亿元。8家事业单位所办企业参加并通过本次产权登记，实收资本总额1509.6万元。

（白洁　李思宇）

【征集10个PPP项目】 年内，区财政局研究“海淀区政府与社会资本合作模式在公共服务领域的应用管理机制”，征集梳理“智慧教育”等10个项目，督促项目单位按照PPP规范要求实施。将海淀区现有PPP项目的基本情况、运作模式、合作期限等信息及时录入财政部政府和社会资本合作综合信息平台，并随项目进展更新维护项目库。

（白洁　李思宇）

【重点棚改项目】 年内，区财政局推进笑祖塔、一亩园等区级重点棚改项目的政府购买服务工作。组织银行、棚改项目单位和相关审批部门进行融资政策讲解培训，搜集整理贷款手续资料模板，督促项目单位加快手续办理。落实政府购买棚改服务资金纳入财政预算，安排资金40亿元。

（白洁　李思宇）

【保障性安居工程】 年内，区财政局安排财政资金50.4亿元，通过购置、新建、趸租农民富余安置房作为公租房等方式筹集房源549套，向5930户符合条件的保障家庭发放公租房租金补贴和市场化租赁补贴，为5907户保障家庭配租公共租赁住房；向199户经适房和限价房备案家庭发放购房货币补贴；为经适房限价房轮候家庭配售住房8834套，向房源所在区县支付异地安置补偿。

（白洁　李思宇）

【教育经费管理】 年内，区财政局支持教育学区化改革，推进“智慧教育”建设。预算执行教育资金首次编制跨年预算，涉及项目87个，21个项目通过海淀区全民健身专项资金项目管理领导小组审议，安排资金2255.28万元。优化项目库系统，完善“教改中间库”，实现项目库与财政平台的无缝对接。

（白洁　李思宇）

【竞价采购】 年内，区财政局指导区属预算单位开展竞价采购活动，完善竞价采购实施细则，提高采购及财政资金使用效率。151家预算单位约1000个项目开展竞价采购活动，采购金额2.1亿元，其中服务类项目资金节约近30%。

（白洁　李思宇）

【公车改革】 年内，区财政局按照海淀区公务用车改革工作统一安排，完成729辆公务用车的封存工作。根据《北京市海淀区党政机关公务用车制度改革实施方案》相关要求，保留公务用车统一集中到海淀区综合车辆管理平台统一管理、分级使用。

（白洁　李思宇）

【预算执行动态监控】 年内，区财政局实现专项转移支付资金支付信息与北京市财政局共享，加强布控预警系统更新、监控结果与北京市财政局互通，强化预算执行动态监控管理工作。监控支付数据30万余条，涉及资金437.96亿元。

（白洁　李思宇）

【政府债务管理】 年内，海淀区申请发行政府一般债券40亿元，分为三大类9个项目，分别为交通基础设施建设类项目，金额11亿元；环境建设类项目，金额13亿元；棚户区改造类项目，金额16亿元。

（白洁　李思宇）

【预算绩效管理】 年内，区财政局修订完善《海淀区预算管理绩效考核实施细则》，加大对预算执行的考核力度。对939个预算项目、涉及107.55亿元资金的事前绩效进行跟踪，提高财政资金使用效益。

（白洁　李思宇）

税　务

国家税务

【概况】 2016年，区国税局累计登记纳税人337113户。其中，处于开业状态253116户，占登记户数的75.08%；非正常状态44879户，占登记户数的13.31%；非正常注销状态39117户，占登记户数的11.60%；停业状态0户。注销状态56090户。区国税局各项收入1557.13亿元，增长8.5%。其中，税收收入1529.97亿元，增长8.9%；中央级税收入库1138.3亿元，增长3.8%；地方级税收入库391.43亿元，增长26.8%（见表10）。

（王雨琦）

【四大行业完成税制转换】 5月1

日，位于海淀区的北京市西苑饭店开出金额为12990.48元、税额为649.52元、内容为房屋租赁费的增值税专用发票。这是海淀区全面推开营业税改征增值税改革试点后纳税人开出的首张增值税发票，建筑安装业、房地产业、金融业和生活服务业四大行业税制转换完成。

（王雨琦）

【税收征管改革】 8月8日，金税三期工程在海淀区正式上线，结束使用近15年的中国税收征管信息系统（CTAIS）。区国税局组建14个工作组，针对13个业务域的1048项业务流进行集中攻关，开展数据清理超10万户次。

（王雨琦）

【国地税联合办税服务厅启用】 9月28日，位于东北旺南路27号的北京市海淀区办税服务厅揭牌启用。服务厅使用面积达3000平方米，设置33个服务窗口，涵盖入驻税务登记、税务认定、发票办理、申报纳税、优惠办理、证明办理、税收政策宣传辅导咨询、纳税人权益维护八大类144项业务，达到规范化、全职能办税服务厅的统一标准。

（王雨琦）

2016年海淀区国税收入统计表

表8　　单位：万元

项　　目	本年累计完成	上年同期累计完成	增减额	增减（%）
总　　计	15571285	14347183	1224102	8.5
一、税收收入合计	15297275	14050968	1246307	8.9
其中：税收收入（不含营改增）	12453068	11838588	614480	5.2
其中：中央级收入	11382959	10963332	419627	3.8
其中：地方级收入	3914316	3087636	826680	26.8
地方级收入（不含营改增）	2157820	1729886	427934	24.7
1. 增值税	5092719	4045162	1047557	25.9
2. 消费税	41101	37296	3805	10.2
3. 营业税	82571	146646	-64075	-43.7
4. 企业所得税	9824486	9509986	314500	3.3
5. 个人所得税	16839	3946	12893	326.8
6. 城市维护建设税	39266	87368	-48102	-55.1
7. 车辆购置税	180225	202784	-22559	-11.1
8. 印花税	20068	17780	2288	12.9
二、其他收入	274010	296215	-22205	-7.5
稽查入库	51228	756478	-705250	-93.2
自查补税	38874	26624	12250	46.0

（王雨琦）

【纳税服务】 年内，区国税局推出便民办税举措，引导1.5万户纳税人办理"票e送"业务，通过物流发送发票500万份。引入智能导税和咨询机器人，实现智能交互总量近4万次，服务精准度达72%。研发北京市首台多功能自助办税机，六大日常业务平均每笔节约时间90秒，速度提升150%。携手海淀地税局和区金融办，与区内工商银行等9家大型商业银行签订海淀区"银税互动"合作协议。纳税人学校开办40期，辅导1.5万人次。到百度、小米、华为、腾讯了解新兴产业发展情况；到北京大学、中国人民大学、北京理工大学研讨税校联动，开展走访调研121次。开展税源摸底，倾听企业诉求。

（王雨琦）

【税收宣传】 年内，区国税局邀请专家学者送营改增政策进入中关村创业大街，重点服务创新创业新兴经济体。在各街乡组织营改增“进街道”活动，开展全景式税收宣传。利用微信、QQ、手机视频等新媒体、自媒体，制作税收公益广告《创业——实现梦想的征程》，策划制作税收宣传动漫《十年科技兴税路》。《人民日报》报道区国税局新闻2次，《新闻联播》播出3次，中央电视台其他栏目播出新闻5条，《中国税务报》报道信息35条，《法制日报》《法制晚报》《新京报》及北京电视台等媒体登载信息12条。

（王雨琦）

【税收风险管理】 年内，区国税局对900余家集中办公区企业逐一核查，防范虚开风险。开展风险识别工作，对9690家增值税疑点企业进行逐一排查，补缴税款3103.45万元，滞纳金1894.58万元。

（王雨琦）

【依法治税】 年内，区国税局推进法治税务建设。按照法定权限和程序执法，构建“全局化督察”体系，杜绝执法随意性。提出“简政与放权相结合，治乱与防内相结合，廉政与法制相结合”的治税思路，与公检法建立全面协同协作，打击涉票违法犯罪。在“4·25”专案中，税警联动现场抓捕扣押涉案嫌疑人11人，涉及专用发票595份，涉案金额4760万元，税额1100万元。

（王雨琦）

【税务稽查】 年内，区国税局运用“大数据”查打发票违法，专项稽查、精准稽查、联动稽查成效明显，全年实现入库51151.93万元，其中增值税9529.07万元，企业所得税29051.61万元，罚款1227.47万元，滞纳金11343.77万元。

（王雨琦）

【货物和劳务税管理】 年内，区国税局推广营改增试点工作，组织培训65场，累计培训试点企业4万家次，平稳实现24850家企业税制转换，四大行业营改增试点纳税人增值税合计入库87.41亿元，因税制转换，累计减税51.27亿元。增值税收入509亿元。办理退税24067家次，退税金额69.3亿元。办理免税企业2452家，免税销售金额1270亿元。助力小微企业优惠政策落地，享受小微优惠企业101004家，减免金额35302.36万元。

（王雨琦）

【企业所得税管理】 年内，区国税局对上年企业所得税入库税款2000万元以上的221家企业实行按月预缴，加强跟踪分析。对预缴入库税额增减变化1亿元以上的企业进行监控，做好分析及后续管理工作。对企业实行个性化辅导，推行网上办理企业所得税相关事项。2016年度汇算入库425.64亿元，55515家企业实际享受小微税收优惠，累计减免税额1.22亿元，同比增长38.67%。

（王雨琦）

【大企业和国际税收管理】 年内，区国税局入库非居民税收73.60亿元，增加27.04亿元，同比增长58.08%。其中，增值税入库22亿元，增加10.32亿元，增长88.31%；所得税入库51.60亿元，增加16.72亿元，增长47.96%。依法追缴税款及滞纳金57.57万元，打击非居民企业跨境交易中的逃避税行为。为企业走出国门拓展海外业务提供税收服务，开具居民身份证明128份，同比增长7.56%，为中国居民在境外享受税收协定待遇提供税收支持。加强反避税基础管理，对66家企业同期资料开展转让定价调查，补缴入库税息合计1685万元。

（王雨琦）

【进出口税收管理】 年内，区国税局办理出口退税金额1.1亿元，同比下降2.54%。协查出口货物税收情况复函314份，涉及发票份数2526份，对上游企业核实函核查复函237份，涉及发票份数779份。完成10家企业2015年49个手册的核销工作，涉及进口报关单份数1432张，进口美元总值1.2亿元；涉及出口报关单份数1686张，出口美元总值2.4亿元。

（王雨琦）

【个体集贸税收管理】 年内，区国税局组织个体集贸税收入库4082万元。为157户办理减免税手续，其中自产农产品免征114户，蔬菜、鲜活肉蛋产品免征15户，残疾人提供劳务、服务免征10户，图书行业免征7户，随军家属、军转干免征3户，医疗卫生机构免征3户，殡葬服务免征2户，饲料产品免征1户，新能源车辆免征1户，重点群体再就业扶持减征1户。截至年底，海淀区有市场69家，均签署委托代征协议。疏解市场25家，疏解摊位数量5236户，减少税收收入46万元。

（王雨琦）

【车辆购置税管理】 年内，区国税局受理新车征税业务83001笔，组织税收收入17.87亿元，同比下降11.88%。国务院出台减征1.6升以下排量乘用车车辆购置税减半征收优惠政策，全年受理减免车辆27409辆，减免税款21692.33万元。

（王雨琦）

【“新三板”印花税税收】 年内，海淀区有“新三板”市场挂牌企业10163家，同比增长5034家，增长98.15%；“新三板”总市值4.06万亿元，同比增加1.6万亿元，同比增长64.97%。区国税局累计扣缴印花税税款20068.2万元，同比增长12.86%。

（王雨琦）

【税收执法】 年内，区国税局通过执法考核系统“执法考核”“申辩调整”“过错追究”等环节，执法质量明显提高。审理重大税务案件18件，审结18件，追缴税款18902.81万元，罚款707.43万元。受理行政诉讼案件6起，以上诉讼案件原告与起诉事由均相同，且原告最终撤回起诉。开展送税法进企业、进校园活动，区国税局联合区地税局在“12·4”宪法普法宣传日开展系列主题宣传活动。

（王雨琦）

地方税务

【概况】 2016年，区地税局累计登记纳税人273868户，新增38042户，注销6144户。累计完成各项收入763.5亿元，同口径增幅28%；完成中央级收入292.4亿元，同口径增幅28.3%；完成地方公共财政预算收入463.3亿元，同口径增幅28.3%；完成区级收入177.1亿元，同口径增幅32.5%。组织教育费附加、地方教育附加、文化事业建设费、外商投资企业土地使用费、残疾人就业保障金、工会经费等费金收入64.4亿元，同比增收20.4亿元，增幅46.49%。代区国税局征收二手房交易增值税和个人出租房屋增值税。完成税（费）种认定比对、数据清理补录、相关压力测试和业务测试等金税三期上线工作。应对行政诉讼案件5起、行政复议案件2起。（见表11）

2016年海淀区地税局地税收入统计表

表9

单位：万元

项目	收入	增减	同比（%）
合　　计	643861	204327	46.49
教育费附加	185515	17484	10.41
地方教育附加	123645	11740	10.49
文化事业建设费	199	-247	-55.38
外商投资企业土地使用费	1143	15	1.33
残疾人就业保障金	255231	170740	202.08
工会经费	73128	4595	6.25

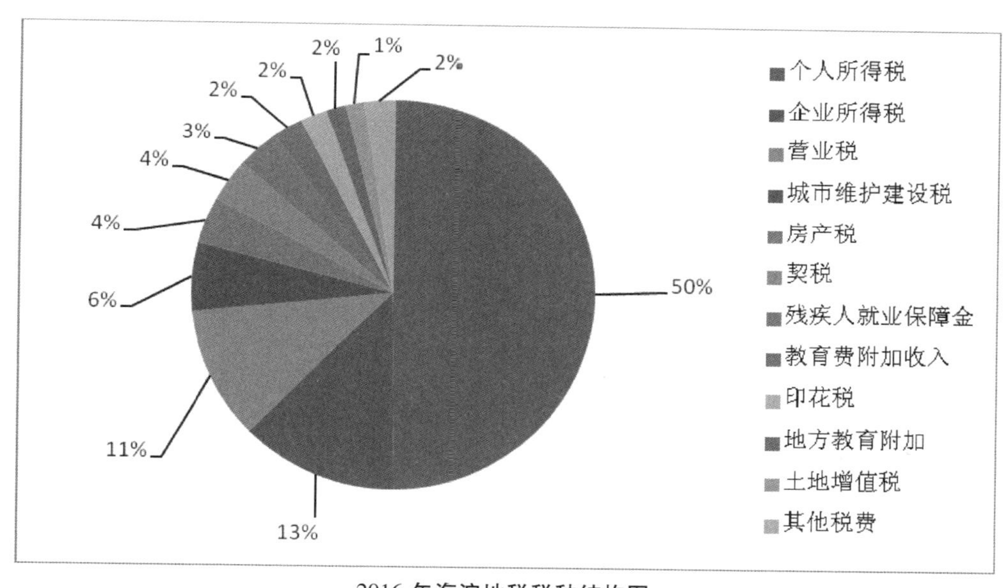

2016年海淀地税税种结构图

（郝俊强）

【税种管理】 年内，区地税局深化以地控税工作，利用国土交换数据和申报系统税源数据，梳理土地使用税税源登记和税款申报缴纳情况6000余条数据。开展“一税两费”风险比对工作，涉及纳税人2366户，补缴城建税、教育费附加、地方教育费附加及滞纳金787.1万元。开展房产税、城镇土地使用税风险应对工作，补缴税款及滞纳金497.3万元。开展对挂车车船税的核查工作，补缴税款10.6万元、滞纳金0.6万元，有问题率90.9%。加强房屋交易税收征管，撰写《二手房交易腐败原因分析》，采取多种措施堵塞风险漏洞；推进土地增值税差别化预征和清算管理，审结项目15个，涉及税款21亿元。

（郝俊强）

【税收征管】 年内，区地税局建立风险管理联席会议机制，明确日常检查重大案件审理机制。通过日常检查核查有问题企业5040家，入库税款6.98亿元。推进印花税委托代征工作，与4家技术合同登记处签订印花税委托代征协议。试点集中注销税务登记，形成工作底稿518家，查补税款596.18万元。

（郝俊强）

【大企业税收服务与管理】 年内，区地税局对大企业开展个性化纳税服务工作，调整与北京市地税局签订《合作框架协议》和《税收遵从合作协议》的首旅集团、一轻集团、二商集团、京粮集团在海淀辖区成员单位的管理方式，主管税务所统一调整至永定路税务所。对辖区27家企业集团、2600余家成员单位分6批次开展千户集团名册信息核实工作。对存在涉税风险的企业进行风险提示。对北京市地税局推送的25家千户集团成员单位股票减持事项开展风险应对工作，确认7家存在风险，补缴税款5919.5万元。

（郝俊强）

【国际税收管理】 年内，区地税局首例正式立案并独立开展调查的反避税案件进入结案程序，入库税款6000余万元。联合区国税局建立“走出去”企业清册，服务“走出去”和“一带一路”企业。通过国地税交换跨境个人股权转让信息，查补税款80余万元。组织开展外籍个人零申报核查，翻译并制作完成面向4个国家和地区的5份专项情报请求。

（郝俊强）

【税务稽查】 年内，区财政局配合稽查体制机制改革，落实稽查“市级全覆盖”的工作部署，将考核指标层层分解，责任到人。开展自查辅导、调查核实17户，立案检查134件，审结案件184件，入库结案209件。案件查补税滞罚合计3.2亿元，入库税滞罚合计2.9亿元。

（郝俊强）

【电子税务管理】 年内，区地税局完成15个税务所、28个街道61台设备的增值税发票代开软件安装工作；开发纳税人个性化标识系统和虚拟办公管理软件；与区国税局联手办公，自助机进服务大厅；完成“海淀地税”微信公众号改版，新增纳税辅导报名、信用等级查询等功能。

（郝俊强）

【纳税服务】 年内，区地税局落实“互联网+税务”行动计划，推出“税务钉钉”工具，采用众包协作模式解决税务咨询互助问题和征管工作的催报催缴问题；“海淀地税”微信公众号成为海淀地税实体办税服务厅和网上办税服务厅的延伸，发布微信219期，总订阅用户数超过3.5万户，浏览量超过150万次；开展59场纳税辅导会，其中日常辅导会17场，国地税联合举办39场，银税互动2场，税警联动7场；扩大“银税互动”试点，完成签约金额1.5亿元，惠及企业就业人数6920人；呼叫中心建立咨询首问制台账制度，一次性接通率由60%提升到90%。对近1000家企业的纳税人开展“房土税专场培训”“土地增值税政策和流程的培训会”“公立高校企业辅导座谈会”等培训。

（郝俊强）

【税收优惠政策落实】 年内，区地税局落实安置残疾人、房屋大修理、农产品批发市场、轨道交通、企业改制重组等税收优惠政策，减免房产税510万元、城镇土地使用税1144万元、契税2632.6万元；受理不征契税134件，不征税审批面积643.3平方米；受理契税退税1819份，退税金额5938.2万元；协调办理锦绣大地市场业主商铺回购退税事宜，受理业主退税398件；落实资源税改革，矿泉水资源税由从量计征调整为从价计征，资源税入库390万元，增幅达95%。

（郝俊强）

金融服务管理

【概况】 2016年，区金融办承担市、区政府折子工程、重点任务5项，办理人大代表建议、政协委员提案12件。报送决策性督查19件次，建议提案办理满意率100%。截至年底，海淀区各类金融机构及分支机构达2926家，同比增加212家，增长7.8%。其中，法人金融机构新增154家，总数达1266家。全区金融业增加值513亿元，同比增长6.7%，占全区国内生产总值的10.19%。自2011年起，金融业区级税收逐年增长，基本呈现“稳五进三”的特点，即区级税收年年拔高，区级贡献率年年均超过5%，区级税收年年同比多增额均在3亿元以上。2016年上半年，海淀区金融业总税收完成594亿元，占全区区域财政收入的40%；金融业区级税收达25亿元，占全区区级一般公共预算收入的11%。

（邢蓓）

【银行业】 年内，海淀区驻区银行机构及其网点总数827家，占全区金融机构总数的1/3。新增银行网点2家。区域期末银行存款余额达29692.7亿元，同比增长1.1%；区域期末银行贷款余额7233.6亿元，同比增长13.82%。银行业存贷差为22459.1亿元，银行业存贷比为24.36%，比上年同期存贷比高2.72个百分点。

（王立生）

【股权投资】 年内，海淀区股权投资机构达1194家，同比增长14.92%，其中股权投资管理机构637家，同比增长17.96%，占全市股权投资管理机构总数（1299家）的49.06%。披露金额的管理资本量达4202.49亿元，同比增长22.92%，占全市15702.83亿元的26.76%。海淀区企业发生568起股权融资案例，占全市融资案例总数的34.26%，占全国的8.26%。披露金额股权融资案例获投金额1527.14亿元，同比增长136.64%，占全市股权融资总额的46.92%，占全国的20.64%。

（李文娟）

【互联网金融】 年内，拉卡拉、网银在线、银联商务等区域6家支付机构获得中国人民银行支付业务许可证续展资质。举办2016中关村互联网金融论坛暨第三届普惠金融论坛等，中国互联网金融协会运营平台——北京中互金信息服务公司在海淀区落户。

（张国兴）

【上市、挂牌企业累计868家】 年内，海淀区上市、挂牌企业净增310家，上市、挂牌企业总计868家（不包括四板公司），同比增长56.68%，北京市2016年新增深交所上市的8家公司全在海淀。其中，境内A股企业116家（主板42家、中小板24家、创业板50家），占北京市的41%，占全国的4%；三板企业687家，占北京市的46%，占全国的7%；境外上市企业65家。截至年底，按照当日收盘价计算，116家境内A股上市企业总市值28979.36亿元。

（闫明霞）

【小额贷款】 年内，海淀区批准设立15家小额贷款公司，累计28家，注册资本金43.15亿元，累计发放贷款163.84亿元，贷款户数1.044亿户（其中涉农及小微企业累计发放贷款9.36亿元，贷款户数16.44万户）；贷款余额 59.53 亿元。其中，互联网小贷5家，注册资金21亿元，占总注册资金的48.67%；累计发放贷款141.04亿元，占海淀区的86.08%；贷款余额40.43亿元，占海淀区的67.92%。

（段浩杰）

【融资担保】 年内，海淀区有融资性担保公司19家，注册资本总计162.3亿元，其中国有持股8家。融资性担保业务担保金额期末数338.95亿元，同比下降8.7%；非融资性担保业务担保金额期末数1246.15亿元，同比增长843.45%。担保业务担保金额合计期末数2392.56亿元，同比增长77.98%。担保业务收入18.47亿元，同比下降5.59%；担保业务利润16.59亿元，同比下降3.84%；净利润10.84亿元，同比下降1.19%；所得税4.84亿元。

（徐超）

【金融功能区建设】 年内，中关村西区金融机构达476家，比2015年增加80家，增长20.20%，涵盖银行、保险、证券、股权投资、互联网金融、小额贷款等多类金融行业，实现税收11.6亿元、区级税收3.86亿元。西直门外科技金融商务区聚集金融机构达150家，比2015年增加19家，增长14.5%，实现税收6.45亿元、区级税收1.88亿元。

（邢蓓）

统　计

【概况】 2016年，海淀区统计局（队）按照“一张蓝图、两项调查、三个能力、五项保障”的总体工作思路，推进具有海淀特色的现代统计体系建设。编发统计专报237篇，其中49篇次获区领导批示，北京市统计信息网采稿126篇。发送“海淀统计手机报”20期，在“海淀统计”微信公众号推送54期微讯，涵盖200余条统计信息，25篇经济信息被《中国信息报》《海淀报》等采用，全区经济运行分析、人口抽样调查情况、农业普查专题报道等近10条新闻在海淀电视台《海淀新闻》栏目播出。在全市优秀统计分析报告评比中，局（队）获一等奖2项、二等奖1项。编印《区情手册》1.5万册，编发《2016海淀统计年鉴》《2016海淀统计专报汇编》、《海淀统计》期刊等统计资料3600余册。对外提供数据230万余笔，主动公开统计信息400余条，发布数据指标千余个。

（郑静）

【海淀统计微信平台上线】 1月29日，海淀区统计局（队）召开微信平台上线发布会，“海淀统计”微信公众号正式上线。会上公布“海淀统计”微信代言形象——“统小嗨”和“统小点”，播放介绍微信平台功能的动漫短片——“走进海淀统计”。平台定期推送重要信息，“海淀统计”微信公众号设立三个固定模块：“工作动态”模块包含“当前重要大型调查”“统计风采”“内部交流”三个栏目，及时跟踪报道局（队）重点工作动态；“数据服务”模块包括《年度数据》《进度数据》两个栏目，定期公布主要指标数据和分析报告；“统计知识”模块设有“统计法规”“统计常识”两个栏目，对统计法律法规和统计术语进行详细解读。微信平台运行以来，所发布的信息被国家统计局、天津统计局等微信平台转发。

（郑静）

【人口抽样调查】 年内，海淀区统计局（队）继续实施5%人口抽样调查扩样工作，建立、实施季度人口抽样调查制度。召开人口抽样调查工作部署会，落实关于人口抽样调查的各项工作方案和要求，以抽样数据服务区域发展。通过与各街镇及相关职能部门协同作战，完成年度人口调控目标，常住人口359.3万人，比2015年年末下降10.1万人，人口减量居全市各区首位，常住人口历史性地实现下降拐点。

（郑静）

【人口动态监测】 年内，海淀区统计局（队）建立人口动态监测台账，对全区人口调控工作进行分析评判和预测预警。丰富和完善大数据监测工作，实现三大移动通信运营商手机信号全覆盖，通过监测模型获取的月度、季度分街镇及重点监测区域人口变化情况数据，为动态掌握全区人口变化情况发挥重要参考作用。尝试通过综合利用遥感监测数据、相关部门数据、手机通信大数据、抽样调查数据、人口监测台账等，搭建“五位一体”的人口综合监测预警模型，实现监测数据与人口抽样调查数据的有效衔接，为科学评判全区人口变动趋势、实现人口调控的精准化提供统计支撑。

（郑静）

【编制“十三五”统计发展规划】 年内，海淀区统计局（队）编制《北京市海淀区“十三五”时期统计发展规划》（简称《规划》）。该规划在有序疏解北京非首都功能、产业协同发展、城市建设管理及人口资源环境等领域拓展统计职能，确定海淀统计的具体发展目标，提出30项重点工作项目。

（郑静）

【雾霾红色预警措施群众满意度调查】 年内，海淀区统计局（队）开展雾霾红色预警措施群众满意度调查。调查采用计算机辅助电话访问（CATI）的调查经验和方法，在海淀区29个街道、镇中开展。选取年龄16周岁以上、在海淀辖区内居住半年以上的居民作为调查对象，调查样本在全区范围内随机产生，样本年龄分布均衡，性别比例合理，文化程度及职业身份分布较为全面，完成有效样本870个。调查结果显示：97.36%的群众关注空气质量方面的报道，96.09%的群众了解雾霾红色预警，90.55%的群众对雾霾红色预警措施总体满意，被访群众对中小学、幼儿园停课措施满意度为74.42%。

（郑静）

【“三农”统计服务需求调查】 年内，海淀区统计局（队）设计《海淀统计局队“三农”统计服务需求调查问卷》，回收问卷400余份。调查范围涉及相关委办局、镇政府、84个行政村村委会等；调查内容包括农业生产、都市型现代农业、农村城镇化、农民民生等八大类问题近30个指标，设置部分开放性问题，掌握不同层次服务对象的意见和建议。通过问卷调查、函商等形式征集梳理近40个重点委办局、7个镇的需求，归纳出“三个重点”，即“三农”基础需求导向：需求范围包括农业从业者、农村人口和资源基本情况，农村土地利用与流转情况，农业规模化、产业化和新兴业态发展情况，美丽乡村建设和新型城镇化建设情况，农民收支与生活方式变化情况，农村生态文明建设等内容；海淀区相关委办局镇、村及其他需求导向：需求范围包括园林绿化、体育基建、城市管理、社区商业情况等专项需求；统计局“三农”数据库需求导向：需求范围包括“三农”长期监测指标、农村人口、住房、农业生态、能源、城乡一体化等统计长期监测指标内容。

（郑静）

【新经济统计】 年内，海淀区统计局（队）根据国家统计局关于新产业、新业态、新商业模式统计工作的总体部署及全市新经济统计工作总体安排，推进新经济统计工作。做好“三新”统计工作的调查摸底、走访调查和建档立册工作，全面掌握“三新”企业基本情况、经营模式和经营状况，利用大数据监测及时跟踪反映新经济、新业态发展情况，为相关政策制定提供及时有效的参考依据，加快完善与新常态相适应的统计服务，拓宽数据渠道，严格执行《北京市新经济统计报表制度》，制定具体措施，推动新经济统计工作落到实处。

（郑静）

【新经济监测】 年内，海淀区统计局（队）加强对新兴产业、新型业态和新商业模式的统计监测工作。根据国家、市局新产业统计分类标准，将重点“三新”指标纳入月度监测指标体系，完善定期监测指标数据，为重点新兴产业的监测和预警积累要素。分析区域内“互联网＋传统行业”等新型业态的发展情况、规模架构、未来走势，形成《科技创新牵动半年经济增长》《科技创新驱动文化创业发展》等报告，向相关部门提供“三新”领域的统计咨询和决策建议。自主开展《互联网消费统计方法制度研究》，通过电商大数据、主流网上零售平台平均数据和主流快递企业平均数据的比例，测算海淀区互联网消费情况，提出采用“平台企业互验＋系数估算＋重点调查”相结合的方法进行互联网消费数据的核算与评估。

（郑静）

【特色街区统计监测】 年内，海淀区统计局（队）拓展监测维度和深度，加强“大众创业、万众创新”、特色街区等领域的统计监测工作。开展中关村大街发展分析及展示项目，以大街沿线社区为统计范围，分类分析区域内的创新核心功能区、专业创新服务功能区、科技金融创新功能区、特色创新功能区等区段的总体现状、发展特征、楼宇分布和企业情况。定期对海淀园40余家大型企业和近200家重点企业进行监测，分析大型企业技术创新、知识产权保护、产学研合作等情况，新经济领域的领军企业、高成长企业、潜力企业运行情况，形成月度监测报告。

（郑静）

【开展第三次全国农业普查】 年内，海淀区统计局（队）第三次全国农业普查工作，组建区—镇—村三级普查机构。完成区级调查方案，对各委办局近1400项需求进行梳理，探索建立“三农普”区属需求指标体系，为全面掌握全区“三农”有关情况、研究制定农村经济社会发展规划提供统计信息服务。组织区级培训10余场、2600余人，各镇开展7场PDA掌上电脑专题培训。利用第三方专业人员力量进行数据质量抽查，确保数据准确无误。

（郑静）

【老年人生活现况及京津冀一体化养老意愿调查】 年内，海淀区统计局（队）对全区老年人生活现况及京津冀一体化养老意愿开展调查。调查对象为年龄60周岁以上且在海淀区居住半年以上的常住居民，采取计算机辅助电话方式，调查样本800个。老年人生活现况调查的结果显示：月收入3000元以上的被访老年人占比近80%，被访老年人对经济收入的总体满意度较高；被访老年人居住方式以“与配偶同住”为主，约有10%的独居老人；60%以上老人健康状况良好；老年人的日常活动集中于看电视、逛公园等休闲活动。京津冀一体化养老意愿调查的结果显示：被访老年人大部分不愿意到河北、天津等地养老；不愿意去异地养老的主要原因是“不愿离开家去外地”“儿女探望照顾不便”；被访老年人大部分不了解京津冀一体化养老的具体情况和政策，而关注京津冀一体化养老的老年人群体最关心“异地就医即时结算”问题。

（郑静）

【统计数据管理与服务平台项目建设】 年内，海淀区统计局（队）启动统计数据管理与服务平台项目建设工作。海淀区统计数据管理与服务平台建设目标为“一个标准、三个数据库、四个模块、若干个专题”。“一个标准”即构建海淀区统计元数据标准体系：以区情手册、统计年鉴和各专业分析报告中常用的数据指标为基础，进行数据标准化处理，且随着需求变化进行增加和调整。“三个数据库”即建设供局（队）内部工作人员使用的业务数据库、供区属委办局（街镇）使用的共享数据库、供社会公众使用的发布数据库。“四个模块”即建设数据管理、数据查询分析、数据应用和数据共享发布四大模块，实现历史数据的查询、加工后数据的查询、格式化分析报告的自动生成等功能。“若干个专题”即建立大消费测算、科技创新、重点企业监测等数据专题，选取社会热点和政府重点工作领域进行专题设计、专题分析和专题展示。

（郑静）

【新设立小微企业和个体户跟踪调查】 自2014年至2016年一季度末，为跟踪和了解工商登记制度改革以来新设立企业的运行情况，海淀区统计局（队）持续对2014年3月至7月新设立的281家小微企业和个体户进行跟踪调查，对其中的6家文化类企业和19家首次创业大学生企业进行重点调研。调查显示：281家小微企业中的19家大学生首次创业企业均处于营业状态，被调查的企业能够实现盈利或保持盈亏平衡近七成，企业规模相比创业之初呈现出稳定的扩张态势。大学生首次创业企业主要集中于科研、文化类，通过电商做批零业务的企业数量超过纯线下销售。但竞争力不足、优惠政策单一以及企业融资难等问题仍较突出，融资困难、许可证办理流程复杂、享受优惠政策偏少等问题困扰企业发展。

（郑静）

【统计方法制度改革】 年内，海淀区统计局（队）落实国内生产总值核算改革、固定资产投资统计改革等改革任务。探索科技服务业、生活性服务业、健康服务业、大消费等标准研究及测算工作。利用大数据和现代信息技术推动统计生产方式变革，以电商平台大数据开展互联网消费监测，弥补传统统计方式的不足，其中《用大数据测算互联网消费研究》通过国家统计局立项申请。

（郑静）

【市场疏解外来人员迁移意向调查】 年内，海淀区统计局（队）对交易市场清退升级后外来人口迁移意向展开调查。调查选取2016年海淀区清退和升级的6个交易市场，随机拦截交易市场内16～65周岁在京居住一年以上的非京籍外来人口作为调查对象，完成388个样本。调查数据显示：被访者中16%的人员有迁移出海淀居住的意向。被访者来自多个省市，多为农村户口，家人过半来京，打工者和老板比例分布较均衡，多数居住在海淀，租住私房为主；多数打算继续留京就业，留京的主因是就业机会多，未来主要计划居住在朝阳、海淀、丰台，多数将与家人继续住在一起；如果离京，多数将带家人离开，离京主因是孩子在老家上学需照顾和北京生活成本太高。

（郑静）

【新能源汽车购买意愿和使用情况调查】 年内，海淀区统计局（队）在全区范围内开展“海淀区居民对新能源汽车的购买意愿和使用情况调查”。此次调查采取计算机辅助电话访问（CATI）方式，选取年龄在18～65周岁，在海淀辖区内居住半年以上的居民作为调查对象，调查有效样本800个。调查结果显示：居民对新能源汽车接受度较低，超过60%以上的居民不准备购买新能源汽车；新能源汽车尚不是群众绿色出行的主要选择；在已经购买新能源汽车的居民中，“燃油车摇不上号/新能源车不限购”是居民购买的主因；影响购买的主要因素是“充电不方便和续航里程短”。

（郑静）

【统计管理体制改革】 年内，海淀区统计局（队）印发《北京市海淀区机构编制委员会关于调整基层统计管理体制的通知》和《北京市海淀区人民政府办公室关于落实街道统计所管理体制调整有关问题的通知》，确定基层统计所垂直管理工作模式，理顺街道统计所人员管理关系，推进统计体制改革和内设科室调整工作。分步骤实施区国队机构、人员、业务、档案、资产、财务等方面的剥离。

（郑静）

质量技术监督

【概况】 2016年，海淀区质量技术监督局（简称区质监局）开展老旧住宅电梯隐患治理，保障重大活动特种设备安全，加强法治和计量保障，推进质量强区建设。开展执法活动1819次，案件办理总量176起，同比增长212%。受理企业、用户和消费者咨询5500人次，受理申诉举报1349起，案件办结率100%。受理许可以及相关事项2416件，其中跨区受理占52.1%。

（于晓琳）

【质量强区建设】 年内，区质监局坚持质量状况分析报告制度，形成2015年质量状况分析报告并经区政府常务会审议。修订《中关村质量奖管理办法（试行）》，推荐企业参评第二届市政府质量管理奖，44家企业入围。委托区统计局开展实施质量强区战略市民质量满意度调查，满意率97.13%。与中关村产品检测和质量认证服务中心共同开展海淀区战略性新兴产业检测认证资源分析研究，提出对策建议。海淀区推选的“中关村TOP100评选”纳入全国质量月活动方案。

（于晓琳）

【标准创新】 年内，区质监局实施标准化战略，引导企业开展标准创新，提升区域自主创新能力。25项标准获2016年“中国标准创新贡献奖”，其中一等奖7项，占比70%。25家企事业单位的45个标准获得北京市技术标准制修订补助资金452万元，占比37.7%。中关村标准化试点示范单位49家，占全市的55.7%；中关村标准化示范单位6家，占全市的60%。发挥“标准化+”效应，推动标准化与技术创新、现代农业和公共服务的融合发展。四季青镇“一河十园”国家观光休闲农业综合标准化示范区通过验收。北京软件交易所成为北京市首个软件与信息服务领域的国家级标准化试点项目。

（于晓琳）

【产品质量监管】 年内，区质监局动态更新企业数据库，实施风险监控和分类监管，开展强制性认证、机动车检测场检查、打击侵犯知识产权和制售假冒伪劣商品及各类专项整治工作，强制性认证执法数上升150%。落实清洁空气行动计划，推动煤炭生产加工企业建立产品追溯制度，提供技术支持和检测服务，保障“减煤换煤”工作顺利开展。对电信终端设备、家用电器等130批次重点工业产品开展监督抽查，合格率96.9%。

（于晓琳）

【计量监管】 年内，区质监局对辖区内的加油站、商场超市、集贸市场、制造计量器具获证企业等253家单位进行检查，检查在用计量器具1500余台（件）。开展检验检测机构计量认证监督管理和商品定量包装专项抽查。完成9家重点用能单位能源计量器具配备专项检查，强检计量器检定83884台（件），并对测量仪器进行技术改造，完成北京市燃气表计量器具产品质量抽查工作。

（于晓琳）

【特种设备安全监管】 年内，区质监局推进老旧住宅电梯安全隐患治理工作。214台老旧住宅电梯通过原产权单位自筹资金1447万元、申请政府补贴资金800余万元开展更新改造大修。完成30次重要会议、重大活动特种设备安全保障工作。配合环保部门完成300家锅炉低氮燃烧改造工作。清理4500台（套）超期未检设备，150台电梯物联网试点项目通过初步验收，进入试运行阶段。完成特种设备检验41330台（套），完成200台老旧住宅电梯等高风险电梯评估工作。

（于晓琳）

安全生产监督管理

【概况】 2016年，海淀区安全生产监督管理局（简称区安全监管局）以“减人、添秤、服务”为工作主线，以压减事故总量为目标，推进安全生产法制化、标准化、社会化、信息化建设，构建安全生产责任体系、隐患排查治理体系和安全预防控制体系，提升安全生产总体保障能力。全年发生生产经营性道路交通亡人事故、生产经营性火灾亡人事故、生产安全亡人事故39起，亡43人，未发生较大以上生产安全事故。指导全区安全生产工作，提出22项安全生产重点工作并进行详细分解，要求全区各部门、各街镇、各区属单位健全“党政同责、一岗双责、齐抓共管”安全生产责任体系，推动辖区企业安全生产责任体系“五落实、五到位”。

（张明阳）

【“两会”安全生产保障】 3月，区安全监管局组织商务委、旅游委、市政市容委、质监局、消防支队以及属地街道等单位执法人员，按“四不两直”方式分别对全国“两会”会场、代表驻地周边的生产经营单位开展安全生产联合大检查，实地查看经营单位的消防安全、特种设备安全、燃气安全、电气设备安全等安全生产工作情况，检查安全生产管理制度、突发事件应急预案及安全生产措施落实情况。对检查中发现的安全隐患和问题，全部要求企业立即或限期整改，隐患整改率为100%。

（张明阳）

【安全生产专职安全员队伍建设】 年初，区安全监管局牵头组织招聘726名街镇和相关委办局安全生产专职安全员，全区专职安全员总数达到1017人。推广街镇专职安全员试点单位的经验做法，提升专职安全员队伍业务素质。专职安全员全年执法检查生产经营单位64057家次，发现安全隐患80137处。

（张明阳）

【安全生产大检查】 年内，区安全监管局开展安全生产大检查活动，出动检查人员186893人次、检查组21074个。检查生产经营单位205594家次，发现问题隐患122170项，整改问题隐患107869项；打击非法违法行为2238项，整治违规违章行为7709项；停产整顿93家，暂扣吊销证照80个，关闭取缔284家；处罚罚款857.964万元；追究刑事责任55人次，清退人员3751人。

（张明阳）

【“安全生产月”活动】 年内，区安全监管局以“筑牢安全基础，促进协同发展”为主题，开展“安全生产月”咨询日活动。全区设立一个主会场、28个分会场。活动展出主题展板40余张，发放宣传材料和各种宣传品1万余份，现场向群众解答安全生产法律法规200余人次。各街镇分别设立咨询分会场，以播放教育影片、发放宣传材料等多种形式向过往群众进行安全教育宣传。全区发放各类宣传材料20万份，30余万人参加现场咨询活动。区安全监管局联合区商务委、区旅游委、海淀消防支队、海淀运管处等部门，对8家重点人员密集场所类生产经营单位开展安全生产联合执法检查。重点检查安全生产规章制度、劳动防护用品配备、从业人员安全生产教育培训记录、消防设施设备、应急照明等安全情况。

（张明阳）

【安全生产标准化达标创建】 年内，区安全监管局推进全区安全生产标准化创建工作。2016年，北京市下达给海淀区三级和小微企业年度达标任务为2600家，截至11月24日，海淀区三级和小微企业年度达标3146家，超额完成北京市下达的任务。其中，三级达标企业经审核通过授牌的企业605家，完成全年工作任务的100.83%；微型企业岗位达标2541家，完成全年工作任务的127.05%。

（张明阳）

【危险化学品经营许可审批】 年内，区安全监管局严格按照相关法律法规要求，规范危险化学品经营许可行为，严格行政许可审批流程，准确把握许可时限，做到许可工作标准不降低、时间不延迟，保证许可证发放及时。截至10月31日，对77家危险化学品经营单位发放危险化学品许可证，向13家易制毒化学品经营单位发放易制毒化学品备案证明。

（张明阳）

【烟花爆竹销售安全管理】 年内，区安全监管局发放烟花爆竹经营（零售）许可证81家，同比减少38家，下降31.2%，其中五环内51家、五环外30家。烟花爆竹销售期间，北京市熊猫烟花有限公司配送到辖区81个零售网点19520箱，销售烟花爆竹17435箱，退货回收2085箱，销售减少5948箱，下降25.4%。春节期间，区安全监管监察系统出动执法检查人员1266人次，出动检查车辆576车次，发现问题隐患252项，下达执法文书83份，整改率100%，实现“不爆炸、不燃烧、保安全、零事故”的目标。

（张明阳）

【安全生产责任险投保】 年内，区安全监管局4次召开安全生产责任险试点工作推进会议，专题研究部署全区安责险推进工作。对重点试点行业领域建筑施工、体育、商业服务、汽修等行业多次召开推广宣导会议。截至年底，完成安责险投保企业1014家。

（张明阳）

案例选辑

【“6·9”一般生产安全事故】 6月9日，海淀区远大路1号金源时代购物中心二层235号防火卷帘门处发生一起机械伤害事故。1名维修人员站在顶棚内维修235号防火卷帘门卷轴链条时，被挤压在卷轴与空调风道之间，后经抢救无效死亡。区安全监管局会同区监察局、区总工会、区人力社保局、区住建委等相关部门组成事故调查组，对事故展开调查工作。事故调查组依据相关证据，依法认定该事故是一起疏于安全教育培训造成的一般生产安全责任事故。区安全监管局依法对事故负有责任的北京金源时代购物中心有限公司作出罚款 20 万元的行政处罚。

（张明阳）

【概况】 2016 年，海淀区审计局开展审计及专项审计调查项目 33 个，查出问题金额 199 亿元，其中管理不规范金额 199 亿元，非金额计量问题 42 个。整改金额 1953 万元，出具审计报告和专项审计调查报告 44 篇，其中 5 篇被批示采用，提出的审计建议有 175 条被采纳，被审计单位制定整改措施 115 项，促进建立健全规章制度 5 项。提交审计专题、综合性报告和信息简报 162 篇，被批示采用审计信息 119 篇，向社会公告审计结果及整改情况 17 项。参与国家审计署和北京市审计局组织的稳增长促改革调结构惠民生防风险政策落实情况等相关审计工作。

在北京市审计系统评选优秀审计项目活动中，“关于海淀区社区卫生服务机构建设管理及运营情况的专项审计调查”被评为 2016 年度区审计局优秀审计项目。分行业组织开展乡镇系统、卫生系统内部审计人员后续教育培训 4 期，培训 300 余人次。

（乔捷）

【预算执行审计】 年内，区审计局实施 17 个财政同级审项目，推进对政府全口径预算的全覆盖监督，重点检查预算执行效果、存量资金管理等情况。审计结果显示，存在部分预算支出进度不合理、部分存量资金未及时盘活使用等问题。提出进一步规范预算管理、盘活存量资金、全面落实整改责任等建议。

（乔捷）

【专项审计调查】 年内，区审计局重点审计新农合基金的收支余等情况，核实移交的会计资料、资产、债权债务。开展生活垃圾分类资金管理使用效益情况审计，审查财政资金投入的使用管理、相关政策、规定执行情况，分析评价运用绩效，指出资金管理和使用中的违规问题。

（乔捷）

【经济责任审计】 年内，区审计局安排经济责任审计项目 13 个，被审计领导干部 9 人。重点审计领导干部贯彻执行重大决策部署、决策制定、遵守法律法规、遵守廉洁从政规定等情况，把机构设置、编制使用、“三公”经费等作为重要内容。通过审计，指出领导干部在任期内存在的问题和应承担的责任，分析存在问题的主客观原因并提出改进意见，督促被审计单位及时落实整改措施。开展自然资源资产基础情况调查，摸清森林、土地、大气、水资源四类资源底数，对西农公司及苏家坨镇 2 家单位的 3 名正处级领导干部开展自然资源资产离任审计试点。起草《海淀区贯彻落实〈关于深入推进领导干部自然资源资产离任审计试点工作的意见〉的实施意见》，明确领导干部自然资源资产离任审计试点的指导思想、目标与计划、组织领导、责任分工及试点主要内容，确定土地资源审计、森林资源审计、水资源审计及大气污染防治审计 4 个方面的审计重点，推动领导干部切实履行自然资源资产管理责任。

（乔捷）

【政府投资审计】 年内，区审计局跟踪审计涉及无煤化改造、棚户区改造等 465 项政府投资建设项目。对无煤化改造的户外电网建设、户内设施改造等工作开展全程审计监督。对工程类项目加强现场复核、补贴类项目随资金使用进度进行审核，促进项目实施中各项资金安全使用。配合上级审计机关对海淀地域内的南旱河防洪排水一期项目的 18 个中小河道工程开展审计，重点审查招投标程序履行工程建设管理、资金筹集管理使用、工程建设进度及竣工验收以及河道工程的治理效果。组织社会中介审计机构完成政府投资建设项目跟踪审计 50 个，通过审减投资节约建设资金 4.57 亿元，平均审减率 12%。工程价款结算中多报工程量、多报材料价格等问题得到纠正。

（乔捷）

【政策落实跟踪审计】 年内，区审计局按照北京市审计局的统一部署，组织对全区重大政策措施落实情况跟踪审计。全年跟踪审计工作与北京市审计局共同开展，重点审查财政存量统筹盘活、“放管服”政策落实、地方债券资金使用等情况，按照时间节点上报审计结果。审计中坚持鼓励创新，及时掌握政策落实情况，及早发现问题，反映情况，分析问题产生的原因，研究提出解决问题的对策和整改意见，促进政策落地生根。

（乔捷）

【审计结果公开】 年内，区审计局加大财政资金使用单位预算执行审计的公开力度，丰富审计公开的内容和形式，公开预算执行审计工作报告、15 家单位部门预算执行审计报告以及审计查出问题整改情况报告。完善审计整改联动机制，加大审计整改督办、报告、通报工作力度，推动审计整改的闭环管理，督促被审计单位健全管理制度。

（乔捷）

国有资产监管

【概况】 2016 年，海淀区人民政府国有资产监督管理委员会（简称区国资委）直接监管企业 15 家。截至年底，区属国有及国有控股企业资产总额 1881.9 亿元，国有净资产 389.1 亿元。实现营业总收入 405.6 亿元，利润总额 44.9 亿元，上缴税金 22.3 亿元。

年内，区国资委设立审计稽查办公室。将一级监管企业及下属企业间的担保决策权下放给一级监管企业。与区属一级监管企业签订经营业绩考核责任书、社会管理综合治理责任书，对国有资产保值增值、安全运营等各项任务进行分解落实。组织各企业召开年度董事会工作报告会、外部董事座谈会，提升企业决策水平。开展对相关企业运营发展及重点项目的专项调研检查，发挥监事会监督检查作用。

审批投融资项目 43 项、担保项目 9 项。区属企业上缴收益总额 1.1 亿元，安排预算支出 1.1 亿元，主要用于支持企业转型发展、解决遗留问题等重点工作。

2016 年区国资委直接监管企业一览表

表 10

序号	企业名称	企业简称
1	北京市海淀区国有资产投资经营有限公司	海国投公司
2	北京海淀置业集团有限公司	海淀置业集团
3	北京实创高科技发展有限责任公司	实创有限公司
4	北京海开房地产集团有限责任公司	海开集团
5	北京翠微集团	翠微集团
6	北京海融达投资建设有限公司	海融达公司
7	北京昊海建设有限公司	昊海公司
8	北京中海投资管理有限公司	中海投公司
9	北京西农投资有限责任公司	西农投资公司
10	北京市海淀区工业公司	工业公司
11	北京绿海能环保有限责任公司	绿海能公司
12	北京实创科技园开发建设股份有限公司	实创股份公司
13	北京海淀科技金融资本控股集团股份有限公司	海科金集团
14	北京海房投资管理集团有限公司	海房集团
15	北京通联实业公司	通联公司

2016 年，北京市海淀区房屋土地经营管理中心改制组建成国有独资的集团公司，更名为北京海房投资管理集团有限公司，成为区国资委一级监管企业。因此，区国资委直接监管企业由 14 家调整为 15 家

（孙彦艳）

【北京市海淀区国有资产投资经营有限公司】 北京市海淀区国有资产投资经营有限公司（简称海国投）是经海淀区政府授权对国有资产行使出资权的国有独资企业，拥有全资、控股、参股及托管企业 38 家，注册资本 20 亿元。

2016 年，公司系统实现营业收入 235 亿元，同比增长 181.65%，实现利润总额 25 亿元，同比增长 115.34%，资产总额 1095 亿元，同比增长 79.8%，集团资产负债率较年初下降 6.45 个百分点。

公司支持大地公司在涿州市建立农产品批发基地。公司作为主发起人，联合京津冀三地大型国企和民营企业共同设立全国首家区域票据交易中心，2016 年 9 月正式营业。公司投资入股中关村大街运营公司，发起设立“海淀智享”出行平台。组建 300 亿元规模的海淀区重点项目建设基金，参与筹备规模 1500 亿元以上的中关村并购基金，参与制定 500 亿元海淀区重大项目投资与空间资源优化基金。

八大处公司北京、天津、海南三大区域地产板块转型升级发展势头稳健。旺海公府高层项目竣工，公府洋房项目完成室内初装和公共区域精装，国际项目机电项目基本完成。海南海口电南科技大厦项目完成竣工总验收。官塘水院南岛项目销售火爆，北岛项目开盘。

三聚环保公司与北京华石联合能源科技发展有限公司共同开发的国内首套自主研发超级悬浮床（MCT）工业装置一次开车成功，是目前全球一次开车成功并实现稳定运行的 MCT 装置，实现悬浮床加氢技术的根本性突破。三聚环保公司成立南京农业大学

生物质绿色工程技术中心，实施生物质炭基缓释肥的技术开发，副产清洁燃气和生物质油品。“费托硬蜡精细加工技术方案研究”“重质原料浆态床加氢裂化工业试验与应用方案研究”等项目稳步推进。主攻脱硫服务市场的美国子公司年底正式投入运营。

海国投公司战略投资海淀区内高科技企业、轨道交通运维龙头神州高铁技术股份有限公司，成为第一大股东。

中技集团累计为280余家中小微科技型企业进行投融资服务，提供53亿元的资金支持，自建的信息库里收集2400余家科技型企业。其中，担保公司“小额科技贷”产品共服务60余家企业，注册资本增资至20亿元；评估公司与国家知识产权局联合开发建设推出国内首个智能专利分析系统——“专利价值分析体系”；保理公司首次尝试资产证券化业务，与上海尉邦保理联合发行ABS（资产支持证券）产品。基金公司创新践行“成长债+期权”业务模式，成长债项目完成50项，获得投资期权4亿元。

众信金融公司推出应收账款质押、票据融资、无担保信用融资等创新产品，中国网贷平台独角兽对众信金融估值达25亿元。互联网金融服务中心对130余家P2P企业进行登记备案，风险预警平台完成建设，中心创新孵化平台推进公司产业在天津、河北的产业落地。

海科融通公司拓展代理商渠道，开发的QPOS（音频外接读卡器）支付产品占微小商户市场份额的90%以上，全年银行卡收单交易额超过6000亿元，实现净利润近2亿元。

海国投公司倾力打造“凯文国际教育”品牌，凯文学校海淀校区9月正式开学，朝阳校区完成结构封层，通州校区进入平面方案深化阶段，天津北塘校区达到用地条件。6月，公司正式入主中泰桥梁，成为A股唯一上市的K12教育公司。成立海淀教育集团，通过深入整合区域资源，培育共建共享、融合共生的教育发展机制，海淀教育集团加快教育国际化进程。

稻香湖投资发展公司引入“家庭亲子”“儿童科普”“年夜饭预订”“摄影名家大讲堂”等概念，吸引散客，节假日收入同比增长77.11%。公司与北京实创高科技发展有限责任公司合作经营凤凰岭十七号院，形成一山一湖一院的区域旅游圈和“湖景品牌”。

2016年海国投成员企业一览表

表11

	企业名称	所属行业	企业性质	持股比例（%）
全资企业（11家）	北京市海淀区海阔咨询公司	服务业	全民所有制	100
	北京信茂房地产开发有限公司	房地产开发经营	有限责任公司	100
	北京常兴海广会展有限责任公司	服务业	有限责任公司	100
	北京海淀水务有限责任公司	自来水生产和供应	有限责任公司	100
	北京香颐鑫源经贸有限公司	贸易	有限责任公司	100
	北京中技商业保理有限公司	商业保理	有限责任公司	100
	北京鑫泰锦绣投资有限公司	投资管理	有限责任公司	100
	北京鑫泰汇海投资有限公司	投资管理	有限责任公司	100
	北京中关村中技知识产权服务集团有限公司	知识产权服务	有限责任公司	100
	北京中技知识产权融资担保有限公司	担保	有限责任公司	100
	北京市海淀区钢管厂	制造	全民所有制	100
控股企业（10家）	北京海淀科技发展有限公司	科技及房地产开发	有限责任公司	40
	北京中技科融小额贷款有限公司	贷款	有限责任公司	40
	北京海淀国际教育投资有限公司	教育咨询	有限责任公司	40
	北京稻香湖投资发展有限责任公司	旅游饭店	有限责任公司	73.72
	北京海国投物业管理有限公司	物业管理	其他有限责任公司	80
	八大处控股集团有限公司	房地产开发经营	其他有限责任公司	51

续表 11

	企业名称	所属行业	企业性质	持股比例
	北京海淀鑫泰世纪文化发展有限公司	旅游管理	有限责任公司	70
	北京海鑫百思特房地产开发有限公司	房地产开发经营	有限责任公司	51
	北京海贷金融信息服务有限公司	金融信息服务	有限责任公司	80
	北京鑫泰世纪置业投资发展有限公司	项目投资	有限责任公司	80
参股企业（17 家）	北京银行股份有限公司	金融	股份有限公司（上市）	0.49
	北京中关村大街运营管理股份有限公司	物业管理	股份有限公司	15
	京津冀协同票据交易中心股份有限公司	票据交易服务	股份有限公司	15
	北京国翔资产管理有限公司	投资管理	其他有限责任公司	6.87
	北京科技风险投资股份有限公司	风险投资	股份有限公司	10.75
	北京锦绣大地农业股份有限公司	农贸	股份有限公司	2.73
	北京海淀科技园建设股份有限公司	房地产开发	股份有限公司（非上市）	31
	北京中科软件股份有限公司	科技	股份有限公司（上市）	16.68
	北京市绿化隔离地区基础设施开发建设有限公司	公用事业	有限责任公司	12.8
	北京天润典当有限责任公司	金融	有限责任公司	15
	北京地铁四号线投资有限责任公司	公用事业	其他有限责任	19.62
	北京地铁十号线投资有限责任公司	公用事业	其他有限责任	1.48
	北京海开房地产股份有限公司	房地产	股份有限公司	14.9
	北京绿海能环保有限责任公司	公用事业	其他有限责任公司	8
	北京众信金融信息服务有限公司（新成立）	金融信息服务	其他有限责任公司	20
	北京海淀科技金融资本控股集团股份有限公司	金融	股份有限公司	20.67
	北京三聚环保新材料股份有限公司	化学原料和化学制品制造业	股份有限公司（上市）	5.43
托管单位	北京市海淀区老干部休养所	服务业	事业单位	

（马超凡）

【北京中海投资管理有限公司】 北京中海投资管理有限公司（简称中海投资公司），是海淀区国资委一级监管企业。2016 年，公司资产总额 7.96 亿元；收入总额 2.84 亿元，增长 9.42%。

以战略“6＋1”产业为重点，持续建设“海淀系”政策基金体系。截至年底，中海投资公司受托管理的海淀区政策基金共计 43 支，承诺出资总额 57 亿元，撬动社会资本 305 亿元，放大财政资金 5.35 倍，其中股权投资基金投资项目 101 个，全部注册在海淀区。政策基金主要分为股权直投基金和引导基金两条主线。

在被投企业中，51 家取得国家高新技术企业证书，47 位创业者获得高端人才认证（其中院士 1 人，“千人计划”8 人，“海聚工程”11 人，“高聚工程”11 人，“海英计划”16 人），新增知识产权 357 项（其中发明专利 95 项，著作权 135 项，商标权 44 项，外观设计 6 项，实用新型 77 项），有 15 家企业挂牌上市。

通过引导基金，吸引社会资本，支持高精尖行业的整合并购，推动产业结构调整升级，促进上市公司和龙头企业做强做大。

中关村梦想实验室被北京市科委认定为北京市众创空间，以中关村梦想实验室为载体，相继引入“创客空间”“天使聚场”等创业服务团队以及“清科股份”“猎微科技”等创业团队入驻，按照“租金＋投资＋服务”模式进行孵化，实现国有资产保值增值。

与大院大所合作，通过设立研究院、支撑公司、公共服务平台、产业园区、专项基金等形式，创新科技成果转化模式。

年内，新增设“大数据项目办公室”，承担智慧城市大数据基础平台建设及运营服务。取得4个软件著作权、2项发明专利认证；物业APP推广100个办公楼宇，覆盖企业5000家，推广10个住宅小区，覆盖业主1万家；推广建设项目3个。

（王青云）

【北京海淀科技金融资本控股集团股份有限公司】 2016年，集团资产总额达47亿元，同比增长46%。实现经营收入10亿元，同比增长59%。归属母公司所有者权益19亿元，同比增长8%。归属母公司的净利润1亿元，同比增长11%。上缴税金9722万元。集团累计提取17%的风险拨备，计4.59亿元（税后）。海科金集团累计为股东创造经营收益9.2亿元。与德威华泰公司合作成立总规模为27亿元的水务基金，完成对中金云金融（北京）大数据科技股份有限公司的投资。

债权融资平台为超过600家中小型科技企业提供资金支持超过60亿元。累计发生额53亿元，在保余额近50亿元，实现经营收入1.3亿元，利润总额5097万元，净利润2750万元，净资产收益率达11.12%，实现科技文创在保金额超过26亿元，占比52.59%。小贷公司累计发放贷款近7亿元，净资产收益率到10.54%。典当公司累计发放贷款5000余万元，净资产收益率17.65%。科技担保扶持基金为158家科技型中小微企业提供担保金额超过7亿元。

股权投资平台管理基金规模10亿元，累计投资额超过8亿元，累计投资项目48个，一、二、三期基金均实现超过20%的年化收益。4家“千人计划”企业被上市公司并购。在投企业中有4家企业上市，13家企业挂牌“新三板”。2016年完成投资项目7个，总投资额2.16亿元；完成退出的项目9个，完成退出的项目收回资金1.59亿元，实现退出收益4373万元。天使投资投入6个项目，退出3个，投资总额76万元，获取收益254万元。资产债券投资业务管理规模从2000万元增长到6000余万元，实际操作债权项目总额超过20亿元，自营账户实现接近10%的年化收益。逐步形成产业投资基金、证券私募基金和优质资产收购重组的多元化发展格局。

资产管理平台推出“法拍通”产品，为北交所、银行和购房人提供平台化服务集团获得私募基金管理人资格，成功发行首支私募债券基金。

辅助类平台中互联网金融交易总额累计达47.8亿元，其中平台累计实现交易量22亿元；实现营业收入1323万元，同比增长166%。注册用户5.2万余户。

物流公司实现销售收入6.2亿元，实现净利润982.45万元。

保理公司累计发放保理融资额4.95亿元，累计收回1.71亿元，保理余额3.24亿元，同比增长99%。实现收入2596万元，同比增长182%。实现净利润804万元，同比增长104%。

孵化器吸引落地投资总额7.2亿元人民币、650万美元，吸引入园创业“千人计划”12人、“海聚工程”人才13人、留学生企业18家，5家企业入选中关村金种子企业。获批海淀区集中办公区，并被认定为北京市众创空间，11家初创企业及团队进驻众创空间。公共技术服务平台为102家企业及个人提供专业技术服务2877次。支持双创企业、环保产业及高科技产业实现产业与资本的有效融合。与坤鼎集团合作成立腾讯重创空间（中关村）运营公司、基金管理公司，并设立创投基金，为其提供集企业孵化、投资、融资和咨询为一体的全方位服务。

（李晓佳）

【国有企业改革】 年内，区国资委出台《关于深化区属国有企业负责人薪酬制度改革的意见》《关于海淀区属国有企业试行企业年金制度的指导意见》，规范企业经营者薪酬发放，改善企业薪酬福利结构。会同相关部门开展经营性事业单位转企改制工作，其中区房地中心完成改制，更名为海房投资集团有限公司，由区国资委直接监管。通过公司制改革、撤并、转让等方式，调整优化北京康斯特服务中心、区西山电管站、清科股份、德成置地、德成兴业等二、三级企业股权结构。

（孙彦艳）

【国有企业经营发展】 年内，海国投公司出资31亿元购买上市公司神州高铁公司12.69%的股份，成为第一大股东；设立300亿元海淀发展建设基金以推动区域城市建设；设立300亿元中关村并购母基金，推动区域科技企业整合重组；成立海淀教育投资集团，推进公办教育与民办教育互助互长；搭建“五位一体”知识产权金融服务体系，解决中小微企业知识产权技术融资难问题；其下属三聚环保公司自主研发的“超级悬浮床工业示范装置”，突破重劣质油加工的世界难题；所属稻香湖景酒店以假日市场、家庭亲子活动为核心产品，以品牌人物和五钻服务系统带动服务质量提升，在市场不景气情况下实现大幅增长。翠微公司与百度公司合作大数据分析项目，着眼时尚和社区定位，实现精准营销。海淀置业集团发展科技服务业，运营的中关村创业大街国际化发展初见成效，“中关村创业会客厅”正式上线。海科金集团发力科技金融服务，多角度、多途径服务中小微企业。西农公司所属凤凰岭公园新增“茶道文化节”“凤凰岭上追红军”“青春永恒的长征”等主题活动，打造文化凤凰岭和运动凤凰岭旅游形象。中海投公司负责39支政府参股基金的投资管理，基金总规模超过170亿元，撬动社会资本143亿元。区国资中心为区属企业融资提供担保额71.7亿元，实现融资118.3亿元（融资余额152.5亿元）；出资28亿元收购联想集团16万平方米的物业。实创公司推进园区开发建设，实现投资88.8亿元；与弘毅投资管理（天津）有限合伙企业合作发起设立100亿元空间优化基金，为科技企业入驻提供空间支持。海融达公司投资29.6亿元，拆除房屋建筑5.6万平方米，道路通车里程12.7公里，新承接园林绿化、水务、“煤改电”工程管理等项目投资建设工作。绿海能公司再生能源发电厂启动整套调试，完成4993平方米厨余垃圾处理厂项目建设，进行设备安装。区国资委落实非首都功能疏解任务，全年疏解人口8574人。与属地对接，促进面积较小的商业点位发挥便民服务职能。推动原有配套商业网点回归便民服务功能。

（孙彦艳）

出入境检验检疫

【概况】 2016年，海淀检验检疫局（简称海淀局）检验检疫出入境货物16874批，同比下降10.5%；货值16.7亿美元，同比下降11.5%。检验进口工业品14971批，同比下降9.7%；货值16.1亿美元，同比下降19.4%（其中进口医疗器械9568批，同比下降17.8%；货值11.1亿美元，同比下降17.3%）。出口工业品37批，货值184万美元；检验检疫出入境动植物产品和食品1866批，同比下降30%；货值6030万美元，同比下降41%。检出进口工业品不合格182批次，金额565.6万美元，均实施退运或索赔。

（李素琴）

【优化进口医疗器械检验监管模式】 年内，海淀局按照《北京地区进口医疗器械分类管理办法》，将产品分为高、较高和低风险三类；根据收货人诚信和管理水平，将其分为A、B、C三类。形成产品风险分级、收货人分类、多种检验模式并存、境外制造商评价的全新进口医疗器械分类检验监管流程。根据分级、分类情况，确定检验方式，做到重点监管，合理抽批，效率提高，节省等待收货人补齐装箱单、报关单等数据或领取《检验检疫事项告知书》的时间。

（李素琴）

【进口医疗器械专项检查】 年内，海淀局对进口医疗器械产品质量安全开展专项检查工作。通过发放调查问卷、召开政策宣贯会、走访座谈等形式，摸排辖区内进口医疗器械实际情况，了解辖区企业对检验监管需求；开展对消费品类进口医疗器械类产品抽查检测。抽检的产品主要为急救类呼吸机，共涉及70批次177台（套），货值716.5万美元，发现1批涉及中文标签不合格的批次，未发现重大质量安全不合格情况。对辖区内进口医疗器械以旧顶新情况进行重点排查，查验医用设备类产品534批，货物总值0.9亿美元，未发现以旧顶新的情况。进口超声类产品3批不合格批次，分别涉及品质缺陷、数量短少和未获医疗器械注册证等情况，均出具品质证书和检验检疫处理通知书。

（李素琴）

【推行商检码质量追溯】 年内，海淀局以进口产品追溯监管平台为基础，建立产品质量监管机制，满足企业对进口物流速度的要求，确保有效监管，实现质量安全监管前推后移中间加速的目的，加强对进口商品的事中、事后监管。选取进口医疗器械为重点商品，在面向普通消费者的家用医疗器械上启用商检码技术，确保消费者正当权利。将4家企业纳入追溯监管平台备案，主要产品包括榨汁机和电位理疗仪等，加贴商检码51批次，计130652台，货值1747万美元。

（李素琴）

【出口食品监管】 年内，海淀局推出辖区出口食品风险分类监管便利化措施，落实优化检验程序，服务贸易便利化。对辖区内全部出口食品生产企业和产品开展调研和评估。推出出口酒类生产企业先行风险分类监管便利化措施，验放速度加快。对尚未执行便利化措施的企业，撰写调研评估报告，制定出口食品风险分类检验监管计划，形成差异化的检验监管措施建议，通过精准监管、科学监管，加快通关速度。

（李素琴）

【质量月活动】 年内，海淀局开展质量月活动，进行质量安全风险排查整治。成立质量月活动领导小组，分设动植物检疫、食品安全监管组，检验监管组，内部工作质量检查组3个专门工作组。通过走访企业、召开座谈培训会以及与日常监管工作相结合等方式，督促企业落实质量安全保障措施。进企业活动涉及企业40家，召开企业座谈培训会5次，走访20余家重点企业，帮助3家企业风险排查，消除3个安全隐患。3个专门工作组排查企业的质量安全保障能力风险、产品风险和诚信风险等检验检疫监管的根本风险和主要风险源，查找高风险企业和高风险产品，结合产品分类管理和企业诚信管理，确定重点风险监控目标，建立风险研判、预警机制，把风险管理融入日常监管。

（李素琴）

食品药品监督管理

【概况】 2016年，海淀区食品药品监督管理局（简称区食药监局）受理食品药品投诉举报10632件，按时限办结率100%。办理食品药品行政许可9702户。提出“食品药品综合应急指挥调度体系”和“食品药品风险防控体系”建设纳入《海淀区国民经济和社会发展第十三个五年规划纲要》的建议。制定《海淀区落实食品安全监管属地责任管理办法》。承接国家食品药品监督管理总局调研课题《2015年基层食品安全形势分析报告》。区食品药品监督管理局作为国家食品药品监督管理总局在全国选出的8个部门之一，围绕“如何开展食用农产品监管的7个问题”开展研究，制作的教学片被定为全国学习范本。受国家食品药品监督管理总局委托开展食品安全风险交流推广项目，接受世界卫生组织、欧盟驻华代表团的调研考察，获得专家团“定位准确、意义重大”的评价。编撰《海淀区2015年食品药品安全监测数据分析和风险评估报告》《海淀区中小学食品安全抽检工作分析及建议》，提出的问题和建议获得国家食品药品监督管理总局局长毕井泉批示。制作的《海淀区食用农产品监管实用手册》《海淀区食用农产品监测检验技术手册》获得总局、市局认可，为相关领域工作提供了理论指导和实践经验。在大、中型商超，食品交易市场，药店中设置食品、药品监测点159个，为辖区居民提供快速检测服务。完成大型活动食品药品保障24

项，其中驻会保障6项，巡回保障18项。

（王浩）

【食品药品检测监测】　年内，区食药监局重点加强对畜禽类食品、水产品、学校食堂及校园周边、注射剂生产企业、医疗机构制剂配制单位等高风险品种、高风险领域的抽检力度，检测监测食品药品样品22181个。食品生产、流通、餐饮等环节抽验样品21154个，其中统一风险监测样品3030个，合格率99.08%。药品、保健食品、化妆品、医疗器械等环节抽验样品1027个，合格率99.51%。

（王浩）

【食品药品监管】　年内，区食药监局实施准入许可审批，全年受理食品药品行政许可9702户，审核发证9338户。11家药品生产企业、83家第二类医疗器械生产企业通过新版GMP（生产质量管理规范）认证，510家药品零售企业通过新版GSP（经营质量管理规范）认证，883家医疗器械经营企业通过GSP认证。受理食品药品投诉举报10632件，按时限办结率100%。立案1531件，处罚1812件（其中含简易程序511件），罚没款3322万元。

（王浩）

【无证餐饮治理】　年内，区食药监局推进无证餐饮治理工作，治理比率100%，下达《责令改正通知书》3948份，治理无证经营单位3030户次，疏解外来人口8270人，立案268件，罚没款390万余元。

（王浩）

【食品药品专项整治】　年内，区食药监局将常规整治与“错峰执法”“飞行检查”“明察暗访”等非常规方式相结合，在食品领域重点开展针对畜禽产品、水产品、夏季节令食品等检查，针对学校食堂及校园周边、商场超市现场制售等组织专项整治，对第三方网络销售平台开展集中约谈。在药品和医疗器械领域，开展口腔科材料和疫苗专项整治。

（王浩）

【食品药品安全工作】　年内，区食药监局邀请市、区人大代表、政协委员和特约监督员参与“开放日”活动。监管工作被北京电视台、《北京日报》、《中国医药报》、搜狐网、新浪网等多家主流媒体报道183次。通过“海淀食药”公众微信号推送原创信息248条，转载信息万余条，关注人数近8000人，阅读总数57585次。开展食品药品安全进学校、进社区、进企业等活动千余次. 区食药监局获北京市“六五”普法先进集体称号。组织培训全区683名食品药品安全信息员。从辖区高等院校、科研院所、知名企业聘请10位专家，成立食品药品安全专家委员会，推进食品药品安全工作，办结人大代表、政协委员建议提案4件。

（王浩）

烟草专卖与管理

【概况】　2016年，海淀区烟草专卖局（简称区烟草局）资产总额9.9亿元，同比减少0.25%；净资产为9.5亿元，同比增长1.3%；固定资产净值5676万元；流动资产9.3亿元。辖区内有效持证户3832户，正常经营户3749户。组织开展QC（质量控制）小组活动，5项成果在市局（公司）年度QC成果发布会上进行发表。1项成果获得2016年“海洋王杯”全国QC大赛一等奖，2项成果获得北京烟草QC优秀奖。全年共组织培训32项，参加培训人员共计1019人次。

（杨亮）

【烟草专卖经营】　年内，区烟草局完成卷烟销量96420箱，实现税利7.2亿元，单箱销售额32805元，卷烟销售收入27亿元。一类卷烟销量完成22014箱，同比减少6210箱，降幅22.00%；二类卷烟销量完成15493箱，同比增长1379箱，增幅9.77%。其中，完成重点品牌87495箱，销量占比90.74%，同比减少14690箱，降幅14.38%，比重降低1.23个百分点；完成8毫克卷烟23105箱，同比减少460箱，降幅1.95%；完成国产雪茄烟82箱，同比增加19箱，增幅30.16%；完成国产细支烟5575箱，同比增加3046箱，增幅120.41%。协同工业企业开展面向零售终端的品牌宣传工作，20家工业企业针对85个卷烟规格，开展52次面向辖区消费者的推广活动。26个全市培育规格实现8197箱，高于辖区总销量增长水平，10个辖区自主培育规格均完成季度上柜率目标，实现销量3217箱，同比增长28.05%。推进现代终端建设，确保终端扫码上传质量，现代终端客户达176户，占总客户数的5.43%。

（杨亮）

【烟草市场监管】　年内，区烟草局与相关职能部门联合执法，查办各类违法案件651起，其中一般程序案件立案200起，简易处罚程序案件451起；涉及假烟案件30起，走私烟案件107起，真烟案件514起。查获5万元以上大要案19起；累计先行登记保存违法卷烟855.84万支，其中假冒伪劣卷烟52.60万支，查获卷烟主要品牌：红塔山（18.7万支）、中华（6.14万支）、牡丹（3.96万支）；走私烟187.75支，查获卷烟主要品牌：爱喜（61.68万支）、黑猫（19.82万支）、好日子（17.98万支）；非渠道卷烟615.49万支，查获卷烟主要品牌：红梅（161.78万支）、雄狮（141.32万支）、红金龙（47.06万支）；总案值407.30万元；“假、私、非”烟量占比分别为6.15%、21.94%、71.91%；依法刑拘3人，判刑4人，结案率99.85%，罚没款收入36.25万元。

（杨亮）

【依法行政】　年内，区烟草局有针对性地开展法制教育培训5次。推行领导干部学法制度，开展“3·15”消费者权益保护日、“5·15”打击经济犯罪活动宣传日、“12·4”全国法制宣传日等主题多样的法制宣传活动8次；加强对执法办案、经济合同的监督检查，全年审核行政处罚案卷508本，审核经济合同46份。全年未发生行政诉讼、行政复议案件。

（杨亮）

【烟草行政许可】　年内，由于首都功能区疏解、军产房回收等原因，辖区内持证户和正常经营户户数有所下降，区烟草局全年办理行政许可1872起，其中新办行政许可 294 起，变更行政许可 62 起，延续行政许可 1082 起，注销 325 户，其他[①] 109 户。全区有效户 3832 户，正常经营户 3749 户。

（杨亮）

【卷烟营销管理】 年内，海淀区真烟外流 79.5 万支，同比下降 77.37%，其中跨省流出 20.34 万支，跨区流出 59.16 万支，流通控制率为 0.19‰；流入卷烟 615.49 万支。非法流通跨省流入卷烟地区主要集中在湖北、天津、河北、江苏等省市，跨省跨区流入的卷烟品牌以紧俏低档卷烟为主，如红梅（161.78 万支）、雄狮（141.32 万支）、红金龙（47.06 万支）等，跨省跨区流出的卷烟品牌主要以中华系列为主（14.14 万支），占外流总量的 17.79%。外流卷烟 1 万支以上的零售户 14 户，以高档位客户为主，外流卷烟 35.92 万支，占外流卷烟总量的 45.2%。注销户外流卷烟 8.94 万支，占外流卷烟总量的 11.24%。

（杨亮）

【烟草采购管理】 年内，区烟草局落实《北京市烟草专卖局（公司）采购管理实施办法》，规范和完善采购管理流程，召开采购委员会 10 次，完成采购项目 35 项。执行"应招尽招、真招实招""一项一卷"要求，公开招标方式执行率 100%，公开招标项目比率 85%。

（杨亮）

工商行政管理

【概况】 2016 年，海淀工商分局办理企业设立登记 26566 家，同比下降 16.81%，其中信息服务业、科技服务业、文化创意等优势主导产业 16172 家，约占企业设立登记总数的 60.87%；变更登记（含换照备案）10.2 万家次，同比增长 12.9%；注销登记 3693 家，同比增长 40.63%。查办涉及重大风险、严重危害社会经济秩序、关系社会民生以及具有社会影响力的典型案件，自查自办和指导工商所办结 17 件大要疑难案件，罚没款 580 万余元，案件类型涉及商业贿赂、虚假宣传、超范围经营等金融、医药、商超、互联网等多个行业。办结商标侵权案件 103 件，罚没款 65.2 万元，侵犯奥标案件 3 件（适用《特殊标志管理条例》），罚没款 280.8 万元；其中涉网案件 5 件，罚没款 284.8 万元，涉及移送案件 1 件，移送 1 人。开展大学生创业等"双创"支持服务工作，大学生自主创业服务室提供创业咨询 200 余人次，完成工商登记 50 余家；中关村创业大街工商服务站接待创业咨询近万人次，完成登记 54 家。办理案件 24772 件，其中一般程序处罚案件 2339 件，清库吊销案件 22291 件，简易程序案件 142 件。罚没款 2770.8 万元。执法人员人均办结案件 104 件。有在途企业档案 233814 家，注吊销企业档案 167240 家；注吊销个体档案 110443 户。投稿 186 篇，其中《工商行政管理》半月刊、《中国市场监管研究》采用 10 篇。落实"先照后证""五证合一"登记制度改革。核发"五证合一、一照一码"执照 15599 份，其中设立登记 4440 件，变更登记 7631 件，换照 3528 件。

（郭洁）

【国家商标局驻中关村办事处】 2016 年，国家商标局驻中关村办事处加强中关村注册大厅建设和工作人员业务培训，制定窗口服务规范，完善窗口服务指引，简化申请人办理业务手续。全年收文 5.3 万件，其中商标注册申请 3 万件。为北京市场主体办理变更、续展、转让等业务开通绿色通道，缩短业务办理时间。围绕企业在知识产权创造、管理、应用、保护等方面可能遇到的问题，针对不同企业各个层次需求，开展知识产权培训。推进"十三五"时期中关村国家商标战略实施示范区工作。通过提供专项资金和专项服务支持，探索带动整个示范区企业商标的服务运营机制，推动整个示范区的商标品牌价值提升。5 月，开展"中关村互联网企业新型商品和服务项目分类问题专题调研"，走访小米、乐视、奇虎 360、联想、京东等十多家知名企业，撰写《关于中关村互联网新型商品和服务项目分类问题专题调研报告》。确立北京天地互连信息技术有限公司等 14 家企业、联盟和产业园区为首批中关村商标品牌建设调研联系点，制定下发《中关村商标品牌建设调研联系点工作方案》。

（韩笑）

【援疆创业创新平台建设】 7 月，海淀工商分局落实北京市委、市政府关于对口援疆战略部署及"商标富农"工作要求，扶植优秀品牌及优质新疆地区农产品进京进社区，联合新疆和田地委、市委、市政府、新疆企业商会等单位开展创业创新平台建设工作。进驻 14 个社区，为百姓提供超过 500 吨的新鲜新疆瓜果。

（郭洁）

【专项检查】 9 月，海淀工商分局开展专项检查，规范供热、供气、旅游行业内经营者的消费类合同格式条款拟定和使用行为。开展拍卖企业专项整治活动，掌握拍卖行业动态和拍卖主体状况。深挖案源，加强案源线索移转，推进企业信用系统建设，开展"两送"服务。

（郭洁）

【企业登记全程电子化试点】 11 月 1 日，海淀工商分局正式在全国率先开展企业登记全程电子化试点，通过电子数据交换方式实现登记注册各流程的全覆盖，创立无介质、无纸化、全程网上办理工商登记新模式。11 月 3 日，完成首家全程电子化企业登记，当场生成北京市首份电子营业执照。构建二、三级平台企业登记一体化服务体系，设立 4 个登记注册分中心，全面提供各类企业登记服务。其他 11 个工商所承接登记咨询、网上登记指导、内资企业设立等部分企业登记业务。企业办理业务的预约时间由 9 个工作日左右缩短为 3 个工作日左右。至年底，79 家企业通过系统完成申报，

① 其他：停业、歇业、补办、恢复营业、撤销和撤回。

发出电子营业执照24份，提交身份认证1424个。三级平台累计办结企业登记注册手续2.2万家次。

（郭洁）

【商事制度改革】 年内，海淀工商分局在北京市率先建立申请人自治的名称自主预查制度。向社会开放名称数据库，支持申请人自主检索并确定企业名称，单次名称申报反馈时间由3天缩短至30分钟。累计处理各类名称自主预查申请9.5万户次，占同期全部名称处理量的57.9%。注册地在海淀区的科技类、文化创意类企业可依需求登记经营场所，不再办理分支机构营业执照，不再要求电商配送网点单独办理工商登记。实施企业经营范围依申请不具体核定制度，除主管项目和需审批项目外，不再登记具体经营项目，企业可依法自主开展经营活动，不再单独办理集团登记。设置“五证合一”免预约换照窗口，9月27日，副市长程红颁发北京市首份“五证合一”营业执照。全年除原有的工商银行、天使汇外，增加建设银行、光大银行为金融机构第三方登记服务平台。

（郭洁）

【产业调控】 年内，海淀工商分局从严执行禁限目录，降低低端业态整体占比，通过目录联席会协调各部门加强产业规划衔接，推动主管部门出台符合区域产业政策的流转程序，做好准入导向和调控。开展住所分类核查、个体工商户转型升级，累计驳回涉及禁限目录项目申请（含名称）1458户次；新设个体工商户1504户，同比下降54.19%；个体户存量4.2万户，同比下降18.9%，企业个体比6.15：1。实施产业调控政策，建筑业、制造业等行业新增主体同比下降94.7%、99.5%，限制小餐馆等“两多三高”主体开业2973户；居民服务业等新增主体同比下降67.6%。从查处无照、地下空间整治、房地产经纪机构治理、加大有形市场管控等方面，压减待疏解业态的生存空间。开展清库主体吊销工作，吊销主体22134个。

（郭洁）

【有形市场调整疏解】 年内，海淀工商分局推进有形市场调整疏解。配合区委、区政府关停万家灯火、天下城等有形市场15个，其中市折子任务3个，区折子任务8个，涉及建筑面积13.3万平方米，疏解商户3250户，疏解人员9637人。转型升级市场3个，涉及建筑面积6200平方米，疏解商户373户，疏解人员567人。

（郭洁）

【重点地区专项治理】 年内，海淀工商分局分类治理无照经营违法行为，通过小门店治理、地下空间整治、城乡接合部重点地区专项治理等，累计取缔970户工商主责无照经营商户。疏解外来人口2794人次。其中，市级挂账重点地区无证无照经营商户取缔260户，销账率达75.1%；清理街面游商、游贩545人次，立案查处397户。落实清洁空气行动计划，定期开展散煤燃煤、油品质量专项治理，清理违法违规排污及生产经营行为，停产停业245家，取缔73家。对7个“小散乱污”街区、16个市级挂账重点地区等进行综合整治，累计拆除违法建设24.53万平方米，涉及人口10.85万人。

（郭洁）

【企业信用监管】 年内，海淀工商分局依托工商数据库，开展信用信息归集、共享与大数据分析，针对优质潜力企业开展定向扶持；锁定失信违法企业实施联合惩戒措施。全区有3.4万家次企业被列入经营异常名录；与区政府、区国税局、区地税局联合开展“诚信通”试点工作。通过流转企业主体资格、信用记录、经营情况等信用信息，解决融资过程中信息不对称问题。与区商务委、国地税等部门建立主体信息沟通机制、税务征缴信息交换机制等，促进信用评价客观化。累计完成主体信用信息出证2267次，其中企业上市证明占71.0%。打击以第三方交易平台为主的线上违法经营行为，同步锁定并查处线下实体商铺，形成“全覆盖、无盲点”的线上线下一体化监管格局。

（郭洁）

【网络订餐行业专项整治】 年内，海淀工商分局针对网络订餐行业开展专项整治，以百度外卖、美团外卖为重点，启动全网全国违法商户下线行动。美团外卖全国全网下线无证餐饮电商25821家，百度外卖累计下线无证餐饮商户1700余户。

（郭洁）

【商标侵权专项整治】 年内，海淀工商分局开展商标侵权专项整治，累计办结商标侵权案件103件，罚没款65.2万元；查处侵犯冬奥会标志案件3件，罚没款280.8万元。

（郭洁）

【违法广告案件查处】 年内，海淀工商分局实施“广告发布者—广告监管机关—知识产权权利人”三方联动机制，从源头杜绝违法广告。结合舆论热点全面清查投资理财类广告，约见新浪、百度等重点网络媒体20余家。重点查处投资理财企业发布保证收益类违法广告，立案56件，办结24件，罚没款352.65万元。

（郭洁）

【互联网企业服务与管理】 年内，海淀工商分局在辖区内建立互联网企业自律机制，维护互联网行业市场环境秩序。完成百度、奇虎360、腾讯、网易、新浪等知名互联网企业的调研工作，与中国互联网协会初步达成共识，拟订《互联网企业公平合理竞争公约》。由事后处罚向事前教育防范转变，提高执法监管的靶向性和有效性，对互联网行业给予正确的导向和引领。

（郭洁）

【治理商业贿赂】 年内，海淀工商分局开展商业贿赂执法检查，监控新型商业贿赂违法行为。立案20余件，涉及医疗、电子、金融、旅游等行业和领域，结案11件，罚没款327万余元。

（郭洁）

【打击传销工作】 海淀区的打击传销工作始于2013年。2016年，海淀工商分局设置专人专组查处传销、违规直销行为，设立专门档案及巡查记录，完善“科所两级通报机制”，依托工商总局打击传销规范直销信息系统，有效实施动态监管。共接到涉嫌传销的投诉举报14件；组织开展专项宣传活动1次。重视直销监管，通过执法巡查和法规宣教，引导企业规范经营，对玫琳凯、李锦记、完美等多家直销企业开展活动的备案书进行审查，未接到违规直销等行为的投诉举报，辖区直销市场秩序井然。

（郭洁）

【消费类合同规范监管】 年内，海淀工商分局在合同业务领域实行“互联网＋”监管新模式，与数据公司合作，对健身、美容美发、洗染、房地产经纪、餐饮等11069家企业自设网站涉及不公平合同格式条款，通过大数据采集手段，进行数据获取、集成分析、精准定位，加强事中事后监管，以规范电子商务企业为切入点，与高校合作等制定、发布区域性推荐合同文本工作。

（郭洁）

【汽车配件质量抽检】 年内，海淀工商分局联合国家汽车质量监督检验中心，对四季青地区北京现代、东风日产等4S店进行刹车片质量抽检：根据各省市刹车片抽检情况，运用大数据分析比对，将日韩系轿车与国产轿车问题较多的近10个种类刹车片作为抽查重点；启动追溯机制采集信息，调取4S店进、销货库存记录，将两年内累计进货数作为抽样基数，取得10组刹车片样本；采集供货商相关资质与交易凭证，一旦抽检结果判定为不合格，运行倒查机制，对4S店进行查处并追究供货商法律责任。

（郭洁）

消费者权益保护

【概况】 2016年，海淀消协开展消费维权业务培训，加强分会秘书调解工作规范化、正规化，约见投诉多发企业，强化群发性投诉、新型消费模式投诉的事前预警及妥善解决，摸索并总结依据新《中华人民共和国消费者权益保护法》开展调解工作的经验。调解消费纠纷9800余件，挽回经济损失720余万元。

（郭洁）

【网络交易消费者权益保护】 年内，海淀区消协探索电商平台监管新模式。以中关村商城为试点，通过行政监管和平台经营者自律管理的有效对接，探索构建消费者权益保护的新型政企合作平台。推进质量监管、主体信息、消费维权等数据交换共享，实现行政监管数据和平台管理数据的融合互通，提高网络交易管理效能。

（郭洁）

【投诉情况公示】 年内，海淀消协推进消费维权与信用监管深度融合，主动向社会发布重点企业、重点地区投诉数据。每月定期发布《被投诉30次以上主体公示》《中关村电子市场重点地区投诉情况公示》，公示被诉主体名称、投诉登记量、投诉类型等数据。通过信息披露长效机制建设，督促经营企业落实主体责任，引导消费者主动防范市场风险。

（郭洁）

【消费提示】 年内，海淀消协根据近年来电商企业消费纠纷数据，整理发布17类消费提示案例。针对中关村电子市场，以情景再现形式全媒体发布购物提示。对电子市场中影响恶劣的商户开出50万元高限罚单，形成警示效应。

（郭洁）

【消费纠纷预警】 年内，海淀消协对关注度较高的行业、企业进行重点监测。发布日常监测预警356期、中关村电子市场预警100期、专项预警17期。建立绿色通道企业“投诉预警、及时约谈、密切跟踪”的消费纠纷解决机制，化解百度糯米擅自取消演唱会门票等群体性投诉事件。

（郭洁）

【消费者权益宣传】 年内，海淀消协发挥工商社区工作站、消费争议快速解决绿色通道作用，深入社区、商场、超市、学校开展大型咨询活动25场，印发各类宣传资料1.8万份，消费者参与1500人次。

（郭洁）

【网购无忧倡议】 年内，海淀消协根据消费者反映的突出问题，向海淀区内电子商务企业发出倡议，推出网购无忧“三个一”举措：不适用无理由退货早知晓，一步确认，即在消费者提交订单前均增加消费者确认的步骤，以保障消费者的选择权。经营者信息全公示，一点就知；倡议网络交易平台对第三方商家经营信息进行明显、便捷的公示，切实保障消费者的知情权。自营与否有区分，一目了然。倡议网络交易经营者对自营、非自营的商品或服务进行显著区分。

（郭洁）

【消费教育】 年内，海淀消协与区食药局、区质监局、律师事务所分别到中国人民大学、空军司令部、海淀军休办开展“法之声”消费者权益专题宣讲，听众达1000余人；与北京大学基础医学部联合，讲授“大学生消费热点点评”，组织大学生志愿者代表参观小米公司；与海淀商业联合会联合开展区内企业客诉处理知识竞赛；联合中关村电子商会对7所大学近百名大学生进行“理性消费电子产品”讲座；联合五棵松摄影器材城向消费者讲授鉴别行货水货知识；联合中关村在线，组织13个专题，在网上开展电子产品购买消费教育。通过集结社会力量协同共治，壮大消费维权普法队伍，丰富消费教育形式，实现教育手段重创新、消费领域广覆盖、受教群体多样化。

（郭洁）

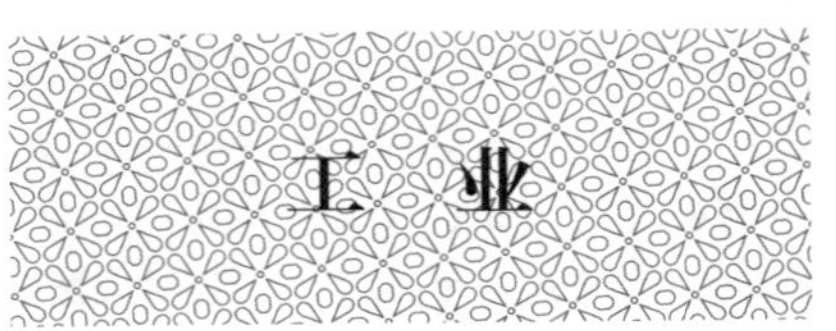

【概况】 2016年，海淀区规模以上工业企业实现工业总产值1753.9亿元，同比下降8.5%（剔除小米通讯，全区同比下降2.7%）。工业总产值在全市各区中绝对数排名第三，在城六区中排名第一；工业总产值累计增速排名位居第16位，处于偏低水平。全年完成工业销售总产值1728.8亿元，同比下降6.8%。实现出口交货值101.8亿元，同比增长25.6%。工业总产值中，高技术制造业产值占比保持60%以上。

从具体行业看，六大产业的工业总产值同比增速两升四降，消费品产业和生物医药产业上升，电子信息产业、装备产业、基础与新材料产业、能源生产和供应产业下降。工业总产值排序在行业首位的是电子信息产业，实现工业总产值897.9亿元，同比下降13.4%，占海淀区工业比重为51.2%；实现出口63.9亿元，同比增长87.7%。第二位是装备产业，实现工业总产值617.8亿元，占全区工业总产值的35.2%，同比下降3.8%；实现出口24.9亿元，同比下降19.6%。第三位是基础与新材料产业，实现工业总产值110.5亿元，同比下降5.6%；实现出口8.3亿元，同比下降28.1%。第四位是消费品产业，实现工业总产值73.7亿元，同比增长1.7%；实现出口3.9亿元，同比增长2.6%。第五位是生物医药产业，实现工业总产值42.7亿元，同比增长21.7%；实现出口0.8亿元，同比增长10.4%。第六位是能源生产和供应产业，实现工业总产值11.3亿元，同比下降6.5%；实现出口0，同比增速0%。

（郑雪）

【海淀区工业公司】 海淀区工业公司是区国资委监管一级企业。所属企业22家，其中国有及国有监管企业10家，集体企业10家，挂靠管理企业2家。2016年，工业公司合并报表企业完成营业收入8798万元，比上年增长5%；实现利润1092万元，实现净资产收益率6.08%，成本费用利润率完成13.77%。疏解雪花冷冻厂内的天下城市场、机电设备厂、长城节能锅炉厂3处业态工作显著成效，在规定时限内疏解2100人（见表12）。

2016年海淀区工业公司所属企业一览表

表12

序号	企业名称	企业性质	企业地址	企业状况
1	北京砂轮厂	国有	海淀区清河三街99号	资本经营
2	北京市海佳利企业管理中心	国有	海淀区车道沟南里小区商业A楼	租赁经营
3	北京领先饮食品有限公司	国有监管	海淀区温泉镇太舟坞408号	正常运营
4	北京市海淀八一湖旅社	国有监管	海淀区东钓鱼台甲1号	正常运营
5	北京市海淀区铸钢厂	国有	海淀区温泉镇白疃东口	停产
6	北京市海淀区水泥厂	国有	海淀区北安河乡寨口	政策性关闭
7	北京海工物业管理有限公司	国有	海淀区车道沟南里小区商业A楼	正常运营
8	北京市康而富商贸中心	国有	昌平区阳坊镇工业南业	租赁经营
9	北京六一生物科技有限公司	国有控股	丰台区造甲街128号	正常运营
10	北京京海联实业开发股份公司	国有	海淀区北四环西路29号	租赁经营
11	北京市华都换热设备厂	集体	大兴区黄村镇芦城创新路9号	正常运营
12	北京市海淀区机电设备厂	集体	海淀区南海淀23号	租赁经营
13	北京长城节能锅炉厂	集体	海淀区四道口皂君庙1号	停产租赁
14	北京市第二皮鞋厂	集体	海淀区新街口外大街文慧园南路2号	租赁经营
15	北京市雪花冷冻箱厂	集体	海淀区半壁店77号	租赁经营
16	北京风机二厂	集体	海淀区西三旗东路和昌平区南邵	正常运营
17	北京中安电子集团	集体	海淀区车道沟南里小区商业A楼	正常运营
18	北京气枪厂	集体	海淀区青龙桥西街67号	租赁经营
19	北京海淀电子医疗仪器厂	集体	海淀区温泉白疃东口	停产
20	北京国友实业总公司	集体	海淀区双榆树东里10号楼院内	停止运营
21	北京市工控计算机有限公司	股份制	海淀区五道口东王庄甲1号	租赁经营
22	北京第一机床电器厂有限公司	股份制	海淀区大兴黄村镇芦城	正常运营

（李涛）

【关停天下城电子市场】 年内，根据区委、区政府的部署，工业公司雪花冷冻箱厂（简称雪花厂）内开办的天下城电子市场列入年内关停转型的有形市场。工业公司及雪花厂前期主要做征询律师意见、函告市场经营方、摸底商户信息、论证升级改造及索赔方案、起草初步方案、开展前期谈判等工作；开展宣传、谈判、管控、清退、落实资金、配合执法、信访维稳等一系列工作，完成雪花厂天下城市场关停工作任务。累计清退商户铺面摊位350余个，疏解从业人员1900余人。

（李涛）

【整治地下空间】 年内，工业公司督导所属长节厂、机电厂整治地下空间，拆除违规加装的内部设施，疏解低端业态，累计清退租住人员200人。

（李涛）

【企业改革】 年内，工业公司落实供给侧结构性改革方针，推进铸钢厂厂区、长节厂柳林厂区、风机二厂西三旗厂区闲置房地资源的招商引资工作。以禁限目录为底线，与多家有投资意向的企业洽商合作事宜。在天下城市场关停工作过程中同步谋划雪花厂厂区转型，与高科技企业、区有关部门和中央单位所属协会等不同类型的机构接洽，使关停和转型能够相互促进，协同推进。

（李涛）

【优化企业综合管理】 年内，工业公司加强对企业租赁行为的监管，审批租赁合同33份，提供信息和法律支援；加强企业负责人绩效考核；制定《工业公司部室管理职责》并上墙，理顺机关管理职责和工作流程；强化基础管理，出台《工业公司信访工作办法》，组织档案和劳动法规、企业年金等业务培训。

（李涛）

【安全生产责任落实】 年内，工业公司继续实行安全生产责任制，与企业签订安全生产责任书，印发安全生产管理《约谈办法》和《党政同责实施办法》，落实主体责任；创新安全生产工作方法，建立安全生产工作会议制度和“海工—微安全”微信平台，组织消防安全和安全事故隐患排查治理专题培训；组织安全检查近30次，对所属企业地下空间、人员密集场所等重点部位进行排查，有效管控安全隐患；强化对重大灾害的预警防范能力，应对铸钢厂2016年暴雨灾害中的突发险情，避免安全事故发生。

（李涛）

【培育特色企业文化】 年内，工业公司以“快乐工作、包容创新”为主题，初步形成有工业公司历史特色的企业文化体系框架，倡导健康阳光的心态和乐见其成的胸怀，得到干部职工普遍认可；组织新春“海工歌会”、参观南水北调团城湖广场等群团活动，推进企业文化建设。

（李涛）

农业与农村建设

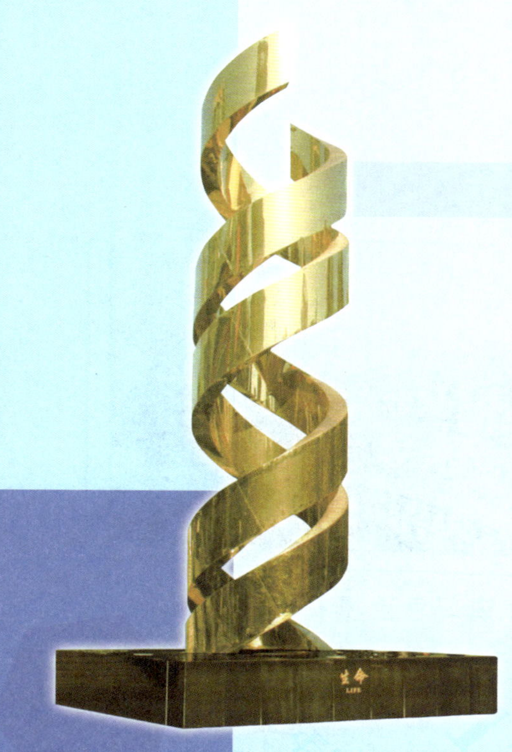

5月，北坞公园水稻田（王冠 摄）

5月，升级改造后的杨家庄景观生态采摘园全景（温泉镇 马思涵 摄）

6月3日，海淀区2016年农村工作会暨农村基层党建工作会召开（区农委供图）

9月8日—9日，召开海淀区2016年农村财务会计培训（区农经站 供图）

年内，区农委推广的乡土植物应用示范项目（区新闻中心 田峰 摄）

农业

【概况】 2016年，海淀区农业加快向数量、质量效益并重，注重可持续的集约发展转型。园林水果稳中有增，观光休闲农业发展向好；林业产值因平原造林工程结束，回落较大；牧业因政策性限养，产值尚在增加。

全区农村经济总收入270.9亿元，同比增长3.1%。实现农林牧渔业产值51718.7万元，同比下降2.4%。其中，实现农业产值17985.5万元，同比增长8.2%；实现林业产值18167.0万元，同比下降14.2%；受京津冀协同发展规划及限养政策影响，全区被划为畜禽养殖禁养区，畜禽养殖业正在疏解退出；实现牧业总产值8528.6万元，同比增长4.1%，牧业产值占全部产值的16.5%，同比上升1.0个百分点；因饲养品种调整，渔业实现产值82.6万元，同比增长12.1%。

2015年—2016年海淀区农林牧渔业总产值及对比情况表

表13 单位：万元、%

指标名称	2016年	2015年	增减幅度
农林牧渔业总产值合计	51718.7	52984.8	-2.4
一、农业	17985.5	16619.1	8.2
二、林业	18167.0	21181.4	-14.2
三、牧业	8528.6	8194	4.1
四、渔业	82.6	73.7	12.1
五、农林牧渔服务业	6955.0	6915.8	0.6

农田面积3500公顷，同比减少5.6%。其中，果树面积1686.69公顷，旱地289.96公顷，设施农业461.81公顷，水田139.22公顷，水浇地139.22公顷，苗圃671.04公顷，其他27.62公顷。果品产量557.77万公斤，产值7120.3万元，同比分别增长3.39%、6.46%。蔬菜面积500公顷，产量2239万公斤，产值5801万元，同比分别增长-4.8%、8%。粮食面积400公顷，产量266.9万公斤，同比减少5.7%。

（侯进）

【北京西农投资有限责任公司】 2016年，北京西农投资有限责任公司实现营业收入8999万元，利润总额3904万元。推出首届凤凰岭茶道文化节、“和合中国 凤凰雅叙”、亲子音乐生活季等活动。聘请徒步旅行家、中国徒步第一人雷殿生为凤凰岭户外运动形象代言人，在凤凰岭公园游客中心开设雷殿生展览馆，供市民免费参观。凤凰岭公园通过国家AAAA级旅游景区复核。进行汛期预防山体滑坡、泥石流、抗洪抢险以及实施人员疏散紧急避险等演练，联合多家单位进行凤凰岭公园驾车冲撞及个人极端行为的联合反恐、防爆演练。敬老院1月正式开始医保业务，与北京老年医院开展医养结合服务模式，入住老人可享受三级医院的医疗资源，开启“互联网+医养结合”养老新模式，家属可通过微信随时查看老人的身体情况。贝家花园4月中旬对外开放，接待十余次市、区及各单位主题党日活动，参与举办第一届“中法文化论坛”海淀分论坛。完成西农公司总部“煤改气”工程和聂各庄西路景观生态林地提升改造工程。清理凤凰岭路段流动商贩21家，疏解外来人口18人。清退2户养殖户，疏解外来人口15人。

（祝岁平）

【精准帮扶】 6月8日，区委农工委会同区委组织部、区民政局、区国资委和海淀园工委，制定下发《关于开展海淀区农村地区精准帮扶工作的实施方案》和《海淀区农村地区精准帮扶安排表》，组织一批区党政机关、11家区属国有企业和17家驻区高新技术企业与部分村党组织结对，开展精准帮扶活动，实现农村低收入农户增收和帮扶经济、组织基础薄弱村发展。

（侯进）

【“三级联创”自查】 6月30日，区委农工委组织召开7个镇组织部长会，部署农村系统党的建设“三级联创”自查工作。7月4日—5日，区委农工委组织人事科分两组到各镇、村自查党的建设“三级联创”工作，提出意见建议。7月11日—13日，迎接市委组织部检查农村系统党的建设“三级联创”工作。

（侯进）

【种植业】 年内，受区域发展定位和相关政策影响，传统农业发展所需土地资源减少。其中，农作物播种面积同比减少7.7%，蔬菜播种面积同比减少17.9%，食用菌也因为拆迁占地设施拆除、种植户迁走等减产。农业（种植业）实现产值17985.5万元，同比增长8.2%。但水果类表现突出，水果、坚果、茶、饮料和香料实现产值8615.8万元，同比增长26.4%。其中，瓜果类产量499.2吨，实现产值899.9万元，同比增长43.4%。园林水果果园面积有所减少，果品产量达4765.9吨，同比增长18.4%，实现产值7688.9万元，同比增长25%。

2015 年—2016 年海淀区农业产值统计表

表 14

指标名称	2016 年			2015 年			增减（%）		
	产量（吨）	价格（元/吨）	产值（万元）	产量（吨）	价格（元/吨）	产值（万元）	产量（吨）	价格（元/吨）	产值（万元）
农业		17985.5			16619.1			8.2	
（一）谷物及其他作物			1151.4			1253.4			-8.1
1. 谷物（原粮）	5348.2	2146.5	1148.0	5562.4	2224.8	1237.5	-3.9	-3.5	-7.2
（二）蔬菜、食用菌及花卉盆景园艺产品			8218.3			8549.1			-3.9
1. 蔬菜	19064.9	4078.8	7776.1	21028.9	3760.2	7907.3	-9.3	8.5	-1.7
2. 食用菌类	144.3	7380.5	106.5	275.3	6476.6	178.3	-47.6	14.0	-40.3
（三）水果、坚果、茶、饮料和香料			8615.8			6816.6			26.4
1. 园林水果	4765.9	16133.2	7688.9	4026.0	15279.4	6151.5	18.4	5.6	25.0
2. 瓜果类	499.2	18026.8	899.9	499.9	12556.5	627.7	-0.1	43.6	43.4
其中：草莓	95.5	59005.2	563.5	68	58235.3	396	40.44	1.32	42.3
西瓜	401.7	8329.6	334.6	429.3	5320.3	228.4	-6.43	56.6	46.5

（侯进）

【观光休闲农业】 年内，推进以乡村游憩、科普体验为主的休闲农业发展，举办“海淀区第十五届金秋采摘节”“2016 年樱桃采摘节”等农事节庆活动，促进休闲农业和乡村旅游企业的发展。56 个观光园共接待游客 37.3 万人次，采摘产量 935.1 吨，实现总收入 7179.7 万元，同比分别增长 22.4%、50.1% 和 27.1%。但经营结构单一，其中采摘收入、出售农产品收入分别增长 34.9% 和 54.3%，餐饮收入、门票收入、其他收入和出售其他商品收入占比 10.8%；健身娱乐、住宿、垂钓等休闲功能开发有限。

2016 年海淀区观光园收入统计表

表 15 单位：万元、%

指标名称	数量	占比
观光园总收入	7179.7	100
1. 门票收入	42	0.6
2. 采摘收入	2504.7	34.9
3. 出售农产品收入	3898.5	54.3
4. 出售其他商品收入	129.7	1.8
5. 健身娱乐收入	0	0
6. 垂钓收入	0	0
7. 餐饮收入	533.4	7.4
8. 住宿收入	0	0
9. 其他收入	71.4	1.0

（侯进）

【养殖业】 年内，全区畜禽总存栏75442头（只）。猪总存栏16632头，其中猪场3个，存栏11640头，散养户59户，存栏4992头；牛总存栏1271头，其中牛场1个，存栏197头，散养户33户，存栏1074头；羊散养户158户，存栏5594只；养禽户524户，存栏51945只。

（侯进）

【渔业】 年内，全区水产养殖水域面积为39.27公顷，年产量341吨。养殖户数36户，养殖模式以垂钓为主，养殖品种有花白鲢、草鱼、青鱼、鲤鱼、鲫鱼、罗非鱼、甲鱼等10余个。送检养殖水产品49个鱼样，快速检测100个鱼样，检出阳性鱼样品2个，移交区食药局处理，其余98个鱼群检测结果符合国家规定标准。在翠湖国家城市湿地公园放流鲢鳙鱼鱼苗2万公斤，放流面积90公顷。组织执法检查43次、联合执法1次，处理群众举报23起。

（侯进）

【蜂业】 年内，海淀区实有养蜂户4户、蜂群200群，生产普通蜂蜜2900千克、巢蜜100千克、蜂王浆40千克、蜂胶10千克、蜂蜡75千克，实现收入15.78万元，其中蜂产品收入15.7万元、授粉收入800元。

（王晓宇）

【新型农业实用人才培养】 年内，区委农工委新增四季青镇玉泉慧谷、四季青镇振兴村、西北旺镇北京盛智丰苑物业、温泉镇太舟坞都市菜园、苏家坨镇稻香湖畔物业5个农村实用人才示范基地，新增农村实用人才190人。东升镇“铁皮石斛北方产业化”获“2016年北京市农村实用人才优秀创业项目”称号。

（侯进）

【农村“三资”管理】 年内，区委农工委研究制定股份经济合作社股权管理、农田流转奖励补贴、整建制农转非后集体农用地经营管理等政策措施，完成村股份社与村委会账务分离可行性研究、农村土地承包经营权确权登记颁证可行性分析，落实集体农用地的所有权、承包权、经营权“三权分置”。推进镇级集体经济产权制度改革，指导温泉镇成立股份合作经济联合社，指导四季青镇张榜公布清产核资结果，推出股份经济合作社收益分配、换届选举等政策措施。

（侯进）

【新品种育种引种】 年内，区委农工委利用北京市植物组织培养工程技术研究中心平台，开展樱桃、苹果砧木快繁、蔬菜育种等研究，自主选育的4个茄果类品种通过市级鉴定。在上庄组培繁育基地开展自主选育蔬菜品种及乡土花卉示范展示，供全区菜田基地应用。引进品质优、市场认可度高的樱桃品种。组织京西稻越富品种选纯，培育优质壮苗工作。

（侯进）

【智慧农业】 年内，苏家坨镇柳林村建设智慧农业中试基地，推行连栋温室西红柿、黄瓜及叶类菜的低成本产业化模式，通过欧盟认证标准监测的农产品直接供应科技园区，与京东、首农签订包销协议。推行微型智能蔬菜工厂（果菜、叶菜、食用菌），推广进校园、进企业。

（侯进）

【休闲农业与乡村旅游星级园区建设】 年内，四季青果林所（御林观光园）提升为全国休闲农业与乡村旅游五星级园区；坐忘谷生态园（北京三元农业有限公司）被评为北京市休闲农业与乡村旅游四星级园区。新建成国家级休闲农业星级园区6个，其中五星级园区2个。有市级休闲农业星级园区15个。创建四季青一河十园国家观光休闲农业综合标准化示范区，打造标准统一、管理规范的休闲农业产业带。

（侯进）

【政策性农业保险】 年内，区政策性农业保险总保费为235.06万元。区委农工委向参保农户拨付区级保费补贴94.02万元。承保面积346.51公顷，参保316户次；受灾面积166.80公顷次、264户次，赔款金额292.77万元。

（侯进）

【农业企业安全标准化】 年内，区农委落实农业企业安全生产标准化建设，组织开展培训，完成四季青镇果林所“一企业一标准一岗位一清单”标准化创建工作；落实农业专职安全生产员队伍建设方案，招聘录用1名安全员。

（侯进）

【农产品安全监管】 年内，区农委与各镇签订农产品质量安全监管责任书。开展年度生产主体普查、标准化基地备案、年度农产品无公害认证工作。抽取生产基地和农产品批发市场样本456个送检，检测合格率99.6%。农产品生产基地和批发市场进行1万个样本的快速检测，合格率98%。对市场农残检测超标产品进行移交处置。组织大型宣传活动2次，发放宣传材料50余种2000余份，设置宣传展板50余块，提供现场咨询服务260人次。

（侯进）

【动物免疫】 年内，全区畜禽重大动物疫病累计免疫1257098头（只）次。其中，禽类高致病性禽流感累计免疫465828只次，偶蹄动物口蹄疫疫苗累计免疫153383只次，猪高致病性蓝耳病累计免疫23109头次，猪瘟累计免疫65637头次，小反刍兽疫累计免疫612只次，羊布病累计免疫5594只次，鸡新城疫累计免疫508211只次。犬狂犬病累计免疫38716条次。重大动物疫病强制免疫率达100%，未发生重大动物疫情。

（侯进）

【动物卫生监督】 年内，区农委检疫动物185716头（只），驻场官方兽医室监督换证动物产品48481吨；检查被监管单位454家次；执行行政处罚21起，罚没款60616.2元；处理群众举报25起；扑杀布病阳性动物2头（只）；查扣假劣兽药7种35瓶（支）；办理兽医师执业证58个，乡村兽医登记证46个；无害化处理病死猪2533头，处理病死动物260.5公斤。

（侯进）

【动物疫情防控】 年内，区农委根据海淀区2016年巨灾情景构建总体工作方案，基于羊布鲁氏菌病疫情突发事件开展应急情景构建研究工作。12月1日，举办海淀区突发羊布鲁氏菌病疫情应急处置演练，7个乡镇、村级动物防疫人员共120余人参加了演练。演练分为疫情报告、应急处置、相应终止、善后事宜4个部分。全年发放宣传材料6000份，报送信息47篇。

（侯进）

【病死动物无害化处理暂存点建设】 年内，区农委依据北京市人民政府《关于建立病死动物无害化处理机制的实施意见》精神，制定《海淀区建立病死动物无害化处理体系的实施方案》，在22个街道、7个镇依托动物诊疗机构和镇动物防疫站，建立病死动物暂存点29个。对29个暂存点进行现场确认、GPS定位，配发冷柜29台，拨付运行经费。与北京市一清百玛士绿色能源有限公司签署2017年《动物、动物产品无害化处理委托服务协议》。组织召开暂存点业务技能培训会。印制《致海淀区居民的一封信》和《海淀区病死动物收集暂存点联系名录》等材料4万份。

（侯进）

【规模化养殖场清退】 年内，区农委开展规模化养殖场关停工作。协调苏家坨镇、西山农场完成5家区属企业退出和减量，商请北京市国资委、首农集团支持完成首农集团3家养殖场退出海淀区。

（侯进）

农村经济

【概况】 2016年，海淀区农村集体资产总额1372亿元，同比增长16.5%；净资产527亿元，同比增长13.4%；集体经济总收入110.5亿元，同比增长3.4%；集体经济纯收入45.8亿元，同比增长11.9%。

（陈子权）

【规范重大事项审核备案流程】 年内，区农经站规范重大事项审核备案流程。对各镇农资委和玉渊潭农工商总公司报区农资委审核备案材料的报送渠道、审议范围、反馈时限等进行明确，审核完成温泉镇镇级改制及镇级股份社董事、监事人选，东升博展股份社成立母基金，玉渊潭股份社2015年度利润分配预案等农村集体经济组织重大事项12项。

（陈子权）

【开展区重点课题调研】 年内，区农经站开展工作调研。承担“京津冀协同发展背景下的海淀区农村集体经济发展研究”区重点课题调研任务，选取东升镇和苏家坨镇两个具有代表性的乡镇，围绕海淀区农村集体经济发展的现状、京津冀协同发展战略对海淀区农村集体经济发展的影响，以及海淀区农村集体经济转型升级和改革创新的方向和重点等内容开展调研。

（陈子权）

【“三资”管理考核评价】 年内，区农经站开展农村“三资”管理考核评价。对2015年度海淀区农村集体“三资”管理考核评价结果进行通报，逐一出具各成员单位考核评价反馈意见，结合创新创优项目申报情况进行考核奖励。修订和完善考核评价指标体系和考核方式，制定《海淀区农资委2016年度“三资”管理考核评价工作方案》，优化考核指标，丰富考核维度，强化考核导向作用，完成2016年度全区农村‘三资”管理考核评价工作。

（陈子权）

【集体经济组织审计】 年内，区农经站完成全区84个行政村的正常运转补助资金专项审计工作，审计金额1285.5万元。完成11个新型集体经济组织的年度审计。对10个镇级农工商总公司2014年—2015年度财务收支进行审计。指导各镇及玉渊潭总公司按“三年全覆盖审计计划”开展审计工作，完成108个镇、村级集体经济组织及所属单位的财务收支审计。推广“建立审计问题库”做法，督促各镇、村两级集体经济组织落实审计整改工作。

（陈子权）

【农村集体财务管理】 年内，区农经站修订完善农村集体征地补偿费管理相关文件，提高资金的运营效率和收益率。起草《加强农村会计人员队伍建设的意见》，提高业务能力和工作水平。指导各专户监管银行向相关镇和玉渊潭总公司提供征地补偿费资金监管报告，保障集体资金的安全效益和高效运行。

（陈子权）

【农村集体经济产权制度改革】 年内，区农经站审核四季青镇清产核资资料，讨论皇后店村改制工作有关事宜，审核苏家坨镇部分村级股份社注册登记材料，推进镇、村产权制度改革工作。完成8个镇级集体经济组织2015年资产情况的年检工作，指导各镇开展村级资产年检工作。指导海淀镇、温泉镇完善股份社内部管理制度体系。制定《关于做好股份经济合作社换届选举工作的指导意见》，指导届满股份社完成换届选举工作，印发海淀区农资委《关于做好农村集体经济组织收益分配的指导意见》和海淀区《关于加强对大型集体资产的管理意见》，规范股份社运营管理。

（陈子权）

【农经业务培训】 年内，区农经站组织培训9次，培训内容包括法律、财务会计、审计、“营改增”、股份社规范管理、资本运营、农经统计、信息化管理、公文写作等方面，培训960余人次。

（陈子权）

新农村建设

【概况】 年内，区农委完成2016年市新农村建设重点工作涉及海淀区的31项任务，在坚持创新发展，持续深化农村改革、坚持协调发展，加快推进新型城镇化与美丽乡村建设、坚持绿色发展，大力转变农业农村发展方式、坚持开放发展，加强京津冀农林水合作、坚持共享发展，不断增进农民福祉、加强和改善党对“三农”工作领导6个方面取得新成果。

（侯进）

【美丽乡村建设】 年内，区农委落实《关于印发〈海淀区提升农村人居环境推进美丽乡村建设实施方案（2014—2020年）〉》，重点推进农村地区“减煤换煤”、农村电网改造、农宅抗震节能改造、农村污水处理、村庄绿化美化、农村环境整治、农村医疗卫生服务、村落文化遗产保护和农村基础设施管理9个方面工作。苏家坨镇柳林村和上庄镇东马坊、北玉河、西辛力屯村为美丽乡村建设村庄，投入美丽乡村建设资金计9.31亿余元。

（侯进）

【农转非】 年内，全区农转非5462人，其中征地农转非1851人、整建制农转非3502人、大中专学生农转非68人、投靠亲属农转非24人、城镇购房农转非17人。西北旺镇唐家岭村实现整建制农转非；东升镇塔院、小营、清河和西北旺镇东北旺及温泉镇白家疃、高里掌6个村完成农转非人员农业户籍变更工作。

（侯进）

【农村基础设施管理】 年内，区相关部门组成农村基础设施工作联合检查组，每季度检查镇、村农村基础设施运行和管理情况。累计检查村庄189个次，印发村民调查表749份，区、镇、村投入农村基础设施养护资金5848.1万元，农村基础设施管理村民满意率达98.57%。

（侯进）

【6个项目获市新农村建设奖励资金】 年内，经北京市新农办评选，海淀区“煤改清洁能源”被评为2016年北京市社会主义新农村建设区综合奖励项目；“海淀区创立镇级集体产权制度改革新模式”“海淀区四季青镇‘一河十园’创建国家观光休闲农业综合标准化示范区”“温泉镇水岸家园推进农民回迁小区社会管理体制创新”“秸秆焚烧”“‘煤改清洁能源’整村推进”5个项目被评为2016年北京市社会主义新农村建设创新及重点奖励项目。6个项目获得市级奖励资金755万元。

（侯进）

【农村社会管理】 年内，区农委与中关村学院共同承担“推进社区农民市民化试点工作”项目。以“新社区、新素质、新生活”为主题，通过组织开展“‘我学习、我成长、我幸福’农村回迁安置社区治理与社区农民市民化培训班暨‘推进社区农民市民化试点工作’骨干力量学习成长营”“‘知海淀、爱海淀’新型农村社区手机摄影大赛”“系列讲座进社区”等活动，推动新型农村社区农民生产、生活和思维方式的转变，同时保持了农村优良传统特色，促进和谐邻里关系的构建，实现地区和谐稳定和新型社区居民的平稳转化。

（侯进）

【农村地区早期防空洞治理】 年内，区农委会同区民防局、温泉镇、西北旺镇、苏家坨镇政府到温泉镇白家疃村、温泉村，西北旺镇冷泉村、苏家坨镇北安河村等6处防空洞塌陷现场，研究治理方案，组织应急处置，完成温泉村、北安河村等5处隐患治理。根据温泉镇委托区房屋鉴定站对白家疃村受防空洞影响的危房鉴定结果，对5户鉴定为D级危房的农户进行先期腾退。完成西北旺镇冷泉村早期防空洞勘测和其上9处房屋院落鉴定。投入防空洞治理和监测费用60余万元。

（侯进）

【集体土地企业整治】 年内，区农委根据《海淀区2016年人口调控重点任务实施方案》和《2016年非首都功能疏解与人口调控责任书》要求，以集体土地上的企业整治工作为抓手，推进农村地区疏解调控工作。采取多项措施对农村集体土地上的业态低端、合同不规范以及违章建设多的企业进行整治。完成整治集体土地上企业197家，整改建筑面积1.9万平方米，疏解外来人口24506人。

（侯进）

商贸服务业

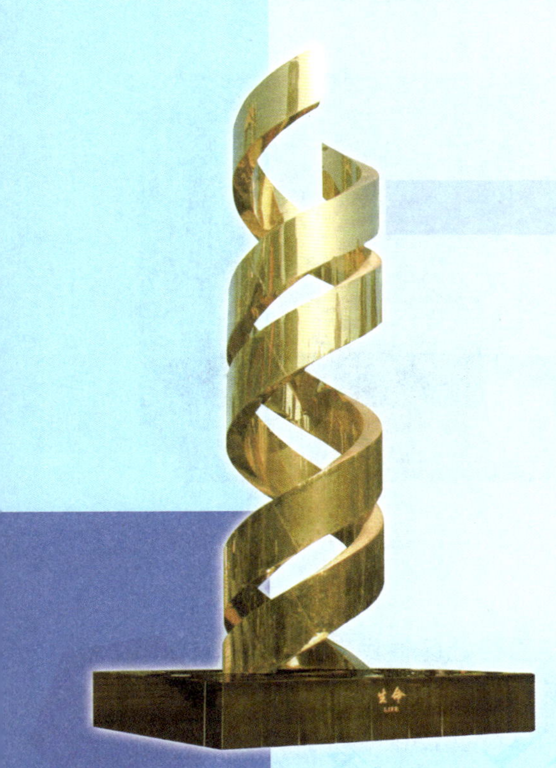

6月2日，第十四届中关村国际美食节开幕，公布《2016年海淀区餐饮消费大数据分析报告》（海淀饮服协会 供图）

6月2日，进行中关村国际美食节名厨名菜展（海淀饮服协会 供图）

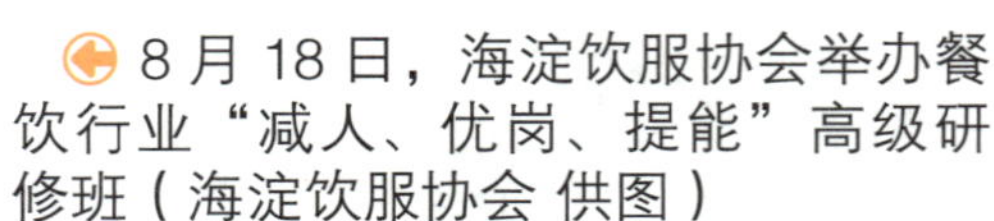

8月18日，海淀饮服协会举办餐饮行业“减人、优岗、提能”高级研修班（海淀饮服协会 供图）

12月2日，玉渊潭五路商务楼项目竣工（玉渊潭农工商总公司 供图）

花园路社区便民菜站（区新闻中心 田峰 摄）

商业服务业

【概况】 2016年，海淀区商务委围绕区域功能定位和疏解非首都核心功能建设要求，主动适应和引领新常态，提质增效，惠及民生，提升区域商业品质，优化商务环境。开展以“汇美食·品健康·知科技”为主题的第十四届中关村国际美食节、以“智慧商业品质生活”为主题的第十二届海淀品牌消费节和以“绿色科技乐享生活”为主题的第八届绿色出行海淀体验会等消费市场活动。全区消费市场总体趋势稳中向好，服务消费增长迅猛，实物商品消费表现趋缓。年实现市场消费总额4961.5亿元，同比增长10.1%。其中，服务性消费2748.5亿元，同比增长13.9%，服务消费增速保持在11%以上，占市场消费总额的55%。实现社会消费品零售总额累计2213.2亿元，同比增长5.7%。零售业实现零售额1711.5亿元，同比增长5.5%，占社会消费品零售总额的77.3%。

（张世璞）

【北京市海淀饮服行业协会】 北京市海淀饮服行业协会成立于2000年5月，下设餐饮、洗浴、美容美发、旅店、清真、摄影彩扩、洗衣、商场购物中心餐饮8个专委会。2016年有会员企业600余家。

8月，举办“减人、优岗、提能”餐饮行业高级研修班。研修班安排8个专题、两次考察活动，实地走访调研旺顺阁石景山店等5家特色餐饮企业，围绕餐饮企业经营热点问题，如互联网、“营改增”、精兵增效、减员务实等方面开展研讨。研修班有60余家海淀区餐饮企业近千人次参加。通过组织餐饮企业安全生产培训、颁发“文明餐桌行动先进单位”等，探索构建餐饮企业安全生产、文明餐饮、诚信经营长效机制。

（李利）

【海淀区物资回收公司】 海淀区物资回收公司成立于1958年2月。公司下属4个全资子公司（北京市开源技贸总公司、北京市颐顺达物资经营公司、北京市海苑商务服务中心、北京市五棵松物资收购站），1个控股公司（控股北京市开源物业管理股份有限公司）。

按照区政府和区国资委关于西苑一亩园地区棚户区改造的工作要求，公司制订拆迁腾退方案，主动协调解决经营场地历史遗留问题。12月16日，与拆迁单位签订《补偿协议》，完成场地交接，50余名职工全部妥善安置，拆迁腾退工作顺利完成。推进五棵松物资收购站清退法律诉讼工作，经终审判决，完成未拆迁户清退，实现场地清理。完成与北京变压器厂租赁场地交接工作，履行合同约定的债权债务，保全企业利益。

拓展待报废国有资产业务，提供保管服务，增加收入近20万元；与区党政机关、事业单位开展非涉密文件回收工作，回收废旧纸张100余吨；与实验四小、人大附小开展废品兑换环保文具活动，回收30余吨；完成区财政国有资产报废10.4万件，分拣加工废钢353.6吨、废旧电子产品293吨、其他废旧物资219.7吨；清理网点50个，全区无公司管理的社区回收网点。

2015年—2016年物资回收公司经营情况统计表

表16

项目	2015年	2016年	同比增长
总收入（万元）	4175	5160.1	23.6
净收入（万元）	4085	5027.7	23.1
费用支出（万元）	3670	4344.8	18.4
利润总额（万元）	441	749.9	70
净利润（万元）	330	562.8	70.5
税金（万元）	491	493.4	0.5
投资收益（万元）	169	185.3	9.6
资本保值增值率（%）	100	103	3

（肖洁）

【北京翠微集团】 北京翠微集团为海淀区国资委直属全民所有制企业，注册资本63377万元，经营范围为投资管理、资产管理和会议服务。2016年，集团推进企业资本运营，实现投资收益7496万元，同比增加2052万元。完成疏解业态3处，建筑面积570平方米，疏解人数57人。

2016 年北京翠微集团经营情况统计表

表 17

项目	2015 年	2016 年
总资产（万元）	522045	578671
负债（万元）	220741	269255
净资产（万元）	106377	111029
少数股东权益（万元）	194927	198387
销售额（亿元）	63.85	59.81
利润（万元）	27304	17755

（刘慧）

【北京海淀置业集团有限公司】 2016年，公司实现营业收入 33.67 亿元，同比增长 1.85%；利润总额 1.71 亿元；净资产收益率 5.20%；流动资产周转率 2.01 次；上缴税金 1.91 亿元，上缴国有资产收益 1983 万元。公司投资、控股、参股企业 23 家。

科技服务业。中关村创业大街引进各类创业服务机构 47 家；创业会客厅线上平台投入运营，线上线下接待 2904 次创业咨询，为 833 家创业企业和团队提供专业服务；举办 5 期双创服务培训班，来自 10 个省市的 148 名众创空间管理人员参与培训。网教中心打造互联网教育行业生态圈，入驻企业 49 家，覆盖线上培训、课程研发、课件制作、软件开发、教育咨询等互联网教育行业相关领域；与入驻机构共同打造“中国梦——未来教育”展厅，成为入驻企业宣传展示、各界访客参观交流和高等院校现场教学的重要场所；与专业机构合作构建“新维学习空间站”，打造未来智慧教育的创客空间和体验基地；与 60 位知名教育行业精英共同创办国内首家互联网教育主题咖啡馆，提供创业苗圃服务；发起成立互联网教育商会和中国互联网协会教育专委会，聚集行业资源。海置创投搭建以商业计划书入口和创业生活一卡通为实现形式的线上推广平台，加入中关村天使投资协会，与 36 氪达成项目推荐的合作意向，与 V 引力合作直投业务。

国际交流合作。置业集团公司投资 2000 余万元对中关村创业大街 6 号楼进行升级改造，建设全球创新社区，为全球化发展提供新的空间。网教中心举办国际公开课、国际论坛等国际活动，聘请若干国际顾问，将其创建的孵化器——慕课创业港升级为“互联网教育未来工场国际孵化器”。

融资孵化。中关村创业大街全面进入生态型孵化阶段，现有众创空间 22 个、集中办公区 18 个，全年孵化创业团队 881 个，累计孵化创业团队 1581 个，其中海归和外籍团队 194 个，655 个团队获得融资，总额 65.34 亿元；与优酷土豆联手打造国内首个创业视频孵化实验空间——创视记；联合海尔创客实验室、大唐创新港、英特尔、德国威乐、法国电信等 17 家国内外知名企业成立大企业开放创新联盟，促进创新创业与实体经济融合发展；街区创建的硬派空间获得全国众创空间授牌，孵化创业团队 165 个，其中入驻孵化 33 个，虚拟孵化 132 个，11 个项目成功毕业。网教中心形成“苗圃—孵化器—加速器”一体化孵化链条，加速器累计孵化教育企业 58 家，融资额 5.49 亿元，其中有 6 家企业进驻后上市；孵化器累计孵化创业团队 52 个、毕业项目 14 个，7 个团队获得融资，总额 2200 万元。

品牌影响力。中关村创业大街承办政府主导的双创活动，承办创响中国巡回接力北京站活动；承办全国大众创业万众创新活动周北京会场暨中关村创新创业季活动，吸引来自 19 个国家和地区的 716 家机构、5925 个创业项目、5 万余人次现场参与活动，超过 80 万人次网上关注；联合入驻机构组织创新创业活动 1391 场。网教中心举办的“互联网 + 教育”创新周活动，现场参与人数 6000 余人次，线上参与人数近 10 万人次；举办互联网教育企业家年会、高峰论坛、互联网教育 CEO 创享会、互联网教育 CEO 跑圈等行业活动 200 余场，产业聚集效应显著。

社会关注度。中关村创业大街与新华社、中央电视台、人民网、腾讯、搜狐、美国有线电视新闻网等国内外 100 余家媒体合作，全年对街区原创报道 2296 次，转载 13493 次；接待世界各地来访 682 批次、1.75 万人次。网教中心整理编著《站在风口的中国互联网教育——30 位 CEO 访谈实录》，《人民日报》、新华社等媒体报道 534 篇。

社区商业。开展网点疏解腾退的组织、协调、指导和监督。采取经济补偿等方式，清退网点 16 处，面积 3913 平方米，疏解人口 256 人。网点收回后，移交超市发连锁开设直营店或移交街道开展便民服务，完善“一刻钟社区服务圈”。超市发连锁公司扩大网点覆盖，新开店 22 家；调改 9 家店铺，建立生活超市、生鲜超市、社区超市样板店。

参与清洁空气行动计划，更新改造锅炉 13 台，完成中科院 82 号楼后平房《煤改电》工程。

接收划转企业。海淀剧院改制为北京海淀剧院有限责任公司，成为海淀置业集团的子公司。

房产管理。查找补齐规划许可证

77处，取得地形测绘图106份；新办地下空间备案手续3处；实施房屋安全鉴定164处、49.52万平方米；完成倒座庙、五道口、清河修配厂等处网点拆迁安置工作，拆迁面积3907平方米，安置居民86户；实施5处老旧小区改造和完成圆明园东里小区污水主管道改造工程。

推进解决历史遗留问题。收购天客隆集团、物美商业集团持有的超市发连锁公司全部股份，持股比例达95.65%，成为超市发连锁公司第一大股东；京门破产案债权问题全部解决，收回所有欠款；取得永定路24号院土地出让合同，完成房屋测绘工作；国控经贸完成北京赛格工贸公司和北京追龙消防材料厂改制注销，收回西郊农场所欠碧水家园项目物业费用。

2016年北京海淀置业集团有限公司投资企业一览表

表18

序号	企业性质	企业名称
1	全资企业	北京中海拓科技发展有限公司
2	全资企业	北京海物博科贸有限公司
3	全资企业	北京国控经贸有限责任公司
4	全资企业	北京中关村互联网教育科技服务有限责任公司
5	全资企业	北京超捷物业管理有限公司
6	全资企业	北京海置创投科技服务有限公司
7	全资企业	北京消夏园餐厅有限公司
8	全资企业	华光商厦有限责任公司
9	全资企业	北京海淀剧院有限责任公司
10	全资企业	北京海置科技服务有限公司
11	控股企业	北京超市发连锁股份有限公司
12	控股企业	北京天合太平物业管理有限公司
13	控股企业	北京海置科创科技服务有限公司
14	控股企业	武夷山市北京山庄有限责任公司
15	参股企业	北京市中关村小额贷款股份有限公司
16	参股企业	北京稻香湖投资发展有限责任公司
17	参股企业	嘉事堂药业股份有限公司
18	参股企业	北京海开房地产股份有限公司
19	参股企业	北京首汽（集团）股份有限公司
20	参股企业	北京禾谷园连锁经营有限公司
21	参股企业	北京商悦科贸有限责任公司
22	参股企业	北京泛亚大厦房地产开发有限责任公司
23	参股企业	北京恒业达装饰工程有限公司

（高炳波　耿玉姣）

【北京超市发连锁股份有限公司】 2016年，超市发完善法人治理结构，解决长达13年的股权问题，成为区属国有企业。全年实现销售42亿元。获北京质量奖，连续7年获得北京十大商业品牌称号，连续5年获得北京十大商业品牌金奖。有连锁店153家，经营总面积17.8万平方米。年内，新开连锁店23家，其中直营店9家、加盟店14家。新构建5类经营业态（综合超市、食品超市、生活超市、生鲜超市、社区超市），改造蓝润店、玉海园店、万柳店、花园路店、半壁店店、北航店6家超市。

战略合作伙伴从20家增加到30家。构建业态标准化模式。将连锁店细分为“综合超市、食品超市、生活超市、生鲜超市、社区超市”5种全新业态。以清河店、蓝润店、北航店、车道沟店为代表，成功打造综合超市、生活超市、生鲜超市以及社区超市样板店，初步搭建业态标准化模式。优化品类结构，强化生鲜、果菜、日配的经营。营销活动助力销售业绩。

落实服务社区经营定位。半壁店店作为生鲜超市样板店，弱化用品区域，强化生鲜经营；万柳店和花园路店作为社区超市样板店，以小包装食品、水果、日常百货用品为主要经营项目，以快速、便捷的商品为主，增加多种热鲜食品，突出街边店的便利性。57家连锁店进行收款设备的升级，全部可使用支付宝、微信等服务。

按照“差异化、品牌化、品质化、大众化、快消化、时尚化”原则，加快联营向自营转变进程，上地店、厢红旗店、农大店、清河大楼店、方圆店、美欣店、蓝润店、唐家岭店8家店完成水产自营转变。大肉自营店新增34家，共有46家。通过店铺改造升级扩大果菜面积923平方米，增长18.8%，实现销售2.49亿元，同比提升7.21%；通过英雄单品带动整体销售，销售超50万元单品达73种，同比增加15种。国产樱桃、红颜草莓、砂糖橘、茄子、国产红提、红薯、进口车厘子等35种单品销售突破百万元，同比增加7种。开展23期以生鲜为核心的插页促销，实现销售2803万元。结合节日节气点，开展包饺子达人、二伏抻面比赛、端午佩香囊等促销活动，通过微信推送“每日一菜”，活跃卖场气氛；参与《零售世界》周年展览活动、中国好主妇启动仪式、“走进名企”等交流活动。

（赵燕玲）

【中关村电子商会】 年内，中关村电子商会为加强中关村电子卖场行业自律，促进电子卖场商户移动互联网转型，研究开发“中关村电子卖场诚信信息平台”APP软件，挑选优质商户进驻平台，有13家优质商户信息可供参考。与多地政府机构、社会团队合作，举办专题讲座50余场，企业家、政府机构领导、社会团体共计1万余人参与，诊断服务中小企业2000余家。以举办“专题讲座+会后一对一咨询”的方式，帮助全国各地政府和中小企业建立电商平台和移动应用（APP），实现企业内部管理和外部营销的移动互联网化。开展中关村科技服务进社区系列主题活动，组织IT和互联网技术人员帮助四季青敬老院的老人们解决微信使用、APP下载、网上缴费等问题实际需求。组织海龙电子城、科贸电子城、中海园电子市场、广安中海电子市场签订《中关村电子卖场行业集体合同》。

（丁旭）

【蔬菜联采联盟平台上线】 3月，区商务委搭建的蔬菜联采联盟平台上线运营，实现优质源头蔬菜供应基地与区内各蔬菜零售网点直接对接。采购商通过网络下单后，平台物流便可直接将蔬菜从生产基地运送到采购商的指定地点。海淀区与延庆区等郊区和山东、河北、河南、内蒙古等省、市、自治区的26.45万公顷高品质蔬菜基地建立合作关系。在物美、超市发、顺天府等连锁商超和社区菜店等约300个网点加入联采，设立可追溯蔬菜专柜，实现蔬菜消费安全可追溯。

（张世璞）

【第十届海淀区商业服务业职业技能风采大赛】 4月14日，第十届海淀区商业服务业职业技能风采大赛启动仪式暨商业员工跳绳比赛在海淀体育馆拉开帷幕。大赛以“传承　历练　革新”为主题，设置收银员、十佳店长、家装室内设计、服饰服装搭配、新《中华人民共和国食品安全法》知识竞赛、摄影、跳绳等10余个比赛项目。大赛持续至7月，共举办比赛项目62个，比赛场次112场，比赛培训50场，吸引超过40万人次一线员工参与。大赛选拔的1280名企业标兵、300余名选手被推荐参加北京市商业服务业技能大赛。

（张世璞　钟冷）

【第十四届中关村国际美食节】 6月2日至7月26日，由北京市商务委员会指导、北京市海淀区商务委员会支持、海淀饮服行业协会主办的第十四届中关村国际美食节举办。在开幕式上，海淀饮服行业协会发布《2016年海淀区餐饮消费大数据分析报告》，北京30多家品牌餐饮烹饪大师联袂推出百道创意养生健康菜品；启动“美食惠民·网络体验”第二届网络美食节，美食节组委会继续与百度合作，整合百度旗下的百度地图、搜索引擎和百度糯米网资源，将美食节搬上互联网。美食节以“汇美食·品健康·知科技”为主题，包括智能餐饮科技展、世界红酒品鉴展、餐饮名店名厨名菜展、国际美食盛典、餐饮发展高峰论坛、国际精品美食展卖、美食进社区、京津冀美食品鉴会、餐饮企业安全生产演练等活动。在世纪金源时代购物中心和欧美汇购物中心，分别举办国际精品美食展，40余个特色美食的展卖摊位集中亮相。

（张世璞）

【第十二届海淀品牌消费节】 9月23日，由海淀区商业联合会主办的“第十二届海淀品牌消费节”在金源新燕莎mall举办开幕仪式。主题为“智慧商业　品质生活”，持续至10月31日。开幕式上，区工商分局、海淀区商业联合会授予翠微大厦等18家企业“2015年度海淀区诚信企业”称号。9月22日—25日，举办“智慧商业体验展”，国内外知名VR厂商为消费者带来包括智能家居、可穿戴设备、绿色科技等近两年来最热门的创新科技产品。其间，举办“京津冀文化物流协同发展论坛”，北京、天津、河北三地的商务主管部门、专业院校和研究机构的知名学者、电子商务企业和传统商业行业人员共同讨论研究京津冀城市末端物流行业的发展。北京市商务委首次发布《环首都一小时鲜活农产品流通圈规划》，海淀区商务委介绍海淀末端物流发展状况。“第三届海淀网络品牌消费节”同期举行，22家商业企业入驻百度地图进行推广宣传。

（张世璞）

【“比利时布鲁塞尔国际葡萄酒大奖赛”申办完成】 年内，区商务委完成“2018年比利时布鲁塞尔国际葡萄酒大奖赛”的申办工作。海淀区获得举办权。区商务委多次与大奖赛组委会进行沟通并交流学习，讨论合作事宜，对大奖赛相关辅助活动进行论证，如打造葡萄酒旅游小镇、葡萄酒消费节等活动。调研北京及周边的葡萄酒庄、葡萄种植基地、北京农学院葡萄酒院和酒类协会，定期举办“葡萄酒沙龙”活动，观摩学习房山区举办的2016“一带一路”国际葡萄酒大奖赛，听取意见建议，为举办大奖赛开拓思路。

（张世璞）

【市场调整疏解】 年内，区商务委作为区有形市场调整疏解联席会工作组办公室，组织协调工作组各成员单位，推进全区有形市场调整疏解工作。区商务委关停有形市场29家，盛宏达、万家灯火等重点市场关停拆除，拨付市场撤调奖励资金5600余万元，涉及6个街镇、10个项目。

（张世璞）

【便民服务网点建设】 年内，北京市为民办实事分解任务“生活性服务业品质提升”为市、区政府签订《目标责任书》任务，被列为2016年度市政府督查绩效考评内容，目标为年底前完成350个各类生活性服务业网点的规范建设，提升区域连锁化水平4个百分点。截至年底，海淀区完成383个网点的规范建设，连锁率提升4个百分点，超额完成350个网点建设的任务。全年在关停市场周边新建和改造蔬菜零售网点45个（超市发新建社区网点12个），新增售菜面积近2000平方米，辐射15个街道、180个社区。全区建成650个蔬菜零售终端、327个规范化早餐网点。

（张世璞）

【提升社区商业网点覆盖】 年内，区商务委制发《海淀区菜篮子工程三年行动计划（2016—2018年）》《海淀区蔬菜直通车经营管理规范（试行）》等政策文件，根据不同区域的具体情况，采取增设固定式便民服务网点、引导周边现有超市等扩大果蔬销售面积、开通临时性流动售菜车等措施，提升社区商业网点的覆盖水平，保障居民菜篮子等日常消费需求。2015年11月至2016年2月底，229个参与网点累计销售蔬菜约4万吨，其中平价菜品销量占到60%以上，价格普遍低于平均指导价5%～10%，有的达50%以上，网点蔬菜销售量平均同比增长22%。重点关注锦绣大地、天下城市场等2016年度关停任务较重的市场周边需求情况。指导各街镇对辖区内现有蔬菜直通车进行规范整顿。

（张世璞）

【创新居民生活服务模式】 年内，区商务委在中关村、学院路等街道引进生鲜O2O平台“车客家园”，通过互联网实现“农社对接”新模式，选择无公害蔬菜基地，采购全国各地优质水果、粮食等副食品，在青云北等10个社区建立实体销售店。在马连洼街道和上地街道的部分社区试点安装智能保鲜柜，居民通过手机查看今日最新菜品并下单，下班回到小区即可从智能保鲜柜中取走用保鲜膜包装洗好的蔬菜。在中关村、上地等办公集中区，试点推广以优粮生活为代表的线上线下相结合的白领午餐新模式。

（张世璞）

【规范末端物流发展】 年内，区商务委制发《海淀区促进末端物流发展的指导意见》，推动高校校园快递服务规范有序开展，并将模式复制到社区、商务楼宇等。联合交通支队、城管监察局、相关街道等在问题比较突出的紫竹院地区召开现场会，共同商讨整治对策。联合海淀园管委会、市政市容委等部门召开园区快递服务推进会，介绍先进模式和经验。

（张世璞）

【商务执法】 年内，区商务委对全区商业服务业单位安全检查500余家，出动执法人员1200余人次，作出行政处罚167例，其中一般程序处罚5例，简易处罚162例，总计处罚金额2.5万余元；组织“双打”专项整治，成员单位从专利侵权、明码标价、违法组装及回收、商标侵权、版权侵权和制售假冒伪劣商品等多个方面展开执法检查，检查批发零售市场、集贸市场、电子市场等各类市场152家次，经营主体1000余户。处理非紧急救助投诉200余件。

（张世璞）

【粮食供应保障应急体系建设】 年内，区商务委制定《北京市海淀区粮食供给应急预案（审议稿）》，建立以国有商业企业和重点粮食经营企业为主供应渠道的应急保障体系，确定以108家连锁超市门店和15家独立门店组成的123家应急供应网点、5家粮食企业为重点保供单位的应急供应体系。落实粮食安全区长责任制，制定《北京市海淀区人民政府关于落实粮食安全区长责任制实施方案（审议稿）》，会同各有关部门及属地街镇，落实粮食安全区长责任制各项考核指标及各项工作任务。

（张世璞）

对外经济贸易

【概况】 2016年，海淀区新批外商投资企业256家，吸收合同外资46.8亿美元，实际利用外资18.9亿美元，同比增长44.92%；实现进出口总额282.72亿美元，同比下降10.2%，占北京市的10%。其中，进口额196.43亿美元，同比下降8.6%，占北京市的8.5%；出口总额86.29亿美元，同比下降13.5%，占北京市的16.6%；

（张世璞）

【推进服务业扩大开放】 年内，区商务委落实《北京市服务业扩大开放综合试点实施方案》，将具体任务纳入《海淀区2016年重点、专项改革任务》，在“深化科技体制与协同发展体制改革”中增加服务业扩大开放综合改革试点内容；明确科学技术服务领域、互联网和信息服务领域、文化教育服务领域、金融服务领域、商务和旅游服务领域、健康医疗服务领域六大重点领域改革的具体任务和责任单位。研究制定《海淀区创建服务业扩大开放综合改革试点实施方案》，提出50项具体任务措施，提升海淀区信息、科研、金融、教育、文化等领域的优势地位，打造“大众创业、万众创新”

的环境，将海淀区建设成为具有国际影响力的创新创业中心和创新型经济的集聚中心。

（张世璞）

【总部经济】 年内，区商务委重点针对科技型准总部企业，宣讲新的总部政策；开展2015年度和2016年度总部企业补助奖励资金申报工作、总部经济聚集区和公共服务平台项目资金申报工作，申请资金近5000万元。筹备成立海淀区国际商会暨总部企业专委会，搭建总部企业市场服务平台。

（张世璞）

【搭建企业交易平台】 年内，区商务委举办“知名企业家北京对话会”，央视《对话》节目全程参与录制。举办中国智慧服务峰会暨2016年软件与信息服务国际企业对接会，组织信息服务企业与商业流通和O2O企业进行跨界交流。参与“北京主题日”活动，推动两个项目达成合作意向，中关村软件园等6个园区被认定为北京市服务贸易示范基地。

（张世璞）

【扶持中小微企业】 年内，区商务委为外贸出口企业争取各级扶持资金，完成2015年第二批中小企业提升国际化经营能力项目资金申报和2016年度北京市服务外包市级配套资金申报，申请资金近5100万元；启动海淀区服务外包扶持资金申报工作。加强金融行业监管，完成辖区41家典当法人企业的年度核查初审。围绕“典当创新如何服务大众创业”主题，邀请河北、天津典当行业代表参会，通过活动，引导企业摆脱行业困境，完成转型发展。

（张世璞）

旅游业

3月21日，德国总统约阿希姆·高克（右二）参观颐和园（颐和园 供图）

4月22日至5月6日，凤凰岭举办首届茶道文化节（凤凰岭公园 崔蕊 摄）

5月19日，凤凰岭举行户外救援演练（凤凰岭公园 崔蕊 摄）

6月11日，北京市2016年“文化遗产日”主会场活动在圆明园遗址公园正觉寺举行（圆明园管理处 任翾 摄）

7月30日，团城演武厅举办中国古代盾牌文化展（团城演武厅 供图）

8月2日，区旅游委组织专家对稻香湖公园进行A级旅游景区现场评定（区旅游委 秦书奎 摄）

9月7日—8日，区旅游委组织区域部分高端旅游企业参加2016中国（北京）国际商务及会奖旅游展览会（区旅游委 苏洪 摄）

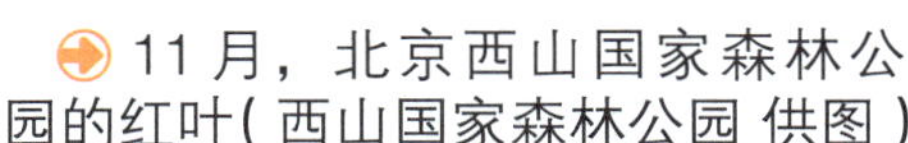

11月，北京西山国家森林公园的红叶（西山国家森林公园 供图）

综 述

【概况】 2016年，海淀区旅游产业规模进一步扩大。海淀区旅游咨询中心全年接待咨询游客24.6万余人次，发放资料11.1万份。

有住宿业1088家，其中社会旅馆1013家，星级饭店70家（其中五星级9家、四星级25家、三星级28家），旅行社20家，A级旅游景区20家；乡村旅游市级民俗村2个、接待户55户、特色业态7家。海淀区旅游咨询站（点）19个，其中圆明园咨询站、颐和园同庆街咨询站、北部旅游咨询中心为海淀区咨询中心自管站。

（康永莉）

【《海淀区“十三五”时期旅游业发展规划》编制完成】 3月，海淀区旅游发展委员会（简称区旅游委）完成《海淀区“十三五”时期旅游业发展规划》编制工作。规划总结回顾“十二五”海淀旅游发展成果，确定“十三五”旅游业发展的指导思想和发展目标，明确发展重点和主要任务以及保障措施等内容。

（惠凝晶）

【旅游产业发展】 区旅游委围绕区委、区政府“减人、添秤、服务”中心工作，严格服务标准，促进产业融合。海淀区住宿业数量在全市保持总量优势，饭店、旅馆业的单位数量在全市排名第一位，营业收入居第二位，接待人数居第三位。“三山五园”皇家园林旅游区、中关村科教文化旅游体验区成为全市重点旅游功能区，“三山五园”文化休闲旅游的整体文化品牌在全市得到强化。科教旅游于2015年获得中国研学旅游目的地称号，继续保持迅速发展势头。智慧旅游建设成效显著，“一库双网双微”的智慧旅游系统上线运营，16家A级旅游景区自助导游系统全部建成，“数字圆明园”等产品陆续推向市场。海涛旅游、圆明园、稻香湖景酒店等一批旅游企事业单位实力增强。世纪明德、去哪儿网等旅游新业态发展潜力巨大。海涛国旅、世纪明德旅行社进入全国旅游行业百强，梅地亚中心、金龙潭大酒店、紫玉饭店、中国铁道旅行社、新华国旅、中央电视塔、颐和园等15家单位进入2016年“首都旅游紫金杯”优秀单位行列。旅游与科技、教育、文化、体育等产业相互融合，举办国际高端赛事，推出“海淀礼物”系列旅游商品，挖掘展示皇家菜等特色美景美食，创新“餐饮+博物馆”“酒店+景区+社区”“酒店+主题活动”等旅游新业态、新线路、新产品，拉动消费的同时也提升了海淀旅游品牌的知名度和影响力。西山休闲步道纳入全市步道修建计划，星级旅游厕所、“三山五园”绿道、旅游咨询中心、停车场等旅游公共服务设施更加完善。

（康永莉）

【旅游业发展规模调查】 年内，区旅游委开展旅游业发展规模摸底调查，编制完成《限额以下住宿业等五项调查实施情况》《2015年海淀区旅游产业发展情况》和《海淀区旅游产业发展监测体系的框架设计》。旅行社分社和服务网点备案40余家。

（康永莉）

旅游行业管理

【第二届智慧旅游上地论坛】 1月20日，第二届智慧旅游上地论坛暨海淀智慧旅游成果发布会在北京稻香湖景酒店举行。该论坛由国家旅游局、《中国旅游报》、海淀区旅游委、海淀区旅游行业协会、北京稻香湖景酒店支持，北京中海智旅科技有限公司主办。国家旅游局信息中心、北京市旅游委以及海淀区旅游企事业单位、科技企业、媒体等180余人参加。本次论坛围绕“新媒体·微营销·直达号——大数据助力自媒体时代的旅游营销”的主题，探讨如何推动智慧旅游融合创新营销，促成旅游相关企业从线下到线上的成功转型和升级，为区域智慧旅游的持续发展提供新思路。

（温力宏）

【《北京市海淀区国家登山健身步道规划》编制完成】 3月，区旅游委委托中国城市规划研究院启动编制《北京市海淀区国家登山健身步道规划》，年底完成。

（唐晓东）

【旅游安全培训】 5月18日—19日，区旅游委在狂飚乐园举办海淀区旅游行业汽车安全教育培训，普及和提升旅游行业尤其是星级饭店、A级旅游景区干部职工的防御性驾驶知识。5月31日，区旅游委在甘家口街道举办第一期“海淀区社会旅馆安全生产标准化培训会”，37家社会旅馆的工作人员参加。

（秦书奎）

【旅游安全演练】 5月19日，区旅游委在凤凰岭公园举办“2016海淀区山地旅游景区反恐防暴、减震救灾应急救援安全演练”活动，海淀区多家景区和行业从业单位均派代表到现场观摩。

（秦书奎）

【参加北京国际旅游博览会】 5月20日，区旅游委参加2016北京国际旅游博览会，接待咨询近5000人次，发放旅游宣传资料2万余份，集中展示海淀的皇家园林、科教人文和运动休闲等丰富旅游资源。本届博览会与首届旅游发展大会、二十国集团旅游部长会统筹举办，来自81个国家和地区、30个省市自治区的近千家参展商一齐参展，展览面积达2万余平方米，是一场专业性强、参与面广、影响力大、收效明显的一流展会。展会期间，海淀旅游展位在设计上别具一格，将环幕视觉等虚拟现实表现手法与海淀旅游信息架等具有中国传统文化风格的设计完美结合，吸引络绎不绝的游客在此驻足参观。

（温力宏）

【海淀旅游资源推介会】 6月24日，2016海淀旅游资源推介会在中关村展示中心举行，来自全国各地的大学校长、学生代表等百余人参加推介活动。推介活动以“三山五园”为核心，统筹推进西山历史文化带建设战略目标，贯穿“大众旅游”“供给侧改革”的新思路，旨在通过推介“皇家园林文化游”“中关村科教游”“西山文化休闲游”三大品牌资源以及数十项系列活动将海淀旅游资源呈献给海内外游客。

（温力宏）

【确定28个旅游产业专项资金项目】 7月19日至8月25日，区旅游委开展2016年促进旅游产业发展支持资金网上申报工作。11月，完成海淀区促进旅游产业发展支持资金项目初审、专家联合评审、现场踏勘、部门会商、区政府常务会、项目公示等程序，共支持项目28个，支持资金2446.8万元。完成2016年海淀区促进旅游产业发展专项资金申报评审工作，公开征集项目55个，重点支持景区旅游厕所和其他旅游公共服务设施建设。

（吕言博 惠凝晶）

【第十三届“北京礼物”旅游商品大赛海淀区初赛】 7月20日，第十三届“北京礼物”旅游商品大赛海淀区初赛在北京紫玉饭店举行。初赛共有24家企业，共计47个系列144件作品参赛。本届大赛还开展网络投票评选活动，制作网页投票专题并通过微博、微信等新媒体平台进行宣传，共获得1.5万余次有效投票。

（温力宏）

【景区评定工作】 8月2日，海淀区旅游景区质量等级评定委员会评定小组赴大钟寺古钟博物馆和稻香湖公园开展A级旅游景区评定工作。大钟寺古钟博物馆获批国家AAA级旅游景区资质，稻香湖公园获批国家AA级旅游景区资质。

（张洁）

【参加2016北京国际商务及会奖旅游展览会】 9月7日—8日，区旅游委组织区域内部分旅游企业参加2016北京国际商务及会奖旅游展览会，与上百家国内外行业买家在现场进行业务交流和洽谈，并达成20多笔合作意向和协议。

（温力宏）

【参加中国（广东）国际旅游产业博览会】 9月9日—11日，区旅游委、海淀旅游行业协会组织区域内景区、酒店、旅行社等10余家旅游企业参加中国（广东）国际旅游产业博览会。此次展会中北京展区的海淀旅游最为亮眼，“皇家园林文化游”“中关村科教游”“西山文化休闲游”等旅游品牌吸引众多游客，特别是海淀科教游备受游客关注，科学国旅、中海智旅、世纪明德等海淀科教旅游企业与游客进行现场交流和推广，使游客对海淀的“互联网+旅游”有更形象而深刻的认识。

（温力宏）

【金秋旅游活动新闻发布会】 9月21日，2016海淀区金秋旅游活动新闻发布会在稻香湖景酒店举行。20余家新闻媒体和部分企业代表参加。活动推介定位于“山水海淀 乐享金秋”，涵盖“登高赏彩叶、亲子乐秋游、田园趣采摘、饕餮享美食”四大主题，全方位推广海淀秋季丰富的旅游产品。

（温力宏）

【参加北京国际旅游商品博览会】 10月22日—24日，2016北京国际旅游商品博览会在中国国际展览中心举行。区旅游委组织9家单位50余件旅游商品参展。此次海淀旅游商品展致力于提升海淀区旅游商品的创新能力，增添新的设计及科技元素，促进企业打造出更多新的旅游商品专属品牌。

（温力宏）

【参加2016年中国国际旅游交易会】 11月11日—13日，由国家旅游局、中国民用航空局和上海市人民政府主办的2016年中国国际旅游交易会在上海新国际博览中心举行。区旅游委组织8家旅游企事业单位20余人参会，在上海《新民晚报》专版宣传科技为媒、“三山五园”、科教旅游产品。现场发放宣传资料4万余册。世纪金源大饭店、北京正心创意旅游文化发展有限公司与云南大理嘉益生物有限公司初步达成合作协议。

（温力宏）

【旅游公共服务设施建设】 年内，区旅游委推进市、区公共服务规划和重点项目建设。编制《四季青及香山地区旅游公共服务提升实施方案》，规划全景导览、街区导览、解说牌等，促进四季青、香山旅游公共服务提升。年底，完成四季青及香山地区旅游公共服务及工程项目建设。建成凤凰岭公园、阳台山、紫竹院等5家旅游景区厕所、标示牌、无障碍通道等公共服务设施。争取市旅游委2016年旅游公共服务设施项目，补助10家景区、大西山文化休闲旅游区、上庄镇生态旅游小镇等公共服务设施配套建设资金7000余万元。

（惠凝晶 唐晓东）

【旅游经济运行监测】 年内，区旅游委利用大数据分析等手段，加强经济形势和产业研究，及时掌握旅游经济发展趋势。完成《2015年度海淀区旅游业经济运行分析报告》和《海淀旅游产业发展报告（2015—2016）》。

（惠凝晶）

【完成2011年—2015年市拨专项转移支付资金自查】 年内，区旅游委落实《关于做好市对区专项转移支付项目资金自查工作的通知要求》的通知，对2011年—2015年区旅游委承担的转移支付项目共18个进行核查，项目资金总额为4478.23万元。对各个项目的合法性、规范性和绩效性进行重点检查，撰写《北京市海淀区旅游发展委员会2011—2015年市对区县专项转移支付项目资金自查报告》。

（吕言博）

【规范旅游市场】 年内，区旅游委协调公安、城管等部门进行联合执法检查，依法收缴非法“一日游”假地图、小广告1万余份。处理游客投诉150余件。联合市旅游委执法大队，对问题玉器店进行重点检查，净化旅游市场。

（唐晓东）

【智慧旅游建设】 年内，区旅游委按照《海淀智慧旅游总体规划》的要求，分三期完成资源库、政务网、服务网、触屏版、微游海淀APP、旅游委综合业务管理平台、云媒体宣传营销系统，开通并运营“海淀旅游”官方微信、微博，形成“线上线下相结合、PC端移动端共配合、中英文双语种”的海淀旅游完整体系。智慧旅游“一库双网双微”运营服务取得良好效果，网站Alexa排名居16区县旅游官方门户网站第二名，“海淀旅游”官方微信、微博等宣传效果显著。

（温力宏）

【星级饭店、旅游景区（点）】 2016年，海淀区辖域内共有旅游星级饭店 70 家、A 级旅游景区（点）20 家。

2016 年海淀区星级饭店、旅游景区（点）统计表

表 19

旅游饭店星级	数　量	旅游景区（点）级别	数　量
五　星	9	AAAAA	1
四　星	25	AAAA	7
三　星	28	AAA	9
二　星	8	AA	3
一　星	0	A	0
合　计	70	合计	20

（康永莉）

【海淀区 A 级以上旅游景区（点）名录】

1. 颐和园（AAAAA）
2. 圆明园遗址公园（AAAA）
3. 北京植物园（AAAA，内有曹雪芹纪念馆、卧佛寺）
4. 香山公园（AAAA，含碧云寺）
5. 中央电视塔（AAAA）
6. 玉渊潭公园（AAAA）
7. 紫竹院公园（AAAA）
8. 凤凰岭自然风景公园（AAAA）
9. 太平洋海底世界（AAA）
10. 鹫峰国家森林公园（AAA）
11. 百望山森林公园（AAA）
12. 西山国家森林公园（AAA）
13. 北京西山大觉寺（AAA）
14. 北京龙徽葡萄酒博物馆（AAA）
15. 汇通诺尔狂飚运动休闲乐园（AAA）
16. 皇家菜博物馆（AAA）
17. 大钟寺古钟博物馆（AAA）
18. 上庄翠湖农业观光园（AA）
19. 阳台山自然风景区（AA）
20. 稻香湖公园（AA）

（康永莉）

【区属注册公园】 2016 年，海淀区有区属注册公园 35 家。

海淀区区属公园列表

表 20

序号	公园名称	建成时间	所在街镇	所属单位
1	圆明园遗址公园	1900 年 1 月	青龙桥街道	海淀区政府
2	会城门公园	1956 年 1 月	羊坊店街道	海淀区园林绿化局
3	元大都城垣（土城）遗址公园	1965 年 1 月	花园路街道	海淀区园林绿化局
4	玲珑公园	1988 年 1 月	八里庄街道	海淀区园林绿化局
5	翠微烟雨公园	1990 年 6 月	羊坊店街道	北京市园林绿化有限公司
6	碧水风荷公园	1991 年 7 月	清河街道	海淀区园林绿化局
7	上地公园	1994 年 1 月	上地街道	上地街道办事处
8	中华世纪坛公园	2000 年 6 月	羊坊店街道	北京市园林绿化有限公司
9	中关村广场	2002 年 7 月	海淀街道	中关村西区管理委员会办公室

续表 20

序号	公园名称	建成时间	所在街镇	所属单位
10	阳光星期八公园	2003 年 9 月	万寿路街道	海淀区园林绿化局
11	海淀公园	2003 年 9 月	万柳地区	海淀区园林绿化局
12	翠湖国家城市湿地公园	2003 年 9 月	上庄镇	海淀区园林绿化局
13	燕清文化体育公园	2003 年 9 月	清河街道	海淀区园林绿化局
14	马甸公园	2003 年 11 月	花园路街道	海淀区园林绿化局
15	百旺公园	2005 年 9 月	马连洼街道	海淀区园林绿化局
16	清河翠谷公园	2006 年 9 月	清河街道	海淀区园林绿化局
17	长春健身园	2007 年 5 月	海淀街道	海淀区园林绿化局
18	温泉公园	2007 年 5 月	温泉镇	海淀区园林绿化局
19	玉东郊野公园	2008 年 5 月	四季青镇	四季青镇政府
20	丹青圃郊野公园	2008 年 5 月	四季青镇	四季青镇政府
21	五棵松奥林匹克文化公园	2008 年 7 月	万寿路街道	海淀区园林绿化局
22	王庄公园	2008 年 9 月	学院路街道	海淀区园林绿化局
23	东升八家郊野公园	2009 年 4 月	东升镇	东升镇政府
24	金源娱乐园	2009 年 7 月	曙光街道	海淀区园林绿化局
25	巴沟山水园	2010 年 5 月	海淀街道	海淀区园林绿化局
26	美和园公园	2012 年 11 月	清河街道	海淀区园林绿化局
27	北极寺公园	2012 年 11 月	花园路街道	海淀区园林绿化局
28	北坞公园	2013 年 5 月	四季青镇	四季青镇政府
29	南长河公园	2013 年 5 月	紫竹院街道	海淀区园林绿化局
30	小营公园	2013 年 6 月	西三旗街道	海淀区园林绿化局
31	厢黄旗公园	2013 年 7 月	上地街道	海淀区园林绿化局
32	中央电视塔公园	2013 年 8 月	甘家口街道	海淀区园林绿化局
33	荷清园	2014 年 7 月	清华园街道	海淀区园林绿化局
34	车道沟公园	2014 年 10 月	曙光街道	海淀区园林绿化局
35	田村城市休闲公园	2015 年 12 月	田村街道	海淀区园林绿化局

（赵险峰）

【颐和园】 国家 AAAAA 级旅游景区。2016 年，接待游客量 1700.65 万人次，自创收入 3.88 亿元。为游客提供义务咨询、服务 24 万余次，游客满意度达 98%。服务中央和首都重大任务 198 次，其中完成中德总理颐和园“漫步外交”等外事任务 88 次，完成国事接待等内事任务 110 次。颐和园获第十五届“首都旅游紫禁杯”最佳集体奖，被国家旅游局评为“十一”假日旅游“北京市旅游服务最佳景区”。

完成“推进水环境治理”等市政府重点工作折子 5 项。承接并完成练桥修缮工程、“颐和园在‘三山五园’整体保护中的实践与探索”课题调研等市级绩效考评任务 11 项，其中绣漪桥绿地景观恢复工程及科普游园会活动得到市政府绩效办核验专家组认可。完成北京市公园管理中心系统重点工作任务 2 项。其中，夜景照明（一期）工程在东堤、西堤沿线 6800 米范围内，形成“日赏景，夜观灯”的效果。文物库馆（二期）项目已完成专家论证会、制订完善项目概念性方案设计、整体投资估算和项目建设区域房屋普查等年度工作任务。完成北宫门电子票务系统升级改造、文昌院展厅改造（二期）等48项颐和园年度重点绩效工作任务。

文化建设。参与法国肖蒙2016年国际花园节中国园林景观——“和园”建造；举办中国历史名园摄影展，投稿作品来自全国16个省市的40个景区；召开中国四大名园管理经验与对外交流研讨会；与天津盘山签订合作框架协议，推进京津冀景区联席建设；承办国家文物局世界遗产培训班。赴湖州、沈阳等地举办“风华清漪——颐和园藏文物精品展”等6项展览；引入“两朝帝师翁同龢及翁氏家族文物特展”等4项展览；出版《传奇见证——颐和园南迁文物》等书籍5部；在“颐和园微览”平台推出图文信息56篇；举办第二届颐和园冰上活动等文化活动40项。

（范志鹏）

【圆明园遗址公园】 2016年，圆明园遗址公园接待游客851.26万人次，综合收入7596.2万元。重点文物保护工程：圆明园遗址西洋楼海晏堂蓄水楼遗迹本体加固和西洋楼片区游线调整工程、圆明园遗址（黄花阵）维修工程、圆明园碧澜桥玻璃栏板工程竣工，圆明园遗址（西洋楼片区）动态信息及监测预警系统工程开始施工。圆明园遗址西洋楼片区展示工程——标识系统与展示提升工程、远瀛观保护加固工程、大宫门遗址区保护展示工程方案批复。完成海晏堂蓄水楼、谐奇趣遗址考古发掘工作，编制完成考古工作报告。推进圆明园地区引水工程。回收社会捐赠清代石质文物3件。完成正觉寺古树测龄工作，正觉寺现有古树110株，其中一级古树7株、二级古树103株，最大树龄466岁。

组织大、中、小学生爱国主义教育活动，开发模拟考古课程。首次在微博、微信、直播软件等新媒体上直播考古实况，与电视节目合作进行考古直播三期，直播收视人数达228万人次。举办圆明园四十景图展、圆明园管理处成立四十周年纪念展。收集流散的历史文献资料，获得一批1984年—2010年的圆明园照片档案及民国时期有关圆明园的纸质档案。举办新春游园会、第二十一届踏青节、第二十一届荷花节和金秋游等旅游文化活动。

（鲁紫鹃）

【北京植物园】 2016年，北京植物园共接待游客302.07万人次，总收入3640.41万元。获得“全国中小学环境教育社会实践基地”、海淀区“校外教育先进单位”、首批国家重点花文化示范基地、北京市公园管理中心“科普先进单位”称号。

（许瑾）

【北京凤凰岭自然风景公园】 北京凤凰岭自然风景公园是国家AAAA级旅游景区。2016年，凤凰岭公园接待游客95万人次，旅游总收入1775.06万元。

基础设施建设。实施景观环境和游览体验提升工程：对凤凰岭门口至龙泉寺主干道南侧区域以及游客中心西侧区域进行绿化美化；对明德茶苑北门及内部环境进行美化提升；对景区垃圾桶样式重新设计；对门区和中线厕所进行改造升级，达到三星级厕所标准；对北线商亭和桃源观小环境实施改造工程。推进智慧景区建设：与互联网企业合作实施凤凰岭停车场道闸项目，初步实现人车分流；实施景区全景数字摄像机项目，并将监控信号接入游客中心，加强活动中对高人流进行实时监控；与互联网企业合作实施负氧离子检测项目，对景区负氧离子、PM2.5、温度、湿度等重要指数实时公布。

节庆活动。围绕“文化凤凰岭”和“运动凤凰岭”，以四季为主线开展节庆活动。大年初一至初五举办以“欢乐西山西游记，祈福猴年迎新春”为主题的凤凰岭第三届新春游园会活动。3月26日至5月6日，举办以“游走登山步道 寻找杏花仙子 传承非遗文化 体验民俗风情”为主题的凤凰岭第十六届杏花节。4月22日至5月6日，举办“首届凤凰岭茶道文化节”。9月15日—17日，举办凤凰岭“早安袋鼠”亲子音乐生活季。10月—11月，举办第三届金秋山地登高节。10月2日，举办“和合中国·凤凰雅叙”活动。10月15日，举办第四届金婚夫妇相聚凤凰岭大型公益活动。

户外主题活动。5月21日，举办“走向2022三山五园行”2016海淀凤凰岭山地徒步大会。7月9日，举办凤凰岭第二届户外运动大会。12月17日，举办2016国际越野跑挑战赛暨凤凰岭第三届冬季城市越野赛。

（李欣荣）

【西山国家森林公园】 2016年，西山国家森林公园接待游客200万人次，接待旅游团体600余个。公园加强生态环境建设、森林景观建设、植物景观建设、森林体验设施建设、艺术文化建设，结合“低效林改造工程”和“森林抚育工程”，对公园辖区内113.33公顷林地进行抚育改造，同时拓展游人林下游憩空间。红色教育基地无名英雄纪念广场被评选为国家级红色旅游景区。

（刘洋）

【团城演武厅】 团城演武厅始建于清乾隆十四年（1749年），是北京地区集城池、殿宇、亭台、校场为一体的武备建筑群，原为清代皇帝操练和检阅健锐云梯营的场所。主要建筑有团城、演武厅、东西朝房、西城楼门、碑亭、放马黄城（已毁）等。1979年，被公布为市级重点文物保护单位。1992年，正式对公众开放。2006年，被公布为全国重点文物保护单位，定名为“健锐营演武厅”。

2016年，团城演武厅举办“中国古代盾牌文化展”、“点亮北京城”图片展两项临时展览，“我爱创意”外来务工子弟学校创意作品展巡展；举办清史研究新动向和博物馆观众问题研究：问题意识、方法学及其信度、效度两场专题文化讲座；开展团城演武厅文物保护规划前期调研；组织北京市古代钱币博物馆、老舍纪念馆、北京市正阳门管理处举办联合培训班。参加第十一届中国北京国际文化创意产业博览会、第二届广州国际文物博物馆版权交易博览会，推介卡通形象“健锐猴”及主题系列文创衍生产品和动画视频，获版交会“最佳展示奖”。

与神州共享文化传媒有限公司合

作开展展览数字化；与指触文化传媒有限公司合作，开发赛导游——指触手机自助导览；作为资源单位，参加2016年大学生博物馆微视频创作项目，获微视频创作二等奖。

完成团城演武厅岁修保养工程、团城演武厅安全防范监控系统改造工程、巨山农场配电室搬迁工程等。完成团城、演武厅、碉楼、碑亭及松堂等古代武备建筑的三维信息数据激光扫描采集工作。

（马岚）

【海淀公园】 2016年，海淀公园接待游客105万人次。公园节水型公园建设及展示项目获北京市公园绿地第四届服务民生创新管理品牌奖。

完善园林环境和服务设施，调整园内植物，优选、分栽崂峪苔草、青峪苔草、蛇莓等适应公园环境的乡土型宿根地被植物，增加种植宿根花卉面积达1万平方米，在东西门及观花景区种植花卉3000平方米。在稻田景区投放锦鲤等观赏鱼，新栽植睡莲15个品种200余盆。增加便民设施，将银杏林下区域改为草格铺设，在稻田景区安装石磨取水装置。

开通"海淀公园管理处"微信公众号，发送游园信息、活动信息40条，总阅读量超过1万次。举办文化和宣传活动24个，其中海淀公园第13届插秧节、收割节等自主品牌活动5个，协办百姓周末大舞台、森林大篷车、2016都市现代农业巡展、海淀区青少年阅读嘉年华等市区级活动13个，承接活动6个；为10所辖区中小学校提供场地支持，完成学科教育教学、入队仪式、亲子拓展等活动24个。

（赵晨轩）

【翠湖国家城市湿地公园】 翠湖国家城市湿地公园为建设部批准的国家城市湿地公园。规划总面积157.6公顷。公园以人工湿地景观为特色，B区、C区部分区域对社会预约开放，开放面积36.2公顷，占公园总面积的1/4，其中水域面积18.3公顷、陆地面积17.9公顷；陆上游线长4千米。7月，翠湖湿地公园被列入第一批市级湿地保护名录。全年接待游客32117人次。

基础设施和生态环境建设。完成稻蟹共生示范项目和循环渠野花组合示范工程，完成水利设施保养维护、园路改造、电缆维修、围栏安装、木栈道搭建、房屋修缮、公共座椅位置调整等基建维修改造项目27个。新增开放区景点，扩展游客游览面积，游览路线长度增加近1/3。新植树木1653株，种植花卉7780平方米，完成7处斑秃绿地补植300平方米；新增大湖围网500延长米，投放水生植物1000余株。

开展春、秋季鸟类环志工作，环志鸟类956只，其中春季环志到北京市罕见的鸟类噪鹃及偶见的棕腹啄木鸟雌雄各1只，秋季第一次环志到白腰草鹬。开通'翠湖科普'微信公众号，组织开展爱鸟周、认识报春植物、神奇的鸟环志、母亲节特别活动、"自然的笑脸"、北京湿地日、湿地科普知识进校园等科普活动23次。

园内繁育黑天鹅60只、冠鹤2只、银鸥2只、野生雁鸭类350只。

2016年观测到鸟类17目47科209种，其中湿地鸟类86种（占全国271种湿地鸟类的31.7%、北京130种湿地鸟类的66.2%）。其中，国家一级重点保护鸟类7种（黑鹳、金雕、黑颈鹤、丹顶鹤、遗鸥、大鸨、褐头鹀），国家二级重点保护鸟类21种（白鹈鹕、白琵鹭、大天鹅、小天鹅、白额雁、鸳鸯、鹗、普通鵟、鸢、白尾鹞、红脚隼、燕隼、灰鹤、白枕鹤、蓑羽鹤、雕鸮、东方角鸮、大鵟、凤头蜂鹰、毛脚鵟、苍鹰），北京市一级重点保护鸟类13种，二级重点保护鸟类67种。有繁殖记录的湿地鸟类有苍鹭、黑天鹅、黑水鸡、小鸊鷉、疣鼻鸭、绿头鸭、斑嘴鸭、冠鹤、灰雁、鸿雁、黄苇鳽、普通翠鸟、白胸苦恶鸟等10余种。观测记录到鱼类4目9科20种、两栖动物1目6科8种、爬行动物2目4科9种。观测到原生、栽植湿地高等植物423种（蕨类植物6种、裸子植物8种、双子叶植物315种、单子叶植物94种，分属95科301属；中生植物257种、湿生植物98种、水生植物68种），其中国家一级重点保护野生植物2种（银杏、水杉），国家二级重点保护野生植物2种（野大豆、莲），北京市二级保护野生植物7种（芡实、黑三棱、花蔺、假稻、茭白、连翘、桔梗）。

（德秋子）

【北京稻香湖投资发展有限责任公司】 北京稻香湖投资发展有限责任公司注册资金5.86亿元，主营项目为投资和酒店管理。公司下辖的稻香湖景酒店是海淀区、北京市、中央机关三级政府采购会议定点供应商。2016年，公司继续以"家"文化为主线，打造"大美·湖景儿童世界"，推出玛雅岛的"维兰·湖景西餐厅"，合作开办"哈斯·湖景农场""准点·湖景文创中心""轰趴馆"等适合大众消费的服务产品，酒店营业收入同比增长22.39%。7月，稻香湖景酒店取得国家AA级旅游景区资质。酒店东方苑自助餐厅被中华全国总工会授予"工人先锋号"称号，被北京市总工会授予"北京市三八红旗集体"称号。

（王洪娟）

旅游活动

【凤凰岭第三届新春游园会】 2月8日—13日（大年初一至初六），凤凰岭公园举办凤凰岭第三届新春游园会活动。游园会以"欢乐西山西游记，祈福猴年迎新春"为主题，突出生肖元素，打造《西游记》文化展示区，引进《大圣归来》、国粹京剧、美猴王变脸、杂技等表演，并汇集京津冀地区具有代表性的非遗文化项目展示。

（李欣荣）

【玉渊潭公园中堤桥建设工程完工】 3月10日，玉渊潭公园中堤桥建设工程完工。该工程2014年11月30日开工。新建中堤桥总长82.2米，宽8米，仿明清北方官式五孔券式拱桥设计，92根望柱采用莲瓣石榴头造型，栏板采用三幅云透瓶图案，桥体东西两侧每个桥孔上方均有青白石制作而成的戏水兽。中堤桥作为连接南北岸的重要通道，将公园水域分隔为东、西两湖，形成玉渊潭公园中心位置的标志性园林景观。新建成的中堤桥桥孔洪水通过量为原有的6倍，可改善水上游船通行条件，提高园区南北岸通行能力，极大缓解重大活动期间游客通行压力。

（王智源）

【玉渊潭举办第28届樱花文化活动】 3月23日至4月13日，玉渊潭公园举办第28届樱花文化活动，接待游客情况与2015年同期基本持平，园内可供观赏樱花达2300余株，为历年之最。活动期间，举办第十一届北京公园季开幕式、"发现中国好项目创业美食展"、"东方既白"李可染画院精品巡回展。公园首次推出"专家导赏"服务，在周一至周五安排樱花专家，围绕樱花引种与识别、促培与养护、历史与文化等专题为游客进行赏樱指导。公园通过新闻媒体、微博、微信等渠道，做好宣传，引导游客错峰出行，缓解周末及清明节的游客压力。

（王智源）

【北京植物园第二十八届北京桃花节】 3月23日至5月初，北京植物园举办第二十八届北京桃花节暨第十三届世界名花展。本届花展以"桃源春色"为主题，展览总面积达2万余平方米，总用花量150万株。桃花节期间，共接待游客134.06万人次，同比增加17.6%；购票数67.76人次，增加7.08万人。

（许瑾）

【西山国家森林公园第五届踏青节】 3月26日，北京西山国家森林公园第五届踏青节开幕。本次踏青节以"赏西山晴雪　享精彩生活"为主题，开展义务植树、摄影比赛、红色旅游、森林文化体验、森林音乐会、徒步登山、TNF100挑战赛、山地马拉松等丰富多彩的游园活动。

（刘洋）

【凤凰岭第十六届杏花节】 3月26日至4月10日，凤凰岭公园举办以"游走登山步道　寻找杏花仙子　传承非遗文化　体验民俗风情"为主题的凤凰岭第十六届杏花节。推出寻找最美的春天——踏青赏花活动、寻找凤凰岭同龄人——凤凰岭开园20周年纪念活动、春季农家大集、品春茶、寻找杏花仙子、亲子乐园、文明旅游月等主题活动，并在活动中推出凤凰岭国家级登山步道。

（李欣荣）

【玉渊潭公园完成中国少年英雄纪念碑修复工程】 中国少年英雄纪念碑工程于4月5日开工，7月20日竣工。对主碑铜像破损部分进行除锈、焊接、打磨及做旧处理，并安装高1.5米的围栏约95延长米。围栏以少先队队徽为设计元素，正面围栏共10组，中间共镶嵌中国少年先锋队队徽13枚；围栏采用镀锌钢管焊接，表面喷刷金色面漆，采取可拆卸式拼接的施工工艺，确保大型活动的顺利进行。

（王智源）

【西山国家森林公园第三届牡丹文化节】 4月16日至5月8日，北京西山国家森林公园第三届牡丹文化节开幕。作为北京市第四届森林文化节的重要组成部分，牡丹文化节让市民了解牡丹、观赏牡丹、咏诵牡丹，感受牡丹文化的魅力。5月的4个周末，西山国家森林公园森林大舞台共举办4场主题为"生态·人·音乐"、蒙古音乐、大学生艺术团专场、森林疗养音乐的森林音乐会，传播森林文化理念，弘扬生态文明。

（刘洋）

【首届凤凰岭茶道文化节】 4月22日至5月6日，凤凰岭公园举办"首届凤凰岭茶道文化节"。活动以"茶为国饮，品味茶香"为主题，结合凤凰岭深厚的佛、道、儒文化底蕴及中国传统国学艺术文化，以茶载道，以茶体道，以茶布道。推出"千年古茶树寻茶问祖""涵盖七大茶类的国内知名优秀茶品牌展示""传承千年的茶道表演""星空茶室体验"等活动。

（李欣荣）

【第三届中小学科学实践教育暨高端科普资源体验交流活动】 4月23日，由区旅游委支持、中国科学院科学国际旅行社承办、中国科学院行政管理局所属北京市海淀区中科科学文化传播发展中心主办的第三届中小学科学实践教育暨高端科普资源体验交流活动在中国科学院举办。中国科学院行政管理局、海淀区旅游发展委员会、部分省市教育行政部门领导以及200余名全国中小学校长参加。活动当天，中国科学院专家白武明作"科学就在我们身边"的专题报告，中国科学院科学国际旅行社就"博物馆奇妙夜""昆虫猎人""天文观测"等独具科学魅力的科技互动体验科教游线路以及"植物样方调查及标本制作""白头叶猴观测与调查""湿地台站科考"等不同学科的科学考察旅游项目作了推介。

（温力宏）

【TNF100北京国际越野跑挑战赛暨市民徒步大会】 5月7日—8日，2016年TNF100北京国际越野跑挑战赛暨市民徒步大会在西山景区举行，起终点均设在北京汇通诺尔狂飚乐园。赛事除专业组的50公里和100公里组别外，增设22公里和越野接力赛组别。4500多名越野跑爱好者和徒步爱好者参加。本次比赛首次开设自闭症儿童越野。通过"资源+赛事"使旅游和体育相互融合，促进海淀旅游与体育赛事的融合发展，逐步打造海淀西山100公里越野赛道。

（温力宏）

【全国节能宣传周在玉渊潭公园启动】 6月12日，"节能领跑　绿色发展"2016年全国节能宣传周暨北京市节能宣传周启动仪式在玉渊潭公园举办。活动由国家发展改革委、北京市人民政府主办，国家发展改革委资源节约和环境保护司、北京市发展和改革委员会、国家节能中心、北京市公园管理中心联合承办。国家发展改革委、教育部、工业和信息化部、住房城乡建设部、交通运输部、农业部、商务部、国资委等国家部委领导，北京市相关委办局领导参加启动仪式。启动仪式上，为第八届全国生态文明主题招贴画设计大赛优秀作品获奖代表、获"北京市2016年节能环保低碳教育示范基地"称号的单位代表颁奖和授牌，国美、苏宁、京东、天猫等企业代表签署"推广节能产品、倡导绿色消费"宣言，启动全国绿色出行系列宣传活动。

（王智源）

【玉渊潭公园完成远香园绿化改造工程】 该工程为市政府重点任务折子。6月25日开工，11月9日完工。工程量包括：湖池工程开挖基槽共计2200立方米，卵石铺码1900平方米，湖岸毛石墙砌筑180余立方米，山石堆砌520吨；完成微地形整理2200立方米，拆除原有路面基层700平方米，安装给水管线650米；移植乔灌木47株，新植常绿树油松和桧柏24株，丹麦草移栽3200平方米，廊架改造120平方米。11月30日正式向游客开放。

（王智源）

【凤凰岭第二届户外运动大会】 7月9日至8月8日，凤凰岭公园举办第二届户外运动大会，活动包括九公里山地徒步越野、自行车爬坡挑战赛、户外露营观星空、夜跑凤凰岭、大手牵小手亲子游、森林夜户外自然课程、攀岩空中索道拓展、户外论坛、户外美食、户外音乐、户外电影等项目。

（李欣荣）

【香山奇妙夜博物之旅】 7月13日至9月4日，2016“香山奇妙夜博物之旅”暑期夏令营举行，历时54天，共开办17期，接待700人次。参加人员以亲子家庭为单位，活动分为营地拓展和夜间动植物观察两部分：亲子家庭到达营地，在老师的带领下配合搭建帐篷，布置灯诱，到课堂听讲座；讲座完毕后开展奇妙夜探秘活动。由老师和助教带领，按照规定路线在园内进行自然动植物观察。以乡土植物识别、夜行动物（刺猬、蛇、猫头鹰、中华大蟾蜍等）、昆虫（蝉、金龟子、萤火虫等）观察为核心，结合途经的园内景区，讲解香山历史文化和园林文化。

（王奕）

【市民免费体验科教旅游惠民线路】 7月17日，区旅游委与《新京报》、《京华时报》、北京人民广播电台、腾讯大燕网、北京旅游网等媒体合作，面向社会公开招募的650名市民游客走进中关村，免费分组体验7条科教惠民游路线，在探秘科技企业、参与产品体验互动、DIY手工模型制作的同时，感受中关村科教旅游的魅力。这7条免费体验线路为皇家文化体验之旅、高等学府励志之旅、探秘中科院之旅、科技创新创业之旅、探秘圆明园文化遗产之旅、国家图书馆“悦读”之旅、香山夏日激情之旅。

（温力宏）

【香山永安寺修复工程主体建筑竣工验收】 7月31日，市公园管理中心2016年重点任务——香山永安寺修复工程主体建筑竣工验收。工程于2014年3月开工，总占地面积5.5万平方米，建筑面积约3000平方米，投资1.36亿余元。工程包括天王殿、山门殿、钟楼、鼓楼及香山寺牌楼等建筑，圆灵应现殿及其南北配殿，眼界宽殿、薝卜香林阁、水月空明殿、青霞寄逸楼、爬山廊。共完成3个牌楼、12个单体殿座及廊子的基础加固，台明、柱顶石添配、大木架安装、墙体砌筑、屋面工程及建筑油饰；室内外地面铺装，假山石修整、归安、岩体加固以及避雷系统，消防系统安装，室外配电工程等项目。

（王奕）

【科教旅游“悦读之旅”特色夏令营】 7月31日，2016年中关村科教旅游特色夏令营之“悦读之旅”活动在国家图书馆举行，此次“悦读之旅”夏令营活动是区旅游委支持的“中关村科教旅游资源推介”科教惠民系列活动之一。活动当天，20组家庭走进国家典籍博物馆，体验“悦读”的新鲜感。

（温力宏）

【“重现辉煌”数字圆明园研究及文化旅游应用示范项目通过验收】 7月，“重现辉煌”数字圆明园研究及文化旅游应用示范项目通过科技部高新技术发展及产业化司的验收。该项目是“十二五”国家科技支撑计划项目，也是圆明园管理处首次承担的国家级科研项目。项目由北京清城睿现数字科技研究院有限公司与圆明园管理处共同承担，2012年申请立项，2013年2月18日确认立项，2013年3月至2015年12月进行课题研究。项目以“圆明园”为研究和应用示范对象，完成包括基础地理信息平台、移动终端应用、Web 2.0网站等数字化产品，研发圆明园虚拟游园、圆明园移动导览、圆明园交互旅游网站等系统，申请专利2项，发表论文52篇。项目为解决全国的古遗址、古墓葬类遗产的展示与利用开辟了一条全新的途径。

（鲁紫鹃）

【养生系列体验活动】 8月19日，由区旅游委支持、香山公园管理处及香山书院共同主办的“香山见心斋山林养生系列体验活动”在香山公园见心斋启动。此次活动旨在结合香山皇家山林特色，以传统养生理念为指导，在拓展养生旅游空间、提升旅游品质的同时，共同推动传统文化的传承。活动包括启动仪式、养生知识展、太极拳演练、古柏寻香及香品制作、道家养生功讲座5个部分。

（温力宏）

【香山科教资源推介会】 9月10日，香山公园联合北京市猛禽救助中心举办“放飞希望”主题猛禽放归公益活动暨香山科教资源推介会。推介会讲授猛禽救助相关知识；在香炉峰观摩6只被救助的猛禽（两只红隼、一只灰背隼、三只燕隼）放归自然；对香山自然科普资源、洪光寺拓展教育基地、双清别墅全国爱国主义教育示范基地进行实地考察。东城、西城、朝阳、海淀4个区教师及学生代表共32人参与活动。

（王奕）

【第二届“古乐雅集”秋季音乐欣赏会】 9月17日，由区旅游委支持、稻香湖景酒店主办的“第二届‘古乐雅集’秋季音乐欣赏会”在稻香湖景酒店玛雅岛举行。音乐会综合中秋佳节、民族团结、和谐发展的基调，选用笛子、琵琶、古筝、中阮、扬琴、二胡等乐器，邀请众多知名音乐艺术家编排演奏多首著名曲目。

（温力宏）

【“i生活 i旅游 i海淀—公益行”主题咨询活动】 10月1日—7日，区旅游咨询中心在圆明园公园、颐和园公园、香山公园和凤凰岭公园开展

“i 生活 i 旅游 i 海淀—公益行”主题旅游咨询志愿服务活动。其间，参与志愿者 144 人次，累计服务 176 小时，接待游客 3500 余人次，发放资料 2500 余份。

（刘双阳）

【2016 香山静宜园皇家重阳音乐会】 10 月 9 日，由区旅游委支持、香山公园主办的 2016 香山静宜园皇家重阳音乐会在香山公园致远斋举行。活动邀请香山街道的老年代表和当天在香山游园的老年游客共度重阳，以传承尊老爱老的传统美德。音乐会专门为老人们精选琵琶、中阮、笛子和二胡等民乐独奏及《天女散花》《霸王别姬》《游龙戏凤》等传统经典京剧选段。

（温力宏）

【北京植物园承办 2016 年中国植物园学术年会】 10 月 25 日—27 日，北京植物园承办 2016 年中国植物园学术年会，会议以“植物园：创新 绿色 共享”为主题，围绕“植物园建设与管理”“活植物管理”“园艺技术与民族植物学”“植物多样性保育的理论与实践”“环境教育与科学传播”5 个专题展开讨论，举办专题报告会 90 场。来自全国 141 家相关单位和机构的 400 余名代表参加。与会人员集中讨论和分享近年来植物园事业在科学研究、科普教育、园林园艺方面取得的成绩与经验。

（许瑾）

【凤凰岭公园举办国际越野跑挑战赛】 12 月 17 日，凤凰岭公园在中央电视台体育频道的支持下，举办 2016 国际越野跑挑战赛暨凤凰岭第三届冬季城市越野赛。此次赛事堪称亚太地区 50 公里越野跑中强度最大的赛道，设置 5 千米、10 千米、27 千米和 50 千米 4 个组别。其中，50 千米组别累计爬升 4157 米。共吸引 1200 余名越野跑爱好者报名参赛。赛事情况在中央电视台第五频道播出。

（李欣荣）

城市建设与管理

2017
北京海淀年鉴

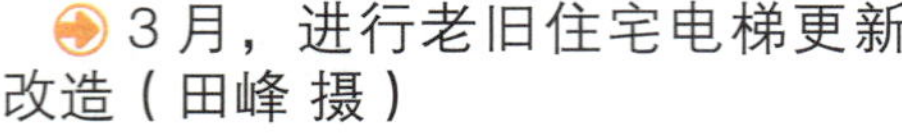

3月，进行老旧住宅电梯更新改造（田峰 摄）

3月，建设中的园外园中坞片区（区园林绿化局 供图）

4月26日，“海创空间”项目在海淀公园启动（区园林绿化局 供图）

5月5日，南沙河黑臭水体治理现场（区水务局 李慧强 摄）

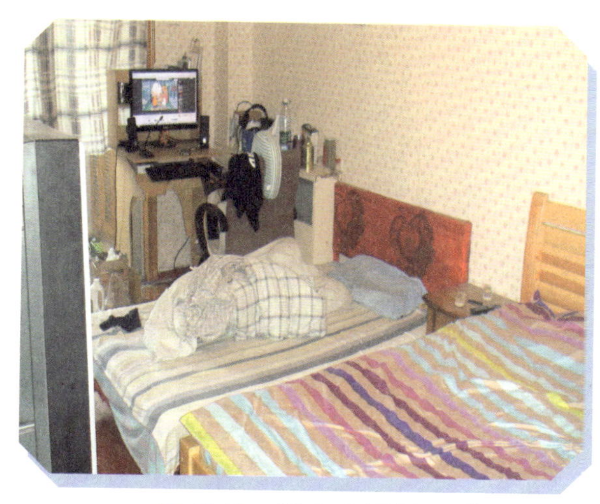

5月，紫金庄园社区进行群租房整治，变身为创业阵地。左图为整治前，右图为整治后（海淀街道 夏尊君 摄）

6月21日，青龙桥街道拆除二河开兽医站违法建设（区城管执法监察局 供图）

6月，西山试验林场技术人员开展森林样板基地监测（西山试验林场 供图）

7月6日，海淀供电公司在温泉村进行“煤改电”施工（海淀供电公司 高博 摄）

10 月 25 日，海淀区循环经济再生能源发电厂项目整套启动调试，开始处理生活垃圾（绿海能公司 丁尧 摄）

10 月，天秀路西延工程竣工（区住建委 供图）

10 月，玉泉新村南一街道路及市政工程竣工（区住建委 供图）

11 月 29 日，国土海淀分局清理整改西北旺“房车营地”（国土海淀分局 毕建伟 摄）

12 月，北京城建学院南路 62 号科研楼项目竣工（区住建委 供图）

规　划

【概况】　2016年，区规划分局以全国科技创新中心核心区建设为抓手，围绕“减人、添秤、服务”总体目标，落实京津冀协同发展总体要求，优化区域空间布局。完善协作规划平台制度，解决城乡规划建设过程中的“疑难杂症”；强化城市设计约束功能，促进建筑与地区环境相融合；探索“多规合一”[①] 实施路径，推进规划融合。统筹协调“三山五园”地区环境整治，推进基础设施建设，优化路网和轨道交通线路，推进海淀区城乡规划建设。

区规划分局全年核发城镇建筑工程总用地面积358公顷，同比增长45%。核发市政基础设施工程总用地面积339公顷，是上年的3倍。核发建设工程规划许可证建筑规模454万平方米，同比增长36%。规划验收规模253万平方米。扩大“先照后证”审批项目试点范围，缩短审批周期。

（代韧　张帆）

【规划监督检查】　年内，区规划分局配合完成251万平方米拆违任务，疏解人口4.5万人。完成700件、1800处违法建设的认定。完成176.5万平方米规划核验。加强规划配套公共服务用地、交通设施、绿地的管控。配合做好锦绣大地、风机二厂、解放军档案馆、天下城等市场疏解工作，同步推动建成区域停车设施、商业配套、公共服务等回归规划用途。

（代韧　张帆）

【基础设施建设】　年内，区规划分局配合北京市2020轨道线网加密工作，开展地铁3号线、12号线、19号线一期和昌平线南延等地铁线路规划，土地权属调研和交通一体化研究；结合海淀北部地区新经济产业集群建设和居民安置房建设，推进一批企业和回迁安置项目周边道路审批。配合开展黑臭水体治理、截污治污管线及再生水厂建设。

（代韧　张帆）

【保障性住房规划】　年内，区规划分局核发学院路北端回迁安置房项目，两园之间村庄安置房（一亩园安置房），西北旺C2地块，苏州街站一体化项目，上庄西郊农场东地块定向安置房项目、上庄镇N28、N34续建，大牛坊安置房续建，北部地区整理开发中关村永丰产业基地HD－0402－0030地块F1住宅混合公建用地“配建公共租赁住房”项目，中关村西三旗金隅软件园配建公共租赁住房等项目的方案复函，沟通京昌路楔形绿地项目回迁安置房、京粮集团田村项目。

（代韧　张帆）

【规划服务】　年内，区规划分局为北京大学、北京外国语大学、北京交通大学、第二炮兵司令部直属工作部、中国中铁航空港集团、北京电影洗印录像技术厂等驻区单位办理项目25个，其中北京城市学院教学楼、中国人民解放军军事医学科学院2个项目核发方案复函，其余项目核发建设工程规划许可证。

（代韧　张帆）

【协作规划管理试点工作】　年内，区规划分局深化市规划委与海淀区建立的协作规划管理机制和责任规划师、责任建筑师、市区联动协作规划平台会制度，组织召开两次平台会，围绕空间资源集约统筹、公共服务设施完善、公共空间品质提升、城乡一体和产城融合进行沟通协调，推动明光村棚户区改造等功能疏解重点区域规划调整。

（代韧　张帆）

【“多规合一”工作】　按照北京城市总体规划编制要求，区规划分局牵头制定海淀发展功能定位，划定“两线三区”[②] 管控范围；对接有关部门，围绕建设科技创新中心核心区，坚持减量提质、增减挂钩、近远结合、区域统筹的原则，制定未来空间发展策略，为探索“多规合一”、规划实施单元等专项研究打好基础。

（代韧　张帆）

【重点项目城市设计】　年内，区规划分局将城市设计导则成果纳入规划审批文件和土地出让条件，强化城市设计引导对建设实施的管控指导。完成中关村东升科技园二期、学院路科技园、玲珑巷土地一级开发等项目的城市设计，建筑面积137万平方米，实现提质减量。

（代韧　张帆）

【审批地名、核准建筑物名称】　道路命名（14个）：大牛坊路、连村三街、画眉山东路、龙潭街、馨悦路、馨悦中街、宏丰渠东路、皇后店南路（延长）、永泽南路（南延）、永嘉南路（南延）、永捷南路（南延）、馨悦北街、茉莉园北路、茉莉园南路。

建筑物命名（10个）：方恒时尚中心、荷清大厦、共享家园、金地华著雅苑、首创天阅嘉苑、五福玲珑居、香源四季府、中创芯中心、融汇大厦、华郡尚品家园。

（代韧　张帆）

---

① “多规合一”，并非指只有一个规划，而是指只有一个城市空间，在规划安排上互相统一，同时加强规划编制体系、规划标准体系、规划协调机制等方面的制度建设，强化规划的实施和管理，将国民经济和社会发展规划、城市总体规划、土地利用规划及旅游、水务、园林等规划中涉及的相同内容统一起来，并落实到一个共同的空间规划平台上，各规划的其他内容按相关专业要求各自补充完成，即为“多规合一”。

② “两线三区”，在北京市范围内划定城市增长边界和生态保护红线，将市域空间划分为生态保护红线区、集中建设区和限制建设区三大区域。

房地产开发及市政基础设施建设

【概况】 2016年，海淀区住房和城乡建设委员会（简称区住建委）树立“海淀区就是核心区、核心区就是海淀区”的工作定位，坚持创新、协调、绿色、开放、共享五大发展理念，以全国科技创新中心核心区建设为统领，聚焦“减人、添秤、服务”、城市规划建设管理、供给侧结构性改革、京津冀协同发展等决策部署，完成建设房管系统各项工作。

全区有施工现场419个，面积2263万平方米。其中，一般建筑工程371个，面积2217万平方米；地铁工程24个标段，面积39.5万平方米；市政工程24个，7.1万延长米。区住建委检查施工现场11100个次，责令整改隐患19560处，实施行政处罚412起，罚款210.67万元，处理劳务讨薪纠纷9起，涉及303余人，金额1948万元。区住建委主责的全社会固定资产项目共84项，年度计划投资170.7亿元，实际完成投资173亿元，占全区总投资额的19.9%，超额完成2.3亿元，完成率101.3%。

（徐建）

【北京昊海建设有限公司】 北京昊海建设有限公司是一家具有房屋建筑施工总承包一级资质、园林古建筑专业承包一级资质及部分专业承包资质的大型国有建筑施工企业。2016年，公司企业总资产8.68亿元；总负债7.02亿元，净资产（所有者权益）1.6572亿元（其中国有资产净资产1.6381亿元），国有资产保值增值率107.51%。利润总额1530万元，上缴税金及国有资本收益3153万元。

签订施工合同90个，累计新签合同额近10.4亿元。采购合同391个。

新开工5项工程：西北旺镇4－1－021地块集体土地租赁住房二标段（面积83641.52平方米，当年产值7769万元），生产车间（新建生产车间扩大产能）项目（面积12720.6平方米，当年产值2659万元）；福泰小学（辅设幼儿园，面积17979.8平方米，当年产值50万元）；中科院第三幼儿园抗震节能综合改造项目（面积3559.7平方米，当年产值20万元）；香堤小区1#、2#、3#，商业1#、商业2#楼（含桩基）工程（面积97035.42平方米，当年产值100万元）。

竣工4项工程：生产车间（新建生产车间扩大产能）项目（面积12720.6平方米，当年产值2659万元），万柳医院（面积23845平方米，总产值7578万元），93513部队综合楼工程（面积22258.68平方米，总产值5138万元），颐丰庄园住宅小区1#住宅楼等10项（面积33981平方米，总产值5465万元）。

昌平区东小口镇贺村中滩村组团A地块重点村旧村改造项目一标段工程通过2015年度北京市建筑（结构）长城杯金质奖工程及北京市安全文明工地验收。

（李建霞）

【北京海开房地产集团有限责任公司】 2016年，集团公司实现利润总额20360万元，同比增长325.81%，其中归属母公司所有的净利润9219万元，归属母公司净资产收益率11.2%，主营业务利润率22.51%。

北理工装修项目。完成建设模式论证，确定北理工装修方案及施工图设计，引入物业管理顾问公司，完成物业公司招标，制定工程接收方案及查验计划。

唐家岭创业园（盛景创业园）项目。完成T01地块地下70%建安工程，地上90%建安工程；完成T03地块地下80%建安工程，地上100%建安工程；室外工程完成雨水收集系统及2号化粪池的施工，完成大市政燃气外线工程前期手续的办理。完成42笔工程款项约1.46亿元的拨付。完成2016年度唐家岭200万元代建管理费的收取。

四川成都双流项目。经北交所挂牌网上竞价和场外行权后，海开股份公司所持成都海润置业有限公司51%的股权及全部债权转让给中民嘉业投资有限公司，成交价格7.59亿元。

凤凰岭土地一级开发整理代建项目。翠北道路西段项目交通规划设计、项目外大市政（水、电、燃气）方案通过审批。上水外管线建设费用纳入区政府投资，设施增容费用由供水企业自筹解决。燃气外线由燃气集团投资实施。项目内工作，重新办理项目通过审批；中国佛学院项目综合通过审批，9月20日奠基。

棚改项目。笑祖塔院“城中村”环境整治项目完成签约院数202个，拆迁户数252户。资金支出8.23亿元，其中拆迁户补偿款6.96亿元，非宅补偿款0.52亿元，其他投资支出0.75亿元。完成拆除面积16347平方米，其中住宅首层面积8800平方米，违建面积7547平方米。清理外来人口3500人。

（王智）

【北京海融达投资建设有限公司】 北京海融达投资建设有限公司是海淀区政府直接投资组建的国有独资企业，为海淀区基础设施、园林、水务等城市建设的投资主体。2016年，公司承担的建设项目160项，其中正式项目43项，储备项目117项。实现投资28.93亿元，其中征地拆迁14.94亿元、工程13.99亿元。完成住宅拆迁21个，非住宅拆迁25个，拆除房屋面积34198平方米，伐移树木58308株，迁移坟墓726个。完成9条次支道路建设，实现通车里程约8千米，完成道路大中修约3.3万平方米，实施园林绿化面积296.6万平方米。启动南沙河、崔家窑一期等5项水务工程。完成通信光缆改移95.64千米，新建通信管道0.47千米，新建电力管井0.3千米，完成电缆停发电7路。完成四环内外电源改造和1.38万余户的户内设备安装工作，基本实现地区年度“无煤化”目标。

新开工24个项目：五路居回迁安置房周边市政道路建设，知识产权法院周边道路改造，肖家河地区周边配套道路建设，北清路（北安河路—温阳路）污水管线建设，上庄路（黑龙潭路—上庄镇南一街）建设，玉泉山周边道路整治，西北旺南路（西北旺镇东路—友谊渠路）建设，香泉路（香泉四号停车场—香泉环岛）建设，树村路（农大南路—西北旺南路）建设9项市政项目；西北旺地区景观生态林建设，苏家坨地区景观生态林建设，温泉地区景观生态林建设，上庄地区景观生态林建设，西沙瑞和园代征地绿化工程，农大南路北侧绿地绿化工程6项园林项目；南沙河（稻香湖桥—上庄新闸）生态修复工程，宏丰渠生态治理工程，大寨渠生态治理工程，团结渠生态治理工程，崔家窑湿地生态治理工程（一期）5项水务项目；道路大修及路灯完善工程，交通疏堵改造工程及交通设施完善，颐和园周边慢行系统完善工程，魏公村示范区慢行系统完善工程4项市政道路大中修疏堵改造项目。

完工10个项目：韩家川地区污水治理及生态整治工程，西北旺南路道路工程，东北旺中路道路工程，天秀路道路工程，玉泉新村南一街道路工程，五路居回迁安置房周边市政道路工程，海淀区平原地区重点区域绿化造林工程——西北旺地区景观生态林建设，五路居中街道路工程，玉西路道路工程，翠湖南路（西六环路—京包高速公路）市政配套管线工程——调水管线。

（郭欣）

【韩家川地区污水治理及生态整治工程】 2015年10月开工建设，2016年3月完工。该工程是北京市“三年还清”污水治理重点项目之一。工程全长约2.4千米，管线管径1050毫米，东起黑龙潭路与亮甲店桥以西约260米处路南侧，西至颐阳山水居东区东侧无名路，其中自冷泉东路向东至起点560米，位于京密引水渠南侧的黑龙潭路范围内。由北京海融达投资建设有限公司负责建设，北京城建道桥建设集团有限公司施工，北京禹冰水利勘测规划设计有限公司设计，北京恒达诚信工程咨询有限公司监理。

（郭欣）

【东北旺中路道路工程】 2014年7月开工建设，2016年7月完工。东北旺中路南起马连洼北路，北至西北旺南路，全长807米，规划等级为城市支路，红线宽度25米，随道路工程同步实施雨水、污水、交通、照明、绿化等附属设施工程。由北京海融达投资建设有限公司负责建设，中城建第五工程局集团有限公司施工，北京市市政专业设计院股份公司设计，北京华建项目管理有限公司监理。

（郭欣）

【玉泉新村南一街道路工程】 2014年12月开工，2016年10月完工。玉泉新村南一街道路位于四季青玉泉地区，是配合王泉新村北坞嘉园南里小区（B地块）的市政道路工程。道路西起茶棚路，东至北坞嘉园东小街，全长469米，规划红线20米，道路等级为城市支路。随路同步实施排水、交通、照明等附属设施工程。由北京海融达投资建设有限公司负责建设，北京市隆城市政工程有限公司施工，中国市政工程东北设计研究总院有限公司设计，北京恒达诚信工程咨询有限公司监理。

（郭欣）

【天秀路道路工程】 3月开工，10月完工。天秀路道路工程位于肖家河地区，西起马连洼西路，东至肖家河西路，道路全长311米，红线宽35米，规划等级为城市次干路。随路同步实施排水、交通、绿化、照明等附属设施工程。由北京海融达投资建设有限公司负责建设，北京城乡建设集团有限责任公司施工，北京市市政专业设计院股份公司设计，北京正宏监理咨询有限公司监理。

（郭欣）

【五路居回迁安置房周边市政道路工程】 7月开工，11月完工。五路居回迁安置房周边道路包括板井村路、定慧寺东路、五路居东路及五路居站北路4条道路。其中，板井村路西起五路居西路路口以西137米，东至定慧寺东路，全长797米，道路规划为城市次干路，红线宽30米；定慧寺东路南起五路居南街，北至板井村路，全长810米，道路规划为城市次干路，红线宽30米；五路居东路南起五路居南街，北至善家坟南路，全长261米，道路规划为城市支路，红线宽20米；五路居站北路南起五路居南街，北至善家坟南路，全长237米，道路规划为城市支路，红线宽50米。总用地规模为69973.88平方米。由北京海融达投资建设有限公司负责建设，北京市时代市政工程有限公司施工，北京冠亚伟业民用建筑设计有限公司设计，北京中建协工程咨询有限公司监理。

（郭欣）

【西北旺地区景观生态林建设项目】 10月开工，11月完工。该项目建设地点位于西北旺镇唐家岭村唐家岭路两侧，共有4个地块，总面积46.27万平方米。项目建设内容包括绿化工程、庭院工程、灌溉工程。由北京海融达投资建设有限公司负责建设，北京市花木有限公司施工，中国城市规划设计研究院设计，北京铭正洋绿化工程监理有限责任公司监理。

（郭欣）

【五路居中街道路工程】 6月开工，12月完工。海淀区知识产权法院周边道路，位于北京市海淀区五路居地区，包括五路居中路、五路居中街两条市政道路，道路全长632.18米。其中，五路居中街西起五路居西路，东至五路居东路，全长323.96米，红线宽25米，设计速度为30千米/小时，为城市支路。道路横断面布置为一幅路形式，机非混行，车行道宽14米，布置一上一下两条机动车道，两侧各设置5.5米宽人行道（含树池）。项目建设内容包括道路工程、交通工程、照明工程、绿化工程、雨水工程、污水工程，同步实施道路红线范围内的现状物拆改移及房屋拆迁工程。项目完工后，知识产权法院周边市政基础设施条件得到改善。由北京海融达投资建设有限公司负责建设，北京通成达水务建设有限公司施工，北京冠亚伟业民用建筑设计有限公司设计，北京致远工程建设监理有限责任公司监理。

（郭欣）

【玉西路道路工程】 9月开工，12月完工。玉泉山周边道路整治工程包括玉西路、颐西路两条道路。其中，玉西路南起北坞嘉园北小街与北坞嘉园西小街交点，向北经万安东路，沿健壹景园与御林观光园地块边界线，经过正在设计施工的御香园西侧，沿玉泉山警卫处西墙，与现况玉泉山西侧路及玉泉山路相接，北侧终点接现况红门村路现况桥，道路全长2147米。项目建设内容包括道路、桥梁及道路附属工程（交通、照明），同时进行拆改移工程及占地拆迁工程。由北京海融达投资建设有限公司负责建设，北京市时代市政工程有限公司施工，北京市市政专业设计院股份公司设计，北京恒达诚信工程咨询有限公司监理。

（郭欣）

【翠湖南路市政配套管线工程】 2015年5月开工，2016年12月完工。翠湖南路（西六环路—京包高速公路）市政配套管线工程为市政配套管线工程，建设地点位于翠湖南路（西六环路—京包高速）。工程在翠湖东路下方敷设给水管线10907米、污水管线11897米、再生水管线12610米、污水调水管线5238米。其中，污水调水管线的实施，将是对未来整个海淀北部地区污水管网及污水处理厂布局的重大规划调整。调水管线仅为结合海淀区开发建设时序而建设的临时应急调水管线，以收集永丰及西北旺组团污水至稻香湖再生水厂集中处理，解决2个组团排水问题。由北京海融达投资建设有限公司负责建设，北京隆科兴非开挖工程股份有限公司、北京城建七建设工程有限公司、北京市常青市政工程有限公司施工，北京市市政工程设计研究总院有限公司设计，北京北咨工程管理有限公司监理。

（郭欣）

【房地产企业资质审核】 年内，区住建委对房地产企业暂定级资质核定16家，暂定级延续审核10家，暂定级升四级核定8家，四级资质重新核定52家。地区共有房地产开发企业319家，其中一级资质16家、二级资质22家、三级资质14家、四级资质160家、暂定资质107家。

（张杨）

【招标发包备案518项】 年内，区住建委办理招标备案和直接发包备案518项，投资总额348亿元。其中，招标备案479项，包括建安158项、装修75项、市政98项、监理148项；直接发包备案39项，包括施工直发包25项、监理直发包14项。

（张华勇）

【二级建造师初始认定】 年内，区住建委办事大厅办理二级建造师延期注册858项，变更注册1803项，初始注册668项，重新注册375项，增项注册30项，注销560项，遗失补办36项。安全“三类人员”证书延续办理5344人次，其中A本770人次、B本1654人次、C本2920人次。

（翟亚）

【办理116项施工许可】 年内，区住建委办理施工许可证116件，总投资141亿元，建设面积413万平方米。其中，房建工程57件，建设面积305.86万平方米；装修工程47件，建设面积107.28万平方米；市政工程12件，道路及各种综合管线总长1.53万米。

（张华勇）

【工程竣工验收备案112项】 年内，区住建委办理工程竣工备案项目112项，建筑单体396个。其中，房建76项，建筑面积305万平方米；装修27项，建筑面积25万平方米；市政工程9项，总投资8558万元。

（卞丽宏）

【商品住宅项目备案4项】 年内，区住建委完成商品建设方案备案4项，建筑面积11.37万平方米。配建配套公共服务设施：幼儿园2100平方米，社区卫生站350平方米，社区办公和服务用房1401平方米，文体活动站1802平方米。

（卞丽宏）

【办理安全生产许可证167件】 年内，区住建委办理安全生产许可证167件，其中准予许可130件、不予许可37件。首次申请25件，延期不审查108件，延期审查29件，重新核定5件。

（卞丽宏）

【新注册房建工程222项】 年内，全区新注册房建工程222项，建筑单体841个，面积640万平方米。其中，市政工程12项，建筑单体31个，总投资32968万元；验收竣工房建工程127项，面积457万平方米，市政工程7项，总投资23632万元。

（李辉）

【房地产开发建设】 年内，全区完成社会固定资产投资872.5亿元，同比增长0.2%，其中房地产开发投资271.7亿元、同比增长8.8%。住宅投资120.2亿元，同比下降18.2%。建筑业总产值1610.8亿元，同比下降2.4%，其中竣工产值600.3亿元、同比下降7.2%。建筑业房屋施工面积6913.4万平方米，同比下降34.2%。房地产业房屋施工面积1062.1万平方米，同比增长11.3%。其中，住宅512.8万平方米，同比增长10.2%；办公用房143.7万平方米，同比下降0.2%。房屋施工面积中：新开工面积196.5万平方米，同比下降2.1%；房地产业房屋竣工面积118.8万平方米，同比下降39%，其中住宅面积65.9万平方米，同比下降25.3%；办公用房面积4.7万平方米，同比下降84.8%。商品房销售面积61.2万平方米，同比下降13.6%；商品房销售额277.9亿元，同比增长10.3%。

（徐建）

【市政基础设施建设】 年内，海淀区完成或基本建成通车天秀路西延、东埠头中路、玉泉新村南一街、五路居地区市政道路等15条市政工程，新增城市道路里程约17千米。地铁16号线首开段（西苑—北安河）开通运营，新增里程20千米；地铁12号线、19号线一期部分场地进场施工；京张铁路2号、3号施工竖井进场施工，征地工作基本完成；推进有轨电车西郊线占地拆迁；地铁6号线西延除涉及环评影响的祥龙公交公司居民楼外，其余车站、区间进场施工。

（武东生）

【重点建设项目】 年内，全区重点建设项目117项，其中续建项目76项，计划新开工41项，全年实现新开工项目25项，重点项目共完成投资470亿元，完成年度计划的105.1%。

（武东生）

【绿色建筑标准建设】 年内，区住建委到北京合众思壮科技股份有限公司等企业进行绿色工作政策宣讲。与北部办、规划分局联合对北部中关村集成电路设计园南、北地块和中国气象科技园总部基地地块的绿色建筑确定星级标准。督促、引导C4、C5公租房，C2棚改安置房，北安河安置房等项目在做好绿色建筑的基础上，落实绿色社区相关技术指标。全年完成10个项目的绿色建筑设计方案预评审，建筑面积约125万平方米。其中，二星级8个项目，三星级2个项目。

（孙剑锋）

【建筑节能备案】 年内，区住建委办理建筑节能专项验收备案36项，收缴建筑节能与发展新型墙体材料专项基金（39项）2109.47万元，收缴散装水泥专项资金（39项）139.52万元。返退建筑节能与发展新型墙体材料专项基金（29项）1237.6万元，散装水泥专项资金（5项）8.1万元。

（孙剑锋）

【棚户区改造】 年内，海淀区棚户区改造和环境整治项目共完成7750户，超额完成调整后的棚改拆迁任务。其中，一亩园37户，京昌路楔形绿地127户，学院路北端89户，树村961户，城中村打包81户，笑祖塔院城中村环境整治项目122户，北京电影洗印录像技术厂北三环中路40号院危旧房改造项目130户，海淀区成府路160号院3号楼简易楼项目306户，北京市橡胶五金厂2号楼、3号楼、4号楼项目177户，海淀区阜成路8号院35~36号楼、工兵楼、服务楼、北楼、南楼项目283户，中国人民大学简易楼项目373户，西冉村项目200户，清河镇危改小区项目82户，西钓鱼台住宅危改小区项目75户，抗震加固项目4418户。

（吴雪松）

【征收拆迁】 年内，海淀区完成征收拆迁项目7个，住宅6023户（含棚改3678户），建筑面积70.7万平方米；非住宅128处、建筑面积58万平方米。

（高传辉）

公用事业和市政设施管理

【概况】 2016年，区市政市容委（海淀区交通委员会）直接管养城市道路612条，长度524千米，面积829万平方米。审批掘路许可57件，恢复占掘路面积20751平方米。处理道路违章案件73起。移交接养32条道路，长度约23千米，接养面积60万平方米。完成7条无灯道路的路灯安装。完成市、区督办项目“液化气下乡”工作，开户27553户，换气292834瓶。信息平台接纳信息载体为“12319”城市管理（首都环境建设）热线业务系统、城管指挥中心、非紧急救助中心、市长热线和24小时热线，处理报件3800件，全部及时处理和回复。

（张中静）

【道路养护】 年内，区市政市容委投入资金1450万元，对5条区属道路实施大修，大修面积约10万平方米。同时，结合春季、夏季、秋季季节性养护规律，完成清华西路、海淀公园路等27.69万平方米道路的中小修养护。

（张中静）

【道路应急保障】 年内，区市政市容委会同道路交通防汛相关单位、街镇梳理积滞水点位，梳理出易积水道路63条。区市政市容委养路队对所管辖的地下管线，特别是易积水道路的排水井、水篦子进行清掏。进入汛期后，道路巡查、抢险维修出动人员2500人次，出动巡查抢险车辆690台次。协调应急处置152起道路塌陷事件，维修路面1041平方米。

（张中静）

【户外广告整治】 年内，区市政市容委编制完成2016年户外广告和牌匾标识拆除任务台账，明确长安街、三四环路、中关村大街等重点地区违规广告和牌匾的拆除任务，共计上账点位77处108块。拆除广告牌匾61块、电子显示屏字幕机26块、灯杆广告12处。

（张中静）

【景观照明运行管理】 年内，区市政市容委在长安街、北四环等重点部位开展景观照明设施运维大修。开启景观照明设施134天，累计亮灯时间426小时。景观照明设施巡查出动人员417人次、320车次，巡查里程6000余千米。

（张中静）

【公益宣传设施管理】 年内，区市政市容委发布公益宣传画面16幅，更换画面104次，面积14316平方米。春节、“两会”和清明等节日期间，巡视31天，出动人员62人次、车辆31辆次。

（张中静）

【供暖工作】 截至年底，区市政市容委累计办理单位备案证273个、居住小区锅炉房备案证548个、公建锅炉房备案证26个、直燃机备案证3个、换热站备案证36个、水源热泵备案证1个。其中，新办理单位备案证2个、居住小区锅炉房备案证11个、换热站备案证3个。

（张中静）

【供暖燃气监管】 年内，区市政市容委对辖区的9个区属液化气站、10个市属液化气站以及辖区锅炉房的安全设施、安全管理、人员值班、工作人员入户安全检查等情况进行不定期的检查抽查。结合地区消防安全、安全生产等安全工作情况，区市政市容委联合各相关单位开展安全生产联合检查。

（张中静）

【占压管线整治】 年内，海淀区共有城镇燃气管道472处安全隐患，其中市级隐患67处、区级隐患405处。占压管道隐患整治工作是北京市重点督察项目，区市政市容委多次召开中央、市属、部队等驻区单位专题会，强力推进占压管道整治工作，完成市级台账7处、区级台账36处。

（张中静）

市容环境

【概况】 区城乡环境建设办公室负责海淀区市容环境综合整治工作。负责协调区城管执法监察局、环保局、国土分局、住房城乡建设委、房管局等单位的城市管理工作；综合协调街道、镇（乡）和有关部门承担的城市管理工作。组织对停放在停车场的175辆废旧机动车车牌号、车辆识别代码进行调查，建立车辆信息登记表，通过交管部门核实后，分类处理，并完成155辆车解体工作。完成市、区级重点以及实事折子任务——10条背街小巷环境建设项目。

（张中静）

【环境脏乱点整治】 年内，区城乡环境建设办公室重点抓好市级脏乱点台账的整治。开展环境整治月和夏季环境综合整治专项行动，整治环境脏乱点3621处。在为期3个月的夏季环境综合整治专项行动中，由区市政市容委、城管指挥中心、城管执法局组成联合检查组，重点对露天烧烤、“门前三包”、无照游商（摊群）、环境卫生及其他环境问题进行检查、督导，协调解决环境秩序和环境卫生问题3000余个。

（张中静）

【“门前三包”管理】 年内，区市政市容委加强“门前三包”管理制度建设和“门前三包”管理员队伍建设，各街镇组织机构基本建立，大多街镇“门前三包”“领导包片、干部包线、门责员包段、执法对接”责任制得到推广和落实。责任书签订率、门责员检查率、商户知晓率得到提高。每个街镇确定12条“门前三包”示范街，并进行全面督促和整改，地区“门前三包”工作得到推进。

（张中静）

【公共空间服务设施治理】 年内，区市政市容委牵头组织对辖区公共服务设施存在的问题进行排查，建立3800余件公共服务设施的治理台账。完成1883个公共服务设施问题整治，撤除回库违规和闲置报刊亭23个。根据市市政市容委城市道路空间设施二维码管理工作会议要求，按照市级指导、区级实施、权属配合、城管参与的模式，区市政市容委完成海淀区试点大街复兴路（木樨地—玉泉路）、中关村大街及其延长线（阜成路—北四环）上1460个公共服务设施二维码安装建设。

（张中静）

国土资源管理

【概况】 2016年，北京市国土资源局海淀分局（简称国土海淀分局）调整完善土地利用总体规划，部署开展永久基本农田工作。农田保护和违法占地查处通过国土资源部2015年度卫片执法检查验收。完成土地供应19宗，其中通过招拍挂方式供地13宗，土地收入203.12亿元，政府收益83.99亿元。不动产登记大厅受理登记业务12.6万余件，颁发不动产权利证书11万余本，代市财政收缴非税收收入1.8亿元。受理信息公开申请585件，接待信息公开咨询600余件次；处理信访件969件次；办理市、区人大代表建议和政协委员提案12件。完成区级关注课题“海淀北部地区城乡建设用地增减挂钩整体实施工作研究报告”，完成原市国土局部门课题“不动产登记办事大厅服务潜力研究——以北京市海淀区为例”。海淀区获得国土资源部“第三届国土资源节约集约模范区”称号。国土海淀分局被评为“北京市2013—2015年度国土资源管理先进集体”。

（牛立根）

【土地规划】 2月5日，国土海淀分局制定的《七王坟村土地整治功能单元规划（2010—2020年）》《两山片区景观提升土地整治功能单元规划（2014—2020年）》《海淀区土地整治功能单元划定方案与技术说明》《海淀区土地整治功能单元规划编制审批管理若干意见》得到市国土局批准，系列研究性成果于4月中旬通过终期评审验收。向市规划国土委上报《海淀区土地利用总体规划实施评价报告》。11月1日，全面启动永久基本农田划定工作。制定《海淀区永久基本农田划定工作方案》，并向市规划国土委、市农业局和市农委上报区、镇两级划定方案。

（牛立根）

【建设项目用地预审】 年内，国土海淀分局办理建设项目用地预审57件，函复用地意见35件。为永丰产业基地（新）C4、C5公租房，中关村西三旗科技园配套公租房及小学幼儿园项目因供地方式发生变化而重新出具用地预审意见，为4个平原造林项目出具函复意见。加强对棚户区改造项目的研究，捋顺在前期“四函”环节出具用地意见的内容和形式，为重点建设项目落地提供支撑。保障重点项目用地需求，完成中央党校西墙外土地一级开发项目、T10地块集体产业用地等7个项目土地规划动态维护，推进上庄路、上庄再生水厂、两园之间村庄棚改安置房等重点项目规划动态维护。

（牛立根）

【土地征占】 年内，国土海淀分局受理集体土地征收前期项目8件，拟征用集体土地面积54.78公顷，其中农用地38.17公顷，拟新增建设用地38.17公顷。取得征地批复的项目4件，批准征地面积38.83公顷，新增建设用地面积22.34公顷。办理征地结案13件，总用地面积323.38公顷，新增建设用地104.65公顷。对海淀区2008年—2014年的122个征地项目的批准文件、“一书四方案”、征地补偿协议、征地公示、征地公告和结案表6项内容进行核查，并在市国土局网站公开。

（牛立根）

【土地整理】 年内，国土海淀分局编制完成《2016年度海淀区北部地区城乡建设用地增减挂钩实施方案》，并经区政府审核通过。推进海淀区首个城乡建设用地增减挂钩项目，组织项目主体落实《翠湖科技园（新）A1地块城乡建设用地增减挂钩项目实施方案》编制工作，完成踏勘、选点布局、拆旧区土地复垦可行性研究和规划设计报告编制、可研评审等前期工作。推进苏家坨镇周家巷村土地复垦项目建设工作，完成项目规划设计专家评审，并取得海淀区政府规划设计及预算批复，完成施工招投标、工程监理单位、审计、土地重估及技术验收单位的抽选工作，并开始施工。开展《海淀区“十三五”土地整治规划》编制工作，完成规划编制技术单位招投标。开展土地综合整治项目整改工作，编制《海淀区土地综合整治项目整改工作实施方案》《海淀区唐家岭地区和北坞村土地综合整治项目整改及新增耕地核查报告》等成果，并经区政府审核通过。

（牛立根）

【耕地占补】 年内，海淀区耕地占补平衡比例达100%。国土海淀分局出具补充耕地方案6件，拟落实补充耕地指标30.30公顷，其中由海淀区自行解决耕地指标的项目5个，由市规划国土委统筹解决的项目1个。向市规划国土委缴纳耕地开垦费的项目2个，缴纳金额137.27万元，分别为北京海淀北部能源中心（燃气热电联产）项目和陕京三线输气管道工程北京段阀室工程（48号阀室）项目。

（牛立根）

【土地供应】 年内，海淀区土地供应分解指标152公顷，实际完成供地133.05公顷，其中商服用地12.55公顷，公共管理与公共服务用地15.58公顷，住宅用地86.53公顷，交通运输用地18.39公顷。供地项目包括小米移动互联网产业园、中科飞鸿军工项目研发运营中心等高新技术产业，中坞、树村、五路居回迁安置房等保障性安居工程，以及地铁4号线、6号线站点等公共基础设施。监管市规划国土委系统的项目用地139宗，监测上传数据172次；国土资源部系统的项目用地103宗，监测上传数据208次。

（牛立根）

【保障性住房用地供应】 年内，海淀区保障性安居工程用地任务指标为45公顷，共计3个项目。完成保障性安居工程供地项目2个，用地面积共计13.79公顷。

（牛立根）

【土地市场交易】 年内，国土海淀分局完成土地供应19宗，建设用地面积45.67公顷，建筑规模94.88万平方米，供地总价222亿元，完成供地总价指标的102%。其中，通过招拍挂方式供地13宗，土地面积31.77公顷，建筑规模63.4万平方米，土地收入203.12亿元，政府收益83.99亿元。

（牛立根）

【土地储备开发】 年内，海淀区在施土地一级开发项目54个，完成储备开发项目面积30.33公顷，建筑面积70.33万平方米；完成投资65.23亿元，完成计划投资比例65.22%。其中，北京市土地整理储备中心海淀区分中心投资20.23亿元，完成比例38.2%；社会企业（含储备中心为主体，企业带资实施项目）投资65.22亿元，完成比例138.59%，其中储备中心为主体，企业带资实施项目完成投资34.78亿元。完成收储项目共5个，总用地面积184.42公顷，总建筑面积163.44万平方米，总收储补偿价格92.26亿元。其中，清算入库4个，国有土地收购1个。实际回笼前期成本收入27.53亿元，完成收入预算总额的20.96%；实际支出总额29.05亿元，完成支出预算总额的18.18%。国土海淀分局通过与区财政局、涉及企业签订确权协议的方式，化解政府债务188.48亿元。

（牛立根）

【地籍管理】 年内，国土海淀分局完成海淀区村庄地籍调查试点，实地调查宗地265宗，其中宅基地124宗，面积6.58万平方米；集体建设用地141宗，土地面积13.82万平方米。完成土地权属审查170余件，调查处理宅基地纠纷案件2件，调查处理温泉邮政支局与北京老年医院土地权属争议。开展土地权属审查前的地籍调查工作，完成地籍调查50余件。调整地籍区（子区）界线与行政界线不一致的宗地165宗。完成2015年度土地利用变更调查工作。

2015年海淀区二地利用变化情况统计表

表22 单位：公顷

地类	年初面积	年末面积	年内减少面积	年内增加面积	净变化量
耕地	2031.15	2014.38	16.77	0	-16.77
园地	2557.20	2527.93	29.27	0	-29.27
林地	10440.92	10349.47	91.45	0	-91.45
草地	47.25	47.06	0.19	0	-0.19
城镇村及工矿用地	24316.59	24480.12	0	163.53	163.53
交通运输用地	1565.74	1559.35	8.38	1.99	-6.39
水域及水利设施用地	1678.26	1664.35	13.91	0	-13.91
其他土地	439.76	434.21	5.55	0	-5.55
总计	43076.87	43076.87	211.52	211.52	0

（牛立根）

【不动产登记】 年内，不动产登记大厅接待群众70余万人次，受理登记业务12.6万余件，同比增长近30%。实现新增入库档案13万余卷，受理社会查询5万余件，同比增长20%。颁发不动产权利证书11万余本，其中“不动产权证书”7万余本，“不动产登记证明”（抵押他项权证）4万余本，代市财政收缴非税收入近1.8亿元。办理预约业务29200余件，约占全中心业务的25%。开设过户专场8次，集中办理二手房过户1500余套。

（牛立根）

【土地执法监察】 年内，国土海淀分局立案154宗，其中下发处罚决定73宗，自行整改58宗。拆除违法建设7.43万平方米，恢复耕地2.3公顷（35.46亩），罚款1525.63万元。2015年，卫片执法检查问责比例为1%，履职到位率100%，整改到位率83%，通过考核验收。2016年一、二季度变更调查发现需查处的一般违法用地34宗，占地面积5.1公顷（76.55亩）；已拆除整改20宗，占地面积2.9公顷（44.8亩）。开展历史违法用地专项查处工作，全区2003年以来未处理到位的一般性违法用地67宗，占地面积34.1公顷（512.59亩）；已拆除整改38宗，占地面积14.6公顷（220.4亩）。完成19宗提前开工重点项目的处罚。清理西北旺镇违法“房车营地”。全年巡查800余次，下达《责令停止土地违法行为通知书》200余份。完成远程视频监控系统建设，共设置8处网络摄像机，实现基本农田监控覆盖率96.8%，耕地监控覆盖率87.6%。通过视频发现49起疑似违法用地线索，转交镇政府及国土所处理。

（牛立根）

【地质灾害防治】 年内，国土海淀分局排查34处突发地质灾害隐患点，制定地灾防治方案和应急避险转移疏散方案，发放地质灾害防灾明白卡。在分局外网增设“地质灾害防治”飘窗，开展防减灾宣传，组织针对性培训和应急演练。举办以“减少灾害风险 建设安全城市”为主题的地质灾害防治知识宣传活动。发布区级地质灾害气象风险预警7次，开展应急调查10次，汛期隐患巡查140人次，应急避险转移88人次。受强降雨影响，发生8处地质灾害，其中6处为新增地质灾害隐患点。

（牛立根）

房屋管理

【概况】 3月，海淀区房屋管理局（简称区房管局）正式受理市住建委下放的房产测绘成果审核工作。4月，区房管局原“负责辖区内的房屋登记工作职责，建立辖区内统一的房屋登记簿和房屋登记档案的动态管理职责”划转至北京市国土资源局海淀分局，区房管局增加“权限内直管公房行政管理监督职责”。区房管局所属事业单位14家，其中全额拨款事业单位13家，自收自支事业单位1家。

区房屋管理局全年受理保障性住房新申请家庭4350户，面向2144户家庭配售经济适用房，面向6241户家庭配售限价房，向199户家庭发放购房货币补贴，向2062户家庭发放市场化租赁补贴，面向6774户公租房备案家庭配租公租房。清理普通地下室251处，并推进规范管理。开展物业服务质量提升年活动。启动剩余290个共1400栋楼约997万平方米老旧小区自我服务管理。监测新建商品房和存量房交易市场动态。房屋全生命周期二期项目物业行业、经纪机构、房屋安全、普通地下室4个业务系统及移动执法端通过终验，正式运行，实现房管领域信息系统全覆盖和日常管理、检查、执法即时信息化。

（沈鑫）

【北京海房投资管理集团有限公司】 年内，北京市海淀区房屋土地经营管理中心（简称房地中心）转企改制，6月30日完成工商登记，成立北京海房投资管理有限公司。9月2日组建成立北京海房投资管理集团有限公司（简称集团公司），承接原房地中心及所属企事业单位的全部业务、人员和资产，注册资本5亿元。集团公司为国有独资有限责任公司，海淀区国资委一级监管企业。集团公司经营范围包括投资管理、资产管理、房地产开发、物业管理、供热、房地产中介咨询、机械设备租赁（不含汽车租赁）、会议服务和承办展览展示活动。将原房地中心下属10家单位整合为6家二级企业，分别为北京海房安泰置业有限公司、北京海房惠恒基投资管理有限公司、北京海房供热有限公司、北京海房物业管理有限公司、北京海测易达有限公司、北京海房金润房地产开发有限公司。

直管公房管理。完成167.19万平方米直管公房的维修维护、租金收缴、产权管理。审核通过租赁变更40件；协调处理涉及直管公房租赁行政诉讼9件次；开展房屋设备安全普查，核定大中修修缮项目；全年维修18500处；完成87部电梯及26处泵房的检查及日常维修保养，完成31部电梯大修、3部电梯更新、6处泵房改造；开展安全检查24次，举办演习6次，组织安全检查12次。

防汛工作。组建抢险队7支，保障防汛物资到位。5月26日，在管家岭举办房屋防汛演习，演习包括无线电对讲集结、危险木结构房屋加固、严重漏雨房屋苫盖及使用电泵、油泵、浮艇泵排除积水项目。6月28日，举办“地下室倒灌紧急疏散演习”。汛期未发生倒房、塌房事故，无人员财产受损情况。

供暖工作。完成2015年—2016年度供暖任务，海房供热公司管理锅炉房33处，供暖面积315.34万平方米。应急接管锅炉房3处（圆明园锅炉房、健翔园锅炉房、育英中学锅炉房），应急接管供暖面积15.37万平方米。接管新建16处相变储能式能源站。完成朗润园锅炉房BOT项目四方验收及资料移交，供暖期间，朗润园锅炉房满负荷运行。对30处锅炉房进行检修维护。完成知春里锅炉房“煤改气”工程中的后续改造及审计结算。二里庄锅炉房“煤改气”工程进入审计阶段。完成31处锅炉房的33台锅炉燃烧器的低氮改造、更换燃烧机头工程。

公租房筹集和管理工作。截至年

底，有散租公租房房源639套，其中在住房源342套。组织房屋产权人进行租赁合同续期工作。市场化模式筹集公租房整修项目和功能性修缮项目全部完工并通过验收，完成整修、功能性修缮项目房源860套。散租房源采用线上（即通过网络平台配租）面向保障家庭配租和线下面向符合条件的企事业配租两种方式，配出房源172套。

地下空间清理及拆违工作。完成经营使用的77处地下空间的人员清理、经营转型。拆除违法违章建设2979.6平方米，完成75处房屋清理、转型和关停工作，疏解人员2855人。

经营管理。审核出租房屋合同92件次。完成公用收费人防工程和公用人防车库收费工作。完成事业单位改革人员安置及社保衔接。办理非紧急救助案件634件，办理人大代表建议1件，化解信访积案2件。

（李天峰）

【住房补贴】 3月—6月，区房管局联合区财政局、区审计局、区人社局、北京市资金管理中心海淀管理部等部门组成检查组，在全区范围内开展住房补贴常态化管理检查，检查39家单位，发现错误50余处，涉及错发职工300余人，涉及错发金额近100万元，其中挽回多发金额近80万元，应发而未发致使职工利益受损的金额近20万元。全年为438家单位办理住房补贴审核及事项变更备案，涉及职工2098人，发放金额6771.3万元；自主择业转业干部住房补贴申请材料送审507人（份），审核通过备案456人（份）。

（赵会敏）

【普通地下室信息化管理】 7月1日，普通地下室动态监管系统上线试运行。该系统是海淀区全生命周期平台二期首个上线系统，能够实现共享、动态更新，通过信息化手段，推动落实区、街镇、社区三级监管机制，提升监管效率。截至年底，普通地下室动态监管基础数据模块中有普通地下室4497处，点位上图3709处；综合整治模块中，有普通地下室251处，填报账内综合整治数据151条，完成账内应填报总数的100%。按照已完成清理、已有可用监控设施、重点街道和重点区域三种标准相结合的方式，视频监控系统筛选出全区120处视频监控点位，涉及23个重点街镇。

（刘卓珊）

【全市首套房屋全生命周期管理系统建成】 年内，海淀区建成全市首套房屋全生命周期管理系统，实现“以房控业、以房管人”。房屋全生命周期管理系统整合了地理位置、进驻企业、物业、房屋安全等信息，可实现系统平台的产业布局分析、楼宇经济分析、区域经济分析、业态监控和调整等功能。截至年底，房屋全生命周期系统加载全区近100万套既有房屋的产权档案，覆盖已登记房屋建筑面积1.4亿平方米、房屋2.5万栋、物业项目1363个；建立全区行政底图、房管所、街镇、网格等管理图层，建设物业项目、经纪机构门店、普通地下室、房屋安全等业务图层。依靠该平台，房管、税务、规划、公安等与“房”有关的部门都可快速查询到所需的信息。

（沈鑫）

【保障性住房资格审核】 年内，区房管局受理保障性住房新申请家庭4350户，申请资格解锁3507户次，通过市级备案新申请家庭3208户，完成各类型保障性住房变更4488户次，完成轮候家庭资格终止2025户次。累计完成各类资格复核36931户次，其中复核限价商品住房申请家庭8803户次，公共租赁住房申请家庭4143户，廉租实物配租家庭年度复核496户，社会存量房源配租家庭资格审核398户次，意向登记自住房项目保障房家庭资格复核922户，公租房租赁合同到期家庭资格1206户，经适房、限价房轮候家庭单独申请购房补贴复核363户。此外，完成2.06万户经适房、限价房家庭集中资格复核，摸排出剩余7373户有效住房需求家庭（限价房家庭5111户、经适房家庭2262户），为后期房源配售提供支撑。

（史周青）

【保障性住房租金补贴】 年内，区房管局在市建委出台的补贴政策基础上，印发《关于提高海淀区公共租赁住房租金补贴标准的通知》《关于进一步提高海淀区市场化租赁补贴标准的通知》，加大对保障家庭特别是中低收入家庭的保障力度；印发《关于开展经济适用住房和限价商品住房备案家庭购房货币补贴工作的通知》，减轻经济适用住房、限价商品住房轮候家庭购买商品房经济负担。全年为苏家坨镇C02（同泽园西里）等24个公租房项目的2684户家庭发放公租房租金补贴3980.79万元，为2062户市场化租赁补贴的签约家庭发放租金补贴4224.8万元，为482户廉租住房租金补贴申请家庭发放32.8万元。为199户家庭发放购房货币4312万元。

（邹萍）

【保障性住房配租配售】 年内，区房管局完成海淀区第十三批公共租赁住房选房工作，提供房源2385套，选房配租934套；完成第九批限价商品住房摇号、选房工作，提供房源1335套，选房配售1322套；完成第十批限价商品住房购买意向登记、摇号、选房工作，提供房源3263套，选房配售568套；开展海淀区经济适用住房、限价商品住房统一摇号、选房工作，提供经济适用住房房源2243套、限价商品住房房源8683套，分别选房配售1826套、4351套；完成海淀区第十四批公共租赁住房意向登记、摇号、选房工作，提供房源1559套，选房配租1352套；配合市住建委完成首创悦榕汇自住房项目意向登记和选房工作，海淀区取得经济适用住房、限价商品房备案资格尚未配售家庭中，702户意向登记且复核通过的家庭选房445套。

（汪晓菲）

【公共租赁住房房源筹集】 年内，海淀区通过趸租北坞嘉园、紫金庄园、五福玲珑居富余回迁安置房，筹集房源549套，通过市场化模式筹集房源820套。

（魏新平）

【普通地下室清理整治】 年内，海淀区完成清理普通地下室251处，市级挂账普通地下室任务全部完成。为推进该项工作，区房管局成立普通地下空间使用监督管理办公室，专职负责普通地下空间三年（2015年—2017年）综合整治工作及规范使用监管工作。推动实现18个有清理任务的街镇对接率100%；26处区属企业散租普通地下室清理率100%；中央及市属单位产权普通地下室清理推进率100%；年度市级挂账151处督查点位普通地下室清理完成率100%。

（刘卓珊）

【物业管理】 年内，区房管局开展“规范物业服务，建设宜居社区”物业服务质量提升年活动。活动以“物业服务公开年”“物业服务质量和满意度双提升”“树立物业服务质量品牌”等为主题，以网格化工作为抓手，以属地街镇为单位，组织动员培训，提升物业服务质量。全年处理重大矛盾纠纷18件，成功化解11件，剩余7件均在稳控调解中。审批商品房住宅专项维修资金603件，审批金额11163万元，审减金额1796万元，受理物业企业资质审批37件。安全生产大检查出动9226人次，检查企业3621数次，整改隐患553项。完成物业行业安全生产标准化三级达标评审181家，超额完成46家。

（王新颖）

【老旧小区自我服务管理】 年内，区房管局推进全区老旧小区自我服务管理，在各街镇前期宣传培训、实地走访、入户调查、座谈交流等工作的基础上，完成剩余290个共1400栋楼约997万平方米老旧小区自我服务管理启动工作，173个小区、社区成立自管会。

（陈溪林）

【房地产经纪机构监管】 年内，区房管局办理房地产经纪机构总支备案45件，分支备案125件，发放经纪人员信息卡917张。推进海淀区房地产经纪行业协会完成社团备案登记，吸纳第一批会员单位32家。完成房地产经纪行业动态监管系统升级。

（吴琼）

【住宅类商品房屋租赁调研】 年内，海淀区开展住宅类商品房屋租赁规模调研。地区住宅房屋出租估算规模约15万套，估算出租率约20%～22%，其中中介出租占48.49%，非中介出租51.51%。根据地区主要中介机构数据分析，居间租赁（整租）占40.32%，租赁代理（合租）占59.68%。估算住宅房屋租住人口规模61.2万人～67.3万人；本市户籍占10.13%，外地户籍占87.62%，外国籍占2.25%。

（吴琼）

【群租房治理】 年内，区房管局监督房屋经纪机构拆除群租房517套。形成以及时处理群众举报投诉为牵动，以社区流管员巡查为主，物业企业、大型中介机构、群众举报为辅的群租房反弹发现机制，以街镇强制拆除为主、各职能部门联合施压为辅的群租房反弹快速治理机制。依托“趸租+补贴”的公租房政策，统筹租用反弹严重的整治腾退群租房作为公租房，趸租反弹严重的紫金庄园小区整治腾退群租房26套。

（吴琼）

【城镇房屋安全检查】 年内，区房管局检查房屋总面积9519万平方米（其中物业7814万平方米、自管1635万平方米、私房74万平方米），电梯16569部，二次供水水泵6285台，避雷系统23596个。检查城镇私房5119户49140间。建立城镇房屋安全台账。

（王曼）

【城镇房屋防汛工作】 年内，区房管局汛期检查平房1020间次、楼房1726幢次、院落积水33处次、房屋漏雨643间次，抢修苫盖17间，疏通排水24处。对危险房屋、老旧平房区域、物业管区域检查804处次，向自管房单位和个人发放消除房屋安全隐患通知书100余份。

（王曼）

【房屋安全动态监管系统建设】 年内，区房屋安全动态监管系统一期通过验收，房屋档案有房屋记录26699条，危房记录178条，实现危房台账与鉴定报告链接，房屋安全检查数据可以与平板电脑客户端检查同步更新。

（王曼）

【房屋安全鉴定】 年内，区房屋安全鉴定站出具鉴定报告475份、安全检查报表11份，发放《危房通知单》52份。获得新准则实施后的新版证书，且检测项目参数扩至16个。参编《房屋建筑修缮工程定案和施工质量验收规程》并通过专家评审。被北京建设工程质量检测和房屋建筑安全鉴定行业协会选举为副会长单位，负责编制北京市房屋安全管理事务中心及北京建设工程质量检测和房屋建筑安全鉴定行业协会《房屋安全鉴定机构评审表》，并参与评审。

（徐卫）

【房改售房备案】 年内，区房管局为208家单位出售公有住房备案，住房3818套，面积22.62万平方米。其中，涉及房改售房备案2851套，面积18.07万平方米；涉及房改调房备案967套，面积4.55万平方米。

（赵会敏）

【售后公房维修资金管理】 年内，区房管局监管售后公房售房款及公共维修资金交存208家单位，涉及资金34320万元。审核26家市属、区属的产权单位申请使用维修资金，涉及金额217.54万元，主要用于屋面防水、电梯维修改造、污水管改造和生活水箱改造等方面。通过开展联合检查、电话回访业主等方式监督维修资金使用情况，发现问题并责令整改。

（赵会敏）

【存量房屋交易监管】 年内，全区购房资格审核申请55999件，网签34777套，其中房管局政务服务大厅提供购房资格审核申请服务6633件，自行成交网签5716套，网签注销1122件，监管存量房交易资金395.86亿元。8月1日，区房管局承接房源核验业务，受理房源核验15600件。

（刘宇思）

【测绘成果备案】 年内，区房管局受理并办结初始测绘备案151件，变更测绘备案8件，总建筑面积2535871.32平方米，现场查看143次。为提高工作效率、降低风险，区房管局引入第三方测绘服务机制和疑难问题会商机制。

（曹晓玮）

【行政诉讼与复议】 年内，区房管局收到行政诉讼初审12件，二审、民事、强制执行9件，行政复议9件，共计30件，其中信访及信息公开7件，住房保障类7件，房屋安全类7件，不履责类4件，房屋登记类4件，行政执法类1件。已结案件的胜诉率为93%。

（刘雁文）

【房屋管理行政执法】 年内，区房管局执法检查总量2343次。行政处罚总量148件，涉案处罚金额126.45万元。巩固执法重心下移成果，实行“1+7”执法体系，1个执法大队统筹，7个执法分队依托7个房屋管理所按辖区开展执法，实现巡查、监管、执法、服务一体化。

（李金红）

【信访与信息公开】 年内，区房管局接待群众来访150批次371人次，其中集体访8批次192人次；局领导接访11批次58人次。受理群众来信798件次、海淀应急指挥平台应急案件和市建委便民热线市民投诉案件共39件。接收区级监管通知单406件、城市管理综合考核现场检查案件2951件。咨询投诉平台受理群众投诉案件19349次。受理依申请政府信息公开63件，通过外网向社会公布房管局政府信息公开情况报告，更改区房管局政府信息公开指南。报送信访维稳情报信息55期；报送应急快报2期；组织实施房管领域重点矛盾纠纷排查6次，排查上报重点矛盾纠纷13件次。开展并落实北京市网上信访信息系统信访案件及区长信箱案件录入与清理工作。

（高欢）

城管执法监察

【概况】 2016年，海淀区城市管理综合行政执法监察局（简称区城管执法监察局）围绕全国科技创新中心核心区建设，聚焦“减人、添秤、服务”三大任务，完善城市治理体系，推进城乡环境治理，加强环境秩序常态化、长效化管理，开展严厉打击违法用地违法建设、核心功能服务行动、大气污染防治行动、街面秩序净化行动等专项行动，查处各类违法行为11.13万起，罚款1880万元；拆除违法建设1265处311万平方米，通过拆违，疏解人口14.2万人，超额完成4.5万人的疏解任务，全区整体环境秩序得到改善。围绕突出创新城管执法工作、推进城管执法体制改革、治理大城市病和区域性痼疾顽症整治等重点，开展调研工作。8篇调研文章收入《北京市城市管理综合行政执法调研报告汇编》，其中2篇调研文章在市局评选中分获一等奖、三等奖。完成市局10个重点调研课题，区委，区政府研究室3个关注课题。

（乔东升）

【全国“两会”环境秩序保障】 3月初，全国“两会”期间，区城管执法监察局围绕6处代表委员驻地、1处新闻中心、30处途经道路及敏感地区，借助联勤联动平台，开展多频次违法行为专项整治，检查街区2120条次，规范“门前三包”4537家（次），查处无照经营、店外经营、非法小广告、霓虹灯断亮等违法行为1525起，消除安全隐患51起。

（乔东升）

【拆除违法建设311万平方米】 年内，区城管执法监察局将控违拆违工作作为疏解非首都功能、提升城乡环境品质的重要措施，推进严厉打击违法用地违法建设专项行动，落实属地管理，强化“1+2+N”拆违联动机制，拆除新生违法建设169处10.4万平方米，基本实现新生违法建设零增长；拆除西三旗清缘东里社区东小院、上地办公中心南侧、紫竹院三虎桥地区等一批影响重大、存在安全隐患的既存违法建设1096处300.6万平方米，疏解人口14.2万人，拆违和疏解人口任务均超过预期目标。通过拆违，促成新建道路3.03万平方米，腾出城市绿化用地、城市功能用地和高端产业用地152.1万平方米，疏解低端产业、腾出规划用地9.6万平方米，消除安全隐患103处。

（乔东升）

【大气污染防治行动】 年内，区城管执法监察局推进绿色施工管理模式，运用视频监控、高限处罚、限期整改、约谈通报、媒体曝光、企业信用计分等措施，加大对工地扬尘、渣土运输泄漏遗撒问题的查处和管理力度。应对空气重污染和大风扬尘预警天气，处置空气重污染预警16次，处置大风扬尘预警17次；空气重污染预警期间，落实应急预案，加强重点区域和点位检查，加大执法和管理力度。全年查处违规施工工地1988起，罚款750.3万元；查处违规运输车辆2033起，罚款193.1万元。

（乔东升）

【街面秩序治理行动】 年内，区城管执法监察局根据无照游商、店外经营、乱堆乱放、露天烧烤、非法大排档等违法行为特点，发挥“96310”城管热线等平台的作用，加强与属地街道、公安等职能部门的协调配合和联勤联动。夏季，组织开展“雷霆1号”专项执法行动，集中整治无照、露天烧烤和露天大排档等违法行为；秋季，组织开展“雷霆2号”专项执法行动，重点整治占道经营、乱堆乱放等问题。全年查处无照经营30488起，罚款278.26万元；查处露天烧烤7031起，罚款21.47万元；查处出租、小公共、人力三轮车等“黑车”非法运营2039起，罚款151.5万元；查处违反“门前三包”管理规定行为16815起，罚款77.95万元。

（乔东升）

【市容市貌靓丽行动】 年内，区城管执法监察局开展市容市貌靓丽行动，落实“清理、移交、训诫、处罚、打击、增建、宣传”7项工作措施，完善通信号码录入渠道及停机警示系统，治理非法小广告。非法小广告停机系统录入电话号码6961个，移送停机3424个，警示系统录入电话号码2647个，清掏非法小广告窝点34个，收缴非法小广告宣传品48万张，罚款94.83万元。排查违规户外广告、牌匾标识，对重点违规户外广告拆除实行挂销账，拆除大型违规户外广告73处107块，面积5738.32平方米；收缴违规广告牌13167块、条幅3666个，查处违规户外广告、牌匾标识、霓虹灯箱6203个，罚款15.28万元。

（乔东升）

【市政公用安全织网行动】 年内，区城管执法监察局开展市政公用安全织网行动，加强与职能部门的协调联动和信息共享，发挥社会监督、群众举报等渠道的作用，开展“安夏”餐厨垃圾专项整治行动，查处违反餐厨垃圾行为4109起，罚款83.07万元；查处蓝宝特幼儿园、蓟门桥东侧辅路等燃气安全隐患案件4497起，罚款35.15万元；查处违反公共停车场管理规定行为1277起，罚款11.81万元。

（乔东升）

【办理131件中央环保督察案件】 年内，中央环保督察组对海淀区的环保工作进行督察。区城管执法监察局完成所涉及的环保督察案件131件，其中主办55件、协办76件，主要涉及违法建设、露天焚烧、露天烧烤、环境脏乱、施工扬尘、渣土遗撒、饲养家禽等环境秩序类问题，案件量占全区案件总量的41.5%。

（乔东升）

【大型社会活动环境秩序保障】 年内，区城管执法监察局完成在首都体育馆、乐视体育生态中心举办的演唱会、体育比赛等大型社会活动外围环境秩序保障任务102场次，规范管理临时售卖疏导区商户3100余户，疏导劝离场馆周边摊商1680余个，依法查处无照游商340余起，服务场外观众7600余人次。

（乔东升）

【服务民生】 年内，区城管执法监察局接待来访群众108批次166人次，办结市（区）信访信息系统转办、市（区）长信箱、各级领导批办等信访件760件。受理"96310"城管热线案件63223件，同比下降0.51%，较常量下降3.5%，及时率99.98%，结案率94.02%；热线回访满意度反馈率89.51%，同比上升7.81个百分点，解决率97.94%，同比上升4.92个百分点，满意率为70.25%，同比上升10.27个百分点。受理区非紧急救助服务案件15767件，及时率、结案率均为100%；受理区网格化社会服务管理融合平台案件249916件，及时率98.01%，结案率99.99%；受理区指挥中心上报类案件10144件，及时率33.47%，结案率68.27%。

（乔东升）

【城市管理依法行政】 年内，区城管执法监察局完成2016年版行政处罚新文书更换工作。全年审核一般程序案卷4804件、简易程序案卷11308件；建立"双随机"抽查制度，杜绝执法扰民现象。创新取证手段，利用非现场执法方式对违规渣土运输车辆实施处罚。聘请2家律师事务所提供法律咨询服务，全年应诉行政复议案件26件，行政诉讼案件72起。

（乔东升）

【"公众城管"建设】 年内，区城管执法监察局围绕开展严厉打击违法用地违法建设专项行动、环境秩序整治和重大活动保障等，加大正面宣传力度，形成"声、屏、报、网"立体宣传格局，在市级主要平面媒体报道新闻稿件142条，在首都之窗等网站刊发新闻31条，在北京新闻广播等广播电台播发新闻423条，在北京电视台、区新闻中心《海淀新闻》《城管视点》等播出专题、新闻378条。开展"城市文明加油站"志愿服务活动，组织社会宣传活动1200次，参与志愿者3.2万人次，发放城管法规宣传品6万余份，服务市民和游客30万余人次。

（乔东升）

案例选辑

【行政处罚】 4月26日，区城管执法监察局东升镇执法监察队在海淀区双清路清华附小施工工地监控室检查监控录像时发现，4月6日0：40—1：40，北京惠民腾达机械施工有限公司三辆重型自卸货车运输土方时，其中两辆货车未采取任何防止物料遗撒措施，一辆货车苫盖不严。北京惠民腾达机械施工有限公司的行为违反《中华人民共和国大气污染防治法》第七十条第一款的规定，属于运输散装、流体物料车辆未采取密闭或者其他措施防止物料遗撒的行为。依据《中华人民共和国大气污染防治法》第一百一十六条的规定，区城管执法监察局于5月18日对北京惠民腾达机械施工有限公司处以罚款1万元。此案是海淀城管首次运用施工工地监控录像取证实施的非现场行政处罚。

（乔东升）

【未制定施工现场噪声污染防治管理制度被处罚】 4月28日，区城管执法监察局清河执法监察队在检查中发现，江油市科达建筑劳务有限责任公司在海淀区安宁庄路北口小米立业园内施工作业期间，未制定施工现场噪声污染防治管理制度。江油市科达建筑劳务有限责任公司的行为违反《北京市环境噪声污染防治办法》第十六条的规定，属于未制定施工现场噪声污染防治管理制度的行为。依据《北京市环境噪声污染防治办法》第三十八条的规定，区城管执法监察局于6月13日对江油市科达建筑劳务有限责任公司处以罚款1万元。此案是全市城管系统首例使用"未制定施工现场噪声污染防治管理制度"案由实施的行政处罚。

（乔东升）

【擅自进行勘探作业造成燃气泄漏被处罚】 6月3日，北京市地质工程勘察院施工人员在未与燃气经营者共同制定燃气设施保护方案的情况下，擅自在海淀区北三环蓟门桥东南侧辅路地铁12号线勘察02标项目作业现场进行钻探作业，将埋于地下1.2米深的燃气管线打穿，造成燃气泄漏。事件发生后，区城管执法监察局北太平庄执法监察队立即依法立案调查。北京市地质工程勘察院的行为违反《城镇燃气管理条例》第三十四条的规定，属于在燃气设施保护范围内擅自从事敷设管道、打桩、顶进、挖掘、钻探等可能影响燃气设施安全活动的行为。依据《城镇燃气管理条例》第五十条第一款第（四）项的规定，区城管执法监察局于6月28日对北京市地质工程勘察院处以罚款10万元。此案是全市城管系统首例使用"在燃气设施范围内擅自从事敷设管道、打桩、顶进、挖掘、钻探等可能影响燃气设施安全活动"案由实施的行政处罚。

（乔东升）

电力供应

【概况】 2016年，国网北京海淀供电公司（简称供电公司）负责海淀地区430.77平方千米范围内的电网规划建设、运行管理、电力销售和79.58万户客户的安全供电服务。负责10千伏架空线路228条，长度1712.8千米；10千伏电缆线路2202条，长度4099.1千米。供电公司全年完成供电量141.47亿千瓦时，同比增长5.32%；完成售电量132.62亿千瓦时，同比增长5.19%；累计线损率6.25%；实现利润5.59亿元。全年安全生产无事故，累计安全生产长周期3789天。深化“互联网＋电力营销服务”体系建设，推进“掌上电力”企业版、营配末端融合等APP上线运行，移动处理工单率达97.14%。开展爱心服务、公益活动203次，开展电力爱心教室及进校园活动82次，受益学生5600余人。

（乔飞）

【特殊供电任务】 年内，供电公司应对异常天气和突发事件，启动应急供电45次。度夏期间，地区电网负荷2次刷新历史纪录，达315.5万千瓦，较2015年同期增长8.2%，成功应对历史最大负荷的考验。推动政治供电常态化，完成“天宫二号”及“神舟十一号”载人飞行任务等政治供电保障任务127项，累计保电314天。未发生大面积停电事故，未发生六级及以上安全事件。

（乔飞）

【电网建设】 年内，供电公司累计开展110千伏及以上电网项目规划前期任务24项。配合开展220千伏输变电工程、调相机工程、电厂并网工程3项，推动落实北安河等变电站站址11项，签订《用地建设协议》3份，取得果庄子变电站等重大项目绿色审批通道的批复5项、地铁6号线西延电力隧道穿越工程等规划意见书6项、后屯110千伏输变电工程等立项核准5项。争取区政府电力配套专项资金2.8亿元，获得北京公司投资12.4亿元。经海淀区长办公专题会讨论通过配电网合作框架协议，每年电力配套专项资金提升至4亿元。年度开工110千伏变电容量200兆伏安，电缆19.21千米，投产110千伏变电容量200兆伏安，电缆20.1千米，重点工程建设任务年度开工、投产完成率达100%。

（乔飞）

【电力安全生产】 年内，供电公司巡检作业现场573个，实现生产作业现场巡检100%覆盖。查处违章问题70项，发出违章通知单41张。开展“反外力百日专项行动”，缩短巡视周期，输电通道外力故障同比下降75%。全年排查治理问题及隐患128项。

（乔飞）

【配网故障管控】 年内，供电公司持续提升配网设备精益化运维水平，完善人防、技防、联防管控措施，配网故障率同比下降50.37%，配网故障管控指数在北京公司排名第一。强化部门协同，实施技防监控，治理完成异常台区197台，治理完成率100%。

（乔飞）

【“煤改电”工程】 年内，供电公司累计完成19个村、10个街道共计12491户的“煤改电”任务。开展“煤改电”线路、台区隐患梳理排查，安装“煤改电”台区采集335个，实现数据实时监测、隐患逐项消除。

（乔飞）

【电能替代工作】 年内，供电公司推进充电设施建设，完成3座公交车充电站外电源建设，改造居民小区充电设施配套电源780个，新建充电站31座、充电桩488台，并全部接入车联网平台。贯彻“以电代煤、以电代油”战略，实现电能替代3.56亿千瓦时。

（乔飞）

【电力市场拓展】 年内，供电公司推动业扩报装线下流程向线上流程转型。主动对接中关村科学城、高新产业园区等重点项目，为国际关系学院、万泉小学、温泉镇人民政府等重点单位74个项目提供契约服务，涉及容量10.56万千伏安。完成高低压客户接电38070户，接电容量105万千伏安。

（乔飞）

【电费回收】 年内，供电公司收回陈欠电费165万元，追补电量218.36万千瓦时，追补电费及违约使用电费644.32万元，电费回收率达100%。

（乔飞）

环境保护

【概况】 2016年，区环保局以大气污染防治、水污染治理、污染物总量减排、环境风险防范为中心工作，完成年度各项约束性指标和重点任务，各类污染源得到有效管控。区域空气中细颗粒物（PM2.5）浓度同比下降10%；清河、京密引水渠、土城沟3个水质考核断面水质达到考核要求，长河断面水质提前达标；主要污染物二氧化硫、氮氧化物、化学需氧量和氨氮排放总量同比分别下降8.5%、3.55%、4.11%和2.6%。

（王东）

【316件中央环保督察案办结】 11月29日至12月30日，中央第一环保督察组对北京市开展环保督察。12月15日—17日，到海淀区开展环保督察。督察期间，海淀区接收并办结中央环保督察组交办群众举报案件316件，其中重点案件35件。通过办理，责令整改238家，立案处罚58家，罚款50.96万元。完成督察组6批次调阅资料的收集，累计整理上报资料700余份。

（王东）

【空气重污染红色预警启动】 12月16日20时，北京市空气重污染红色预警启动。全市达到重度及以上污染水平，持续到21日24时。16日晚，区领导到建筑工地、印刷厂、修理厂等重点企业以及重点区域检查空气重污染应对措施落实情况及安全生产工作执行情况。297家企业落实停、限产减排措施。区住建委部署区内395处施工场所落实洒水降尘、土方苫盖等扬尘污染防治措施。区园林绿化局、区水务局要求本行业施工工地严格落实停工要求。区内12家在册运输企业停止建筑垃圾运输。区环卫中心增派人次和专业清扫车辆，对区内112条重点道路集中开展保洁和洒水降尘作业。各中小学、幼儿园及校外教育机构“停课不停学”，利用网络平台和数字化资源开展自主学习；对家中无照看条件的学生，各学校安排专人监管，妥善照顾学习生活。区环保局出动环保执法人员60人次，累计检查施工工地、工业企业、饮食服务等80余家单位；会同公安交管部门实施路检、夜查，遥测道路机动车4133辆，入户检查公交场站、驾校、机动车检测场等单位用车214辆，查处超标车7辆；巡查加油站油气回收装置使用情况18家次；要求汽车维修企业停止打磨喷漆作业；严查超标车辆和重型柴油车。区城管执法监察局出动执法人员1179人、车辆447车次，查处无照经营、露天烧烤等违法行为128起。全区各单位在落实“公务用车在单双号停驶基础上，再停驶车辆总数的30%”的要求。海淀区全年完成6次蓝色、7次黄色、3次橙色和1次红色空气重污染应急保障工作。

（王东　钟冷）

【大气污染防治】 年内，区环保局牵头制定《海淀区大气污染防治强化措施（2016—2017年）实施方案》，完成四环路内63家企事业单位燃煤锅炉改造治理，检查各类机动车97万辆，淘汰老旧车5.82万辆，调整退出8家高污染企业，组织368家燃气锅炉单位实施低氮技术改造，削减挥发性有机物236吨。海淀区细颗粒物（PM2.5）年均浓度值为72微克/立方米，同比下降10%；二氧化硫年均浓度值为11微克/立方米，同比下降27.6%；二氧化氮年均浓度值为58微克/立方米，同比上升3.4%；可吸入颗粒物年均浓度值为87微克/立方米，同比下降15.5%；降尘量为10.8吨/平方千米。

（王东）

【水污染防治】 年内，区环保局联合区水务局编制《海淀区水污染防治工作方案》《北京市海淀区水源保护区突发环境事件应急预案》《北京市海淀区各镇河道水体断面水质评定细则（试行）》，开展饮用水水源地环保规范化建设，实施加油站防渗漏改造，调查北部地区企事业单位污水排放情况，建立污水转运联单管理制度。针对苏家坨等6个镇实施河道水质考评，全面强化属地水污染防治工作的责任落实。全年实际监测河流10条段，监测总长度79千米，其中达标河段为7条段，占监测总长度的72.9%，同比上升11.2%；河流主要污染物指标为氨氮、总磷、化学需氧量，属于有机污染型。监测湖泊6个，水域面积427万平方米，其中达标湖泊2个，达标总面积占监测水域面积的52.2%；湖泊主要污染物指标为化学需氧量和总磷，水质营养状态处于中营养或轻度富营养，湖泊水环境质量保持稳定。

2016年海淀区河流水质状况一览表

表23

水体名称	规划水质类别	现状水质类别	达标状况	2015年水质类别
京密引水渠	Ⅱ类	Ⅱ类	达标	Ⅱ类
昆玉河	Ⅲ类	Ⅲ类	达标	Ⅲ类
长河	Ⅲ类	Ⅱ类	达标	Ⅲ类
土城沟	Ⅳ类	Ⅲ类	达标	Ⅳ类
清河上段	Ⅳ类	Ⅳ类	达标	劣Ⅴ1类
永引上段	Ⅲ类	劣Ⅴ1	未达标	Ⅳ类
南沙河	Ⅳ类	劣Ⅴ3类	未达标	劣Ⅴ3类
清河下段	Ⅴ类	Ⅴ类	达标	劣Ⅴ2类
小月河	Ⅳ类	Ⅴ类	未达标	Ⅳ类

2016年海淀区湖泊水质状况一览表

表24

湖泊名称	规划水质类别	水质类别	达标状况
昆明湖	Ⅲ类	Ⅲ类	达标
八一湖	Ⅲ类	Ⅳ类	未达标
团城湖	Ⅱ类	Ⅱ类	达标
玉渊潭湖	Ⅲ类	Ⅴ类	未达标
圆明园湖	Ⅲ类	Ⅴ类	未达标
紫竹院湖	Ⅲ类	Ⅴ类	未达标

（王东）

【环境噪声监测】 年内，建成区区域声环境质量稳定达标。海淀建成区内有噪声网格测点136个，达标网格数111个，达标率81.6%；区域环境噪声平均值为53.3分贝（A），达到国家55分贝的限值要求。建成区道路交通噪声环境质量稳定达标。海淀建成区交通噪声监测路段60条，达标路段47条，达标率78.3%；道路交通噪声平均值为69.2分贝，比2016年降低0.7分贝，声环境质量保持稳定。

（王东）

【污染物减排】 年内，区环保局围绕结构调整、工程治理和监督管理三大领域，淘汰退出4家规模化畜禽养殖场，推进无煤化、燃气（油）锅炉低氮改造以及老旧机动车淘汰，强化对全区5家污水处理厂和32家村级污水处理站的巡查监管。全区主要污染物排放总量持续削减，二氧化硫、氮氧化物、化学需氧量和氨氮排放量分别为2239吨、10771吨、3644吨和285吨，同比下降8.5%、3.55%、4.11%和2.6%，超额完成市政府下达的年度减排任务。

（王东）

【环境安全监管】 年内，区环保局重点开展环境安全隐患排查专项行动，对辖区52家涉源单位、448家射线装置单位、3家辐照装置单位进行监管。对180家实验室实施分级管理，完成环境激素类化学品生产使用情况调查和使用持久性有机物企业、消耗臭氧层物质企业专项检查。加大对涉汞企业的日常监管力度。辖区生态环境安全稳定，未发生环境安全事故。

（王东）

【环境执法监管】 年内，区环保局在全区范围内开展“大气污染执法年”以及对北部地区涉水企业排查等专项执法行动，落实“双随机”抽查机制。检查固定源单位3000余家次，查处环境违法案件166起、超标排放机动车500余辆，罚款金额526万元。对5家单位的违法排污设施实施查封，征收排污费3200余万元。

（王东）

【环境准入】 年内，区环保局严格环境准入门槛，严格执行总量控制前置审批制度和全市新增产业禁限目录，全年共审批建设项目884个，其中报告书类9个、报告表类267个、登记表类608个；验收470个；否定236个不符合海淀区功能定位等问题的新建项目。设置“绿色通道”，对全区重点项目进行快速审批，优化环保审批办事流程，减免企业提交材料和检测等中间环节，为企业节省办事时间。

（王东）

【环保宣传】 年内，区环保局通过“海淀环保”政务微信公众号，发布空气质量、工作动态、绿色生活小贴士等信息180余篇。中央电视台、人民网、北京电视台、《北京日报》、《北京晚报》、《海淀报》等媒体报道地区环保工作70余次。开展以“推动绿色发展 共建美丽海淀”为主题的“六五环境日”宣传活动，深入街道社区和驻区企业开展普法宣传教育。开展全区中小学生环保演讲比赛，地区选送的选手在全市中小学生环保演讲比赛中获得优秀奖。

（王东）

园林绿化

【概况】 2016年，海淀区投入8.03亿元，完成绿化建设499.14公顷，其中新增绿化面积136.36公顷，绿化改造面积362.78公顷。造林绿化298.44公顷，其中新增林地88.02公顷，改造林地210.42公顷；城区完成绿化建设200.7公顷，其中新增绿地48.34公顷，改造绿地152.36公顷；新植树木1.67万株、草坪18.87万平方米。全区森林覆盖率35.78%，林木绿化率40.68%，绿地率48.75%，城市绿化覆盖率52.17%，人均绿地面积35.26平方米，人均公园绿地12.73平方米（人均绿地、人均公园绿地均按2016年年末常住人口计算）。

2016年，海淀区4家单位被评为“首都全民义务植树先进单位”，3家单位被评为“首都绿化美化先进单位”，3家单位被评为“首都绿化美化花园式社区”，7家单位被评为“首都绿化美化花园式单位”。

（张梦菲 孙博 刘鹏）

【北京市西山试验林场】 北京市西山试验林场（简称西山林场）地跨海淀、石景山和门头沟3个行政区，直属北京市园林绿化局（首都绿化委员会办公室），为生态公益型国有林场，下设8家林业单位。

2016年，西山林场推进森林培育和管护，加快产业发展，推动西山国家森林公园建设。

生态体系建设 森林管护项目。申报资金1068.07万元，主要用于卧佛寺分场和魏家村分场开展中幼林抚育557.33公顷，完成2068.70公顷的侧柏双条杉天牛防治。

森林抚育工程。完成2015年森林抚育任务，作业总面积2000公顷。完成2016年度森林抚育项目的作业设计工作并报北京市园林绿化局林场处审批。

京津风沙源治理二期工程2014年—2015年度低效林改造项目200公顷，涉及魏家村分场和卧佛寺分场10个小班，完成间伐140公顷，修枝整形173.33公顷，定株120公顷，割灌120公顷，补植34.20公顷，栽植苗木8250株，人工促进天然更新200公顷。

2015年项目京津风沙源治理二期工程低效林改造200公顷，封山育林333.33公顷。完成间伐176.2公顷，修枝整形200公顷，定株23.8公顷，补植140.20公顷，人工促进天然更新200公顷，播种1200公斤，栽植阔叶苗木18029株。启动2016年项目京津风沙源治理二期工程前期准备工作。

2016年，西山林场重点公益林管护面积为5900公顷，主要工作包括造林及林木抚育、森林防火、森林病虫害防治、林政资源管理等项目工作。

第八批国家农业综合标准化示范区项目收尾。对标准综合体中各项标准进行示范，示范面积16.67公顷。

森林经营样板基地建设项目。开展样板林监测样地调查，对每个样地的乔灌草以及土壤结构及养分进行调查。

完成西山林场生物多样性科学考察

项目。该项目于2013年启动，共调查样地169块。2016年，完成《北京市西山试验林场生物多样性科学考察报告》及《北京西山植物图谱》的撰写。

古树名木保护工作。对修建围栏的古树“双槐”进行复壮。

产业体系建设 森林旅游产业。全年接待游客200万人次，接待旅游团体600余个。对公园辖区内113.33公顷林地进行抚育改造。开展第五届踏青节、第三届牡丹文化节、第五届红叶节、第四届百姓森林合唱大赛活动；举办摄影大赛、森林音乐会、名家艺术作品展、征文比赛等活动；以无名英雄纪念广场为主体，开展“缅怀英雄事迹，追寻英雄脚步”红色旅游活动；开展“走进森林 感知文化”、植树、认养树木、树木养护、森林经营作业等森林文化体验活动；以国际赛事TNF100带动，推广山地越野、森林定向运动、徒步登山等项目。

园林绿化产业。北京丹青园林绿化公司参与投标项目30余项，中标工程11项。承接设计业务20余项，其中参与设计投标7项，中标1项。公司施工的“东郊森林公园二期工程一标段”被北京市园林绿化行业协会评为优质工程，“第三届绿博会北京园工程”分别被北京市园林绿化行业协会和中国绿化博览会组委会评为优质工程。

生物防治产业。周氏啮小蜂生产21亿只，管氏肿腿蜂生产473万只，瓢虫生产56万只，赤眼蜂销售5000万只，平腹小蜂生产销售200万只。西山林场编制的北京市地方标准《生物防治产品应用技术规程——大唼蜡甲》获得批准并于8月实施。申报中央财政林业科技推广示范资金项目——“红脂大小蠹生物防治技术在北京地区的示范与推广”项目，并通过审批。“北京市重要林果病虫害生防产品产业化关键技术研究与应用”项目获北京市农业技术推广奖一等奖。

文物保护产业。向海淀区文委申报法华寺、方昭、圆昭、广泉寺等不可移动文物18处，申请北法海寺2017年安技防项目。

林木有害生物防控。在美国白蛾疫点周边释放周氏啮小蜂2.1亿只。进行有害生物油松毛虫、双条杉天牛的重点监测，冬季普查油松面积2400公顷，油松毛虫发生面积197.30公顷，虫口密度未达到防治指标的要求；普查侧柏3212.87公顷，双条杉天牛发生面积571.9公顷。

（夏梦琪）

【全民义务植树】 3月19日，组织开展以“保护发展森林，共享绿水青山”为主题的“国际森林日”植树纪念活动，世界自然保护联盟、联合国粮农组织、国际竹藤组织、联合国环境规划署等国际组织代表，韩国、英国、美国、越南、印度尼西亚、加蓬等国驻华使馆代表及中央、北京市、海淀区有关部门的干部职工200余人参加植树纪念活动，在园外园生态景观提升工程二期中坞片区植树800余株。3月31日，组织开展海淀区政协成立35周年义务植树活动，区政协领导、委员和机关干部百余人在园外园生态景观提升工程二期中坞片区种植树木500株。在长春健身园、马甸公园、玲珑公园、元大都土城遗址公园等开展树木认养活动，市民200余人次参加，认养古树4株、树木300株。组织街镇开展群众性创建活动，创建花园式社区3个、花园式单位7家。组织西三旗街道、八里庄街道开展市花月季进社区活动，栽植月季4万株。组织三街坊社区开展乡土植物进社区活动，改造绿地16910平方米。4月2日，海淀区开展以“服务保障核心功能、建设和谐宜居之都”为主题的首都第32个义务植树日植树活动，区四套班子领导和区机关、企事业单位及社会团体200余人在园外园生态景观提升工程二期环玉泉山片区参加义务植树活动，种植油松、桧柏、栾树、西府海棠、白蜡等树木1000余株；各街镇分别开展义务植树和绿化美化活动；区属单位参加属地街镇组织的植树日活动。当日，全区参加植树人数13.22万人，植树9.83万余株，挖坑9.89万个，动土8.18万立方米，养护树木77.55万株，清扫绿地522.6万平方米，设宣传咨询点274个，出动宣传车77辆，发放宣传材料17.87万份，出动绿色小信使0.44万人，悬挂宣传标语669幅。

（王旸 张梦菲）

【西冉城市生态公园景观工程】 位于海淀区西冉村内，工程面积116505平方米，造价2530万元，建设内容包括绿化、土建、亮丽、灌溉工程。工程于2015年12月开工，2016年5月竣工，种植乔木2815株、灌木3503株、草坪59446平方米、草花2031平方米。

（张玲）

【东北旺科技研发楼代征绿地绿化工程】 位于上地西路西侧、东北旺科技研发楼西侧，工程面积13660平方米，造价441万元，建设内容包括绿化、土建、亮丽、灌溉工程。工程于2015年12月开工，2016年5月竣工，种植乔木702株、灌木11375株、草坪8728.5平方米、草花11817株。

（张玲）

【羊坊店西路（南段）绿化工程】 位于羊坊店西路，北起铁医路与羊坊店西路的交叉路口，南至莲花池东路，西邻什坊院1号院，东到北京世纪坛医院。工程面积5710平方米，造价147.64万元，建设内容包括绿化、土建、喷灌工程。工程于2016年3月29日开工，6月2日竣工，种植乔木469株、灌木27442株、草坪3373平方米。

（张玲）

【缘溪堂西侧绿化工程】 北起玉渊潭公园，南至玉渊潭南路，西邻西三环，东到缘溪堂小区。项目总面积4400平方米，造价154.9万元，建设内容包括绿化、庭院、灌溉、照明工程。工程于2016年3月10日开工，6月10日竣工，种植乔木97株、灌木1147株、草坪2218.8平方米、草花767平方米。

（张玲）

【北转河北侧绿地绿化工程】 位于文慧园路志强南园小区南侧，工程面积1387平方米，造价59.89万元，建设内容包括绿化、土建、喷灌、照明工程。工程于2015年10月8日开工，2016年7月1日竣工，种植乔木43株、灌木1104株、草坪500平方米、草花508株。

（张玲）

【园外园生态环境提升四海片区工程】 位于海淀区四海桥西北角，总面积约9公顷，造价3736.21万元，建设内容包括绿化、土建、喷灌、照明工程。工程于2015年11月10日开工，2016年7月1日竣工，栽植乔木2652株、灌木1791株。

（张玲）

【苏家坨镇经济适用房C03代征绿地绿化工程】 总面积2.1万平方米，造价500万元，建设内容包括绿化、土建、亮丽、灌溉工程。工程于3月开工，7月竣工，共种植乔木1170株、灌木2365株、草坪13571平方米、草花3516平方米。

（张玲）

【“十三五”园林绿化行动计划印发】 8月19日，海淀区园林绿化局印发《北京市海淀区“十三五”园林绿化行动计划》（简称《计划》）。《计划》明确推进“生态、科技、景观、民生”四大体系建设，打造“一轴、两心、三带、多廊”的生态格局，全面构建山、水、林、田、湖融合发展的生态体系；到2020年，全区绿色空间结构及布局更趋合理，森林覆盖率达35.78%，林木绿化率达41.08%，城市绿化覆盖率达53%，公园绿地500米服务半径覆盖率达90%，城市人均公共绿地面积达13平方米。“一轴”指中关村科创绿轴，“两心”是打造北部生态绿心、“三山五园”历史文化核心；“三带”是构建山区森林涵养带、浅山生态游憩带、平原城市景观文化带；“多廊”是形成京密引水渠、京新—京藏高速、五环路、六环路、北清路、阜成—阜石路、长安街延长线（海淀段）等沿线绿带为骨架的绿色廊道。

（赵雨霏）

【四季青主干道绿化改造工程】 位于西四环四季青桥至车道沟桥之间。工程总造价324.55万元，建设内容包括南北两侧的行道树更换及道牙拆除修复。工程于5月17日开工，8月26日竣工验收，种植乔木383株。

（张玲）

【门头村代征绿地绿化工程】 位于香山南路与香山清琴别墅之间，工程面积32511平方米，造价995万元，建设内容包括绿化、土建、亮丽、灌溉工程。工程于2015年12月开工，2016年8月完工，种植乔木976株、灌木9258株、草坪16202平方米、草花2229平方米。

（张玲）

【圆明园西墙外绿地改造工程】 位于圆明园西路、万泉河快速路东侧。工程总面积7744平方米，造价267.03万元，建设内容包括绿化、土建、喷灌工程。工程于2015年11月4日开工，2016年9月29日竣工，种植乔木554株、灌木3584株、草坪6728平方米。

（张玲）

【苏家坨镇经济适用房C02代征绿地绿化工程】 总面积5.14万平方米，造价1200万元，建设内容包括绿化、土建、亮丽、灌溉工程。工程于4月开工，9月竣工，共种植乔木1253株、草坪1100平方米、草花6500平方米。

（张玲）

【后厂村B-3代征绿地绿化工程】 位于西北旺镇政府东侧，北邻景和园小区，南至后厂村路，东接西北旺一街，西到西北旺二街。工程总面积4230平方米，造价93.58万元，建设内容包括绿化、喷灌工程。工程于3月25日开工，10月12日竣工，种植乔木210株、灌木2961株、草坪2510平方米、草花1080株。

（张玲）

【北坞公园东北侧沟渠整治工程】 面积0.55公顷，其中绿化面积3500平方米，造价147.03万元，建设内容包括绿化、土建工程。工程于5月17日开工，11月15日竣工，栽植乔木110株、灌木259株、地被花卉45平方米、草坪3000平方米。

（张玲）

【燕清源代征绿地绿化景观工程】 位于燕清源小区西北侧，东邻清河翠谷绿地农产品市场，西至规划道路，南邻现状道路，北至城中村。工程总面积4322.5平方米，造价166.02万元，建设内容包括绿化、土建、喷灌和照明工程。工程于2015年9月30日开工，2016年11月20日竣工，种植乔木161株、灌木3309株、草坪1786平方米、草花2144株。

（张玲）

【园外园生态环境提升两山片区工程】 位于玉泉山和颐和园之间，东起颐和园西围墙，南至金河路，西北紧邻玉泉山路。工程面积72.7公顷，造价1.89亿元。工程于2015年3月开工，2016年11月竣工，种植乔灌木3.51万株、草坪地被45万平方米。

（张玲）

【田村山南路南侧绿地改造工程】 位于田村山南路南侧，全长1145米，绿地总面积13768平方米，造价217.21万元，建设内容包括绿化、喷灌工程。工程于2015年12月1日开工，2016年12月31日竣工，种植乔木285株、灌木51090株、草坪6668.4平方米。

（张玲）

【公园绿地建设】 年内，海淀区实施文化建园战略，推行“养护精细化、服务人性化、活动品牌化”管理，从绿化美化、园容卫生、设施管理、公园服务、安全秩序、制度建设6个方面加大行业管理力度，完善导览图等服务引导牌示、无障碍设施，公园服务功能提升。注册区属公园35家，面积1006.25公顷，其中市级精品公园19家；车道沟公园、荷清园公园和中华世纪坛公园被评为北京市第十三批精品公园；区属公园风景区游人量达2730.87万人次。新建改造公园绿地14处109.36公顷，其中园外园生态景观提升工程两山片区绿地72.7公顷，园外园生态环境提升工程四海片区绿地9公顷，苏家坨镇经济适用房C02代征绿地5.14公顷，苏家坨镇经济适用房C03代征绿地2.1公顷，西冉城市生态公园11.65公顷，门头村代征绿地3.25公顷，东北旺科技研发楼代征绿地1.37公顷，田村山南路南侧绿地1.38公顷，圆明园西墙外绿地0.77公顷，北转河北侧绿地0.14公顷，缘溪堂西侧绿地0.44公顷，羊坊店西路南段绿地0.57公顷，燕清源代征绿地0.43公顷，后厂村B-3代征绿地0.42公顷。

（王旸 张玲）

【“四个一”绿化美化工程】 年内，海淀区继续实施街镇“四个一”绿化美化工程（各街镇每年重点打造一处公共绿地、一处道路绿地、一处立体绿化和一处居住区绿化工程），新建改造上地街道信息路、北太平庄街道北转河北侧公园、八里庄街道五福玲珑居住小区、琨御府屋顶绿化等绿地55.44公顷，其中道路绿地23.73公顷、公共绿地22.75公顷、居住区绿地6.96公顷、立体绿化2万平方米。

（王旸）

【平原地区重点绿化工程】 年内，海淀区完成西北旺镇、苏家坨镇、温泉镇、上庄镇平原地区重点绿化工程总面积298.44公顷，其中新增88.02公顷，改造210.42公顷；种植油松、国槐、元宝枫、白蜡、洋槐等苗木11万余株，其中落乔8.3万余株、常绿2.8万余株、亚乔木0.7万余株。工程总投资41754.77万元，其中西北旺镇11420.39万元、苏家坨镇16287.93万元、温泉镇5796.15万元、上庄镇8250.30万元。

（刘鹏）

【森林健康经营示范工程】 年内，海淀区完成苏家坨镇七王坟村和草厂村山区生态公益林健康森林经营项目200万平方米，其中割灌16.54万余平方米，间伐0.385万株，修枝0.93万株，扩堰1.97万穴，补植元宝枫、五角枫、白蜡2万余株，修建作业道7500延长米。

（刘鹏）

【生态林管护】 年内，海淀区纳入集体生态林补偿机制政策林地面积7008.46公顷，其中一级林地132.27公顷、二级林地1331.21公顷、三级林地1592.93公顷、四级林地1377.79公顷、五级林地2574.56公顷。拨付各镇生态林地补偿机制政策资金23646.1万元，其中东升镇1418.3万元、海淀镇944.8万元、四季青镇7615.2万元、西北旺镇1633.4万元、温泉镇2903.2万元、上庄镇1982万元、苏家坨镇5832.1万元、国有林地养护资金1317.1万元。完成生态林修剪抚育3000公顷，补植各类苗木2万余株，病虫害防治面积3333公顷。完成高速公路两侧200公顷生态林地的枯死树及杂草清理、林木保洁、补植补造、树干涂白、有害生物防治。清理拉拉秧杂草垃圾3500余吨、枯死树5000余株、干枝3万余株。

（刘鹏　刘君）

【农村街坊路绿化】 年内，海淀区纳入农村街坊路管理绿地涉及7个镇53个村，面积119万平方米。开展各镇自查及农村五项基础设施检查组抽查，完成街坊路绿化实际管护情况评定，并依照管护情况评定结果，拨付区级管护资金143.6万余元。

（刘君）

【重大活动花卉布置】 年内，区园林绿化局实施花卉布置常态化管理，以节日景观和重大活动环境保障为重点，采取时令花卉和宿根花卉相结合的形式，投资1897万元，在玉泉山、万寿路、复兴路、中关村、颐和园等重点区域和重点道路桥区布置花卉工程7.2万平方米，其中地栽花卉种植面积4.46万余平方米，栽种天竺葵、非洲凤仙、毛地黄、木茼蒿、大花金鸡菊、蓝花鼠尾草、无性矮牵牛、各类角堇等50余个品种花卉200余万株；花钵花卉布置11处，种植面积1.04万平方米，摆放波浪形花钵、三箱一体花钵、箱式花钵和木质组合花钵4种共6478组；花钵外花卉种植面积1.71万平方米。参展2016世界月季洲际大会暨第十四届世界古老月季大会、第七届中国月季展和第八届北京月季文化节，海淀展园获室外造景展特等奖。

（张玲）

【森林防火】 年内，海淀区落实森林防火行政首长负责制和区域管护责任制，从区森林防火指挥部，到镇、街、林场、村和有林单位，层层签订森林防火责任书1万余份。投资300万元维修山区防火路；投资90万元对18座防火瞭望塔进行维修；投资80万元对16座防火检查站进行维修；投资70万元购置森林消防物资器材。在重点森林防火期，组织凤凰岭公安消防中队、苏家坨专业森林消防队、北林大专业森林消防队、凤凰岭公园半专业扑火队和地方科技公司等单位，在凤凰岭开展无人机助力护林防火实战演练活动，实际演练无人机日常林区巡护、林区内遇险人员搜救、涉林违法取证、森林火情发现并指挥扑救等科目。加强与森警部队、区公安消防支队的协调联动和协同，实现森警机动支队50名官兵驻防北林大林场；与毗邻的石景山区、门头沟区、昌平区森林防火主管部门加强协调沟通，在邻区交界处发生火情时实行联动联战。2016防火年度发布橙色预警7次30天，全年无火情火警。组织开展森林防火隔离带“五清”活动（以清坟头、清林边、清地边、清路边、清隔离带内可燃物为主要内容的森林防火“五清”专项行动），割除隔离带和清理林下易燃物120公顷；组织巡逻检查千余次，检查单位150家，下发隐患通知书50余份，全部得到整改；依法查处违章用火并教育210人。在重点景区、关键部位以及林地内布设森林防火宣传碑（牌）、条幅、展板、自动语音宣传杆等，提醒游人。开展森林资源保护、森林防火知识等培训14次，培训人员7000余人次；举办防火宣传活动6次，印发宣传手册5万份，发放宣传袋1.2万个，设立宣传碑（牌）210块，制作宣传横幅220条，受教育群众达15万余人次。2016防火年度无森林火灾、无人员伤亡。海淀区森林防火指挥部被评为北京市森林防火工作先进单位。

（朱禄）

【林木有害生物防控】 年内，海淀区共有林木有害生物市级监测测报站1个、美国白蛾诱芯监测点1500个、杀虫灯监测点500个，设置其他林木有害生物监测诱捕器280套。开展3次以美国白蛾为主的林木有害生物普防工作，喷施药剂21.2吨，累计防控面积1.03万公顷；开展3次飞机防治工作，累计飞防面积1.33万公顷，实现对五环外山区生态林、平原片林、苗圃等林地的预防性防治，较好控制美国白蛾由城区向农村地区和山区的传播。释放异色瓢虫30万头、周氏啮小蜂1.2亿只，在15个镇街（林场、绿化队）、178个社区（公园、道路）监测到美国白蛾成虫840只，巡查到幼虫危害树木142株、网幕265处。

（刘君）

【林政执法】 年内，区园林绿化局接报警情109起，其中涉林警情49起、野保警情31起、火情报警16起、救助8起、非管辖5起。办理涉林行政案件10起，结案10起，罚款93.47万元，责令恢复林地原状面积3.31万平方米，补种树木18株。办理涉林刑事案件2起，依法刑事拘留犯罪嫌疑人7人，挽回经济损失500余万元，责令补种树木1248株。开展野生动物经营场所专项检查，清查花鸟市场、集贸市场43处，检查摊位81个。开展清查花鸟鱼虫市场专项行动，清查花鸟市场、集贸市场12处，检查摊位30个；收缴粘网800余米，成功救助国家二级野生鸟类大紫绯胸鹦鹉1只，收缴辖区内个人非法持有禁用猎枪2支。开展种植毒品原植物踏查，检查林区非法种植毒品原植物情况，多渠道、全方位开展禁毒宣传。

（朱禄）

【林政行政】 年内，区园林绿化局行政审批窗口受理行政许可件589个，发放许可证577个，接待咨询人员1976人。审批林木伐移135件、树木伐移167件，并对45件林木（树木）采伐申请进行方案优化，建议不伐或者减少采伐量，通过优化设计保留林木（树木）3600余株。审核批复征占用林地（含临时占用）12项，市园林绿化局批复绿地占用（含临时占用）22项。完成绿地率审核49项。受理并核发林木种子生产经营许可证19个。签发“产地检疫合格证”5个，检疫苗木、花灌木1.3万株。开具检疫要求书19份。

（傅文涛 刘君）

【公共绿地审查】 年内，海淀区园林绿化局审查橡树湾、馨瑞家园、富力桃园北侧代征地、长安街延长线（海淀段）、苏家坨镇七王坟村景观提升规划等公共绿地、道路绿化、河道绿化和村庄环境提升等规划设计方案30项，涉及面积232公顷。

（赵雨霏）

【代征绿地收缴】 年内，区园林绿化局收缴永丰基地一期、永丰基地三期、温泉镇太舟坞安置房项目等17处代征绿地303376平方米；签订代征绿地移交意向书3份，面积345431平方米；取得丰贤中路南侧、丰贤东路北侧、永嘉北路西侧等13项代征绿地的“国有土地使用证’，完成代征绿地土地确权128805.71平方米。

（赵雨霏）

【野生动植物保护】 年内，区园林绿化局开展古树名木保护管理培训，与各街镇签订古树名木保护管理责任书；指导街镇与辖区古树产权单位签订责任书。举办“爱鸟周”暨“野生动物保护月”宣传活动，发放宣传资料3000余份。落实野生动物疫源疫病监测日报制度，全区5个监测点共监测鸟类80余万只，未发现疫情。

（傅文涛）

【集体林权制度改革】 年内，海淀区按照《北京市人民政府关于建立山区生态公益林促进发展机制的通知》要求，拨付给苏家坨镇、西北旺镇、温泉镇、四季青镇山区生态公益林促进发展机制资金123.97万元，其中市财政资金20.66万元，区财政（支林资金）103.31万元。完成四季青镇、西北旺镇、苏家坨镇、温泉镇3443.53公顷山区生态公益林的综合保险，投入保险金9.3万元，总保险金额6198万余元；投入40万元建成配备无人机3架及GPS系统、视觉定位系统、手持操作系统、图像输出系统等设备的山区生态林无人机监测系统，实现对全区复杂地形林地的全方位立体式监测。

（傅文涛）

【森林资源清查】 年内，海淀区完成第九次全国森林资源连续清查海淀区资源清查工作。区园林绿化局委托北京富普兰林业咨询有限公司开展调查，完成清查样地101个。经国家林业局检查，样地调查质量均符合要求，海淀区被评定为优秀。

（傅文涛）

【种苗产业】 年内，全区有苗木生产经营企业46家，全部为个体苗圃，育苗面积392.26公顷，实际育苗面积265.05公顷，新育面积10.5公顷；苗木总产量314.78万株，其中针叶树121.96万株、阔叶树88.52万株、花灌木104.3万株。

（刘君）

环境卫生

【概况】 区市政市容委负责海淀区环境卫生的组织管理和监督检查工作。归口管理海淀区环卫服务中心并综合协调各街道、乡镇开展环境卫生工作。海淀区环卫服务中心（简称区环卫中心）有基层单位13家，职工4056人，其中正式职工1149人，编外职工2907人。

区环卫中心清扫保洁道路186条、立交桥44座、地下通道32座、过街天桥160座，道路总长度为390.66千米，面积1543.4万平方米，绿地保洁面积397.42万平方米，机扫面积809.61万平方米，机扫率达92%。道路清洗面积773.4万平方米，车行道道路冲刷面积719.17万平方米，步道冲刷面积83.11万平方米。区环卫中心产权公厕有561座，其中二类以上公共卫生间304座，达标公厕210座，三类公厕47座；粪便作业量41.61万吨，粪便集中处理率达100%。清运垃圾102.63万吨（含厨余垃圾1.51万吨、餐厨垃圾0.41万吨、保洁土0.94万吨），垃圾密闭化运输率和无害化处理率均为100%。清理乱倒垃圾渣土21次，清理垃圾渣土840余吨。完成14座位于四环内的公厕和垃圾楼“煤改电”工作。推广“吸、冲、刷、收”保洁作业新工艺，主要道路清扫保洁新工艺作业覆盖率达95%。试点推进背街小巷机械化作业，发展小型环卫作业机械，降低环卫工人的劳动强度。开展30个小区垃圾分类创新模式试点建设工作，“厨余垃圾收运处理监管系统”平台投入试运行。

（张中静 姜艳玲）

【北京绿海能环保有限责任公司】 北京绿海能环保有限责任公司是海淀区国资委监管的国有企业，负责北京市海淀区循环经济产业园再生能源发电厂和厨余垃圾处理厂项目建设。

北京市海淀区循环经济产业园再生能源发电厂位于苏家坨镇大工村，年内完成项目综合楼、主控室、焚烧车间、废水处理车间、电子配电间、化学水制备间、汽机房、卸料大厅、垃圾池、烟气净化区、压缩空气站、电子汽车衡、综合水泵房等五方工程验收。项目被评为2016年度北京市建筑（结构）长城杯金质奖工程。取得国网北京电力公司调度控制中心《北京电网基建改建扩建设备投入运行批准书》、华北电力建设工程质量监督中心站《电力工程质量监督检查并网通知书》。10月25日，项目整套启动调试，开始接收海淀区生活垃圾。10月29日，3号锅炉点火。11月1日，2号汽轮发电机组首次并网一次成功。11月5日，3号锅炉首次投产成功。11月20日，2号锅炉投产成功，每日焚烧垃圾达1800吨，产生的电能并入华北电网。12月30日，2号焚烧线通过72+24小时满负荷性能验收。

北京市海淀区循环经济产业园厨余垃圾处理厂位于苏家坨镇大工村地区，总建设面积4993平方米，总投资13580万元。日处理餐厨垃圾400吨（其中餐饮垃圾200吨、厨余垃圾200吨），年产腐植酸约5.55万吨。建设内容主要包括分选输送系统、微生物高温好氧发酵系统、后处理系统。经招投标确定北京嘉博文生物科技有限公司为设备供货单位，湖北省工业建筑集团有限公司为施工单位。5月19日，厨余垃圾处理厂启动建设。年内，完成厂房基础和设备基础开挖、房屋建筑结构及设备基础施工、钢屋架、行车梁、屋面施工、厂房二次结构施工、厂房内外装修、厂区附属建筑、卸料大厅施工及厂区地面硬化等工程；完成24台生化机、10千伏配电高压开关盘柜、产出物输送系统、卸料分选及输送系统、油水分离系统、工艺管道及电缆等安装。

（丁尧）

【垃圾消纳终端调整】 5月10日，区环卫中心将五路居转运站部分垃圾压缩分流至门头沟鲁家山垃圾焚烧厂，截至年底，转运垃圾3014车次、65452吨。10月25日起，区环卫中心将五路居转运站部分垃圾转运至大工村垃圾焚烧厂，截至年底，转运垃圾2354车次、50843吨。11月24日，五路居转运站停止向六里屯填埋场转运垃圾，全部转运到大工村焚烧厂。12月9日起，区环卫中心五队、转运站开始向大工村焚烧厂直销垃圾，截至年底，清运756车次、4090吨。

（姜艳玲）

【环境应急保障】 年内，区环卫中心完成重大活动及赛事以及重大节日期间的突击环境保障60余次。开展夏季防汛工作9次。清理道路遗撒和乱倒乱卸渣土21次，清理840余吨垃圾渣土。组织扫雪铲冰6次，出动道路除雪作业9900余人次，多功能除雪车、融雪车等作业车辆900车次，撒布器19台次，步道除雪设备120台次，其他设备8400余台次。

（姜艳玲）

【重污染天气环境保障】 年内，在出现重污染天气时，区环卫中心及时启动应急预案，在常规作业基础上，增加道路保洁作业一遍次。针对冬季干燥，中心隔离带下污染物、浮土较大的特点，对重点道路开展清洗和冲刷作业，降低路面浮土和污染物残留，减少交通扬尘污染。重点关注道路二次扬尘污染，加强路面遗撒渣土、污染物的清理，减少其停留时间。加强对城市道路路面检查，保证重点区域及其周边沿线道路、重要地区和城市主干道的干净整洁。全年累计空气重污染应急响应29天，出动各类环卫道路作业车辆4205车次，道路作业人员113100人次，开展各类检查2465次，出动各类检查人员3770人次。

（姜艳玲）

【环卫科学作业体系规范编制】 年内，区环卫中心针对环境卫生道路作业体系、垃圾清运体系、公厕管理体系和粪便清运体系的不同作业，着手编制各体系的作业规范。整个体系有四大类12项，2016年完成《海淀区环境卫生服务中心扫雪铲冰作业工艺规范》《海淀区环卫中心公共厕所工艺规范》及《海淀区环卫中心密闭式清洁站工艺规范》等体系规范。

（姜艳玲）

【密闭式不锈钢集装箱取得专利】 年内，区环卫中心自主研发的密闭式不锈钢集装箱取得4项国家级实用性专利，进入制作阶段。该密闭式不锈钢集装箱在实用性、美观性和耐久性等方面优于市场现有箱体，将大量应用于环卫作业。

（姜艳玲）

【厨余垃圾清运】 年内，区环卫中心餐厨垃圾清运新增33家餐饮单位，其中16家为区直属机关单位，17家为社会餐饮单位，负责清运餐厨垃圾站32座，清运餐厨垃圾2135车次，清运量4064吨。清运垃圾分类示范小区634个，清运厨余垃圾站628座，清运厨余垃圾5638车次、15096吨。

（姜艳玲）

【环境建设项目】 年内，海淀区以服务全国科技创新中心核心区建设为主线，重点实施长安街延长线景观提升，开展马甸和二街坊两个重点区域环境整体提升，整治肖家河社区等16处城乡接合部和美丽园东侧路等10条背街小巷环境，创建上地四街等4条市区达标大街。

（张中静）

【城市清洁周活动】 年内，海淀区组织开展主题为“整治优美迎新春”“整治优美迎五一”的清洁周活动，两次活动累计参加12.5人次，清理垃圾2784吨，清除小广告95328张。

（张中静）

【垃圾收运系统建设】 年内，北外密闭式清洁站和板井路密闭式清洁站机械化分类试点完成建设并投入运行。大工村再生能源发电厂进入系统调试和试运行。大工村餐厨厨余垃圾处理厂完成主体工程建设和设备安装。大工村建筑垃圾循环利用综合处置项目完成建设投资和运营合作人的招标，取得项目规划选址意见书，办理土地预审相关手续，项目可研报告报区发改委评审。六里屯再生资源预处理中心启动立项前期论证。宝山综合处理厂进入选址阶段。

（张中静）

【建筑垃圾运输管理】 年内，海淀区在册施工工地426处，其中307处工地办理建筑垃圾消纳行政许可，全年核发工地建筑垃圾消纳许可386件，许可办理率72.1%。多部门联合开展建筑垃圾运输检查126次，查处典型建筑垃圾违规运输工地30余处。

（张中静）

水务

【概况】 2016年，海淀区水务工作以“美丽海淀、生态水务”为主线，树立生态治水理念，实现生态水务和精细水务管理，完成水环境综合治理、水资源统筹管理和安全度汛三大任务。全区用水总量为3.31亿立方米，其中自来水2.15亿立方米、自备井0.92亿立方米、环境用水0.24亿立方米。万元生产总值水耗为6.58立方米，同比下降4.8%，完成市政府下达给海淀区的年度用水总量不突破3.64亿立方米目标值和万元生产总值水耗同比下降4%的目标。

（李慧强）

【水务投资】 年内，海淀区推进水务项目31项，包括军福沟排蓄工程、前柳林河治理工程、后柳林河治理工程、南沙河下游清淤工程及东小口沟分洪渠共5项第三、四阶段中小河道治理项目，南沙河流域污水治理三期工程、南沙河下游生态修复工程等10项水环境工程，翠湖再生水厂升级改造、上庄再生水厂（一期）建设工程等再生水利用项目6项，五一渠综合治理工程、闵庄路以北地区雨洪疏导工程、西冉砂石坑雨水调蓄区工程等水利工程及防洪项目9项，地下水监测工程1项。总投资31.9亿元，年内完成投资8.97亿元。

（李慧强）

【全面推行“河长制”】 年内，根据《北京市实施河湖生态环境管理“河长制”工作方案》要求，区水务局进一步完善《海淀区关于落实〈北京市实施河湖生态环境管理“河长制”工作方案〉的实施方案》及评分标准，开展河湖管护体制机制创新精细化管理平台建设、水域岸线登记及河湖保洁设备研制项目，联合区财政局、区农委、区环保局、区园林绿化局对“河长制”工作落实情况进行双月检查。海淀区河湖生态环境管理“河长”信息公示表于12月在区水务局网站上公示。12月8日，北京市水务局邀请20家媒体联合采访海淀区落实“河长制”工作的相关情况。12月13日，区长于军在全国河长制电视电话会上代表北京市作题为《落实管理主体责任 努力改善河湖水环境》的典型发言。

（李慧强）

【河道生态治理】 年内，海淀区第三、四阶段中小河道治理工程涉及5条河渠，治理总长19.2千米。由区水务局和东升镇、四季青镇、苏家坨镇分别作为项目建设单位推进实施，基本完成南沙河下游清淤工程，组织实施前柳林河、后柳林河治理工程和开展军福沟排蓄工程、东小口沟（海淀段）分洪渠工程施工前准备工作。

（李慧强）

【再生水厂建设】 年内，稻香湖再生水厂通水试运行，并完成外围配套工程设计招标、调水泵站设计招标、监理和施工招标资格预审等工作。启动上庄再生水厂建设，一期工程占地约1.2公顷，设计处理规模1.2万吨/日，项目采用全地埋式建筑形式；同步启动水厂外围配套工程的前期工作。实施19处北部地区污水处理站升级改造工程，总处理规模由7650立方米/日提高到12010立方米/日，完成16座污水处理场站的升级改造工作。

（李慧强）

【截污工程】 年内，区水务局会同市排水集团完成河北村、龚村等16个城乡接合部村庄污水收集处理。南沙河、北沙河、宏丰渠、团结渠、团结渠支渠、五一渠、崔家窑水库7条黑臭水体完成截污，其中南沙河、北沙河完成黑臭段的清淤任务。南沙河流域污水治理工程铺设临时截污管线45千米。其中，一期工程基本完工，铺设污水管线15千米；二期工程铺设管线13千米；三期工程铺设管线17千米。区水务局配合海融达公司完成翠湖南路污水和调水管线工程。

（李慧强）

【水资源管理】 全区平均水资源总量1.61亿立方米，其中地下水资源量1.40亿立方米。2016年，区水务局建立覆盖全区的用水指标管理体系，对3000家单位下达计划用水指标14895万立方米，并实行单月预警和双月考核制度。完成36处自备井置换工作。将环卫、绿化等行业的用水情况纳入计划管理，控制高尔夫球场、洗浴、洗车等特殊用水行业和高耗水行业。收取水资源费2104万元。与相关执法部门联合执法，开展城市排水许可、洗车业、工地临时用水许可、非法凿井等专项治理活动。开展水政执法调查，处理水事违法案件400余起，形成案卷数74起，罚款133.55万元。

（李慧强）

【水库移民核定登记】 年内，区水务局完成海淀区大中型水库农村移民及农转非移民的核定登记。新增农村移民1人，减少6人，登记在册农业户口移民164人，涉及7个镇的73个村，发放扶持资金9.84万元。新增农转非移民25人，减少68人，登记在册非农业户口移民582人，补发2015年漏报2人，发放移民扶持资金32.7万元。

（李慧强）

【河湖管理】 年内，区水务局通过生态补水、循环及曝气设备运行维护、生物制剂投加、水生植物种植等措施，保障南沙河、万泉河、北长河、金河等河道有水运行的时间和水体质量。蓄水运行156天，引水184万立方米。完成维修养护北旱河、金河、万泉河、周家巷沟、玉河橡胶坝工作桥等水工建筑物。每年定期对区管及镇管河道进行一次全覆盖、无死角的检查，分析汇总各镇水环境管理工作的亮点和薄弱环节，并对各镇水环境管理工作进行日常考核评分。组织5次“河长制”联合检查工作及检查考核总结评价会。召开10次“河长制”管理例会，总结日常监督考核工作情况。

（李慧强）

【排水和再生水监管】 年内，北部地区38座污水处理厂（站）共处理污水2136.33万立方米，同比增长5.6%，实现COD（化学需氧量）削减量3285吨，氨氮削减量800吨，产生脱水污泥9051吨，污泥含水率80%。完成市局下达的再生水利用任务3003万立方米，所有再生水主要用于河道补给、工业用水、市政杂用等。区水务局与区环保局联合各镇政府对海淀北部地区入河排污口情况进行全面摸排，对个别排污情况进行详细梳理，分析原因，逐一制订工作措施和方案。对常乐村、西玉河、大牛房、前沙涧、苏一二、双塔村、上庄小区南不能直接纳入污水管线的村庄，安装7座临时污水处理设施，总处理规模0.92万立方米/日。完成19个污水处理站升级改造，设施运行正常，出水水质达标。

（李慧强）

【防汛】 年内，全区累计降雨量739.4毫米，高于多年平均557.5毫米，同比增加32.6%。汛期发生强对流降雨过程40次，降雨量556.1毫米。汛期启动集中指挥8次，同市防汛办、区应急办及街镇视频会商50次，出动备勤人员21万人次。完善“三级”应急保障制度，组建抢险队177支1.1万余人；对河道、水库、闸坝等水利工程进行全面排查和消隐，组织各排水设施主责单位对排水管网进行排查和清掏，排查疏通排水管线1700千米。

（李慧强）

【涉水行政审批】 年内，区水务局办理行政许可审批81件，其中包括建设项目水影响评价审查39件，临时用水指标审批25件，配套节水设施竣工验收4件，排水许可证核发4件，水土保持设施竣工验收2件，取水许可1件，更新机井5件，河湖管理和保护范围内建设项目及有关活动审批1件。

（李慧强）

气象

【概况】 2016年，区气象局全面启动突发事件预警信息发布系统项目建设，气象观测台（站）基础设施建设项目开工建设，区气象局智真系统网络升级为千兆。区气象局受理行政审批185件，其中防雷装置设计审核55件，防雷装置竣工验收49件，施放气球活动81件。

（李春玲）

【重大活动气象保障】 年内，区气象局完成5次重大活动气象保障工作，包括3月19日“国际森林日”植树纪念活动、5月9日“2016年TNF100北京国际越野跑挑战赛暨市民徒步大会”、纪念“5·12”全国防灾减灾日“地震应急综合演练”、7月24日中关村智造大街开街仪式和9月9日习近平总书记八一中学之行等保障任务5次。区气象局根据每次活动的特点，制订专项气象服务保障方案，提供精细化预报服务，服务内容除每小时常规天气状况，还包括紫外线指数、舒适度指数和空气污染气象条件等精细化预报服务信息，借助短信、微信、活动举办地展示大屏等多种信息化手段，保障活动进行。尤其是TNF100北京国际越野跑挑战赛，区气象局自5月1日—9日，每天向组委会和成员单位提供气象服务专报，增加每天的紫外线和空气污染气象条件等精细化预报服务信息。赛事临近时，通过邮件和短信平台提供逐小时的赛道精细化预报服务，出色完成气象服务保障工作。此次重大活动共提供专报19期，发送短信3752条。

（李春玲）

【气象宣传】 3月23日，区气象局围绕2016年世界气象日主题“直面更热、更旱、更涝的未来”开展宣传活动，为海淀南路北社区居民挑选气象科普书籍、宣传折页、“3·23”气象日专刊等宣传材料；在中关村步行街广场通过气象科普展板向公众讲解气象科普知识，解答市民疑问，发放《中国气象报》增刊；向中关村二小赠送气象科普系列书籍和科普展台，升级更换校园气象站设备，并配套安装气象信息电子显示屏，每天提供精细化气象预报、突发事件预警信息；开放海淀区气象台作为人大附中、中国地质大学的校外“第二课堂”。5月12日，区气象局围绕国家防灾减灾日主题“减少灾害风险，建设安全城市”开展宣传活动，在中关村步行街广场、中央民族大学校园、海淀公园、北京天云听力言语康复中心等地发放各类宣传材料和书籍2000余份，接待市民和学生1000余人。

（李春玲）

【人工影响天气工作】 4月18日—29日，区气象局对18名人工影响天气作业人员开展岗前培训。培训内容有高炮实际操作、自动远程控制系统、各类应用软件、安全警示教育、作业理论常识等。全体作业人员通过笔试和实际操作两项考试正式上岗。4月26日，区气象局在凤凰岭人影基地召开人影汛期工作动员暨安全责任书签订会，与苏家坨镇、四季青镇签订安全生产责任书。区气象局重新修订海淀区人工影响天气试验基地制度，编制《海淀区人工影响天气制度汇编》，规范防雹和增雨作业工作机制。按照市人影办规范后的安全射界图，调整火箭、高炮相关作业诸元，在射界区内各村庄人员聚集区张贴安全告示，确保外围落弹区安全。

（李春玲）

【汛期气象服务】 6月1日至9月15日汛期，区气象台发布预警45次，其中暴雨蓝色4次，暴雨黄色1次，暴雨橙色1次，雷电蓝色19次，雷电黄色10次，冰雹黄色1次，高温黄色1次，高温蓝色3次，大风蓝色4次，大雾黄色1次。北京市国土资源局海淀分局与区气象局联合发布海淀区地质灾害气象风险预警7期，其中蓝色预警2期、黄色预警4期、橙色预警1期。区气象台发送预报服务短信1023077条，天气实况53875条，重要天气提醒28581条，气象快报130期，微信2000余条，电视天气预报90期，显示屏更新330条，气象服务系统——政府专版220次。服务对象包括区政府办、区应急办、区防汛办、区农委、国土分局、区环保局、全区防汛组成人员、排水集团、街镇分管领导、气象协理员及信息员、区安监局、区住建委、区旅游委、紫竹院公园，400名网格管理员（兼气象信息员），以及网络用户、电视观众、重点区域社区居民等。

（史辰）

【气象灾害防御体系与网格化城市管理体系实现对接】 年内，区气象局围绕气象灾害防御体系建设，对接地方网格化服务体系，将气象监测、预报、预警与“海淀区图像管理系统”“海淀区社区显示屏发布终端”“海淀区‘违章拍’系统”“海淀区应急广播系统”对接，实现灾害天气定点监测、预警预报靶向发布。汛前，将2016年新版暴雨预警标准通过“违章拍”进行宣传；在“7·20”特大暴雨等极端天气过程中，利用图像管理系统实景监控探头进行定点监测，研判形势；针对天气影响区域，对重点区域及积水隐患点发布预报预警提示，实现气象科普广泛宣传、灾害天气定点监测、预警预报靶向发布。

（史辰）

【气象安全社区认证】 年内，区气象局联合区应急办、社会办、安监等部门，共同创建气象防灾减灾示范社区，全区超过90%的社区通过气象安全社区认证。以马连洼街道、总参社区、北下关街道作为重点区域，打造海淀区防灾减灾示范社区。通过建立完善社区气象信息服务站等多种手段、多种渠道，实现信息服务站、信息员、气象灾害信息收集、预警信息发布设施、应急处置措施、科普宣传培训等减灾资源的共建共享。

（史辰）

【2016年海淀区重大气候事件】 1月22日—24日，受寒潮天气影响，出现大风降温过程，48小时平均气温降幅达9.6℃，1月23日最低气温-15.9℃，是1991年以来1月下旬最低值。受低涡和切变线的影响，7月19日—21日出现2016年度最大降水天气过程，达到特大暴雨量级，一日最大降水量和7月中旬降水量创历史新高。整个降水过程累计降水量，全区平均307.1毫米，7个站超300毫米，其余均在200毫米以上。海淀国家观测站7月20日日降水量为224.6毫米，超出历史极值（2012年7月21日187.7毫米）。区气象局于7月19日8时启动Ⅳ级应急响应，19日18时提升至Ⅲ级应急响应，20日11时应急响应再次升至Ⅱ级，21日8时50分解除响应。海淀气象台在19日7时38分发布暴雨蓝色预警信号，11时3分继续发布暴雨蓝色预警信号，20时6分继续发布暴雨蓝色预警信号，20日8时58分升级发布暴雨黄色预警信号，11时40分升级发布暴雨橙色预警信号，15时54分发布大风蓝色预警信号，21时31分解除大风蓝色预警信号，23时50分解除暴雨橙色预警信号。区气象局与北京市国土资源局海淀分局于19日16时联合发布地质灾害气象风险黄色预警，20日12时30分升级发布地质灾害气象风险黄色预警，15时30分再次升级发布地质灾害气象风险橙色预警。

（史辰）

【2016年海淀区气候概况】 2016年海淀区主要气候特点：1月1日至12月31日平均气温为13.2℃，比常年平均气温（12.8℃）偏高。年极端最高气温38.5℃，出现在6月25日；年极端最低气温为-15.9℃，出现在1月23日；3月月平均气温较常年同期明显偏高。全年总降水量739.4毫米，比常年（557.5毫米）偏多3成以上，较2015年635.3毫米偏多1成以上。7月降水量最大，达373.4毫米。7月中旬降水量274.8毫米，为历史同期最大值。一日最大降水量为224.6毫米，出现在7月20日。年日照时数2188.5小时，比常年偏少292.3小时。大风日数1日，较常年同期（18.5天）明显偏少。春季（3月—5月）平均气温为15.4℃，比常年平均值（14.0℃）偏高，降水量为51.7毫米，比常年平均值（72.2毫米）偏少；夏季（6月—8月）平均气温26.2℃，比常年平均值（25.5℃）偏高，降水量为493.1毫米，比常年平均值（394.5毫米）偏多近3成；秋季（9月—11月）平均气温12.6℃，接近常年平均值（12.8℃），降水量为186.3毫米，比常年平均值（82.3毫米）偏多1倍以上；冬季（2015年12月至2016年2月）平均气温为-1.3℃，接近常年平均值（-1.4℃），降水量为8.3毫米，接近常年平均值（8.5毫米）。

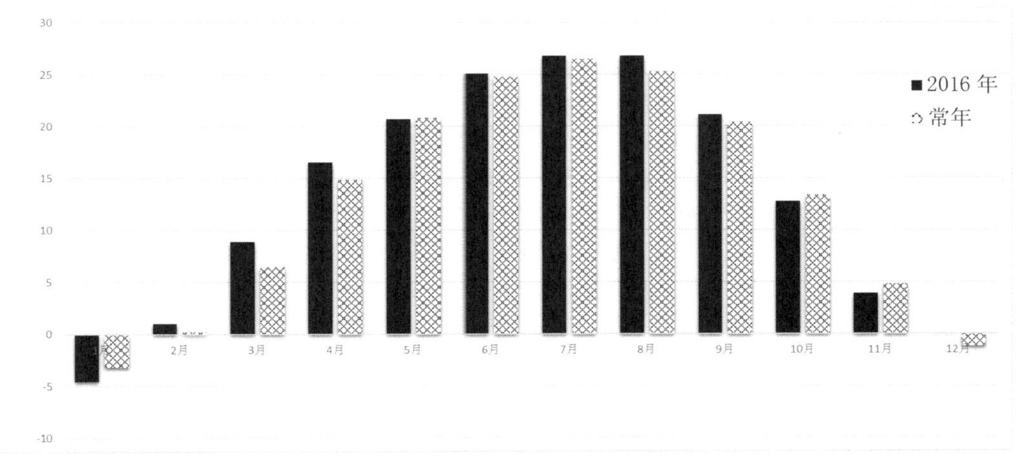

2016年海淀区月平均气温及常年同期比较图

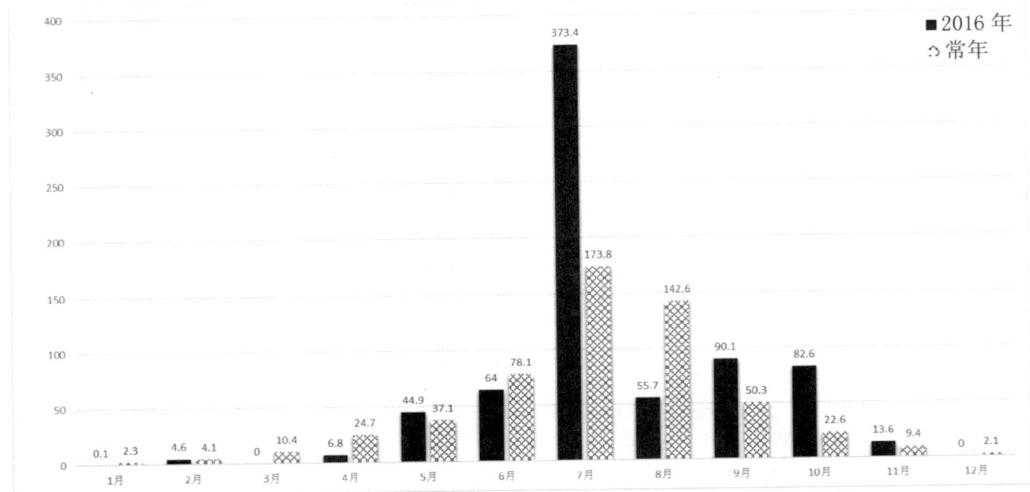

2016 年海淀月降水量及常年同期比较图

（张玮）

防震减灾

【**概况**】 2016 年，海淀区建有前兆监测台站 8 个、宏观观测站 8 个，布设流动测震台 2 处，设置农村基层观测员 88 人。区地震局被评为 2016 年度北京市区防震减灾工作综合考核先进单位，获“第三届北京市防震减灾‘科普讲解大赛’组织奖”。区地震局撰写的《2017 年度地震趋势会商报告》获北京市三等奖。开展新一代《中国地震动参数区划图》学习培训。

（王轶男）

【**地震应急演练**】 5 月 11 日，区地震局在海淀公园地震应急避难场所组织以“加强地震应急演练，提高抗震救灾能力”为主题的“海淀区纪念国家第八个防灾减灾日地震应急综合演练”。区地震应急指挥部相关单位、海淀镇、海淀街道、海淀公园管理处、海淀 120 医学救援中心、北京火箭军预备役大队、保福（北京）集团等单位共计 300 余人参加演练。市地震局、区政府、火箭军参谋部部队管理局、区地震应急指挥部相关成员单位领导，全区 29 个街镇的领导观摩演练。区地震局参加、指导学院路街道、四季青镇、十九中、图强二小等街镇、社区、中小学的地震应急演练，使参演人员明确震时去哪里、怎么去、谁来组织的问题。演练科目包括启动应急预案、应急救援队集结、组织群众紧急疏散、灾民过渡性应急场所搭建、应急供水供电排污系统启动、紧急医疗救援、灾民基本生活物资发放等。

（唐亮　吴智）

【**防震减灾宣传**】 5 月 12 日，区地震局会同区红十字会组成宣讲团，走进北京矿业大学，以讲课、答题、示范动作的形式宣传防震减灾知识，传授自救互救技能。近百名师生参加活动，发放宣传材料及物品 700 多份。“12 · 4”国家宪法日系列主题宣传活动中，区地震局在领秀硅谷社区开展防震减灾法制宣传活动。通过展出展板、发放宣传品等形式，重点宣传《中华人民共和国防震减灾法》《北京市防震减灾条例》等法律法规及防震避震、震害防御等防震减灾科普知识。组织震防（监测）科人员或聘请专家，到东升嘉苑社区、清河村委会、永定路居委会、马连洼街道等单位开展主题为“地震灾害与防震”的宣传活动。除了配合各类宣传活动发放宣传品，区地震局制作 350 套防震减灾宣传挂图，购买 7000 余元相关书籍下发社区、学校。推进微信、短信、QQ 科普进社区、进学校活动，使大众不受时间、空间限制，随时随地受到教育、获取技能。组织 17 个社区居民参加微信科普进社区宣传活动，引导居民参与在线答题。

（唐亮　张建平）

【**中学生地震知识竞赛**】 “5 · 12”防灾减灾日期间，区地震局组织全区 83 所中学参加“北京市中学生地震知识竞赛”活动，育英学校获团体一等奖，19 中、20 中获团体二等奖。育英学校代表北京市参加在上海举办的“‘张衡杯’四直辖市中学生防灾知识挑战赛”，获团体铜奖。

（唐亮）

【**纪念唐山大地震 40 周年宣传**】 7 月 27 日，区地震局组织“纪念唐山地震 40 周年防震减灾报告会”。区地震应急指挥部 35 个委办局、29 个街镇主管领导和防震减灾助理员参加。会议邀请北京市地震局总工程师邢成起结合当前地震活动形势、北京地区地质构造背景与地震灾害特点以及“十三五”时期防震减灾规划作专题报告。7 月 28 日，区地震局联合马连洼街道办事处举办纪念唐山地震 40 周年专题学习会，马连洼街道机关干部及辖区 17 个社区居民代表 130 余人参加学习会。会上，北京市地震局宣教中心高级培训师张宏宇以“假若地震来临，你准备好了吗?”为题，从认识地震、地震活动及灾害、地震灾害预防等方面进行防震减灾知识普及。区地震局在《海淀报》开设题为《防震减灾为生命护航——纪念“7 · 28”唐山大地震 40 周年》专版，内容以唐山大地震为切入点，宣传地区防震减灾取得的主要成果。

（张建平）

【海淀区首支大学地震应急志愿者队伍成立】 8月—9月，区地震局与中国矿业大学校团委合作，招募组建海淀区首支大学地震应急志愿者队伍。68名大学生和青年教师报名，并在“志愿北京”网站进行实名注册。11月13日，组织68名志愿者进行专项技能培训。11月23日，在中国矿业大学举办“海淀区首支大学地震应急志愿者队伍成立暨授旗仪式”。

（黄健）

【地震观测员培训】 10月24日—25日，区地震局在昌平区农业部管理干部学院举办地震宏（微）观观测员培训班。会议邀请北京市动物园的动物行为学专家崔多英、北京市地震局房屋建筑结构防震专家任志林、国家应急救援队教官刘金龙进行授课。培训主要包括动物与宏观异常、地震与建筑科学、地震自救与互救等内容。

（唐亮）

【地震应急救援队伍培训】 11月4日—7日，区地震局组织火箭军预备役大队、保福（北京）集团海淀地震应急救援队的80人分两批在昌平励志国防教育基地参加为期4天的地震应急救援能力提升培训班，系统学习心肺复苏、担架制作、高空缓降、水平拉梯、横渡等知识和技能，开展救援技能大比武，进行专项技能考核。通过考核，海淀地震应急救援队80人首获由中国应急管理学会颁发的“紧急救援员”证书。

（崔清山　吴智）

【地震灾害情景构建项目完成】 年内，区地震局经过技术准备、确定项目团队、制订专项工作方案、收集基础资料、项目建设、评议完善、评审论证7个阶段，完成海淀区地震灾害情景构建项目。项目包括情景设计、情景描述与任务梳理、信息链与决策链、能力评估等内容。12月8日，项目通过专家评审。专家组认为项目思路正确，方法合理，研究成果对提升地震灾害应急管理能力有指导意义。

（崔清山　吴智）

【地震安全社区创建】 年内，海淀区新创建10个地震安全社区，即四季青镇郦城社区被评为国家地震安全示范社区，学院路街道逸城社区、清河街道领秀硅谷社区被评为北京市地震安全社区，青龙桥街道军事科学院社区、苏家坨镇同泽园西里社区、同泽园东里社区、温泉镇凯盛家园社区、紫竹院街道紫竹社区、清河街道橡树湾社区、学院路街道石油大院社区被评为海淀区地震安全社区。累计区级以上地震安全社区37个。

（唐亮）

【应急避难场所建设】 年内，区地震局会同区应急办、四季青镇政府组成认定小组，完成对九十九顶毡房阜石路店绿地Ⅲ类地震应急避难场所的认定；完成《海淀区地震应急避难场所管理办法（试行）》及场所认定流程、认定标准的制定和印发；处理政协北京市海淀区第九届委员会第五次会议委员关于增强应急避难场所出入口设置的合理性和安全性建议提案，对8处应急避难场所和73处临时性地震应急避难场所的出入口情况进行排查，改造1处应急避难场所的出入口，撤销2处临时性地震应急避难场所，并对部分损坏和老化的标示牌进行更换；完成避难场所应急物资储备及入库，共计3类22种3590件。

（吴智）

【2016年海淀区震情】 全年共发生地震40次，最大地震为12月28日发生的2.1级地震（见表25）。

2016年海淀区震情一览表

表25

序号	发震日期	发震时刻	纬度（°）	经度（°）	深度（千米）	震级
1	02－17	03：25：03.54	40.046	116.252	18	ML0.2
2	02－23	18：36：40.85	40.024	116.149	7	ML0.4
3	03－08	03：17：15.58	40.069	116.207	17	ML0.3
4	03－12	12：29：36.34	40.029	116.299	12	ML0.7
5	03－12	13：04：19.97	40.036	116.306	10	ML0.6
6	03－12	13：04：44.45	40.040	116.307	11	ML0.9
7	03－14	04：37：41.76	40.048	116.286	12	ML0.8
8	03－30	19：47：50.86	39.986	116.198	19	ML0.5
9	04－20	02：36：47.43	40.055	116.295	15	ML0.5
10	05－14	10：33：20.39	40.019	116.277	13	ML1.01
11	05－21	06：00：12.98	39.985	116.195	6	ML0.5

续表 25

序号	发震日期	发震时刻	纬度（°）	经度（°）	深度（千米）	震级
12	05－27	08：28：22.21	39.982	116.353	9	ML1.5
13	05－31	02：02：50.23	40.063	116.210	17	ML0.8
14	06－14	05：50：05.91	40.024	116.254	16	ML0.2
15	06－23	20：00：36.15	40.051	116.250	16	ML0.1
16	07－06	11：18：02.48	39.983	116.280	11	ML0.2
17	07－06	15：41：31.42	40.090	116.151	21	ML0.6
18	07－11	05：55：20.92	39.953	116.217	13	ML0.3
19	07－11	12：33：19.47	39.940	116.232	13	ML0.5
20	07－11	14：35：41.92	39.950	116.211	11	ML0.4
21	07－28	01：53：02.46	40.072	116.165	18	ML0.6
22	08－14	04：03：17.03	39.975	116.279	3	ML0.1
23	08－18	02：54：24.08	40.004	116.281	12	ML0.6
24	08－19	21：22：18.02	40.048	116.311	13	ML0.6
25	08－22	22：21：14.68	40.051	116.299	17	ML0.8
26	08－23	16：02：44.77	39.981	116.167	10	ML1.4
27	08－27	05：23：28.20	39.999	116.272	10	ML0.6
28	09－06	04：03：33.03	40.063	116.220	17	ML－0.0
29	09－07	23：51：59.17	40.001	116.213	8	ML0.3
30	09－14	06：20：19.80	40.014	116.194	6	ML0.7
31	09－18	21：57：50.61	39.998	116.210	13	ML1.3
32	10－02	22：52：30.60	39.985	116.188	22	ML0.5
33	10－29	22：21：59.90	40.008	116.243	10	ML0.4
34	11－21	23：38：50.23	40.084	116.259	17	ML0.2
35	12－05	16：34：06.19	40.049	116.236	11	ML0.7
36	12－10	01：50：15.91	40.051	116.128	29	ML0.3
37	12－21	12：06：38.48	40.108	116.227	19	ML0.6
38	12－23	11：33：40.83	39.982	116.182	23	ML0.5
39	12－25	19：16：17.34	40.023	116.271	11	ML0.9
40	12－28	21：19：24.66	40.046	116.099	17	ML2.1

（楚晓兵）

交通·邮政·通信

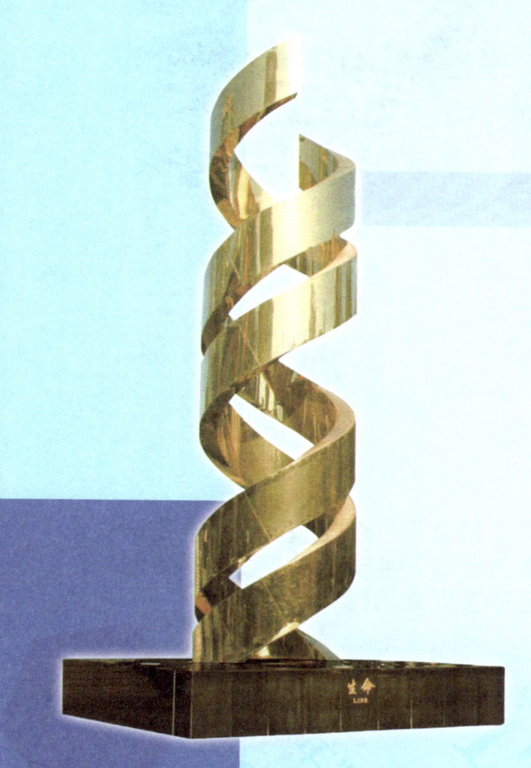

4月11日，区交通支队在京东路口开展禁非宣传（区交通支队 供图）

5月，海淀运输管理处检查出租车换证验车（海淀运输管理处 王永昭 摄）

6月2日，海淀运输管理处举办交通运输行业安全生产大讲堂（海淀运输管理处 供图）

6月18日，《中国古典文学名著——红楼梦（二）》特种邮票首发（田峰 摄）

9月22日，海淀运输管理处在海淀七一小学开展水上安全知识进校园活动（海淀运输管理处任国政 摄）

9月30日，中国邮政集团公司北京市海淀区分公司在培英小学开展“家书载梦”活动（中国邮政集团公司北京市海淀区分公司 供图）

交通运输管理

【概况】 海淀区市政市容管理委员会加挂海淀区交通委员会牌子（简称区交通委），负责统筹海淀区交通发展和管理工作。北京市公安局公安交通管理局海淀交通支队（简称海淀支队）负责海淀区的交通管理工作。北京市交通委员会运输管理局海淀管理处具体承担海淀区交通运输行业管理和通航水域水上安全监督管理工作。

年内，区交通委结合区域内交通现况，继续开展缓堵工作综合研究。立足公共交通、静态交通、交通管理、疏堵工程等方面，推进交通基础设施建设，强化停车管理，疏导交通，缓解拥堵，优化区内出行环境。完成中关村西区、颐和园周边及魏公村地区21条道路的步行及自行车出行环境治理。

海淀支队以“法治、创新、智慧”为主线，以严格执法、精细管理、社会共治为着力点开展工作，管界交通安全平稳、正常运行，“治堵、治乱、治祸”取得成效。查处路面交通违法行为33.5万起，同比上升35%，其中酒后驾车1586起、涉牌9192起、改装车11840起、闯红灯805起、扣车6042起、拘留312起、违法停车58.5万起。查处未办理消纳证47起、泄漏遗撒239起、苫盖不严357起，约谈工地18家，停工整改7家。对存在违法销售电动（燃油）三轮车的18家店面下达《行政告诫书》。非现场抓拍违法停车14.4万起，同比提升340.8%，占查处违法停车总量的24.6%。

海淀管理处出动1465人次，检查企业680家次，检查6239车（船）次。采取处置措施72件（限期改正31件，移送14件，约谈24件），吊销案件3件，量化指标完成114%，措施率10.6%。截至年底，海淀区共有1841家运输企业、1家个体出租管理站、16986辆运营车辆、215艘游船（已检验），从业人员7702名。

（张中静　李媛媛　曾天）

【交通运输业安全监管】 3月，全国“两会”期间，海淀管理处出动检查人员143人次，入户检查辖区运输企业63家次，发现安全隐患3个，均整改完毕。6月，开展安全生产月系列活动，每周一个活动主题，分别为用电安全警示教育周、隐患集中排查治理周、法制宣传周、特色活动展示周。

（曾天）

【机动车维修企业管理】 4月—5月，海淀管理处完成辖区内336家机动车维修企业2015年度质量信誉考核。97家企业获得AAA级评级，68家企业获得AA级评级，134家企业获得A级评级。12月1日，“机动车维修管理服务系统”正式上线，有效加强行业监管。年内，对辖区内已无地址经营的机动车维修企业注销32家，吊销1家。

（曾天）

【旅游企业质量信誉考核】 5月1日至8月1日，海淀管理处完成辖区6家旅游企业信誉考核。在4家规模企业中，中苑出租汽车有限公司和北京海淀颐海出租汽车有限责任公司获得AAA级评级，北京北旅时代商务旅游投资有限公司获得AA级评级，北京友谊出租汽车有限公司获得AAA级评级。其余2家未达到经营规模企业参加考核条件，不予以评级。

（曾天）

【运输行业安全检查】 5月，海淀管理处对海淀辖区进行货运企业“双随机”入户检查，检查货运企业58家，其中现场整改8家，开具整改通知书1家，吊销1家。11月—12月，对辖区内重点机动车维修企业开展“行业安全大检查”，检查企业20余家次，出动执法人员50余人次。其间，采取“无缝隙集中整治”与“无死角全面检查”等方式，要求机动车维修企业做好重点部位和重点设备的安全隐患排查。12月，开展旅游客运、租赁行业安全大检查。旅游客运行业重点检查企业安全生产管理制度、冬季安全生产应急预案等制度的贯彻与落实，客运车辆安全设施设备、GPS动态装置状况，导游专座设置情况，驾驶员安全驾驶意识培训情况。租赁行业重点检查企业安全生产管理制度、安全生产应急预案、车辆维护保养等制度的贯彻与落实、停车场安全、车辆动态监控、承租人身份核实等情况。检查租赁企业10家次、旅游企业6家次。

（曾天）

【货运企业“双随机”检查】 5月，海淀管理处对海淀辖区货运企业进行“双随机”入企检查，检查货运企业58家（除化危），其中现场整改8家，开具整改通知书1家，吊销1家。

（曾天）

【安全生产大讲堂】 6月2日，海淀管理处组织辖区交通运输行业开展安全生产大讲堂活动。辖区出租、租赁、旅游客运、货运、机动车维修、水运6个行业的198家企业负责人参加培训。培训内容包括企业安全管理中应注意的重点，企业是安全生产责任主体，发生交通事故后企业负责人和管理人员应当承担的法律责任等。

（曾天）

【交通运输安全生产宣传】 6月16日，海淀管理处在百旺绿谷汽车园内设立宣传点，以“筑牢安全基础，促进协同发展”为主题开展安全生产宣传活动。此次活动共有16家机动车维修企业参加，发放法制宣传材料及手册360余份。6月25日，海淀管理处在颐和园公园开展以“海员与你、我、他的生活”为主题的宣传活动，设置宣传展台1处、LED电子屏1处，发放宣传材料200余份、宣传纪念品200余份。9月22日，海淀管理处与区教委在七一小学以“水上平安交通，安全伴我成长”为主题，开展水上交通安全知识进校园活动，加强学生水上安全意识，提升学生自救自护能力和安全素养。近百名学生参与。

（曾天）

【交通运输许可证件批量注销】 8月至年底，为确保“行政许可和电子监察系统”数据准确，海淀管理处开展年度批量注销工作。共批量注销经营性道路货物运输驾驶员资格1232个、经营性道路旅客运输驾驶员资格165个、货运企业93家、维修企业32家、货运车辆221辆。

（曾天）

【海淀智享自行车正式运行】 9月27日，主题为“绿色出行，海淀先行”

的海淀智享自行车正式运行启动仪式在上地街道八一社区举行。市交通委主任周正宇，区委书记崔述强，区委常委、副区长龚宗元以及形象大使、奥运会冠军陈中参加活动，为智享自行车开锁并骑车体验。海淀智享自行车系统为全国首创，通过收集清理并以市场化方式运营闲置自行车，推广闲置自行车智能化再利用。全年清理收集废旧、废弃和闲置自行车8万余辆，完成其中1万余辆自行车的整修改造，分批投放运行。用户只需下载APP或用微信扫码就可完成租车、用车、还车、支付的全过程，并且租还车的时间、地点不受限制。会员用户需缴纳200元保证金，租用改造后的智享自行车按0.5元/30分钟的租车费率计费。

（张中静　徐静宇）

【客运车辆导游专座专项检查】　9月，海淀管理处配合旅游委，对颐和园景点附近旅游客运车辆进行导游专座专项检查。检查过程中，发现部分车辆存在导游专座位置不正确、导游专座标识不规范的问题。

（曾天）

【“火灾防控”专项行动】　12月15日，海淀管理处出动检查人员242人次，开展“火灾防控”专项行动，检查辖区道路运输企业139家，发现并整改安全隐患6处。

（曾天）

【节假日交通运输保障】　春运期间，海淀管理处检查企业98家次。其中，公共交通行业出动46人次，检查23家次；出租客运行业出动42人次，检查21家次；旅游行业出动8人次，检查4家次；租赁行业出动14人次，检查7家次；货运行业出动58人次，检查29家次；机动车维修行业出动42人次，检查14家次。清明节扫墓高峰日期间，海淀管理处对辖区万安、金山、温泉公墓周边公共交通运营秩序、停车场秩序进行巡查。中秋节、国庆节期间，海淀管理处组织辖区各行业的运输服务保障工作，检查企业81家次。各行业运营秩序平稳有序，运力充足。10月中旬至11月中旬香山红叶观赏季期间，海淀管理处安排巡查人员于高峰日到摆渡车停车场、区间车停车场、北宫门地铁站进行巡查，遇有大规模客流聚集时，及时与客四分公司进行协调，采取加密车次、缩短运营间隔等措施予以缓解。

（曾天）

【特勤警卫】　年内，海淀支队以“稳”“和”“控”“补”的四字方针改进警卫形式。组织指挥，突出“稳”；管控措施，突出“和”；视频巡检，突出“控”；协管使用，突出“补”。在确保中央领导交通出行绝对安全的前提下，最大限度减少对社会交通的影响。全年累计投入警力77151人次，完成全国“两会”、京西宾馆系列会议以及中央首长出行等特勤警卫活动2907次，其中二级以上勤务591次，二级和二级疏导勤务1197次，三级和三级疏导勤务1119次。

（李媛媛）

【交通执法】　年内，海淀支队以“深入推进规范执法工作、开展执法突出问题集中整治活动”两个专项工作为发力点，强化“执法制度、执法办案、执法管理、执法培训、执法保障”五大体系建设。推进“一区一警”工作机制建设，协调区、街（镇）两级政府职能部门开展联合执法，形成“政府主导、社会共治”格局。与海淀公安分局、区检察院、区法院协作，制作交通事故涉案车辆管理工作规范流程图等规定，完善执法程序规定，提升规范执法能力。现场执法重点围绕酒驾、涉牌、闯禁行等显性违法，提升处罚力度。选取重点违法和疏堵治乱贡献度大的违法行为，引导民警以预防事故和疏堵治乱为管理目标，提高执法效益。分阶段集中开展外埠车、货车渣土车、滑板车等专项整治。非现场执法，借助智慧海淀建设，将全区5000套监控设备通过政务网连接，用于日常视频巡检、乱点摸排、占路施工监管等工作。将公安分局、街镇符合非现场执法条件的478套视频监控设备纳入交通执法录入系统，通过“抓拍拷贝、带回录入”的方式，加大非现场执法力度。对各大队非现场执法录入数、信息超时、错误率等进行考核通报，督促各大队强化非现场执法，减轻一线民警现场执法压力。

（李媛媛）

【交通组织管理】　年内，海淀支队提出“道路资源精耕细作、静态交通管理用好‘加减法’、路口渠化寸土必争”的理念，探索城市交通精细化管理的路子。组织研究三环路万寿桥、航天桥等16处三环路进出口调整意见，并对复兴路、阜成路、中关村大街、学院路等道路采取综合措施，缓解三环路交通压力。在原有22条停车严管大街的基础上，海淀支队另行选取9条违法停车突出的重点道路，通过现场处罚、非现场抓拍、贴条和强制拖车相结合的管理方式，进一步提升静态秩序。梳理贴条协管员岗位安排，按照三人一组模式重新编组，明确工作分工。以世纪城三期为试点工程，通过创新施划30度斜列式车位等措施，完成10条道路2276个停车位施划和编号工作，拓展路内外停车资源。对万寿路东街、上地地区开拓北路、创业北路、辉煌大厦北侧路等道路采取单行单停等措施。会同相关部门推动京新高速后厂村路出口停车场配套微循环道路建设，打通关键拥堵结点，畅通道路微循环。结合缓堵工作梳理一批交通优化类、完善设施类、工程改造类工作账单，协调相关部门逐条推进落实。向北京市公安交通管理局上报优化方案143项，其中上报秩序处116项（批复75项，落实50项），上报设施处27项（落实21项）。

（李媛媛）

【交通安全宣传教育】　年内，海淀支队开展社会化交通安全宣传活动七大类100余次，印发宣传单、宣传品、海报3.4万份，组织交通安全宣传高潮日活动11次，开展宣讲会演、座谈会等4100次。对3520余家单位开展交通安全大检查，对存在安全隐患的2000余家单位发放责令限期整改通知书，对510余家单位采取禁止机动车上路行驶措施，对8家重大事故隐患单位进行“黄牌警告”。对全区93家邮政寄递企业逐车逐人登记备案，辖区邮递车辆粘贴反光胶条，强化寄递业安全行为。组织35期培训班培训重点车管单位管理干部、重点司机。组织路检路查40余次，通报和处理存在严重交通违法单位。

（李媛媛）

【现场勘验公交调整线路】 年内，海淀管理处对公交集团拟调整公交线路进行踏勘7次，出动工作人员21人次，涉及新开及调整线路共26条。踏勘人员对线路涉及的道路宽度、交通管控、客流走向、居民密度、沿途设站、公交场站及替代线路等情况进行勘察，提出属地管理意见并反馈运输管理局公交处。

（曾天）

【水上安全监管】 年内，海淀管理处对辖区6家水域游船企业（紫竹院公园、玉渊潭公园、颐和园公园、圆明园公园、京城水系、中和汇智）开展水上安全检查92家次，出动海事执法人员206人次，检查船舶2682艘次（其中自航船舶580艘次、非自航船舶2102艘次），签发《水上安全检查通知书》92份，其中限期整改6份，均按要求完成整改。

（曾天）

【租赁企业考核】 截至年底，海淀辖区共有汽车租赁企业108家，其中本年度应考评企业87家，实际考评企业64家，未考评企业44家（因备案期不足半年且无车未考评的企业21家、备案证过期未考评企业12家、自动放弃考评企业11家）。2家获得优秀等级，7家获得良好等级。

（曾天）

【交通运输审批】 年内，海淀管理处共承接辖区交通运输业务5747件（其中业务受理4937件），办结5724件，批准4914件（含许可、不予许可及上年受理本年批准的事项），承办中288件（其中90.6%以上为从业人员申请事项），完结率94.97%。咨询量11482次，发放证件16092个。

（曾天）

【建筑垃圾运输整治】 年内，海淀管理处对于区城管委提供的海淀辖区内5家11辆建筑垃圾运输车辆进行核查。督促有道路运输资质的企业办理渣土相关资质1家1辆车，承诺不再从事建筑垃圾运输的企业4家7辆车。

（曾天）

【货运企业考核】 年内，海淀辖区参加2016年度质量信誉考核工作的货运企业共152家。其中，被评为AAA级（优良）企业76家，AA级（合格）企业68家，A级（基本合格）企业3家，B级（不合格）企业5家。

（曾天）

【区域交通综合研究】 年内，区交通委针对上地中关村软件园周边、万寿路甲15号院周边、潘庄地区等重点区域的交通现状、出行需求及停车问题等进行调查，提出综合交通改善策略。完成“海淀区‘十三五’时期交通拥堵和停车问题与对策研究”的课题编制，完成海淀区规划道路实现情况的调查，全区规划道路实施率为68.69%。开展《海淀区地面公交系统规划》和《海淀区“十三五”时期交通发展规划》的编制工作。

（张中静）

【疏堵改造工程】 年内，区交通委组织完成旱河路、北坞村路等常规疏堵工程；统筹推进中关村上地软件园周边交通综合治理，组织完成G7后厂村出口停车场和G7后厂村出口周边2条微循环路建设；组织完成花园北路综合交通整治工程，规范道路交通秩序，改善出行环境，畅通北医三院门前生命通道——花园北路。

（张中静）

【停车管理】 年内，区交通委开展重点区域拓展停车资源研究。在上地地区启动电子收费试点工程。在世纪城三期开创“世纪城模式”，作为全区静态交通治理的试点，通过委托专业公司管理、拓展停车资源等方式，规范区域10条道路2118个车位停车秩序，向居民开放世纪金源东地库598个车位，改造增设老营房路西口北侧绿地150个绿荫车位。推动并完成600个停车位开展错时停车。通过老旧小区综合整治、鼓励辖区居住区自主开展停车设施建设等手段，新增停车位1560个。在航天二院居住区、林业大学北路9号院停车场推动并开展居民停车自治。

（张中静）

【公共线路调整】 年内，区交通委配合相关部门优化调整公交线路35条，其中新开线路5条，调整线路25条，撤销线路5条。线路调整后，扩大城乡公交线网覆盖，方便市民轨道交通接驳，减少市区道路交通拥堵。

新开线路：专16路、522路、446路、908路、902路。

调整线路：568路、68－544路联运、专38路、968路、苏家坨通勤快车、379路、74路、671路、特6路、315路、328路、490路、753路、625路、360路快、88路、544路、642路、专38路、512路、633路、437路、909路、968路、952路。

撤销线路：50路、714路、603路、697路、482路。

（张中静）

邮 政

【概况】 中国邮政集团公司（简称集团公司）北京市海淀区分公司（简称区分公司）是集团公司北京市分公司（简称市分公司）直属的二级邮政通信企业，担负着东至东小口、南至又一村、西至北安河、北至沙阳公路的404平方千米面积内的邮政通信服务工作，覆盖海淀区的大部分辖区。海淀区分公司下属17个邮政支局，108个邮政所及商函局、集邮公司、代理金融分局、发投局、电商分销局、包裹局六大专业经营和8个职能部门。截至2016年年底，共有职工2801人，其中正式职工1616人，大专学历以上1302人，管理人员139人。

2016年，海淀区分公司实现业务收入57200.1万元。金融专业累计完成18562.7万元，累计进度94.8%；快递包裹专业指标4761万元，累计完成5163.7万元，累计进度108.5%；集邮专业指标15440万元，累计完成15536.1万元，累计进度100.6%；函件专业指标7500万元，累计完成8202.3万元，累计进度109.4%；发行专业指标4875万元，累计完成5004.6万元，累计进度102.7%；电商分销专业指标1382万元，累计完成1230.6万元，累计进度89%。

（王英红）

【邮政网点及基础设施建设】 年内，海淀区新开邮政所1个：闵航邮政所。开设临时邮局2个：军事博物馆临时邮局和龙泉寺临时邮局。开设主题邮局1个：清华大学青春驿站主题邮局。网点迁址3个，分别为中关村东路邮政所迁址阜石路邮政所、安宁里邮政所迁址学府树邮政所、理工大学邮政所迁址同泽园邮政所。营业时间变更2个，分别是沙窝邮政所和报刊发行零售分局。暂停营业3个，分别是中央电视台邮政所、廖公庄营业所、融科邮政所。网点复业2个，分别为报刊发行零售分局和沙窝邮政所。投资417.5万元，完成对沙阳路邮政所、学府树邮政所、北京大学邮政所迁址等11个网点装修改造，改造面积2427平方米。接收橡树湾（450平方米）、同泽园（285平方米）配套邮政设施两处。新增7条生产用专线，撤销12条生产用专线，报废各类设备916台，收回设备残值1.95万元。为生产网点安装更新47台UPS（不间断电源）。新增更新部分生产用设备427台（套）。

（王英红）

【邮政经营管理】 年内，区分公司坚持“以竞赛促发展，以资产谋增效，以项目带营销，以管理保经营”作为总体发展策略，以发展代理金融业务为中心，由高本低效业务向低本高效业务转化。加强对各专业欠费管理的督导与管控。出口邮件53.89万件，综合合格率为98.77%；用户服务满意度达94.68分；无重大投诉和媒体曝光等现象发生。收寄大学生和军人包裹27959件，实现收入13.4万元。开展金融专业开门红、保险竞赛、基金定投竞赛、促余额提升竞赛、节日主题营销活动、积分有礼活动。各支行借助微信平台、“特惠商圈”等手段，拓展业务空间。区分公司开展“金融当先锋 血拼开门红”“攻坚精准营销 金融再创佳绩”“跨赛十七军 勇夺十二杯”“开门红金融风险及服务质量杯”“营业班组服务质量管理”“投递部服务质量管理”“庆七一 大干三季度 落实项目促进度”7项劳动竞赛。在各支局营业班组开展标准快递、快递包裹专项竞赛活动。

（王英红）

【营销项目】 年内，区分公司共立项608项，完成379项，其中代理金融专业148项，集邮专业212项，函件专业90项，包裹专业90项，发投专业52项，电商专业16项，形成业务收入5310万元（不含金融专业）。重点营销项目有：

生肖文化季活动。举行“金猴报春”海淀区生肖文化季活动，通过市分公司常规邮品与自主开发定向产品相结合，46款生肖产品共预订1.25万套，形成收入1500万元。

“两会”服务。选择适合的代销邮品补充到“两会”服务现场，将“两会”热点覆盖全区。

太空信项目。销售《中国首个航天日设立》纪念封近10万枚、《中国载人航天》明信片套装6000余套。“神舟十一号”飞船与“天宫二号”相关产品销售300余万元，定向开发收入200余万元。开发《中国梦——航天梦》仿印产品5000套，实现收入420余万元。中国邮政太空邮局与中国载人航天工程办公室共同启动“家书载梦，来自太空的家书”太空信项目，共征集太空信51万余封。航天员在轨展示的《中国邮政太空邮局开通5周年》纪念邮折，有意向定制6万余套。

邮科院代发工资项目。促成与邮科院间的代发工资协议。9月，在通厦支行首发211万元，代发人数288人。

万寿路南口支行公司项目开发。万寿路南口支行营销“中国保险保障基金公司对公存款十亿元”项目，转入10亿元公司存款。

国税局快包项目。采取本收本投方式向海淀界内的纳税人发寄营改增宣传单，发寄量达2.5万余件，实现收入13万元。

微信营销。落实市公司“I LOVE 邮”员工关注、吸粉推广和“北京邮政”企业号员工绑定工作，开展“微信营销达人”评比、北京邮政微信营销管理办法等工作宣传和督导。

（王英红）

通信

【中国移动北京公司城区三分公司】 2016年，公司共有39个自有营业厅，基本覆盖海淀区主要街道、商业区和居民网点。公司参与“智慧海淀，无线城市”海淀区公益性WiFi服务建设，在海淀区政府办事大厅及公共区域进行“My－Haidian”无线覆盖。至年底，完成覆盖区域76处，包括区政府办事大厅、公共服务机构、公园、街道办事处及主要干道。移动公司为高校新生提供优惠、便利服务，帮助贫困大学生。与各高校建立互联网宽带业务合作。继续推进与海淀各专业园区的战略协议，开展信号优化、信息化基础设施建设。

（张怡歌）

【中国联通北京市分公司】 中国联合网络通信有限公司北京市分公司（简称北京联通），隶属于中国联合网络通信有限公司，为客户提供包括固定电话、移动电话、数据传输、互联网、宽带接入等基础电信业务和增值电信业务，以及与上述业务相关的行业应用、系统集成、技术开发、技术服务、信息咨询、工程设计施工等服务。

北京联通下设6个市区分公司，其中二区、八区、三区3个分公司为海淀区提供服务。二区分公司位于海淀区皂君庙9号，是亚洲最大的通信枢纽，下辖中关村营销服务中心、北太平庄营销服务中心、上地营销服务中心、清河营销服务中心、西直门营销服务中心、皂君庙营销服务中心、二里庄营销服务中心、大有庄营销服务中心、温泉营销服务中心、西三旗营销服务中心、香山营销服务中心、永丰营销服务中心12个营销服务中心。八区分公司位于海淀区茂林居甲14号，下辖五棵松营销服务中心、展览路营销服务中心、紫竹院营销服务中心、石景山营销服务中心、鲁谷营销服务中心、四季青营销服务中心、茂林营销服务中心、金顶街营销服务中心、恩济庄营销服务中心9个营销服务中心。三区分公司西客站营销服务中心属于海淀区。北京联通管线中心（复兴路65号）、北京联通移动中心（羊坊店路9号）、北京联通平台中心（羊坊店路9号）、北京联通网优中心（羊坊店路9号）4个北京联通的通信局所在海淀区界内。海淀辖区有北京联通营业厅34个。

年内，持续推进4G网络建设与优化，实现市区、城郊接合部、村落及学校、公园、景区等重要区域连续覆盖。开展光纤改造，重点对公众楼宇、商务楼宇完成光纤覆盖、铜缆拆除，全面完成全光北京建设。

推广移动办公、无线传输、视频监控、无线定位等业务，为客户定制行业全业务通信方案。聚焦视频宽带业务和国际业务发展等重点业务，完善创新业务体系。配合海淀区政府推进海淀区公共信用信息服务平台建设，实现海淀区4G移动通信、物联网深度优质覆盖。

围绕终端销售、商圈人流和分流服务的要求，推行社会渠道门店全业务受理，所有一类院校均实现一校一店，所有院校均建立金数据支付平台，实现线上选号、线上支付，搭建校园线上线下同步销售渠道。

在服务、市场、网建、运维等专业线同步推进服务提升工程，推行宽带无条件受理，实施第五次宽带提速。

开展打击通信信息诈骗专项行动，推进大带宽治理全面落实实名制。完成全国“两会”、“防汛重保”、“航天发射重保”、“金融重保”等重要通信保障。

加强服务指标管控。每月重点对工业和信息化部申诉、升越级投诉率等关键指标进行监督分析，并通过投诉周报形式及时统计下发至各单位督促整改，对未完成指标的单位及个人进行追责，完善服务指标管控。开展“服务攻坚活动”，对营业厅基础服务体验中存在的问题及时发现并督促整改。

（陈育红）

科　技

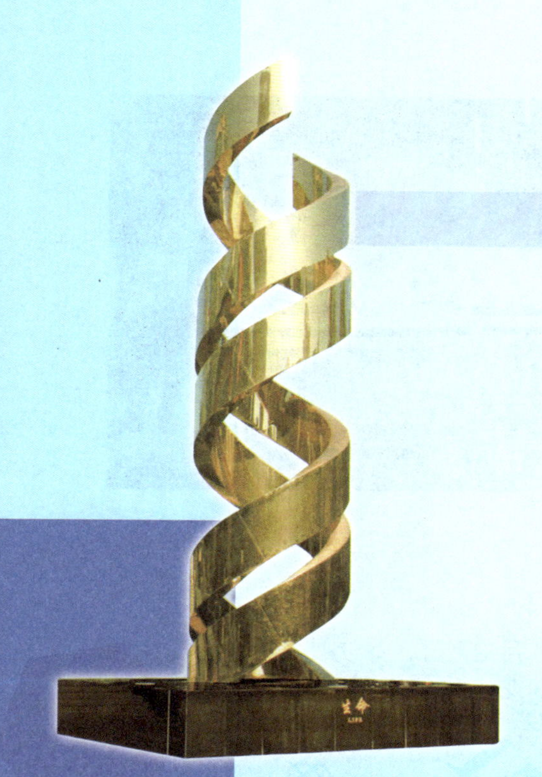

1月，全国首家知识产权主题书店——“智慧书堂”进驻中关村创业大街（海淀园 供图）

5月27日，国内首个纯知识产权质押贷款创新产品——“智融宝”推出（海淀园 供图）

7月12日，中关村领创金融咖啡开业（海淀园 供图）

7月23日，中关村智造大街开街（东升镇 供图）

7月27日，举办北下关科技金融创新沙龙（北下关街道 供图）

科技工作

【概况】 2016年，海淀区科技工作围绕创建全国科技创新中心核心区，坚持以创新、协调、绿色、开放、共享五大发展理念为统领。以创新驱动发展为主线，搭建区域科技创新服务体系，推动建设中关村智造大街，开展高新技术企业认定工作。专利申请量70327件，同比增长19%；专利授权量34899件，同比增长11.9%。技术市场技术合同登记51104件，成交总额1523.9亿元，同比增长6.1%。知识产权工作创新工作为举措，落实重点任务，扩大影响力，促进科技成果转化，对创新主体及专业服务机构的知识产权工作给予支持，支持经费8000余万元。3项专利获第十八届中国专利奖金奖，14家知识产权服务机构获评北京市首批知识产权服务品牌机构。8月，海淀区被国家知识产权局确定为全国首批11家专利质押融资示范地区之一。

（程晓荷）

【北京协同创新研究院】 2016年，建设完成7个学部（先进制造学部、电子与信息学部、未来网络学部、材料学部、环境与能源学部、生命科技学部、现代农业与食品工程学部）、18个协同创新中心（智能机器人、智能制造、大数据、半导体光电子、现代传媒技术与虚拟现实、光电材料及应用、能源材料及应用、纳米材料及碳材料、水处理与土壤修复、节能减排、生物医学工程、生物医药等）。在海淀设立18家企业，总注册资本5.39亿元。累计完成52项成果转化，33项成果实现转化成立公司。协同创新研究院在美国硅谷、中国香港科技园分别设立协同创新研究院美国分院、协同创新研究院香港分院，和美国密西根大学、斯坦福大学、香港大学、香港城市大学、香港科技大学、香港中文大学、香港理工大学、香港浸会大学、香港应用科技研究院等开展实质性科研项目合作。

（程晓荷）

【海淀区入选国家首批双创示范基地】 5月12日，国务院办公厅印发《关于建设大众创业万众创新示范基地的实施意见》，确定首批28个双创示范基地名单，包括北京市海淀区、天津市滨海新区中心商务区等17个区域示范基地，清华大学等4个高校和科研院所示范基地，以及中国电信集团公司、阿里巴巴集团等7个企业示范基地。9月2日，国家发改委召开关于双创示范基地有关情况专题新闻发布会，海淀区区长于军介绍双创模式和典型经验。海淀区在打造高端双创集聚示范区、打造各类开放式创新创业平台、完善创新创业的人才发展环境、培育双创品牌活动4个方面开展工作，并取得阶段性进展。海淀区作为中关村国家自主创新示范区核心区和全国科技创新中心核心区，是全国智力资源最富集的区域之一：有高新技术企业6000余家，占全国的1/10；有科技型企业1.2万余家；是全国创新创业服务体系最完善的区域之一：有创新创业服务机构、孵化器平台以及投资体系的若干元素和中介组织，能与国际上最发达的地区创业孵化体系及时对标，形成不断与时俱进的创业孵化体系；是全国风险投资最密集的区域和双创政策最健全的区域之一：先行先试是海淀的特点，“1+6”政策的试验，“新四条”“京校十条”“京科九条”试点，持续在国家层面、北京市层面、区级层面进行多种试验和测试，形成良好的试验田基础。

（钟冷　程晓荷）

【首届大数据科技创新与人才发展论坛】 6月4日，由光环国际管理咨询集团主办的“首届大数据科技创新与人才发展论坛”在中关村软件园举行。论坛吸引京东、宅急送、汤森路透、国研软件、泰康在线、玖富联银等200余家知名企业的300名代表，以及全国10余所高校领导、光环学友会的近300名学员代表参加。4位主讲嘉宾分别从“大数据创新与实践”“大数据核心技术”“大数据产业应用”“大数据人才培养”4个方面，剖析中美两国大数据的产业应用及创新实践，多维度展望大数据产业的发展趋势。Cloudera战略行业负责人从“大数据平台、大数据软件、数据应用”三个方面描述中国大数据产业所面临的机遇、挑战与创新革命，并就大数据未来在智能化、可视化、连接性、安全性方面的发展进行分析。宏路数据董事长用案例描述大数据平台及技术在中国的诸多行业已得到广泛应用，大数据与营销、金融、交通、互联网、制造、零售、电子商务等行业融合，创造全新的产业生态圈。光环国际董事长从“技术、业务、创新”三个层面剖析“大数据管理员、大数据架构师、大数据分析师、大数据项目经理、大数据科学家”的发展与培养方案。大数据核心技术的专业讲师为大家展现从Hadoop到Spark，大数据核心技术的生态体系。

（程晓荷）

【发布“协同创新券”政策】 7月12日，海淀园管委会举行“协同创新券”新闻发布会，将总规模2000万元的创新扶持资金向中小微企业发放，用于补贴企业购买研发创新服务或成果的费用。北京大学、清华大学、中国科学院等200余家实验室、科研机构入选海淀协同创新券服务机构。“协同创新券”采用电子券形式，在海淀区注册的1万余家中小微企业均可在网上通过“海淀协同创新券平台”注册申领。每家企业的“协同创新券”抵扣金额最高不超过实际成交金额的30%，年抵扣金额累计不超过50万元。“协同创新券”支持范围包括技术开发、产品创新、分析检测、检验认证、实验试制、技术评估、专利中介等4类13项服务。至年底，海淀协同创新券平台注册会员160家，其中通过认证审核的企业131家，服务机构71家。通过认证审核的企业中“协同创新券”申领完成的企业14家，促成交易项目17项，总计244.79万元。发放“协同创新券”380万元。

（程晓荷）

【虚拟现实技术与应用科技庙会】 9月21日至10月9日，由中关村智造大街主办、北京游极虚拟现实文化传播有限公司承办的首届中关村智造大街虚拟现实技术与应用科技庙会举行。科技庙会以前沿科技为主题，游极公司联合10余家科技公司，提供多种先进科技解决方案，准备丰富多彩的虚拟现实游戏供观众体验。观众可以亲身体验虚拟现实给人们娱乐生活方式带来的革命性变化，参与虚拟现实的嘉年华游乐会。

（程晓荷）

【“双创周”北京会场暨中关村双创季】 10月12日—21日，以“发展新经济、培育新动能”为主题的2016年全国大众创业万众创新活动周在全国同步举行。“双创周”设立深圳、北京主会场，在全国多地设立分会场。北京会场以海淀（中关村国家自主创新示范区展示交易中心）、亦庄为主。12日，2016年全国大众创业万众创新活动周北京会场暨中关村创新创业季在中关村国家自主创新示范区展示中心开幕。活动由国家发改委、中国科学技术协会、北京市人民政府主办，科技部火炬高技术产业开发中心、北京市发展和改革委员会、北京市科学技术委员会、中关村科技园区管理委员会、海淀区人民政府承办，中关村海淀园管委会、海淀置业集团、中关村创业大街具体执行。北京市市长王安顺，国家发展改革委副主任王晓涛，国家知识产权局局长申长雨，中国科协副主席徐延豪，海淀区领导以及重点企业、创新创业企业和机构的部分代表出席启动仪式。启动仪式上，国家知识产权局授予海淀区“国家知识产权示范城区”奖牌；海淀区与中国航天科工集团公司共同发布“双创宣言”；中关村创新发展研究院发布“中关村指数2016”。北京会场共组织主题展示、会议论坛、创业大赛等活动80余场，195个创新创业项目在北京主会场主题展亮相，参观和参加“双创周”主题展示的人数近两万人次。“双创周”期间，北京市中小企业公共服务平台网络枢纽服务平台及各联网窗口平台共举办105场活动，吸引超过3500家企业、1万余人次参加。中关村创新创业季以“创·新能力”为主题，共举办中关村论坛、创业马拉松、体验展示等24场活动，吸引来自以色列、美国、德国、芬兰、瑞典、瑞士等19个国家和地区的716家机构、5925个创业项目、5万余人参与。

（钟冷　程晓荷）

【首届全国智能制造创新创业大赛】 10月17日，首届全国智能制造（中国制造2025）创新创业大赛（简称CISM大赛）华北赛区决赛启动仪式在北京中关村智造大街举行。CISM大赛覆盖全国智能制造核心城市，设五大赛区，包含创新赛和创业赛。大赛优秀项目可以获得一定的现金奖励和大赛支持单位提供的价值百万元的资源包，以及比赛过程中的顶级资本对接与专业技术培训。

（程晓荷）

【智能知识图谱“图灵”首发】 10月18日，中关村创新创业季组委会、北京因果树网络科技有限公司联合发布全国首创的互联网公司智能知识图谱“图灵”，三秒钟就能解答50类创业、投资领域的问题。“图灵”主要基于对海量大数据的智能分析，其中数据库覆盖全网20万个以上的创业项目、1000多种行业、上万个投资人和投资机构的数据，数据量高达600TB（1TB＝1024GB，1GB＝1024MB）。

（钟冷）

【首届全国工业机器人技术应用技能大赛决赛】 11月25日—27日，2016年中国技能大赛——“埃夫特·栋梁杯”全国工业机器人技术应用技能大赛决赛在海淀区举行。大赛由工业和信息化部、人力资源社会保障部、教育部主办，是国家级一类大赛。决赛分为理论知识比赛和操作技能比赛。大赛于6月15日启动，25个省（区、市）共选拔推荐123名选手参加决赛。在决赛中，获职工组一等奖的5名选手被授予“全国技术能手”称号，晋升一级国家职业资格；获学生组一等奖的5名选手被授予相应级别的国家职业资格证书。

（钟冷）

【协同创新母基金】 年内，协同创新母基金总规模增至12亿元，一期1.21亿元资金到位。第一支子基金“北京协同创新京福基金”组建完成，总额度4.5亿元，一期资金到位2.5亿元，撬动民间资本超过75%。总规模1亿元的北京协同创新电子信息基金和2亿元的北京协同创新源驰大数据产业基金，撬动民间资本超过80%。

（程晓荷）

【设立海淀原始创新联合基金】 年内，海淀园联合北京协同创新研究院、商汤科技公司等技术转化机构、企业，与北京市自然科学基金共同设立“北京市自然科学基金—海淀原始创新联合基金”，总计2400万元，海淀区出资1000万元。联合基金旨在增强核心区基础研究，以核心区经济发展需求引导区域原始创新。

（程晓荷）

【中关村协同创新服务平台】 年内，协同创新服务平台网站注册会员2241个，促成服务交易约2亿元。增设创新驿站28家，新增创新导师275人，新增服务机构278家。海淀区科技项目公开招标平台征集各类需求687项，匹配相应资源370项，举办活动17次，促成31项专利技术招标。平台征集、审核需求信息量687项，匹配需求信息量356项，对接项目137项，促成招标项目31项。

（程晓荷）

【TD－LTE项目获国家科技进步奖特等奖】 年内，海淀区的“第四代移动通信系统（TD－LTE）关键技术与应用”项目获2016年度国家科学技术进步奖特等奖。该项目由中国移动通信集团公司、工业和信息化部电信研究院牵头，联合电信科学技术研究院、华为、中兴、展讯以及北京邮电大学、清华大学等企业、高校、研究单位，克服技术、产业、组网、测试、组织机制五大挑战，突破重大核心技术，提出并主导TD－LTE国际标准，实现全产业链的群体突破。

（程晓荷）

【DTMB项目获国家科技进步奖一等奖】 年内，由杨知行教授领衔的清华大学数字电视中心团队发明的适用于复杂地面数字电视传输环境的LDPC（低密度奇偶校验码）纠错编码专利技术，成为国际上第一个在数字电视领域采用LDPC码的标准，中国标准开始引领国际标准的技术方向。该技术完成DTMB（数字电视地面广播传输系统帧结构、信道编码和调制）系统成套的实现技术和算法代码，创新实施一种专利处置与实现技术分离操作的机制，推动中国DTMB产业链及专利池建设。团队通过自主开发数字电视一体机、机顶盒及其接收专用芯片、多模式地面数字电视发射机及其单频组网设备等DTMB系列产品，实现DTMB系统产业化和产业链建设并开展市场应用。

（程晓荷）

科技成果

【征集重大科技成果产业化项目】 8月19日，海淀园针对移动互联网和下一代互联网、云计算、集成电路、导航与位置服务、新材料、新能源和节能环保、生物医药、文化和科技融合、智能制造、轨道交通、通用航空、智能硬件、自主可控等领域面向区内征集、选拔、储备一批重大科技成果产业化项目。组织专家对预征集项目进行评审，掌握项目的技术创新性、产业化前景等，对项目的预期效益进行预判。

（宋鸽）

【高校科研成果落地】 年内，清华大学与盖茨基金会合作成立的全球药物研发中心落户东升科技园。清华大学技术转移中心完成的32项重大产业化项目在京落地，其中30个项目落地海淀，占比93.8%。北京大学技术转移中心促成24个项目在京产业化，其中23个项目落地海淀，占比95.8%。北大·海淀重大科技成果孵育基金完成“压敏发电技术”“二氧化碳空气源热泵”“高性能同轴电缆宽带接入芯片及其解决方案”等8个投资项目，投资金额2500万元。清华大学在中关村智造大街建设清华双创孵化器，并将清华大学“校长杯”创新挑战赛、全国大学生创新创业大赛等获奖项目落在中关村智造大街双创基地。

（程晓荷）

【37个项目获国家科学技术奖】 2016年度，海淀驻区单位主持完成的项目中有37项获得国家科学技术奖，占北京市通用项目获奖数的52%，占全国的17%。其中，国家自然科学奖10项，占北京市自然科学奖的76.9%，占全国自然科学奖的23.8%；国家技术发明奖通用项目7项，占北京市国家技术发明奖通用项目的70%，占全国国家技术发明奖通用项目的14.9%；国家科技进步奖通用项目20项，占北京市国家科技进步奖通用项目的42.6%，占国家科技进步奖通用项目的15.5%。中国科学院物理研究所赵宗贤院士获国家最高科学技术奖。

（程晓荷）

【82个项目获北京市科学技术奖】 2016年度，北京市科学技术奖共有180项成果获奖，其中，一等奖27项、二等奖60项、三等奖93项。海淀驻区单位主持完成的82个项目分获北京市科学技术奖一、二、三等奖，占北京市获奖项目总数的45.56%。其中，一等奖13项，占一等奖项目的48.15%；二等奖26项，占二等奖项目的43.33%；三等奖43项，占三等奖项目的46.24%。

（程晓荷）

知识产权保护

【概况】 2016年，海淀园（区科委）优化知识产权服务环境，提升知识产权服务水平。建有8个“12330”保护知识产权举报投诉服务工作站和6个知识产权海外维权援助基地。首次引入国际技术转移机构——德国史太白进驻知识产权一条街。中关村知识产权一条街形成中关村知识产权大厦、国际技术转移中心、致真大厦及银谷大厦四大集聚点，带动区域800余家知识产权服务机构发展壮大。促进科技成果转化，构建企业购买知识产权高端服务、技术转移平台建设、知识产权服务业发展、知识产权领军人才等专项，对创新主体及专业服务机构的知识产权工作支持经费达8000余万元。14家知识产权服务机构获评首批北京市知识产权服务品牌机构，占获评机构总数的3/4。

年内，海淀区被国家知识产权局正式确定为国家知识产权示范城市（城区），融入国家首批知识产权强区建设工程，被确定为首批全国专利质押融资示范地区。

（程晓荷）

【“智慧书堂”进驻中关村创业大街】 1月，全国首家知识产权服务与创新创业主题书店——“智慧书堂”落户中关村创业大街，4月29日在中关村知识产权论坛上启动。“智慧书堂”是由知识产权出版社有限责任公司建设的新型知识产权服务平台，旨在通过提供知识产权创新服务模式提升创新创业质量和效率。“智慧书堂”设有知识产权项目展示和路演区、知识产权服务对接洽谈区、知识产权文化区等活动空间，通过线上线下的图书传播、知识产权文化展示，具有为创客提供知识产权资源集聚的交流空间，优秀知识产权项目的评估、展示、路演洽谈和投融资对接服务，为创新创业者提供全方位知识产权解决方案三大服务功能。

（程晓荷）

【“创之翼”图书咖啡吧落户】 2月26日，国内首家以知识产权为主题的图书咖啡吧——“创之翼”暨“知识产权之家”创业图书咖啡吧在中关村知识产权大厦A座正式启动运营。“创之翼”图书咖啡吧致力于打造“知识产权人交流、提升与体验的专属平台”，集咖啡休息吧、知识产权图书库、知识产权孵化器、专业知识充电站、专业研讨会、知识产权沙龙等形式为一体，创建知识产权从业者之家，建设知识产权人专属的培训、交流与休闲修身平台，促进企业知识产权管理人员、专利代理人、商标代理人、版权经纪人、知识产权律师等在内的知识产权相关人员的交流与合作。

（程晓荷）

【“4·26”知识产权宣传周活动】 4月23日，为迎接“4·26”第16个世界知识产权日，区知识产权局开展知识产权宣传周活动。区知识产权局和中关村创业大街新的社会阶层人士联谊会联合举办“海淀知识产权大讲堂”，邀请中国文字著作权协会总干事张洪波作主题为“版权运营与知识产权保护”的讲座。4月26日，区知识产权局联合区商务委、文化委、工商分局、质监局，在当代商城门前广场举办主题为“保护知识产权，打击侵权假冒”的宣传活动。通过展板，发放宣传彩页，便民实用手册，现场咨询等形式，宣传解答有关商标、著作权、专利、假冒电子产品等热点问题，发放宣传材料千余份。4月29日，区知识产权局举办以“知识产权版权运营与保护”为主题的中关村知识产权论坛，国家知识产权局等政府部门，北京大学、中科院等科研院所，海淀区高新企业、知识产权服务机构、知识产权律师队伍、技术转移机构等近千人参加论坛。论坛上，发布《2015年海淀区知识产权白皮书》，启动全国首家知识产权众筹平台——望远知识产权众筹平台和全国首家知识产权服务与创新创业主题书店——“智慧书堂”，举行知识产权海外维权援助基地授牌仪式。

（程晓荷）

【望远知识产权众筹平台启动】 4月29日，全国首家知识产权众筹平台——望远知识产权众筹平台在中关村知识产权论坛上启动。该平台是以知识产权保护为重点的众筹平台兼孵化器，平衡优秀创业者和投资人之间的资源信息不对等，为中小企业提供全方位、专业化的知识产权服务，为创业者的创意、想法与技术安全落地提供专业支持。通过线上众筹，线下开展宣传、培训等活动，由专业的服务团队、专家团队和创业导师团队从众筹资金、众筹项目、众筹人才三个方面，打造集孵化器、众筹、知识产权服务、资源共享为一体的知识产权众筹平台。

（程晓荷）

【中关村成为全国首批知识产权服务业集聚发展示范区】 4月29日，中关村知识产权推进会在京召开，国家知识产权局正式批复中关村成为全国首批国家知识产权服务业集聚发展示范区。会上，展示了一批中关村互联网知识产权专业服务平台，包括“打造知识产权信息统一入口”的IPRdaily、“随时随地查阅全球智慧”的合享新创APP、在线创新创意保护平台“创意宝”、一站式企业法律服务平台“快法务”等。

（程晓荷）

【“智融宝”发布】 5月27日，中国首个知识产权质押融资产品“智融宝”在中关村核心区发布。“智融宝”由北京知识产权运营管理有限公司与中国建设银行中关村分行携手推出，是国内首个不附带其他条件、可复制的“纯”知识产权质押贷款创新产品，为企业创新发展提供“知识产权运营+投贷联动”的全方位的金融服务。

（程晓荷）

【海淀区获批“国家知识产权示范城市”】 5月，国家知识产权局发布《关于确定绵阳等城市为国家知识产权示范城市的通知》，正式确定海淀区为国家知识产权示范城市。2013年，海淀区通过国家知识产权试点城市验收，进入示范培育阶段。2015年6月，正式申报国家知识产权示范城市。海淀区政府在知识产权管理、创造、运用、保护和服务等方面制定措施，2014年—2016年，海淀区完成全国12项知识产权首创性工作。10月12日，被授予“国家知识产权示范城区”牌匾。

（程晓荷）

【搭建6个知识产权海外维权援助基地】 年内，海淀区为帮助企业开拓海外市场，拓展知识产权海外维权援助基地建设，在英国、德国、法国、芬兰等发达国家建立6个知识产权海外维权援助基地。在“4·26”知识产权宣传周期间对知识产权海外维权援助基地举行授牌仪式。

（程晓荷）

【实施中小微企业知识产权托管工程】 年内，海淀区实施知识产权托管工程，筛选10家中关村创业大街孵化器，作为首批北京知识产权托管服务示范基地，托管中小微企业的知识产权工作。

（程晓荷）

【专利申请】 年内，海淀区的专利申请量、授权量、企业专利申请量授权量居全市各区首位。专利申请量70327件，同比增长19%，占北京市的37.2%；其中发明专利申请量46649件，同比增长16.7%，占北京市的44.6%。专利授权量34899件，同比增长11.9%，占北京市的34.7%；其中发明专利授权量17396件，同比增长11.4%，占北京市的42.8%。企业发明专利授权量7397件，同比增长24.4%。海淀驻区单位获3项专利金奖。

（程晓荷）

教　育

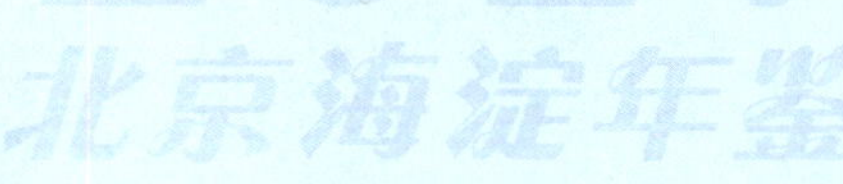

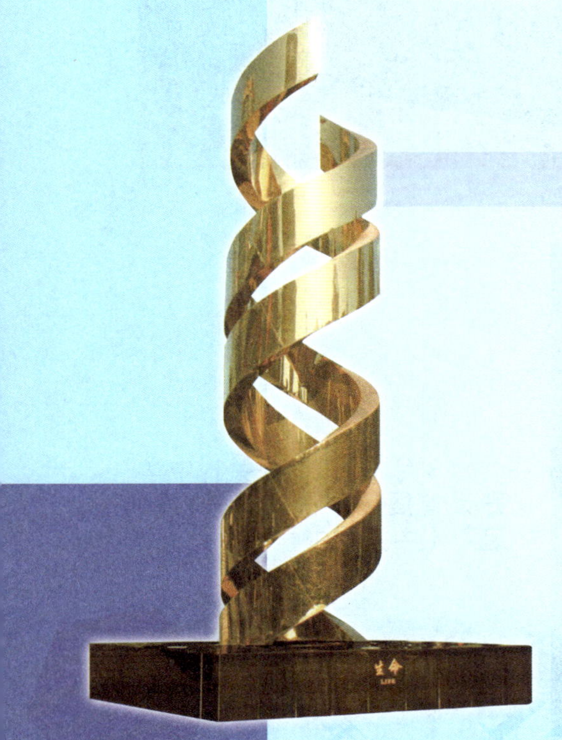

2月25日，海淀培智学校与长和大蕴合作培训教师（海淀培智学校 供图）

3月1日，北京航空航天大学科技成果转化项目在辽宁锦州签约（海淀园 供图）

3月13日，中关村中学开设首届国科大“科学实验班”（中关村中学 供图）

3月26日，区教委举行“包容 融合 成长——自闭症日”宣传活动（区教委 供图）

4月1日，海淀寄读学校开展科学学科综合实践活动（海淀寄读学校 供图）

4月1日，首师大附中青牛创客空间正式启用（首师大附中 供图）

4月14日，“四月的足迹——海淀爱国主义教育基地寻踪”活动在香山公园双清别墅启动（田峰 摄）

4月19日，六一幼儿院承办“2016北京市幼儿五人制足球邀请赛启动仪式”（六一幼儿院 供图）

5月，常青幼儿园举办教师自制户外玩具展（常青幼儿园 供图）

6月16日—22日，首师大附中举办“爱只因有你——百名乡村音乐教师北京行”公益培训（首师大附中 供图）

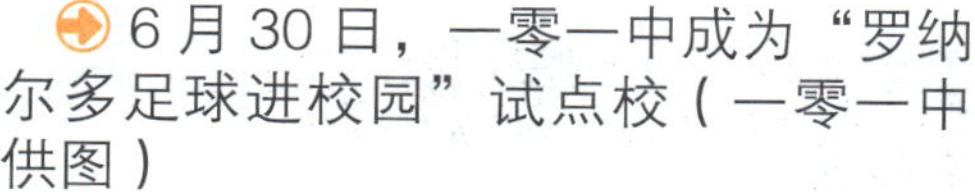

6月30日，一零一中成为“罗纳尔多足球进校园”试点校（一零一中 供图）

9月8日，民大附中芒市国际学校落成（民大附中 供图）

9月23日，海淀区首家公办民族幼儿园开园(区民宗侨办 杨信 摄)

11月16日，二十一世纪国际学校召开海淀区一贯制学校课程研讨会（二十一世纪国际学校 供图）

12月2日，海淀寄读学校举办“相遇梦想，绽放生命精彩”心理主题日暨校园心理戏剧节展演活动（海淀寄读学校 供图）

12月2日—3日，北大附中举办中学教育改革实践系列研讨会（北大附中 供图）

综 述

【概况】 2016年，海淀区基础教育规模持续扩大，中小学生人数达32万人，占全市总数的1/5，比2015年增加5467人。普通中小学有教职工21678人，其中专任教师18105人，生师比15：1；学前教育有教职工10528人，其中专任教师5224人；中等职业学校有教职工1065人，其中专任教师712人。区域内有幼儿园163所，普通中小学160所（不含23个一贯制学校小学部），全日制高等院校36所（部），成人高考在京招生学校28所，具有招生资格的民办非学历高等教育机构22所，中等职业学校11所，特殊教育学校2所，工读教育学校1所，社会力量办培训机构430家。有市级示范幼儿园27所，小学素质教育优质校44所，市区级高中示范校21所，国家级中等职业教育改革发展示范校1所，高中特色发展实验项目国家级试点学校9所，市级试点学校5所，小学特色校40所。有1所中关村社区学院，10个挂牌社区教育中心，654个市民学校。

区教委与区教育工委合署办公。区教委有直属事业单位14家。全年教育经费投入108.58亿元，其中国家拨款（国家财政性教育经费）106.78亿元、自筹经费（事业收入）1.8亿元。

教育事业管理 学前教育。持续扩大入园学位，缓解“入园难”矛盾。对16所公办园进行改造扩班，新增500余个学位。建成地区第一所民族特色幼儿园——海淀区民族幼儿园，增加140余个学位。与北京实创环保发展有限公司合作，扩大立新幼儿园环保园分园办园规模。利用闲置校舍资源开办上庄中心小学附属艺鸣实验幼儿园，新增180余个学位。完成枫丹丽舍小区配套幼儿园的收回及幼儿分流工作，由富力桃园幼儿园承办，新增120个学位。推进99中原址新建幼儿园项目，启动六里屯配套幼儿园、上庄镇C02配套幼儿园、前沙涧配套幼儿园项目。全年完成新增3000个入园学位的年度目标，地区新增6所北京市一级一类幼儿园、1所区级示范园。学前教育二期三年行动计划完成，三年新增7300个入园学位。实施《3～6岁儿童学习与发展指南》，开展幼儿园园长课程改革及领导力专题培训，以五一幼儿园作为课程改革试点园，开展5次交流活动。实施园长年度专题培训。面向学前教育干部、教师开展以实践为基点的需求化培训与交流。完成104所公办幼儿园、41所民办园的年度考核工作。加大对未经注册幼儿看护点的综合治理，审批1所，取缔45所。

义务教育。推进高校、教科研单位等支持中小学发展项目。委托人大附小、北大附小分别承办亮甲店小学和肖家河小学，将丰联小学并入清华附中永丰学校。十一学校承办太平路中学，更名为北京十一实验中学。建立首都师范大学海淀教育研究中心和中国教育科学研究院海淀教育研究中心。民族小学加挂中国教育科学研究院附属小学牌子，玉泉小学加挂中国科学院附属玉泉小学牌子，西苑小学加挂北京一零一中学实验小学牌子，今典小学更名为北京邮电大学附属小学，二里沟中心小学更名为首都师范大学实验小学。与中国教育学会合作，成立教师专业发展研究中心。万泉小学曙光校区等5所校址竣工并交付使用，新增2400个学位。启动育英中学整体改扩建等4个项目建设。将北京信息管理学校两个校区用于义务教育办学，回租回购出租房、合建房，购买产权房等方式，增加1840个学位。推进英语听说考试机考考场建设。组建成立指导专家队伍，全面启动“新优质学校”建设项目。全区共有46所学校申报“新优质学校”建设项目，其中小学24所，初中22所。以学区为单位，加强招生、课程、教育资源和党建工作的统筹协调，探索构建新型教育治理体系。中关村学区教育资源共享平台正式启用，温泉苏家坨学区探索实施非京籍子女入学学区派位办法，羊坊店、永定路、花园路、清河、上地等学区探索营造区域文化、艺术、科技、体育教育的氛围和机制，青龙桥、万寿路、学院路、八里庄和北太平庄等学区启动区域特色课程建设工作，海淀、紫竹院、四季青、西三旗、上庄西北旺等学区推进建立区域教师发展共同体，学区党建协作组织和工会组织基本建立。加强对开放性科学实践活动、综合社会实践活动课程的指导、组织和管理。召开义务教育学校展示交流周活动，推广课程改革的经验和成果。完成海淀区“国家中小学教育质量综合评价改革实验区”中小学实验校测评，33所小学实验校7074名六年级学生参加小学阶段语数英第一次评价数据采集工作，23所初中实验校近3000名八年级学生参加语数英物史的数据采集。开展七年级学生学业水平调研。围绕作业减负、课程减负和考试减负，落实课程设置和作息时间备案制度，完成市教委对地区减负工作的专项检查。民大附中、五一小学、海淀实验二小和首师大附小4所中小学被评为“北京市民族团结教育示范学校”。

普通高中教育。启动“新品牌学校建设”项目，19所学校申报。召开高中课改“致思·问行”系列论坛现场会。推进八校高中跨校选修平台建设。召开“海淀区高中STEAM教育、创客教育培训交流会”，通过专家培训、专业指导和校际共享交流，创新人才培养模式。北大附中、清华附中和首师大附中3所高中参加市级“1+3”模式实验，五十七中、交大附中东校区、科大附中、人大附中翠微学校、北京实验学校（海淀）和海淀实验中学6所高中参加区级“1+3”模式实验。启动首批高中学科教研基地评估认定工作，共认定21所高中学科教研基地。

特殊教育。将海淀区培智中心学校和北京市第三聋人学校合并，更名为北京市健翔学校。成立海淀区特殊教育研究与指导中心。开展特教专业师资培训。完成残疾儿童少年受教育状况数据核查工作。开展特教助理项目研究。完成市级课题“北京市特殊学生融合教育支持保障体系的研究”中期检查，完成区级课题“构建随班就读学生多元评价体系的研究”结题验收。

职业和成人教育。申报职业高中新增专业及新增“3+2”中高职衔接试点专业。开展职业教育市、区、校三级联动教研。编制发布《海淀区战略新兴产业专业技能紧缺人才需求目录和指导方案》《2016年海淀区战略新兴产业专业技能紧缺人才需求目录》和《2016年海淀区战略新兴产业专业技能紧缺人才培养方案》。以职教集团为平台，对接小米、百度、华为及中国教科院、国家开放大学等驻区职业教育资源。举办以“中国制造2025与工匠制度”为主题的海淀区职业教育发展高峰论坛，认定首批10位创新创业（双创）导师、首批10家产教融合实习实训基地。开展以“育精益求精工匠，圆创新创业梦想”为主题的“全民终身学习活动周”，评出“海淀学习之星”100人、“海淀区市民学习品牌”20个，8人被评为“首都学习之星”；评出社区教育科研成果优秀论文13篇、优秀项目6个。拨付资金支持学习型组织建设牵头单位和社区教育学校开展工作。开展海淀区学习型城市建设成果展示和经验交流。开展海淀区经典诵读骨干教师培训，组织“中华诵·经典诵读大赛”和海淀区汉字听写大会选拔活动，开展第十九届全国推广普通话宣传周活动。

民办教育。对民办教育培训机构依法依规办学情况开展联合检查，对存在生源不足、资金缺乏、退费纠纷、办学场地等问题的学校和机构，采取缓检、网上警示、警告、终止办学等措施，维护教育秩序。对11所未经审批打工子弟学校制定分类管理工作方案。淘汰5家低效能民办教育培训机构，疏解人口1万余人。委托第三方机构对列入“整改类”工作台账的200余家看护点实施整改管理，提升保育、保教质量。启动第一批10所看护点委托管理工作。

教育交流与合作。具备招收外籍学生资质的学校61所，其中年内新增37所。50余所中小学校聘用外籍教师。有北京市岭南幼儿园、北京市小天使美语幼儿园两所中外合作办学机构，有9所学校开设13个中外合作办学项目。全区中小学幼儿园外籍在校生1285人，中外合作办学机构和项目在校生3215人。举办“海淀教育与世界对话”系列活动，与英国剑桥大学、芬兰萨翁林纳市教育局、加拿大高贵林市教育局、法国凡尔赛学区建立教育合作关系，举办国际教育研讨会、“G20教育对话”、亚太地区教育创新文晖奖颁奖大会等大型国际会议。海淀区中小学气候变化主题教育项目获中国联合国教科文组织全委会和中国教育学会联合颁发的首届“文晖奖中国教育创新优秀奖”。完成英国教育大臣来访等国（境）外团组接待任务。通过交流研讨、开展领事保护进校园等形式，提升中外合作办学项目办学质量。地区有11所市级高中示范校参加2016年北京市第五届中学生模拟联合国大会。组织49所中小学340名学生参加“第五届北京市中小学外语展示活动”。派出5名教师赴国外孔子课堂和阳光学校任教。接待香港教育局高层公务员代表团和教师交流团共100余人次，帮助6所学校与港澳学校结对并进行校际交流，组织3所学校参加京港澳夏令营。承办“面向未来的基础教育”第二届京台校长峰会、海峡两岸教育交流研讨会，新增6所市级青少年涉台教育基地校。与蒙、黔、鄂、疆、藏等地开展教育对口支援。推进京津冀一体化协同发展，与张家口达成合作办学意向。

教育改革 发布《海淀区“十三五”时期教育改革和发展规划》，推进管理体制、招生考试制度、人才队伍、课程教学和评价等综合改革。启动中国好老师、新优质、新品牌项目，从师资水平、义务教育质量、高中教育品牌3个方面扩大优质教育资源总量；开展教师学科专业能力提升等7个专项研究，探索建立教师成长的立体推进模式。全面启动智慧教育政府与社会资本合作（PPP）建设模式。

实施新一轮基础教育课程改革。开展小学自主排课实验、初中“开放性科学实践活动和综合社会实践活动”和综合素质评价。推进作业、课程和考试减负。制定高中课改工作方案，推进“1+3”培养模式试验，探索人才培养模式创新。认定首批15所学校、21个高中学科教研基地，推进8校高中跨校选修平台建设。推进高中特色项目建设，选定3所高中参加北京市跨区域学校发展联盟。

首次实施小学入学“六年一学位”政策，采取非京籍五证线上、线下联审制度，规范集体户口适龄儿童、持有“北京市工作居住证”人员子女、港澳籍适龄儿童小学入学管理办法。初中入学增加“就近登记入学”方式。将优质高中名额分配比例提高至50%。增加“5+2”高端技术技能人才贯通培养实验项目，618名学生被贯通培养方式录取。在一零一中学与西苑小学、十一学校与太平路小学、海淀实验中学与花园村二小3对中小学之间建立九年一贯对口招生机制。全区共有12对中小学建立九年一贯对口招生机制。

探索建立学区质量监测、督导评价体系，聚集属地街镇、教委、资源单位和学校力量，形成“全社会共同参与办教育”的合力，构建新型区域教育治理体系。

推进校长职级制改革。探索编外人员“区聘校用”模式，建立高端教育人才储备库，105名优秀教师签约入库并到45所学校任教。推进职称制度改革，首次评出11名正高级教师。

素质教育 聚焦课堂主渠道，开展文明礼仪教育、品德教育、养成教育、优秀传统文化教育，培育美德少年、美丽校园、原创文明短剧、名家进校园、道德学堂、家庭教育大讲堂、敬德书院、心理健康教育周等区域性教育活动品牌。10所中小学成为首都红十字紧急救援志愿服务站挂牌校，推出小学国际人道法示范课。推进心理教育地方教材实验，加强生命教育。加强未成年人法制教育和防治校园欺凌教育。推进校园文化和文明校园建设，优化未成年人成长环境。开展校内知识产权教育，海淀区被评为知识产权教育示范区，人大附中、清华附中、十一学校被评为首批北京市知识产权教育示范学校。开办首批国防教育高研班，推荐3所中小学校参评教育部“国防教育特色学校”。

获市级以上体育竞赛第一名103项，其中国家级21项，北京市级82项。举办中小学生冰球联赛，编印全国第一本冰雪运动学生读物《海淀区中小学冰雪运动知识读本》。海淀区被评为全国校园足球试点区，17所中小学被评为“全国校园足球特色学校”。完成全区中小学生体质健康数据采集，参测率100%，优良率61.9%。

海淀区被教育部确立为全国中小学影视教育实验区。36所中小学被评为北京市艺术教育特色学校。建立校外活动和特色课程资源库，首次在线发布400项校外活动，为学校提供菜单式服务。开展快乐实践之旅、安全自护教育、中国儿童梦舞台、民族音乐深入社区、天文进校园、体育进校园公益行、“水资源”公益环保课程进校园等系列活动。在科技艺术比赛中，获得333个一等奖。5名学生获第14届北京青少年科技创新市长奖，占全市的50%。全区有区属校外机构11家，市级社会大课堂资源单位93家，市青少年学生校外活动基地12家，区青少年学生校外活动基地128家；有北京市学生金帆艺术团35个，北京阳光少年艺术团1个，市级艺术教育特色学校36所，区级艺术教育示范学校23所，海淀区学生银帆艺术团19个，海淀区金帆书画院承办校11个；有北京市学生金鹏科技团16个，市级科技教育示范学校27所，区级科技教育示范学校30所。

组建海淀教育科学研究院，聘请24位首届学术委员，推进海淀教育智库建设。建立“十三五”时期中学教育工作指导专家库，60位教育专家入库，参与指导全区中学科学规划与建设。

全区中考平均分、优秀率、及格率均高于市平均水平。高考600分以上考生的中学有53所，占全区中学的91%。理科本科上线率首次突破90%。

干部教师队伍建设 落实习近平总书记对教师提出的“四个引路人”要求，制定《海淀区中小学幼儿园师德建设长效机制实施办法》。评选表彰20名十佳青年教师（标兵）。

自主研发干部培训区本课程，形成“成长中的教育家”课程体系。举办专职书记、示范园长、新任书记校长、校级副职和中层干部、后备干部等系列培训，覆盖教育系统所有管理岗位。制定《海淀区“十三五”中小学、幼儿园、职业高中教师培训工作指导意见》，构建以“全覆盖、分层次、有重点、多选择”为特点的“三维四级”培训课程体系。举办“风采杯”高中教师优秀教学成果系列展示和“京教杯”青年教师教学基本功展示。在北京市“一师一优课”活动中，地区578位教师获奖，占全市获奖人数的56%。海淀区被评为北京市中小学教师培训工作优秀集体，区教师进修学校被评为北京市示范性区级教师培训机构，15家单位被评为北京市中小学教师校本培训示范学校。

继续实施乡村教师支持计划行动，保障乡村教师业务发展和生活待遇，优化教师队伍结构。开展名师教学指导团帮扶北部教育教学活动。成立名班主任工作站，完成名师、名校长、名班主任三大人才体系建设。启动第四期名师工作站导师制工作，404名学员参加第四期入站研修。20名教师被认定为北京市特级教师，1名教师进入市特级教师研修工作室，成立3个“北京市幼儿园名师工作室”。评出4836名区级带头人和骨干教师。引进高端教育人才24人。

教育信息化建设 推进教育光缆专网、无线班班通、视讯平台三大区级项目的一期工程建设，实现海淀教育网四级联通互动。建设区域无线网络，构建覆盖57所学校（68个校区）教学区域、3122间教室的泛在学习空间，视讯平台建成4个中心、30个校级集会分中心。改版海淀教育门户网站。建成海e英语学习社区、中关村学区资源共享平台、教师职称评审系统。启动教育事业统计及大数据分析等4个综合服务平台。启动24所高考考点校、18所中考考点校、29所其他考点校的英语机考考场信息化建设。

教育督导 成立责任督学挂牌督导三部十七区，完善督学责任区工作机制。探索学前教育阶段“支持性督导”模式，完成对34所幼儿园的综合督导。在中小学阶段，探索构建以督学责任区为依托、以经常性督导为基础、以专项督导为重点的综合督导模式。利用信息化平台，探索新型责任督学挂牌督导机制。首创学科总督学制度，建立全国第一支学科督学队伍，围绕学科核心素养和课程标准，加强对国家课程课堂教学的监督、指导与服务。组建小、初、高三学段体、数和初、高学段生、史、地12个学科（总）督学团队。

推进第四轮综合督导工作。开展区域学前教育、校园欺凌、减负、校外教育等专项督导。引进第三方独立机构，完成义务教育学校社会满意度调查。海淀区被评为“全国中小学校责任督学挂牌督导创新区”。

扩大督学覆盖面，督学队伍涵盖挂牌责任督学、学科（总）督学、学前督学、督政、体卫、校外教育6类督学，共376名。组建以特级、市级学科带头人和骨干教师为主的学科（总）督学队伍。建立学区视导员队伍，为每个学区配备一名教育督导视导员。对学前教育督学开展“观摩+实践”式综合督导实地培训，进行“一对一”督导报告辅导等。将督学经历列入学校干部选拔的优先条件。

党建 面向教育系统1.4万名党员开展“两学一做”学习教育。成立23个督导组，对196家基层单位开展党建巡查。成立18个党建工作协作委员会，开展党员全员轮训，区域内社团组织和培训机构的党组织覆盖率达70%。完成区党代表换届和153个单位基层党组织换届。首次将民办学校党组织纳入“双满意”测评。以落实“三会一课”制度、党风廉政建设为重点，完成对54家单位的党建巡视。开展教育系统“讲述身边好规矩”专场宣讲活动，举办“清廉海淀——教育系统廉政文化作品”展览。服务型党组织建设课题被评为市级优秀课题。新发展党员224人，骨干教师占35%。开展党员干部警示教育，加大纪律审查力度，处理14人次，行政问责2人。

设立12个团委书记工作室、33个辅导员工作室，成立劳模志愿服务团，推进群团工作创新试点。开展少先队活动课展示，出版《少先队活动课程教师指导手册》。44个职工之家完成达标升级，认定34个区级模范职工之家。海淀区教育系统志愿服务联合会获第十一届中国青年志愿者优秀组织奖，3家单位被评为北京市“三八”红旗集体，获得全国中学团委书记职业技能大赛冠军和最佳风采奖。

（宋亚甫）

【召开基础教育一贯制办学模式创新研讨会】 1月8日—9日，由中国教育学会主办，区教委、区教育学会承办，育英学校协办的全国“基础教育一贯制办学模式创新研讨会”在育英学校举行。会议主题为“办好基础教育一贯制学校，促进中小学优质均衡发展”，听取育英学校“唯一的母校”主旨报告及“育英学校一贯制管理及教师队伍建设的思考与实践”汇报，介绍学校自2012年起进行管理体制整体变革，探索一体化学校发展路径及取得的办学成效；平行举行“一贯制学校管理体制与机制创新”“一贯制学校德育与育人模式创新”“一贯制学校课程与教学实施创新”“一贯制教师队伍建设与管理创新”4个分论坛，海淀区7所学校以及四川、重庆、青岛、天津、武汉等地的一贯制学校代表分享学校办学实践经验。研讨会上，发行《九年一贯制办学模式创新》，该书总结海淀区40余所一贯制学校和对口直升机制学校的办学经验和成果。教育部相关司局、中国教育学会、北京市、海淀区有关领导，以及来自全国各地的教育行政部门领导、校长、教师、教育研究人员400余人参加会议。

（宋亚甫）

【举办首届语文教育论坛】 1月9日，区教委举办首届语文教育论坛。论坛由海淀区教师进修学校主办，一零一中学承办，主题为“核心素养与语文教育”，听取区域语文教育专题汇报，观摩《追风筝的人》《唐诗中的传统意象“舟”》2节语文现场课，首都师范大学教授评课并作主旨报告，分论坛以“核心素养与语文课程建设”“核心素养与语文教学实践”“核心素养与语文教学评价”“核心素养与语文教师队伍建设”为主题，结合海淀区高中、初中、小学案例，从课程建设、教学实践、教学评价、教师队伍建设4个角度，展示海淀区在优化语文教育，改进语文教育，更好地落实“立德树人”教育目标所做的探索。首师大、北京教育学院、北京教科院基教研中心、区教委、海淀区教师进修学校领导专家、教研员及海淀区中小学教学干部、语文教师、北京市各区县语文教研员及教师代表600余人参加论坛。

（宋亚甫）

【建立芬兰教育培训交流基地】 3月10日，区教委在芬兰建立教育培训交流基地。区教委与芬兰萨翁林纳市教育和文化发展部共同签署教育合作意向书，协议书有效期3年。根据双方约定，区教委将在萨翁林纳市教育和文化发展部协助下，在该市建立教育培训、交流基地；同时交流教育管理、教育与教学改革、教育督导经验，共享研究成果；双方还将在基础教育领域建立多种交流机制，鼓励并支持所辖地区学校开展校际合作与交流。

（宋亚甫）

【接受全国责任督学挂牌督导创新区核查】 3月24日—25日，海淀区接受全国责任督学挂牌督导创新区核查。2名核查专家赴育英学校、理工附中南校区、海淀实验小学、清华附小4所学校检查。其中，在育英学校观看海淀区责任督学挂牌督导专题片，听取题为《创新责任督学挂牌督导工作，推动海淀教育事业科学健康发展》的专题汇报，对育英学校校园进行巡视，检查校门口的责任督学公示牌、学校专门设置的督学值班室，走访食堂、图书馆、校史馆等地，并开展集体听课；在理工附中南校区、海淀实验小学及清华附小，检查学校督学工作开展情况，走访校园，了解学校的软硬件建设情况和办学特色，核查组专家对海淀区创新责任督学挂牌督导工作给予充分肯定和高度评价。市教委、市教育督导室、海淀区政府、区委教工委、区教委、区政府教育督导室领导及有关人员20余人参加活动。

（宋亚甫）

【启动教育综合改革重点项目】 3月25日，海淀区教育系统启动教育综合改革重点项目。区教工委、教委召开教育综合改革重点项目启动会，启动海淀区“中国好老师”行动计划、海淀区新优质学校建设工程、海淀区新品牌学校建设工程。三个重点项目旨在通过项目引领推动海淀教育集群发展，让各校在协同研究中提高解决问题的能力，促进学校转型发展，提高办学质量。“中国好老师”行动计划以习近平总书记提出的“四有好老师”为目标引领，通过“从我做起、互通互助、素养提升、记录传承、尊师爱师”五大行动，构建海淀“中国好老师”行动计划项目实施模式，聚焦海淀教师发展核心素养，开展素养提升专项研究，建立海淀区中国好老师行动计划区域项目基地。新优质学校建设工程，拟选择20所左右义务教育学校，通过二到三年时间，助力学校在管理能力、教育教学、师资队伍、校园环境等方面的全方位提升，使这些学校整体办学质量明显提高，成为社区百姓满意的新优质学校。新品牌学校建设工程，着力打造20所左右品牌彰显、办有特色、家长满意、社会认可的新品牌学校。通过塑造学校特色文化、指导学校课程重构、探索教与学方式改革、“互联网+教育”模式、现代学校制度等内容建设，整合区域资源，激发学校办学活力，提升办学品质，提高区域高中教育质量，为全区高中学校优质发展提供先进经验。会议对3个项目的实施目标、实施内容、推进策略等进行解读。

（宋亚甫）

【举办首届海淀区中小学冰球联赛】 3月26日，区教委举办第一届海淀区中小学冰球联赛。该届联赛有15所中小学组成22支冰球队，包括清华附小、中关村一小、人大附小、万泉小学、二十中附属实验学校、一零一中学等，参加3个级别的比赛，小学分A组（4～6年级）和B组（1～3年级），中学组（7～9年级），共47场比赛，历时1个月。市教委、市体育局、区教委、区体育局领导及海淀区中小学师生300余人参加开幕式。

海淀区有3所中小学拥有校园冰场，其中东北旺中心小学移动冰场为真冰，一零一中学、中关村二小百旺校区均为仿真冰场；有 20 多所中小学开设“旱冰课”“旱雪课”，10 多所中小学开设“真冰课”。

（宋亚甫）

【发布《海淀区中小学冰雪运动知识读本》】 3 月 26 日，《海淀区中小学冰雪运动知识读本》（简称《读本》）正式发布。该书由冰雪运动专家、教育教学专家和专业人员共同编写，内容涵盖冬奥会 15 个大项、98 个小项，全面介绍冬奥会的历程、运动项目知识、优秀运动员成就和观赛注意事项等。全书共计 123 页，彩色印刷。《读本》面向海淀区 186 所中小学、257 个校址发放，平均每个校址 50 册，并要求各校要确保开设《读本》课程，《读本》做到循环使用。

（宋亚甫）

【5 名学生获“北京青少年科技创新市长奖”】 3 月 27 日，第 14 届“北京青少年科技创新市长奖”公布获奖名单。海淀区 5 名学生获奖，分别是：人大附中学生吴凯达，获奖项目为“线虫内胞质分裂缺陷的 Q 神经细胞观察和研究”，人大附中曹沛晴，获奖项目为“基于手机交互的自主停车演示系统”；一零一中学学生张晨冰，获奖项目为“天然植物色素的提取及染色的应用研究”；一零一中学常婧琦，获奖项目为“牛源金黄色葡萄球菌耐药性与耐药基因图谱的研究”；北航附中学生杨桦，获奖项目为“洗涤液中的纳米银在河流典型生物食物链上及其子代中的传递”。

（宋亚甫）

【海淀区教育科学研究院成立】 3 月 30 日，北京市海淀区教育科学研究院正式成立。海淀教科院的成立，是海淀深化教育综合改革的重要组成部分，也是区教育领域综合改革中一项重要举措，它将承担区域教育教学前沿性、探索性的科学研究任务及区域教育领域综合改革的政策研究，承担现代教育技术在教学工作中的运用研究，以及配合有关部门开展教育质量综合评价研究工作。成立后，海淀区教科院拥有科研部门的 2 所 5 中心、行政部门以及敬德书院、海淀区教育学会 2 个挂靠部门。2 所 5 中心分别为教育科研管理研究所、教育历史研究所、德育心理研究中心、教育政策演技中心、课程建设研究中心、质量评价研究中心、现代教育技术研究中心。挂牌成立大会上，还宣布成立区教科院学术委员会，聘请国内外著名教育学者 20 余人为委员会成员。同时，北师大、首师大也分别在海淀区教科院建立研究中心。海淀教科院前身为 1984 年成立的海淀区教育科学研究所。

（宋亚甫）

【与剑桥大学教育学院签订合作书】 4 月 12 日，区教委接待英国剑桥大学教育学院代表团访问。代表团由教育学院院长杰夫·海沃德一行 5 人组成，听取海淀区教育基本情况介绍，并向中方介绍英国剑桥大学教育学院概况；双方就干部教师培训、联合教研及科研等事宜进行交流。双方签订《教育合作意向书》，根据合作意向书，双方教育工作者将在基础教育领域开展更加广泛深入的合作交流，丰富彼此教育理念、教育方法、教育成果。

（宋亚甫）

【召开一零一中学教育家办学实践研讨会】 4 月 14 日，区委教工委、区教委联合召开一零一中学教育家办学实践研讨会。研讨会由区委教工委、区教委主办，一零一中学承办，区教委主任陆云泉主持，一零一中学校长郭涵作题为《守正出新——为了心中的教育梦想》的主题报告，阐述关于教育的思考与认识，学校教育文化红色宝库的内涵及在继承与发展、改革与创新领域所取得的成绩。与会专家陶西平、刘长铭及海淀区领导对郭涵办学理念进行评价，指出她专心于学校发展，对教育执着追求，全面提升学校办学质量，为办好人民满意的教育作出贡献。全国高中校长专业委员会有关领导、海淀区和来自全国各地中小学校长 300 余人出席会议。

（宋亚甫）

【举办首届化学教育论坛】 4 月 15 日，区教委举办首届化学教育论坛。该论坛由区教委、海淀区教师进修学校主办，八一学校承办，为海淀区高中课改“致思·问行”系列论坛的一部分。论坛以“核心素养与化学教育”为主题，旨在共同探索化学教育在学生核心素养培育中的基本思路和方法，听取海淀区化学学科课程体系建设、改进教学策略、优化评价方式建设方面实践探索的介绍，十一学校、理工大附中、北方交大附中、首师大二附中 4 所中学分享本校在化学学科建设及研究方面的思考与实践，以及首师大附中教师“泡腾片的制作”教学设计的思考与研究，八一学校、人大附中作“探索电池的奥秘——基于认识模型构建的实践探索”“拯救珊瑚礁——基于真实问题解决的实践探索”现场课展示，与会专家现场点评，并就化学学科关键能力的研究及思考进行交流。有关专家及教师 1000 人参加论坛。

（宋亚甫）

【实施义务教育阶段入学新政策】 4 月 21 日，区教委公布 2016 年海淀区义务教育阶段入学政策。2016 年度海淀区入学政策主要有 3 点变化，即实施“六年一学位”政策，完善非京籍适龄儿童入学审核流程，进一步规范华侨等人子女小学入学管理。自 2016 年起，海淀区对适龄儿童入学登记地址、就读学校实施记录管理，自该套住房地址用于登记入学之年起，原则上六年内只提供一个入学学位（符合国家生育政策的除外）；在非本市户籍适龄儿童少年在海淀区接受义务教育证明证件材料审核流程上，增加线上初审，由公安海淀分局、区人力社保局对申请人的在京暂住证、社保证明信息进行网上初审；按照市教委要求，对华侨、港澳同胞、外籍华人子女，对持有“北京市工作居住证”，对海淀区单位集体户口的人员子女小学入学的管理进一步规范。初中入学继续压缩特长生比例，比例控制在初中招生总人数的 5% 以内，单所学校特长生招生计划控制在本校招生总计划的 10% 以内。2016 年，海淀区小学入学需求约为 2.9 万人，同年小学毕业生 2 万人，学位缺口近 9000 人。

（宋亚甫）

【与首师大签署教育战略合作协议】 4 月 26 日，区教委与首都师范大学签署教育战略合作协议。根据协议，双方本着“协同创新、优势互补、合作共赢、共同发展”原则，以双方的教育资源为基础，建立教师教育研究共同体，在教师本硕博一体化联合培养、高等教育与海淀教育的互融互动、教育改革项目合作创新、高校与地方合作办学等方面开展研究，合作建设“首都师范大学海淀教育研究中心”。区教委借助首师大高校资源优势，进一步推动海淀基础教育的创新、协调、绿色、开放、共享发展。同时，海淀教育为首都师范大学高等教育的发展提供优良的教育研究基地和土壤。首师大、海淀区委、区教委有关领导14人参加签约仪式。

（宋亚甫）

【获“全国义务教育发展基本均衡县（市、区）”称号】 4月29日，海淀区获“全国义务教育发展基本均衡县（市、区）”称号，同时被评为国家首批“中小学校责任督学挂牌督导创新区”。海淀区以争创全国责任督学挂牌督导工作创新区为契机，加大经费投入力度，建立健全教育督导各项制度，在全国率先建立学科总督学制度，根据区情构建3部十七区的督学责任区构架，初步建立责任督学挂牌督导的“海淀模式”。

（宋亚甫）

【提高乡村教师福利待遇】 4月，北京市启动乡村教师支持计划。海淀区相继出台《海淀区乡村教师队伍建设实施细则（试行）》和《海淀区乡村教师生活补助实施细则（试行）》，为北部地区学校增发乡村教师生活补助，每人每月可获3300元补助；统筹区政府公租房资源作为教育人才公寓，优先解决乡村学校引进人才和新参加工作的无房青年教师住房问题，单身、无房者可在任期内免费使用公租房。北部地区四十七中学、台头小学等20余所学校1200余名教师受益。

（宋亚甫）

【与加拿大高贵林市签署教育合作意向书】 5月13日，区教委与加拿大高贵林市签署教育合作意向书。加拿大高贵林市教育局代表团一行4人访问区教委，听取海淀区教育基本情况介绍，加方介绍教育概况及开展教育国际合作交流情况；双方就开展学生冰球运动、干部教师浸入式培训、引进加拿大优质教育资源促进海淀区学校发展、双方学校建立友好关系等合作事宜进行交流和磋商，并签署《教育合作意向书》。

（宋亚甫）

【承办北京教育论坛】 5月17日，由《北京教育》杂志社主办，理工大附中承办的北京教育论坛（2016）在理工大附中举行。论坛以“义务教育阶段学科实践活动的探索”为主题。理工大附中校长作《实践致“质”》发言，介绍学校学科实践活动开展情况；北京第一实验小学和北京市第十一中学分别以“实施新实验课程，办好现代义务教育”和“在学习中发现——学科实践活动的探索与思考”为题进行经验分享；7名小学、初中教师作学科实践活动展示。北京教科院课程中心、北京教育音像报刊总社、区教科院专家点评。市区有关领导以及全市中小学教师600余人参加论坛。

（马成霞　彭譬）

【召开宣传思想工作会】 5月27日，海淀区教育系统召开宣传思想工作会。会议通过专题片《宣·思》系统展示全区教育系统宣传思想工作好经验、好做法，回顾总结2015年全区教育系统宣传思想工作，听取八一学校、翠微小学介绍学校宣传思想工作理念、思考和收获。会议强调教育工作者要切实承担起“传道、授业、解惑”的责任，用受众听得懂、喜欢听的语言和形式，把党的路线方针政策、共产主义信仰、社会主义信念的“道”传播出去；要加强对“创新、协调、绿色、开放、共享”五大发展理念的学习贯彻，把这些先进的发展理念纳入教育系统培训之中，与学校各项工作紧密结合，使其根植于思想，指导教育教学实践。海淀区委、区委教工委等领导、教育系统各单位党组织书记及新闻发言人400余人参加会议。

（宋亚甫）

【与北京双高人才发展中心签署战略合作协议】 5月27日，区教委与北京双高人才发展中心签署教育人才管理与开发战略合作协议。海淀区将依托双高中心在人力资源管理方面的专业优势，推进海淀区教育人才储备库项目工作，探索人力资源管理新模式，优化教育领域人才队伍建设，实现海淀区教育人才合理化配置，携手促进海淀基础教育优质均衡发展。

（宋亚甫）

【成立团委书记、少先队辅导员工作室】 6月17日，海淀区教育系统团委书记、少先队辅导员工作室成立。此项举措旨在加强团队干部队伍建设，创新共青团、少先队工作模式。2015年12月至2016年3月，完成首届团干部带头人和新一届辅导员带头人评选工作，共评选出12名共青团工作带头人、33名少先队工作带头人，区教工委为每名带头人成立自己的工作室，并要求带头人每年要培养、指导2名以上青年团队干部，至少参加一个区级及以上的共青团课题研究，至少完成一篇共青团工作论文，每学年至少组织一次团建协作组及以上级别共青团、少先队观摩活动，同时，还要积极参加经验交流，为提高全区的共青团、少先队工作水平而努力。成立大会上，与会领导为首届团委书记带头人、新一届辅导员带头人颁发证书，并向带头人所在学校工作室授牌；带头人与工作室成员就工作室工作项目研讨，共同推进工作室工作建设。

（宋亚甫）

【启动“中国好老师”行动计划】 6月17日，区教委启动“中国好老师”行动计划项目。2016年，海淀区引进该项目，并将其结合海淀区教师队伍建设工程，全面纳入海淀“十三五”教育发展规划。该项目为期三年，经学校申报，确定基地校11所、项目校42所，项目将根据实施的不同主体，设置相应的项目实施内容，立体推进，构建海淀“中国好老师”行动计划项目实施模式；聚焦海淀教师发展核心素养，开展海淀教师学科专业能力提升专项、海淀干部教师领导力提升专项、海淀教师师德提升专项等素养提升专项研究；建立海淀区“中国好老师”行动计划示范区。启动会上，解读“中国好老师”行动计划项目的背景、意义以及海淀区实施方案，为53

所海淀区"中国好老师"行动计划基地校及项目校代表颁牌。区教委领导及项目校负责人150人参加启动会。

（宋亚甫）

【举办体育骨干教师足球教学技能培训】 7月10日—16日，区教委举办中小学体育骨干教师足球教学技能培训。培训由海淀教师进修学校体育研修室整体设计和组织实施，2名西班牙青少年足球培训专家担任教练，研修活动聚焦"体育教师足球教学实践能力的提升"，采用专题讲授、现场示范与指导、案例剖析、教练和专家答疑、小组讨论并合作完成作业、小组间汇报交流、教练点评等方式，对足球知识与技能，学生学习足球的特点，足球教学技能，足球教学设计、实施、评价与改进，以及体育教师专业发展5个课程内容模块进行系统研修。30名海淀区中小学足球骨干教师参加培训。

（宋亚甫）

【举办科学教师国际研修高研班】 8月15日，区教委举办科学教师国际研修项目"基于科学本质的探究教学"高级研修班。研修班由区教师进修学校组织，培训专家由美国伊利诺理工学院2名教授担任，参训学员为海淀区13所中学28名科学（物理、化学、生物）教师和5名教研员。研修为期3年，采取理论学习与实践指导相结合、面授培训与网络研修相结合的方式，最终要求学员取得4项研修成果，包括1个本学科教学案例、1个跨学科主题式教学案例、组织1次研修活动、在学术期刊上发表1篇文章；项目组取得3项研修成果，包括1份研修报告、1本学术著作、1部反映研修过程和成果的短片。8月15日—19日，研修班完成5天第一阶段研修课程，主讲教师以工作坊的形式讲解科学探究和科学本质，如何进行科学探究和科学本质的教学，以及STEAM课程中的工程，并对学员展示的教学案例进行点评。

（宋亚甫）

【中学教育工作会】 9月21日—22日，区教委召开中学教育工作会。会议听取《挑战·创新·突破》主题报告，总结分析2015—2016学年中学教育工作取得的成绩、经验以及存在的问题和挑战，布置2016—2017学年中学教育工作任务。市教委领导、华东师大教授、上海曹杨二中校长作培训报告，分别对北京教育深综改的结构性特点和价值取向进行政策解读，分析海淀中学系统面临的挑战和变革；阐释核心素养的内涵，核心素养对课程标准框架的理解；成为高考改革实验区的上海学校如何思考全面育人与学生成长发展的培养策略和学校发展策略。参会代表分5个专题进行研讨交流，由专家对研讨点评，并推出代表分享小组交流成果。会议首次组织校长论坛，70余名校长聚焦教育综合改革与学校特色发展进行交流研讨，4名校长结合学校发展经验作典型发言。最后，区教师进修学校分别以"明确方向，精准定位，有效提升"和"坚定改革方向，关注核心素养，提升育人质量"为题，对全区中学初、高中教学工作作梳理。海淀区中学、各学区及教育系统相关单位代表480人参加会议。

（宋亚甫）

【中关村三小教育家办学实践研讨会】 9月27日，海淀区委教工委、区教委举办中关村三小教育家办学实践研讨会。研讨会以"家和·成学"为主题，听取中关村三小成立35年发展历程以及以"大家三小"理念推动学校全面发展的现状介绍。中关村三小校长刘可钦作题为《学校3.0——面向未来，我们的主张和行动》的主题报告，报告回答"魔法学校"3.0版本建设、教育的空间与学校教育理念对接、21世纪核心素养培养在课程中体现、变革的支点所在、名校突破"天花板"激发"新能量"等教育界共同关心的问题；观看学生毕业课程作品、记录两个毕业班孩子六年小学生活的纪录片；6名教师分享教育故事；十一学校校长李希贵、国家总督学顾问陶西平点评，对中关村三小着重培养个性化学生、以学校空间的变化带动组织结构和管理结构的变化，唤醒学生、发现学生，加强对师生个体潜能的挖掘给予肯定，认为学校改革实现了工具理性和目标理性的统一，满足了学生多样性学习发展的需求。市教育督导室、市区教委领导、海淀区中小学校长、书记和教师300余人参加活动。

（宋亚甫）

【"十三五"教育改革和发展规划发布】 10月8日，区委教育工委、区教委、区政府教育督导室正式发布《海淀区"十三五"时期教育改革和发展规划》（简称《规划》）。《规划》对未来五年面临人口生育高峰与全面二孩政策的叠加效应将带来的持续入园难、入学难矛盾，学区之间优质教育资源配置不很均衡，教育需求与教师队伍结构性紧缺矛盾等方面的问题与挑战，提出实施学位供给保障、校校优质、办学条件提升、教育名家聚集、未来教育探索、核心素养培育、STEAM教育学校建设、教育国际化提升、智慧教育建设、教育治理体系构建十大工程。

（宋亚甫）

【北京海淀国际教育投资有限公司】 10月18日，北京海淀国际教育投资有限公司（简称海教投）成立。海教投是经海淀区政府批准成立的混合所有制公司，是北京市海淀区国有资产投资经营有限公司、北京翠微大厦股份有限公司、北京为明教育集团等共同创办，从事基础教育运营管理的专业服务机构。业务主要涉及幼儿园、中小学、国际教育办学项目以及教育服务、教育管理、教育培训等。海教投将通过构建教育服务市场化的平台，推进公办教育与民办教育相互补充，满足社会对教育的多层次和选择性需求。海教投近期的主要目标是提升京津冀地区的国际教育水平。

（钟冷）

【建立38个学科督学团队】 10月，海淀区政府教育督导室建立38个学科督学团队。按照小学、初中、高中教育学科教育体系，在国家级课程中分类设置学科总督学，其结构框架包括：小学学段10个学科团队、初中学段13个学科团队、高中学段15个学科团队。每个学段、学科设置学科总督学1人、学科督学若干人。两期获聘学科（总）督学共68人，均为基础教育阶段2万名教师中的业务骨干，市级以上骨干称号（含特级、市级学科带头人、市级骨干教师）达75%，100%大本及以上学历，94.12%为工作在一线的在职教师。

（宋亚甫）

【获全国教科研优秀成果奖】 11月2日，区教委4项成果参加第五届全国教育科学研究优秀成果评审获奖。该奖为全国教育科研系统最高级别奖项，每五年开展一次。本届共有298项成果获奖，其中23项成果获得一等奖，85项成果获得二等奖，190项成果获得三等奖。海淀区参评成果17项，获奖4项，其中一等奖1项，为十一学校校长李希贵著《新学校十讲》；二等奖1项，为中关村第三小学校长刘可钦著《教育其实很美》；三等奖2项，包括海淀区教科院、北京师范大学吴颖惠等著《教学的稳与变》及中关村第一小学校长刘畅等著《陪伴儿童成长》。

（宋亚甫）

【与中国教科院签署战略合作协议】 11月4日，区教委与中国教育科学研究院签署战略合作协议。根据协议，双方在区域教育现代化建设、教育改革实验项目、学校治理体系建设、教育国际交流、合作办学等教育综合改革领域，开展深入研究，推动密切合作，促进双方共同发展；海淀教育系统借助中国教科院的科研优势、资源优势和平台优势，推动海淀教育“十三五”期间的发展，同时，海淀教育也为中国教科院提供优良的教育研究基地和土壤。中国教科院、区教委有关领导14人参加签约仪式。

（宋亚甫）

【一贯制学校课程研讨会】 11月16日，区教委在二十一世纪国际学校召开海淀区一贯制学校课程研讨会。会议分“课堂研究”和“课程设计”两个环节。在“课堂研究”环节，与会者走进学校小学全课程、小学艺术课程、初中选课走班、高中艺术课程四大系列课堂，观摩20节课；在“课程设计”环节，学校介绍一贯制课程研究——“世纪课程”、各学段课程设计理念及实施情况、十二年一贯制特色活动课程、一贯制学校混龄教育实践研究等成果，专家做点评。北京教科院基教所及海淀区学校教师100人参加会议。

（杨青瑕）

【与香港开展教育合作交流】 11月28日，区教委与香港开展教育合作交流。由香港特别行政区政府教育局首席教育主任黄廖笑容、殷见欢任团长的教育交流团一行33人，对区教委进行为期6天的交流访问，并作为京港两地师生交流活动的首访。双方介绍各自基础教育基本情况，区教委介绍海淀教育“十三五”规划，并为双方交流进一步深入提出建议，即创设两地师生交流良好的整体环境，建立双方交流机制；进一步制定和搭建双方师生直接交流的平台，海淀教委和香港特别行政区政府教育局将支持项目研发、合作，推动双方学校手拉手成为姊妹校；支持鼓励学校多角度、多方位、多层次进行自主交流，以增进了解，借鉴经验，相互学习，共同提高。交流团走访首都师范大学附属小学、玉渊潭中学、十一学校一分校3所学校，开展课堂观摩、跟岗学习、座谈研讨等活动。

（宋亚甫）

【参加蓝带优质学校高峰论坛】 11月29日，海淀区教育代表团赴美参加第16届蓝带优质学校高峰论坛。论坛在美国奥兰多召开，主题为“重构教育：学习、教学、引领”。海淀区教育代表团介绍海淀教育基本情况，十一学校、北大附小、二十一世纪国际学校等6所学校作专题演讲，分享和交流办学先进经验和教育成果，与蓝带学校开展交流。“美国蓝带优质学校高峰论坛”享有“世界国际中学校长会议”之称，始于1982年的美国“蓝带优质学校”计划，该计划以“卓越”为核心，旨在确立和肯定全美最优质的中小学校。来自全美及多个国家的200余名中小学代表参加会议。

（宋亚甫）

【成立中小学名班主任工作站】 12月16日，区教委成立中小学名班主任工作站。名班主任工作站以“整合资源、高端培养、构建优秀班主任专业成长的服务平台，促进学校的可持续发展”为宗旨，通过开展德育实践、德育科研、德育研修等具体工作，提升全区中小学优秀班主任队伍建设中高端发展人才的专业素养和研究能力，发挥研究、引领、服务、辐射的作用。首批学员39名，来自全区各级各类学校的优秀在职现任班主任，并设立顾问组和导师组，导师组在顾问组及区教委德育科引导下，指导学员开展具体工作。工作站以3年为一个周期，采用双轨导师负责制，为每名学员分配理论导师和实践导师各1名。

（宋亚甫）

【义务教育学校教育工作会】 12月27日—28日，区教委召开义务教育学校教育工作会。会议以“推进优质均衡、协调创新发展”为主题，分为大会报告、专题报告交流分享、分论坛专题研讨、专家引领总结提升4个单元，听取“推进义务教育优质均衡发展建设高水平均衡化教育强区”“更新教育观念落实发展规划 推进义务教育优质均衡发展”“《义务教育学校管理标准》的解读”“课程改革的新阶段、路径与难点——基础教育综合改革的战略与思路分析”报告，交流分享清华附小、石油附小、育英学校、首师大附中、一零一中学发言。与会者通过微信平台自选论坛参加，论坛主题分为“学生核心素养与课程改革”“学科教学改进与教师能力提升”“规范化管理与办学品质提升”“德育工作的坚守与创新”，11所小学、7所中学分享工作经验并由专家点评。海淀区委教工委、区教委、区教育督导室领导，以及全区义务教育阶段各学校、各学区及教育系统相关单位代表600余人参会。

（宋亚甫）

【实施责任督学挂牌督导】 年内，海淀区教育系统实施责任督学挂牌督导。全区中小学全部纳入十七个学区管理中心，每个学区管理中心为一个督学责任区，成立十七个督学责任区。十七个督学责任区按照地理位置划归到南、北、中三个区域，即成立南、北、中三个督学工作部。成立责任督学挂牌督导三部十七区，责任督学按照其组织架构实施管理。

（宋亚甫）

【科技艺术体育类获奖情况】 2016 年，海淀区学生在国际级、国家级科技艺术体育比赛中，获得 139 个一等奖以上奖项①。

一、科技类（79 个）

国际奖（14 个）：

第四十四届日内瓦国际发明展

特别金奖 北京市第一零一中学

2015—2016 VEX 机器人全球总决赛

金奖（团体） 北京大学附属小学

2016RoboRAVE 国际机器人大赛亚洲公开赛

一等奖（团体） 中国人民大学附属小学（2 个）

北京市海淀区羊坊店青少年活动中心

2016 年 Botball 机器人世界锦标赛

冠军（团体） 北京市海淀区羊坊店青少年活动中心

2016 年青少年（DI）创新思维全球赛

冠军（团体） 中国人民大学附属小学

世界头脑奥林匹克（OM）欧锦赛

第一名（团体） 清华大学附属小学

2016 世界航空航天模型锦标赛

冠军（团体） 北京市第一零一中学

第一名 中国人民大学附属小学

北京市第一零一中学

第十届亚洲无线电测向锦标赛

第一名 北方交通大学附属中学（2 个）

第二十三届国际空间站设计大赛全球总决赛

冠军 中国人民大学附属中学

全国奖（65 个）：

2016FLL 机器人世锦赛中国公开赛

一等奖 北京理工大学附属小学

2016 年第十七届全国中小学电脑制作活动竞赛项目

一等奖 北京理工大学附属小学

中国人民大学附属中学

北京市育英学校（3 个）

北京市中关村中学

第十六届中国青少年机器人竞赛

一等奖 中国人民大学附属小学

第三十三届全国青少年信息学奥林匹克竞赛

金牌 中国人民大学附属中学

第十五届“明天小小科学家”奖励活动

一等奖 中国人民大学附属中学（3 个）

第三十一届全国青少年科技创新大赛

一等奖 中国人民大学附属中学（2 个）

2016 年全国中学生天文奥林匹克竞赛

一等奖 北京市第一零一中学（4 个）

2016 全国青少年航模锦标赛

一等奖（团体） 北京市第一零一中学

北京市海淀区中关村第二小学（3 个）

北京市海淀区中关村第一小学

北京市八一学校

北方交通大学附属中学（11 个）

北京市海淀区中关村第三小学

第一名 北京市第一零一中学（2 个）

北京市八一学校

北方交通大学附属中学（3 个）

海淀青少年活动中心

北京市海淀区中关村第三小学

海淀青少年活动中心

北京市海淀区中关村第二小学（5 个）

北京市海淀工读学校（2 个）

2016 全国青少年航海模型锦标赛

一等奖 北京市中关村中学

北京市海淀区上地实验小学

北京市海淀区双榆树中心小学（2 个）

2016 年全国青少年车辆模型锦标赛

一等奖（团体） 北京市海淀区五一小学

2016 年全国青少年无线电测向锦标赛

第一名 北方交通大学附属中学

北京石油学院附属小学

北京市第五十七中学

北京市中关村中学（3 个）

北京科技大学附属中学（2 个）

二、艺术类（42 个）

国际奖（19 个）：

2015—2016 年度海外“桃李杯”国际舞蹈大赛全球总决赛

金奖第一名 北京市北外附属外国语学校（2 个）

“第十届香港国际青少年文化艺术节”

金奖 北京市海淀区中关村第三小学

2016“新加坡国际华人管弦乐大赛”

金奖 北京市海淀区中关村第二小学（2 个）

ICAA 国际少儿书画大赛

特别金奖 北京市海淀区民族小学

布拉格音乐节

① 只收录国际级、国家级一等奖以上奖项。

金奖　　北京市八一学校
　　北京石油学院附属小学
大合奏少年组
金奖　　首都师范大学附属玉泉学校
第19届亚洲及太平洋地区管乐大会
金奖　　北京医科大学附属小学
　　北京教育学院附属海淀实验小学
　　北京师范大学第三附属中学
第九届美国国际艺术节"越过海洋的握手"
金奖　　北京市海淀区中关村第三小学（3个）
　　清华大学附属中学
第三届香港国际音乐节
一等奖　　北京市海淀区中关村第二小学（2个）
第十二届世界华人艺术节合唱比赛
金奖　　北京市北外附属外国语学校

全国奖（23个）：

"校园中国梦"全国校园才艺展评活动全国总决赛
金奖　　北京市海淀区中关村第三小学（4个）
"中华杯"中国第十届优秀管乐团队展演
金奖　　北京市海淀区和平小学
　　北京市海淀区实验小学
　　北京理工大学附属中学
　　北京市海淀区七一小学
第二十届全国少儿戏曲"小梅花"荟萃
金奖　　北京市海淀区西颐小学
第七届全国特教学校艺术会演器乐
一等奖　　北京市盲人学校
第十届全国中小学师生藏书票大展
一等奖　　首都师范大学附属中学
第十七届"我爱祖国海疆"全国青少年航海模型教育竞赛绘画
一等奖　　北京市海淀工读学校（4个）
第十一届七彩阳光2016全国青少年才艺展评儿童A组影视表演（朗诵）项目
金奖　　北京市二十一世纪国际学校
全国第五届中小学生艺术节
一等奖　　中国人民大学附属中学（2个）
第二十一届全国中小学生绘画书法作品比赛
一等奖　　北京市清河中学（3个）
中国魅力校园童声合唱
一等奖　　北京市海淀区中关村第二小学
中国青少年音乐比赛蜂鸟音乐奖
一等奖　　北京市海淀区中关村第二小学

三、体育类（18个）

国家级（18个）

全国青少年曲棍球锦标赛
U12普通学校组第一名
　　清华大学附属中学永丰学校小学部
中国中学生健美操锦标赛
高中组第一名　　北京市第一零一中学
初中团体第一名　　中国人民大学附属中学
初中组第一名　　北京市第一零一中学
中国中学生健美操锦标赛大众健美操
初中组第一名　　北京大学附属中学
全国少年垒球锦标赛
U16普校组第一名　　北京理工大学附属中学
全国青少年棒球AAA组锦标赛
高中组第一名　　北京理工大学附属中学
中国中学生柔道锦标赛
中学组第一名　　中国农业大学附属中学
全国中学生田径锦标赛
团体第一名　　清华大学附属中学
中国中学生足球锦标赛
高中组第一名　　中国人民大学附属中学
中国中学生足球协会杯比赛
高中组第一名　　中国人民大学附属中学
中国高中男子校园足球联赛总决赛
高中组第一名　　中国人民大学附属中学
中国高中男子篮球联赛总决赛
男子高中组第一名　　清华大学附属中学
中国初中男子篮球联赛总决赛
男子初中组第一名　　清华大学附属中学
中国中学生武术锦标赛
中学组第一名　　中国人民大学附属中学
全国传统项目学校武术比赛（广州）
中学组第一名　　北京市中关村中学
全国中学生击剑锦标赛女子花剑
初中组第一名　　北京市十一学校
全国中学生击剑锦标赛男子重剑
初中组第一名　　北京市十一学校

（宋亚甫）

基础教育

【概 况】 2016 年，海淀区托幼园所163 所（其中新建 6 所），其中教育部门办幼儿园 15 所，地方企业办园 2 所，事业单位办园 25 所，部队办园 36 所，集体办园 23 所，民办园 44 所，其他部门办园 18 所。教学班 2052 个，入园幼儿 21821 人，离园幼儿 15547 人，在园幼儿 62569 人，其中非本市户籍幼儿 11193 人；教职工 10528 人，其中专任教师 5224 人。全区幼儿园藏书 113.84 万册。幼儿园总占地面积 91.9 万平方米，校舍建筑面积 61.21 万平方米（含租借面积 12.84 万平方米）。2016 年是学前教育二期三年行动计划的收官之年。3 年来，通过扩展资源，新增 7300 余个入园学位；通过内部挖潜，为区内 3 岁适龄儿童新增 8000 余个入园学位。

有义务教育阶段学校 157 所，义务教育阶段在校生 217144 人。其中，非本市户籍学生 67795 人，占全区义务教育阶段在校生总数的 31.2%。海淀区义务教育阶段学生比 2015 年增加 4193 人。

全区办有小学的学校 107 所，按照办学类别划分，有独立设置小学 84 所，九年一贯制学校小学部 7 所，十二年一贯制学校小学部 16 所；按照办学性质划分，有区属公办小学 85 所，其他部门办小学 9 所，民办小学 13 所。小学总在校生 161322 人，其中区属公办小学在校生 134735 人，其他部门办小学在校生 15257 人，民办小学在校生 11330 人。

有 73 所中学办有初中，按照办学类别划分，有完全中学 42 所，初级中学 8 所，九年一贯制学校 7 所，十二年一贯制学校 16 所；按办学性质划分，有区属公办初中 50 所，其他部门办初中 6 所，民办初中 17 所。全区初中在校生 55822 人，其中区属公办初中在校生 39819 人，其他部门办初中在校生 5954 人，民办初中在校生 10049 人。海淀区 16230 名考生参加中考。

有 61 所中学办有普通高中，按办学类别划分，完全中学 42 所，十二年一贯制学校 16 所，高级中学 3 所；按办学性质划分，区属公办高中 36 所，其他部门办高中 6 所，民办高中 19 所。全区普通高中在校生 39600 人，其中区属公办高中在校生 26964 人，其他部门办高中在校生 8596 人，民办高中在校生 4040 人。海淀区 10822 名考生参加高考，其中文科考生 3140 人，理科考生 7682 人。

2016 年海淀区义务教育基本情况统计表

表 26 单位：人

类 别	校数（所）	毕业生数	招生数	在校学生数		专任教师
				合计	非本市户籍学生	
总 计	157	37608	46427	217144	68155	14119
小学教育	107	20174	27369	161322	52090	8899
区属公办小学	85	16475	23045	134735	43133	7155
其他部门办小学	9	2040	2389	15257	2003	807
民办小学	13	1659	1935	11330	6954	937
初中阶段教育	73	17434	19058	55822	16065	5220
区属公办初中	50	12412	13741	39819	11541	3812
其他部门办初中	6	1862	2060	5954	629	541
民办初中	17	3160	3257	10049	3895	867

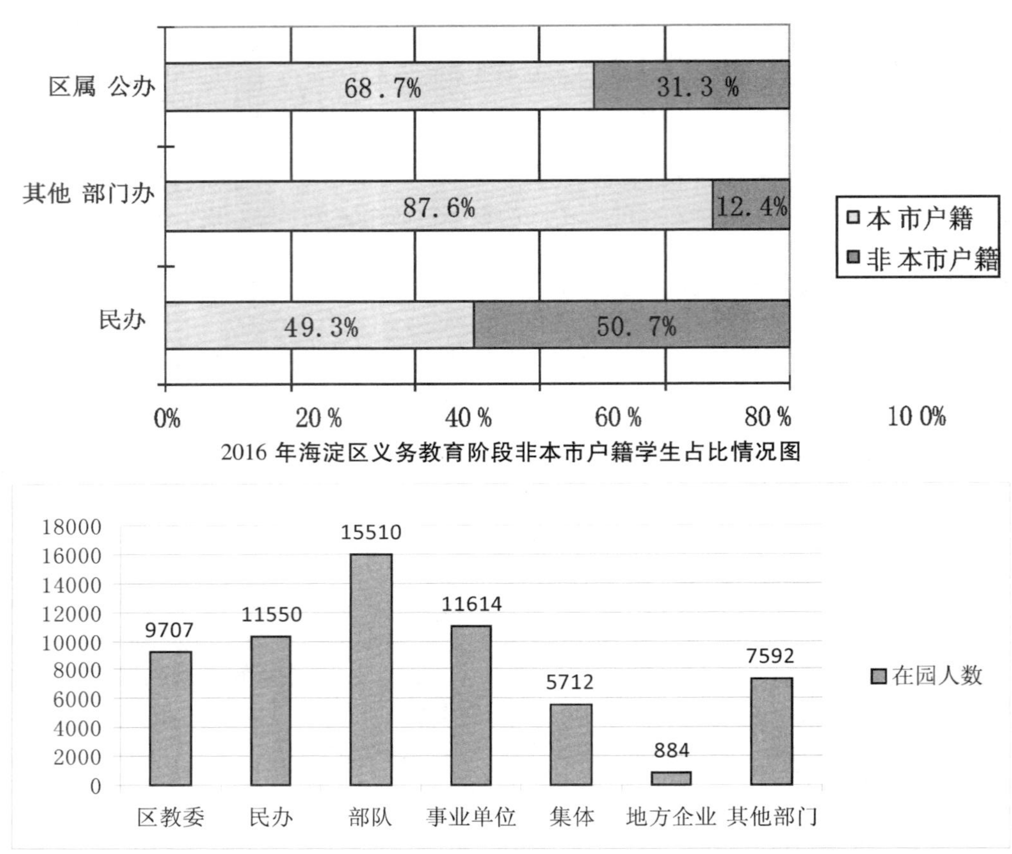

2016 年海淀区义务教育阶段非本市户籍学生占比情况图

2016 年海淀区学前教育基本情况（单位：人）

（说明：其他部门含中央其他部门、省级其他部门和县级其他部门）

（宋亚甫）

【十九中通过全国教育科学规划课题中期评估】 1月6日，十九中通过全国教育科学规划课题“中学生积极心理品质培养的实践研究”中期评估。评估组由北京教育学院、中国教育科学院、中国人民大学、海淀区教科所的8名专家组成。评估组听取了学校关于课题的中期总结，以及学校以积极心理品质为理论依据，开展积极心理品质培养课程建设等工作的介绍。与会专家针对课题研究选题、目标、内容、策略、研究方法和成果梳理等进行论证，对课题研究进行点评和方向性指导，并就立足教学实际，将积极心理的培养与学生主体实践相结合，着眼于学生综合素质的培养等问题与课题组成员进行质询与讨论。评估组同意通过课题中期检查，并对十九中旨在培养学生之元气的积极心理品质培养课程研究及成果给予肯定。

（何耀华）

【海淀进修实验学校举办昆玉教育论坛】 1月9日，海淀进修实验学校举办昆玉教育论坛。论坛以“深度学习，从认识学生开始”为主题，设分论坛研讨和大会交流两个环节。4个分论坛分别围绕从关注学生学习到认识学生学习、如何引导学生的学习过程、学生个性化学习与课程准备、穿越学科边界的课程实施与探索4个主题开展，教师根据个人研究方向选择参加，北京师范大学、北京教育学院、海淀区教师进修学校5名专家受邀进行点评。大会交流环节，介绍分论坛研讨成果及启示，从课程与课程建设、学生学习过程、教师角色与发展方向等角度总结论坛召开的价值和意义。学校教师200余人参加活动。5月7日，举办昆玉教育论坛第二次活动。与会教师交流在深度学习实践过程中的探索与感悟，听取项目组学科专家点评和指导；听取教育部基础教育课程教材发展研究中心、北师大、首师大、东北师大等学科专家作的4个主题报告。全国“深度学习”项目实验区20余所实验校及海淀进修实验学校教师330人参加论坛。12月8日，海淀进修实验学校成立昆玉名师工作室，包括成立语文、数学、政治、地理、班主任5个名师工作室，首批昆玉名师工作室主持人共8人。

（曾辉）

【清华附中国际部通过美国西部院校教育联盟认证】 2月23日，清华附中国际部通过美国西部院校教育联盟（WASC）认证。WASC是美国教育部授权为公立和私立学校、学院和大学进行认证的教育机构。2015年11月，WASC派出考评团，对清华附中国际部进行5天考察，考评团认为学校氛围温馨和谐，能确保学生健康成长和学业的完成；教职工专业、敬业，为学生提供优质的教学和丰富的活动；学校领导正确把握学校发展方向，学校规模不断扩大；学生认同学校理念，以学校为骄傲，关心他人，积极向上；家长热心参与学校活动，并积极为学校提供支持；真正做到以学生为中心，让学生们表达自己的声音，发展个性；教师授课方式多样，使学生乐于学习并注重合作。此次认证有效期为6年。

（高岷）

【幼儿园教研培训会暨课程实践创新交流会】 3月4日，区教委召开幼儿园教研培训工作会暨课程实践创新交流会。会议总结“十二五”时期工作成绩，参加市幼儿教师教育展示活动情况，分析幼儿园课程设计与实施过程中的优势和问题；听取六一幼儿院、北师大实验幼儿园业务园长和教师关于园所课程创新实践与思考发言；围绕“提升保教管理工作能力”“提升区域游戏研究与指导能力”“提升课程领导力”开展研讨；与北师大专家就区域游戏课程项目推进思路与措施交流。有关专家领导、全区幼儿园业务园长、区教师进修学校教研员及幼儿教师220人参加会议。

（宋亚甫）

【中关村中学开设首届国科大科学实验班】 3月13日，中关村中学开设首届国科大科学实验班。该实验班由学校与中国科学院、中国科学院大学合作开办，面向高一年级学生，共选拔70名学生。实验班设置项目研究、科学拓展和基地实践等课程，由中科院物理所、动物所、微生物所等10余所院所的研究人员组成导师团队，与中关村中学导师团队共同完成，以项目研究形式展开。科学拓展和基地实践课程主要利用寒暑假及休息日，由学校和中科院相关院所共同组织，带领学生走进实验室、走进中科院野外科考台站，亲身感受科学实验过程；带领学生走近科学家，感悟科学精神、爱国情怀，培育学生对科学研究工作的认同感，帮助学生规划未来人生。实验班学习时间为期1年。

（鲁小凡）

【北大附中与微软签署战略合作协议】 3月28日，北大附中与微软签署战略合作协议。根据协议，双方将在教育信息化、数字校园等领域建立长期战略合作关系，以校企合作共建新模式，共同探讨“互联网+”教育的发展模式。双方将建立联合实验室，开展点对点IT解决方案；共同研究探讨中国教育技术与未来学校建设；微软协助北大附中落地微软技术和服务等。在双方共建“联合实验室”中，北大附中将借助微软最新课堂笔记本、微软家校通、必应学术搜索等技术开展试点，探索高效互动的教学模式；联合构建的“未来学校”信息平台将通过使用由世纪互联运营的Office 360提供的教育混合云服务，实现从学校管理到教学一线，从学生课堂学习到家校沟通的高效协作。

（苏金一）

【首师大附中青牛创客空间启用】 4月1日，首师大附中青牛创客空间正式启用。青牛创客空间位于学校西北角，占地面积约600平方米，采取现代工厂式设计理念，分为创想汇、智控坊、Robot广场、梦舞台、数控工坊和奔码隧道6个功能区域，配备苹果工作站、五轴雕刻机、3D激光打印机、喷绘机等设备。学校组建创客教育专家团队，开发该校特色的创客课程体系，开设创客思维、机器人、3D打印、编程、无人机等系列课程，聘请指导专家以及校外加工平台指导学生在学习中创新实践。青牛创客空间打破传统班级授课主导形式，面向全校学生全天候开放，建立灵活、开放、适应学生个性发展的柔性化教育体系。

（郭向华）

【幼儿园食品安全工作会】 4月12日，区教委首次召开幼儿园食品安全工作暨园长食品安全法规培训会。会议听取学校食品安全科开展幼儿园食品安全工作前期调研情况汇报，区食品药品监督管理局餐饮服务管理科作园长食品安全法规培训。会议强调，要从思想上高度重视幼儿园食品安全工作，建立健全规章制度，贯彻落实岗位责任制，开展分级培训，提升从业人员管理水平和职业操作技能，加大监督检查力度，确保幼儿食品安全。市、区教委，区食品药品监督管理局领导，海淀区幼儿园园长及食品安全主管领导300余人参加会议。

（宋亚甫）

【六一幼儿院承办幼儿五人制足球赛启动仪式】 4月19日，六一幼儿院承办“2016北京市幼儿五人制足球邀请赛启动仪式”。幼儿五人制足球赛由市体育竞赛管理中心、市足协主办，中国教育网络电视台文体台、中国幼儿足球联盟联合主办，面向年满5岁的幼儿，并被纳入北京城市足球联赛。仪式上，男足国家队主教练高洪波、北京体育大学校长池建等人与六一幼儿院足球队选手进行友谊赛。来自中国关心下一代工作委员会、北京大学、北京市足协、区教委领导、专家以及参赛园所代表60人参加仪式。六一幼儿院于2015年组建“小飞龙”足球队，参加中国幼儿足球嘉年华及该次赛事等活动。

（张凤珠）

【北大附中预科部探索云教学模式】 4月，北大附中预科部探索云教学模式。根据该校高中课程改革和北京市高考改革变化，学校预科部探索以学生为主体的云教学与辅导课相结合的教学模式，即将教学过程中自学辅导、教师讲授、检测反馈、自习答疑的时间按3：3：2：2比例分配，师生通过睿易云教学平台，完成课堂互动、资料分享、自主学习、在线答疑等环节；教师结合云平台教学特点升级备考学案，设计课程内容，提供学法指导，准备教学资源；借助云教学功能探索预科部在差异化教学方面的课程模式，汲取往届备考经验，结合学情变化，提出面向未来的新高考方案。

（苏金一）

【十九中开展“百年华诞”系列活动】 5月6日—8日，十九中开展“百年华诞”系列活动。系列活动包括学校教育教学成果展示、幸福学校国际论坛暨全国幸福学校共同体第三届年会、“百年学校”授牌仪式暨“传承培元精神、奠基幸福人生”主题活动总结会、文艺演出等。教育教学成果展示分别以“学会做人、学会生活、学会学习、学会健体、学会审美、学会创新、国际眼光”为主题展现。6日，学校行进管乐团在学校礼堂专场演出。7日，学校金帆民乐团与银帆京昆团联合在中山音乐堂演出。6日—7日，承办幸福学校国际论坛暨全国幸福学校共同体第三届年会。会议围绕幸福学生、健康成长议题，听取专家主题演讲、报告，学校推出12节幸福课堂、幸福班级活动展示，与会者观摩学生英语戏剧比赛和社团活动，14所幸福教育共同体中小学作经验介绍并听取专家点评。8日，召开“百年学校”授牌仪式暨“传承培元精神，奠基幸福人生”主题活动总结会。接受市教委领导颁发“百年学校”铜匾；学校京昆团、健美操队、舞蹈队等社团和教职工表演节目；举行“十九中学百年校庆丛书新书首发暨幸福学校读本赠书仪式”，为到会领导、参会代表、学生代表和家长代表赠送《十九中学百年校庆丛书》；邀请老校友参加以班为单位召开的主题班会。有关领导、学校师生及老校友代表5000余人次参加活动。十九中学1916年建校，前身为培元女子小学，1952年定名为北京市第十九中学。

（邢香英　宫贺）

【全国中小学心理健康教育研讨会】 5月17日—18日，主题为“育人之本心育为先”的全国中小学心理健康教育研讨会暨海淀区第八届心理健康教育活动周在海淀区召开。研讨会由海淀区教工委、海淀区教委、北京师范大学出版社主办，海淀区教科院、一零一中学、北大附小承办，来自全国20个省市的中小学校校长、德育干部、心理教师共500余人参加。教育部基础教育课程教材发展中心、北京教育学院、北京市教委、北京师范大学出版集团、海淀区政府、海淀区教委、中国人民大学有关领导和专家出席会议。研讨会包括开幕式、经验介绍、论坛、中小学两个专场，进行课程观摩、学校教学展示、心理技术工作坊等活动。海淀区教委主任陆云泉作题为《关注师生心理健康，开创心理教育工作新局面》的主旨报告，介绍海淀区树立全面育人观，阐述从基础性心理健康教育内容、六大美德和24种积极心理品质的本土化教育，以及在师生心理健康自主测评、数据库建设、区域心理健康指导中心建设的特色举措。海淀区的心理健康教育做法得到与会领导和专家的充分肯定。在4个分论坛上，12位代表发言，分别介绍各自学校心理课程实施的经验与成效。在一零一中学和北大附小分别开展中学、小学专场活动，近10个省市的代表观摩21节中小学心理课堂教学。会议发布《今日海淀心理教育》一书。

（钟冷）

【中关村一小承办课程创新实验展示活动】 5月20日，由市教委和北京教科院课程教材发展中心主办、中关村一小承办的遨游计划项目课程创新实验展示活动在中关村一小举行。活动以“基于儿童　立足素养　自主成长”为主题，同步开设“道德与公益”“数学与科学”“艺术与审美”“体育与健康”“融合课程”等领域18节公开课，包括“中华老字号”　“自由是什么”“《城南旧事》阅读分享”“《校园小戏迷》——走进皮诺曹”　“《脚内侧射门》笼式足球”“创编轻器械操”等，18个学生特色微社团同步进行课题研究及动手创作展示，包括“甜品DIY”“量子空间”　“沙画艺术”　“串珠CLUB”“3D体验馆”“少年科学院物理所”等。教育部基础教育一司、区教工委、区教委、中国教科院、市教科院、市教育学院领导以及全市各区教师200余人参加活动。

（商红领）

【首师大附中承办市高中生演讲比赛总决赛】 5月22日，首师大附中承办第四届北京市高中生演讲比赛总决赛。比赛由北京市高中生演讲联盟组织，3月7日正式启动，设置预赛、复赛、决赛3个环节，采取三人小组合作演讲方式，共有385名学生参加，17名学生进入决赛。总决赛演讲题目为“我们的时代，时代的我们”，分为有准备演讲和两轮即兴演讲。北京四中学生张玮珊获得冠军，首师大附中2名学生分别获得一等奖和二等奖。

（郭向华）

【“蓓蕾工程”项目推进会】 5月26日，区教委举办0～3岁婴幼儿早期教育“蓓蕾工程”项目推进会。活动在育新实验幼儿园举行，西三旗地区9所幼儿园联合开展“六一亲子乐翻天”游戏活动，同时启动“海淀区学前教育宣传月”和“畅想阅读，启迪童心”经典儿童诵读季活动。海淀区各街、镇妇联主席，各幼儿园早期教育示范基地园长，部分家长代表100余人参加活动。2015年，区教委、区妇联联合发起惠民项目“蓓蕾工程”，完善全区160所幼儿园与570余个社区和80余个村的家长学校结对子机制。由幼儿园提供专业资源，各社区提供场地、家长学校、志愿者资源等，形成并固化一所幼儿园服务多个社区的“1＋X”早教服务和指导模式，构建起区级层面、社区层面、幼儿园层面三位一体的早期教育服务网络。这是海淀区作为全国0～3岁婴幼儿早期教育试点区、推进管理创新的重要举措之一。147所幼儿园与350余个社区家长学校建立手拉手结对关系，部分街道社区与幼儿园建立联席会议制度。

（宋亚甫）

【首师大附中“爱只因有你——百名乡村音乐教师北京行”公益培训】 6月16日—22日，首师大附中举办“爱只因有你——百名乡村音乐教师北京行”公益培训。培训活动由首师大附中、北京大学爱基金、甘肃省乡村教师培训志愿者联合会共同主办，来自宁夏、四川、甘肃、湖北、安徽、贵州六省的乡村音乐教师100余人参训。由艺术名家和教育专家采用讲座、研讨、表演、参观相结合等形式，为西部乡村教师进行系统化培训。受训教师均获颁结业证书，其中10名优秀学员每人获赠1台电钢琴。

（郭向华）

【北大附小师生参加中法知名小学校长论坛】 6月29日—30日，北大附小师生参加中法知名小学校长论坛。论坛在巴黎联合国教科文组织总部召开，由联合国教科文组织、中国联合国教科文组织全国委员会、联合国教科文组织协会世界联合会共同主办，中法双方代表团成员由20余名中国知名小学校长和20余名法国知名小学校长组成。北大附小校长尹超及学校艺术团一行70人应邀参加论坛活动。尹超主持小学校长论坛并作主题发言，北大附小金帆京剧团在香榭丽舍剧院表演《唱脸谱》《天女散花》《三岔口》《春日放牛》曲目，北大附小金帆合唱团演唱中国民族歌曲《欢乐的那达慕》、法语歌曲《放牛班的春天》，近2000名巴黎市民观看演出；合唱团走进巴黎第五大学，在论坛会议上为嘉宾现场演唱法语歌曲。

（莫晖）

【一零一中成为“罗纳尔多足球进校园”试点校】 6月30日，一零一中成为“罗纳尔多足球进校园”试点校。巴西足球运动员罗纳尔多到一零一中参加“足球进校园”活动启动仪式暨“中国儿童少年基金会足球大使”授予仪式，接受中国儿童少年基金会授予足球公益大使证书和标牌，罗纳尔多向风华打工子弟学校学生代表捐赠足球并现场签名，向一零一中颁发“罗纳尔多足球进校园”试点校牌匾，与学校领导共植“足球友谊”树。罗纳尔多一直致力于慈善事业，是联合国开发计划署“亲善大使”，中国此行旨在推动中国足球公益事业，一零一中是“罗纳尔多足球进校园”活动在北京开启的第一所试点校。

（张欣）

【民大附中学生赴民族地区支教】 7月2日—10日，民大附中学生赴民族地区支教。民大附中“阳光路上，爱在四方”传递爱心志愿支教活动由学校社团志愿者协会组织，选拔72名学生，分赴湖北咸丰县留守儿童中心，云南德宏华侨小学、风平镇中心小学、丙茂小学，内蒙古赤峰四十家子小学、大庙小学、大营子小学开展支教活动。根据支教学校和学生的需求，民大附中学生准备物理小实验、世界几大主要语系、发现“隐藏的精华”、北京交通系统、语言的魅力、拼接模型、生理课、好书分享、趣味体育、大美中国、趣味数学、趣味英语、古诗词鉴赏、汉字魅力、感恩班会课、梦想班会课、绘画、了解自己民族、手工课、戏剧、民族操、心理课等22门课程。民大附中志愿者协会2012年成立，连续4年组织支教活动。

（孙立清）

【中关村中学开展科学考察实践活动】 7月22日至8月9日，中关村中学开展科学考察实践活动。初一、初二年级学生240人分4个组赴中国科学院东北兴凯湖科考站、陕西秦岭野生动物保护区、乌兰布统草原、北京小龙门森林生态研究站等地开展科学考察实践活动，就湿地保护、植物的多样性调查、昆虫采集与标本制作、天文观测等课题进行实地调查研究，并完成考察报告。

（鲁小凡）

【北师大实验小学启动预防校园欺凌专项活动】 7月，北师大实验小学启动预防校园欺凌专项工作。落实教育部等九部门下发的《关于防治中小学生欺凌和暴力的指导意见》，成立以校长为组长的专项工作组，编制《北师大实验小学校园欺凌应急处置预案》。进行学生同伴交往状况调查，掌握校园欺凌现状；通过校园电视台直播三期《珍惜友谊、杜绝欺凌》节目，面向全校师生进行教育组、少先队、心理联合广播，张贴反欺凌海报，发放同伴交往手册，召开专题心理班会等专项教育活动。采取戏剧教育等方式为学生讲授《“预防校园欺凌”处理方法》。开展跨学科合作，语文与美术教师指导学生完成“预防校园欺凌”主题宣传海报和“班级友爱公约”。在四年级开展《“珍爱友谊、杜绝欺凌”——学生友好手册》学习活动，各班开展“预防校园欺凌”和“校园安全”少先队主题活动课。学校心理咨询室——“开心说吧”面向全校学生，开展心理绘画、心理阅读、创意手工、心理游戏、沙盘体验等人际交往主题团体辅导活动，参与学生3000余人次。专项工作组每月整合信息，汇编校园欺凌工作月报表，探索通过专项工作组常设、应急处置预案常讲、援助热线常通、团体辅导活动常开展等方式，建立预防校园欺凌长效工作机制。

（陈梅）

【民大附中芒市国际学校落成】 9月8日，民大附中云南芒市国际学校落成并举行开学典礼。芒市国际学校为民大附中与云南省芒市人民政府采取“协议管理、整体委托、自主办学”管理方式、按照省级示范校标准联合创办，旨在缓解芒市优质教育供求矛盾，解决芒市高中教育资源不足。该校位于云南省德宏傣族景颇族自治州芒市，2012年2月开工建设，一期规划占地面积13万平方米，总投资2.6亿元，建筑面积7.4万平方米，建有教学楼、图书馆、办公楼、实验楼、学生食堂、学生宿舍、体育馆和运动场等。学校规划为拥有小学、初中、高中（含国际部）的12年制寄宿制学校，面向云南全省及东南亚招生；设计为72个教学班，可容纳3600名学生就读。国家民委、中央民族大学、民大附中、云南省教育厅、德宏傣族景颇族自治州、芒市等单位的领导，以及学校师生900人参加开学典礼。

（孙立清）

【一零一中书院特色课程开讲】 9月20日，一零一中4个书院特色课程正式开讲。学校自2011年起先后成立圆明书院、学森书院、六韬书院和国际书院，构建书院特色主题课程群，以“培养担当人才”为课程目标，以“自我教育”理念为指导思想，从学生多元发展和个性化需求角度，搭建“三层八维式”课程结构，形成校本课程和国家课程、地方课程深度融合的学校课程体系。该次书院课程分为竞赛系列课程、科学系列课程、人文系列课程、领军系列课程，其中竞赛系列课程包括数学、物理、化学竞赛课程，由学校各学科教师主讲；科学系列课程包括生命科学探究、激光加工与生活、奇幻电子世界、网络安全、科学盒子、科学公园等课程，由本校教师及外聘专家授课；人文系列课程开设诗书解颐、艺术审美、国际政治、演讲与辩论等课程，由清华大学教授及学校教师执教；领军系列课程开设领导力课程，聘请Leadership & Life coaching资深讲师、SKT教育集团首席蜕变官张志豪担任主讲。各书院课程于每周二下午授课，学生自主选课，每周两课时。该校高一年级学生350人参加学习。

（张欣）

【首家公办民族幼儿园开园】 9月23日，海淀区首家公办民族幼儿园开园。该园位于马甸地区，主要以招收少数民族家庭子女为主，是海淀区首家公办民族幼儿园。区教委通过“以租代建”方式，租用海淀区伊斯兰教协会场地建成，场地租期为10年。幼儿园占地面积1146.90平方米，建筑面积1599.93平方米，可开设6个班级，容纳180名幼儿。首批开设5个班，招收6个民族140余名幼儿，其中少数民族幼儿占38%。

（宋亚甫）

【启动幸福型组织建设暨“中国好老师”项目】 10月8日，明天幼稚集团幸福型组织建设暨“中国好老师”项目正式启动。该项目以打造幸福型组织建设为目标，采用多种措施打造幸福型教师，提高教师师德水平和综合素质。启动仪式上，宣读幸福型组织建设暨“中国好老师”项目启动计划，为幸福型组织专家团队颁发聘书。与会人员听取清华大学专家作“幸福课堂”专题培训。集团幸福型组织建设项目组成员、专家咨询组成员以及干部教师100人参加活动。

（杨吉）

【一零一中启动导师制试验项目】 10月17日，一零一中导师制试验项目正式启动。该项目旨在充分发挥教师在学生学习、思想、生涯规划等方面的指导作用，使教师和学生之间建立起明确的、相对固定的新型师生关系，促进学生的全面发展、个性化发展和可持续发展，也是学校探索一条“教师人人做导师，学生个个受关爱”教育管理之路的试验。试验项目聘请该校13名教师担任导师，每名导师每班至少确定4~6名指导学生对象，负责对学生进行思想引导、心理疏导、学力辅导、生活指导。学校高一年级2个班的102名学生参与项目试验。

（张欣）

【清华附中与滦平签订战略合作协议】 10月28日，清华附中一体化学校与河北省滦平县教育体育局签订教育战略合作书。根据协议，清华附中一体化学校分别与滦平县8所中学、1所小学、1所职教中心确认对口帮扶项目，包括接受对口学校选派的青年骨干领导及教师来京学习培训，不定期组织教师专家团赴对口学校授课，每年组织双方学生开展社会、人文、科技夏令营活动，助学捐款等内容。河北省滦平县是国家级贫困县，全县总人口30余万人，有各级各类学校194所。

（高岷）

【承办国际数学教育论坛】 11月3日，第八届“中国—瑞典国际数学教育论坛”由新世纪小学数学教材编委会、教育部北京师范大学基础教育课程研究中心数学工作室主办，北大附小、中关村三小承办。论坛观摩附小教师2节数学研究课，并围绕相关问题开展研讨；听取瑞典专家团队《如何构建开放性问题》专题报告。瑞典专家团队、北师大基础教育课程研究中心数学工作室研究员及海淀区小学数学教研员教师50人参加活动。

（杨重生）

【幼儿园饮食与健康安全管理技能培训】 12月9日—12日，区教委举办幼儿园饮食与健康安全管理技能培训。培训旨在提高营养管理等专业技能，丰富完善幼儿基础营养知识体系，满足膳食搭配方面的知识需求。邀请市食药局、北京营养师协会、首都儿科研究所、市疾病预防控制中心6名专家授课，内容涉及《中华人民共和国食品安全法》新法解读、中国居民膳食指南解读、幼儿的生长发育及其评估、幼儿营养配餐与膳食评估、食品标签与安全、健康的食物选择、集体食堂食品安全事件应急处理7个方面。海淀区幼儿园领导、保健医生及食堂管理员195人参加培训。

（宋亚甫）

【“八一·少年行”卫星发射成功】 12月28日11时23分，由中国航天科技集团公司研制的“高景一号”商业遥感卫星，在太原卫星发射中心搭载“长征二号”丁运载火箭发射升空，同时搭载发射中国首颗中学生科普小卫星——“八一·少年行”卫星。“八一·少年行”卫星是在专家指导下，由北京市八一学校40余名学生全程参与研制并主导载荷设计的一颗低轨道科普卫星。卫星长12厘米、宽11厘米、高20厘米，入轨后其搭载的四大载荷将完成对地拍摄、无线电通信、对地传输音频和文件以及快速离轨试验，可以跟踪拍摄雾霾、台风等天气现象，进行一定的气象观察数据积累，支持全球无线电爱好者开展通联活动。

（左秋洁）

【新增3000个入园学位】 年内，海淀区共新增入园学位3000个。区教委推进学校教育二期三年行动计划，持续扩大入园学位，缓解“入园难”矛盾。通过新建、改扩建等方式，对16所公办园进行改造扩班，共新增500余个学位。创新多元办园模式，推进以租代建项目，租用海淀区伊斯兰教协会场地建成民族幼儿园，开设5个教学班，增加140余个学位；与北京实创环保发展有限公司合作，扩大立新幼儿园环保园分园办园规模，新增6个教学班，增加140余个学位。利用闲置校舍资源开办上庄中心小学附属艺鸣实验幼儿园，新增180余个学位。加强配套园所移交与承办的管理，完成枫丹丽舍小区配套幼儿园的收回及幼儿分流工作，由富力桃园幼儿园承办，新增120个学位。加快推进99中原址新建幼儿园项目，重点启动六里屯配套幼儿园、上庄镇C02配套幼儿园、前沙涧配套幼儿园项目。2016年，全年共完成新增3000个入园学位的年度目标。

（宋亚甫）

高等教育

【概况】 海淀区是全国高等院校最密集、高等教育最发达的地区。2016年，区域内有普通高等学校37所（部），其中4所为具有统一高招录取资格的民办高校，1所为只招收全日制研究生的研究生院。北京天主教神哲学院和燕京神学院在区境内。海淀区域内的高校隶属于教育部、其他中央部委或北京市。

（周勇）

【“电弧炉炼钢复合吹炼技术”入选2015年世界钢铁工业十大技术】 1月6日，北京科技大学朱荣教授团队开发的“电弧炉炼钢复合吹炼技术”入选2015年世界钢铁工业十大技术。技术成功推广应用至10余家企业，项目整体及相关单元技术覆盖全国30%以上电炉钢产能，吨钢冶炼电耗降低13千瓦时，钢铁料消耗降低15.5千克，余能回收15.8千克标煤，成本降低64.2元。

（崔帅）

【“人文清华”讲坛启动】 1月10日，“人文清华”讲坛开启。清华大学人文学院教授、作家格非受邀作为第一期主讲人，以“重返时间的河流”为主题，探讨“文学时空观的演变及其意义”。“人文清华”讲坛通过公共演讲、电视、纸媒、网站、社交媒体等多种途径进行立体传播。2016年共举办7场活动，清华大学国学研究院院长、哲学家、哲学史家陈来，社会科学学院院长、社会学家李强，人文学院院长、伦理学家万俊人，历史系教授彭林，人文学院教授汪晖等知名学者分别应邀主讲。

（许亮）

【人大发布2015年度“中国十大学术热点”】 1月12日，中国人民大学举行2015年度“中国十大学术热点”发布会暨2016年人文社会科学研究展望论坛。来自教育部、中国社会科学院、清华大学、北京大学、中国人民大学等机构的专家学者、期刊及媒体代表共100余人参加会议。会议正式发布2015年度“中国十大学术热点”，“四个全面”战略布局研究、全球治理与中国外交、网络空间法治建设研究、新文化运动百年反思、东方主战场：中国抗战在世界反法西斯战争中的地位与作用、“一带一路”：共建开放包容的利益共同体、“互联网+”时代信息技术发展与教育变革、媒体融合与新闻传播业变革、中国人口政策调整及其社会影响、大气环境治理与低碳发展等入选。

（万静）

【人大等联合发布“中国城市创业指数（2015）”】 3月1日，中国人民大学中国调查与数据中心、前海国际资本管理学院和上海汇航商务咨询有限公司联合发布“中国城市创业指数（2015）”。该指数对中国21个城市的创业总体水平、创新水平和创业产业发展水平进行综合评估，反映2015年中国在“大众创业 万众创新”政策下的城市创新创业发展水平。结果显示，北京以83.1分位居创业城市榜首，广州和深圳分列第二、第三，指数得分均在80分以上，珠海居第六位；长三角地区的几个城市位居第二梯队，宁波、苏州、上海、杭州等分列第四、五、七、八位，指数得分均在78分以上，与前三甲差异不大。

（万静）

【小鼠体外受精胚胎性别比例失衡研究在PNAS发表】 3月7日，美国科学院院刊（PNAS）在线发表中国农业大学田见晖教授团队的小鼠体外受精胚胎性别比例失衡研究成果。研究首次揭示小鼠体外受精（IVF）出生性别比例失衡的内在机制，并且通过针对性地调整IVF培养体系，解决IVF性别失衡问题。X染色体失活是雌性胚胎在早期发育中经历的表观修饰事件。雌性胚胎因为平衡与雄性胚胎X染色体基因表达剂量而发生，通过这一表观修饰，会导致雌性胚胎的一条X染色体表达沉默。田见晖团队研究证实，IVF导致的雌性胚胎X染色体失活（XCI），从而引发雌性倾向的胚胎发育异常及出生性别失衡。该团队还发现Rnf12和Xist两个核心因子的表达抑制，是导致X染色体失活的关键因素。研究人员发现在胚胎培养液中适时地加入低剂量的视黄酸可显著改善体外受精胚胎的X染色体表达沉默，缓解雌性胚胎的发育异常，使出生性别比例校正到接近正常范围。

（孙桂凤）

【北京体育大学冰雪运动学院成立】 4月15日，北京体育大学冰雪运动学院成立仪式在北京体育大学国家队训练基地举行。冰雪运动学院致力于培养优秀竞技冰雪人才、体育师资和大众冰雪社会指导员。开设滑冰、滑雪、冰球、冰壶、雪车、雪橇等项目。冰雪运动学院将围绕2022年北京冬奥会筹备需求，加强运动场地设施建设和新兴项目引进推广，加强师资队伍建设和国际交流与合作，探索建立符合中国国情的、学历教育与资质教育相结合的冬季运动人才培养和教育体系，有针对性地培养冬季运动发展和举办冬奥会所需的竞技后备人才、专业师资、社会体育指导员以及科研、训练、管理、外事、产业、媒体、奥运志愿服务等各类专业人才，为冬季运动普及推广竞技水平提升以及冬奥会的成功举办提供人才和智力支持。

（董健）

【北大南南合作与发展学院揭牌】 4月29日，北京大学南南合作与发展学院（简称“南南学院”）揭牌成立仪式在北京大学国家发展研究院朗润园举行。商务部副部长张向晨，北京大学党委书记朱善璐，联合国驻华系统协调员兼开发计划署驻华总代表诺德厚（Alain Noudehou），非洲国家驻华使团长、马达加斯加共和国驻华大使维克托·希科尼纳（Victor Sikonina），财政部与教育部代表等出席仪式。南南学院是习近平总书记2015年9月26日在纽约联合国总部出席并主持南南合作圆桌会时宣布设立的，由中华人民共和国商务部主管，北京大学主办，北京大学国家发展研究院承办。北京大学国家发展研究院联合创始人、名誉院长林毅夫教授担任院长，北京大学国家发展研究院院长姚洋教授担任执行院长，北京大学国家发展研究院傅军教授担任学术委员会主任。

（刘语潇）

【北语发布《信息与文献——中文罗马字母拼写法》修订成果】 5月5日，国际标准ISO 7098：2015《信息与文献——中文罗马字母拼写法》修订成果发布座谈会在北京语言大学召开。此次修订将进一步提升汉语拼音在国际上的影响，促进中华文化的传播。

（袁胤婷）

【京津冀体育院校教学联盟成立】 5月26日，“京津冀体育健身休闲发展协同创新中心”在首都体育学院成立，来自京津冀三地的六所体育院校签署成立京津冀体育院校教学联盟合约。联盟成员有首都体育学院、北京体育大学、天津体育学院、河北体育学院、北京师范大学体育与运动学院、河北民族师范学院体育系。联盟宗旨是共享优质高等体育院校教育教学资源，互惠互利，共同发展，创新人才培养模式，服务于京津冀一体化经济发展战略，为国家培养更多优秀体育人才。

（李丹阳）

【世界首个3D打印人工椎体植入手术成功】 6月12日，北京大学第三医院成功为一名骨科脊索瘤患者切除五节段脊椎肿瘤，并利用世界首个3D打印多节段胸腰椎植入物完成长达19厘米大跨度椎体重建手术。2009年，北京大学第三医院将3D打印技术引入骨科领域。2016年5月6日，全球首发金属3D打印人体植入物——人工椎体获国家食品药品监督管理总局注册批准。获得注册的人工椎体产品，属于直接植入人体的三类骨科植入物，为中国监管等级最高的医疗器械产品。该产品由北京大学第三医院骨科和北京爱康宜诚医疗器材股份有限公司合作开发研制。

（刘语潇）

【《中华大典·法律典》首发纪实研讨会】 6月25日，由中国政法大学法律史学研究院、西南师范大学出版社、巴蜀书社联合主办的“弘扬中华法文化，《中华大典·法律典》首发纪实研讨会”在中国政法大学学院路校区举行。《中华大典·法律典》历时20余年编纂完成，分为《法律理论分典》《刑法分典》《民法分典》《行政法分典》《经济法分典》《诉讼法分典》6部分典，共23卷，4000余万字。《中华大典·法律典》梳理古代中国的基本法律制度，展示传统中国的法文化原貌，为学术研究提供资料平台和学术基础。

（陈泉廷）

【首次发现琥珀中的古鸟类标本】 6月29日，中国地质大学（北京）教师邢立达博士与加拿大萨斯喀彻温省皇家博物馆的瑞安·麦凯勒教授领衔研究的论文发表于《自然》杂志子刊《自然通讯》（Nature Communications），这个由中、加、英、美等国科学家组成的国际团队报告：发现有史以来第一批琥珀中保存的古鸟类标本，距今约9900万年，发现自缅甸北部克钦邦胡康河谷，来自白垩纪中期诺曼森阶。此次标本包括两个鸟类的翅膀和部分软组织，通过微CT、同步扫描等手段，重建肉眼不可见的骨骼。这是第一个同时保存羽毛和骨骼的琥珀，而且确凿可靠。该发现使得古鸟类的研究进入更微观的层次，让人类第一次能够窥到恐龙时代鸟类的真面目。

（李媛媛）

【重碱地水稻种植改良方法问世】 7月19日，中国农业大学胡树文教授团队研发一种新型盐碱地改良方法，可以实现在作物耕作层快速脱盐。pH10左右的重度盐碱地经过1年的快速改良，水稻亩产当年可突破500千克（鲜重）以上。而采用常规方法种植的水稻，第一年则基本绝收。2016年，胡树文团队在东北完成盐碱地改良1000亩示范方、500亩示范方和2个百亩示范方的建设。胡树文的试验示范田块是沟渠配套、单排单灌，设置不同的改良剂及用量、肥料、水稻品种、用水量、栽培方式等。

（孙桂凤）

【第十六届世界比较教育大会在北师大召开】 8月22日—26日，由中国教育学会比较教育分会和北京师范大学共同主办的第十六届世界比较教育大会在北师大召开。本届大会的主题为“教育中的辩证法：比较的视角”。世界比较教育大会被誉为“比较教育学科的奥运会”。来自世界70余个国家和地区的1000余名专家和学者参与该届大会。大会共采纳学术论文1000余篇，安排主旨发言2场，特别推荐报告4场，平行分会场274个，论文海报展场4个。

（李敏辞）

【中国语言智能研究中心成立】 8月23日，中国语言智能研究中心成立。该中心是国家语言文字工作委员会依托首都师范大学语言智能研究中心设立，已经在汉语智能写作、中英文作文智能评测、中英文智能学习等关键技术上取得重要突破。9月18日，教育部副部长、党组成员、国家语言文字工作委员会主任杜占元到中心调研，评价中心“将自然科学和人文科学研究相结合、语言智能学术研究和应用研究相结合，所研发的产品很有创新性和实际应用价值，走在了全国人工智能行业的前列”。

（邢铖）

【“语言文化及其保护”学院路地区校际公选课开讲】 9月10日，“语言文化及其保护”学院路地区校际公选课在北京语言大学开讲。9月8日—14日是第19届全国推广普通话宣传周，学校结合推普周主题及学校特色，策划并推出“语言文化及其保护”学院路地区校际公选课，课程分为“概况和学理”“语言保护个案”“语言文化与社会应用”三大板块，旨在向青年学生普及我国语言文化基本国情，宣传推广语言文化多样性理念。截至年底，共举办讲座11讲。

（袁胤婷）

【北大人文社会科学研究院揭牌】 9月20日，北京大学人文社会科学研究院揭牌仪式举行。全国政协副主席韩启德，教育部社会科学司副司长徐青森，北京大学党委书记朱善璐、校长林建华等出席揭牌仪式。北京大学人文社会科学研究院是以人文与社会科学基础学科为主、推动跨学科交叉研究并促进国际交流合作的学术机构。

（刘语潇）

【发现全新广谱肿瘤标志物并获准用于临床】 10月19日，清华大学举行成果发布会，宣布生命科学学院教授罗永章团队发现全新广谱肿瘤标志物Hsp90α并获准应用于临床，对提高癌症诊疗水平具有深远意义。

（许亮）

【世界首家饲料博物馆落成】 11月21日，世界首家饲料博物馆在中国农业大学西校区落成。饲料博物馆占地3280平方米，由农业部饲料工业中心组织筹建，包括序厅、综合馆、科教馆、饲料添加剂和原料馆、饲料机械馆、饲料加工工艺展示线和试验机组等。

（孙桂凤）

【寨卡病毒对男性生殖系统影响研究成果发表】 11月22日，国际学术刊物《细胞》（Cell）杂志在线发表中国农业大学生物学院教授李向东课题组与中国科学院微生物研究所高福院士团队合作的寨卡病毒最新研究发现——寨卡病毒在小鼠模型中可以引起睾丸损伤并最终导致雄性不育。这一发现从新的角度揭示寨卡病毒影响人类健康的可能性。

（孙桂凤）

【病毒疫苗研究取得突破性成果】 12月2日，《科学》杂志刊登北京大学药学院天然药物及仿生药物国家重点实验室主任周德敏、中国科学院院士张礼和课题组题为“Generation of Influenza A Viruses as Live but Replication - Incompetent Virus Vaccines”（《制备复制缺陷的活流感病毒疫苗》）的突破性研究成果。周德敏、张礼和课题组以流感病毒为模型，发明人工控制病毒复制从而将病毒直接转化为疫苗的技术。鉴于该成果在预防和治疗病毒性传染病方面的重要医学价值和社会意义，全球最大的科技新闻工作站 SciPak 于美国东部时间12月1日下午向全球媒体发布，称该研究成果是一个“革命性”或“颠覆性”的发现。

（刘语潇）

【两智库入选中国智库索引（CTTI）】 12月17日，国际关系学院“国际战略与安全研究中心”和“公共市场与政府采购研究所”正式入选中国智库索引（CTTI）。中国智库索引（CTTI）是由南京大学与《光明日报》于“2016中国智库治理论坛”发布的，经过全国智库机构摸底、有关机构推荐、业内专家评审、在线数据审核等一系列严格的遴选机制产生。

（任婉君）

【清华大学设立第一个中共党支部诞生地纪念物】 2016年，时值中国共产党成立95周年、清华大学党组织建立90周年，12月30日，清华大学设立“三院遗址·清华第一个中共党支部诞生地”纪念物，正面镌刻着百岁老学长、中共中央政治局原常委宋平题写的“三院遗址”，成为学校历史文化的一个重要新景点。

（许亮）

【海淀辖区普通高等学校名单（37所）】①

1. 北京大学（北京大学医学部，不单计）
2. 中国人民大学
3. 清华大学
4. 北京交通大学
5. 北京航空航天大学
6. 北京理工大学
7. 北京科技大学
8. 北京化工大学（西区）
9. 北京工商大学
10. 北京邮电大学
11. 中国农业大学
12. 北京林业大学
13. 北京师范大学
14. 首都师范大学
15. 首都体育学院
16. 北京外国语大学
17. 北京语言大学
18. 中央财经大学
19. 国际关系学院
20. 北京体育大学
21. 北京电影学院
22. 北京舞蹈学院
23. 中央民族大学
24. 中国政法大学（学院路校区）
25. 北京信息科技大学（清河小营校区、清河校区）
26. 中国矿业大学（北京）
27. 中国地质大学（北京）
28. 北京联合大学应用文理学院
29. 北京城市学院（民办）
30. 中国青年政治学院
31. 中国劳动关系学院
32. 中国科学院大学（中关村校区）
33. 北京农业职业学院（北校区）
34. 北京培黎职业学院（民办）
35. 北京艺术传媒职业学院（民办）
36. 北京交通运输职业学院（西三旗校区）
37. 北京科技经营管理学院（三义庙校区）（民办）

（周勇）

① 名单摘自教育部网站。

职业教育

【概 况】 2016年，海淀区有中等职业学校11所，其中中等技术学校6所，成人中等学校3所，职业高中2所，其他学校附设中职班7所（不计校数）。中等职业教育在校学生8670人，其中中等技术学校在校生3865人，成人中等学校在校生353人，职业高中校在校生2627人，其他学校附设中职班在校生1825人。中等职业学校毕业2768人，招生2933人；教职工470人，专任教师271人，外聘教师168人。其中，职业高中招生620人，毕业767人，教职工595人，专任教师441人。各类民办教育培训机构430家，年度招生93.1万人，结业88.32万人；教职工30459人，专任教师10143人。有1所中关村社区学院，10个挂牌成立的社区教育中心，654个市民学校。有社区教育志愿者4409人，全年累计开展社区教育培训103万余人次，其中农民实用技术培训14831人次，外来务工人员培训224946人次，下岗失业人员培训6万余人次，老年教育培训352678人次。2016年，推进职业高中精品化发展，发展职业高中优势专业，做好新增专业及新增“3+2”中高职衔接试点专业申报。开展职业教育市、区、校三级联动教研。

（宋亚甫）

【海淀区职业学校】 海淀区职业学校主要培养中专学历人才和在职干部职工、下岗失业人员再就业和非学历教育的岗位培训以及专业技术培训，是北京市下岗、失业培训定点学校，海淀区军地两用人才、随军家属、残疾人培训定点学校、持证上岗专业学校。有3个校区，占地面积45746平方米，建筑面积14840平方米，截至2016年年底，学校固定资产总额为3287万元。有10个职能科室，职工47人。

中关村北大街47号校区主要进行中等专业学历教育，在校生206名。2016年，招收全日制计算机专业70人。34名中专学生毕业，全部考上成人大专和本科。毕业生全部就业。

北四环中路275号校区主要进行职业技能培训，涵盖城镇失业人员、农村劳动力适应性培训及在职农民等培训。

知春东里15号楼校区主要承担区属企业和对社会财会人员从业资格考前培训、专业技术职称考前培训和财会人员的继续教育培训，全年完成培训5539人。

学校全年培训各类人员7536人。承担会计取证无纸化考试1.5万余人、初级职称无纸化考试4000人。完成区财政局交给的3.1万余人的会计人员考试报名、资格审核、证书发放等工作。承担市安监局每月一次的高危考试任务及特种作业考试2417人，承担注册会计师及各种招聘考试2000余人次。

（李莉）

【中等职业学校计算机应用专业技术技能比赛】 1月9日，由计算机应用技术专业技术技能竞赛委员会组织、区教委主办、北京市信息管理学校承办的2016年北京市中等职业学校计算机技术应用专业技术技能比赛在北京信息管理学校举行，来自全市25所中职院校及高职院校低年级选手152人参赛。比赛设6个赛项，包括企业网络搭建及应用、网络综合布线技术、工业产品设计项目、数字影音后期制作、动漫技术、计算机硬件检测维修与数据恢复。北京市信息管理学校、密云县职业学校、北京市昌平职业学校、北京市商业学校5所学校的16名选手分获各赛项一等奖。

（宋亚甫）

【表彰市民学习品牌和学习之星】 4月13日，区教委表彰市民学习品牌和学习之星。表彰活动由海淀区建设学习型城区领导小组办公室、区教委主办，经个人自荐、社会举荐、组织推荐，学知园社区市民文明学校主办的“区域党建谱新篇 群众路线惠民生”等20个培训项目获评“海淀区市民学习品牌”，中国科学院软件研究所姬克霞等100人被评为“海淀学习之星”，其中4人被评为“首都市民学习之星”。获得“学习品牌”和“学习之星”的3名代表发言。

（宋亚甫）

【职教集团新增11个理事会成员】 6月28日，区教委召开海淀区职业教育集团第一届理事会第二次会议暨北京市海淀区职业教育发展促进会筹备会，新增11个理事会成员，分别为中国教育科学研究院、国家开放大学、中关村学院、北京八维研修学院、联想集团、北京百度网讯科技有限公司、北京水晶石数字科技股份有限公司、北京小米科技有限公司、达内时代科技集团有限公司、北京华图宏阳教育文化发展有限公司、航天数字传媒有限公司。

（宋亚甫）

【交流展示学习型城市建设成果】 10月11日，区教委在中关村学院举办学习型城市建设经验交流及成果展示活动。与会者听取区教委关于海淀区学习型城市建设情况报告，中关村学院关于中关村终身学习体验园项目的介绍，参观中关村终身学习体验园、中关村“互联网+”品牌孵化中心、一起玩绿色生活社区。中关村终身学习体验园探索终身学习的创新方法，植根于中国传统文化，设计系列社区教育课程，形成系列特色专业工作室，寓教于乐，以体验式学习激发学习者热情，通过书法、国画、古琴、摄影、礼仪、七巧绘、木工、拓片等课程，在西点、茶艺、厨艺、葡萄酒等学堂，学习者能够体验传统文化的魅力，感受现代生活的品位。市教委、北京学习型城市研究中心，海淀区教工委、教委，中关村学院，北京6个区有关领导等50余人参加活动。

（宋亚甫 卞爱美）

【海淀区职业教育发展高峰论坛】 12月23日，由区政府、区教委主办，海淀区职业教育集团、中关村创新研修学院承办的职业教育发展高峰论坛举办。本届论坛主题为“中国制造2025与工匠制度”，推出《海淀区战略新兴产业专业技能紧缺人才需求目录和指导方案》，并听取海淀区战略性新兴产业紧缺人才的需求目录解读；为海淀区职业教育集团首批10名创新创业（双创）导师颁发聘书，为海淀区职教集团首批10家产教融合实习实训基地单位授牌；北京大学光华管理学院教授蔡剑、水晶石数字科技有限公司董事长卢正刚作为创业导师和基地代表发言。市教委、海淀区政府、区教委、各职业教育机构及相关单位、海淀职教集团成员单位代表100余人参加论坛。

（宋亚甫）

继续教育

【概况】 海淀区辖区内的继续教育事业包括成人学历教育、非学历教育、文化职业培训、党政机关和教育主管部门主办的干部培训和社会教育。海淀辖区2016年成人高考在京招生学校28所，成人高等学校3所。有1所中关村社区学院，10个挂牌成立的社区教育中心，654所市民学校。有社区教育志愿者4409人，全年累计开展各类社区教育培训103万余人次，其中农民实用技术培训14831人次，外来务工人员培训224946人次，下岗失业人员培训6万余人次，老年教育培训352678人次。中央党校、国家行政学院、国防大学、中央社会主义学院、中央团校等中央党政军团、民主党派的高级干部学校和一些部门的干部管理学院设在海淀区。

（宋亚甫）

【社区教育督导工作研讨会】 12月8日，海淀区召开社区教育督导工作研讨会。研讨会由教育督导室主办、中关村学院承办。会议介绍海淀区社区教育发展格局、督导工作情况及现状，听取《社区教育及其督导的发展与创新》专题报告。与会者围绕海淀区社区教育督导工作模式与路径展开研讨，提出抓住社区教育督导的核心要素，在督导程序、督导方案的制订等方面要简约，易于操作；社区教育督导队伍和学区建立联动机制，让学区委员会在社区教育方面发挥应有的作用。社区教育专家、海淀区教育督导室、中关村学院及相关街道、镇主管领导参加会议。

（宋亚甫）

【首批孔子学堂挂牌】 12月21日，中国孔子基金会孔子学堂授牌仪式在田村路办公中心举行。田村路街道12个社区被授予孔子学堂，这是海淀区首批孔子学堂。孔子学堂在阜一、永景园两个社区开课，时间为每周三上午，两个社区轮流开课，其他12个社区将于2017年开课。孔子学堂通过讲道诵读、德行礼仪、家风家教、琴棋书画等课程设计，补足现代学校教育中缺失环节，为全中国人树立榜样性的价值观取向，为青年一代确立民族认同感和民族自信心。孔子学堂已在山东、北京、陕西、河南、浙江、黑龙江、广东、西藏、海南等十几个省市自治区落户。

（钟冷）

【社区教育志愿者培训】 年内，受海淀区建设学习型城区工作领导小组办公室委托，中关村学院举办5期社区教育教师、社区教育志愿者培训班，来自各街道、各社区（村）从事社区教育工作的教师、志愿者300人参加培训。每期培训两天，包括体验学习和实地考察两个环节，其中体验学习的内容主要包括中国绘画与书法艺术、茶文化、西点文化、葫芦丝、合唱、团队合作、世界咖啡、形象礼仪等。

（卞爱美）

【文明市民学校师资培训】 年内，中关村学院（北京市海淀区文明市民总校）开展校长培训和分校师资培训。校长培训为各分校和中心校校长开设国学漫谈、形象礼仪、黄帝内经、家庭教育指导方法、社区文化建设5项课程。每周一天，5天共培训150余人次。师资培训分国画、书法、茶、礼仪、声乐、朗诵、计算机、家庭教育指导师、古琴、电子琴共10个模块开展，共计培训200人。

（卞爱美）

民办教育

【概况】 2016年，海淀区有民办普通中小学21所，在校生25419人，教职工3708人。民办幼儿园44所，教职工2303人，在园幼儿11550人。有民办职业高中1所。有民办教育培训机构430家，年度招生93.1万人，结业88.32万人，教职工30459人，专任教师10143人。具有招生资格的民办非学历高等教育机构22所。

区教委加强教育行政执法，对民办教育培训机构依法依规办学情况开展联合检查，对存在生源不足、资金缺乏、退费纠纷、办学场地等问题的学校和机构，采取缓检、网上警示、警告、终止办学等措施。对11所未经审批打工子弟学校进行分类管理。淘汰5家低效能民办教育培训机构，疏解人口1万余人。

创新未经注册审批幼儿看护点委托管理模式。申请政府专项资金500万元，联合街镇制定《委托管理整改协议书》，委托第三方机构对列入“整改类”工作台账的200余家看护点实施整改管理，提升保育、保教质量，预防安全事故的发生。启动第一批10所看护点委托管理工作。

（宋亚甫）

【民办校安全生产标准化建设】 年内，区教委在教育系统开展民办中小学和幼儿园安全生产标准化建设工作。要求各民办中小学、幼儿园严格落实校园安全生产责任制，开展校园安全生产自查和重点检查，对幼儿、学生、家长人群集中的场所，有针对性地开展安全生产大检查，全面排查安全隐患，建立校园安全基础信息台账；与区安监局共同举办安全生产标准化建设工作培训会。首批30所民办学校、幼儿园安全验收达标并挂牌。

（宋亚甫）

特殊教育

【概况】 2016年，海淀区有3所特殊教育学校，即北京市盲人学校、北京市海淀寄读学校、北京市健翔学校（年内由海淀区培智中心学校和北京市第三聋人学校合并而成）。特殊教育在校生共计1127人，其中北京市健翔学校和北京市盲人学校共有在校生525人，另有中小学随班就读学生602人，其中小学305人，初中215人。特殊教育学校有教职工371人，专任教师291人，其中60%以上接受过特教专业培训，95.9%以上具有大学本科以上学历，17.9%以上具有中高级教师职称。年内，新建资源教室14所，评估验收18所。

年内，针对肢残儿童减少、智障儿童增加的实际情况，将海淀区培智中心学校和北京市第三聋人学校合并，更名为北京市健翔学校，建设一所综合性高标准的特殊教育品牌学校。成立海淀区特殊教育研究与指导中心。聘请教育专家、医学专家组建特教中心专家团队，加强对区域内有特殊教育需求的学生和家庭提供更优质的专业服务。加强对特教教师、资源教师、融合教育教师以及送教上门教师的培训，组织近1000名教师参加自闭症、学习障碍、智力障碍和注意缺陷多动障碍（ADHD）等专题培训。开展系列自闭症日宣传活动，动员全社会关心特殊儿童成长。加强巡回指导、筛查评估以及康复训练，为学校、教师以及学生提供专业支持。完成残疾儿童少年受教育状况数据核查。开展特教助理项目研究，探索培养50名特教助理。完成市级课题“北京市特殊学生融合教育支持保障体系的研究”中期检查，完成区级课题“构建随班就读学生多元评价体系的研究”结题验收，做好国家级课题“随班就读工作机制及保障体系研究”结题准备。

（宋亚甫）

【北京市健翔学校】 2016年，北京市健翔学校占地面积1.19万平方米，建筑面积1.28万平方米，体育场（馆）面积3200平方米。图书馆（室）藏书5.66万册。固定资产总值4974.86万元。全年教育经费投入5990万元，全部为国家拨款。学校信息化经费投入175万元，多媒体教室座位60个，校园网出口总带宽400MB，数字资源量1000TB。拥有计算机400台。普通教室24个，专用教室11个。有在职教师143人，包括高级职称20人，中级职称75人。专任教师143人，包括特级教师2人、北京市骨干教师2人，本科以上学历141人。

开设教学班63个，其中小学班30个，初中班22个，高中班11个。毕业101人，其中初中67人、高中34人。招生91人，其中小学30人、初中25人、高中36人。在校生504人，其中义务教育383人（小学217人、初中166人）、职业教育121人，寄宿生105人。

完成与北京大学学生心理健康教育与咨询中心合作的“北京市残障儿童艺术治疗与康复训练培训项目”课题。与中国人民大学、北京科技大学、北京交通大学等高校合作，引进书法、瑜伽、魔方、文学欣赏、语伴交流等项目进校园，丰富学生的文化生活。《温馨家园》编辑部获学区优秀社团奖，完成《千手舞韵》的创编。艺术队参加团中央创作的儿童歌曲《生长吧》MV手语的录制工作；9名学生入选北京市残疾人艺术团，完成赴台湾文化交流公益演出任务。召开校园现场招聘会，与市残联开展支持性就业，解决学校学生实习就业问题。

尝试实施“职业陶冶个别教育计划”，调整教学管理模式和高中课程改革方案。2016学年承担北京市特教学校体验式培训项目，培训10名来自密云、平谷、延庆、昌平、怀柔和海淀6个区7所学校的教学领导和骨干教师。承担北京市自闭症课程建设的项目研究，承担为期5天的全市自闭症儿童教育研讨会，对北京市及外省市近100名教师进行培训。出版《个别化教学研究实践——培智学校课堂教学活动方案》《单元主题活动设计》。

（陈书爽）

【北京市海淀寄读学校】 2016年，北京市海淀寄读学校占地面积54000平方米，建筑面积30490平方米，体育场面积11753平方米。图书馆藏书25972册，电子图书3.1万册，订阅报刊109种。固定资产总值6501.17万元。全年教育经费投入3808.53万元，全部为国家拨款。学校信息化经费投入157.24万元，拥有计算机330台，新更换电脑57台，闪联一体机23台，校园网出口总带宽70兆比特/秒，数字资源量1300GB。有普通教室17个、专用教室29个、实验室3个。建有生态体验园、法制教育基地、心理中心、社会实践基地。学校现有教职工87人（在职77人），在职教职工大学本科以上学历占91.1%，专业技术人员73人，其中高级教师23人，一级教师28人。有区骨干教师8名，带头人8人（含教科研带头人1人），班主任带头人4人。开设教学班15个，其中初中班10个、职业高中班5个，含计算机应用技术实验班1个。在校生279人，其中初中191人、高中88人。招生140人，其中初中100人、职业高中40人。毕业98人，其中初中87人、职业高中11人。学校课程体系、教师评价机制和德育目标体系基本成型。进一步完善学校校本课程，社会实践课程顺利开展，德育课程列入课表，德育八大目标及其内涵确立。

（王常智）

【团中央领导慰问海淀区培智中心学校师生】 1月12日，共青团中央书记处书记傅振邦到海淀区培智中心学校慰问师生。傅振邦一行5人听取学校发展和教学情况汇报，参观康复训练室及音乐、书法、绘画等专业教室，询问学生生活、学习情况，与学生共同创作画作，观看学校艺术舞蹈团表演舞蹈《让快乐飞翔》，并送上新年祝福和礼物。傅振邦对学校工作和取得成绩给予肯定，指出特殊教育发展是全社会的共同责任，对特教要多关注、多倾斜，利用一切可利用的资源共同促进孩子们的成长。

（赵连怡）

【海淀区培智中心学校培训教师专业能力】 2月25日，海淀区培智中心学校与北京长和大蕴儿科诊所合作培训教师，合作期一年。根据合作意向，北京长和大蕴儿科诊所派出专家为学校教师讲授专业课程，涉及物理治疗、作业治疗、语言治疗和应用行为分析4个方面，每周6课时。培智学校的40名教师分4个小组定期培训，每周一次在校培训，并赴长和大蕴儿科诊所参加临床诊疗实践。北京长和大蕴儿科诊所为儿童康复机构，为0~18岁儿童提供国际化的康复医疗服务，为社区、医院、诊所、儿童福利院、大学等提供中英文治疗师专业培训。

（赵连怡）

【海淀寄读学校创建“幸福妈妈”工作坊】 3月4日，海淀寄读学校创建“幸福妈妈”工作坊。工作坊由学校心理中心主持创办，面向学生家长组成的成长团体，在心理中心教师带领下开展活动，每周五下午进行情绪疏导、心理体验以及亲子教育技巧等培训，首期15名家长报名参加“幸福妈妈”工作坊，活动为期6个月。

（高亚娟）

【举办自闭症日宣传活动】 3月26日，区教委与区残联共同举办“包容·融合·成长2016年海淀区世界关注自闭症主题宣传日”活动。活动现场，海淀区培智中心学校、睿智全纳教育康复中心、龙在天袖珍人皮影艺术团、雨露嘉禾儿童康复训练中心师生表演节目，并与八一中学足球队、人大附小画苑师生进行书法、绘画、体育等多方面融合活动。活动还邀请国安俱乐部球员邵佳一、吕军作为形象大使。海淀区特教学校学生、随班就读学生，八一学校、首师大育新学校师生及家长共计500余人参加活动。

（王秀琴）

【海淀寄读学校开展科学学科综合实践活动】 4月1日，海淀寄读学校在中国科技馆开展科学学科综合实践活动。活动主题为“关注生活、关注科技、提高科学素养”，学生每4人组成一个学习小组，制定学习报告，参观科技馆华夏之光、探索与发现、科技与生活、挑战与未来等展厅，现场记录，填写任务单，交流讨论，回校后，各组在教师指导下完成学习报告撰写，并在全校会上汇报。全校师生350余人参加活动。

（王常智）

【举办自闭症学生书画作品展】 4月1日—3日，区教委举办自闭症学生书画作品展。作品展由区教委、海淀园管委会、区商委联合主办，海淀区培智中心学校承办，旨在让社会各界更充分地了解、接纳自闭症群体，给予他们更多的关爱。活动以“遇见你 遇到爱”为主题，分批展出近百幅自闭症学生书画作品，大多为海淀区培智中心学校学生作品，另有北京市健翔学校、海淀区学院路小学、北方交通大学附属中学第二分校等11所中小学随班就读的自闭症学生作品。区教委及相关部门领导、学校师生家长及志愿者150人参加开幕式活动。

（宋亚甫）

【市人大调研海淀寄读学校法制教育工作】 4月20日，市人大、市司法局、区教委、区司法局等单位一行16人到海淀寄读学校调研法制教育工作。调研人员参观学校校史馆、心理中心、专业教室，在学校的“海淀区中小学法制教育基地”听取学生讲解，听取学校法制教育情况、“海淀区中小学法制教育基地”运行情况汇报，听取区教委海淀区“六五”普法青少年法治宣传教育开展情况和“七五”工作思路汇报、区司法局关于“七五”普法青少年法制教育的意见和建议。调研组提出4条建议：严格依法治校，发挥特殊学校的特殊功能；努力提高教职工的幸福指数，希望教职员工遵纪守法、为人师表、依法从教；立足本校实际，努力探索特色化办学之路；进一步发挥法制教育基地的功能，为区域性发展贡献力量。

（王常智）

【三聋校举办家长开放日活动】 5月5日，北京市第三聋人学校（简称三聋校）举办家长开放日活动。活动分为听课观摩、交流分享两个环节。组织家长观摩高一至高三年级15节课程，包括高一年级生活适应、音乐、美术等基础课程及戏剧表演、家政、中式面点等专业课程，高二、高三年级书画、休闲游戏、运动技能、思维训练、计算机应用等选修课程以及手工布艺、手工珠艺、中式面点、家政服务等专业课程。随后召开交流分享座谈会，听取学校干部教师课程建设、课程教学实施、教材编制等情况介绍，4名家长代表分享孩子在校学习生活的变化与进步。该校师生及家长60人参加活动。

（赵艳芃）

【听障学生参加创客比赛】 5月13日，由市教委主办的北京市中小学“科技创客秀”活动举行，全市360所学校派出代表队参加，经过海选，105所学校的代表队进入决赛。由三聋校初一年级学生曹吉、张越、吴潇潇组成的创客秀团队，以作品“电动金刚狼手臂”获得大赛一等奖和最佳人气奖。“金刚狼手臂”为交互式玩具，使用机器人零件、3D打印及编程组建而成，其中包括控制器和多个传感器，当佩戴者弯曲手掌，三根“狼爪”就会从手臂中弹出。2015年，学校创建创客工作室，采用“预约制”辅导方式，学生遇到问题，可预约专业教师到工作室帮助解决问题。

（赵艳芃）

【三聋校举办航模进校园体验活动】 6月15日，三聋校和海淀区东升青少年活动中心共同举办“筑梦起航”航模进校园体验活动。航模专家为学生讲解航模知识，介绍航模类型及飞行原理；4名全国航模飞行冠军及国家一级裁判员作航模特技飞行表演；参加活动的学生在航模专家指导下进行航模飞行操作练习。来自花园路街道、花园路学区、学院路学区及东升活动中心领导及该校听障学生150人参加活动。2014年，学校引入机器人教育资源，在初中三个年级试验开设机器人课程，后在初一年级开展常规机器人科技课程，在全校开设机器人选修课程。

（赵艳芃）

【北京市海淀区特殊教育研究与指导中心成立】 8月，海淀区机构编制委员会批复成立“北京市海淀区特殊教育研究与指导中心”，中心工作职能包括负责该区域特殊教育教学、科研、教师培训、资源开发和康复训练的组织统筹；负责对该区域随班就读工作的管理和指导，建立健全随班就读管理体系和服务机制。11月8日，特殊教育研究与指导中心揭牌。中心与北京康纳洲孤独症家庭支援中心签署开展专业培训协议；组建北京市海淀区特殊教育研究与指导中心特聘专家团队，为16名专家颁发聘书。区教工委、区教委及督导室、区残联、北京市特教中心领导，国内外特殊教育领域专家学者、各学区主任、融合教育学校领导及教师、特殊学生及其家长等300余人参加活动。中心占地面积6699平方米，建筑面积5930平方米，体育场馆面积1480平方米，人员编制15人。

（王秀琴）

【北京市健翔学校承办市特教学校影子培训】 10月10日，北京市健翔学校承办为期15周的北京市特教学校影子培训。该培训由市教委主办、特教学院特殊教育中心协办，为特殊教育专业教师发展体验式培训项目，培训采取讲座、课堂观摩、研讨、读书学习、课题研究等形式进行。来自北京市各特教学校管理干部、骨干教师10人参加学习。

（赵连怡）

【举办应用行为分析教师培训】 11月8日，区教委举办应用行为分析教师（CNABA）培训。应用行为分析方法（Applied Behaviour Analysis，简称ABA）是国际上有实证依据的针对孤独症谱系障碍儿童进行干预的有效方法之一，CNABA教师培训课程共分为初阶、中阶、高阶三阶段，该次培训为CNABA初阶理论学习，6名授课教师，包括国际及中国台湾应用行为分析领域专家，培训为期3天，设置普及应用行为分析的基础知识、行为的ABC分析理论、强化的运用以及辅助策略的使用等课程。初阶学习后考试笔试成绩及格率为91.3%，优秀率（85分及以上）59.6%。海淀区各学区、学校以及幼儿园教师200余人参加学习。

（王秀琴）

【获残障少年儿童艺术大赛培育奖】 12月16日，北京市健翔学校参加2016全国残障少年儿童艺术大赛获奖。大赛由金羽翼基金、中国智力残疾人及亲友协会主办，来自包括台湾在内的全国各地少年儿童以及旅居国外的选手参赛。共收到参赛绘画作品1091幅，书法作品146幅，舞蹈、乐器和手语等表演形式视频作品120个。其中，海淀区培智中心学校提交绘画作品13幅，3名学生获一等奖，1人获二等奖，1人获三等奖。

（赵连怡）

【首届特教学校教学展示活动】 12月21日—22日，区教委举办首届特教学校教学展示活动。活动由区教委特教中心组织，在市盲人学校举办，19名特教学科带头人、骨干教师参加，展示家政、舞蹈、体育、地理、语文、生活数学、音乐、园艺、英语及心理10门学科课堂教学情况，特聘北京师范大学、中央教科院专家学者，北京市特教中心及海淀、昌平区教师进修学校专家8人担任评委。最终，5名教师获一等奖，5名教师获二等奖。区教委、特教中心领导及特教学校学科带头人、骨干教师30人参加活动。

（王秀琴）

【教育戏剧引入心理辅导与课程】 年内，海淀寄读学校将教育戏剧引入心理辅导与心理课程。3月，学校心理中心与社工站合作成立“一人一故事师生剧团”，老师和学生每周进行一人一故事剧场排练。12月2日，举办“相遇梦想，绽放生命精彩”心理主题日暨校园心理戏剧节展演活动。自2015年起，学校探索教育戏剧理念与方法，将其引入心理辅导与心理课程中，形成“一主题、一社团、一剧社、多空间”活动方式，即开展全校性心理戏剧主题展演活动，营造开放、表达、创造的心理成长氛围；开设“大爱戏剧社团”校本课程，通过戏剧游戏为学生提供课程化指导，提升学生自信；心理中心联合驻校社工组织，招募教师和学生共同组建专业化“一人一故事剧团”，通过戏剧方式服务他人；将教育戏剧元素应用到“学生心理课”“教师爱在说课程”“幸福妈妈工作坊”“家庭心理辅导”等课程之中。

（高亚娟）

文 化

2017
北京海淀年鉴

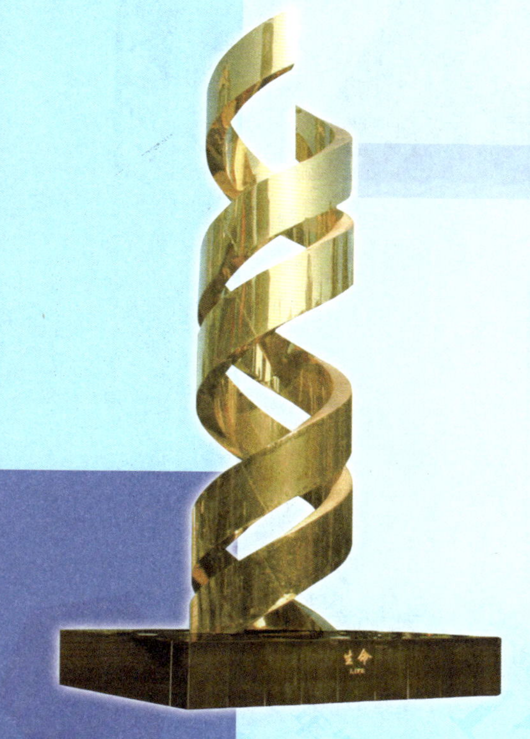

2月1日，苏家坨镇举办小年俗活动（田峰 摄）

5月13日，海淀区博物馆常年展出“皇室遗珍——颐和园清宫青铜器展”（区博物馆 供图）

6月，区图书馆开展“版画珍珠”少儿藏书票展（区图书馆 供图）

7 月 10 日，海淀北部文化中心正式对公众开放（田峰 摄）

7 月 10 日，海淀通史展在海淀北部文化中心开展（田峰 摄）

7 月 12 日，《海淀区志（1996—2010）》初审稿评议会召开（区史志办 供图）

7 月 21 日—22 日，区新闻中心举办政务网站和新媒体业务培训（田峰 摄）

12 月 13 日，第二届中关村文化创意产业创新人物评选活动举办（区文促中心 供图）

区档案馆接待利用者查档（区档案馆 供图）

中关村—欧洲技术转移枢纽和科技创新合作平台建成（区文促中心 供图）

位于中关村北领地东升科技园的中国知网北京总部（中国知网 供图）

综述

【概况】 2016年，海淀区文化委员会（简称区文化委）推进国家公共文化服务系统示范区建设，完成海淀北部文化中心开馆和国家示范项目等重大任务和重大文化惠民工程。文化遗产保护体系建设初步形成，在国家文物局2016年度全国文物行政处罚案卷评查中获十佳案卷和优秀案卷称号；文化演出市场份额占全市的20%，文化行政执法办案数量居全市第一，区域百姓的文化幸福指数大幅提升。

（杨立辉）

【文化产品出口】 年内，海淀区有115家文化创意出口企业，文化产品出口总额9.7亿美元（北京海关和企业实地调研数据），占北京市文化出口额（北京海关、国家外汇管理局和北京外汇管理部门初步统计数据）的49.8%。其中，26家企业入选2015—2016年度国家文化出口重点企业名录，占北京地区的37.14%，全国的7.39%。近几年，海淀区文化出口行业以软件和信息技术服务、文化用品设备生产销售及其他辅助服务为主，向新闻出版及发行服务，广播、电视、电影服务，设计服务等行业扩展。文化出口方式从授权代理到建立海外分公司，从搭建平台到全球一体化运营等多种形式并存。文化出口地区从集中于周边国家和地区逐步向发达国家和地区扩展，向“一带一路”沿线国家和地区扩展。如中国教育图书进出口有限公司出品的长篇科幻题材图书《三体》系列小说出口到欧洲、北美等国家；求是园公司将《中国共产党为什么能》《习近平谈治国理政》翻译出口到世界各地；完美世界出品的《北京青年》《老有所依》《失恋三十三天》等作品作为国礼赠送给拉美国家；外语教学与研究出版社与“一带一路”沿线36个国家开展合作；北京语言大学出版社的汉语教材通过全球180余家代理推广部和300余家书店实现汉语推广；智明星通公司搭建的游戏产品发行渠道覆盖全球200余个国家和地区。但文化产品出口面临着贸易逆差、成果转化率有待提升，品牌不突出、出口领域有待扩展，本土化发展困难多等问题和困难。

（赵萍　叶亮清）

文化事业单位

【概况】 2016年，海淀区继续开展国家公共文化服务体系示范区创建工作。将示范区创建写入区十二次党代会报告和政府工作报告，印发《海淀区创建国家公共文化服务体系示范区建设规划》。采用“小政府、大社会”“小机构、大服务”的原则，委托专业公司运营管理海淀北部文化中心文化馆、图书馆，建立整体服务外包新机制；联合区财政局制定《海淀区基层文化组织员管理办法》和《实施方案》。

依托智慧海淀，探索数字化服务新方式。引进首都图书馆数字资源，在东升科技园、768创意产业园等6个高新企业园区35家大型企业安装40台数字资源阅读终端，惠及海淀区高新技术企业近2000家，企业员工30余万人，全年点击率280万人次。建成数字文化社区57家。北下关街道试点建设数字文化综合平台被列为2016年全国基层数字文化服务推广项目。

根据海淀人群结构变化，开展文化多元化、精准化服务，实现文化产品分层。“海之春”新春文化季侧重传承传统文化；服务中关村国际青年艺术季“文艺轻骑兵——海燕行动”等演出培训活动核心区企业；中关村演出季促进文化消费“到人民中去——精品文艺演出”，海淀“万人合唱季”，首届海淀“广场舞达人秀”进企业、进广场、进公园、进社区、进学校，培养骨干，提升团队；“一街一品”特色品牌活动异彩纷呈。

邀请京津冀30余个非遗项目传承人开展“相约凤凰岭共庆新春”展演展示活动。组织非遗传承人在38所中小学校、10个社区开展非遗教学，并将苏州、扬州、廊坊等外省市的特色非遗项目引入课堂；举办京津冀非遗进校园交流会及成果汇报展。惠及全区中小学师生10万人次、居民5万人次。

2016年，全区有电影院31家，文化市场3130家，文化站29个，文物保护单位149处。有基层图书馆53家，其中联网基层图书馆35家，图书馆流动车服务点12个。

2016年海淀区文化事业场所一览表

表27

项　　目	计量单位	2016年	2015年
电影放映	—		
电影放映单位个数	个	31	31（营业性）
其中：电影院	个	31	31（营业性）
放映场次	场次	332173	223330（营业性）
观影人次	人次	12344539	9967559（营业性）

续表 27

项　　目	计量单位	2016 年	2015 年
文化市场	—		
歌舞娱乐场所	家	248	245
电子游艺厅	家	56	56
网吧	家	286	286
书店	家	2575	2329
音像制品零售、出租店	家		
字画店	家	43	38
报纸、报刊零售	家		
印刷企业	家	191	176
文化站	—		
个数	个	29	29
从业人员	人	215	237
街道级社区文化站	个	22	22
乡镇级文化站	室	7	7
组织文艺活动	项	1914	1179
举办展览	次	1679	251
举办业余培训班	班次	2433	2738
训练班结业人数	人次	203102	110986
文物保护	—		
文物保护单位	处	149	149
国家级	处	19	19
市级	处	23	23
区级	处	107	107

（朱雪　杨立辉）

【海淀区文化馆】　2016 年，海淀区文化馆馆舍建筑面积 13482 平方米，设有专业琴房、练功房、培训教室、多功能厅、演播厅和小剧场。全年举办活动 2930 场，其中演出 170 场，放映免费电影 2700 场，讲座及会议 50 场，展览 10 个。出版《海淀群文信息》12 期、《红叶杂志》4 期。组织文艺爱好者参加征文 2 场、戏曲表演 2 场、舞蹈 2 场等比赛活动。在论文、摄影、器乐、朗诵、歌唱、戏曲等门类中取得较好成绩。

（陆丽明）

【海淀区文物保护中心（海淀区博物馆）】　2016 年，区博物馆有 11 个展览向公众免费开放，即基本陈列“沉香越千年——海淀历史文物展”，精品临展“与时间对话——华夏钟表艺术展”“海淀记忆——海淀镇的胡同”“盛世兴园·香山静宜园二十八景文化展”“样式雷展”“皇室遗珍——颐和园清宫青铜器展”“巍巍吉金——中国古代青铜精品展”“中华牌楼展”“伟大的征程——纪念红军长征胜利 80 周年”“海淀考古成果图片展”“纪念中国共产党建党 95 周年图文展”，累计接待观众 4.3 万余人次。其中“皇室遗珍——颐和园清宫青铜器展”是与颐和园合作举办的馆际交流展，展出清宫旧藏青铜器 50 余件（套），含国家一级文物 3 件、国家二级文物 14 件、国家三级文物 6 件。

区博物馆联合北京校外教育协会、海淀校外教育协会提供菜单式进校园服务，精选博物馆专题展览制作目录资料，供给各院校按需点选，向 7 所学校送展 9 次，惠及师生 7000 余人次。

区博物馆参加在成都举办的“第七届中国博物馆及相关产品与技术博览会”，推出专题展览，宣传海淀历史文化，向观众发放免费宣传册 3000 余份，接受观众咨询 2000 余人次。

将 571 件（套）文物（共 756 件）安全装入囊匣，库房文物囊匣保护率达 90%。开展可移动文物预防性保护工作，完成 5 个通柜的空气质量改善工作。接收从海淀区工地施工中出土的文物 15 件，接受个人捐赠原始生物化石1件。区文保中心推进文物保护工程42项，其中项目竣工20项，在建项目10项，储备项目11项，终止项目1项，申请市、区两级专项资金3616.38万元。启动“海淀区文物现状调查研究与价值评估项目”，联合北方工业大学建筑与艺术学院着手对海淀区部分不可移动文物开展调研工作，完成30处不可移动文物调研的原始资料采集工作。

（姜英鋆）

【海淀区图书馆】 全年办理借书证3500个，本馆接待读者21万余人次，借阅书刊34万余册次，采购图书25万册。少儿部接待读者133036人次，借书46913人次，图书借阅161291册次。上架少儿新书5000余册，下架旧书3000余册；组织少儿阅读推广活动31场。接待读者267131人次，借阅图书77336册次；办借书证7774个；举办文化活动73场，接待9829人次。完成20家街镇图书服务资源整合，街镇级图书配送中心配发“一卡通”设备20套、书架200组、图书2.4万册，总价193万元。举办全民阅读活动132场，4万余人次参与，其中第六届“换书大集”交换图书、期刊5500余册。电子资源总点击量达280余万次，总在线阅览量90万余次，总下载量30万余次。

（向华）

【海淀剧院】 2016年，海淀剧院由自收自支事业单位改制为区属国有企业海淀置业集团的子公司。1月28日取得企业法人营业执照，更名为北京海淀剧院有限责任公司（简称海淀剧院）。2月26日，北京海淀剧院有限责任公司揭牌。2月1日，海淀区电影管理处正式并入海淀剧院。全年演出273场，其中舞台剧206场、儿童剧46场、相声7场、音乐会7场、北京曲剧4场、歌舞3场，会议讲座24场，电影放映4000场。全年接待观众427469人次，营业收入1820万余元。

（刘洪）

【中国知网】 中国国家知识基础设施（CNKI）工程是以实现全社会知识资源传播共享与增值利用为目标的信息化建设项目，1996年由清华大学、清华同方公司发起。中国知网是CNKI工程的承建单位，由《中国学术期刊（光盘版）》电子杂志社有限公司、同方知网（北京）技术有限公司、同方知网数字出版技术股份有限公司和山西同方知网数字出版技术有限公司等联合运营（通称知网），有员工3000余人。主要从事中国学术、教育等文献资源的集成化数字出版与专业化知识服务，以及数字出版、内容资源管理、增值信息服务等技术开发，主营业务包括数字出版、知识服务和知识管理三大领域。至2016年，中国知网建成权威完备的连续提供国内外文献信息资源服务的“CNKI数字图书馆”、国内外海量知识资源总库及CNKI知识资源共享平台。设立辐射全球的网络服务中心，与剑桥大学出版社等国际出版机构建立长期合作关系。拥有机构用户2.7万余个，个人用户1.2亿余个，日访问量1600余万人次，年下载量23.3亿篇。国内资源涵盖7776种学术期刊、236个专业出版社、1832个学会与行业协会、520家研究生培养单位、450个报社、2536个年鉴编辑部、310个典藏和科学数据研制机构生产的文献资源。中国知网累计发布文献1.3亿篇。国际资源涵盖Elsevier、Springer、Willy、Taylor－Frances等540余家大中型学术出版机构产出的文献资源，累计发布海外出版的5.6万种学术期刊、1.3万种专著、100余万册学术会议论文、1.2亿篇文献的全文或摘要。

（郭小英）

【文化事业单位改革全部完成】 2月26日，北京海淀剧院有限责任公司举办揭牌仪式，海淀剧院由事业单位转为企业。2015年，海淀区评剧团、海淀区电影管理处已依法注销，海淀区文化委员会所属事业单位改制工作全部完成。10月12日，海淀区图书馆、海淀区文化馆、海淀区文物保护中心（海淀区博物馆）3家直属事业单位纳入规范管理工作完成。

（朱雪）

【海淀北部文化中心图书馆】 7月开馆，采用整体服务外包的形式运营管理。图书馆总面积3万平方米，藏书13万册。设有报刊阅览区、图书阅览区、电子阅览区、无障碍阅读区、多功能厅、少儿图书馆、休闲交流区和创客空间等场所，提供办证、自助借还、电子阅览、报刊阅览、图书借阅等服务。有阅览座席1200个，全年到馆267131人次，图书外借78227册次，借阅64160人次，办卡量达7774张。引进RFID（射频识别技术，俗称电子标签）等先进技术和设备，增设RFID自动借还书机、视障阅读区、血压计、身体BMI指标测量仪特色服务项目，吸引更多读者，推动全民阅读，创新公众对文化信息资源的获取和利用方式。举办活动79场次，参与活动人数4635人次，创建“品味国学”“名家讲坛”“阅书悦书”“晚霞绚丽”“青青育苗”“英语沙龙”“创客空间”“院士书房”等品牌活动。

（朱雪）

【海淀北部文化中心文化馆】 7月开馆，采用整体服务外包的形式运营管理。开设展览展示、文艺培训、剧场演出及讲座、支持群众文艺团队活动等服务项目；有培训教室15个。全年举办两期138个培训班，培训种类涉及声乐、器乐、合唱、舞蹈、美术、书法、摄影、瑜伽、健美操等10余类的专业培训课程，受众学员达3.05万人次。接待40个团队排练活动630多次，共计14400多人次。举办展览4个，开展演出活动30场，受众人数近6万人次。馆内招募27名志愿者提供志愿服务。

（朱雪）

文化创意产业

【概况】 2016年，海淀区文化创意产业对区域经济发展贡献度持续提升，规模以上文化创意产业单位有2313家，收入6000亿元，同比增长15%，占全市文化创意产业收入的40%左右。其中，文化和科技融合特色的产业领域收入占全部文创产业收入的80%以上。推进中关村智造大街、中关村互联网文化创意产业园、互联网教育创新中心等特色产业聚集区建设，打造一批文化和科技创意孵化转化平台，形成具有海淀特色的文化和科技融合创新孵化体系。完成魏公村舞蹈产业街区等特色文创园区前期论证和项目规划。“京津冀文化创意产业（海淀—西青）示范基地”正式建立，基地聚焦产业链高端，打造具有中关村特色的京津冀文化创意产业协同发展服务平台。聚集爱奇艺、优酷土豆、搜狐视频、昆仑万维、完美世界、金山游戏、梦之城、若森数字等动漫、影视、游戏产业领军企业。

区文化促进中心组织25家企业、50多种近1000件产品参加10月举行的第十一届中国北京国际文化创意产业博览会，吸引2.4万名观众参加。以产业联盟为载体，加强产业服务。推进魏公村舞蹈文化街区、魏公村舞蹈产业联盟和海淀设计联盟的筹建工作，推荐的闲舞人文化传播有限公司制作人赵小刚获评北京市“四个一批”文化经营管理和专门技术人才人选。利用中关村博物馆与艺术品行业联盟平台，扶持成员单位以市场化的方式举办“艺术中关村”等系列文化活动，以文化活动推动产业发展，推动区域文化产业均衡发展。

海淀区文化创意产业协会围绕“双创”开展产业促进活动，依托会员单位海淀台商协会等开展艺术“三进”（进校园、进企业、进社区）活动试点，培育大众生活美学，支持艺术创作，活跃艺术市场。

（赵志刚　韩娟娟　于佩丽）

【海淀区文化创意产业协会】 海淀区文化创意产业协会成立于2008年，是全国首批5A级社会组织和北京市社会组织示范基地。主要从产业促进、京津冀协同发展、中关村人才特区建设、产学研课题研究、国际化合作交流、政策宣讲培训、社区公共服务等方面做好服务工作。截至2016年年底，有2000余家会员单位。

2016年，协会主要开展以下工作：举办海淀文化创意产业发展十年主题活动暨海淀文化创意产业研讨会；建立京津冀文化创意产业（海淀—西青）示范基地；围绕“双创”开展峰会、主题沙龙、政策宣讲与解读、产业培训、区域交流合作等产业促进活动；建设中关村文化创意产业人才云服务平台，推进中关村人才特区建设；拓展国际市场，开展中关村文创企业国际交流合作；依托会员单位，开展文化创意产业进校园、进社区等活动，向社区居民展示海淀区文化创意产业的发展成果和文化科技融合的综合实力。

（周晰）

【京津冀文化创意产业（海淀—西青）示范基地】 6月，在海淀区和天津西青区委、区政府的支持下，海淀区文化创意产业协会和西青开发区管委会合作建立京津冀文化创意产业（海淀—西青）示范基地。双方将依托基地聚焦产业链高端，整合产业资源，把示范基地打造成具有中关村特色的京津冀文化创意产业协同发展服务平台。双方已建立两地协同工作联系机制，就有关重要问题进行协商，在基地产业定位、场地建设、活动组织、教育培训等方面，加强交流合作与协调联动，实现共同发展。

（周晰）

【海淀文化创意产业发展十年主题活动】 12月13日，海淀区文化创意产业协会举办海淀文化创意产业发展十年主题活动暨海淀文化创意产业研讨会。活动包含三部分：发布《海淀区文化创意产业年鉴2016》；为第二届“中关村文化创意产业新领军者评选活动”颁奖；开展海淀文化创意产业研讨会。在研讨会上，相关产业专家学者、产业联盟、企业及媒体，围绕海淀培育文化创意产业发展新动能，研讨海淀开拓创新的机制体制力量、共谋经济全球化时代的海淀智慧。

（周晰）

【编纂《海淀文化创意产业年鉴2016》】 12月13日，由海淀区文化创意产业协会编纂的《海淀文化创意产业年鉴2016》在海淀文化创意产业发展十年主题活动暨海淀文化创意产业研讨会上发布。年鉴以实地调研和统计资料为基础，对海淀区文化和科技融合发展的总体形势、基本情况进行系统梳理，归纳支撑产业发展壮大的创新生态环境和资源禀赋，记载海淀文创产业十年的发展经历，分析产业发展规律，为科学预测产业未来的发展趋势，为企业做决策、政府制定政策提供依据。全书30余万字，内容包括课题报告、专题报告、案例分析、政策汇编、海淀区文化创意产业发展十年综述5个部分。

（赵志刚）

【中关村文化创意产业人才云服务平台】 12月，海淀区文化创意产业协会联合北京凯英信业科技公司打造中关村文化创意产业人才云服务平台。平台提供人才政策资讯、人才辅助服务、人才指数监测、高端人才定制、高校毕业生就业、人才发展政企对接等服务。协会依托中关村创意产业网和中关村文化创意产业人才云服务平台，开展第二届“中关村文化创意产业新领军者评选活动”。评选以大数据为特色，设立知名度、关注度、美誉度、活跃度4个指数体系，新增中关村创意产业网和人才云服务平台两年来积累的数据，形成新的《中关村文化创意产业新领军者评价指标体系》。

（周晰）

【文化创意产业促进活动】 年内，海淀区文化创意产业协会围绕“双创”，开展峰会、主题沙龙、政策宣讲与解读、产业培训、区域交流合作等产业促进活动，服务文化创意产业企业。政策宣讲与解读内容涵盖国家级、市级和区级专项资金政策、高新技术企业认定政策、文化市场网络执法等法律法规；企业培训内容有营改增、财税、知识产权等；主题沙龙和峰会主要涉及教育、影视、游戏、动漫等行业。

（周晰）

【中关村文创企业国际交流合作】 年内，海淀区文化创意产业协会依托中关村社会组织国际化专委会，利用中关村—欧洲技术转移枢纽和科技创新合作平台，以中关村企业国际化发展和需求为导向，围绕企业开拓国际市场提供定向服务，提升中关村企业在全球产业链和创新链的地位和话语权。依托“中芬游戏创新合作平台”和“北美国际技术合作平台”，拓展中关村企业国际合作领域。开展不同层次的国际人才交流活动，吸引更多外籍创新创业人才落户中关村。

（周晰）

文化设施建设

【概况】 2016 年，秉承以标准化促进均等化的发展理念，优化文化设施布局，完善区、街道（镇）、社区（村）三级文化设施网络建设。公共文化设施网络建设实现历史性跨越，2012 年—2016 年，全区新增文化设施面积 15 万平方米，百姓身边的文化圈基本形成。

（朱雪）

【海淀北部文化中心正式开放】 7 月 10 日，位于温泉镇的海淀北部文化中心正式对公众开放。图书馆开馆首日，为 500 余名市民办理图书借阅证，组织感恩阅读赠书活动、彩虹亲子互动、主题书展、益智游乐等开馆活动；文化馆开设成人国画、少儿素描、成人舞蹈、少儿声乐等课程，现场接受 300 余人的培训课程预约，500 余人在小剧场欣赏北京节日合唱团表演的“启动音乐会”。海淀北部文化中心建筑面积 8.81 万平方米，是海淀区“十二五”时期重点文化惠民工程，是目前北京市最大的信息文化中心。由文化馆、图书馆、档案馆和温泉文化中心 4 个单体楼组成，中庭通过共享大厅连接。新文化馆、图书馆总建筑面积 4.4 万余平方米。文化馆二层共享大厅开辟 2700 平方米永久展出海淀通史陈列展。文化馆、图书馆全年接待群众 36 万余人次，平均每日到馆超过 2000 人次。接待全国 20 余个省、市、区代表团到中心参观考察，形成海淀文化的辐射力和影响力。

（朱雪）

【基层文化中心设施建设】 年内，区委、区政府多次召开创建国家公共文化服务体系示范区专题会，推动街道（镇）基层文化设施建设和队伍建设。“十二五”时期，争取市级资金 1.2 亿元，推进 81 个街道（镇）综合文化中心和社区（村）综合文化活动室建设。截至年底，29 个街道（镇）综合文化中心基本达标。655 个社区（村）综合文化活动室有 611 个达标，达标率 93%，较 2015 年提高 2 个百分点。

（朱雪）

文化活动

【概况】 2016 年，区文化委组织“海之春”新春系列文化活动、中关村国际青年艺术季、中关村系列演出季、海淀文化季等活动；组织“到人民中去——精品文艺演出”进基层、进企业活动；举办海淀万人合唱季、广场舞达人秀等活动。全年举办文化活动 2 万余场次，惠及群众 500 余万人次。

（朱雪）

【新春系列文化活动】 1 月 24 日至 2 月 29 日，区文化委举办 2016 年“海之春”新春系列文化活动。活动以“文化迎春千家喜乐　金猴献瑞万众欢颜”为主题，组织春吉——花会踩街闹新春、春禧——博物馆里过大年、春歌——乐鸣礼赞歌无尽、春福——金猴献福一家亲、春华——梅香绵长福满山、春愿——父母欢颜情未了、春瑞——丙申春瑞海之心七大单元 18 项惠民文化活动。除保留传统花会走街、室内庙会外，还组织专业文艺院团和电影放映队伍开展“送精品演出到基层”“送喜剧电影到身边”活动，惠及群众 80 万人次。

（刘珊珊）

【“4·26”版权保护宣传系列活动】 4 月 25 日，由区文化会主办的以“尊重原创·传统再造”为主题的版权保护宣传系列活动在水晶石数字科技股份有限公司正式启动。“4·26”版权保护宣传系列活动是落实“大众创业，万众创新”国策的举措，配合 4 月 26 日第 16 个世界知识产权日“数字创意 重塑文化”主题，以举办版权保护高端人才实训班等形式，提高海淀区所属企业尊重版权的意识、经营版权的能力，提高企业的整体竞争实力。开展瞪羚企业版权保护高端人才实训班，培训 40 家瞪羚企业，帮助企业提升版权保护的能力。4 月 26 日，区文化委执法队会同区工商分局、知识产权局、质监局等相关部门，在当代商城前广场举办知识产权保护法制宣传和现场咨询活动，发放宣传资料近千份。

（杨帆　杨晶晶）

【2016 海淀全民阅读活动】 4 月 22 日至 12 月 31 日，区文化委在中关村创业大街举行“阅读照我中国梦，无尽书香进万家”——2016 年“书香海淀”全民阅读活动启动仪式。仪式上，区文化委发布活动方案，与会嘉宾为青年创业代表赠送《从 0 到 1》《平台战略》等创业类书籍；“全民悦读”“大圣悦读”两个阅读创业项目在中关村创业大街路演。此届阅读活动持续到 12 月 31 日，包括“永恒·信仰支点”“经典·文化凝聚”“青春·字里行间”“阅读·四季书香”“引领·行为示范”5 个单元 20 项活动，在区域图书馆、书店、公园、企业、中小学及各街镇开展 200 余场阅读活动，超过 60 万人次参与。

（刘珊珊）

【第六届中关村国际青年艺术季】 5 月 18 日，区文化委举办的第六届“青春的海”中关村国际青年艺术季在中华世纪坛拉开帷幕，750 余位各界青年参加开幕式。该届青年季“以青春的名义追梦中关村”为主题，分为阳光青春、文化青春、歌吟青春、光影青春、艺术青春 6 个单元 26 项活动，持续两个月。艺术节为青年们购置大量绘画艺术展、戏剧和电影票，通过大麦网和“海淀公共文化”微信公众号设置的演出、电影等文化惠民票抢票环节，吸引高新企业、部队院校、街镇等部门 60 余万名青年参与。

（刘珊珊）

【第二届中关村儿童演出季】 6 月 1 日至 8 月 31 日，海淀区文化委、海淀区演出联盟举办以“欢乐童年　放飞梦想”为主题的中关村儿童演出季。在区内 7 家剧场上演 45 项 232 场演出。6 月 18 日，演出季开幕式在海淀区中间艺术园区举行，海淀区第四实验小学及海淀区实验小学的同学们分别进行舞蹈及话剧片段演出。

（杨帆）

【“四海一家”纳兰文化交流活动】 6月12日—14日，海淀区和吉林省四平市在四平市共同举办“四海一家”纳兰文化交流活动。海淀区政协主席彭兴业，区委常委、宣传部部长陈名杰以及区政协、区文促中心、区纳兰文化研究中心有关负责人赴四平参加活动。四平市委、市人大、市政府、市政协的主要领导和有关部门负责人一同出席活动。纳兰性德享有“清朝第一词人”的美誉。海淀区是纳兰性德生活成长地，四平市是纳兰性德的祖籍地，纳兰文化成为海淀、四平两地文化的一个连接点。由海淀区指导创作的昆曲《纳兰》在四平演出3场，四平市各界代表1500余人观看演出。其间，2015年11月启动的纪念纳兰性德诞辰360周年全国诗词大赛颁奖典礼举行，众多优秀获奖作品与大家见面；举办“四海一家”纳兰文化交流研讨会，来自海淀和四平的专家和学者就纳兰家族的演化、纳兰城的考古成果、纳兰墓葬的考证以及纳兰文化的当代价值等主题展开研讨。

（韩松）

【海淀区第七届文明市民艺术节】 6月上旬至11月底，由区文明办主办、中关村学院承办的海淀区第七届文明市民艺术节举行。艺术节设置厨艺、书法、国画、唱歌、舞蹈、朗诵、趣味体育比赛、“讲海淀故事”8个比赛项目，分培训、初赛、复赛、决赛4个阶段进行。此届艺术节结合中国工农红军长征胜利80周年纪念活动，通过活动培育和践行社会主义核心价值观，弘扬爱国主义精神。来自各街道、社区的1000余人参与活动。

（卞爱美）

【2016年海淀主题剧本征集活动】 8月18日，区文化委在中关村大街义创空间·小样青年社区启动“大写中关村·聚光海淀人——2016年海淀主题剧本征集活动”。来自北京戏剧家协会、北京人民艺术剧院的专家学者、海淀区演出联盟各单位的代表出席启动仪式。经过3个月的征集，活动获得来自北京、陕西、安徽、山东等地文艺工作者及公司白领、企业家、教师等行业的文学爱好者的参与。截至11月15日，共征集全国各地的活动投稿数十部，经过首轮筛选，符合本次活动要求剧本共18部。经评委会认真评选，共评出获奖作品10件。

（杨帆）

【第五届中关村金秋演出季】 9月1日至11月30日，由区文化委、海淀区演出联盟主办的第五届中关村金秋演出季举行。其间，在海淀区内14家剧院及场馆上演73项190余场文艺演出。本届演出季销售文化惠民票3.6万余张，惠民补贴款共计411万余元，总票房达1000万元。

（杨帆）

【第七届曹雪芹文化艺术节】 9月30日，由北京曹雪芹学会和区委宣传部主办的第七届曹雪芹文化艺术节开幕式在北京植物园黄叶村举办。曹雪芹学会联合贵州省博物馆发布对《种芹人曹霑画册》的鉴定考查结果。

“红迷嘉年华”的主题为“品红之道——生活中的《红楼梦》”，是艺术节的重要活动。由“品红·说”“品红·艺”“品红·游”和“品红·赏”四大板块组成。主办方准备手作工作坊、演出、游戏及现场展示。展区内包含“琴棋书画裳，诗酒茶花香”等。开幕式上，主办方发布最新的文创产品，包括红楼文创礼包及2017年《红楼梦日历》。曹雪芹文化中心为红迷举行颁奖仪式，授予“优秀红迷”称号，并颁发证书。

（张东旭）

【曹雪芹书箱入藏】 9月30日，在第七届曹雪芹文化节开幕仪式上，张行向北京曹雪芹学会捐赠一对家传的书箱。这对书箱于20世纪80年代面世，经专家鉴定，系清乾隆年间制成。著名红学家冯其庸、吴恩裕等人推断该书箱为曹雪芹续婚时，友人所赠贺礼。书箱由曹雪芹的友人张宜泉保存下来，是一对左右宽70.5厘米、上下高51厘米、前后深23厘米的木制书箧。两个书箱子的正面、左右相对刻有兰花。右边的兰花下有一拳石，兰花上端有行书题刻：题芹溪处士句：并蒂花呈瑞，同心友谊真。一拳顽石下，时得露华新。左边一幅兰花上端题刻：乾隆二十五年岁在庚辰上巳。左边一幅兰花的右下角题刻：拙笔写兰。还有两句题刻：清香沁诗脾，花国第一芳。左边书箱子箱门背面，用章草书写着箱内所装物品的清单。此箱的主人是一个名为“芳卿”的女子，箱中物品是她与丈夫所绘的编织一类的草图和歌诀稿本。曹雪芹书箱最早是由吴恩裕在《曹雪芹手迹和芳卿悼亡诗的发现及其意义》一文中介绍的，后端木蕻良、冯其庸、胡德平、邓遂夫等学者都有专文论及。书箱入藏对曹雪芹生平研究意义重大。

（张东旭）

【《种芹人曹霑画册》鉴定考察结果发布】 9月30日，在第七届曹雪芹文化艺术节开幕仪式上，北京曹雪芹学会联合贵州省博物馆发布对《种芹人曹霑画册》的鉴定考查结果。该画册在20世纪80年代被贵州省博物馆购得。近年来，由于新的材料出现，引起大陆、台湾众多学者的研究论证。北京曹雪芹学会与贵州省博物馆取得联系，邀请专家赴贵州目验画册，贵州博物馆代表与北京曹雪芹学会邀请的专家代表共同召开品鉴会对《种芹人曹霑画册》进行鉴定。结合与会专家意见，北京曹雪芹学会针对画册发表7条倾向性意见，认可画册的真实性。画册上不仅有曹霑亲自题诗“冷雨寒烟卧碧尘，秋田蔓底摘来新。披图空羡东门味，渴死许多烦热人”，还有8幅芋头、萝卜、茄子、西瓜、海棠、残荷、峭石灵芝、渔翁的着色画。画册对研究了解曹雪芹的思想、绘画艺术、书法以及交友情况很有帮助。

（张东旭）

【共和国将军书法作品展】 10月22日至12月2日，为纪念中国工农红军长征胜利80周年，由中华爱国教育联盟、北京文化艺术活动中心、海淀区文化委员会、将军文化研究会共同主办的共和国将军书法作品展在海淀北部文化中心举行。八路军战士、朱德元帅儿媳赵力平与原总装备部军兵种部部长姜来根等80位将军出席开幕式。120位共和国将军以诗抒情、以画传意的百余幅作品书写长征精神。

（朱雪）

【第十三届海淀文化节】 10月—12月，区文化委举办第十三届海淀文化节。此届文化节以“金秋入歌诗伴舞 情怀似海梦起飞”为主题，分为“四海视野 文化海淀——主题会展专题”“欢腾民间 歌飞舞旋——歌舞展演专题”“诗歌天地 戏曲舞台——诗歌戏剧专题”“非遗镌刻 心手传承——非遗文物专题”“风雨同心 爱满四季——文化暖心专题”“家园共庆 幸福串联——综合文化专题”6个单元31项活动，惠及群众近百万人次。10月26日，文化季开幕式在海淀北部文化中心举行，驻区高新技术企业代表、各兵种离退休将军代表、北京市离退休老干部代表、驻区学生代表以及海淀区文艺骨干等出席。中国人民解放军军乐团奉上专场音乐会。

（刘珊珊）

【院士手迹展、院士书房启动仪式】 10月30日，由海淀区文化委、中国科学报社主办的“院士手迹展、院士书房启动仪式”在海淀北部文化中心举行。中国科学院院士孙鸿烈、郑度、姚檀栋和中国科学院、中国科学报社、海淀区文化委有关负责人以及温泉镇居民、中国科学院地理科学与资源所代表、海淀区新闻中心、图书馆志愿者等150余人出席仪式。此次活动收到5位院士捐赠藏书百余部，其中有珍贵历史文献资料6件。珍藏于海淀北部文化中心图书馆二层院士书房，长期展览。征集到23幅包括诺贝尔奖获得者李政道、杨振宁，全国人大常委会副委员长路甬祥院士，中国植物学家吴征镒以及袁隆平等院士的珍贵手迹，在海淀北部文化中心图书馆进行展出，展出时间历时7天，近2000名读者朋友参观。

（朱雪）

【第七届“海之声”新年演出季】 2016年12月1日至2017年2月28日，第七届“海之声”新年演出季在海淀区内剧场上演34项142场国内精品文艺演出。演出季累计惠及观众9.1万人次，惠民补贴432万余元。

（杨帆）

【“逐梦丝路”一带一路摄影展】 12月2日—30日，由海淀区文化委、新华社中国经济信息社、中华世纪坛艺术馆共同主办，海淀北部文化中心文化馆承办的2016北京国际摄影周优秀摄影专题——“逐梦丝路”一带一路摄影展在海淀北部文化中心文化馆举办。展览精选130幅生动展示沿途国家和地区的自然景观、风土人情、发展成就和文明成果的照片，接待观众3000余人。

（朱雪）

文化市场监管

【概况】 2016年，区文化委按照全国、北京市“扫黄打非”的要求，重点开展“扫黄打非”“清源”“护苗”“净网”“秋风”“净空”五大专项行动。全年办案112件，出动执法人员2375人次，检查场所1644家次，收缴盗版光盘300余张、非法图书2万余册。办理审批文化项目3355项。安全生产标准化达标的文化娱乐场所达211家。

（杨晶晶）

【“扫黄打非·护苗2016”专项行动】 1月—10月，区文化委开展“扫黄打非·护苗2016”专项行动，打击有害和非法少儿出版物及信息。区文化委联合新闻出版广电、公安、工商等部门，对大型书报刊批发市场和学校周边书店、音像店等重点场所开展联合检查，严查侵权盗版少儿出版物，净化海淀区出版物市场。加强巡查校园周边重点点位，清查兜售非法少儿出版物的游商。落实印刷复制复印企业风险等级分类管理制度，从严查处印刷非法少儿出版物和教辅教材行为。没收非法复印出版物800余册，发放“扫黄打非·护苗专项行动”宣传画和绿书签共计100张（个）。

（杨晶晶）

【“扫黄打非·净空2016”专项行动】 1月—10月，区文化委开展“扫黄打非·净空2016”专项行动，整治非法电台，净化辖区无线广播环境；开展非法卫星地面接收设施整治行动，查处三义庙2号院某青年创业社区租户未经许可擅自安装卫星地面接收设施案件。

（杨晶晶）

【“扫黄打非·清源2016”专项行动】 4月—9月，区文化委开展“扫黄打非·清源2016”专项行动。以物流仓储场站、印刷复制复印企业及高校周边地区为检查重点，严查印制流通渠道，收缴商铺出售的非法图书出版物246册。集中治理游商销售非法出版物案件，取缔游商摊位2个，收缴非法盗版光盘300余张。清理整顿网络书店、销售平台，封堵各类有害网站、有害出版物及有害信息。

（杨晶晶）

【“扫黄打非·净网2016”专项行动】 5月—10月，区文化委开展“扫黄打非·净网2016”专项行动，打击网上淫秽色情信息。以整治网络文学、网络游戏、音视频网站为重点，依法打击微博、微信、微视、微电影等“微领域”传播有害及淫秽色情信息行为和利用弹窗、搜索引擎、云存储以及移动智能终端、电视盒子等从事“色情营销”的违法行为。网上网下相结合，对全区音像、图书经营单位特别是中小学周边的出版物经营单位进行检查和随机抽查，打击口袋书等危害青少年身心成长的非法出版物，打击销售淫秽色情和低俗出版物的行为。

（杨晶晶）

【“扫黄打非·秋风2016”专项行动】 6月—11月，区文化委开展“扫黄打非·秋风2016”专项行动，打击非法报刊，重点清查繁华街区、交通枢纽、餐饮娱乐场所以及校园周边等重点地区的书报刊经营场所，从严查处印刷非法报刊行为；集中整治盗版重大题材出版物、教材教辅等行为，查处西北旺友谊路附近一库房存放的侵权盗版出版物2万余册。

（杨晶晶）

【文化安全生产月系列活动】 6月1日—30日，区文化委开展文化安全生产月系列活动。在“事故隐患排查治理周”期间，联合区安监局、消防支队等部门，对重点地区、重点行业文化经营单位进行集中大检查，出动执法检查人员124人次，检查场所45家次，发现安全隐患和问题11处，立案6件。在“法治宣传周”期间，在海淀剧院开展安全生产月启动仪式暨安全生产大型公开课，区文化委、安监、消防等部门和近500家文化娱乐场所负责人参加活动，发放宣传材料近1万份。在“应急演练周”期间，在海淀麦颂KTV、北京天宇万达印刷厂、海淀工人文化宫分别开展消防应急演练和观摩活动，受众1576人次。

（杨晶晶）

【结对帮扶贵州省黔南州】 8月20日—26日，区文化委执法队赴贵州省黔南州开展结对帮扶交流工作。重点考察黔南州惠水、罗甸、独山、都匀等县市的网吧、歌厅等文化娱乐场所，向黔南州赠送价值3.6万余元的数码相机等办公设备。10月19日—11月1日，贵州省黔南州文化市场执法骨干到海淀区交流学习，考察海淀区文化市场、海淀区博物馆、大慧寺、圆明园、颐和园等文物保护单位，并与海淀区文化市场执法人员开展交流座谈。

（杨晶晶）

【计算机软件版权案】 10月13日，根据权利人的举报，区文化委执法人员对位于海淀区文化艺术大厦的北京某公司经营场所的计算机软件版权状况进行检查。现场抽查发现，该公司用于办公的30台计算机未经许可，安装复制某软件公司享有著作权的计算机操作系统软件。执法人员在北京市公证处公证员的监督见证下，对上述计算机所安装的软件序列号等信息进行登记取证。经过多次约谈该公司负责人，收集其提供的相关证明材料等程序后，对该公司作出罚款1.33万元的行政处罚。

（杨晶晶）

文化遗产保护

【概况】 截至2016年年底，区域内有文物古迹315处，其中全国重点文物保护单位19处，市级文物保护单位23处，区级文物保护单位107处。海淀区共有国家级非物质文化遗产7项、市级非物质文化遗产30项、区级非物质文化遗产84项。

（朱玉京）

【圆明园海晏堂蓄水楼加固工程竣工】 工程于4月22日开工，6月22日竣工，执行投资1697.52万元，工程设计单位为清华大学建筑设计研究院有限公司，监理单位为北京北咨工程管理有限公司，施工单位为北京国文琰园林古建筑工程有限公司。工程包括海晏堂蓄水楼遗迹本体加固保护和西洋楼片区游线调整两项施工内容。西洋楼片区游线调整工程，建设规模为5769.8平方米，主要包括谐趣园遗址区、迷宫前遗址区、方外观—五竹亭遗址区、海晏堂遗址区、大水法遗址区、线法山—方河遗址区6个遗址区的塑木栈道和防护栏杆的铺设工作。海晏堂蓄水楼遗迹本体加固工程主要施工内容为蓄水楼夯土台四角进行包砖支护、顶部防水处理、摆放不当的石块集中摆放、杀虫封虫洞、清理台顶植物、封堵渗水孔与裂缝、掏蚀部位修补等，共使用16万块古建砖。

（鲁紫鹃）

【北京市2016年“文化遗产日”宣传活动】 6月11日，市文物局、北京市海淀区政府在圆明园正觉寺联合主办以“让文化遗产融入现代生活”为主题的北京市2016年“文化遗产日”宣传活动。市政府、市文物局、海淀区政府以及北京市16个区的文化委有关领导参加活动。活动内容包括：非遗表演——太平锣鼓，播放成果电视短片，诗朗诵《我是北京城一只雨燕》，《文物背后的法律、法规故事》图书首发式，圆明园公众考古活动启动仪式，北京市徒步运动协会文物局分会成立，北京文化遗产保护15周年成果展，大美西山历史文化带图片展，海淀非物质文化遗产图片展，“走进文化遗产，共享中华文明”徒步大会。

（朱玉京）

【文物修缮保护】 8月，区文化委首次开展107处区级文物保护单位保护范围划定和基础档案制作。12月，区级文物保护单位基础档案制作项目基本完成，区级文物保护单位保护范围划定工作有序推进。完成19项文物修缮保护工程和安防、消防及防雷等保护性工程，即大慧寺古建筑群避雷项目，韩家川东庙、西庙避雷设施安装项目，护国寺戏台避雷设施安装项目，圣琼佩斯故居消防设施项目，圣琼佩斯故居直击雷防护项目，温泉村菩萨庙消防设施项目，温泉村菩萨庙直击雷防护项目，辛庄关帝庙正殿抢险修缮工程，晏公祠紧急排险工程，韩家川西庙保护性设施工程，六郎庄真武庙一进院西配殿修缮工程，后沙涧西庙紧急抢险工程，龙泉寺布施殿东山墙临时抢险工程，白塔庵塔修缮工程，唐家岭关帝庙消防设施项目，大牛坊关帝庙直击雷防护工程，南辛庄关帝庙直击雷防护工程，马甸清真寺修缮工程，唐家岭关帝庙直击雷防护项目。

（朱玉京）

【文物执法检查】 年内，区文化委共出动文物执法人员210余次，其中国家重点文物保护单位19次，市级重点文物保护单位25次，区级文物保护单位111余次，普查登记项目55余次。

（朱玉京）

媒体传播

【概况】 2016年，海淀区新闻中心实施“巩固报纸、办活电视、壮大网络”发展战略，提高舆论引导水平。出版报纸240期，刊发新闻稿件7300余篇，制作《海淀新闻》366期，发布新闻2500余条。网站新闻发布量维持在日均100条以上，年发布量近4万条，月均网络专题制作量3个以上，年专题制作超过40个，日访问量突破30万人次。截至2016年，区委、区政府门户网月均信息发布量超过2000条。

（赵知毅）

【纸媒体】 年内，海淀区新闻中心的纸媒体有“一报二刊”，即《海淀报》（含《中关村导刊》）、《都市生活周刊》。全年出版报纸240期，编辑版面

1576个，刊发新闻稿件7300余篇，约700万字。其中《海淀报》出版150期，编辑版面640个，刊发消息、通讯、评论和图片新闻5000余篇（幅）384万字；《中关村导刊》出版42期，编辑版面168个，刊发稿件1000余篇（幅）100余万字；《都市生活周刊》出版48期，编辑版面768个，刊发稿件1600余篇（幅）230余万字。《海淀报》编辑制作专版约110个、专栏近20个，服务重点单位近30家。围绕全区中心工作推出重要专栏20余个。

新闻报道主要包括报道重要会议以及“两学一做”、换届选举等全区重大政治活动。围绕“减人、添秤、服务”的中心工作，推出《疏解非首都功能，推动京津冀协同发展》《聚焦京津冀协同发展》专栏，刊登文章100余篇。围绕建设全国科技创新中心核心区，报道中关村军民融合产业园启动、科技金融创新举措、大数据产业园的建立、创享未来创新创业节、创业大街两周年成就、中关村西区转型升级、中关村大街的升级改造、中关村智造大街启动暨中关村国际创新周等重大事件和活动。《中关村导刊》开设《虚拟现实引爆生活》《未来科技》《穿戴在身上的高科技》等栏目，介绍最新的技术与产品。实体报道文明城区创建长效机制，《海淀报》与区创建办联合推出12期整版“文明海淀特刊”；开设《家风》专栏，传播“好家风、好家训”正能量；《志愿精神在社区闪光》《好人365》等栏目讲述海淀故事，传播文明新风尚。《海淀报》《中关村导刊》每月刊登“我们的价值观”公益广告，弘扬社会主义核心价值观。关注生长环境建设，开设专栏《清洁空气在行动》，推出文章60余篇，反映全区无煤化改造进展动态；围绕水污染治理，推出专栏《山水海淀 醇美家园》，报道万泉河、小清河、南沙河治理、上庄水库清淤以及稻香湖水厂的建设等；开设专栏《拆除违法建设 提升城市环境》《环境整治专项行动》，推出环境整治类文章80余篇、图片40余幅。

（赵知毅）

【广播电视】 海淀有线电视节目纳入北京电视台公共频道（现BTV新闻频道）播出。每天4.5小时，播出的新闻类节目有《海淀新闻》《海淀1时间》，专题类节目有《海淀教育》《警方在线》《城管视点》《火线》《文明海淀》《海检播报》等。海淀电视围绕“无煤化”、“环境整治”、“京津冀协同发展”、“两学一做”、“核心区建设”、“社会治理”、“为民办实事”、海淀区“十三五”规划等工作，设立“主播走基层”“记者走基层”板块，实现新闻“走转改”。

全年完成366期《海淀新闻》，新闻2500多条。其中，在北京台播出160多条，中央电视台播出2条。《文明风尚汇》栏目将宣传社会主义核心价值观作为重点宣传工作和任务，定位于贴近百姓生活、寓教于乐，树立文明典范，传播文明风尚，播出226期。拍摄专题栏目129期，其中《创新中关村·核心区》48期、《明天·成长》21期、《红盾时空》共25期、《海淀风物志》35期，汇报片11部。

（赵知毅）

【新媒体】 10月11日，区委、区政府门户网站正式由区委办和区经信办移交至新闻中心负责。受区委宣传部委托负责全区政务网站和新媒体的建设管理和日常监管，同时承担全区新媒体“中央厨房”职责，为全区重点新闻新媒体宣传提供内容支撑。由新闻中心负责区政府网站建设管理的经验做法，得到国务院办公厅、市政府办公厅的充分肯定，《人民日报》《新京报》等国家、市级媒体对海淀政府网管理运维经验进行采访报道，取得良好的社会效益。

增强24小时新闻发布和自制内容制作力度，保证地区重要新闻在海淀网首发，同时为首都之窗，区委、区政府门户网站提供最快最及时的地方新闻。智慧海淀“新媒体云服务平台”、报纸采编及移动采编系统、全媒体采编平台开发建设“无线海淀”移动客户端等系统开发项目完工上线。现有对外公示政务网站89个，在区政府门户网站中提供链接入口的系统77个。日均新闻发布量在100条以上，年发布量近4万条，月均网络专题制作量3个以上，年专题制作超过40个，日访问量突破30万人次。

海淀网设置新闻、服务、互动、生活4个板块、30多个频道、近200个栏目，是北京区县最大的网络媒体平台。海淀网实现全区统一的新闻信息推送，对区属各委办局、街镇、企事业、驻区单位、中央和市属媒体约200家网站的重要内容进行定向抓取、汇总整理，在网站的“新闻、图片、视频、专题”4个频道24小时不间断播出。开展线上线下活动，与小米及凤凰网旗下的“一点资讯”达成一致合作，“海淀新闻”微信号推送内容同步推送至“一点资讯”；与市新闻办就“北京发布”精品内容发布达成一致意向，定期将精品新媒体产品推送至北京发布厅、《人民日报》客户端；与北京台新媒体中心（北京新媒体集团）合作在“北京时间”进行视频发布，向该集团上报40名全媒体记者。

完成“北京海淀”政务网站改版工作并增强内容供给力度。新闻网的夜班编辑与政府网实现共享，与中心突发事件和时政新闻报道组无缝对接，确保第一时间进行网络发布。区委、区政府门户网月均信息发布量超过2000条。配合区信访办对区政府门户网站领导信箱（书记信箱、区长信箱）进行升级改造，实现新版领导信箱上线运行。

对街镇网站进行关停整改，以甘家口街道为试点，建设“北京海淀”门户网站领导下的街镇宣传服务平台“甘家口之窗”。与区委宣传部、区政府办、区公安分局、总工会、纪委监察局、区编办等部门配合，围绕全区中心工作，策划重点选题，月均选题制作两个以上。

（赵知毅）

档 案

【概况】 2016年，海淀区档案局对34家单位开展机关档案测评工作，32家单位通过测评验收，评定为档案工作市级优秀单位。对42家立档单位进行实地执法检查。办理3起行政诉讼、2起信访案件。开展档案法治宣传，利用“档案馆日”、新馆开展等活动摆放展板，发放宣传材料；向各社区、行政村下发档案法治宣传挂图。指导区各街镇做好社区档案及村“两委”换届选举工作的文件材料归档工作。注册和上线官方微信号“海淀档案”，推送文章589篇。获得2016年度全国档案微信公众号年度排名榜（TOP100）第五名。举办以“档案与民生”为主题的国际档案日暨北京市第八届“档案馆日”海淀会场活动。

（马薇冬）

【海淀档案新馆启用】 6月24日，海淀档案新馆落成启用。新馆位于温泉路47号的海淀北部文化中心C座，建筑面积27280平方米，库房面积5718平方米，库房设计可容纳近200万卷（件）档案。10月26日，启动实体档案和资料搬迁，共搬迁各类档案实体和资料53万卷（件）。新馆的落成运行使海淀区档案馆实现面积达标、设施完善、功能齐全、安全保密、服务便捷、节能环保“五位一体”的国家综合档案馆的目标要求。

（马薇冬）

【档案业务培训】 年内，区档案馆共举办档案专业知识及各类专题培训8次，累计培训1240人次。对有关单位及驻区企业新上岗的400名档案工作人员进行80课时岗前档案专业知识培训，经考试合格后颁发证书。

（马薇冬）

【档案信息化】 年内，区档案局依托政务云平台建立电子文件归档管理系统，规范各立档单位电子文件的归档和管理，完成全区所有具备条件的文档一体化管理模式的建立，开展电子文件的归档管理和数码照片的移交接收试点工作。数字档案馆管理系统项目的建设被列入智慧海淀项目和区督办事项。完成馆藏档案数字化加工14件8228卷，扫描547044页，著录162903条目。

（马薇冬）

【档案收集】 年内，区档案局将海淀区卫生系统10家单位档案纳入接收范围。区档案馆全年接收立档单位档案3214卷1139件，照片档案382张，录音磁带、影片档案295盘。首次将档案移交单位纳入档案鉴定组织机构，就拟开放档案征求移交单位意见。全年开放档案51711件，占33.3%；应延期开放档案103571件，占66.7%。接收政府公开信息3060份9233件，国务院公报30期53本，北京市政府公报43期86本，区政府公报4期31本。征集以件为保管单位档案资料2100件，数据150GB。重大活动、重要会议拍摄录像1080分钟、照片2490张。

（马薇冬）

【档案利用】 年内，区档案馆接待档案利用人员13388人次，利用档案13512卷次，出具证明6894份，其中涉及民生的婚姻、土地房产、招工档案利用量超过85%。出版《北京市海淀区档案馆馆藏珍品选萃》。编制《海淀区2015年大事记》《2015年区领导主要政务活动汇编》《北京市海淀区委区人大 区政府 区政协历届领导任职辑录》《海淀区档案新馆搬迁纪实》《海淀区档案馆宣传折页》，编辑4期《海淀档案》电子杂志及《海淀区2016年要事摘录》，同步刊登在内外网上。推出“海淀印迹”主题展览、“海淀特藏”和“海淀文萃”专题展览3个固定展陈。接待参观87批次9989人次。

（马薇冬）

地方志

【概况】 海淀区党史地方志办公室（简称区史志办）负责地方志书编纂和地方志资源的保护开发利用工作。2016年，《北京海淀年鉴（2015）》被中国地方志指导小组办公室评为全国地方志优秀成果（年鉴类）特等年鉴。区史志办被北京市地方志编纂委员会办公室评为《北京年鉴》编纂工作先进集体单位。《北京海淀年鉴（2015）》获第二届北京市年鉴编校质量评比一等奖。

年内，《海淀区志（1996—2010）》初审稿完成并提交北京市地方志办进行初审，根据专家指出的建议意见进行修改。组织召开村志编研会，搭建村志编修平台。指导相关村镇做好史志资料的收集整理。海淀村镇记忆系列丛书之《故土情深——北安河忆旧》《大有庄小志》《马甸村史话》已进入出版阶段。为《海淀司法行政年鉴》的编写做好培训、咨询、相关专业材料的讲解说明；组织编辑部人员审阅《海淀司法行政年鉴》初稿，提出修改建议意见。

为区委宣传部、区档案局、区委工会、区社会办、区文化委、博宝公司等单位和部门提供区情材料。完成第二次地名普查工作任务，提供地情材料。完成海淀北部文化中心历史文化讲座一次。参加宣传部老照片征集工作会、贝家花园深度开发意见征求会并建言献策。与苏州等业内同行交换地方志书籍。

完成《北京海淀年鉴（2015）》的编纂出版及发放工作，发放1200册。召开“2016全区年鉴工作会”，部署2016年年鉴编写任务。

完成第五批史地丛书《三山五园传说》的出版发放，《三山五园传说》入选市政府折子工程，发放700余册。完成区级科研课题“清代三山五园皇家活动初探”。《十方普觉寺》《自得园志》按计划编辑排版，继续进行第五批史地丛书编辑出版工作，《主编手记》列入出版计划。

（周勇）

【参加全国精品年鉴指导培训会】 4月13日—14日，在由中国地方志指导小组办公室举办的“全国精品年鉴指导培训暨《中国年鉴发展报告》启动会议”上，北京市海淀区党史地方志办公室等首批10家中国年鉴精品工程试点单位的代表分别介绍各自年鉴的基本情况和框架设计思路。中国社会科学院以及方志界、年鉴界的专家学者对10家中国年鉴精品工程试点单位的年鉴框架进行评议。会议还讨论《中国年鉴发展报告》启动事宜。

（钟冷）

【《海淀区志（1996—2010）》初审稿评议会】 7月12日—13日，《海淀区志（1996—2010）》初审稿评议会召开。《北京志》副主编王铁鹏、6位特邀专家点评志稿，市地方志办副主任张恒彬、谭烈飞，《海淀区志（1996—2010）》主编周来升，顾问张宝章、王珍明，密云、丰台等5个区志办相关人员以及《海淀区志》编辑部全体人员、区史志办全体人员近40人参加。《海淀区志（1996—2010）》初稿设34编、160余万字。与会专家从篇目、资料、体例、记述等方面对志稿进行评议。认为该书观点政治性强；海淀特征比较明显；内容全面，资料翔实，存史价值高；行文规范，符合志书体例；创新意识强，对新事物、新现象记述到位。并从篇幅、篇目结构、与一轮志书的衔接、内容记述等12个方面提出修改意见或建议。

（刘江英）

【《北京海淀年鉴》被评为全国特等年鉴】 7月15日—16日，由中国地方志指导小组办公室主办、山西省地方志办公室承办的第一次全国年鉴工作会议在太原召开。各省（自治区、直辖市）地方志工作机构，新疆生产建设兵团志办公室，全军军事志指导小组办公室，武警部队政治部编研部，国务院有关部委局史志机构、中央直属企事业单位年鉴编纂部门主要负责人，以及中国精品年鉴工程试点单位、获得表扬的全国优秀年鉴编纂单位代表共120余人参会。中国社会科学院副院长、中国地方志指导小组常务副组长李培林出席会议，并作主题为“统一思想，凝心聚力，深入贯彻落实《规划纲要》，努力实现年鉴事业发展新跨越”的讲话，中国地方志指导小组副秘书长兼办公室副主任冀祥德主持会议并作总结讲话。李培林宣读《中国地方志指导小组关于对全国地方志优秀成果（年鉴类）的通报表扬》，对获奖的406部年鉴通报表扬。《北京海淀年鉴（2014）》成为35部特等年鉴之一，也是北京地区唯一一部获得特等年鉴的县区级综合年鉴。

（钟冷）

【《海淀史志》创刊十周年座谈会】 11月22日，区史志办组织召开《海淀史志》创刊十周年座谈会。区政协原主席张宝章、北京民俗学会理事张文大等20余位文史学者，以及颐和园、圆明园、香山公园、玉渊潭公园等单位研究部门负责人参加座谈会。与会专家客观评价《海淀史志》在提供平台、宣传海淀上的作用，认为《海淀史志》办刊十年来取得了显著的成绩，在全区机关干部和文史爱好者中读者众多，《海淀史志》已经成为海淀文化的一张名片，要坚持办下去，继续发挥好海淀文史领域交流平台的功能，为研究海淀、宣传海淀、服务海淀不懈努力。并提出增加党史比重、培养后备人才、加强交流的建议。

（周勇 徐佳伟）

【《北京海淀年鉴（2016）》出版】 12月，由海淀区人民政府主办、区史志办承编的《北京海淀年鉴（2016）》由方志出版社出版发行，为《北京海淀年鉴》第15卷。该卷记述海淀区2015年1月1日至12月31日（部分内容根据实际情况，时限略有前后延伸）的情况。全书设党和国家领导人与海淀、特载、专文、大事记、区情概述、中国共产党海淀区委员会、海淀区人民代表大会、海淀区人民政府、中国人民政治协商会议北京市海淀区委员会、民主党派·工商联、群众团体、法治、武装、中关村国家自主创新示范区核心区、功能区建设、综合经济管理、农业与农村经济、商业服务业·对外经济贸易、旅游业、城乡建设、城市管理与服务、科技、教育、文化、卫生·体育、社会民生、社会建设、街道·镇、人物、统计资料、附录共31个类目、180个分目、1713个条目，照片289张，142.7万字。

（周勇）

海淀区文学艺术界联合会

【概况】 2016年，海淀区文学艺术界联合会（简称区文联）下属作家协会、书法家协会、美术家协会、《中关村》杂志社、摄影家协会、京华印社、香山诗社、稻香湖诗社、四香书画院、晚香诗书画印社、楹联协会、戏剧家协会、舞蹈家协会、搜酷摄影家协会、纳兰性德研究会15个协会，有注册会员8600余人。海淀文学艺术网站设有“文联简讯”“海淀文化”“海淀文艺家”等20个板块。

2016年，区文联承办第六届北京国际标准舞大赛，开展交流采风和文艺志愿服务。举办女书法家作品展、女画家作品展、中关村创新人物肖像展和杨永安个人画展。区文联率艺术家赴河北省阜平县慰问贫困群众并开展采风交流活动。组织艺术家赴贵州遵义采风交流，创作《万里长征图》并无偿捐赠给贵州遵义长征纪念馆。纳兰文化研究中心赴吉林四平开展“四海一家”纳兰文化交流，演出昆曲《纳兰》。协调海淀书画家和贺州120名书画家，在北京81美术馆举办“艺·创核心区——海淀区庆祝建党95周年纪念长征胜利80周年暨加快国家科技创新中心核心区建设书画展”。开展海淀区和丹江口市对口协作文艺交流活动。海淀画家郑绍敏在丹江口市沧浪艺术馆举办个人画展。搜酷摄影家协会、丹江口市摄影家协会在圆明园举办“聚焦丹江口 感恩水源地”南水北调工程摄影展；海淀区小作家协会在丹江口举办“饮水思源——丹江行”首届文学夏令营活动，来自海淀区5所学校文学社的16名小作家参加。组织书画及摄影艺术家到河北省阜平县，与当地书画爱好者开展创作和交流活动。组织18名艺术家赴张家口采风。

（王锐）

【文艺志愿服务活动】 春节前夕，区文联分别组织艺术家到西三旗街道、苏家坨车耳营、清河街道美都收藏市场、中关村交警大队、青岛五星啤酒厂等地开展“文化三下乡”，为群众书写1000余幅对联、福字。楹联协会、四香书画院、京华印社、书法家协会等以“弘扬社会主义核心价值观走基层送春联”为主题，在社区、农村、学校等开展送文化送艺术活动。9月17日，齐派篆刻代表人物、京华印社社长宋致中在老舍茶馆作“齐白石篆刻艺术赏析”的讲座，齐白石艺术研究会、京华印社有关人员及篆刻艺术爱好者近百人聆听讲座。组织戏剧、书法、绘画、摄影、舞蹈、篆刻等艺术家，深入街镇社区和机关单位，把送文化改为“种文化”，帮助基层和机关单位建立文艺组织，培养各类文艺人才。海淀舞蹈家协会创作中国首部老年小型公益舞剧——红舞鞋，在北京、广东、山西、内蒙古等地演出20场。

（王锐）

【承办第六届北京国际标准舞大赛】 10月29日，由北京市文联、海淀区政府主办，北京舞蹈家协会、海淀区文联承办的第六届北京国际标准舞决赛在北京体育大学体育馆举行。北京市16个区和部分艺术院校经过3个月初赛、复赛的选拔，各区文联从近万名选手中分别选出12~20支代表队、近4000人参加决赛。大赛设少儿组、青少年组、青年组、壮年组、常青组、专业组和院校十项全能等84个组别。邀请27位在全国和国际比赛中担任重要评审的国际级、国家级评审进行仲裁和执评。决出84个奖项，215支队伍获奖，其中31支代表队获优秀组织奖，北京体育大学和海淀区文联获特别贡献奖。

（王锐）

【文学进校园活动】 年内，区作家协会统筹作家、评论家、编辑和相关文学期刊，开展文学进校园活动。截至年底，区文联在区内20所中小学和13所高校建立文学社，并定期开展讲座、交流、改稿、辅导、文学夏（冬）令营等活动，提高学生的文学素养。

（王锐）

【文化共建】 年内，区文联与北京市政工程建设集团签署共建协议，由市政集团为艺术家深入建设工地、深入生活采风创作提供条件，艺术家们为工人创作反映他们工作生活的文艺作品。

（王锐）

卫生 · 体育

4月19日，区卫计委启动服务老区健康行活动。图为在河北省平山县义诊（区卫计委 任晓峰 摄）

7月9日—10日，北京市青少年乒乓球锦标赛举行，海淀区获总分第一名（区体育局 供图）

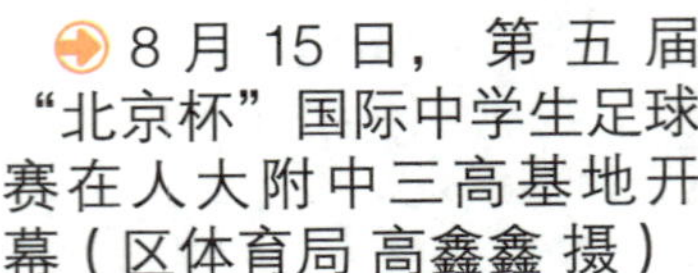

8月15日，第五届“北京杯”国际中学生足球赛在人大附中三高基地开幕（区体育局 高鑫鑫 摄）

9月3日，区卫计委举办“服务百姓健康行动”大型义诊活动（区卫计委 任晓峰 摄）

9月29日，海淀公共卫生服务走进健翔学校，开展“爱牙护齿 幸福一生”活动（区卫计委 任晓峰 摄）

10月9日，心理卫生服务活动启动（区卫计委 任晓峰 摄）

10月10日，区卫计委在精神院举办2016年世界精神卫生日主题宣传活动（区卫计委 任晓峰 摄）

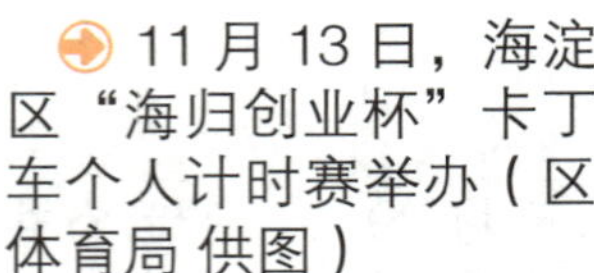

11月13日，海淀区“海归创业杯”卡丁车个人计时赛举办（区体育局 供图）

12月10日，第三届北京市民快乐冰雪季暨助力冬奥——2016海淀及张家口冰雪挑战季（张家口崇礼站）活动开幕（区体育局 供图）

卫 生

医 疗

【概况】 2016年，海淀区有医疗卫生机构1080个，其中医疗机构1076个，包括非营利性492个、营利性588个。实有床位12351张。卫技人员29935人，其中执业（助理）医师11440人、注册护士12859人。每千人常住人口拥有卫技人员8.33人、执业（助理）医师3.18人、注册护士3.58人，实有床位3.44张。优质护理病区达72个，覆盖率达75%。完成科研项目17项，其中国家级项目3项，地方科技项目13项，其他科技项目1项，SCI论文4篇。出版专著2部，拥有实用新型专利1项、部委重点实验室1个。全年门诊3036.92万人次，急诊147.49万人次，留观329652人次，入院390958人次，出院389529人次，床位使用率78.38%，平均住院日8.32天，病死率0.93%。住院手术138546人次。全系统收入（公共委、卫生局、计生）541612.10万元，其中财政拨款169706.97万元，事业收入367920.76万元，其他收入3984.37万元。全系统支出552382.15万元，卫生事业专用基金增加808.44万元，结余15806.85万元。完成无偿献血95781单位，其中街头献血81127单位，单位团体无偿献血14654单位。临床用血全部来自自愿无偿献血。全年用血量136751单位。

全年出生24023人，其中男性12266人、女性11757人，出生率10.02‰；死亡11223人，其中男性6348人、女性4875人，死亡率4.68‰；自然增长率5.43‰。因病死亡10936人，占死亡总数的97.44%。死因前十位依次为：恶性肿瘤、心脏病、脑血管病、呼吸系统疾病、内分泌和营养代谢性疾病、消化系统疾病、损伤和中毒、神经系统疾病、泌尿生殖系统疾病和传染性疾病。户籍人口期望寿命82.82岁，其中男性80.59岁，女性85.21岁。

建立中关村医院现代治理结构，5月27日成立理事会、监事会、院务会。《海淀区医疗机构设置规划（2016—2020）》获区政府常务会和区委常委会原则通过。

（张炜）

【医联体建设】 年内，以医联体为载体推进分级诊疗制度建设。以服务海淀区常住人口为目标、医联体为载体、基层医疗卫生工作为重点，建立完善的医疗卫生机构分工协作机制，健全完善分级诊疗政策体系，逐步形成基层首诊、双向转诊、急慢分治、上下联动的分级诊疗模式和科学合理的就医秩序。制定《海淀区落实北京市分级诊疗制度建设2016—2017年度重点任务工作方案》。

（张炜）

【医疗卫生信息化建设】 年内，开展全区475家卫生及妇幼机构专网建设。实现学院路等6家社区卫生服务中心及所属站信息系统升级及政务云集中部署试点。完成学院路中心与中关村医院影像互通。实施海淀医院、中关村医院和上云社区电子病历及健康档案数据采集，加快药品供应链系统建设，为分级诊疗、双向转诊奠定基础。

（张炜）

【社区卫生】 年内，全区有社区卫生服务中心51家、社区卫生服务站185所。其中，政府举办的中心28家，占55%；社会力量举办的中心23家，占45%。政府举办的服务站125所，占67.5%；社会力量举办的服务站60所，占32.5%。形成以政府举办机构为主体，大学、大院大所、部队等主办主体共同参与，村卫生室为补充的社区卫生服务体系。建起“城区15分钟、北部地区20分钟可及”的社区卫生服务圈。落实“预约就诊、定向分诊、诊前服务、就诊服务”的家庭医生全科诊疗模式，并推广至辖区内43家社区卫生服务机构（占总数的85%以上）；选取青龙桥、上庄等6家社区卫生服务中心试点开展高血压服务包、糖尿病服务包、基础服务包和失能老人服务包研究工作。为国家卫计委、万寿路甲15号院、翠微西里等功能社区开展社区卫生服务工作。试点启动公安系统家医服务工作，与辖区民警建立一对一帮扶关系；实施海淀区公共卫生服务资源空间布局与合理化规划研究项目，明确海淀区社区卫生服务机构（中心、独立站）服务覆盖范围和服务内容；财政投入经费500万元，返聘退休医学专家123人；在全区开展社区卫生服务技能大比武活动，针对家庭医生团队、全科医生、社区护士、防保人员等，按照专业特色分别比武；完善社区卫生考核机制，建立两级考核体系，强化考评结果运用；建立居民个人健康档案299.84万份，建档率83.45%；建立电子个人健康档案281.58万份，电子化率78.37%。完成272名家医助理招录和区级培训工作，完成家庭医生服务新签约51314人、续签93598人。建立社区卫生服务团队531支，生活社区签约131.31万人，其中重点人群中65岁以上老年人签约28.02万人，慢性病患者签约41.1万人；功能社区签约56.5万人。常住人口共签约187.8万人，总签约率52.3%。“一键式”家庭医生服务体系新增用户4816户，政策惠及家庭约5万户。

（张炜）

【农村卫生】 年内，全区运行村卫生室19个，均为村委会办。注册乡村医生145人，享受市级乡村医生基本待遇38人。发放乡村医生基本待遇补助金159.6万元。

（张炜）

【新型农村合作医疗】 年内，全区参合33379人，其中176人为新生儿和断保人员，参合率98.26%。人均筹资1560元，其中市区财政补助1040元，个人缴纳160元、村集体出资140元、镇级财政资助220元。全年共筹集资金5210.02万元。全区共计补偿新农合病人32713人次，补偿金额4028.4763万元，其中住院补偿2945人次，补偿金额2846.8614万元；门诊补偿29768人次，补偿金额1181.6249万元。对2015年新农合医疗费用进行大病保险补偿，补偿 552 人、340.2708 万元。在上庄镇等 11 家涉农社区卫生服务中心开通新农合门诊即时结报。按照《北京市新型农村合作医疗管理机构移交接收工作方案》，2016 年 9 月 1 日将新农合工作移交到区人力社保局。

（张炜）

【传染病防治】 年内，全区甲乙类传染病发病 3999 例，发病率 108.26/10 万。发病率前三位的疾病是痢疾（1433 例，发病率 38.79/10 万，占总发病数的 35.83%）、结核病（940 例，发病率 25.45/10 万，占总发病数的 23.50%，死亡 3 人，病死率 0.32%）、猩红热（517 例，发病率 14.00/10 万，占总发病数的 12.93%）。丙类传染病发病 10499 例，发病率 284.22/10 万。报告结核病 1006 例，新登记管理肺结核 637 人（全区定点医疗机构就医患者 393 人），全部纳入社区管理。非结核病防治机构疑似肺结核报告 1395 例，同比下降 49.1%。综合医疗机构肺结核报告率 100%，转诊率为 85.1%（包含驻区部队医疗机构）；高校登记肺结核患者系统管理率 100%。综合医疗机构痰结核菌检验结果误差率在 5% 以下。为 28010 名本地新生儿和 18771 名外地新生儿接种卡介苗，新生儿卡介苗接种和补种率 95.6%。区内人口涂阳 33 例，流动人口涂阳 71 例，监化率均为 100%。完成 4 所高校新生 PPD（结核）筛查 5608 人，筛查率 98.6%，复查率 99.2%，筛查出强阳性学生 82 人，强阳性率 1.5%，强阳性学生免费拍片率 100%。发现活动性肺结核 5 人。对辖区内各级各类学校的 166 个指示病例进行学校密切接触者筛查，共筛查 5620 名密切接触者，PPD 筛查 5374 人，复查 5372 人，强阳性反应 417 人，强阳性率 7.76%。拍摄胸片 5544 人，异常 43 人，发现活动性肺结核患者 24 人。

（张炜）

【性病艾滋病防治】 年内，新报告 HIV/AIDS 496 例。美沙酮门诊累计治疗 404 人，同比增长 6.60%（2015 年 379 人）；在治 201 人，同比下降 15.55%（2015 年 238 人）。特殊女性人群累计干预 39020 人次，其中 4071 人次进行 HIV 检测；男男同性恋人群累计干预 75933 人次，其中 14669 人次进行 HIV 检测。

（张炜）

【人畜共患疾病防治】 年内，区卫生计生委对上庄、西北旺个体养殖散户进行血清学检测 86 人，检出抗体阳性者 2 人，其中新发现抗体阳性感染者 1 人。报告手足口病病例 3492 例，发病率 94.53/10 万，无死亡；聚集性发病 100 起，重症病例 13 例。

（张炜）

【慢性病防治】 年内，区卫生计生委完成海淀区成人慢性病及危险因素监测。开展全民健康生活方式行动，完成示范社区、示范单位、示范餐厅、示范食堂的创建，25 家机构获“北京市全民健康生活方式行动健康示范机构”称号。国家脑卒中高危人群筛查及干预试点项目完成筛查 9548 人，其中高危 1163 人，TIA（缺血性卒中）204 人，卒中 269 人，完成体格检查和生化检查人数 1811 人，颈动脉彩超检查 1520 人，网上录入完成 9548 人，高危人群检出率 12.18%，卒中比例 2.82%，TIA 比例 2.14%。北京市脑卒中筛查、管理及干预项目完成随访 11470 人次，其中含有 1～2 项危险因素脑卒中高危人群随访 3876 人。完成 2145 名脑卒中高位人群血生化指标检测工作。累计组建 397 个高血压自我管理小组，覆盖 364 个居委会，覆盖率 61%。208 个管理小组完成 6 次规定活动内容，慢病督导、指导 487 人次。

（张炜）

【癌症早诊早治项目】 年内，完成筛查肝癌 302 例、乳腺癌 310 例、上消化道癌 205 例、肺癌 400 例和大肠癌 196 例。发现乳腺癌可疑阳性 109 例，肝癌 AFP（甲脂蛋白）阳性 2 例、肝硬化 1 例，上消化道癌 6 例、不典型增生 4 例，大肠癌前病变 6 例、大肠癌 1 例，肺癌阳性结节 60 例、疑似肺癌 5 例。农村人群完成随访及筛查肺癌 1012 例，随访率 99.1%。

（张炜）

【地方病防治】 年内，区卫生计生委完成居民户碘盐监测 300 件，碘盐覆盖率 99.00%，碘盐合格率 95.96%，合格碘盐食用率 95.00%；对 200 名育龄妇女、200 名成年男性及 200 名孕妇进行尿碘监测，尿碘中位数分别为 152.0 微克/升、141.0 微克/升、147.0 微克/升；对 200 名8～10 岁儿童进行甲状腺触诊和尿碘含量检测，甲状腺触诊均为阴性，尿碘中位数 157.0 微克/升。对西北旺镇、苏家坨镇、上庄镇的 13 口历史高水氟井（部分村因拆迁无法进行采样）的末梢水进行水氟监测，枯水期、丰水期各采集 26 件水样，水氟含量≤1.2 毫克/升，监测结果均符合国家标准。检查 8～12 岁学生 552 人，未发现氟斑牙。

（张炜）

【学校卫生】 年内，海淀区共有中小学校 202 所，在校生共 253350 人，实检人数 241245 人（95.22%）。其中，小学 119 所，学生 155040 人，实检人数 149110 人（96.18%）；普通中学 78 所，在校生 95890 人，实检人数 90060 人（93.92%）；职高 5 所，在校生 2420 人，实检人数 2108 人（87.11%）。中小学生肥胖检出率 15.03%，营养不良检出率 4.21%，视力不良检出率 62.85%，贫血检出率 1.39%，恒牙患龋率 16.58%，恒牙充填率 56.88%。

（张炜）

【计划免疫】 年内，全区共设立 84 个预防接种门诊，其中 AAA 级 4 个、AA 级 16 个、A 级 64 个。免费疫苗接种 836534 人次。计划免疫 0～6 岁户籍儿童 121313 人、非京籍儿童 74181 人。计划免疫调查建卡率 100%，四苗接种率 98.57%，流脑疫苗接种率 99.39%，乙脑疫苗接种率 99.15%、乙肝疫苗接种率 99.05%。报告麻疹发病 110 例，发病率 3.0/10 万；狂犬病无病例报告；百日咳发病 12 例。儿童预防接种强化免疫建证率 100%，麻风腮疫苗补种率 98.6%，流脑疫苗补种率 92.2%，百白破疫苗补种率 93.33%，乙脑疫苗补种率 96.7%，乙肝疫苗补种率 100%。60 岁及以上老人免费接种流感疫苗 65604 人，报告接种率 42.02%；学生免费接种流感疫苗 91199 人，报告接种率 52.14%。

（张炜）

【精神卫生】 年内，全区精神障碍在档患者 10372 人，其中正常管理患者

9789人，死亡患者915人，非正常管理患者868人。非正常管理患者中，失访452人，非本市回原籍43人，在档不能管理344人。在所有精神障碍在档患者中，严重精神障碍患者8799人，正常管理6836人，非正常管理1963人。2016年新建档案1850人。外区县迁入280人，区县内迁入迁出282人、死亡121人。精神分裂症正常管理患者中，疾病期8人，波动期5人，缓解期2074人，慢性或衰退期2529人（其他疾病不分期）。严重精神障碍患者治疗5764人，未治疗1993人。痴呆151人，单纯精神发育迟滞807人。审批精神病患者3080人，平均每人每年享受免费服药2118元。拨付精神康复经费330万元（含残联经费）。组织29家街镇残联开展精神康复志愿者培训，培训人数达220人；为区残联组织的康复协调员进行精神卫生综合管理培训，培训约1200人。29家街镇全部成立精神残疾人日间康复照料站，32家精神康复站的精防医生提供技术支持及康复指导，为850名精神障碍患者提供日间康复。成立8家居家式精神康复机构，为510名康复者开展家庭式精神康复服务。建立34个社区心理咨询室。

（张炜）

【职业卫生】 年内，区卫生计生委完成接报、审核尘肺病15例，其他职业病4例，农药中毒4例，疑似职业病15例；完成审核有毒有害作业工人健康监护汇总255份。完成职业病例鉴定39例，包括37例职业性尘肺病病例的鉴定、2例职业性噪声聋的鉴定。辖区职业健康检查机构完成职业健康检查49620人次。完成个人剂量监测4786人次，完成异常剂量调查2人次。

（张炜）

【妇幼保健】 妇女保健。年内，全区开展适龄妇女免费“两癌”筛查。宫颈癌筛查19915人，筛查率为8.13%；乳腺癌筛查20768人，筛查率8.48%。妇女多发病普查212339人，筛查率51.95%。确诊妇科恶性肿瘤11例、宫颈癌5例、卵巢癌4例、子宫内膜癌4例、宫颈癌前病变38例、乳腺癌34例、乳腺癌前病变21例。

剖宫产率。有22家助产机构，分娩43517例活产新生儿，其中男孩22707例，女孩20810例，男女性别比为109： 100；本市26006例，外地17515例。平均剖宫产率35.18%。

孕产妇死亡率。户籍产妇数为23693人，活产数为24023人，围产儿数24081人，高危孕产妇数11109人（同比增长35.43%），各项数据较2015年均有较大幅度增长。活产数、产妇数、产后访视数、系统服务数、围产儿死亡数比2015年增幅接近10%（9.40%～10.30%）。发生1例户籍孕产妇死亡，孕产妇死亡率4.16/10万。孕产妇系统服务率97.32%。

婚前保健。4997名婚龄人群进行婚前医学检查，婚检率8.32%，20人先治疗，暂缓结婚。

儿童保健。户籍活产数24023人，新生儿死亡28例，死亡率1.17‰；婴儿死亡40例，死亡率1.67‰；5岁以下儿童死亡49例，死亡率2.04‰；22家助产机构上报新生儿出生缺陷657例，发生率15.10‰。出生缺陷前5位的分别为先天性心脏病、外耳其他畸形、多指（趾）、隐睾、尿道下裂。0～6岁儿童141530人，儿童保健覆盖率98.14%；系统管理率94.31%。近三年（2014年—2016年）来0～1岁儿童神经心理发育迟缓筛查率、0～2岁儿童神经心理发育迟缓筛查率、0～2岁儿童神经心理发育筛查阳性率、0～2岁儿童神经心理发育迟缓率均逐年提高。参加体质测试在册幼儿园儿童56194人，测试率99.26%，优秀率48.68%，呈现随着年龄组上升优秀率升高的趋势。

（张炜）

【医疗对口支援】 年内，海淀区完成内蒙古敖汉旗、西藏、青海、玉树、湖北省丹江口市、北京市密云区和通州区的对口支援工作。接收进修人员18人，外派5名医生到西藏，24名专家完成河北省石家庄市平山县近500人的大型义诊活动。到密云区和通州区的支援总人数361人次，门急诊量3215人次，培训医护人员1077人次，受援医院派出学习人员52人次。

（张炜）

【医药管理】 年内，区卫生计生委对辖区51家社区卫生服务中心开展处方点评工作和医院感染管理工作专项检查。加强医院感染重点部门、重点环节以及基层医疗机构的医院感染管理，加强医院感染目标检测。以特殊药品、抗菌药物管理为重点，推进合理用药、合理检查，实现合理治疗。

（张炜）

【医学教育】 年内，区卫生计生委审核继续教育学分19589人，达标率96.56%。组织寨卡病毒培训、院感专项培训，培训19306人，参培率、合格率均为98.58%。3949人参加社区必修课培训，3914人合格，参培率97.8%，合格率99.1%，66家单位合格率100%。完成两年一次的医师定期考核任务，报名6728人，实考6589人，合格6589人。

（张炜）

公共卫生

【概况】 2015年10月8日，根据《中共北京市海淀区委办公室、北京市海淀区人民政府办公室关于印发〈中共北京市海淀区委卫生工作委员会 北京市海淀区政府公共服务委员会主要职责内设机构和人员编制规定〉的通知》，设立中共北京市海淀区卫生工作委员会（简称区委卫生工委），与北京市海淀区政府公共服务委员会（简称区公共委）合署办公。区公共委、区卫生计生委实行一套领导班子、两块机构牌子的组织机构模式。监管事业单位36家，其中医疗类事业单位34家；财政补助事业编制6688个（含社会聘用人员215名）。

2016年，区公共委所监管的区属医疗机构总诊疗量1113万人次，同比增长11%；出院6.8万人，同比增长19%；平均住院日9.7天，同比减少1.1天。区属二级及以上医疗机构总诊疗量457万人次（占全区总量的14.14%），同比增长7.07%；门诊423万人次，同比增长6.36%；急诊量33万人次，同比增长14.16%。区属社区卫生机构总诊疗量637万人次，同比增长15.51%。

医疗卫生体制改革。完成中关村医院现代医院治理结构改革，推进海淀妇幼保健院与首都医疗集团的合作。引入第三方考核，健全完善分级诊疗政策体系。区财政投入专项经费300万元用于医联体管理和运行，医联体改革初步实现资源共享、信息互联、服务同质。建立“专家指导、政府支持”的质控模式，通过开展培训、专项督查、临床用药管理、处方点评等手段，初步形成海淀区医疗质量管理特色模式。区公共委在全市处方点评工作中获得行政管理、专家点评、社区落实三个维度表彰，羊坊店社区卫生服务中心在北京市社区处方点评大赛中获二等奖。

基层医疗卫生服务。社区卫生服务体系进一步完善。新增1个社区卫生服务中心、7个社区卫生服务站。全区社区卫生服务中心达51个，社区卫生服务站达185个，初步构建起“城市15分钟，北部地区20分钟可及”的社区卫生服务圈。返聘118名知名退休医学专家，186名二、三级医院专家对口支援社区卫生服务中心，保证每日有三级医院专家在社区卫生服务中心出诊。投入800万元，为区属机构272支家医团队配备家庭医生助理。建立区级和社区卫生服务机构两级考核体系，考核结果作为基层机构基本公共卫生经费发放、班子成员评优的重要依据。社区卫生服务机构总诊疗1226万人次，同比上升8.83%。其中门诊服务同比上升8.77%，急诊服务同比上升8.35%，出诊服务同比上升17.92%。进一步落实“预约就诊、定向分诊、诊前服务、就诊服务”的家庭医生全科诊疗模式，推广至43家社区卫生服务机构。加强对重点人群的家庭医生签约服务，建立社区卫生服务机构家医团队与公安民警一对一的契约式服务机制。推进“一键式”家庭医生服务体系建设，总计受益家庭约5.0万户5.7万余人。上庄社区卫生服务中心通过信息化技术，使重点人群签约率提升至76%；青龙桥社区卫生服务中心探索在生活社区和功能单位开展家庭医生点对点签约服务。制定《海淀区加强村级医疗卫生机构和乡村医生队伍建设的实施方案》，启动3个村卫生室转建社区卫生服务站，下拨乡村医生基本待遇补助经费159.6万元，完成新型农村合作医疗工作管理职能的划转。

公共卫生保障。重大传染病防控。完成寨卡病毒、诺如病毒感染性腹泻等重点传染病的防控工作。妥善应对山东济南疫苗事件，确保海淀区疫苗安全，84家A级及以上规范化门诊实现全覆盖。慢病防控完成脑卒中高危人群等4类筛查项目共计48241例，区卫生计生委获得“北京市城市癌症早诊早治项目优秀组织奖”。完成全国口腔疾病防治结合试点工作，完成窝沟封闭32070颗。推进第三轮全国艾滋病综合防控示范区建设工作，通过实施健康教育、行为干预、安全套进校园等“七步法”措施，强化大学生防控教育，有效遏制艾滋病上升趋势，新发现高校学生感染者人数同比下降36.5%。推进全国精神卫生综合管理试点工作，健全区—街（镇）—村（居）委会三级综合管理网络，建立街（镇）考核评估体系，由海淀区精神卫生综合管理工作领导小组办公室在全区推进，形成具有海淀特色的“医院—社区全程自助化精神康复链”服务模式。全面启动心理卫生服务，建立34家心理咨询室。开展严重精神障碍患者监护人申领看护管理补贴工作，申领率达55.99%。

卫生应急保障。开展突发公共卫生事件情景构建，完善应急预案和工作体系；加强院前急救网络建设，以政府购买服务的形式在北医三院新建花园路急救站；全区120院前急救服务出车21739次，供给同比增长13.4%，急救反应时间缩短3.1分钟；完成全国重要会议、赛事、节假日的卫生保障工作，累计保障274天次。

中医药服务。北京市中西医结合医院通过国家三级甲等中西医结合医院评审，全区社区卫生服务中心中医综合诊区（中医馆）实现全覆盖，建成10个社区中医特色工作室。推广应用中医药适宜技术，开展三伏贴、0～3岁儿童和65岁及以上老年人中医药健康管理，打造双榆树、甘家口、花园路、羊坊店、万寿路、青龙桥6家社区卫生服务中心“治未病”示范基地。举办“海淀区中医药文化科普知识宣讲竞赛”和“中医药科普宣传周”活动。

医疗基础设施建设。北京市中西医结合医院改扩建工程，新建污水处理站并投入使用，新建病房楼面积41905平方米。海淀医院改扩建医技综合楼工程，完成土方开挖，护坡桩全部打完。北京市羊坊店医院建设工程，完成结构封顶和二次结构施工。中关村医院改扩建及综合楼工程完成室内二次结构砌筑工程，屋面及地下室顶板防水层工程、室外幕墙安装基本完成。按照社区卫生标准，对环保园等9个小区的配套卫生用房进行改造和装修，总面积1648.33平方米，总投资350.65万元。

（张梅）

【义诊活动】 3月4日，北京市海淀医院、北京大学第三医院联合举办的“两院融合春暖海淀　共建发展惠及万家”大型义诊活动在海淀医院举行，共为600余人提供免费义诊咨询。3月17日，睡眠障碍疾病诊治专家在海淀医院门诊举行“世界睡眠日”全国主题健康教育咨询义诊活动，为广大患者和民众解答睡眠疾病防治相关问题及发放相关宣传资料。4月19日—20日，区卫生计生委组织海淀医院等7家医院的24名专家走进革命老区河北省石家庄市平山县，开展“服务老区健康行”大型义诊活动。通过集中义诊和诊室义诊相结合的方式，开展常见病、多发病义诊，包括妇女病筛查、儿童先心病筛查等；面向当地医疗机构的专业技术人员开展缺血性脑血管病介入治疗、动脉粥样硬化的综合防治、甲状腺结节的评估与治疗等讲学，并进行教学查房。

（刘珊　刘志平　崔微微）

【北京神经内科学会落户海淀医院】 3月10日，北京神经内科学会第一届会员大会暨成立大会在海淀医院举行，有7家会员单位参加。会议选举产生北京神经内科学会会长、副会长、秘书长、常务理事、理事。学会是由北京从事神经内科相关工作人员自愿组成的、依法登记成立的学术性、公益性、非营利性、独立法人的民间社会学术团体，旨在推动北京地区神经内科方面的学术发展，普及与神经内科疾病相关的健康知识。

（刘珊）

【“世界防治结核病日”宣传】 3月24日是第二十一个“世界防治结核病日”，宣传主题是：社会共同努力，消除结核危害——发现并治愈每一位结核病患者。海淀医院感染管理科（疾病控制科）分别在门诊二楼候诊大厅、呼吸内科门诊、内科急诊及发热门诊开展结核病防治知识宣传活动。宣传内容包括北京市肺结核患者转诊须知、结核病防治须知、结核病防治知识小问答等，免费发放宣传手册1种、宣传彩页3种、书签1种，免费咨询200余人次。

（刘珊）

【卫生计生工作会】 3月25日，海淀区卫生计生工作会召开。主要区领导以及卫生工委、公共委和卫计委领导班子成员，区属医疗卫生单位、驻区医疗机构、各街镇、相关委办局负责人约400人参加会议。会上总结2015年卫生计生工作完成情况，部署2016年卫生计生工作主要任务：要以辖区居民的基本需求以及辖区重点人群的需求为导向，促进资源级别、种类构成以及空间布局与人口分布、产业分布相匹配，加大北部地区优质医疗资源供给通过规划和禁限，将优质医疗资源尽可能引导到北部，缓解南部中心城区资源环境压力的同时，促进基本医疗卫生服务公平可及；深化医疗卫生改革，加快破解重点难点问题。探索建立现代医院管理制度和探索启动计生特殊家庭父母住院医疗护理险，推进区、镇（街）、村（居）三级“心灵家园”基地建设。

（刘珊）

【个体化药学中心在海淀医院成立】 6月1日，中国健康促进基金会“北京市海淀区精准医学——个体化药学中心”在海淀医院正式揭牌成立。该中心依托于海淀医院，是以药物基因检测为基础的个体化药学实验室，不仅填补了个体化用药领域的空白，更将对海淀医院药学事业的进一步发展和个体化药物治疗的深入研究具有极大的推动作用。

（刘珊）

【基层中医治未病示范基地建设工作启动会】 6月28日，北京市海淀区卫生和计划生育委员会中医药管理办公室召开海淀区基层中医治未病示范基地建设工作启动会。确定甘家口、青龙桥、万寿路、花园路、双榆树、羊坊店6家社区卫生服务中心作为基层中医治未病示范基地建设单位。将进一步完善海淀区治未病服务体系，规范基层治未病服务流程。

（崔微微）

【与海淀公安分局健康管理合作试点工作启动】 7月12日，区卫生计生委与海淀公安分局联合召开合作试点启动会，启动“守护民警健康、共建平安海淀”健康管理合作试点工作。将公安分局所属各单位与辖区内社区卫生服务中心一对一捆绑，聘请社区卫生服务中心主任或副主任为健康顾问，面向民警提供家庭医生式服务，建立民警健康档案，定期排查健康状况，开展巡诊转诊等服务。

（崔微微）

【中医药文化宣传周活动】 9月2日—11日，海淀区举办中医药文化宣传周活动。海淀区中医院作为海淀区中医药文化宣传周活动主会场，于9月8日在中关村街东里南社区举办中医药文化宣传周健康咨询活动，中医全科、康复科、医务科、护理组医务人员参与活动。特别邀请北京市中西医结合医院心内科及内分泌科的两位专家为参加活动的社区居民传播中医药文化，传播健康的中医理念。当日共计服务义诊人数150余人次，发放健康宣传资料200余份。

（秦丽红）

【世界精神卫生日活动】 10月9日，区精神卫生综合管理工作领导小组主办主题为“促进心理健康，构建和谐海淀”世界精神卫生日活动在北京语言大学举行，海淀区心理卫生服务同步启动。国家卫计委、北京市卫计委有关负责人，北京语言大学校领导，海淀区领导以及区卫计委、综治办、民政局、教委、残联、学院路街道等负责人参加活动。启动仪式上，海淀区卫生计生委负责人为甘家口社区卫生服务中心、北京语言大学社区卫生服务中心等34家海淀区社区卫生服务中心首次进行心理咨询室授牌，为王晓慧等13位专家举行海淀区心理卫生专家受聘仪式。儿童孤独症相关情况专题调研、心理专家义诊、大学生心理健康现场调查与心理健康宣传、大学生心理压力测查等活动同步进行。

（崔微微　寇雪梅）

【首届基层中医药文化科普知识宣讲竞赛】 10月14日，由海淀区卫生计生委主办、海淀区中医院和海淀区中医药发展促进中心承办、北京中医药学会科普专业委员会协办的首届基层中医药文化科普知识宣讲竞赛举行。来自海淀区各个社区卫生服务中心的32位选手参加科普知识宣讲竞赛。通过竞赛，遴选出16名优秀中医药科普人才，其中一等奖2名、二等奖6名、三等奖8名，成立中医药科普知识宣讲团，传播中医药文化。

（曹筱芬）

【健康教育】 年内，区卫生计生委开展公众健康咨询活动千余场。举办健康教育大讲堂2395场，参加人数1773.78万人。开展“中国公民健康素养66条”医务人员培训50场，培训2326人次；健康素养教育大讲堂42场，受益人数11010人次。个体化健康教育120余万人次。完成北京市成人烟草调查（10个监测点1600个居民户3200例样本的家庭和个人入户调查），开展中小学校医健康素养和大学生健康素养队列调查。

（张炜）

【公共卫生监督检查】 年内，全区有公共场所3861个，区卫生计生委经常性监督检查18070户次，监督覆盖率98.27%。审批卫生许可证265个，其中新办131个，延续6个，变更127个，注销1个。有自备井294个，新办证监测26户，复验办证监测107户，变更办证监测63户，注销2户，经常性监测1369户次。高层建筑生活饮用水新办证监测124户，复验办证监测

564户，变更办证监测197户，经常性监测7081户次。未发生生活饮用水污染事故。

（张炜）

【医疗卫生监督检查】 年内，区卫生计生委检查1066家医疗卫生单位，监督覆盖率100%，有效监督5584家次，合格率99.12%。行政处罚38家次，其中警告24户次，罚款21户次6.55万元。取缔非法行医点37个，罚没款80.64万元。对辖区医疗机构监督5727户次，其中三级医院11家142户次、二级医院18家183户次、一级医院44家389户次、无级别医疗机构993家5013户次。开展打击非法行医、母婴保健、医疗广告整治、血液透析、消毒产品、传染病防治、医疗卫生重点监督、卫生技术人员资质超诊疗科目行医、预防接种、肠道门诊、寨卡病毒防控、流感疫苗预防接种、美丽盾牌等专项检查。开展临床用血监督检查，监督检查市血液中心、各临床用血医疗机构44户次，合格率100%。对800余人次进行依法行医、医疗广告、传染病、放射卫生等内容的培训。传染病防治检查4050户次，合格3913户次。受理公共场所卫生投诉举报233起，结案率100%。受理医疗卫生投诉举报375起，结案率100%。

（张炜）

【爱国卫生】 年内，区卫生计生委开展城乡环境卫生整治清洁，2万余人参加“爱国卫生月”“城市清洁日”活动。在各街镇布放鼠药8吨、粘鼠板4.2万张，喷洒、投放灭蚊蝇药物13吨；杀蟑胶饵4万支。政府投资招标专业病媒生物防治公司对552个老旧小区进行6轮“四害”专业防治，消杀面积约2400万平方米。发放禁烟标识、条幅、海报、知识手册等33.1万余张；发送控烟宣传和提示短信（微信）6648条。控烟检查14337户；有404家不合格单位，责令改正392家，处罚单位数8家，处罚吸烟者160人，罚款金额2.2万元。执法人员现场劝阻吸烟者676人，处理投诉举报2353起，医院戒烟门诊简短戒烟干预20011人，住院简短戒烟干预1105人。开展两次控烟暗访，调查样本1335个。其中，对控烟薄弱环节的292家写字楼、143家网吧、31家电影院、117家歌舞厅进行全面暗访；对57家政府机关、590家规模以上餐厅、105家民营医疗机构进行抽查。

（张炜）

海淀区红十字会

【概况】 2016年，海淀区红十字会（简称区红十字会）组建有学校系统、机关系统、医疗卫生系统、国企和非公有制企业5个工作委员会，基层红十字会组织318个，包括街镇和总公司红十字会27个；团体会员单位313家，青少年会员25万人，有红十字会志愿者5400余名。全区形成条块结合、纵横交错的红十字会基层组织体系，成为全市基层组织覆盖最广泛的地区。

全年募集爱心捐款274.31万元，同比增长36.34%。投入206.33万元，用于“两节”送温暖、人道救助、特殊人员救助、对口支援帮扶项目等，受益2396人。完成区政府为民办重要实事项目——应急救护培训。通过宣传和组织发动，新增1000余名捐献造血干细胞血样志愿者加入中华骨髓库，有6名志愿者配型成功并完成捐献移植7次。

区红十字会获中国红十字会总会2014—2015年度“首都无偿献血工作先进集体”称号。

（郭胜清）

【人道救助】 年内，区红十字会设有6个人道救助项目，博爱·灾害救助，为灾区群众提供救灾款物，支援灾后重建；博爱·天使圆梦，对贫困家庭0~18岁患有白血病、血友病、再生障碍性贫血、恶性肿瘤和肾衰竭等大病患儿的医疗救助；博爱·点亮生命，为患有重特大疾病的城乡困难居民提供医疗救助；博爱·温暖一家，救助因突发事件、疾病、残疾等原因致使生活处于贫困的家庭；博爱·携手夕阳，用于改善孤寡老人的基本生活状况；博爱·助飞梦想，为义务教育阶段贫困家庭的孩子提供必要的生活和学习救助。区红十字会采取随时申请、随时研究、随时救助的方式，实施各项人道救助项目。区红十字会开展对口支援帮扶活动，协调玉渊潭农工商总公司捐赠10万元用于内蒙古自治区敖汉旗贝子府镇王家营子中心小学的博爱助学，资助上百名贫困留守学生和特困学生，资助添置教学设备设施，建立红十字活动室和红十字应急救护培训室，购买图书；出资20万元资助革命老区河北省平山县南甸卫生院的灾后重建；对53名返城无医疗保障知青、“非典”后遗症人员等特殊人群实施人道救助。

（郭胜清）

【“博爱在京城，共圆人道梦”募捐活动】 3月—5月，区红十字会开展“博爱在京城，共圆人道梦”募捐活动。基层红十字会和红十字会工作委员会在本系统、本单位开展募捐宣传活动，发放红十字公益宣传资料，传播“人道、博爱、奉献”的红十字精神，动员社会各界参与红十字募捐救助。全年募集爱心捐款2743157.89元，资金主要来源于街镇系统、学校系统、企业系统和医疗系统组织的募捐和个人捐款。为提高募捐款使用和管理的透明度，基层红十字会建立明细台账，通过红十字会网站实时公示募捐情况和救助情况。

（郭胜清）

【应急救护培训】 年内，区红十字会通过开展应急救护培训进学校、进社区、进机关、进农村、进企业活动，选派优秀讲师和操作老师，以公开课、取证培训课、大讲堂的形式，在中小学校、大学、机关、街道社区、乡镇村庄、企事业单位、医院、培训基地、公园等单位，开展以“关爱生命、自救互救”等为主题的培训。分别在学工委系统举办230期、驻区高校举办126期、企业举办100期、街镇系统举办93期、机关举办12期应急救护培训班，累计举办公开课培训223期，培训33200人；取证培训338期，参训18740人，16900人取得培训合格证书，取证率90%，完成区政府为民办实事项目。

（郭胜清）

【红十字应急救援能力建设】 年内，辖区红十字“首都紧急救援志愿服务站”由2015年的9个增至29个，主要分布在邮局、学校和特殊行业等人员密集地域。服务站配备有自动体外除颤仪（AED）、急救箱、轮椅、血压计等急救设备，并配备创伤心肺复苏模拟人、婴儿梗阻模拟人、应急救护培训课件、宣传光盘等教学用具及教材。对部分服务站的急救员进行应急救护知识和技能的培训。与北京圣林润景科贸有限公司合作，在辖区社区、公园、单位等人口密集的公共场所设置红十字应急救援亭。应急救援亭由2015年的74个增至161个，每个救援亭配备轮椅、担架等35种应急设备，提供免费救援。组织红星救援队海淀区红十字分队、地质大学红十字救援队两支红十字救援队开展模拟山地救援实战演练，并由红十字应急救护培训教师讲授野外生存技巧、现场心肺复苏和创伤包扎等技术的规范操作。

（郭胜清）

【红十字公益文化传播】 为纪念第六十九个“5·8”世界红十字日，区红十字会系统围绕“落实发展新理念、人道惠民奔小康”“博爱在京城，携手为人道”活动主题，开展系列红十字博爱文化月宣传活动。在公园、学校向群众传播国际红十字与红新月运动基本知识，发放募捐救助、造血干细胞捐献、器官遗体捐献等公益知识宣传册，红十字志愿者现场向围观群众讲授应急救护知识，指导群众操作心肺复苏、创伤包扎等技巧。在《海淀报》设置《红十字与文明海淀同行》专栏，定期宣传区红十字工作动态和主题活动。通过海淀网、《海淀报》、海淀有线电视台、海淀信息、区委和区红十字会网站等新闻媒体和区红十字会微信公众平台，传播“人道、博爱、奉献”的红十字精神和理念。全年发布工作信息86篇，在区红十字会微信公众平台编发微信30条。

（郭胜清）

【红十字青少年活动】 年内，区红十字会学校工作委员会（简称学工委）组建应急救护师资志愿服务队，在中小学中宣传普及红十字运动知识及应急知识与技能。各中小学校将红十字工作与学校德育教育和共青团、少先队工作相结合，开展募捐救助、推广探索人道法项目、应急培训、志愿服务等红十字主题活动，利用“红豆说”“红豆讲”微信平台宣传红十字运动知识及应急知识与技能。选派优秀青少年参加“携手同行、人道追梦”——2016京津冀红十字青少年交流营活动和第十四届中日韩红十字青少年交流营活动。辖区10余所高校、40余所中学开设应急救护培训走进军训课堂。开展清华大学红十字建会30周年纪念活动、北京交通大学“关爱生命、大爱无疆”采集捐献造血干细胞活动、北京语言大学“闻一知十，八方问鼎”第三届首都高校红会综合知识竞赛、北京航空航天大学第五届首都高校红十字知识竞赛等活动。

（郭胜清）

【造血干细胞捐献】 年内，区红十字会在清华大学、北京师范大学、北京交通大学、中国人民大学、中央民族大学等11所院校，开展捐献造血干细胞知识专题讲座，通过张贴海报、发放宣传单、利用微信等新媒体图文，向大学生宣传造血干细胞捐献的常识与流程，鼓励他们志愿加入中华骨髓库。全区新增1000余名捐献造血干细胞血样志愿者加入中华骨髓库，有6名志愿者配型成功并完成捐献移植7次。至年底，在中华骨髓库注册登记的海淀区造血干细胞捐献志愿者累计3万余人，完成造血干细胞捐献52人。

（郭胜清）

【红十字志愿服务活动】 年内，区红十字会注册登记的各类志愿者5400余人。在世界红十字日、防灾减灾日和世界急救日等纪念日的活动中，红十字志愿者传播“人道、博爱、奉献”的红十字精神，宣传无偿献血、捐献造血干细胞和器官遗体等公益知识，传授应急救护、逃生避险知识和技能。区红十字会协调大唐环境产业集团青年志愿者到清河敬老院开展敬老、爱老、助老志愿服务活动，向敬老院捐赠大米、鸡蛋、食用油等价值1万余元的生活必需品。

（郭胜清）

体育

【概况】 2016年，海淀区体育产业规模逐步壮大。组建体育场馆管理中心，指导体育场馆规范化经营。全区共注册社会体育指导员8590人。有青少年体育俱乐部22所、国家级体育传统项目学校6所、市级体育传统项目学校23所、区级体育传统项目学校38所。海淀区少年儿童游泳业余体校、海淀区体育运动学校被国家体育总局命名为“国家高水平体育后备人才基地”。

全年注册中小学冰雪项目业余运动员1162人，组建区中小学冰球校队28支。开展冰雪宣讲活动130余次、冰雪公益体验课18次，培训冰雪项目社会体育指导员1129人，举办群众冰雪体验活动23场。举办第三届海淀区携手张家口冰雪挑战季活动、“喜迎冬奥会 共圆冰雪梦”纪念北京申冬奥成功一周年，举办首届职工冰壶体验赛。办理二级裁判员注册6人、三级裁判员注册171人。

（高鑫鑫）

【群众体育】 年内，区体育局围绕“全民健身促健康，同心共筑中国梦”和“我就是冠军”主题，承办第八个“全民健身日”北京主会场的活动；开展以“快乐健身迎新年 龙腾狮跃闹元宵”为主题的全民健身系列活动、中关村国家自主创新示范区核心区体育健身系列活动（一区一品）、“走向2022三山五园行”2016海淀凤凰岭山地徒步大会活动、“我们的节日”——2016年北京市端午节赛龙舟大赛暨海淀区庆端午龙舟比赛、2016年北京市民羽毛球挑战赛海淀分赛区暨海淀区机关干部羽毛球比赛、海淀区第十届“和谐杯”乒乓球比赛、第十届健身气功及广场舞展演活动；完成2016年国际田联世界田径挑战赛北京站及北京—惠灵顿“首都杯”足球友谊赛观众组织工作等。参加市级群体活动18次，14960人次参与；组织区级活动81

次，94800人次参与；街镇开展活动299次，252200人次参与。

以“体育+互联网”“体育+医疗”为重点，组织科学健身培训、科普及推广科学健身指导工作。主办全民健身大讲堂10次，发放科学健身日志2000册、科学健身宣传册1000册。通过全民健身服务网、“海淀体育”微信公众号、海淀体育APP，为公众提供随时随地、全面便捷的健身指导、健康资讯、体质监测等线上服务。开放区级体质测试中心50天，完成1500人次体质健康测试、运动能力评估及科学健身指导等工作。区场馆承办大型健身活动64次，接待健身群众40万人次，免费开放体育场馆1.1万小时。

（高鑫鑫）

【竞技体育】 年内，区体育局完成等级运动员审核424人，向北京市输送运动员26人。截至年底，全区累计完成注册运动员4267人。在各级各类比赛中，获得金牌128枚、银牌117枚、铜牌122枚。在里约奥运会上，海淀区运动员林跃获男子双人10米跳台金牌、刘晓彤获女子排球金牌，游泳运动员刘兆尘、跆拳道运动员乔森、田径短跑运动员张培萌、跳高运动员王宇人选中国奥运军团。在俄罗斯举行的第六届“亚洲儿童”国际运动会上，海淀区运动员韩芷柔以14秒61获得女子100米栏季军。在中日韩青少年运动会上，选手宁潇函在男子110米栏对抗赛中以13秒91获得第二名。在2016年中国中学生足球锦标赛上，人大附中男子足球队和清华育才女子足球队分获男子组和女子组冠军，八一学校男子足球队获得男子组第七名，人大附中男子足球队创造中国中学生足球锦标赛四连冠的历史纪录。

（高鑫鑫）

【学校体育】 年内，区体育局和教委联合举办中小学生足球、篮球、排球等共10个项目比赛，参赛人数达3800多人次。截至年底，全区共有青少年体育俱乐部22所、国家级体育传统项目学校6所、市级体育传统项目学校23所、区级体育传统项目学校38所。开展海淀区儿童青少年体育健身活动状况调查工作，共涉及23所中小学校的619名儿童青少年，采用pps抽样的方法发放及回收调查问卷600份。

（高鑫鑫）

【冰雪运动】 2016年，区体育局出台《海淀区发展冰雪运动行动计划（2016—2022年）》（海政发〔2016〕38号，9月2日成文，11月14日印发），加强冰雪运动队伍建设。主办第一期海淀区冰球裁判员培训班，并选派两名裁判代表北京市参加2016年全国冰球场外裁判员培训班。开展青少年冰雪运动后备人才建设，注册中小学冰雪项目业余运动员1162名，组建区中小学冰球校队28支。举办第一届海淀区中小学冰球联赛和海淀区校际冰球友谊赛。组队参加第一届北京市中小学生冬季运动会，获团体总分第一名；组队参加2016—2017年北京市青少年滑雪比赛，在11个组别中获8金、6银、3铜。短道速滑、花样滑冰、冰球等在国内赛场均取得不俗战绩。

开展冰雪宣讲活动130余次，冰雪公益体验课18次，培训冰雪项目社会体育指导员1129人，举办群众冰雪体验活动23场。举办第三届海淀区携手张家口冰雪挑战季活动、“喜迎冬奥会共圆冰雪梦”纪念北京申冬奥成功一周年首届职工冰壶体验赛。各街镇举办冰雪嘉年华、冰雪节等系列活动。

（高鑫鑫）

【体育设施建设】 年内，全区新建（更新）全民健身工程182套，建成143个棋类场地、4条健身步道，重点建设专项球类活动场地31个，新建2个社区体育俱乐部和5片室外冰上活动场地。为金辉健身滑雪乐园、狂飙乐园配建全民健身工程滑雪运动器材6套。

（高鑫鑫）

【体育执法】 年内，区体育局出动执法人员200余人次，检查体育场所130余家。通过媒体宣传、安全生产教育培训、应急演练等方式，提高体育经营单位的安全防范能力。大力开展安全生产责任保险推广，做好安全生产信用体系建设实施工作，130余家体育经营单位完成安全生产达标任务。完成对1954家企业专项调查工作。

（高鑫鑫）

【体育培训】 年内，区体育局完成教练员继续教育培训72学时。完成业训人员理疗3120次，功能恢复训练1100次。完成体能训练设备购置、安装、验收工作。为武术、柔道、摔跤、网球、羽毛球5个项目开展体能训练350次，参训人数200人。完成青少年骨龄拍摄，鉴定400人次。开展选材测试2次，完成体能测试2500余人。组织北京市体育科研所体能训练专家及专业技术人员，对训练队进行6批次体能测试。

（高鑫鑫）

【体育社团】 年内，海淀区体育总会共有体育协会41个。各体育社团组织、各协会开展社区居民垂钓竞技大赛、青少年武术竞赛及太极拳、易筋经、八段锦健身气功培训、中小学乒乓球友谊比赛、棋牌精英赛等体育健身活动。截至年底，海淀区健身气功指导站达到92个，会员总人数7000余人。其中新注册6个健身气功指导站：中关村街道健身气功广场舞活动站、紫竹院街道健身花棍站、上地街道健身花棍站、北京大学燕园街道蔚秀园社区健身气功柔力球站、西三旗大众健身气功站、海淀区燕园街道健身活动站。

（高鑫鑫）

社会建设

2017
北京海淀年鉴

1 月 13 日，海淀区“社会领域优秀党员志愿服务团队和优秀党员志愿者”经验交流会举办，优秀党员志愿者发言（区社会办 供图）

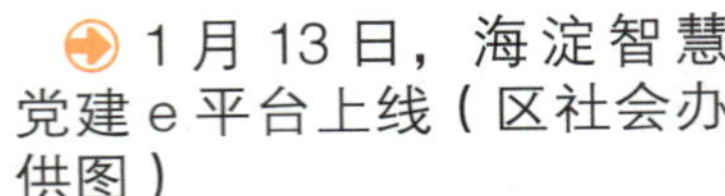
1 月 13 日，海淀智慧党建 e 平台上线（区社会办 供图）

3 月 4 日，清华园街道老旧小区举行自管会选举（清华园街道 供图）

3月7日，区社会办组织人员参加“2016北京社会公益行系列活动”（区社会办 供图）

4月12日，联合国青年事务官访问玲珑社区青年汇（区新闻中心 田峰 摄）

6月15日，海淀街道举办“讲述身边好规矩”宣讲报告会（区社会办 供图）

6月17日，燕园街道承泽园社区开展“巧手家庭，手工丝网花”活动（燕园街道 供图）

综　述

【概况】　2016年，区委社会工委、区社会办紧紧围绕海淀区全国科技创新中心核心区建设，坚持问题导向、需求导向、目标导向。聚焦“减人、添秤、服务”中心工作，开展社会治理能力提升、网格化社会服务管理、社区治理、社会领域党建等工作，做好对街道系统的统筹协调和综合管理。编写《海淀区“十三五”时期社会治理规划（草案）》。两个街道开展城市网格精细化管理试点，在两个街道开展“三网”融合试点，提升城市服务管理的精细化水平。

（李杰伟）

【街道系统人口疏解专项工作】　年内，区社会办对街道系统人口疏解工作进行指导、协调、监督和考核，完成多轮街道系统走访调研。发挥网格化社会服务功能和社区（村）自治功能，强化外来人口和出租房屋管理，实现减人控人工作目标。截至年底，街道系统年初疏解工作任务目标112744人，年底实际完成疏解工作任务117375人，完成全年台账任务总量的104.11%。

（李杰伟）

【社会建设专项资金使用管理】　年内，区社会办通过前期走访、项目征集、初审筛选、专家评审等环节，针对社会领域党建、社区服务用房改善、“一刻钟服务圈”全覆盖、“亲情社区人文海淀”等重点工作，下拨两批区级社会建设专项资金。第一批共三大类项目，包括社会领域党建项目，社区服务和基层社会、社区服务管理创新项目等，共计3806.56万元。第二批共两大类项目，包括改善社区服务用房项目、培育扶持社会组织发展项目，共计1653.21万元。

（李杰伟）

社会领域党建

【概况】　2016年，区委社会工委开展街道系统“两学一做”学习教育。成立“两学一做”学习教育巡回督导组；配合区委组织部举办骨干培训班；引导机关干部在真学、真懂、真信、真用上下工夫。推进“四个一批”工程即完善一批长效工作机制，打造一批服务平台阵地，推进一批社会治理任务，形成一批党建服务品牌。304个商务楼宇工作站，43个市级示范商务楼宇站。按照“便于集中管理，重点打造特色”的工作思路，进一步整合区域资源，将全区商务楼宇工作站进行分级分类、统一规范，形成商务楼宇区域中心示范站、商务楼宇中心站和商务楼宇服务站（点）三级设置，整合全区304个商务楼宇工作站，重点打造60个商务楼宇中心站，构建“以楼宇中心站辐射带动周边楼宇”工作体系，提升楼宇工作站的工作效率。

（李杰伟）

【“讲述身边好规矩”宣讲报告会】　6月15日，区委社会工委举办街道系统“讲述身边好规矩”宣讲报告会。各街道纪工委书记、纪检办主任、社区党组织负责人、纪检委员、非公党建指导员共300人听取报告会。清河街道领秀硅谷社区主题为“规矩——架起和谐社区‘连心桥’”；西三旗街道主题为“茶香——缕公仆心”；海科金集团主题为“规矩立业　人本为怀”；第二炮兵计量站主题为“坚韧　包容　爱”；上庄镇主题为“让规矩成为双行线”；东升镇马坊村主题为“弘扬好家风　传承正能量”。

（李杰伟）

【社会领域党建工作】　年内，区委社会工委起草《关于进一步加强海淀区街道（地区）和社区党的建设工作的意见》等文件，健全和完善基层党建工作的运行机制。起草制定《海淀区关于进一步加强商务楼宇工作站建设的实施方案》，探索建立中心站辐射周边楼宇工作体系。将全区商务楼宇工作站进行分级分类、统一规范，形成商务楼宇区域中心示范站、商务楼宇中心站和商务楼宇服务站（点）三级设置，整合全区304个商务楼宇工作站，重点打造60个商务楼宇中心站，构建“以楼宇中心站辐射带动周边楼宇”工作体系。开展“软弱涣散”基层党组织整顿工作，上报街道系统软弱涣散基层党组织7个，并对2014年、2015年软弱涣散基层党组织整顿情况进行全面梳理和“回头看”，通过跟踪问效的方法，对效果不明显的加大帮扶支持力度，落实各项基础保障政策。加强街道党群服务示范中心建设，规范指导服务群众专项经费使用，对社区办公和活动用房达标工作开展“回头看”，实现社区办公和活动用房达到350平方米的工作标准。加强街道党群服务示范中心建设，将其打造为区域性、开放性、综合性的党群活动服务阵地。推动非公企业和社会组织党建工作，选聘非公党建指导员310人。截至12月，共建立非公党组织745个（其中党委22个，党总支部10个，党支部713个）。构建非公企业党建新格局。

（李杰伟）

社区建设与管理

【概况】　2016年，区委社会工委推进社区重点项目建设。推进97个“一刻钟社区服务圈”、52个社区规范化示范点、19个老旧小区自我服务管理、6个农村社会服务管理创新等重点项目建设以及132个新建智慧社区和79个升星智慧社区建设。投入专项资金对试点社区进行重点支持，基本实现“一刻钟社区服务圈”建设全覆盖。与区房管局联合印发《海淀区老旧小区自我服务管理政府扶持及奖励资金管理办法》，重点支持老旧小区自我服务管理建设工作。

（李杰伟）

【市社会动员试点工作】 3月4日，在区政府第一办公区召开第四批市社会动员试点工作部署会。社会动员是党委政府领导、组织和发动公众、社区、社会组织、新经济组织以及其他社会单位依法、有序参与社会建设，整合社会资源，凝聚社会共识，促进社会和谐的过程，是在现有的社会建设体制机制内，整合社会资源，发动社会力量，引导社会自治，推进“社会协同、公众参与”。第一批（西三旗、紫竹院）、第二批（中关村、八里庄）、第三批（羊坊店、万寿路、甘家口、海淀、香山）主管领导及第四批（北下关、北太平庄、学院路、田村路、清华园）社会动员试点街道的街道主管领导及科室负责人近30人参加会议。北太平庄街道对老旧小区进行综合治理后，街道创新不同管理模式。在志强北园、蓟门里和索家坟社区等分别成立自管会，引进专业公司进行准物业管理。对明光村小区等进行综合整治后交由原产权单位物业公司进行管理。北下关街道经过多方筛选和实地调研，社会动员中心形成“一核心三基地五主体N动员”的功能定位。清华园街道通过自管会（自我服务管理委员会）加强社会自治，自管会是老旧小区提升自治水平的有益方式，街道对院内的南楼、西楼、中楼、西南、北区5个老旧社区加装门禁系统，各社区选举自管会，中楼、西楼、西南、南楼选举已完成。田村路街道依托阜四小院的文化建设有效带动社区治理，引导形成居民自治机制。学院路街道引进“车客家园”“互联网+”创新体验项目，促进商业网点回归便民服务，实现“一刻钟服务圈”全覆盖。打造居家养老服务驿站，提升社区志愿服务水平。

（李杰伟）

【“北京社会志愿服务行”活动】 3月7日，区社会办及社区志愿服务项目负责人代表18人参加在首都博物馆举办的“2016北京社会公益行系列活动启动式”。海淀区全年共征集志愿服务项目2654个，完成社会领域志愿服务示范项目建设79个。社区志愿服务行动获2015年“北京社会志愿服务行”优秀志愿服务活动。

（李杰伟）

【社区建设】 年内，区民政局推进全国社区治理和服务创新实验区工作。推动社区减负，拟定海淀区社区工作清单，制定《海淀区社区减负实施方案》。审批通过5个社区居委会设立、3个社区居委会更名、4个社区规模调整。完成第十届村民委员会选举工作。组织社会工作者职业水平测试，715人考试通过，其中179人取得社工师资格，536人取得助理社工师资格。

田村路街道设立武颐嘉园社区居民委员会、玉泉北里社区居民委员会；温泉镇设立温泉水岸家园社区居民委员会、环保园社区居民委员会；西北旺镇设立航天城五院社区居民委员会。清河街道二炮清河大院社区居民委员会更名为火箭军社区居民委员会；清河街道总装小营社区居民委员会更名为安宁庄东路28号院社区居民委员会；西北旺镇航天城第一社区居民委员会更名为航天城社区居民委员会。中关村街道航勘社区、白塔庵社区、华清园社区、熙典华庭社区4个社区四至范围调整。

（刘延萍）

【探求社区治理新路径】 年内，区社会办利用社会建设专项资金支持社会治理项目。“清河实验”探索不同类型社区自治新模式，包括微自治模式、社区服务换积分、老旧小区文化及空间提升。“海淀网友·好居民”利用“互联网+”技术，打造全新网格化服务管理新平台，发动社区居民共同维护社区环境。“乐活中关村”开展青年梦工厂、中关村白领午餐、乐享组织生活、银发生活、志愿生活服务。田村路街道阜四小院采取“院长+总干事+志愿者”运行模式，打造社区文化经理人，组织公益活动、宣传推广及微信运维。甘家口街道医养康为老服务是专门为社区居民及家庭提供医疗、养老、康复和健康服务的平台。北太平庄街道志强北园社区从老旧小区改造、居家养老服务等方面开展创新工作模式。中关村街道华清园“i社区”建设，以国际视野，提供智慧化服务，创新打造数字时代的新社区。

（李杰伟）

社会组织工作

【概况】 2016年，区委社会工委健全社会组织培育孵化体系，鼓励和支持社会组织承接运营社区服务事项，构建“以政府出资购买、社会组织运营、全程跟踪评估”的社会组织运营模式，引导鼓励社会组织健康发展。对2015年度购买社会组织公共服务项目开展终期检查与项目评估。落实“一街一社工”派驻工作，购买专业社会工作岗位22个。开展第四届“寻找最美社工”活动，获得“寻找首都最美社工”活动优秀宣传片称号。

（李杰伟）

【北京市海淀社会组织联合会】 北京市海淀社会组织联合会是海淀区首批认定的10家枢纽型社会组织之一，属非营利社会团体。联合会有科技、经济、服务、文体、街乡五大类64家会员单位。有党委的7家（会员单位3家、枢纽组织4家），有中共党总支的2家，有中共党支部的70家，共有中共党员2191人。

2016年，举办第九次中关村核心区发展论坛。邀请国务院参事、中国科学院可持续发展战略首席科学家牛文元教授作“中国健康产业五大战略构成”的报告，并就如何推进健康海淀建设提出建议。组织医疗专家进社区，联合民营医协会和医院协会举行12次义诊活动，提供医疗咨询服务1033人次，测量血压434人次、血糖100人次，骨密度测定38人次，发放医学科普材料3900余册。组织书画名家进社区，在两个街道开设成人书法培训班和暑假少儿培训班，上课52次，培训2200余人。海淀社会组织金源培训中心免费为各社会组织提供服务。开展会议、论坛、培训、讲座等共计93场次，接待7000余人次。

（樊文辉）

【19个政府项目向社会购买服务】 年内，区委社会工委开展使用市级社会建设专项资金购买社会组织服务项目申报工作，上报19个社会组织服务购买项目，其中社会公共服务类4个、社会公益服务类11个、社会治理服务类4个。

（李杰伟）

【社会组织管理】 年内，全区新增社会组织78家，社会组织变更110家、注销9家，直接登记35家。全区社会组织达912家。年检社会组织100%，合格率达98%以上。开展新登记社会组织统一社会信用代码工作和存量社会组织到期换证及赋码工作。发布《海淀区社会组织行政约谈规定》，规范社会组织行为，提高监督效率。完成社会组织双榆树孵化基地建设。开展66家行业协会商会与行政机关脱钩试点工作，成立区脱钩工作联合工作组。

（刘延萍）

社区工作者队伍建设

【概况】 2016年，区委社会工委继续加强基层工作者队伍建设。培训社区工作者和社区居委会干部，不断提升基层工作者的理论水平和实践能力；规范调整社区工作者工资待遇，推进社区工作者专业化、职业化。推荐18名优秀社区工作者代表参加由北京市民政局与北京大学联合举办的“北京市社区工作者理论与实践研修班”。

（李杰伟）

【社区工作者骨干培训班】 11月22日—23日，区委社会工委举办2期“海淀区社区工作者骨干培训班”。全区社区居委会主任、社区服务站站长680人分别参加为期2天的脱产培训。培训内容包括管理技能、心理调适、基层社区治理、基层政权建设等。

（李杰伟）

【新入职社区工作者初任培训】 12月21日—23日，区委社会工委配合市委社会工委完成7个街道154名新入职社区工作者的初任培训工作。培训包括专题授课、经验介绍、感受分享等。

（李杰伟）

【社区建设专题培训班】 12月28日，区委社会工委举办海淀区社区建设专题培训班，全区各街道、镇负责社区建设的主管领导及科长共57人参加培训。培训班总结交流全区社区建设的先进经验做法，学习社区治理的先进理念。

（李杰伟）

社 会 民 生

2017

北京海淀年鉴

3月15日—21日，区民政局开展“发展社会工作、助力扶贫济困”国际社工日宣传活动（区民政局 供图）

5月4日，中国残联主席张海迪（前排右一）到海淀调研社区与医疗康复以及残疾人居家康复工作（区残联 李中卫 摄）

5月31日，区人力社保局开展工伤保险政策宣传（区人力社保局 吴俊宏）

9月27日，区慈善协会在四季青敬老院开展九九重阳节尊老敬老慰问演出（区慈善协会 供图）

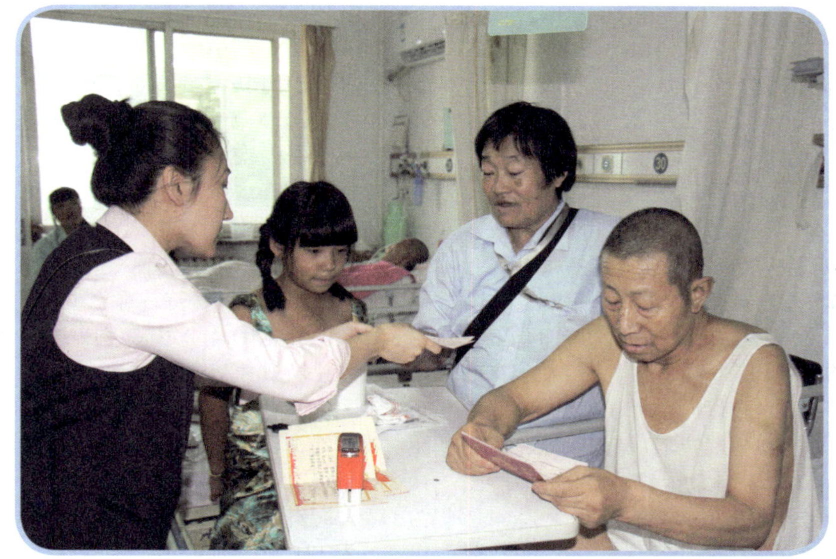

9 月，区婚姻登记处工作人员为特殊当事人开展上门服务（区民政局 供图）

10 月 9 日，区“敬老月”主题活动——表彰孝星代表和敬老模范单位（区民政局 供图）

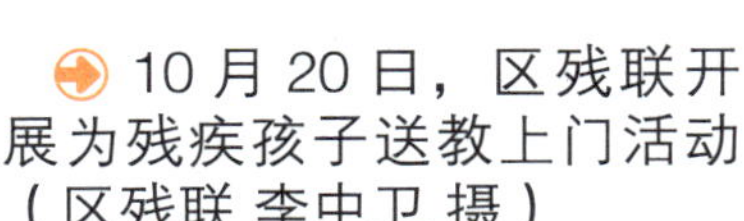

10 月 20 日，区残联开展为残疾孩子送教上门活动（区残联 李中卫 摄）

人口和计划生育

【概况】 2016年，全区户籍人口出生11028人，政策符合率99.15%，出生人口性别比104.45。流动人口出生15882人，其中居住在海淀区的7856人。办理两孩以内生育服务登记32524例。助产机构建档57140人，分娩新生儿43521人。流动人口总数39.3万人，政策符合率94%。

成立海淀区妇幼保健计划生育服务中心。办理第一个子女生育登记18671例，第二个子女生育登记13853例，再生育子女行政确认364例。发放计划生育奖励资金5094万元，惠及6.6万人。推出计生特扶家庭父母意外、疾病住院护理补贴保险，完成计生家庭意外伤害保险投保家庭3.5万户11万余人。推进“心灵家园”和“宝贝计划”基地建设，关心关爱失独家庭，得到国家卫生计生委、北京市计生协会的高度认可。开展“新市民健康城市行——海淀在行动宣传周”等系列活动，中关村街道获得“健康促进知识技能大赛”一等奖。承接国家卫生计生委“世界人口日”大型活动，举办第五届“海淀家庭人口文化节”，以“改革完善计划生育服务管理”为核心，宣传生育政策。建设智能库房监控系统并实现管理信息系统社区居（村）应用全覆盖。做好流动人口在居住地的计划生育服务管理工作。配合国家卫生计生委、北京市卫生计生委解决计划生育“三跨三分离”（“三跨”：跨地区、跨部门、跨行业，“三分离”：人事分离、人户分离、人事户分离）历史积案27件。国家卫生计生委授予海淀区“全国计划生育优质服务先进单位”。

（张梅）

【海淀区计划生育协会】 截至年底，全区共有计生协会组织1244个，会员14万余人。为35790户计划生育家庭投保家庭意外伤害保险，投保总费用111.38万余元，其中区级财政补贴类农村、低保、特扶家庭20073户，财政补贴保费43.5万元。推出计生特扶家庭父母意外、疾病住院护理补贴保险。完成首都青少年性健康教育基地设施升级优化工作，新增人体3D展示、意念打靶和“未来的你”青少年互动测试三项设施，接待首都青少年、家长、教师等8000余人次。完成中国计生协计生特殊家庭帮扶项目和北京市失独家庭帮扶项目工作。北京市计生协项目在海淀区确定甘家口和曙光两个项目点，下拨9.7万元项目经费。为113户高龄困难失独家庭提供家政服务，为121户农村困难失独家庭组织健康体检，为12家“心灵家园”基地举办健康讲座和文化娱乐活动。

（刘文慧）

【出生人口性别比综合治理】 年内，区卫生计生委开展出生人口性别比综合治理工作。利用报刊、广播、电视、新媒体等大众传媒，通过开设宣传专栏等形式广泛宣传关爱女孩行动、性别平等，引导全社会自觉抵制“两非”行为（“两非”：非医学需要的胎儿性别鉴定和非医学需要的选择性别人工终止妊娠）。利用“两非”案件信息管理系统，规范案件的查处流程，及时了解掌握、督促查办“两非”案件，接收办理江西、湖北、安徽户籍孕妇“两非”案件3起；查处未取得“医疗机构执业许可证”擅自执业案件1起，对涉案当事人下达行政处罚决定书，予以没收药品和器械，罚款6000元。

（刘萍）

【人口基础信息】 年内，区卫生计生委维护户籍人口信息99.6万余次，新建个案信息8.1万余次。海淀区户籍人口信息系统总户数122.7万户，总人口260.1万人，其中独生子女户53.8万户；户籍总人口223.8万人，户籍育龄妇女61.8万人。流动人口信息358416条。

（罗冬耘　吴涛）

【计生行政执法】 年内，区卫生计生委审批再生育子女364例。社会抚养费征收15例。“一票否决”核实个人信息3913人。应对行政诉讼1例，无行政复议被纠正及诉讼败诉案件。

（范顺）

【计生社会服务管理】 年内，国家“全面二孩”政策出台后，区卫生计生委编写《计划生育新政策及相关知识百题问答》以印发基层，规范执法行为。在单位官方网站公布所有计生事项办理流程，做好政策解答。各窗口实行首接责任制，做到一次性书面告知。统一规范海淀区两孩以内生育登记、再生育子女行政确认工作。确定羊坊店街道的“医养结合——服务特殊家庭”、曙光街道的“互联网＋智能帮扶”“融合曙光——计生服务流动家庭”、四季青镇的“海淀西部家庭互联网＋便民服务项目”、学院路街道的“心灵家园——为老服务”、甘家口街道的“心灵家园——微信服务”、八里庄街道的“心灵家园——志愿服务”7个创新项目为区级创新项目。对区级创新项目和12个街道级创新项目进行跟踪指导，创新项目达到预期目标，取得示范效果。

（范顺）

【计生药具发放管理】 年内，区卫生计生委完成对29个街镇、70余家驻区医院等单位的药具调拨。调入5623件，金额238万元；调出4958件，金额213万元。有药具发放网点4216个。为2024个“易得工程”药具发放点发放管理费40.48万元。完成第三批10个街镇的252个村（居）《海淀区计划生育避孕药具管理与发放服务平台》的延伸村居工作，实现全区29个街镇、667个村（居）委会药具管理及调拨三级联网全覆盖。启动海淀区避孕药具库房智能化建设，第一批符合条件的25个街镇计生办实现在线监控街镇级药具库房温湿度及药具质量管理。29个街镇自查130个性保健店（成人用品店），未发现销售免费药具行为。完成29个街镇级药具账目互查及业务培训工作，与区疾控中心合作，拓展18个大学校园安装药具发放机。通过培训、印发宣传折页、壁报、网站等渠道宣传免费药具发放政策、避孕节育知识。

（申卫东）

【计生特困家庭扶助关爱】 年内，海淀区将户籍49～64周岁、65～74周岁、75周岁以上的特扶对象纳入帮扶范畴，分别给予每人每年1000元、2000元、5000元的帮扶补贴；将海淀区独生子女意外伤残、死亡对其父母的一次性经济帮助标准从5000元提升至1万元。为4086名特殊困难家庭人员发放“北京市计划生育特殊困难家庭扶助卡”。建立特殊困难家庭基本信息档案，并将特殊困难家庭人员家庭基本情况、年度扶助情况、联系人情况等信息录入并上传至国家计划生育特殊家庭基本信息档案系统。为181户家庭安装“一键式”家庭医生式服务电话，将失独和伤残家庭纳入海淀区“一键式”家庭医生式服务体系，全区累计为605户特殊家庭安装“一键式”家庭医生式服务电话。为有认知障碍、独居的失独家庭和有认知障碍子女、单亲的伤残家庭人员申请并发放防走失手环298个。为年满60周岁以上的285户特殊家庭申请安装紧急救援服务设施。

（刘萍）

【计生宣传教育】 年内，区卫生计生委开展“全面二孩”、奖励扶助、“两癌”筛查、计生特殊家庭意外伤害保险等政策宣传。举办第五届“海淀家庭人口文化节活动”。在全区11个宝贝计划活动基地开展0～3岁早教活动千余场，开发亲亲宝贝系列丛书并向群众免费发放。新建成曙光“梦之四季”人口文化园，为1.3万对新婚夫妇发放婚育健康服务包。

（刘茜）

【创建幸福家庭】 年内，区卫生计生委继续进行创建幸福家庭活动，推进五大工程建设。

“文明倡导”工程。开展“第五届海淀家庭人口文化节”活动。通过“幸福家庭”DV大赛、“健康青春 你我同行”大学生演讲比赛、曙光街道人口文化园二期“梦之四季”启动暨计生知识闯关健步走、“乐涂画”家庭涂鸦大赛、“科学育孙班”大讲堂等活动，吸引上万户家庭参与。举办“美丽海淀 幸福的家”DV大赛及幸福家庭故事征文大赛活动，通过街镇、社区居（村）层层组织动员以及网络、报刊等宣传，吸引地区家庭踊跃参与。选送的《儿女父母大家庭》《幸福家庭》两部DV作品参加北京市“幸福家庭”DV大赛，获得优秀奖。承接国家卫生计生委“健康中国行”宣传周北京站启动仪式活动。

“生殖健康”工程。免费孕前优生健康检查项目覆盖全部城镇居民，检查人数1880对，随访4951人次，有效随访率为95%。农村户籍采取长效避孕措施育龄群众免费体检4002人，完成率100%。全面推进辖区计划生育免费技术服务工作，针对不同人群开展生殖健康知识宣传、咨询、免费技术服务等工作，服务近3万人次。

“青春健康”工程。《小学高年级青春健康教育学生读本》在28所试点校使用。承办国家卫生计生委和中国计生协联合主办的主题为“知性智行——爱要有一套”世界避孕日主题宣传活动。联合北京交通大学承办国家、北京市计生协主题为“珍爱生命 科学防艾 青春健康 共享未来”世界艾滋病日主题宣传活动。升级优化首都青少年性健康教育基地软硬件设施。海淀区被确定为“全国青少年健康发展工作试点地区”。

“生育关怀”工程。为35790户计划生育家庭投保家庭意外伤害保险。推出计生特扶家庭父母意外、疾病住院护理补贴保险，投保人数3530人，财政补贴保费17.65万元。区财政投入2877万元为6.6万人次发放奖扶、特扶、帮困金等。独生子女伤残家庭特别扶助2289人，独生子女死亡家庭特别扶助1797人，农村奖励扶助2997人，独生子女特扶家庭养老帮扶4086人，独生子女意外伤残、死亡后一次性经济帮助492人，独生子女年老时一次性经济奖励6567人。

“心灵家园”工程。在永定路、马连洼、曙光、四季青镇、西北旺镇、海淀镇新建6个“心灵家园”基地，区财政投入30万元用于基地建设和为失独家庭老人提供生活照料、健康养生、文化娱乐、心理交流等帮扶活动。开展中国计生协、北京市计生协计生特殊家庭帮扶项目，为农村计生特殊困难老人提供健康体检，开展健康讲座、文化娱乐等活动。

（刘茜　石霞　刘文慧　刘萍）

劳动和社会保障

【“北京海淀仲裁”微信公众号推出】 3月29日，设立“北京海淀仲裁”官方微信公众号。公众号定期推送“庭审同期声”专栏和“流动仲裁庭”“大讲堂”，扩大法律宣传平台及效果。

（张丽伟）

【就业再就业】 年内，全区城镇新增就业3.9万人，帮助2.2万名城乡劳动力实现就业，1.6万名就业困难人员通过再就业援助实现就业，失业人员就业率63.05%，城镇登记失业率0.94%。开展就业培训2.9万人次，采集用人单位空岗信息7.1万个。

（张丽伟）

【充分就业区】 年内，全区共有22个街道、7个镇申报充分就业街镇，占街镇总数的100%。544个社区、78个村申报充分就业社区（村），占社区（村）总数的97%。

（张丽伟）

【社会保险】 年内，海淀区养老保险、失业保险、工伤保险、生育保险、医疗保险5项社会保险基金累计收缴569.36亿元，同比增长13.73%；累计支出255.11亿元，同比增长5.72%。参保单位10.08万家，同比增长14.95%；人数325万人，同比增长2.87%。

（张丽伟）

【社会保险待遇调整】 年内，海淀区为24.8万名退休人员调整养老金，调整后养老金达人均每月3596元，人均增加233.83元；为164名工伤职工调整伤残津贴；为296人调整供养亲属抚恤金，人均增长180元；为1.61万人调整福利养老金，由每人每月385元调整至425元；调整城乡居民养老金，基础养老金标准达每人每月827.5

元，比2015年高出90元，比全市基础养老金水平高出317.5元。

（张丽伟）

【劳动关系案件受理2.1万件】 年内，区人力社保局受理劳动监察案件2257件，劳动仲裁案件1.6万件，社保稽核案件2313件。作出行政处罚案件316件，行政处理案件19件。

（张丽伟）

民 政

【概况】 2016年，海淀区56个社区被评为北京市“六型社区”；海淀区社会组织获北京首届社会组织知识大奖赛团体亚军。征地超转人员月生活补助人均增长209元，涨幅达到11.86%，地退无收入遗属生活补助月人均增长约108元。城乡低保标准由家庭月人均710元上调为800元；城乡低收入家庭认定标准均上调为家庭月人均1050元。海淀区依托“96156”社区服务热线开通“北京市社会救助服务热线”受理转办事项，建立求助信息受理、转办和督办机制，实现从救助响应向主动发现转变。25处烈士纪念设施成为爱国主义教育基地，海淀区获“全国社会工作服务示范区”等称号和全国双拥模范城“八连冠”。捐赠中心开展“春风送暖”活动，募集资金140.5万元，其中定向捐款25.3万元，接收衣物5.31万件。开展“冬衣送暖”社会捐助活动，共募集衣被11.79万件，接收捐款23.4万元。为基层社区订阅《中国减灾》杂志354份。海淀区被民政部确定为第二批全国社会工作服务综合示范地区。

（刘延萍）

【北京市海淀区慈善协会】 2016年，区慈善协会下设32个慈善工作站，共募集善款21994595.33元，使用善款11943730.18元，救助困难群众4338人次。

慈善宣传。以“学习、宣传、贯彻《慈善法》”为主题，开展“首都慈善公益日”宣传活动。出版《海淀慈善》季刊4期。在《海淀报》刊登稿件5篇，开辟慈善工作专版1个，在网站公示“共产党员献爱心”捐款情况。向北京市慈善协会、海淀区社会组织联合会等单位投稿20余篇。

“春雨行动”。主题为“春雨润海淀·慈善暖人心”，区慈善协会和各慈善工作站共接收捐款3978228.75元。

“共产党员献爱心”捐献活动。收到捐款4970658.90元。

帮扶救助。区慈善协会审定并实施救助困难群众4338人次，累计使用善款11943730.18元。

日常救助。各慈善工作站开展助困、助老、助学、助残等日常救助工作，救助困难群众3296人次，使用善款4047523.30元。

“海淀·慈善——爱心捐赠月”活动。救助困难群众808人，使用善款1125766.50元。

“爱心助学子”“爱心成就未来”助学活动。救助家庭特别困难的大学生112人、中小学生132人，发放救助金824000元。

“慈善情暖万家”活动。各慈善工作站通过发放救助金和救助实物，对5260人次困难群众进行救助，使用善款3847896.80元。

救助帮扶困难党员。救助生活特别困难党员或因疾病、突发事故等导致生活困难的党员173人，使用专项资金86.5万元。

“携手助老送健康——慈善医疗卡”项目。为604名60岁以上低保老人各发放500元医疗救助金，使用善款30.2万元。

养老机构专项帮扶。区慈善协会拨出善款250万元，专项用于四季青敬老院、阳台山老年公寓、聂各庄敬老院3家养老机构的老旧设备设施的更新改造。

（常欣欣）

【征地超转】 1月1日，根据《北京市民政局关于2016年调整征地超转人员生活补助费的通知》等文件精神，为22567名征地超转人员调增生活补助待遇，月人均增加209元，达1972元，增长11.86%；调整60岁以上地退无收入遗属的生活补助标准，236名地退遗属从中受益，月领生活补助人均增长108元，达960元。向8074名超转人员发放2015—2016年度住宅清洁能源分户自采暖补贴，补贴总金额125万元。根据《关于北京市2016年调整机关事业单位退休人员基本养老金的通知》，自1月1日起，为1619名地退人员调增基本养老金，人均调增330元。接收安置超转人员1176人，接收经费16.15亿元。

（刘延萍）

【“园艺疗法”项目在清河敬老院实施】 1月28日，“园艺疗法”绿色养老服务体系示范研究项目在清河敬老院正式开展。清河敬老院与清华大学建筑学院景观系教授李树华研究团队合作开展“园艺疗法”绿色养老服务体系示范研究，通过绿色植物的使用、疗愈空间的营造以及园艺操作活动的组织，促进敬老院老人在社交、教育、心理与生理等方面的改善。同时，将清河敬老院构建为国内首家“园艺疗法”绿色养老服务示范机构，为全国“园艺疗法”绿色养老设施服务体系建设实践提供参考借鉴。

（刘延萍）

【精神关怀项目在清河敬老院实施】 4月6日，清河敬老院与北京方圆心理健康服务中心签订“关注心灵、关爱健康”精神关怀公益心理咨询服务项目，利用申请的精神关怀公益心理咨询服务项目市局专项资金，在清河敬老院开展“精神分析疗法”“现实疗法”“理性情绪疗法”“行为疗法”等精神关怀公益心理治愈服务项目，建成悦心堂、悦心活动站。

（刘延萍）

【“E家社区科学课”启动】 9月6日，由北京市民政局、北京市科学技术协会共同主办，区民政局承办的社区公益服务之“96156”社区大课堂十周年回顾暨“E家社区科学课”启动仪式在海淀区社区服务中心举行。市民政局、市科协信息中心、市区社区服务中心负责人以及社区居民代表、部分媒体记者等170人参加活动。北京市社区服务中心联手市科协信息中心推出社区科普宣传专题“E家社区科学课”，为居民们普及智能生活类、网络和信息安全类、环保健康类等知识。启动仪式上，5名科普讲师获得“E家社区科学课”首批讲师聘书，首次“E家社区科学课”——《E时代看好咱的钱包》开讲。全区全年围绕家庭急救卫生保健知识、如何科学用药、心理健康知识讲座等进行社区公益大课堂1000余节次。

（刘延萍）

【居家养老失能护理互助保险启动】 9月27日，海淀区居家养老失能护理互助保险缴费正式启动，此项目在海淀区真正进入承保环节。具有海淀区城乡户籍、年满18周岁以上的居民及在海淀行政区域内各类合法社会组织工作的具有本市户籍的人员，均可参加长期护理互助保险。长期护理互助保险资金由个人缴费、政府补贴、照护服务机构缴纳互助基金三部分组成，政府按不同年龄段缴费额度的20%比例予以补贴。其中，个人缴费不少于15年，政府补贴不超过15年。

（刘延萍）

【“敬老月”主题活动】 10月9日，海淀区老龄办举办“敬老爱老，全民行动”主题活动，各街镇主管领导、老龄工作人员和老年人及孝星代表共300余人参加活动。表彰孝星榜样、老有所为先进典型、敬老模范家庭和敬老和谐社区，为获奖个人和单位颁奖。全区共推荐北京市孝星300人，评选海淀区孝星100人。

（刘延萍）

【北京通—养老助残卡发放工作会】 10月11日，区民政局召开海淀区北京通——养老助残卡发放工作会，市民政局、北京农商银行总行和海淀区各个网点，29个街镇的工作人员参会。会议确定已经制卡成功的22万余张北京通——养老助残卡，由各个银行网点按社区打包后，交各街镇民政科发放。北京通——养老助残卡整合65岁以上老人免费乘车、逛公园的老年优待卡和80岁以上老人每月领取养老津贴的养老助残卡，具备数据交换功能，坐车、逛公园都能和普通公交卡、公园年票一样刷卡使用，老年人及家属可享受到养老助残卡在全市1.5万家签约居家养老服务提供商的优质服务和优惠折扣。

（刘延萍）

【民政部领导到区检查救助工作】 11月22日，民政部部长黄树贤一行到海淀区救助管理站检查救助管理工作并慰问一线干部职工。黄树贤一行查看海淀区救助管理站基本设施建设情况及救助管理工作流程，对办公区、受助区、反家暴救助中心和受助人员图书阅览室等功能区域进行考察和了解。市民政局、北京市救助管理事务中心、区民政局负责人参加检查工作。入户调研曙光街道火器营第三社区居委会低保户杨宝贵家和伤残军人倪世春家。

（刘延萍）

【专项救助】 年内，全区实施医疗救助3194人次，支出835万元，其中一般疾病门诊救助1513人次、156.56万元，住院救助378人次、231.16万元，重大疾病救助725人次、313.22万元，补充医疗救助578人次、133.7万元。实施教育救助193人次，101万元，其中高等教育新生入学救助50人次、25.9万元，在校生救助143人次、75.05万元。临时救助137人次，47万元。2015年—2016年度清洁能源分户自采暖救助309户，支出47万元；发放燃煤补贴356户，支出35万元；集中供暖736户，支出130万元。开展因病致贫家庭医疗救助，救助21户，支出25万元。

（刘延萍）

【行政区划管理】 年内，区民政局完成全区街镇66条界线、总长度约255千米的行政区域界线联合检查工作，与门头沟、丰台、昌平、石景山、西城、朝阳6个区域签订《行政区域界线标志物管理协议书》。在《海淀区行政区划工作手册》的基础上，制作与手册配套的《海淀区行政区划地图集》2000册。组织全区29个街镇开展以“维护界线权威、创建平安边界”为主题的平安边界创建工作宣传月活动。勘察海淀区阳台山地区行政区域界线，实地查看海淀、昌平、门头沟三区交会点。

（刘延萍）

【社会救助】 年内，全区医疗救助3194人次，救助资金835万元；补充医疗救助578人，救助资金133.7万元；教育救助193人，救助资金101万元；临时救助137户，救助资金47万元。城乡低保标准从家庭月人均710元上调到800元，截止到12月底，全区城乡低保对象3274户，5411人，累计支出低保金额约5399万元；城乡特困、五保供养人员118户、120人，累计支出救助资金约358万元；城乡低收入家庭认定标准上调为家庭月人均1050元，全区有城乡低收入对象45户，98人，为25名社会孤儿发放基本生活费44.62万元，接收安置成年孤儿2人，共接收成年孤儿19人。救助城乡特困人员117人、农村五保对象43人，生活费支出232.54万元，医疗费支出206.03万元，服装换季补助6万元。

（刘延萍）

【养老服务】 年内，海淀区为7201位90岁以上高龄老人发放高龄津贴937.67万元；为105万人次80岁以上老人养老助残卡充值10799.1万元；为95岁以上符合条件的老年人报销医疗药费89.44万元；为新满65岁老年人办理优待卡45147张；为447户符合条件的老人家庭安装紧急救援服务设施；为95周岁及以上高龄老人家庭适老化改造350户。启动居家养老失能护理互助保险试点工作，9个养老照料中心开工建设。国家级居家养老服务业标准化试点项目通过专家组考核验收。新审批颐居、马连洼、柳林、爱丽斯养老机构4家；试点建成20家养老驿站。

（刘延萍）

【双拥及优抚安置】 年内，召开由军民融合产业联盟主办、双拥办协办的海淀区军民融合协同创新西郊论坛，探讨军民融合发展的趋势、特点和规律，助推军民融合向更广领域、更深层次、更高水平发展。完成驻区部队军人子女入学协调工作和家属就业安置培训等工作。全区接收退役士兵587人、复员干部39人，完成退役士兵接收安置工作。其中，符合政府安排工作条件的退役士兵73人。为524名自主就业退役士兵发放一次性经济补助4000万元，为符合政府安排工作条件的退役士兵发放待安置期间生活补助费32.2万元。调整3900名优抚对象的抚恤新标准，发放义务兵优待金2902万元，为优抚对象发放1—9月价格临时补贴72万元。开展“爱心献功臣”活动，对重点优抚对象进行换季慰问，组织到雁栖湖参观疗养。办理一次性死亡抚恤990人次，支出资金2.42亿元。组织“9·30”烈士公祭活动。

（刘延萍）

【军休服务】 全年接收军休干部772人。其中，正常退休743人，伤病残军人29人；享受军职工资待遇的技术四级和技术五级军休干部296人，约占接收人数的38%；师职军休干部604人，团职军休干部159人，团以下9人。截至年底，接收军休干部20452人。接收无军籍职工57人，累计接收无军籍职工13612人；落实军休干部生活待遇、政治待遇，做好军休干部服务管理。29个军休所被市军休办评为星级军队离休退休干部服务管理机构；二里庄南军休所被评为北京市敬老模范单位；远大军休所李树忠被评为北京市“孝星榜样”；12人获得北京市“孝星”殊荣。三名军休干部入选“北京军休榜样”。

（刘延萍）

【婚姻登记】 年内，区民政局共办理结婚登记29206件，离婚登记16852件，补领婚姻登记证11521件，收养类登记10件。

（刘延萍）

【福利企业】 年内，区民政局审核认定新办福利企业1家，审核关闭福利企业2家，全区共有福利企业45家，安置残疾职工880人，年产值6.42亿元。走访调研40家福利企业，完成835份调查问卷的填写和收集工作，了解福利企业发展情况和残疾人职工诉求。协同区残联完成43家福利企业岗位、超比例等补贴的审核工作，补贴金额共计639.5万元，其中岗位补贴493.3万元、超比例补贴72.6万元、精神残疾补贴73.6万元，社会保险补贴339万元。完成公益金补贴的审核工作，向25家福利企业发放补贴资金225万元。其中，6家福利企业投入技术改造资金共计538万元，申请获得“技术改造项目”补贴金额76万元。全区20家福利企业申请获得“增加安置残疾人职工数量奖励项目”补贴金额149万元。编制完成《海淀区社会福利企业“十三五”发展规划》，确定发展目标、任务和施政方向。

（刘延萍）

【福利彩票销售】 年内，区福彩中心与388个彩票销售站签订授权协议书。全区电脑票销量6.02亿元，即开票销量0.56亿元，总计6.58亿元，完成市下达任务的110.60%。

（刘延萍）

【殡葬服务】 年内，区民政局完成清明节群众扫墓接待服务30.5万人，扫墓车辆6.6万辆，做到“安全无事故，服务零投诉”。发放城乡无丧葬补助居民丧葬补贴472万元。开展绿色生态殡葬工作，区属经营性公墓正在建造生态葬示范园；承担北京市第四届殡葬行业技能大赛海淀赛区组织工作，获得优秀组织奖。

（刘延萍）

【见义勇为】 年内，区民政局确认见义勇为人员10人，表彰2015年度见义勇为积极分子（模范群体）及见义勇为权益保护工作先进单位。成立海淀区见义勇为协会。

（刘延萍）

【慈善公益】 年内，制定《海淀区关于促进慈善事业发展的实施方案》；完成海淀区慈善公益信息服务平台建设前期准备工作。在全区范围内举办“慈善伴我行”主题征文活动，部分获奖作品在纸媒发表刊登。共收到来自全区各委办局、街镇、企事业单位、学校等32家单位200余篇投稿。征文设一等奖8名、二等奖12名、三等奖30名、优秀作品奖50名。所有获奖者均颁发奖杯、奖状，部分作品在相关媒体发表刊登。

（刘延萍）

【扶贫送暖】 年内，区民政局开展“送温暖、献爱心”社会捐助活动，共募集资金163.9万元，其中定向捐款95.3万元，接收衣物17.1万件。向全区低保、低收入及返京知青困难家庭发放价值111.23万元的生活必需品。出资50万元援建湖北省丹江口市白杨坪林区中心福利院。利用捐赠资金20万元为内蒙古敖汉旗受灾贫困老人购买御寒物资。援助唐山市社会福利院17万元。投入15万元为新疆和田市阿克恰乡少数民族学校购置电教设备。

（刘延萍）

【流浪乞讨人员救助】 年内，区民政局救助流浪乞讨人员和暂时遇到困难流转人员1467人，累计救助流浪未成年人26人；通过新一轮摸底排查工作，将困境未成年人社会保护试点街镇扩大至6家；开展“三留守”（城乡留守儿童、农村留守妇女、农村留守老人）人员摸底排查工作。

（刘延萍）

【防灾减灾】 年内，区民政局组织编写《海淀区突发事件应急救助预案》；与财政局联合出台《海淀区救灾资金管理办法》和《海淀区救灾物资管理办法》；完成5个国家级、5个市级综合减灾示范社区创建的工作；聘请专业机构开展海淀区突发事件应急救助情景构建研究工作，提升海淀应急救助能力水平。开展防灾减灾知识进社区巡展行动。在29个街镇的60个社区完成60场讲座、2400人次巡展活动，宣传涉及1300余个家庭，辐射人群1万人次。

（刘延萍）

民族·宗教

【概况】 2016年，海淀区民族宗教侨务办公室（简称区民宗侨办，是负责海淀区民族、宗教、侨务工作的政府工作部门）。以改革创新的精神和求真务实的作风，不断推进民族、宗教、侨务工作，团结凝聚各族信教群众和侨眷力量，积极为“全国科技创新中心核心区建设”的各项任务做贡献，各项工作都取得新的成绩。

（高燕）

【节日慰问】 春节前夕，区民宗侨办走访慰问少数民族低保困难群众410人次，侨界人士、困难归侨侨眷、企业家240人，发放困难补助33.75万元；慰问生活困难宗教教职人员25人，送去慰问金2.5万元；会同区财政局、区民政局为137位有清真饮食习惯的少数民族低保群众发放补助4.11万元。少数民族节日期间，为农大附中新疆内高班的孩子们送去牛、羊肉和面等慰问品。

（高燕）

【宗教活动场所安全工作培训】 6月1日，区民宗侨办举办宗教活动场所安全工作培训，全区各宗教团体、宗教活动场所负责人和管理组织成员，场所安全工作人员80余人参加培训。邀请北京市安监局专家结合宗教活动场所特点，详细解读新修订的《中华人民共和国安全生产法》，以及隐患排查、预案编制、应急疏散等知识；凤凰岭消防中队警官从提升消防工作6个能力建设方面系统讲解消防常识；区公安分局反恐办专家讲解当前反恐形势和工作任务。

（王忠巍）

【宗教活动场所防恐消防应急演练】 6月2日，区民宗侨办、区公安分局反恐办、区消防支队、东升镇政府在北京天主教神哲学院共同组织海淀区宗教活动场所防恐消防应急演练。开展防砍杀紧急避险疏散、爆炸物先期处置、消防逃生疏散科目的演练。全区重点宗教活动场所属地街镇主管领导、民政科科长，各宗教团体、宗教活动场所负责人和场所管理组织安全员共100余人参加。

（王忠巍）

【中国佛学院新校区奠基仪式】 9月20日，中国佛学院成立60周年纪念会暨中国佛学院新校区奠基仪式在苏家坨镇车耳营村举行，全国政协副主席马飚、中共中央统战部副部长斯塔、国家宗教局局长王作安、北京市副市长王宁、市宗教局局长池维生等出席奠基仪式。中国佛学院项目经国家发改委批准立项，是国家出资建设的最大规模的宗教教育机构，总占地面积8.4公顷，总建筑面积5.7万平方米。海淀区政府负责活动的服务保障工作，多次召开相关职能部门协调会，开展安全检查，确保活动安全。

（吴保军）

【市评审组到区检查中小学民族团结教育示范校创建工作】 10月18日—19日，北京市民族团结教育示范校评审组一行18人到海淀区检查中小学民族团结教育示范校创建工作。评审会分别走访首师大附小、五一小学、海淀实验二小、民大附中4所学校，听取各校的民族团结教育情况汇报，实地检查校园民族文化环境，观摩民族团结教育示范课和特色展示活动，进行领导访谈、教师访谈、学生访谈、档案资料等方面的检查。

（闫运涛）

【海淀区天主教第三次代表会议】 11月26日，海淀区天主教召开第三次代表会议，来自正福寺教堂、后八家教堂、西北旺弥撒点、白家疃弥撒点的教友代表和教职人员共80人参加。市宗教局、市天主教“一区两会”领导和海淀区主要领导出席会议。会议审议通过天主教第二届常委会、监事会工作报告和章程修正案，选举产生新一届主席师慧敏、秘书长郭俊廷。

（王偲彧）

【平安夜安全保障】 12月24日，海淀区天主教、基督教共有9处场所举行平安夜庆祝活动。参加活动的基督教信教群众9325人，天主教1910人，外国人临时地点250人。圣诞节前夕，区民宗侨办、区公安分局、区消防支队、区交通支队及属地街镇密切配合，召开协调会，开展安全检查，现场值班值守，全力做好圣诞节期间的安全保障工作。平安夜当晚，区四套班子领导到基督教海淀堂慰问教牧人员，并向广大信教群众致以节日问候。

（王忠巍）

【民族事务】 年内，区民宗侨办在街镇、社区（村）开展“民族团结，构建和谐”民族知识政策法规巡展活动；举办海淀区第十届民族社区运动会；完成民族大学附属中学等4所学校的北京市民族团结进步示范校评审推荐工作；完成第五届全国少数民族文艺会演服务保障工作；完成第十届区政协民族宗教界别委员的推荐工作；两次对东方宫北京分公司加盟商进行民族政策法规培训。会同区商委、区食药局等相关单位联合检查清真餐饮规范店情况，为21家获得清真餐饮规范店称号的企业颁发牌匾。完成少数民族经济发展（清真）专项资金扶持工作的项目申报工作，申请民族专项工作资金200万元。支持马甸回民幼儿园开园补助资金10万元。

（高燕）

【宗教事务】 年内，区民宗侨办组织各宗教团体、宗教活动场所负责人和管理组织成员开展宗教活动场所安全工作培训，与各团体、场所签订安全工作责任书。开展“规范年”和谐寺观教堂创建工作。对安全工作进行预案式管理，做到重大宗教节日活动有工作预案、有安全检查、有部门协调会、有应急演练，完成春节法会、佛诞节、基督教追思礼拜、伊斯兰教开斋节、古尔邦节等宗教活动的安全服务保障工作。资助宗教活动场所修缮10余万元，为天主教、基督教、伊斯兰教和佛教分别配备约10万元的防恐设备。协调相关部门和单位帮助解决龙泉寺补办三慧堂相关手续以及立马关帝庙腾退问题。查处“清真不真”问题8起；办理民族宗教信访4件；完成参加本年度伊斯兰教赴麦加朝觐1名人员的报名组织工作。开展基督教专项治理工作。

（高燕）

【依法行政】 年内，区民宗侨办依法处罚案件1件，行政执法检查22次。为9家清真企业办理清真专用标志行政许可事项，向12家北京市清真特色餐厅和17家规范化清真专柜发放牌匾；办理变更民族成分18人；为21位归侨办理“归国华侨证”手续；为40位归侨、华侨子女、归侨学生出具中考身份证明；为16位华侨子女开具来京接受义务教育证明信；为280位华侨、港澳同胞和外籍华人学生出具来京上中小学批准书。

（高燕）

残疾人事业

【概况】 2016年，海淀区29个街镇和持证残疾人20人以上的社区（村）均设立残联和残疾人协会。截至年底，共有498个社区（村）残疾人协会。全区户籍人口中有持证残疾人34629人，其中视力残疾3183人、听力残疾2156人、言语残疾173人、智力残疾3753人、肢体残疾18033人、精神残疾5303人、多重残疾2028人。

2016年，海淀区残疾人联合会（简称区残联）出台《海淀区"十三五"时期残疾人事业发展规划》，从基本社会保障和增加就业入手，对劳动年龄段失业残疾人、非劳动年龄段的困难残疾人、应享受社会救助但未能享受的残疾人进行拉网式排查，建档立册，对残疾人开展精准帮扶；完成残保金征收额26亿元，通过参加北京市支持性就业试点工作以及与社会单位合作开发居家就业工作岗位，帮助一部分残疾人实现就业愿望。采取家庭参与的模式，推动精神残疾人日间照料工作，在社区开发适合的公益性岗位，促使精神残疾人回归社会。通过残疾人基本公共服务管理试点工作，逐步推动残疾人服务社会化。推广"12385"残疾人服务热线，为残疾人提供24小时语音、文字类信息咨询及需求登记服务。推动协会法人独立试点，鼓励协会参与残疾人工作。落实市、区、街镇三级联合信访接访机制，通过非紧急救助平台、远程维权平台以及电话、现场接访、领导信访接待日等形式，了解并解决残疾人的维权诉求；建立群众性与竞技性兼备的残疾人文体发展机制。邀请中央国家机关、北京市传统书画家为残疾人进行每月两次、为期一年的国画技能培训。举办"书墨传情　残健共融""残健共融同心圆梦"书画交流笔会、文艺会演、文化大篷车项目以及体育比赛。

为280名智力和稳定期精神残疾人发放社区就业补贴465万元；为900余名残疾人发放自主创业、个体就业和灵活就业保险补贴746万元；投入126万元为55名残疾人学生提供送教上门服务。补助232名学前至中高等教育年龄段残疾学生和困难残疾人子女55万元；补贴、超比例奖励用人单位2000万元。举办10场招聘会，惠及318名残疾人。为4287人次低保等困难残疾人发放生活补助2586万元；为145名因病因灾致贫等残疾人发放临时救助资金72.5万元；为12858名残疾人发放护理补贴2280万元，发放758万元养老助残补贴，惠及6179人。为400名残疾人免费提供个性化居家康复服务；为7名听力残疾儿童发放人工耳蜗植入或升级补贴98.3万元。申请助视器类辅助器具296人，申请肢体类辅助器具175人，为158名有辅助需求的残疾人进行适配评估，为124名残疾人发放辅助器具。全区470名残疾人参与市残联专项彩金辅助项目评估适配，其中451名残疾人获各类辅助发放1601件。为391名0～15岁残疾儿童发放康复训练服务补助620万元；做好精神残疾人入住中途宿舍和抗毒基地、康复照料站工作。分别投入310万元、535万元对700户肢体残疾人家庭和50个小区进行无障碍改造；开展残疾人文化大篷车进社区、进公园、进高校等演出活动。举办海淀区残疾人第十届乒乓球比赛，组织17名残疾人参加市残疾人棋牌赛，组织18名残疾人参加市残联举办的钓鱼比赛，组织22名运动员参加北京市残疾人乒乓球比赛；聘请专业教练每周对残疾人进行乒乓球、飞镖、田径、游泳指导；选拔输送7名残疾人运动员代表中国参加里约残奥会轮椅乒乓球、轮椅篮球、田径三个大项7个小项的比赛，获得个人项目2枚银牌和1个团体第四名。组织开展"庭院式"残疾人法律服务系列活动，完成130场次的法律服务系列活动，惠及残疾人及亲属6000余人次。启动"七五"普法宣传，被区委、区政府网站等刊用稿件337条，刊用工作信息12条。处理来信来访及网上信访件4074件次，办结便民服务事项2595件。

（何文辉）

【助残志愿服务项目培训班】 1月19日—20日，区残联、团区委、区志愿服务联合会共同举办2016年"爱在海淀之共享阳光"助残志愿服务项目培训班，区温馨家园的项目负责人、工作人员及志愿团队的骨干志愿者近百人参加。团区委负责人介绍"共享阳光"助残志愿服务项目的背景，就项目的开展提出指导意见。培训班邀请市残联组联部领导、社会组织及区志联信息系统平台的负责人授课，从提升温馨家园建设水平，志愿服务项目设计、开展、管理，助残志愿服务示范项目分享展示，"志愿海淀"信息平台操作等方面对志愿者进行指导。温馨家园和志愿团队的代表就助残项目开发与策划的基本流程和方法、志愿者注册、计时、项目发布等问题与授课老师进行探讨。

（何文辉）

【职业康复劳动项目产品推荐及考勤机系统操作培训会】 3月16日，区残联举办职业康复劳动项目产品推荐及考勤机系统操作培训会，24个街镇、6个民办机构的职康站负责人及系统操作人员共79人参加。特邀"饭前饭后"名人家里菜餐饮公司负责人推介快餐加热职康项目。市残联的职康劳动项目人脸识别仪考勤系统4月1日开始在职康站使用，各职康站与区残联职康管理系统实现网络电子报送对接，促进职康站分类分层发展。

（何文辉）

【社区康复协调员和专职委员培训】 3月21日—31日，区残联分4期举办残疾人社区康复协调员培训班暨专职委员培训班，各街镇残联理事长、社区康复专管员、专兼职残疾人康复协调员、温馨家园康复管理人员及康复医生共计1100人参加。区残联副理事长田文志围绕加强职业道德修养、提高综合素质和工作能力、创新思维、拓展服务内容以满足残疾人需求等方面，讲解如何做一名合格的残疾人工作者。

区残联各业务部门围绕工作任务和重点政策进行详细的解读部署。与会人员4名学员代表发言，大家就如何入手熟悉残联业务，提高业务能力，培养善于思考、精益求精的工作作风等问题进行交流。

（何文辉）

【世界自闭症日大型主题宣传活动】 4月2日，区残联、区教委、团区委、区志愿服务联合会在圆明园联合主办以“包容·融合·成长”为主题的世界自闭症日大型主题宣传活动，市残联、区委宣传部、区志愿服务联合会、区特殊教育管理中心负责人以及北京市八一学校、区培智中心学校等单位的师生共计500余人参加。北京电视台《北京新闻》主播李杨薇担任主持，区培智中心学校、睿智全纳教育康复中心、龙在天袖珍人皮影艺术团、雨露嘉禾儿童康复训练中心的老师和孩子们表演文艺节目。歌手杨臣刚演唱《习主席寄语》，心灵呼唤艺术团表演舞蹈《千手观音》。

（何文辉）

【第六届社区残疾人艺术会演】 4月26日，区残联举办第六届社区残疾人艺术会演，来自全区28个街（镇）和特教学校、70个社区的近500名残疾人参加。艺术会演分声乐、器乐、舞蹈和综合4个项目104个节目。外请知名艺术家、专家采取现场比赛、综合评选的方式，评出一等奖5个、二等奖9个、三等奖14个、优秀创作奖2个、优秀组织奖28个。

（何文辉）

【张海迪到区调研康复工作】 5月4日，中国残疾人联合会主席张海迪、副理事长贾勇等一行来到甘家口社区卫生服务中心，调研社区与医疗康复以及残疾人居家康复工作。张海迪一行来到位于中心一层的医养康中心，实地察看为社区居民及家庭提供的集医疗、养老、康复和健康管理的全新服务模式。到精神残疾人日间康复照料站，询问精神残疾人的管理和康复训练活动的开展情况，观看精神残疾人康复操表演，鼓励残疾人坚持锻炼，争取早日康复。随后深入一户残疾人家里，详细了解康复训练效果，并为残疾人送上慰问金。张海迪希望海淀区继续探索建立适合残疾人个性化需求的治疗、康复、管理和服务模式，帮助残疾人真正走出家庭，回归社会。

（何文辉）

【盲人定向行走训练师培训班】 5月5日，区残联组织开展盲人定向行走训练师培训班，来自26个街镇的52名盲人定向行走训练师参加。北京市盲人学校老师曹建臣担任指导师，内容包括盲人定向行走常用基本技术，持杖基本技术的练习，分组练习（包括评估、路线制定、实地行走、总结），如何制定计划、实施及解决问题等。

（何文辉）

【残疾人专场招聘会】 5月12日，区残联举办以“就业帮扶，真情互助”为主题的残疾人专场招聘会，90余名残疾人参加。国有企业、民营企业、合资企业等11家用人单位提供90个就业岗位，主要集中在计算机、营销、餐饮、库房管理、客服等专业。现场达成意向40人，开展职业指导和政策咨询90人次，发放宣传折页200余份。8月16日，区残联职介所举办残疾人专场招聘会，90余名残疾人参加。15家用人单位提供计算机、餐饮、客服人员等岗位。现场达成就业意向68人，开展职业指导和政策咨询98人次，发放宣传折页200余份。

（何文辉）

【“关注孤残儿童，让爱洒满人间”主题宣传活动】 5月15日，区残联与团区委、区志愿服务联合会以及中国高速公路交通广播、圆明园管理处共同举办“关注孤残儿童，让爱洒满人间”主题宣传活动。各街镇残疾人和志愿者代表、残疾人演员以及热心观众等300余人参加。现场设置残疾人政策咨询、法律服务、义诊、盲人按摩、健康知识问答、有奖互动环节和志愿助残服务项目——体验盲人听电影活动，发放宣传材料1000余份。

（何文辉）

【精神康复志愿者培训班】 5月30日，区残联与区精神卫生防治指导中心联合举办精神康复志愿者培训班，各街镇残联日间康复照料站管理人员、精防医务人员及所有精神康复志愿者共计210人参加。区精神卫生综合管理办公室副主任、区精神卫生防治院院长李文秀介绍海淀区社区精神康复工作的发展情况，区残联康复部负责人对前期志愿者相关工作进行了总结。培训聘请北大六院康复中心社工师于玲授课，讲授同伴支持、社区精神障碍常见问题、北京市精神残疾政策等内容，规范志愿者服务活动内容。

（何文辉）

【第十届残疾人乒乓球比赛】 5月31日，区体育局和区残联在温泉体育中心乒乓球馆联合举办区第十届残疾人乒乓球比赛，来自全区29个街镇和特教学校的130名残疾人乒乓球运动员参加。比赛分男、女上下肢站立组、下肢轮椅组、听力组，智残组等10个组别，共决出一等奖10名、二等奖8名、三等奖8名及四、五、六等奖38名，羊坊店街道代表队、花园路代表队、曙光代表队分获团体前三名。

（何文辉）

【“爱眼日”主题宣传】 6月6日，区残联在苏家坨镇西埠头村委会举办“爱眼日”主题宣传活动。区残联康复部、苏家坨镇残联、海淀医院眼科专家、北京大成中医针灸医院的医生、社区老年人、残疾人200余人参加。海淀医院眼科医生为社区居民进行眼部疾病筛查和视力检查，就大家较关心的眼部疾病问题及如何保护视力进行解答。北京大成中医针灸医院的医生为大家现场把脉，诊断病症，给予贴耳豆、梅花针等治疗。

（何文辉）

【专门协会平等意识培训】 7月27日，五类残疾人专门协会暨国际劳工组织增强残障平等意识培训在区残联举行。联合国国际劳工组织DET（企业管理者残障平等意识培训）培训师、联合国国际劳工组织残障者平等就业（中国）项目协调员周海滨主讲，五类残疾人及亲友共计80人参加。培训围绕残疾人是否能通过治疗康复成为正常人、你是否遇到过歧视、家长和亲友会如何“代表、服务、维权”以及

“没有我们的参与，不能做出与我们有关的决定”（摘自联合国《残疾人权利公约》）和大众参与多少这五类问题，嘉宾与自觉为智力障碍群体做贡献的残疾人、亲友们进行互动，还原生活场景，提供实用概念解读。通过案例分析，为残疾人普及权利意识，推动残疾人权利实现和权益保障，增进平等意识。

（何文辉）

【2016 年度海淀区精神康复者职业技能大赛决赛】 9 月 8 日，由区残联、区卫计委共同举办的“2016 年度海淀区精神康复者职业技能大赛决赛”在区残联礼堂举行，全区 29 个街镇 33 支代表队的 132 名精神康复者参加。大赛设集体传球和个人单项衣服料理、家居组装、珠艺制作等。八里庄分中心获团体一等奖，花园路分中心于利、青龙桥分中心冯文海、八里庄分中心胡波和北部文化中心分中心王美娜获个人一等奖，青龙桥分中心张同茹、八里庄分中心张颖等 7 人获二等奖，北部文化中心分中心陈艳凤等 12 人获三等奖。

（何文辉）

【残疾人传统书画技能培训项目启动】 9 月 9 日，由区残联和北京市传统书画艺术研究会联合主办的“新启航”北京市残疾人传统书画技能培训项目启动仪式暨残健共融·同心圆梦书画笔会在海淀区残联礼堂举行。爱心艺术家杨汉龄、著名书法家刘俊京、著名画家柴京津等 15 名艺术家，海淀区书画会会员以及 70 余名残疾人书画爱好者参加。在启动仪式上，北京传统书画艺术研究会常务副会长兼秘书长刘欣茹介绍该项目的开展情况，艺术家们现场挥毫泼墨，完成特色各异的书画作品并就书画创作要领、实用技法和鉴赏知识等为学员们进行讲解。12 月 18 日，举办残疾人传统书画培训中期汇报展暨“大道同行·健残共融”书画交流笔会，展出由残疾人书画艺术家及书画爱好者们创作的书画作品 200 余幅。书画家们为残疾人书画爱好者进行辅导，传授书画基本知识和技巧。

（何文辉）

【海淀区特殊教育研究与指导中心揭牌】 11 月 8 日，海淀区特殊教育研究与指导中心在海淀区培智中心学校成立揭牌，来自北京市教委、海淀区教委、海淀区残联负责人以及海淀区特教学校、随班就读学校的代表和国家教科所、北师大、北京联合大学的专家教授共 300 余人参加。这是北京市第一所集融合、发展、引领、创新为一体，一级公益性事业独立法人单位。

（何文辉）

【精神残疾人家庭生活技能培训】 12 月 22 日，区残联协同海淀心理健康服务协会组织精神残疾人及其亲属 100 人进行精神残疾人家庭生活技能培训。中国精神残疾人协会主席李志强、区精防院康复指导中心孙辉分别就精神康复知识及精神残疾人的相关政策开展讲座。

（何文辉）

街道 · 镇（地区）

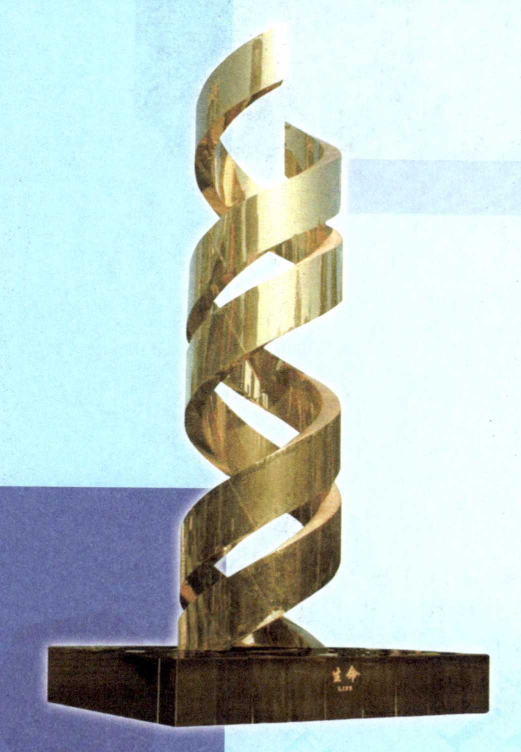

1月23日，西北旺镇举办海淀区第十届百花闹新春春节花会踩街活动（西北旺镇 供图）

3月5日，甘家口街道举办“3·5”学雷锋“爱心后备箱，团聚正能量”义卖活动（甘家口街道供图）

4月1日，上地街道在软件园举办植树活动（上地街道 匡贤良摄）

4月26日，清河街道表彰优秀社区工作者（清河街道 供图）

5月4日，学院路街道组织创业服务项目考察，听取科大创业团队的产品介绍（学院路街道 秦奇 摄）

5月，清华园街道开通敬老专线（清华园街道 供图）

5月，海淀街道司法所开展“小雨滴普法课堂”系列活动，图为西颐小学普法课堂（海淀街道 连瑞珍 摄）

5月，温泉镇“五月的鲜花”文艺会演（温泉镇 马思涵 摄）

7月22日，紫竹院街道魏公村小区旧城改建征收项目公开摇号选择评估机构现场会（紫竹院街道 何照云 摄）

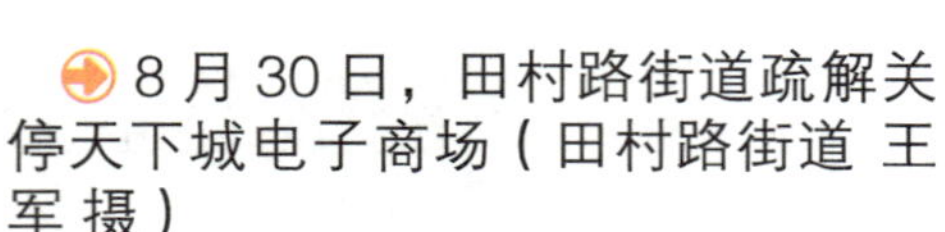

8月30日，田村路街道疏解关停天下城电子商场（田村路街道 王军 摄）

8月，羊坊店街道举办公务员能力素质大讲堂（羊坊店街道 许颖 摄）

9月19日，曙光街道举办区人大代表换届选举宣传活动（曙光街道 任艳 摄）

10月9日，中关村街道东南社区“健康之友”党员医疗服务队为居民提供专业咨询（中关村街道 供图）

11月1日，万寿路街道永定路西里社区人口抽样入户登记（万寿路街道 供图）

11 月 15 日，甘家口街道试行医养康小饭桌（甘家口街道 供图）

12 月 3 日—5 日，台湾国民党屏东县党部及恒春镇和各社会团体同胞到苏家坨镇进行社区交流活动（苏家坨镇 供图）

12 月 24 日，西三旗街道举办首届冰雪欢乐节（西三旗街道 张凯 摄）

12 月，永定路街道三街坊北社区开展居民闲置自行车智能化再利用捐赠活动（永定路街道 供图）

万寿路街道

【概况】 2016年，万寿路街道辖区面积8.78平方千米，有35个社区居委会，常住人口21.8万人。“一对一”服务重点企业。为新增企业提供工商注册、税务登记、政策优惠等服务，解决企业党支部建设、子女入学、户籍迁移、计生服务等问题。完成1616家企业、8996件社保经办业务，地区实现税收近13亿元。

（赵飞）

【环境建设】 街道为16个社区减煤换煤200多吨，其中6个社区实现“煤改电”。完成拆除台账任务21处21838平方米，拆除新生违法建设38处605.8平方米。年内，清理违法违规使用人防工程6处，清理面积665平方米，疏解人口142人。整治136套群租房，总面积11246平方米，疏解人口664人。关闭转型有形市场1处，疏解人口230人。全年联合执法33次，查扣无照经营三轮车76余辆、小四轮售货车6辆，取缔露天烧烤51处，取缔和规范无照经营2500余起。超额完成2016年人口调控总目标，疏解人口7517人。

组织拉网式清理18条道路的小广告11万余张。对小区、绿地、道路开展清洁活动200余次，清运垃圾杂物260余吨。1500余家门店签订“门前三包”协议。完成11条道路共计13.7万平方米的绿地养护、补植任务，实现“见缝插绿”1800余平方米。开辟7处便民免费停车点。投入资金2750万元，完成老旧小区、城市道路等环境整治修缮工程。

（赵飞）

【平安建设】 完善“点、线、面”防控模式和责任体系，充实公安警力200人，专职巡防队员、外管队员120余人，单位民兵80人，治安志愿者5146人的地区防控力量，确保重大节点的安全稳定。开展“打基础、强整治、严管控”等大型检查执法活动50批次，检查生产经营单位2812家次，整改安全隐患问题2990项。巡查地区用人单位2654次，创建和谐劳动关系单位21家。对辖区22处建筑施工工地巡查486次。修订街道、社区预案42项，充实专业应急处突力量300余人到12个责任区域。

（赵飞）

【民生建设】 投入近75万元安装监控探头60个，安装楼宇对讲机198户，安装防爬刺，更换防盗锁芯。投入资金1200万余元完成万甲十五号院、朱各庄、复兴路46号院、复兴路两侧等小区道路环境整治。完成35件办实事工程。完善“五位一体为老服务体系”，签约养老服务商66家，新增万寿阳光老年公寓、翠微西里老年餐桌、五棵松社区托老所。905名困难人员实现就业。举办军地两用人才培训和军地乒乓球友谊赛，慰问3600余名军休、地退、征地超转人员，为541户优抚对象发放慰问金54.1万元。

（赵飞）

【社区建设】 新建13个“一刻钟服务圈”社区、15个智慧社区、1个规范化社区。复兴路40号社区参加“全国社区治理和服务创新实验区”特色社区创建工作。完成26名社工招录工作，调整239名社工待遇。

（赵飞）

【基层党建和精神文明建设】 开展“两学一做”学习教育。加强对基层党组织的工作指导和督促，对160余名基层党务骨干及后备干部进行培训；实现党建创新示范项目，发掘培育今日家园、铁家坟社区及非公企业等12个创新项目；成立136支党员志愿者服务队，参加志愿服务人员4561人。依法选举17名区党代表和26名区人大代表。签订党风廉政责任书，规范党务公开内容，强化廉政教育和专项效能监察工作力度。创新群团方法，维护职工、妇女儿童合法权益，引领地区青年参与志愿服务。

成立万寿之星艺术团、花样空竹表演队等8支文娱队伍，举办第二届地区文艺擂台赛、“五月的鲜花”文艺会演、空竹培训等活动，参与群众2300余人。

（赵飞）

【“四顷地”综合治理】 年内，街道为“四顷地”开展综合治理。“四顷地”是海淀区的一块飞地，位于丰台区小屯。通过悬挂宣传条幅，逐门逐户宣传法规政策，重点约谈“四顷地”9家大型出租户负责人，争取商户住户的理解支持。开展26次联合执法行动，出动执法车辆34台次、执法人员210人次，关停44家无证照经营门店，关闭拆除危险房屋、彩钢板房100余平方米，常态打击无照游商、坐地摆摊、无照经营等违法违规行为，疏解人口2500人，涉及房屋面积9714平方米。完成1.7万平方米违法建设拆除招标工作。

（赵飞）

羊坊店街道

【概况】 2016年，羊坊店街道辖区面积6.61平方千米，有军事博物馆、世纪坛等知名建筑。有社区居委会31个，卫生医疗机构41个，中小学校、幼儿园14所。户籍人口12.6万人。全年区域税收242亿元、区级纳税29亿元，占区级财政的10%。地区有企业6044家，注册资金亿元以上的企业92家，千万元以上的企业1023家，500万元以上的企业1523家，100万元以上的企业2927家，区级财政贡献百强企业7家。

（杜岩）

【环境建设】 完成铁东社区楼道粉刷、水科院社区新建自行车棚、铁西社区绿化改造等37个实事项目。开展34块自管绿地的绿化工作，补植树木、花卉等670棵，修剪树木527棵，砍伐危险树木62棵。组织辖区7个社区及六小门店（指小餐馆、小理发馆、小洗浴、小店铺、小娱乐场所、小网吧）开展“减煤换煤、清洁空气”工作，累计配送燃煤74吨、换煤13吨。完成西木楼社区270户居民“煤改气”惠民改造工作。对5个社区223户居民开展“煤改电”工作。清理露天烧烤、大排档和啤酒花园31处。停限地区汽修、合金加工等污染企业10家。

拆除账内违法建设48处11694.3平方米。组织环境秩序专项整治480次，出动执法人员9200人次，规范固定摊、大排档、露天烧烤和“门前三包”2100起，劝离游商5100起，清理垃圾3000吨，清除非法小广告4.9万张，清理僵尸车58辆。

（杜岩）

【平安建设】　实行二级及以上等级防控57天，发动社会力量34万余人次，完成重大会议、重大节日和敏感日的社会面防控任务。对地区“两类人员”（指社区矫正人员和刑满释放人员）组织安全教育会8次，开展排查12次。受理并办结群众来信39件，接待上访群众24批次。

拆除违法建设、关停无照经营、清理地下空间、整治重点地区共562处（家），疏减人口7782人。对地区重点路段新增摄像头59台，为部分老旧社区新增监控探头103个，新装楼宇对讲系统145套，安装防爬刺6150米。在普南社区开展安全防范应急综合管理平台试点工程。

开展安全检查4200次，消除隐患约9000处。开展安全生产进社区、进企业18次，教育巡展27次，制作和发放宣传品6万余份。指导地区单位和社区居委会开展应急救援演练活动52次。地区未发生安全生产责任事故。

（杜岩）

【民生建设】　调查用工单位54家，收集空岗信息2313个。举办失业人员专场招聘会8次，300余人达成就业意向。“两节”期间，慰问民政对象3589人次，发放慰问金（品）104.3万元。为地区607名90岁以上老人发放高龄老年人津贴72万元。为4500名65岁以上及无保障老人免费体检。

举办健康知识讲座、义诊68场次，受益群众1.2万人。社区开设“生命全周期”“早教巴士”国学课堂36次，亲子活动3次。为居民免费咨询法律问题400余件。为44户60岁以上老人家庭安装紧急救援服务设施。为31户95岁高龄老人家庭进行无障碍设施改造。

（杜岩）

【社区建设】　开展铁西社区“一门一品”楼门文化建设，打造特色楼门6个。指导吴家场铁路五号院社区依托“吾爱互助社”塑造社区家园文化；指导沄沄国际社区开展“沄之爱”系列主题文化活动；指导羊坊店社区开展清洁楼门评选活动；指导小马厂社区打造文化长廊，提升社区品质。

（杜岩）

【基层党建和精神文明建设】　开展“两学一做”学习教育。分层级开展中共基层党组织工作业务培训，累计发放书籍1000余册。指导基层党组织书记讲党课，安排街道领导、专家进机关、社区授课。对地区6534名党员组织关系进行全面排查。

开展“我身边的好党员”先进事迹推荐、“温暖15”党员志愿服务日、党员承诺践诺等活动。建立“红色羊坊店”微信平台，打造“红色羊坊店”微信公众号。街道区域性党群活动中心初步建成，面积近600平方米，包括党群事务一站式服务、活动室、党员志愿者服务中心等功能。

开展地区性文化活动20次，参加人员3万余人次。组织体育比赛、才艺比赛、棋牌类比赛等比赛50余场，参与人数1万余人次。组织歌舞、戏曲、瑜伽等20余项社区文化活动230余场，1.5万余人参加。

（杜岩）

甘家口街道

【概况】　2016年，甘家口街道辖区面积6.49平方千米，有24个社区居委会，人口15.1万人。辖区中央和市属单位、科研院所及知名企业云集，有4所高等院校、5所医院和中央电视塔、玉渊潭公园等重要的人文景观。

（曲重伯）

【环境建设】　拆除违法建设37处、棚户区改造5处、普通地下室整治6处、人防工程整治5处、违法群租房整治28处、无证无照整治50家、社会治安重点地区整治1处。拆除人口调控台账外西钓新村5000平方米违法建设，疏解6661人。完成违建拆除台账任务11075平方米，遏制、拆除新生违建近300平方米。对车公庄西路35号院22处临街破墙开门进行整治。完成潘庄社区紫竹院南路20号院环境提升工程及滨翠路市级改造工程。实施路侧占道停车特许经营，包括辖区车公庄西路、阜成路北侧、新苑街、首体南路、新苑街、增光路6个路段，共772个车位。实施外接热源4个片区和相变锅炉房2个片区64户燃煤取暖户“无煤化”工作。

（曲重伯）

【平安建设】　安装、维修辖区小型视频监控摄像头，为西三环社区安装防爬刺874.74米。在三类可防性案件发案较高的社区，发案率与2015年相比下降80%。完成非紧急救助平台案件办理330余件，有效处理、分转个体信访案件20余起，化解劳动纠纷计30件，涉及劳动者310人，涉及金额101万元。

（曲重伯）

【民生建设】　受理低保新申请4户，调整标准17户，撤销低保家庭待遇12户。节日期间，慰问低保等困难家庭220户，救助困难人员170人，救助金额8.5万元。开展“春风送暖、春雨润海淀”主题捐赠活动，募得善款1.8万余元、物资1238件；医疗救助196人次，救助金额53.68万元；为2260余人办理社保卡。对3920名老年人进行需求评估调查，开展968人次残疾人康复活动。实现城镇登记失业人员再就业1030人，就业指标完成率100%。

建成西钓社区、西三环社区、甘东社区、花园村社区，甘家口医院5个“医养康”社区服务站和阜南580平方米日间照料中心。服务站开展合唱团、舞蹈、手工编织等“医养康”进社区活动接待20944人次。开展健康检测评估，新增社区居民电子健康档案6738份，中医体质辨识1089人次。“医养康”慢病管理服务项目累计服务2060人次。引入广安门中医院的慢病管理项目、西苑医院的三伏贴贴敷项目、首都体育学院的运动康复项目。老年餐桌服务项目服务 1040 人次，解决独居、行动不便老年人“吃饭难”问题。“医养康”办公室精准完成老龄委的养老评估工作 4000 余份，促进“医疗、养老、健康管理”综合服务平台的生根，完成 1 个中心、10 个站点的建设任务。

（曲重伯）

【社区建设】 成立甘家口街道创建国家公共文化服务体系示范区工作领导小组，筹划搭建街道人口地理信息平台，为人口调控提供数据支持。建立自查自纠运行机制，利用问题流转单及时整改。及时流转、督促整改区建设办组织的两期第三方测评发现的 155 个问题，各职能部门开展联合执法 20 余次。

（曲重伯）

【基层党建和精神文明建设】 开展“为官不为”“为官乱为”问题专项治理工作。制定“两学一做”学习教育实施方案，开展“自学、比学、讲学”等活动。在基层党组织层面用“党员亮身份”活动和“手机党校”推动教育实践融入经常、融入日常，创立“两学一做”微专刊供非公党员学习。在微博上开设微党校进行党史知识竞赛。整顿软弱涣散基层党组织，排查党员身份信息 4000 余人，审核科级以下干部人事档案 110 余份。

新建非公企业党支部 9 家。建设书香楼宇、阳光楼宇，依托示范站开展“三八”节专题活动、“六一”活动、法律服务、爱心物捐赠活动等 8 次。依法选举产生 25 名区人大代表。

（曲重伯）

八里庄街道

【概况】 2016 年，八里庄街道辖区面积 6.53 平方千米，常住人口 12.75 万人，流动人口 6.05 万人，辖 32 个社区居委会。辖区内有企事业单位 1000 余家。定期召开税源建设领导小组成员单位联席会，走访纳税大户及增量企业。调研考察玉渊潭互联网文化创意产业园和新华 1949 百花文化产业园产业升级经验做法。走访调研地区企业 50 次，为企业提供讲座、信息咨询 80 次，服务地区纳税企业，促进形成以互联网广告与创意设计产业为支撑，科技、金融、文化融合发展的产业格局。

（王敏）

【环境建设】 拆除违法建设 107 处、22078 平方米，其中拆除新生违法建设 8 处、125 平方米。完成纳入老旧小区改造的 47 栋楼房改造任务，总面积近 23.63 万平方米。集中推进定慧北里 27 号院整治，中国核电工程公司入口道路翻建，定慧东里 19、20 号楼院内综合改造，美丽园小区东侧路翻建（南段）等工程。6 个用煤集中片区的 328 户居民纳入供暖“煤改电”，为 4 个社区的 82 户符合条件的住户办理炊事用煤改燃气惠民补贴。办理中央环保督察组交办事项主责 3 件、协办 5 件。开展联合执法检查 754 次，发出治安警告 5 次，批评教育 399 人，清理占道经营无照游商非法散发小广告 485 起，拆除违规广告牌 500 余块，规范店外经营 1200 余次，取缔游商 120 户。

（王敏）

【平安建设】 组织群防群治防控力量 5000 余人上岗，开展社会面防控和环境保障活动 11 次 65 天。增加社会面公共视频 47 个。32 个社区均建立警务工作团队，累计组织动员志愿巡逻 7000 余人次。全年关停 1 家有形市场。清理群租房 83 套，上账群租房 100% 整治；清理普通地下室 46 处，地区 40 处在账普通地下室实现 100% 关停。

接待上访 26 批 220 多人次。开展安全生产及消防日常安全监督检查 6721 家次，监管食品、医疗器械、保健品、化妆品 3650 户次。巡查用人单位和工地 161 家，处理劳动纠纷案件 58 起 368 人次，地区未发生安全生产事故和食品安全事故，未发生有影响的火灾事故。

（王敏）

【民生建设】 为 144 户（275 人）低保、低收入家庭按时发放低保金和重残补助金。对 762 户困难家庭进行救助，争取慈善公益金 17.7 万元；对 146 户贫困家庭进行临时性救助，实现“应保尽保、应退则退、无救助盲点”基本保障目标。

采集岗位 3260 个，帮扶失业人员实现再就业 930 人，组织开展“春风送温暖”“就业困难群体”就业援助等活动，开展免费职业指导 2520 人次。城镇居民医疗保险人数达 8500 余人。办理公租房补贴 244 户，市场化补贴 368 户。

完成 3 家老年餐桌的引进工作，继续推进“一键式”家庭医生式服务体系建设，完善 15 个便民菜点建设，引进流动菜车 5 个，实现辖区“一刻钟服务圈”全覆盖。完成非京籍小学入学工作，联审接受网上登记报名 151 人，审核通过 145 人。录入 104 位失独老人、122 位伤残老人基本信息到国家“人口宏观管理与决策信息系统”。完善“3+1”失独家庭关爱模式联系人制度，举办健康知识讲座，定期开展 0~3 岁婴幼儿早教等活动。

（王敏）

【社区建设】 建立 3 个“三社联动”（三社联动是社区、社会组织、社会工作专业人才之间互相合作沟通的一种模式）试点社区，完成 3 个规范化社区和 2 个魅力社区的创建工作，开展 10 个智慧型社区的创建和 19 个智慧型社区的创建升星工作。更新北洼路 32 号院、恩济庄 46 号院等 4 个社区共 11 台电梯。

开展社工培训，组织 600 人次参加 8 类培训，28 人取得社区工作者执业水平证书。完成关系群众生活的 65 件实事。

（王敏）

【基层党建和精神文明建设】 组织“我们的故事”征集活动和“党在我心中”文艺展演，征集集体、党员群众故事 95 个，编印成册。评选表彰先进基层党组织 18 个、优秀党务工作者 15 人、优秀共产党员 130 人。在玲珑天地建成党群服务中心站。建立健全街道和社区党风廉政建设责任落实机制，“量身定制”责任清单。

开展百姓宣讲、“北京榜样”举荐等活动，依托电子显示屏和宣传栏等阵地，保持全国文明城区的宣传氛围，新增宣传布3324平方米、硬质展板126平方米、社区展板940平方米、社区海报430平方米。迎接中央文明办对海淀区进行专项督查，协调处置11次实地测评中发现的265项问题。实施群众文化活动品牌工程，举办“五月的鲜花”、“玲珑杯”体育文化节、“书香八里”、“最美家庭”评选等活动，累计开展文化体育活动近200场，参与人数近万人。

（王敏）

紫竹院街道

【概况】 2016年，紫竹院街道辖区面积6.23平方千米，常住人口16.3万人，流动人口3.2万人，汇聚55个少数民族。街道下辖22个社区，有高校8所、大型企事业单位18家，辖区内科教文化单位密集。紫竹院地区各类经济主体13495户，其中内资9999户，外资257户，个体932户。新增各类主体1394户，其中内资1348户，外资16户，比上年增加501户，增幅7.99%。注册资金1000万元以上的企业共有1844家，3000万元以上的企业353家，5000万元以上的企业379家，亿元以上的企业213家。产业分布主要是技术开发、技术推广、投资管理及投资咨询行业。地区入库总税款8.69亿元，其中区级收入5.65亿元，占比65%。

（邵薇）

【环境建设】 拆除违法建设71处、1.57万平方米。联合执法420余次，查处无照游商等违法行为3750余件，取缔无照经营商户180家。完成6个片区2.6万平方米共714户居民“煤改电”“煤改热”工作；回收居民燃煤3.6万块、散煤5.4吨，收缴小煤炉125个。完成2.7万平方米绿化补植、3.2万平方米路面铺筑、0.91万平方米围墙粉刷，新建车棚450平方米，新加路灯250套，安装防爬刺4100延长米，清运无主垃圾1040余车。办结首都城市环境建设办公室市级脏乱点台账案件27起，消除网格案件530余件，办理群众举报或信访环境卫生案件40件。依托自建的视频会议系统、网格无线对讲集群等技术手段，将以城市管理部件、事件为核心的监督指挥与城管执法队伍的指挥调度逐步融合，具有地区特色的城市综合管理服务体系逐渐形成。城管通上报案件2.09万件，结案1.85万件，通过社管通等上报数据16.2万条。

（邵薇）

【平安建设】 在重要会议、节日及敏感期，发动群防群治力量6000余人参与地区治安巡逻防控，组建社区警务团队，组织招募社区平安建设观察员，强化保安队伍建设管理。排查矛盾纠纷500次，调解矛盾纠纷2500件，调解成功2400件。调解劳动争议案件22起，及时化解劳资纠纷和集体上访事件59件，涉及人员484人，金额542万元。组建150人的专业抢险队和300余人的社区志愿抢险队，对隐患点位制订预案措施，排查危旧平房8处、300余间。开展安全检查执法行动，监督检查生产经营单位3302家次，出动执法检查人员6726人次，排查问题隐患5973项，整改5920项。

落实京津冀协同发展战略，疏解人口5809人，为流动人口办理暂住证13862个，办理新的流动人口居住证2892个，检查流动人口1.41万人次。完善出租房屋信息动态管理机制，走访巡视出租房屋4.14万户次，签订《承租人承诺书》6300余份，完成违法群租房整治65处。关停有形市场2家，调整提升2家。完成辖区8座办公、商业楼宇物业及入驻企业的基本信息数据采集工作。

（邵薇）

【民生建设】 办理27件实事，涉及环境、民生等领域，项目覆盖22个社区。对地区40余家便民菜店、47家早餐店进行调查走访、扶持指导，开展“蔬菜保供应，平价惠民生”活动，服务居民90万人次。完成就业总人数785人，采集空岗信息4600个，举办失业人员培训班52期，对2480名失业人员进行职业指导。完成公租房租金补贴申请198户、保障房初次申请109户，为2130位老年人办理优待卡，为423位满90周岁老年人办理高龄津贴，为64户独居孤寡老人安装紧急救援设施，为423位90岁以上高龄老人、27位孤寡空巢困难老人发放慰问品。为贫困残疾人发放慰问金8.9万元，办理养老助残补贴239人，对地区1200名残疾人进行走访慰问。为困难家庭申请慈善救助16人次。开展“春风送暖”社会捐助活动，接受社会各界捐款10.6万元、物资1236件。

（邵薇）

【社区建设】 创建工作推动社区正规化建设，指导厂洼等4个社区进行“规范化建设示范点”创建，并申报北京外国语大学、韦伯豪两个社区参加第七届“北京市魅力社区”评选。指导万寿寺等3个社区创建“一刻钟社区服务圈”，召开“O2O惠生活服务圈”项目对接会。万寿寺等8个社区16个小区申报为海淀区老旧小区自我服务管理工作推进社区。

（邵薇）

【基层党建和精神文明建设】 开展“两学一做”学习教育和“亮身份、树形象、作表率”主题实践活动。全面推行“一组织一特色、创新创先创优”品牌建设活动，培育和树立一批中共先进基层党组织、优秀党务工作者及优秀共产党员。发挥非公党建“孵化器”和非公党建指导员的作用，扩大豪柏大厦、丹龙商务楼宇工作站品牌效应，重点培育“梦之城”——创业大街楼宇党建品牌。

健全“一把手负总责，分管领导各负其责，班子成员齐抓共管，纪工委协调督查”党风廉政建设的领导体制和工作机制。坚持“三级学习制度”，组织领导、培训指导、查找措施“三到位”。落实党工委的主体责任和纪检监察的监督责任，把理想信念教育、宗旨观念教育、党纪政纪条规、法律法规教育放在突出位置。开展“党风廉政建设教育学习月活动”，建立街道党风政风监督员队伍，前移监督关口。办结市政协委员提案、区人大代表建议3件。办结法律事项18项。主动公开政府信息198条，依申请公开5件。

实施“1+4”文化建设工作机制，推进国家公共文化服务体系示范区建设。开展第七届地区民族文化节、“五月的鲜花”、“中国梦，紫竹情”百幅书画作品展、“和谐杯”乒乓球比赛等活动，受到地区群众的热烈欢迎和媒体的广泛关注。开展健康知识等大讲堂讲座42课次，开办舞蹈、计算机培训班96课次，受益居民3360人次。社区文体活动为22个社区配备音响设备各一套，指导8个体育生活化社区使用专项经费。完成非京籍小学入学工作。

（邵薇）

北下关街道

【概况】 2016年，北下关街道面积6.04平方千米，有社区居委会31个，有蒙古族、满族、回族等22个少数民族，户籍人口14.1万人，外来人口3万余人。辖区内科教文化单位密集，文物古迹众多，商业经济发展繁荣。探索校区、园区、社区“三区联动”机制，建设北下关科技金融服务示范区，举办7期“北下关科技金融创新沙龙”。地区新增企业在原有存量1.4万家基础上新增企业1573家，地税区级财政贡献额196.5万元，国税区级财政贡献额1726.7万元。促进中国农业科学院国家作物种子库、中国农业科技国际交流中心2个项目和铁科院办公区科研业务用房项目落地。

（李妍祯）

【环境建设】 完成五塔寺菜场关停，推动四道口水产交易市场和银海批发市场调整升级。腾退地下空间25处，拆除账内违法建设42处27160平方米，拆除新生违法建设17处960平方米。五塔寺50号院违建拆除后改造成北下关地区文化健身广场。打造学院南路、皂君庙路“门前三包”精品示范街，对钢研市场南段道路、交通大学宿舍楼北侧路、大柳树西街进行道路整体铺修。以交大东路、四道口路为重点，建立无照摊群、店外经营等突出问题常态化治理工作机制。投资700万余元对13号城铁沿线桥下空间进行升级改造，建设220个停车位。重点加强对五塔寺、大钟寺、四道口路、中坤广场两侧道路等平房区、老旧社区等重点环境卫生、环境秩序整治，地区环境治理重点点位及背街小巷环境卫生质量达标率100%。负责辖区37条三级以下自管道路、街巷、胡同25.59万平方米的清扫保洁工作和6.38万平方米的绿地养护管理工作。负责7条主要大街2.68万延长米小广告的清除工作，日平均清除小广告1000余张。查抄煤炉1000余台，销毁劣质燃煤3余吨。完成786户“煤改电”和167户平房“液化气下社区”工作。治理无证无照小门店228家。受理小、微循环案件15415件，结案14638件，结案率94.95%。通过视频监控系统发现并处置案件676件，其中城市管理类574件，治安防控类101件，突发事件类1件。疏解人口6555人，完成海淀区下达人口调控任务（4000人）的164%。

（李妍祯）

【平安建设】 加强立体化社会治安防控网络建设，启动等级防控73天，每日动员各类值守力量约3300人。开展北大口腔医院号贩子治理，四道口等市、区重点挂账点整治工作。开展反恐进社区、校园、商场等活动，在31个社区设立宣传橱窗，开展以“反对邪教、从我做起、从身边做起”为主题的反邪教警示教育宣传月活动。为16个社区安装防爬刺1.5万延长米。联合海洋馆、北京交通大学、超市发果菜配送中心及西郊冷冻厂完成4次大型消防演习，开展消除火灾隐患共建平安社区119消防宣传月活动，与地区单位签订责任书260份。

安全生产委托执法检查120家次，安全生产专职安全员日常检查3120家次。开展“安全生产月”活动，组织生产经营单位负责人培训2次，地区单位开展安全生产法规教育3次，受教育人数500余人，发放宣传材料5000余份。合格规范企业120家，涉及企业人数5222人（其中外地人员4019人），处理讨薪案件30余起，涉及金额500万余元，涉及农民工230余人。成功调解28起劳动争议案件。开展法治宣传教育活动77场次，发放宣传折页2.7万份、宣传册3.7万册、宣传品4.6万余份。涉及宣传人数10万余人次，调解民间纠纷737件，发放法律援助卡5852张。

（李妍祯）

【民生建设】 救助困难群众139人次，发放救助金304958.14元；发放低保户“两节”慰问金、清真饮食习惯低保人员节日补助233户13.34万元，为122名贫困居民助医10.5万元。发放65岁老年人优待卡4000余张，发放高龄津贴72万余元，为80岁以上老年人申请发放养老助残券5.6万余人次。独生子女死亡特扶99人，独生子女伤残特扶175人。发放独生子女父母年老一次性奖励费199人29.85万元。

海淀区人力资源和社会保障局下发城乡劳动力就业指标900人（含新增就业和失业再就业），就业指标率100%。按月发放失业金1371人162万余元。办理社会化退休人员265人。办理新参保1394人，发放社保卡627张。新增享受灵活就业人员670人，享受灵活就业人员累计2349人。举办失业人员专场招聘会11场，为地区单位招聘跟踪服务957次，一对一就业指导279人次。

（李妍祯）

【社区建设】 制定社区居家养老服务标准体系2.0版，为失独老人建立档案，开展“老年餐桌”“助浴”等一刻钟便民服务，完成北下关地区“一刻钟便民服务圈”全覆盖。为老人开展24次慢病治疗常识讲座班，受益1440人。与文化部全国公共文化发展中心合作开展“基层数字文化服务系统推广试点”工作，完成皂君庙、中国气象局、钢铁研究总院3个社区的试点建设工作。为5个社区更新（新建）全民健身工程5套。完成31个社区“体育生活化”创建，投入20余万元建设社区健身团队。投入近100万元打造北下关街道综合文化服务中心天作大厦活动站、大柳树站、八音艺术学校站、长河湾站。31个小区全面启动老旧小区自我服务管理试点。

（李妍祯）

【基层党建和精神文明建设】 推进“两学一做”学习教育常态化，举办第二届“北下关好人”评选活动。推进“三级联创”工作，培育皂君庙、交大、太阳金店等“五型五好”基层党组织。推进“两个覆盖”工作，非公党支部总数达151个，覆盖地区738家企业和社会组织。健全31个社区党群活动服务中心。完成“为官不为”“为官乱为”问题整改措施22项。

接待来信来访及区信访转换件20件。主动公开政府信息132条，依申请公开信息3条，通过街道公众微信平台发布工作动态、办事流程等信息2190条。办理区人大议案1件、人大代表政协委员意见建议4件。

（李妍祯）

北太平庄街道

【概况】 2016年，北太平庄街道辖区面积5.17平方千米，有37个社区居委会，户籍人口15万人，流动人口5.46万人。辖区内文化、教育、科研机构众多。街道领导走访中铝财务有限公司、中国节能环保集团、国药集团财务有限公司等地区重点企业，了解企业发展规划，解决企业实际问题，协调中铝建信投资基金管理（北京）有限公司迁入。有企业7212家、个体2174户。个人出租房屋代征房产税938.69万元。

（洪烨）

【环境建设】 全年组织联合执法700余次，出动执法人员2000余人次。拆除违法建设450处93530.94平方米。对5个小区35栋楼房进行抗震节能综合改造，共计136219.51平方米。对12个小区49栋楼房进行节能和环境综合整治。在文慧园西路等地开展设立隔离带、施划停车位、拓宽道路等工程，解决缓解交通拥堵及停车难问题。

把转河北侧拆违腾退的5500平方米空地建成“太平湖的记忆”休闲娱乐公园。修建3处共计11800平方米的街心花园。沿主要大街修建绿化带，打造地区绿色长廊。对8个社区的841户居民实施“煤改电”改造，面积约12万平方米，安装户内设施113套，建设锅炉房6个，启动笑祖塔院棚户区拆迁改造工作。

（洪烨）

【平安建设】 投资建成明光村消防工作站和红联村、学院南路32号两个社区微型消防工作站。为老旧社区居民楼安装防爬刺，加装监控探头。发现并整改煤气安全隐患200余处，排查生产安全隐患3590次，整改3231次。食品药品行政处罚案件立案118件，做出行政处罚114件，罚没金额120.6万元。

网格平台上报案件41812件，结案40848件，结案率98.15%。调解矛盾纠纷746件，成功701件；办理法律援助案件26件，辖区律师为社区居民提供法律服务600余次。接收社区矫正人员18人、刑释解教人员131人。办理信访来信34件，接待来访90件202人次，办结率100%。办理非紧急救助中心交办案件2093件，按期办结率100%。完成调控人口16561人，疏解人口5493人；清理174处地下空间和违法出租房屋，疏解人口4699人。查封“破墙开洞”门店185家，疏解3450人。关停好家居市场、蓟门里菜市场2个市场，关停低端业态小门店185个，疏解人口2315人。

街道成立联勤联动应急保障服务队，实行“24小时待命”“5分钟快速处置机制”，及时应对突发事件。

（洪烨）

【民生建设】 完成13个大项33个小项的为民办实事项目。开展“一中心、五站点”的居家养老服务阵地建设工作。创建计生特殊困难家庭“3+X”联系人关爱制度。在金晖嘉园、远洋风景、邮电大学社区引入蔬菜直通车。

为地区208户低保家庭发放低保金322万元，医疗救助47户18万元，为156户生活困难家庭办理爱心卡，对地区2069名残疾人开展技能培训、助学就业，发放生活补贴、医疗补贴等。完成19个家庭和6个老旧小区的无障碍设施改造。发放失业金2350人次214万元，实现就业913人，登记失业率0.36%。组织招聘会10场，职业指导3300人次，开发岗位2600个，办理灵活就业910人。

（洪烨）

【社区建设】 将志强北园社区作为准物业管理试点社区，对小区进行准物业管理。推进小区进行卫生、治安、绿化、停车管理专项准物业管理，实现“安全有防范、绿化有维护、卫生有保洁、车辆有管理”的目标。

（洪烨）

【基层党建与精神文明建设】 开展“两学一做”学习教育，由街道处级领导干部组成7个督导组，对学习教育开展情况进行督导，建立学习教育领导干部联系点（包片）、科室包社区制度。依法选举产生13名区党代表和25名地区人大代表。举办第二届“北太平庄杏坛文化节”，建立“国学讲堂”，免费对地区居民开设10期课程。开展手工、书法、绘画、舞蹈、体育等课程及活动688场，惠及居民10237人次。街道文体中心举办培训课程362次，接待社区活动363次，活动人数1.35万余人次。

（洪烨）

海淀街道

【概况】 2016年，海淀街道辖区面积6.9平方千米，有32个社区居委会，下属便民服务中心、社区服务中心、城市运行服务中心3个事业单位。户籍人口11.3万人，流动人口约3.6万人。新增税源企业3188家，新增税源557.64万元，代征房产税入库5316.95万元，同比增长15%。

（牛泽华）

【环境建设】 对早间、午间无证照经营行为和违规占道行为开展专项清理行动，立新社区、万泉庄路、人大西门、新中关购物中心周边的露天烧烤多发点位违法违规行为得到明显遏制。辖区1300余家商户“门前三包”责任书签订率100%。

投资165万元对紫金社区进行整

体改造；投资395万元对万南社区环境进行综合整治；投资90万元对三环社区绿化进行全面提升。实现辖区内32个社区居民垃圾分类全覆盖，老旧小区保洁纳入街道统一管理。办结主办、协办中央环保督察信访10件。

（牛泽华）

【平安建设】 制定“1+3+4+30”工作方案，采用“1+N”联合执法模式，实施“破墙开洞”违法经营专项整治工程，疏解人口13560人，拆除违法建设6920.15平方米，拆除群租房222户；整治普通地下室22处，规范人防工程33处；对58家六小门店、131处“破墙开洞”进行集中整治。

完善治安防控体系，在32个社区实施楼门联防、楼层联防、院落联防“三联防”模式。健全专群结合、点线面结合、网上网下结合、人技物防结合、打防管控结合的立体化治安防控网络。投资842万余元，将辖区332处老旧标清摄像头全部更新为高清摄像头。开展矛盾纠纷排查5次，受理矛盾纠纷861件，调解成功率100%。处理劳动纠纷案件59起，涉及金额128.2万元。

开展对区级挂账社会治安重点地区北京大学周边、地区级重点地区海淀桥周边的专项整治，联合执法100余次。查处违法行为80余起，处罚金额100万元。

（牛泽华）

【民生建设】 辖区开设的老年餐桌已经达17个，社区覆盖率达53%。对人大附中、稻香园西庄区、紫金庄园、小南庄等老旧社区进行无障碍设施改造。举办5场失业人员专场招聘会，完成失业人员培训60人，带动就业580人，589名就业困难人员通过再就业援助实现就业。开展经济适用住房、限价商品住房轮候家庭限期复核工作。将计划生育服务融入政策宣传、失独帮扶、健康生育工作之中，不断提升服务管理工作水平。

完成56项为民办实事项目，项目涵盖社区物技防建设、社区办公服务用房室内装修改造、绿化环境整治、文化设施更新等。在12个社区开设便民菜站，蔬菜直通车进社区累计360车次。

（牛泽华）

【社区建设】 启动碧水云天社区志愿服务“积分制”，通过“积分制”，以实际行动用“爱心”回馈“爱心”，激发志愿者参与社区公益活动的热情。阳春新纪元社区的“文化养老”、稻香园西社区的“居民议事园”等，形成个性化的亮点品牌，实现“一社一品”。

完成苏州街路、海淀南路南、人大附中3个社区规范化建设，规范化社区覆盖率达66%。万南社区开展老旧小区自我服务、自我管理示范建设。3个社区创建市级“一刻钟服务圈”，9个社区创建区级“一刻钟服务圈”，实现“一刻钟服务圈”100%全覆盖。

（牛泽华）

【基层党建与精神文明建设】 开展“两学一做”学习教育。开展知识竞答、佩戴党徽、志愿服务等活动，利用微信平台推送学习教育信息，“两学一做”取得实效。依法选举产生区人大代表21人。

强化书记第一责任人意识，抓好基层党组织书记“双向述职工作”。推进非公有制企业和社会组织“两个覆盖”等工作，建立非公企业党组织261个，覆盖企业715家，完成覆盖率81.25%。投资800万余元新建创业公社红帆党群工作站、互联网金融中心红帆党群工作站、阳春新纪元社区党群活动中心、E世界红帆党群活动中心党建阵地。

为23个社区维护修缮社区宣传栏，制作公益广告宣传海报、宣传展板。开展“幸福社区海淀秀”活动，举办文艺会演10场，1200人次参加。街道有注册社会组织134个，组织开展公益性服务类活动30次，3000余人次参与。

（牛泽华）

【“小雨滴”普法课堂进校园】 年内，街道推出“小雨滴”普法课堂法制宣传教育进校园系列活动。整合专家、法官、律师、大学生志愿者等力量，组建“小雨滴”志愿者队伍，设立“笑笑姐姐讲法”课堂。2016年，开展“小雨滴”法律援助走进培智学校、“法律相伴　快乐成长”走进西颐小学共计4场普法活动，受众人数500余人次，构建学校、家庭、社会三位一体的法制宣传教育网络。

（牛泽华）

中关村街道

【概况】 2016年，中关村街道面积5.28平方千米，常住人口20.8万人，有30个社区居委会。辖区内有国家级科研院所28家、企业1.2万余家。有5000余名科学家和高级知识分子，其中两院院士130余人。居民大学以上文化程度约占总人口的30%。推进地区物理空间改造及业态转型升级。清理14处地下空间，腾退19处人防工程，疏解流动人口8221人。调整疏解金五星市场，清退拆除所有摊位，2万平方米市场已关停。开展中关村大街东侧空间优化和环境整治，实现“筑巢引凤”。调查132家企业外迁原因。走访12家科研院所和地区企业。代征房产税收入3000万元。

（沈成保　赵鑫）

【环境建设】 创新“门前三包”治理机制，建立“四每、四化、五统一”管理标准。发挥环境问题应急处理队和快速捡拾队作用，对辖区81条自管道路不间断巡查。全年绿化面积4.97万平方米，抚育养护树木9000株，清理小广告95万张。启动知春路沿线综合改造等6项民心工程。拆除新生、台账违法建设任务123处1.87万平方米。探索“一体化联动”综合执法、“村里的眼睛”微信执法等执法新模式，开展联合执法587次，规范“九小门店”经营1956起，取缔游商占道经营3062起。网格化系统融合平台，收到社区民情案件6万件，办结率98%，环比增长超过480%。建设“智慧华清园——i社区”，推动社区品牌化发展。

辖区“无煤化”改造涉及8个社区637户，通过电力增容蓄热式方式改造128户，通过集中箱变锅炉式改造58户。对平房区、社区门店及早点商铺等重点部位进行拉网式排查整治，禁止燃煤行为，收缴蜂窝煤2.9万块，收缴散煤26吨，收缴煤炉36个，查处运煤车6台，取缔烧烤摊16个。

完成中央环保督办案件5起，主办案件1起，协办案件4起。5起案件内容涉及区环保局、区房管局、区城管局等，杂物乱堆乱放环境脏乱、违建出租扰民、餐饮油烟污染问题等。

（沈成保　赵鑫）

【平安建设】 打击各类违法犯罪，落实对各类重点人员的排查管控，构建地区治安防控体系。刑事案件发案同比下降26.4%，治安案件发案下降28.6%，“96310”案件下降42%。实现海淀区市级挂账重点地区整治工作挂账摘牌。

构筑24小时治安巡防系统，建立集治安巡查、安全防控、警情排查为一体的巡防队伍，实行24小时不间断巡查。综合治理应急小分队、“安宁守护者”微信群及时有效处置社会治安问题800余次，抓捕夜间盗非人员13人。开展安全生产、食品药品执法检查，为4000家次生产经营单位排查隐患2639项。完成占压燃气管线整治台账任务51处。走访检查地区单位1483家，发现火灾隐患1931处，签订责任书500份。开展矛盾纠纷排查3423次，调解纠纷1018件。接转“区非紧急平台”投诉件3000件，结案2920件，结案率96%。受理群众来信来访212人件次，重点矛盾纠纷化解率达98%。清理整治违法群租房421套，疏散人口1289人，完成台账任务的214.83%。日常巡查用人单位986家，解决农民工群体讨薪事件6件，妥善处理劳动人事争议案件46起，涉及劳动者1.06万余人，涉及金额36.89万元。受理劳动争议信访件55件，全部依法按期办结。

（沈成保　赵鑫）

【民生建设】 推出42项“互联网+”便民服务。开展禽畜产品、水产品等食品药品专项整治工作，加大对学校、幼儿园食堂等集体就餐和大型餐饮服务单位的拉网式检查频次及监管力度。开展现场快速检测食品样本482件，问题发现率3.1%；食品风险监测专项抽样检测102个样本，问题发现率13%，合并立案6件，罚没款65万元。完成“全生命周期社区生活服务平台”搭建工作，实现“登陆此平台服务全知道”的目标。打造以“乐活中关村”为主线、以政务服务和社区生活服务为核心的多类公众微信号，组建涵盖街道、科室、社区层次分明、功能互补的中关村微信矩阵。

组织社区文化魅力大课堂、社区新生活推广等6类服务项目，受益人数4000人。推进“中关村人家庭幸福促进行动”，建成占地600平方米的航勘社区计生科普园地。完成34项为民办实事项目。开展“我们的节日”系列活动，30个社区开展活动200余场，惠及居民超过6000人。开设传统官场文化与现代职场文化等课程，培训社区工作者2500余人次。

深化居家养老，探索日托养老模式，支持知西社区智慧养老基地建设。街道残联成立精神残疾人日间康复照料站，在中关村街道东里北社区活动站为18～65周岁的稳定期的精神残疾人开展精神慰藉、心理疏导、日托照料、康复训练、康复活动等服务。受理住房申请2526户，复核家庭2191户。为困难群体发放救助补助1600万元。中关村街道作为市级试点单位，4次参与京台社区交流活动。“以现代网络技术为桥，以传统民族文化为魂”，谋求两岸文化共鸣。

（沈成保　赵鑫）

【基层党建和精神文明建设】 制定《中关村街道“两学一做”学习教育实施方案》。为77个中共基层党委（支部）编印发放7000册“两学一做”口袋书和学习笔记，为3859名党员配发党徽。举办党课教育394次，组织集中学习1408次，开展“两个规范”大讨论74次。引导企业自建、整合资源联建、选派党员帮建，建立单独党组织62个、联合党组织82个、流动党组织11个，上账900个非公企业和5个社会组织“两个覆盖”率100%。依法选举产生10名区党代表，发展党员23人。

坚持“重点建设示范中心站，辐射带动周边楼宇”的工作思路，将世纪科贸大厦“党建e站”的服务范畴向周边楼宇辐射和覆盖，逐步形成地区商务楼宇间组织联建、服务联做、活动联办、作用联显的集群效应。

党建示范中心站开展“百人快闪唱红歌”文艺会演、职业礼仪培训、瑜伽健身、法律宣讲、婚恋交友等活动83次，吸引2100余名非公企业党员和青年参与。建立非公党建指导员人才储备库。建立商务楼宇中心站3个，完成地区千余家非公企业、4个社会组织的调查工作。社区及楼宇党员志愿服务队共吸纳党员志愿者1320余名，联系30个社区居民，对接地区30多所科研院所和26个商务楼宇。开展25次节假日环境卫生清扫，及每周关爱空巢、每月健康咨询、义务理发等志愿活动，直接受益居民和企业员工达5万余人次。

成立“红色e阵营”商务楼宇党员志愿服务队，注册志愿者近150人，举办“为爱徒步　爱心助学”“爱心换绿植”“环保之行，一路有你”等公益志愿服务活动10次；开展46次培训，近千人参加。培育社区党员志愿服务队伍，科育社区“欢乐汇”志愿服务社、东南社区“健康之友”医疗服务队、科煦社区“益起来”公益志愿服务得到党员群众的响应和支持。

以“第五届中关村科技艺术节”为核心，开展体育竞赛、惠民演出、家庭讲堂等文化、体育、科教活动，邀请中科院科普讲师团的专家、院士走进社区，开展活动724场，参与居民3.3万人次。拍摄系列纪实片《中关村·温度》。到贵阳市观山湖区开展“聚焦·共享”系列精神文明共建活动。在今日头条发布新闻94条，阅读量达3.69余万次。

（沈成保　赵鑫）

【“互联网+”便民服务】 年内，街道围绕“互联网+”，探索推出42项现代化城市服务体系，包括“白领午餐”“车客家园”“停简单”“乐学中关村”便民服务。

“互联网+”——白领午餐。街道以辖区企业联合会为依托，结合楼宇协会和餐饮协会，推出点餐机进驻楼字，嘉禾一品、银网中心、晋阳饭店（银谷店）等餐饮企业与腾讯积极响应。员工们通过“一键通”即可下单，智能点餐、统一配送一条龙。为36栋商务楼宇近10万名白领解决就餐问题。

“互联网+”——车客家园。“互联网+社区+农户”运用手机APP平台，实现居民与菜农互动，线上下单、线下体验的方式买菜。居民可以在小区的实体店品尝绿色蔬菜，也可以到农场参观蔬菜种植。与同品类的蔬菜相比，这种模式可便宜30%。净菜进社区，为社区减少约70吨的厨余垃圾。

“互联网+”——停简单。街道引入第三方力量——停简单公司，利用大数据完成对辖区车位的精细化管理，实时发布停车场空满信息和空车位优惠信息，盘活停车场资源。居民通过手机APP查询辖区车位信息，车主无须开窗、无须拿卡，支付停车费等一切在网上进行。

“互联网+”——乐学中关村。街道整合地区企联的教育资源，推出“乐学中关村”市民终身学习O2O平台，形成覆盖老、中、青、少人群的菜单式课程供应体系。在乐学中关村市民学校，每个人都可以找到自己学习的课程。全年开展培训活动500余次，参加人数近1.5万人次。

（沈成保　赵鑫）

【卫计服务“3+3”】 年内，中关村街道全面提升卫生和计划生育综合服务水平，抓品牌、信息化、阵地3个建设；关注家庭健康，开展定向服务；关注0~3岁儿童，开展特色早教；关注特殊群体，开展精准服务。

开展“中关村人家庭幸福促进行动”。将儿童绘本馆、健康驿站及儿童跳蚤市场均升级为3个，覆盖28个社区，开展绘本延伸阅读72次、义诊240次。在航勘社区建成600平方米计生科普园地。

在社区开展健康知识百问百答活动，编印《健康知识百问百答》系列丛书5000套。关注0~3岁儿童，开展特色早教。建成知西社区早教基地，早教基地总计3个，覆盖28个社区，受益家庭上万户。为100户独生子女伤残特扶家庭及59户失独家庭共计243人发放便民理发卡、健康体检卡、温情蛋糕卡、“两节”慰问卡，做到户外有郊游、户为有活动、节日有慰问、观影有人陪。其中，“暖心行动，用爱心抚慰失独家庭”的事迹，被中国新闻网、中国日报网、搜狐、人民网、东方头条及中新社北京分社报道。

（沈成保　赵鑫）

【“社区名片”创建】 年内，中关村街道启动“一社区一名片”的“社区名片”创建活动。“社区名片”涵盖养老服务、科普教育、文化引领、健康养生、党员示范、优质服务等社区建设内容。华清园社区的“I社区”、东里南社区的“爱心社区”、科育社区的“青少年文化天地”、西里社区的“民俗文化传承”等“社区名片”创建工作初见成效。

（沈成保　赵鑫）

学院路街道

【概况】 2016年，学院路街道辖区面积8.49平方千米，有28个社区居委会，常住人口数24万人。有10所高等院校，11所中小学校，10家国家级科研单位，是北京市科技、文化、教育最密集的地区之一。以人口规模调控及业态调整为重点，致力于京津冀协同发展。金五星小商品市场转型为东升科技园学院园，马家沟市场依法关停，净雅、丰泽园、郭林等餐饮企业退出，五道口服装市场、五道口工人俱乐部进行业态调整升级。与10所高校建立走访机制，了解部分教育功能疏解计划。走访企业750家，登记税源企业6239家，新引进企业981家，完成个人出租房屋租赁税代征1764万元。

（韩帅）

【环境建设】 拆除违法建设2.3万平方米，整治普通地下室26处，清退人防工程41处，治理违法群租房304处，取缔无证照门店83户，疏解6000人。重点推进五道口城铁站周边、京包铁路和京藏高速沿线、京昌路楔形绿地棚户区综合整治。

开展“美丽学院路”建设。加强道路网格精细化、以问题为导向的精准化和联合执法的常态化，有效解决五道口商圈、大学校园周边等环境秩序痼疾顽症。实现学知园北侧路、东王庄小区的停车规范管理。落实“河长制”，与河湖部门共同开展小月河沿线生态环境专项整治。

对工地在施、渣土运输、露天焚烧和烧烤等违规违法行为高强度联合整治，对绿地和道路加强保洁作业频次。协助中央环保督察组处理举报案件6件。

（韩帅）

【平安建设】 完成市、区级台账8处。与28个社区、1个村委会、170家单位签订综治、安全生产、消防责任书，与130家单位、8家快递公司签订交通安全责任书。开展消防安全、生产安全、交通安全、食药安全等检查2000余次；开展宣传教育和应急演练100余场，消除安全风险隐患600余处。处理信访、来访863件，成功调解民间纠纷310件。推动网格化融合系统、城管综合考评系统、信息化图像管理系统、智能预警系统四大系统的互联互补，提升平台综合效能。完成二里庄、六道口、城华园、北京语言大学等社区的109个探头升级改造及53个门禁系统建设，地区门禁覆盖率达77%。

（韩帅）

【民生建设】 志新社区服务中心向居民提供运营爱心超市、老年餐桌、日间照料、课后托管等服务项目。推进便民服务中心和二里庄养老照料中心建设。试点建设智慧社区养老助残服务站点，完善居家养老服务驿站、老年互助社。推进残疾人“温馨家园”3所、职康站3所和失独家庭“心灵家园”1所基地建设，开展残疾人居家康复服务623次，定期为82位失独老人开展志愿帮扶、关怀走访等暖心服务。发放救助资金61.5万元、慰问品合计42.6万元。推广“车客家园”等菜篮子工程，规范14个社区的蔬菜直通车项目，实现“一刻钟服务圈”全覆盖。

完成就业指标880人。

（韩帅）

【社区建设】 进一步落实居务公开、财务公开和经费项目制审核。修订社区居委会、社区服务站工作规则。深化东王庄、学知园、城华清枫等社区自我服务管理试点工作。指导五道口嘉园业委会成立和静淑东里小区物业更换。指导28个社区开展“一社一品”活动。

（韩帅）

【基层党建与精神文明建设】 开展“两学一做”学习教育，全面落实“三会一课”制度和分类定级、党员承诺践诺、党员评议、党组织书记讲党课等工作。为地区中共党员发放书籍1万余册。开展以“亮身份、检党性、促提升、建新功”为主要内容的系列主题活动。各基层支部开展“唱响红歌”“参观廉政教育基地”“对党忠诚、做合格党员”等主题党日活动。推进党的组织和党的工作“两个覆盖”，成立15个处级领导带队的工作团队，采取“不分组、集中访、找党员、见老总、讲政策、送服务”的方式开展大摸底、大走访，走访非公企业1000余家，查找出流动党员1161人，建立包含710家非公企业的数据库，其中31家建立独立党支部。非公企业组织覆盖率从10.28%提高到81%。

宣传基层党建、社会主义核心价值观等内容。升级学院路、成府路等重点路段的宣传窗口，新增宣传窗口44个，更新宣传窗口46个。在王庄路、京藏高速辅路等11条道路新制作挂贴式宣传画155幅、展板129块。举行“铭记历史，勿忘国耻”圆明园遗址实地教学活动，开展以“缅怀革命先烈，弘扬长征精神”为主题的纪念长征胜利80周年系列活动，举办“党在百姓心中”百姓宣讲会。在人民网、新华网等多家权威媒体、网站以及腾讯网等门户网站共刊载新闻稿件281篇。编印《美丽学院路报》21期。

（韩帅）

清河街道

【概况】 2016年，清河街道辖区面积9.37平方千米，常住户籍人口32156户82307人，外来人口76876人。社区居委会28个。地区有3家中央级单位、16664家注册企业、7所中小学校，有北京儿童福利院、北京第四社会福利院两家福利机构。推动将清河—西三旗创新功能组团纳入区“十三五”产业规划布局，引导中石化润滑油分公司、北京光华创业园等传统工业企业提供可规划的土地，梳理存量和增量空间资源，鼓励实现产业转型；服务小米移动互联网产业园、首农中关村移动智能服务创新园的建设；推进西三旗钢材市场、小营汽配城、清河金五星商场等低端产业转型升级。

提出“一对一”服务模式，街道领导定期走访所包企业，了解企业经营情况，对接企业需求，协调解决五彩城、小米公司等周边交通拥堵和停车位不足等问题。新增企业828家，地区企业入库税款14.67亿元，其中区级收入4.69亿元。

（王华）

【环境建设】 通过拆除违法建设、关停老旧市场、治理违法群租、整治地下空间等方式，疏解人口8531人，完成区委下达疏解任务的125%。完成拆违台账任务1.8万平方米，追加拆除8个点位4.8万平方米和账外1535平方米的违法建设。对私搭乱建、破墙开门、无照商贩、店外经营等城市管理痼疾顽症开展联勤联动、联合执法和综合治理。与3743家店铺签订“门前三包”责任书。整治影响空气质量的劣质燃煤、露天烧烤、工地扬尘、渣土遗撒、不按规定降尘保洁等行为。整治安宁庄西一条、安宁庄西二条整体环境。铺装绿化用水管线，补植绿化1.5万平方米。开展老旧小区防震抗震加固、节能改造工作，涉及5个小区34栋楼，改造面积84758平方米。

（王华）

【平安建设】 通过网格化社会服务管理系统，上报走访日志和社区民情24283条。排查矛盾纠纷16件，调处14件，其他2件全部落实领导包案。上报城市管理问题11618件，对地区204名“E租宝”涉案人员实施稳控管理。调解劳动纠纷52起，追回拖欠工资412万元。启动社会面等级防控14次，发动群防群治力量5.6万人次。执法检查3451家次，发现安全隐患1283项，整改1124项，列入后期整改159项。

（王华）

【民生建设】 新增低保19户，撤销13户，调整24户。医疗救助55人次，临时救助49人次，大病救助11人次。办理老年证293人，为42名老人办理高龄津贴，为4名高龄特困老人申请特困补助，为280名老人免费提供“e件”防走失设备。为地区残疾人发放补助700余万元，发放低保金268.8万余元、救助款9.19万余元。发放公租房租金补贴950余万元，发放市场化租赁补贴130余万元。采集岗位信息1222个，实现就业1710人，上线三级联动业务完成1241件。

（王华）

【社区建设】 推进社区规范化示范点建设，确定5个社区创建市级“一刻钟社区服务圈”；在9个试点小区逐步规范物业管理服务工作，成立小区“自管会”；完成加气厂宿舍区、花园楼、阳光南里和毛纺南小区停车备案工作。推广“清河实验”成果，研究社区“两委一站”的议事机制，推进民主协商制度化、规范化，广泛发动居民和驻区单位参与社区建设管理。租赁400余平方米解决朱房、四街社区办公用房问题；审议通过“解危除险”落地重建方案，原址重建800余平方米，解决海清园和毛纺南小区社区办公房问题。

（王华）

【基层党建和精神文明建设】 严格“一岗双责”要求，执行“领导干部联系点”制度。开展“两学一做”学习教育，组织集中学习210次、专题研讨132次、党课活动97次、主题实践活动122项。智学苑社区“搭建党建协调平台”创新项目被评为北京市社会领域优秀党建活动品牌，学府树社区党总支部被评为海淀区先进基层党组织。落实走访慰问、为老服务、活动场所设备设施更新等项目90余个。地区600余家非公企业党组织和工作覆盖率均达80%。

（王华）

青龙桥街道

【概况】 2016年，青龙桥街道辖区面积18.59平方千米，有21个社区居委会。户籍人口28861户69380人；常住人口68211人，流动人口48214人。街道围绕功能疏解和人口调控，推进城市精细化管理，开展“两学一做”学习教育等工作。青龙桥地区规模以上（规模以上单位以2016年年报库为依据。服务业年营业收入1000万元以上，批发零售业年营业收入2000万元以上，住宿餐饮业年营业收入500万元以上，金融保险业都算作规模以上单位）企业73家，其中工业企业2家、建筑业8家、金融保险业2家、服务业47家、批发零售业2家、住宿餐饮业12家，全年共缴纳增值税4556.9万元。代征出租房屋房产税419.72万元，较上年同比增长67%。

疏解工作。推行“分户统计、分区汇总”的摸排举措，先后关停无证照幼儿园2所，查处无证照小门店200余家，清理燃油助力三轮车从业家庭36户，清理违法出租地下室154间、违规群租上下铺90间，清理游商、黑车、黑摩的等200余起。推行二河开21号院“安防空间”项目，要求房东腾空一部分房屋作为“安防空间”，打造“安防空间”1247间，疏解1821人。拆除违法建设点位116处17972.77平方米，拆除新生违法建设12处3865.7平方米，账外违法建设15处4849.18平方米，完成台账任务的136%，疏解6102人。

推进国有企业、集体土地经营业态调整升级和军队出租房屋腾退工作。京海联公司、达园宾馆、林业科学院、青龙桥后街13号等单位收回腾退房屋4000平方米，部队腾退军产出租房屋8000余平方米，疏解人口900余人。

（王京红）

【环境建设】 翻新修建中央党校北门、五环路入口以及2个破旧公交站台；完成颐东苑绿地补植、停车场改建和老人座椅修建项目；配合区市政管委完成零三零路工程甬路修复、绿化补植等整体改造；修复圆明园东路步道设施，新建文化墙30米。对大有庄、福缘门、圆明园东里平房社区进行步道修复、沥青路面洗刨、增设路灯等综合改造。协调市政管委解决颐和园新建宫门21号、褐石园小区、大有庄、福缘门和骚子营社区部分路灯问题。将二河开原垃圾站改建为70个公共临时停车位及30个电动自行车充电棚。对清华大学西侧围墙加装隔离护板，新建管线。整修更换地区80个无顶垃圾池和破损垃圾箱，清理建筑垃圾1650余吨。完成平房社区4800米下水管线及2600个管井清淘工作，彻底解决骚子营社区76号至80号路面积水问题。完成地区6494平方米斑秃自管绿地补植、街道自管危树排查和病虫害防治工作。推进“无煤化”改造，为7个平房社区更换炉具148台、订购优质燃煤7160.5吨。

（王京红）

【平安建设】 以隐患排查、队伍建设、预案演练、宣传教育为工作重点内容，建立10家微型消防站，检修灭火器3536个。开展安全生产监督检查5575家次，发现问题隐患9024项，整改问题隐患3057项。

调处矛盾纠纷220起，调解成功率95%。走访矫正对象130人次。受理工资拖欠投诉案件16起，涉及农民工189人，协调发放工资286.3万元。接待群众来访、来电、来信17件次。增设29个监控点位，查处“黑三轮”30余辆，暂扣黑三轮车24辆；黑出租车非法运营3起，罚款2.4万元。

上报网格化社会服务管理案件15万余件，处置案件1580件，接收处理非紧急救助案件600余件，协助公安机关拷贝、查看回放监控视频160余次。地区三类可防性案件49起，同比下降27.9%；社区巡防队协助派出所破案15起。完成重大节日、活动期间的服务保障工作。

（王京红）

【民生建设】 开通“宜居青龙桥”政务微信公众号。发展社区居家养老服务，引进养老服务公司，在中央党校社区内成立第一家医养结合型养老服务中心，提供日间照料、呼叫、助餐等服务。引进3家菜篮子工程，完成西苑中医院社区、中信所社区、国关社区“一刻钟社区服务圈”工作。

开展大病、助学、临时救助、困难官兵等救助慰问120人次，发放救助款60万余元；为167户低保家庭发放低保金300万元；为204名残疾人发放各类困难补助7089人次、160万元；为失业困难人员发放失业金1620人次、180万元；完成682家非公企业的核查工作，发展会员110人。为53户失独家庭免费安装卫生间无障碍设施。

提供岗位265个，举办集中职业指导32次，采集空岗信息860个，摸查系统就业困难人员300余人，为18家企业进行178人次的用人信息跟踪服务，完成就业885人。

（王京红）

【基层党建和精神文明建设】 开展“两学一做”学习教育。履行“一岗双责”，加强窗口单位和为民办事部门的作风建设。选举产生14名区人大代表，推选6名区党代表。

新成立5个非公党支部，选聘7名党务工作者分片对非公企业进行党务工作指导。集中核查、录入党员信息2800条。在西苑挂甲屯社区新建500平方米党群服务活动中心。推荐韩家川社区爱心服务项目参加区“五型五好”基层党组织和基层党建工作创新示范项目评选。

举办“畅享舞台梦 乐活青龙桥”地区文体擂台赛、纪念长征胜利80周年暨《长征组歌》文艺会演、“书香飘万家”读书活动、“三八”妇女维权法律讲座、地区青年羽毛球赛、海淀公园春季健步走等文体活动，地区70余支文艺团队、3000余名文体爱好者参与。开展“我们的节日”系列活动，组织

"我是小小通讯兵"国防教育、天文科技创新教育体验、绘画摄影采风夏令营。组织地区志愿者参与绿色出行、义务植树等活动，通过"春风送暖"慈善募捐、手拉手义务助学等活动，募集善款16.8万元、衣物1.3万余件。

（王京红）

香山街道

【概况】 2016年，香山街道辖区面积20.4平方千米，其中山林面积约16平方千米。设有6个社区居委会，人口3.4万人，其中户籍居民1.4万人，流动人口2万人。有中央单位6家、市属单位23家、中学1所、小学2所。香山地区是北京著名的旅游休闲区，有香山公园、北京植物园、卧佛寺、双清别墅、曹雪芹故居等风景名胜和历史古迹。

（李晓菲）

【环境建设】 完成北正黄旗21号院道路铺装工程；粉刷六号院社区19号院外墙，更换老旧窗户；修复香山路81号院围墙；完成公主坟污水管道衔接工程；对塔后身21号、19号和西营甲12号山体滑坡采取应急措施和勘验工作；更换六号院社区绿地绿植；完成万花山补栽工程。

每日派出联合执法队，对新生违法建设进行全天候巡查，拆除新生违法建设1540平方米，其中5处区级台账任务违法建设全部拆除。开展"环境整治周""环境清洁日"等专项行动。

桃花节、红叶节期间，组织联合执法组对香山景区周边环境、治安、交通等违规违法行为开展巡查和联合执法，对无照游商、占道经营等违规经营商户进行规范、治理。全年联合执法76次，取缔无照经营820余起，查处店外经营6起，查处无准运证件运输车辆34辆、非法运营3起，查处露天烧烤8起，规范"门前三包"4200余次，拆除违规广告牌匾210余块，收缴小广告4000余张。

（李晓菲）

【平安建设】 召开安全生产专题会议25次，签订地区安全生产责任书百余份，累计督查单位1403家次，排查和整改问题隐患287项。调解矛盾纠纷83件，排查矛盾纠纷62次，了结信访案件11件。完成劳动者权益专项监察4次、单位65家次，涉及劳动者7300余人次。开展基层平安创建，发动群防群治力量3.5万人次参与社会面防控、街面执勤。

（李晓菲）

【民生建设】 为地区80岁以上高龄老人定制100元家政服务卡。完善养老餐桌建设，签约服务商结算养老助残卡金额20多万元。完成职业指导147人次，职业介绍83人，调查失业困难人员情况34人次，空岗信息发布384个，用工调查36家企业，跟踪回访71家企业。完成养老、医疗、低保、救助、住保等社会保障工作。

（李晓菲）

【基层党建和精神文明建设】 推进"两学一做"学习教育，开展纪念建党95周年活动。推进非公企业党建工作，聘请5名非公党建工作指导员，对辖区非公企业、社会组织以及企业中的党员进行定期摸排，建立台账。成立社区非公联合党支部，非公企业党组织覆盖率达82%。评选推荐北京市社会领域党建品牌1个。

继续推动文化香山建设。"文化香山"网站运行顺利，《文化香山》出刊4期；开展北京榜样征集活动，共树立36名榜样人物；百姓宣讲团成员增至20人，围绕"最美香山人""筑党魂、固党基、兴党业"两条主线，开展百姓主题宣讲活动；开展"我们的节日"系列活动。

（李晓菲）

西三旗街道

【概况】 2016年，西三旗街道辖区面积8.23平方千米，辖区为城乡接合部地区，户籍人口8.32万人，流动人口5.18万人，社区居委会27个。与海淀园经信办等部门和专业研究机构合作，梳理地区产业项目及地块情况，启动产业规划深化设计。中关村西三旗（金隅）科技园规划实施方案获市规划国土委批复，研发用地一期和配套小学、幼儿园完成立项，人才公寓建设进展顺利。推动中关村移动健康产业园、中关村"企业服务"大数据创新产业园等项目前期手续办理，协调佰能硅谷大厦、清河小营建材城改造等项目。支持天坛家具、建金商厦、风机二厂、照明器材厂等企业完成业态调整，腾退产业面积16万平方米，为智能制造类高端产业聚集发展储备空间。建金大厦挂牌中关村智造基地人工智能创新中心，引进金隅启迪孵化器等高端业态。走访服务区级重点企业和区级贡献百强企业，清查出异地纳税、异地经营企业47家。完成157家规模以上企业统计年报报表。

（王小民）

【环境建设】 开展环境综合治理。建立层级包干责任机制，实行联合执法等工作机制和集中约谈等工作举措，拆除清缘东里东小院、清缘商厦等违法建设105处13万平方米，清理人防和地下空间23处，疏解人口8045人，完成台账任务的121%。西三旗南路、永泰庄东路北延完成地下管线改造，完成试通车；建材城北路项目完成区界内拆迁。处理无照经营3000余起，整治关停无证无照违法经营商户309家，规范店外经营1100处，暂扣无照经营面包车、三轮车、黑摩的160辆，环境状况和秩序明显好转。探索自治与自律、管控与监管机制，建立"门前三包"包片责任制，实现道路整洁、门前有序、立面规范。对28个垃圾分类小区实行"达标模式"与"创新模式"运行管理。开展绿化美化。对枫丹小学等单位周边和9511、建材东里等社区进行绿化升级改造，在道路两侧和社区周边建设微型绿岛、手帕公园。

（王小民）

【平安建设】 依托公安、巡防、地区单位和物业安保力量，构建四级立体治安防控体系。全年出动社会防控力量12万余人次，完成节假日的安保工作。建立“一街一警”工作机制，打造23个社区警务工作团队，其中10个社区实行24小时巡逻防控，社区三类可防案件同比下降。改造10个小区的视频监控、门禁系统和防爬刺等物技防设施。与22家工业企业签订安全责任书，检查单位2299家次，整改安全隐患1484起。开展食品药品企业分级分类管理，监督抽检重点领域食品药品170余件，受理群众举报320起，立案处罚35起。完善街道、社区两级应急工作平台，加强应急演练和应急响应机制建设，补充防汛、防霾等应急物资。启动地区“七五”普法，开展重大行政决策合法性论证，审查合同177份，提出法律建议64条，调解矛盾纠纷1570余起。

（王小民）

【民生建设】 推进网格体系标准化建设，网格化系统融合平台接转案件3万余件，合格率100%；“96181”群众热线平台受理案件1400余件；城市管理综合考核评价系统接转案件2599件；案件平台反馈1535件；信访平台接收案件57起，结案率98%。推进“同区通办三级联动”试点工作。推出“家门口式服务”，接待办事群众10.7万人次，服务辖区企业2304家，办理行政事项9.3万件，其中三级联动平台办结事项2517件。承办中华志愿服务嘉年华活动，76家社会企业参与，带动投入资金50万元。温馨家园服务残疾人1500余人次。对困难党员、低保对象、低收入家庭、困难户及失独家庭等开展送温暖活动。870余名失业人员再就业。十一学校龙樾实验学校、北师大幼儿园西三旗分园、富力桃园幼儿园枫丹分园招生开学。

（王小民）

【社区建设】 推进社区党组织服务群众经费项目，为各社区购买短信平台和社区讲堂等服务。推进沁春家园等13个社区“一刻钟服务圈”示范点建设，在27个老旧小区开展自我服务管理试点。推动“互联网+”与社区服务结合，建成“i家园”西三旗智慧社区服务驿站，首批800辆智享自行车投放社区。基本完成“第二批北京市社区治理和服务创新实验区”建设工作。通过社区提需求、街道搭平台、社会组织参与，在社区开展理发、摄影等项目，推动社区服务社会化。完成育新花园等社区红色基因文化长廊建设。申报4个社区养老驿站，依托专业养老机构提供集中养老、日间照料、就餐助浴等服务项目，全年提供助餐服务13万人次。完成5个老旧小区节能改造和抗震加固工程。

（王小民）

【基层党建和精神文明建设】 巩固扩大“三严三实”专题教育成果，督促指导地区116个基层党组织、4000名党员干部开展“两学一做”学习教育，组织中共基层党组织书记讲党课43次，专题学习讨论50余次，征集稿件100余篇。开展雷锋精神、国防知识等宣讲，组织理论中心组集中学习18次。成立街道党建工作协调委员会，建设街道和27个社区级党群活动服务中心，完成海淀区第十二次党代会代表、第十六届人大会代表换届选举和第十届政协委员推荐工作。推进公元99等商务楼宇工作站建设，实现六站合一工作的有效覆盖，推进630家非公企业党的组织和工作覆盖，覆盖率达83%。落实“两个责任”，重点围绕“五抓”开展党风廉政建设和反腐败工作。开展“红色基因”主题教育实践活动，成立“走进崇高”社区践行基地，举办“光辉历程·科学发展”首届展览。72家非公企业建立工会组织。街道和辖区企业共捐款58.3万元，对口支援湖北省丹江口市蒿坪镇建设。依托4家社区青年汇，组织地区青年开展活动100余次。开展“旗舞 旗颂 旗恋”主题活动，举办《旗颂》《旗恋》报告文学新书发布会。举办首届欢乐冰雪节等群众文体活动。党建、街道、便民服务3个微信公众号投入使用，开展“我们的价值观——三旗榜样”百姓宣讲进社区、进课堂、进部队、进企业等文明建设举措。北京电视台、《北京日报》等主流媒体刊播街道新闻435条。打造清缘西里家文化特色楼门。把外来务工人员、老年人、少年儿童、残疾人的基本文化服务纳入街道的公共文化服务体系建设规划中。

（王小民）

马连洼街道

【概况】 2016年，马连洼街道辖区面积10.74平方千米，户籍人口5.4万人，流动人口3.6万人，设有17个社区居委会。辖区属于典型的城乡接合部。地区有注册企业2083家。中关村软件园二期建设全面开工，以百度、联想为代表的26家大型高科技企业已有22家全部进驻运营。代征房产税金433万元。

（高京育）

【环境建设】 实施百旺家苑道路改造工程等23个工程项目，实施19个绿化工程项目。对露天烧烤及露天餐饮经营场所联合治理35次，检查商户100余家，规范店外经营、乱堆乱放等行为60余起。拆除违规指路牌182块，拆除户外广告457块，收缴小广告5万余张。清理小广告1.5万余张，覆盖裸露地面3万余平方米。

完成“严厉打击违法用地、违法建设专项行动台账”及“非首都功能疏解与人口调控台账”工作。拆除违法建设台账任务41处、23449平方米，既存（历史遗留）141处、31268平方米。

“以业管人”，对无照经营小门店摸排复查，定期开展逐户核对工作。协调工商所、食药所等部门开展联合执法224次，检查无证无照门店363家，规范店外经营835家，取缔26家，劝离游商1262人次。开展房屋违法出租情况调查摸底，核查出租房屋基础信息，建立台账档案。组织开展联合执法检查60次，检查消防、安全等隐患40余起，清理群租房84套，清退602人。

（高京育）

【平安建设】 成立马连洼街道指挥调度中心，下设城管监督分中心、应急处置中心、城市运行服务中心，组建24小时全方位派遣队伍，完善全地区“发现—派遣—处置—督查—考核”机制。上报网格化案件45552件，处置45399

件，案件处置率99.66%。在全国“两会”、G20杭州峰会和中共十八届六中全会期间，投入群防力量83868人次。组织专项打击整治行动122次，举办宣传教育活动17次，发动巡防协管及保安力量3000余人次，解决问题278起。收到群众来信60件，处理国家信访局、市、区转办网信11件，市长信箱9件，区长信箱4件，办结率100%。

（高京育）

【民生建设】 开展社区规范化示范点“一刻钟生活圈”创建工作，完善社区服务网络、服务设施、统一社区服务标识，组织开展特色社区志愿服务。完成区级为民办实事项目11个。指导润千秋佳苑等6个小区业委会成立。开发建设马连洼社区网络菜篮子工程。在梅园、百草等10个小区设立智能蔬菜柜，保障居民购菜、购买生活用品的服务需求2万人次。

为低保家庭发放低保金54.3万元。开展“慈善情暖万家”和“春风送暖”主题募捐月活动。落实北京市“九养”政策，为60岁老年人办理老年证262张，为90岁以上109位高龄老年人发放高龄津贴13.6万元。完成养老助残卡充值1.9万人次，受理新申请办卡232人。有560名失业人员实现就业，完成就业指标110%；办理失业登记600余次，新增灵活就业410人。劳动年龄段内有劳动能力和就业愿望的劳动者就业率达96%。

开展清理整顿人力资源市场专项行动、整顿违法中介行动，严厉打击非法用工、非法中介行为。检查用人单位422家，涉及劳动者30464人。受理并解决突发及信访案件11件，为劳动者追讨工资306.56万元，涉及231人。

（高京育）

【社区建设】 完成地区人大代表换届选举工作。实现地区工会组织建设全覆盖，及时更新核实地区注册经营的企业330家，地区共成立工会组织的非公企业有350家。推进“法律六进”工作，全面启动“七五”普法工作并开展主题宣传月活动。

（高京育）

【基层党建和精神文明建设】 开展“两学一做”学习教育，街道机关、社区、非公企业共计35个中共基层党组织开展学党章学常规系列活动。抓好公共文明引导员队伍建设，充分发挥其对于车站和路口交通秩序的引导作用。加强党组织“三级联创”制度建设，建立班子分工负责制度、政策宣传制度、典型示范制度。建立社区“两委一站”负责人后备库。落实党组织党员“双报到”制度和党员承诺践诺制度的落实。开展马连洼街道“我爱社区”随手拍征集活动，展示社区优美环境、人文特色和辖区居民积极向上的精神风貌。选出一批“崇德向善，奋发向上”的榜样人物，利用宣传栏、电子屏等载体宣传榜样人物。开展读书活动30次，受益人群2500余人。

（高京育）

花园路街道

【概况】 2016年，花园路街道辖区面积6.33平方千米，社区居委会26个，户籍人口13.7万人，流动人口4万人。辖区内各类法人单位5000余家，高校、科研院所集中。统筹税源建设工作，强化街道对辖区内税源企业信息的掌握。地区新进驻企业1700余家，在册企业达5700余家，实现税收26.39亿余元。

（石悦）

【环境建设】 “无煤化”工作逐步推进，完成玉兰园、塔干志新、花园路3个社区167户“煤改电”和集中供暖改造任务；推进北京大学医学部、中影物业管理有限公司完成95户“煤改电”和燃煤取缔工作；削减龙翔路东口等区域城镇居民民用散煤43户，疏解120人。为地区98户居民办理平价惠民液化气。完成31条自管道路（保洁面积21.5万平方米）、9个老旧小区的清扫保洁、垃圾清运和9条主要大街的小广告清理作业工作。拆除违法建设20345.31平方米，共计账内违法建设94处，面积13723平方米，疏解1178人。账外违法建设8处，面积6622.31平方米，疏解人口1373人。清理地下空间63处、面积42202平方米，疏解4450人。治理违法群租房172套，疏解1122人。地区全年疏解8123人。

（石悦）

【平安建设】 采取定期联合执法与专项整治相结合的办法，加强对辖区的精细化管理。启动等级防控15次，共计76天，发动社区居委会干部、治安志愿者、巡逻队员、民兵等群防群治力量50余万人次。在节假日、重大会议、敏感日期间，对辖区立交桥、过街天桥、地下通道等33个重点部位及重点人进行24小时值守。推进以司法行政为主，综治、信访、劳动等有关部门参与的社会矛盾“多元调解”机制。受理调处矛盾纠纷316件，调解成功率97%，未发生因矛盾纠纷产生的群体性事件。树立安全生产“红线意识”，以事故多发区域、多发行业和多发群体为重点，开展拉网式消防安全生产隐患集中大排查，出动检查人员1430余人次，检查1776家次，发现并处理隐患347处。重新编写《花园路地区突发公共事件总体应急预案》，建立完备的突发公共事件应急体系。

（石悦）

【民生建设】 开展再就业工作，举办职业指导培训班24期，培训失业人员480余人；协调中青职校为52名失业人员开办为期一周的创业培训学习班。全年开发就业岗位3100个，帮扶就业困难人员460人，接受失业档案1328份，领取失业金86人，完成用工单位调查问卷99家，完成就业指标761人。制作销售蔬菜站点示意图，方便居民买菜。辖区有蔬菜销售场所49处，其中较大型超市16处，其余为散摊和便利店中的蔬菜销售场所，销售场所面积2332平方米。在塔院社区建成社区养老服务驿站，在马甸玉兰园社区建成养老餐厅和养老驿站，让居民充分享受“15分钟居家养老圈”带来的便利。与38家居家养老服务签约服务。整合社区服务中心活动空间，开办18个兴趣班；举办讲座培训1344人次，购置2000册图书，接待上网以及阅览借书的读者数百人次。完成10部老旧住宅电梯更新改造。自行筹集资金，更新电梯17部。开展学龄前流动儿童强化查漏补种与外来务工人员麻疹、流脑疫苗接种工作，共为448人进行接种。完成33项街道为民办实事项目。

（石悦）

【基层党建与精神文明建设】 开展“两学一做”学习教育，引导广大党员领会“基础在学、关键在做”的要求。通过采取书记讲党课、支部学习讨论、抄写党章、定期组织检查考核等方式，建立“两学一做”推进工作台账、领导班子及领导干部个人学习教育台账，完成中组部基层党建6项重点任务。开展党员组织关系集中排查，找到失联党员28人，排查基层党组织按期换届情况，所属67个基层党组织不存在延期换届情况。选举产生10名出席海淀区第十二次党代会代表。

落实党建“两个覆盖”工作要求，对辖区企业、社会组织进行排查摸底，建立台账。共有非公企业660家、社会组织2个，单独组建34个党支部，联合组建63个党支部。党组织的覆盖面、覆盖率均达100%。

组织近500名居民进行奥林匹克森林公园健步走活动；举办“和谐杯”乒乓球友谊赛；在塔院四园社区举行“快乐运动 健康生活——2016年花园路街道社区趣味运动会启动仪式”；组织地区文艺团队参加“舞动北京——群众舞蹈大赛”。开展“庆祝建党80周年和纪念长征胜利95周年”纪念活动，于7月22日在北极寺社区老干部活动中心举办“我的中国梦 欢乐花园路”庆祝建党95周年群众文艺演出活动，400余名观众观看演出；中秋节前，在元大都遗址公园举行“炫我英姿 展我风采”2016年花园路街道太极健身项目展示活动；助残日期间，组织首次地区残疾人文艺演出。与文理学院合作策划、筹备并完成以《讲好花园故事，传播好花园声音》为主题的第十一届邻里节活动工作，成为街道精神文化生活的品牌。

（石悦）

田村路街道

【概况】 2016年，田村路街道辖区面积7.77平方千米，有户籍人口63253人，流动人口44848人，其中常住流动人口37747人，设31个社区居委会，有企业商户4000余家，中央单位10余家、市属单位79家、区属单位12家。

（李晓雅）

【环境建设】 拆除台账内违法建设23处45090平方米，查处上账的新生违法建设21处412平方米。新增微型花园58处，完成玉阜嘉园社区管线改造、西四环中路137号院南侧拆违建绿、半二社区甬道翻建、阜四社区环境整治微改造、半壁店铁路北道路翻建等工程。

（李晓雅）

【平安建设】 以“减人、添秤、服务”为主线，开展统筹协调、专项整治及人口动态和出租房屋管理工作。拆除群租房45套，疏解人口276人；关停29处散租地下室，疏解人口1831人。全年疏解实有人口5500人，完成计划疏解4000人的138%。

接待群众来访32件，处理集体访4件、网上信访19件，完成非紧急救助中心来信1500余件，指导基层调委会开展纠纷调解135件。解决群体性（5人以上）讨薪事件6起，涉及农民工128人，涉及金额40余万元。

开展“雷霆行动”，建立夜查工作机制，协调执法部门对违法占道经营、小煤炉、店外烧烤等行为进行整治，重点整治行动300余次，规范店外占道经营730余起，清理乱堆乱放220处，取缔无照流动游商290余家。

协调公安分局落实社区网格化蜂窝状视频监控试点工作，新安装门禁系统63套，防爬钉、爬刺近9000米。消防检查单位654家次，发现火灾隐患389处，督促整改385处，查封13家。排查煤火取暖户3000余户，下发整改通知书834份。对9个社区的303户居民开展优质燃煤替换工作。

（李晓雅）

【民生建设】 开展“春雨行动 春风送暖”募捐活动，募集善款22960元；“博爱在京城”募捐救助募集捐款9106元。开设田村路综合服务中心、阜二社区、圣华里老年餐桌服务站点，建立景宜里社区及武颐嘉园社区便民菜店。为老年人办理优待卡981人、老年优待证482人，为123户困难家庭办理低保复核。开设30次集体职业指导课，举办两次大型失业人员招聘会，受益失业人员500余人。完成700余户两限房和经适房配售资格复审工作，走访23户家庭的公租房资格复审。

（李晓雅）

【社区建设】 启动半二、幸福、东营房等6个社区的房屋修缮工作。完成雅世合金社区活动室的商用电改民用电、消防工程的改造工作，阜一空间、永景园社区文化活动中心正式投入运行，新建玉泉北里、武颐嘉园两个居委会。围绕智慧化、规范化、“一刻钟服务圈”三条主线，推进阜四社区创建全国社区治理和服务创新实验区的试点社区工作。社会动员、社区治理和服务创新两大试点工作完成。

（李晓雅）

【基层党建和精神文明建设】 通过书记讲党课、骨干培训、专题组织生活会、主题党日、“共产党员献爱心”、网络直播月等形式，在全体党员中开展“两学一做”学习教育。

开展党员组织关系集中排查、党费收缴自查、党组织党员信息核查等工作；将西木社区打造为党群活动服务中心示范点；“书香楼宇”项目正式进驻中昊家园楼宇工作站。开展“田村路我的家”主题原创歌曲、诗歌征集活动，利用“新田村”微信公众平台，宣传正能量。

党风廉政建设落实到位，分类逐级签订个性化党风廉政责任书，制作街道党风廉政建设工作日志，开展“整治和查处侵害群众利益不正之风和腐败问题”专项工作整治，对生态文明建设等重要工作开展监督检查。

扶持社区群众文艺骨干队伍，举办“德尔康尼杯”田村路足球大联盟山地足球联赛、田村山社区文化节暨快乐老年周末嘉年华活动、“全民健身日”等活动。

（李晓雅）

上地街道

【概况】 2016年，上地街道辖区面积9.52平方千米，有12个社区居委会，常住人口9万余人，其中户籍人口37835人，流动人口52329人。地区注册企业1.47万家，从业人员约17万人。上地街道限额以上服务业、商业企业资产总计3677.30亿元，实现营业收入2236.36亿元，实现营业税金及附加12.08亿元。存量企业总数超过14700家，其中以软件和信息技术服务业为主导的科技企业达6000家，占地区产业比重一半左右；国家高新技术企业792家，其中规模以上国家高新技术企业452家，占全区的15%；上市挂牌企业81家。

（任克红）

【环境建设】 清理整治地下人防工程、违法群租房、六小门店460余处，关停上地建材城市场；完成8万平方米拆违台账任务，拆除账外历史遗留及新生违法建设4500平方米；疏解人口4790人。开展马北路一号院网格集中整治行动，关停无证无照小门店、清理整治违法群租房140余家，净疏解人口1430人。

拆除西二旗南广场的5个活动板房，查扣三轮车70余辆，查抄小煤炉277个、非法宣传条幅、小广告1600余张。京新高速路、城铁13号线和上地东路、上地东二路之间狭长区域建筑共计9万平方米，涉及商户102家、公寓1000余间，90%搬离，60%拆除，实现“场光、地净、人清、封闭管理”。

投资600余万元对上地南路、上地西路、上地四街、上地五街、东北旺南路、东北旺中路进行绿化提升；完成马北路一号院三车间电路和配电设施规划以及109户居民“煤改电”前期入户勘察；10个社区的垃圾分类工作运转良好。

（任克红）

【平安建设】 启动重大节日、政治敏感时期社会面防控95天，发动治安志愿者46万人次、专业协管力量1万余人次，对地区158个点位、人群密集场所进行安全防控，完成安保任务。

采取街道与企业各出资50%的方式，建成后厂村路北侧停车场。地区52%的企业停车场已建立智慧泊车系统。建设城市区域慢行系统，建成海淀区公共自行车服务系统点位34个，投入公共自行车1000辆，租还20余万次。回收社区闲置自行车2800余辆进行智能化改造并投放使用。

实行生产经营单位安全生产“一岗双责”，签订安全责任书1950份，检查企业2044家，发现隐患5012处，整改4328处，整改率86.4%。为9所学校、11个社区的408户家庭安装独立烟杆报警器、燃气报警器、无线烟感火灾探测器960个，为居民社区、地区重点单位建设微型消防工作站96个。

开展矛盾排查130次，受理矛盾纠纷191件，调解成功率98.5%；完成规范“劳动用工一条街”工作；处理劳务纠纷个案85起，处理群体性案件17起，涉及农民工510人，追回工资款项360万元。对马北路一号院和东里一居、东里二居三个社区的治安防范设施进行升级。

（任克红）

【民生建设】 登记失业人员、困难群体实现就业585人；协助住房困难家庭申请配租经适房480套；发放各类慰问金和慰问品价值30万余元；为计生家庭意外伤害保险投保52户141人；对辖区婚育适龄人口进行规范化管理，信息覆盖率99%。完成非京籍适龄儿童入学资格审核工作。

完成城市管理网、社会服务管理网、治安网“三网融合”系统建设工作，网格化平台全年上报案件1.9万余件，结案率达100%；通过视频发现问题7000余件，调取录像3300余次。

（任克红）

【社区建设】 修缮马北路一号院等社区办公服务用房，维修更换上地南路等社区部分居民楼道窗户，升级改造万树园社区景观走廊。在多个社区墙角地边安装路椅、地龙、健身器材等设施。完成三车间区域应急雨水管线铺设以及部分道路铺装；建成固定菜站10处、流动直销菜车6处，在体大颐清园社区和马北路一号院社区安装便民智能蔬菜柜2组。

建立市级“一刻钟社区服务圈”示范点12个，市级社区规范化建设示范点4个、区级7个，市级老旧社区自我服务示范点1个、区级3个。9个社区被评为市级“六型社区”，1个社区被评为市级“智慧社区”。

（任克红）

【基层党建与精神文明建设】 推进“五站合一”工作站建设，打造4个楼宇中心站；建成上地街道党群活动服务中心，形成“一中心多站点多服务”的区域化党建新格局。依法选举8名区人大代表和5名区党代表。社区青年汇开展志愿服务200余次，参与青年5000余人次。

组织“五月的鲜花”“社区大讲堂”、“上地杯”军地篮球赛、羽毛球赛等文化活动；完成《大上地·新活力》街情宣传片，制作公益广告宣传展板580余块；开展“一社一品”创建活动，地区有文体类社会组织111个，涌现出上地南路社区“暖冬”老年人志愿服务、上地西里社区“太阳花”帮扶小组、东里二居“亲亲一家人”、八一社区“同心圆”等社区社会组织品牌。

（任克红）

曙光街道

【概况】 2016年，曙光街道辖区面积5.45平方千米，户籍人口6万人，登记流动人口3.2万人，有社区居委会16个，地区法人单位5000余家。

（王雨）

【环境建设】 开展联合执法，取缔无证照经营21家，收缴散发小广告8000余张，清理僵尸车7辆。完成环境专项督办8件。推进“煤改电”，完成平房区住户优质燃煤替代12吨、回购10.475吨，取缔经营性小煤炉275个、燃煤锅炉2台，收缴劣质燃煤11.9吨。对金庄路南口环境进行综合整治，改造提升上河村周边、远大中路、远大南街、远大南一街沿线街头绿地。更换远大路、四环路、车道沟地铁站等重点路段宣传展板。

探索疏解停车供需矛盾、治理停车难的“世纪城模式”，共施划停车位2545个，办理惠民停车证2000余张。

网格化信息平台累计处理案件4.1万余件，非紧急救助服务平台结案率、及时率均为100%。组建“门前三包”责任员队伍，签订“门前三包”责任书499份，签订率100%。

（王雨）

【平安建设】 完成远大源市场疏解任务。在怡丽北园等3个社区开展智慧门禁系统建设。智慧门禁项目入选全国创新社会治理优秀案例。拆除违法建设15处59245.28平方米。清理整治人防工程5处、普通地下室20处，治理出租房屋67套。疏解人口5304人，完成总任务的157.3%。

开展防震减灾、防恐防暴、防汛、消防等演练培训30余次。为怡丽北园、远大园、望塔园等5个社区加装防爬刺。发现问题隐患1700余处，解决整改1650余处。检查中小企业劳动规范用工736家。开展食品药品检查2400余次。开展社区“遗嘱与继承”知识和青少年普法讲座53场次。

（王雨）

【民生建设】 累计发放低保金、困难补助金、生活补贴以及优抚抚恤金等2657.5万元。完成非京籍入学“五证”审核工作。开展系列计生宣传和卫生健康知识讲座。建设农科院社区“心灵家园”基地，推进街道国家级医养结合试点单位建设，解决计划生育特殊家庭的困难和需求。

新建养老服务驿站3个。开展“健康直通车”高龄老人体检进社区和失能老人进行低偿康复护理活动，为高龄空巢老人家庭配发一按灵呼叫器。举办老年趣味运动会、社区饺子宴等17场敬老月系列活动。

（王雨）

【社区建设】 完成金雅园社区居委会选举。协调解决怡丽北园、空军指挥学院物业管理问题，指导曙光花园望山园完成物业、业委会更换和移交手续。为部分社区新建文化长廊、修复屋面防水、修缮人行步道、更换楼梯口扶手等。完成3个社区“三社联动”项目和1个规范化社区示范点建设，实现“一刻钟社区服务圈”全覆盖。

新增送低保物品上门、失能老人护理、金婚银婚老人免费照相、助餐理发进社区等5个新型服务项目。

（王雨）

【基层党建和精神文明建设】 开展“两学一做”学习教育。完成8个机关支部和23个非公党支部换届选举工作。核查3000余名党员党组织关系和党员身份信息。建立区域化党建“七共模式”，推进非公党建工作“两个覆盖率”的提升。召开曙光街道区域化团建工作联席会，指导地区青年汇开展80余场活动。

人大代表、政协委员联系群众走访社区8个，收集民情民意60余条，协助召开代表建议座谈会10余次。办理人大代表建议、政协提案15个。举办《北京榜样》故事汇基层巡演，开展“讲好曙光故事、展示曙光形象、传递曙光声音”主题百姓宣讲活动。曙光文化广场建成并投入使用，社区活动室达标。深化“龙舟赛”等特色品牌活动，开展“寻找曙光地区老地名、老照片和老故事”、读书沙龙等系列活动，开展社区科普讲座11场。

（王雨）

燕园街道

【概况】 燕园街道属于大院式街道办事处，受海淀区政府和北京大学双重领导。2016年，辖区面积1.84平方千米，其中北京大学校园面积272.17万平方米，设7个社区居委会。户籍人口4.4万人，流动人口5300人。

（刘雁北）

【环境建设】 开展联合执法检查20余次，无证无照台账全部销户，清理游商100余人次，查处黑车运营20余辆，疏解人口50人。在北大东、西门设置固定秩序维护岗亭和流动巡视哨位。小门店逐户签订“门前三包”责任书。拆除新生违建6处、历史遗留违建5处，共计4500余平方米。完成11项为民办实事项目，包括为1329户安装信报箱，为31栋楼宇732户安装防爬刺，承泽园、畅春园安装数字高清探头77个，畅春园道路修缮1000余平方米，新建5处车棚以及社区绿化补植、绿地平整、道路铺设、停车设施维修等。

（刘雁北）

【平安建设】 与7个社区签订《燕园地区社区治安综合治理责任书》。建立6个微型消防站，购置灭火器100个、灭火箱5个，发放300个独立式火灾烟感报警器。建立街道、社区两级综治维稳工作微信群。追回拖欠民工工资21.54万元。举办北京大学食药安全文化推广百日活动。接收监管通知单900余件，接收非紧急救助案件20余件，敏感时段发布预警信息100余条。对10余次涉及公共安全的突发事件进行全方位跟踪。

矛盾纠纷排查40次。完成季度、年度人口抽样调查，涵盖1个国家样本小区和6个海淀样本小区，近600户。

（刘雁北）

【民生建设】 接收失业人员档案135份，登记554人次。发放就业登记证72份，办理失业登记155人次。发放失业金446人次25.2万元。失业监测20人次，灵活就业及单位就业登记127人次，个人职业指导159人次，机构人员培训300人次，登记单位空岗信息采集300人次。新参保医疗业务180人次。办理社保卡业务1273人次，信息变更2033人次。受理公租房业务77户、市场化租赁补贴20户。两限房复核家庭58户，低保复审62户。

办理计划生育家庭意外伤害保险，惠及1565人次，金额36.38万元。处理两大全员人口信息管理系统数据19740条。发放各类药具78019只。

更新北京市残疾人基本服务状况和需求信息数据调查292条。延期残疾人服务一卡通234张。发放助残券、补助36万余元。申请残疾人护理补贴18份，发放护理补贴28万余元、残疾人灵活就业保险补贴4.7万余元。发放慰问品、慰问金7.3万元，康复补助3.1万元。

（刘雁北）

【社区建设】 3个社区整合组建“一刻钟社区服务圈”，2个社区建立“一刻钟社区服务圈”。1个社区升级为区级二星级智慧社区，2个社区新建为区级一星级智慧社区。燕北园启动老旧小区自我服务管理试点，承泽园推广京台交流试点，燕东园调整办公服务用房，蔚秀园增设路椅，畅春园增设体育健身器材。6个社区成立自管会。7个社区启动物业引进工作。

发放居民创新社区治理调研问卷1000份，征集社区建设需求100条。开展司法道德宣讲等学习活动200余场，更新公益广告宣传展板90块、宣传海报100张、道旗100套，装饰宣传橱窗10块。

（刘雁北）

【基层党建和精神文明建设】 开展“两学一做”学习教育，组织党员干部赴门头沟区斋堂镇参观“平西抗日根据地——斋堂川斗争史展”，赴中国人民革命军事博物馆观看“纪念中国工农红军长征胜利80周年主题展览”。加强党风廉政建设。

完善基层业余文体团队管理体系，开展社区文体团队登记注册优秀队伍评选工作，评选优秀文体团队17支，申报区级优秀文艺团队7支、全民健身团队4支。组织17名社区文体骨干参加社会体育指导员培训班，组织7名社区文体委员参加海淀区街镇体育骨干培训班。建立“燕缘之家”微信公众号。征集28个志愿项目，推广3个区级示范志愿项目，蔚秀园柔力球队荣获中国柔力球公开赛（石家庄站）比赛“集体规定套路（社会组）一等奖”。燕园舞蹈队荣获第二届全国“红舞联盟杯”广场舞大赛钻石奖。燕园模特队进入“舞动北京广场舞比赛”决赛。

（刘雁北）

清华园街道

【概况】 清华园街道属大院式街道办事处，受海淀区政府和清华大学双重领导。辖区主体是清华大学校园，包括清华大学科技园，面积3.49平方千米。2016年，街道设9个社区居委会和1个家委会，常住人口27540人，流动人口6246人。辖区内有两院院士近100人，教授、副教授4000余人。

（杨引琴）

【环境建设】 辖区老旧小区共计106栋楼368个单元403扇单元门全部安装门禁系统。完成蓝旗营社区自行车位改造，蓝旗营社区东入口路面修复，一区道路改造，东楼社区环境改造，十六公寓一单元地面修补，西楼社区和西南社区部分主干道和楼宇间道路翻新，中楼道路、科协办公室及照澜院购物中心南侧道路和照澜院服务楼前道路改造等项目，面积约2.2万平方米。

开展垃圾清运和垃圾分类，查处违法建设9处，拆除153平方米。开展联合执法50余次，查处无照经营1000余起、户外经营200余起，规范经营摊贩200余个，收缴非法小广告10260份。对新林院及附小东门“一条街”进行集中整治，对“开墙破洞”的商户进行砌砖封闭，关闭取缔无证照商户20余户。

（杨引琴）

【平安建设】 完成全国两会、清华大学校庆等重点时期的安保防控工作。新增和更新监控摄像头40个，开展巡逻2000余人次。铺装平房区道路1472平方米；为每一户平房区居民配备独立烟感器、一氧化碳报警器、灭火器；建设微型消防站，购置微型消防巡逻车。更新灭火器1100具，新增灭火器50具。

对辖区反恐防恐重点点位检查10余次。街道、社区两级调解组织共受理民间纠纷139件，调解成功率98%。开展法律宣传106次。西北社区获“北京市平安社区”称号。

（杨引琴）

【民生建设】 实现就业210人。“一老一小”参保新增229人。下沉窗口累计经办种类190种10193人次。新办理高龄津贴、居家养老（助残）卡3207人。新办理60周岁以上老年证160人。慰问辖区困难群体61户，慰问85岁老人353人次。清华大学被评为“全国计划生育协会企事业先进单位”，为辖区10名有康复需求的肢体残疾人开展居家康复训练，安置一名残疾人社区就业。

（杨引琴）

【社区建设】 5个老旧社区全部完成自管会选举。改革网格人员管理机制，将门卫巡逻员、保洁员、绿化员等人员的日常管理权由街道下沉到社区居委会。9个社区有80余个文化团体，开展活动201次，参与活动居民8321人次。新购近6000册图书，社区4个图书室藏书达1.5万册。老龄大学春、秋季学期招生近1000人次。

便民医疗车服务共出动1450次，推出社区直达校医院的“敬老专线”，覆盖全部社区，每周运行4次，每次服务近20人。消费者协会提供咨询服务236次，接受投诉处理60次。提供小时工、保姆介绍等家政服务近千人次，社区家庭小维修提供服务1200余次。

（杨引琴）

【基层党建和精神文明建设】 开展“两学一做”学习教育，开展主题活动107次，其中专题党课75次。开展党风廉政建设和内部控制建设。完成失联党员排查工作，开展街道党员情况摸底调查。

制作并张贴社会主义核心价值观海报5000余份，发放文明城区建设宣传手册约1.5万册，制作宣传展板500余平方米。组织文化活动27场，早教活动11次。

（杨引琴）

永定路街道

【概况】 永定路街道属大院式街道，

受海淀区政府和中国航天科工集团第二研究院双重领导。2016年，辖区面积1.45平方千米。设有16个社区居民委员会，总人口52273人，其中户籍人口41760人，流动人口10513人。

（王峰）

【环境建设】 完成二街坊区域环境综合提升项目。实施三街坊微型公园，永定路樱花小径，四、五、六街坊景观提升等增彩添绿工程，修剪危树600余株，被评为"2016年度首都绿化美化先进单位"。完成九街坊、六东等社区楼道粉刷。

新建社区文化活动广场4处、休闲凉亭5处，维修改造老旧自行车棚10处、社区大门4处、社区服务用房11处，新增及更新休闲座椅80余套，新装健身器材10套。完成8处、近2000平方米的社区路面硬化铺装，完成8个社区服务站和20余户残疾人家庭无障碍改造。

完成长峰路局部扩宽改造，部分路段加装隔离护栏、便道桩等交通设施。新建六街坊、"大校楼"智能停车管理系统，推进八街坊停车管理试点工作。增加停车位400余个。开展自行车棚清理专项行动，闲置自行车再利用近1200辆。

整治无证"七小"业态，削减无证经营15户，取缔无证小门店20余户，督促转变业态2户。对餐饮、流通领域快速抽检64次325件，办理流通行政许可35户。完成3处普通地下室、10处人防工程、20余处群租房的整治，疏解1025人。拆除违法建设18处。开展打击非法经营行为联合执法100余次，规范重点区域非法经营行为760余起，规范沿街店铺"门前三包"60余户，劝退非法营运黑车100余辆。推进"无煤化"和空气重污染防治工作，查处露天烧烤、工地扬尘等违法行为。

（王峰）

【平安建设】 完善社会治安防控体系，组建应急处突队伍。公安与协警联动配合，加强夜间治安巡逻，地区三类可防性案件大幅降低。开展消防安全、交通安全、安全生产工作，清除隐患160余项，为50余户独居老人安装独立式火灾报警器。

办结城市管理建议4800余件。新建数字高清摄像机117台，调取视频录像284次。储备应急物资2700余件。妥善处置地区"1·25"燃气泄漏爆燃事故、"7·20"特大暴雨等突发事件。智慧文化平台二期、社区楼栋引导服务系统、智慧家庭养老厨房消防系统3个"智慧海淀"项目获批立项。智慧文化平台一期通过实验。

受理群众来信来访130余人次。开展重点时期矛盾纠纷排查9次，调解纠纷291件，调解成功283件，成功率97%。完成9个社区规范化调委会的创建工作，辖区16个基层调委会全部达到市级规范标准。"张大姐调解热线"受理来电咨询394件。

（王峰）

【民生建设】 建设"一刻钟社区服务圈"，新增九街坊等"农社对接"模式便民菜站3处，开设一街坊等老年餐桌4个。建成六西、六东养老驿站2处，为老年人提供陪伴护理、心理慰藉等服务。为200余位独居空巢老人配备"e伴亲青宝"，80岁以上老年人"一键式智能急救电话"安装率达84%。升级更换北京通养老助残卡6400余张。开办孕妇学校、心灵家园关爱互助社，幸福家庭活动基地开展"航天宝贝计划"活动100余场。

新建服务窗口6个，平台服务量月均2300余件。开通住保、医保、社保业务电话预约上门服务。提供就业岗位3940余个，帮助425名登记失业人员就业。受理保障性住房新申请家庭120户，完成经济适用房、限价房项目意向登记和复核工作。为民政对象、残疾人发放慰问金、救助款、补贴350余万元，为728户家庭提供临时性救助和困难救助，为200余户精神障碍家庭申请看护补贴。"捐赠月"募款42万余元、物资1.2万余件。

（王峰）

【社区建设】 成立社区统计室，新建流动人口服务中心。开展老旧小区自我服务管理试点，开展"居民公共意识提升"等课题研究，培育7个社区社会组织获得区专项资金支持。永定路街道义工分会被评为"北京市2016年度首都社区志愿服务组织之星"。

（王峰）

【党建工作和精神文明建设】 开展"两学一做"学习教育，推出"我读党章给你听"、党建知识竞赛、"社区党员之家"、党员政治生日等特色活动。选举产生各区人大代表。完善"三重一大"决策等规章制度30个。

组建百姓宣讲团，推树2名先进典型成为"感动海淀十大人物"。开展"航小永走一线"系列活动，送政策、送服务到地区单位。新建两处文化墙，编印"永定·故事""永定·文明"系列海报。举办群众文艺展演20余场，社区文化活动、培训、参观等100余场，公益讲座500课时以上，新购图书2000余册。"印象永定路"入选中关村国际青年艺术季推荐活动，"永定曲艺会"让相声走进社区。

（王峰）

东升镇（东升地区）

【概况】 2016年，东升镇辖区面积54.6平方千米，东升地区辖区面积8.28平方千米，有5个村民委员会和6个社区居委会。常住户籍人口23243人，其中非农业人口20274人，农业人口2969人，常住人口24688人。全镇集体经济总收入完成20.4456亿元，同比增长5.66%；集体经济纯收入完成98548万元，同比增长5.87%；人均分配45326元，同比增长8.61%；劳均分配66934元，同比增长6.48%；股东人均股利32200元。中关村东升科技园技工贸（入驻园区企业）总收入200亿元。第三产业收入占集体经济总收入的98.46%。

中关村科学城东升科技园投资重点项目和固定资产类项目34亿元。科技园一期国家重点实验楼建成并引进布鲁克、ADI2家世界五百强企业；成功举办第四届"东升杯"国际创业大赛，吸引中国、美国等国家的860个创业项目参赛。中关村智造大街投入运营，吸引美国PNP孵化器、汉唐自远等48家企业进驻。东升科技园与清华大学联手共建教育研究中心，新引进金融机构18家。学院园引入58同城、赶集网等大型互联网科技企业，年收益8000万元。

全镇集体资本完成投资项目8个，涉及互联网、智能硬件及应用、通信技术、健康医疗、软件应用等领域。博展股份社创业基金、夹层基金、东升母基金完成注册。奥北产业园引入掌趣科技等知名企业，其中上市公司达10家。八家股份社D地块资产收益每年可增加1500万元。天地邻枫项目纳入中关村东升科技园统筹管理，整合清华大学、盖茨基金等资源，形成中关村国际创业园。小营股份社升级改造环三旗建材市场，打造以VR、动漫游戏、设计等文化创意为主导的创新创业社区。泰兴大厦建成大型科技企业基地，中和北斗信息技术股份有限公司、武汉鲨鱼网络直播技术有限公司等知名企业入驻；泰翔商务楼建成中型创新型企业基地，引入北京青原社装饰有限公司、北京中资永盛投资管理有限公司等；健科大厦建成居家型办公空间，收益每年增加638万元。

科技园二期项目完成征地，科技园三期项目回迁安置房取得规划条件，宅基地腾退和集体房屋腾退工作基本完成。

（韩慧新）

【环境建设】 关停万家灯火、盛宏达、明博星盛废旧物资回收有限公司、金五星建材市场、上地绿都祥和花卉市场、艺海菜市场6家有形市场，经营建筑面积14.7万平方米，摊位5000余个，疏解外来人口约2万人。拆除违法建设69万平方米，完成12处10422平方米普通地下室清理腾退任务，整顿群租房89套，拆除违法违规隔断间105间，清理城乡接合部集体出租大院26处近6万平方米。清退小营武文龙大院、清河朱房大院等，总建筑面积15万平方米，疏解外来人口6088人。科技园二期项目需腾退集体非宅30万平方米，其中28万平方米已腾退或签订补偿协议；科技园三期项目范围内非宅基地腾退面积64.28万平方米，非宅租赁协议解除127份；腾退宅基地院落271个26.89万平方米。全年疏解外来人口30123人。

改造八家西洼村32号、前屯141号和月泉路污水管线。完成1.05万平方米边角地“见缝插绿”施工。完成1629户“煤改电”住户和企业信息采集。受理工地及露天烧烤污染问题举报320起，集中整治96次，规范违法行为340起，处罚120起。关停双清路民强公寓20余家无证餐饮单位，专项整治河北村无证制作盒饭黑作坊，立案50余起，罚款300余万元。规范“门前三包”1600余起，依法拆除违法建设广告牌匾162块。

（韩慧新）

【平安建设】 辖区内网格数由6个调整为13个，受理、督办城市管理综合考评监管案件715件，网格信息平台案件61480件。完成河北村、中关村智造大街、镇政府周边123路高清数字监控探头建设任务，组织实施4次安全生产大检查和2次火灾防控，开展平房大院火灾隐患集中排查等10余个专项行动。与地区1287家单位签订安全生产责任书，实施7个重大安全隐患整改项目。完成市级9处、区级7处地下空间综合整治，143家微型企业安全生产标准化创建，47家单位安全生产责任保险投保和1140处独立式感烟火灾报警器和无线网关安装。出动监督检查13456人次，累计监督检查21763家次，排查发现隐患4702处，督促企业落实整改3509条，督促数百家单位进行自查自纠。完成“六区两园一街”9个微型消防站建设。东升镇获得“北京市安全生产条件普查先进单位”称号。

保障节日和重要敏感时期安全，组织专业巡防队员和治安志愿者万余次。日常巡查、审查企业1133家，与21家劳务公司签订《遵守劳动法律法规责任书》，与28家建筑单位签订《支付工资承诺书》。

（韩慧新）

【民生建设】 完成小营、塔院、清河3个村整建制农转居，1560人纳入城市社会保障体系。开展劳动法规培训16次，组织智能楼宇管理师、物业经理等培训4期，培训242人。实现就业302人，就业困难人员实现就业43人。为1852名村民下拨农民退休补贴和过节费1050万元，为80岁以上老人发放高龄津贴34万元。为城乡低保家庭13户27人发放保障金13.27万元，为411名残疾人发放生活补贴72.8万元。使用善款130余万元，救助困难群众2118人次，东升镇“温馨家园”被评为市级“残疾人之家”。为2043名群众办理区、镇两级新农合参保手续，收缴保费919.19万元。投入公益金92万元，维护保养社区休闲椅、电子屏、监控等基础设施，修缮居民活动室和破损路面。全镇社区蔬菜直通车已覆盖5个社区、8个小区，受益居民1.5万户。

办理独生子女一次性奖励事项254件，发放奖励费38.1万元，办理一孩、二孩服务证94例，办理流动人口生育服务联系单88份，非京籍子女入学证明94份。组织东升镇第三届巾帼健康行健步走活动，举办东升镇第二十七届农民艺术节和登山、篮球足球比赛、迎春诗歌吟诵等活动。

（韩慧新）

【基层党建和精神文明建设】 完成镇领导班子、村委会和部分基层党组织换届工作。开展“两学一做”学习教育。通过“亮身份、树形象、做表率”主题实践活动，把学习教育抓实在日常，落实到基层。推进非公企业和社会组织“两个覆盖”，摸清260家非公企业底数，建立工作台账。成立清河顺事嘉业创业园非公企业第一联合支部等33个非公企业党支部，成立中关村智造大街联合党委。

开展“中国发展新理念”“理论家走基层”等活动17场；举办“每周一测学党规”微信答题活动，7360人次参与。组建东升镇百姓宣讲团，开展“讲述长征故事　传承长征精神”活动12场。在中央、市、区级媒体刊发新闻报道280篇。

（韩慧新）

海淀镇（万柳地区）

【概况】 2016年，海淀镇辖区面积4.79平方千米，下辖4个村委会和2个居委会。户籍人口15060人，其中农业人口4999人，非农业人口6216人，流动人口3845人。海淀镇集体经济总收入9.15亿元，同比增长11%；集体经济纯收入4.51亿元，同比增长14%；劳均所得48955元，同比增长13%；税源企业新增15家。

中科资源大厦、青龙桥八家产业园等实现盈利。肖家河6万平方米商业还建项目开工建设。汇苑商务会馆和万霖科技园项目加快招商引资。进行万柳10.5万平方米产业项目前期筹备工作。西苑操场地区环境整治及综合改造项目获得市规划和国土资源管理委员会正式批复，开启前期工作。

在完成产权制度改革的基础上，规范各股份社运行。完成全镇利息补偿的发放工作。

（范宏伟）

【城乡一体化建设】 一亩园项目搬迁腾退工作处于收尾阶段。树村棚户区改造项目腾退工作基本完成，宅基地腾退92%，拆除面积约84万平方米，疏解近10万名流动人口。

一亩园安置房一期用地基本完成地上物拆除，开始部分土方施工。树村安置房一期进行内外装修，二期开工建设。肖家河安置房实现入住。

青龙桥、树村两个村“整建制”农转非工作方案12月13日获得市政府批复。

（范宏伟）

【环境建设】 拆除上账点位违法建设76处40余万平方米。与96家“门前三包”管理单位签订责任书。开展联合整治行动，取缔无证无照经营小门店41家。

签订安全生产责任书200份，开展检查2900次，发现并消除安全隐患1000余处，检查食品药品经营企业540家，辖区无重大安全生产事故发生。开展49天无间断日夜联查，重找污染源。健全“河长制”工作机制，完成4条河道全年生态养护。集中整治环境脏乱点23处，新增绿化面积2.1万平方米。

（范宏伟）

【平安建设】 实现网格化管理“全覆盖”。全年调解案件56件，处理来访来信175件，完成重要时期及敏感时期的服务保障任务，三类可防性案件实现“零案发”。综治维稳工作在全区乡镇系统考核中获得第二名。微信公众号“海淀镇相随”平台上线运行，包括政务知道、便民大厅、家在海淀3个板块，及时发布政务动态、便民信息等。

（范宏伟）

【民生建设】 全年举办招聘会3场，开展技能培训20余次。救助困难群众712人次，支出善款202万余元，开展扶贫、济困、助残和老龄等各项工作。投入150万元，组织育龄妇女、辖区农民免费体检，4000余名农民受益。柳浪家园日间养老照料中心正式开业。

完成为民办实事8件，涉及为老旧小区更换停车设施，为基层村居配备保洁力量、消防水车、灭火器设施等。对玉泉山路东街进行全面改造和升级。

（范宏伟）

【基层党建与精神文明建设】 开展“两学一做”学习教育。落实“一岗双责”，严控“三公”经费使用。开展“为官不为”“为官乱为”专项治理，党风廉政建设工作在全区乡镇系统考核中获第一名。启动“七五”普法工作，主动公开政府信息330条，答复依申请公开61件。

利用镇报、社区讲堂、宣传栏等载体，通过百姓宣讲、参观学习等方式，弘扬和宣传社会主义核心价值观。发放近80万元的惠民演出票、电影票和电子读书卡。开展“五月的鲜花”、地区运动会、棋牌赛等文体活动。

（范宏伟）

四季青镇（四季青地区）

【概况】 2016年，四季青镇面积40.92平方千米，下辖13个村委会、12个社区居委会，有直属企事业单位20家。全镇集体经济总收入33.23亿元，同比降低2.53%；集体经济纯收入9.92亿元，同比增长8.08%。集体账内劳均分配56633元，同比增长11.93%；人均分配22370元，同比增长9.35%。

启动西郊汽配城升级改造工程，推进四季青军民融合产业园建设。推进71万平方米“社保基金产业项目”落地，推动约10.1万平方米的常青产业园项目和约7.32万平方米的西山物流二期项目开工建设。上河大厦项目开工建设，建设面积约11万平方米。

完成全镇老股金登记确认退偿、劳龄登记及人员情况调查登记、清产核资工作。研究制定并完善《四季青镇集体经济体制改革实施意见》《四季青集体资产量化份额流转及流转后入股工作意见》。

（白梦实）

【城乡一体化建设】 完成祁家村、篱笆房村、东冉村的搬迁腾退工作，腾退491个院落、近12万平方米，疏解外来人口9985人。编制完成双新、宝山搬迁腾退整体改造方案，其中双新村整体改造方案已获得市级批复。门头、振兴、中坞3个重点村基本完成建设并实现入住，3个重点村平衡资金用地上市工作有序推进。

（白梦实）

【环境建设】 推进锦绣大地果品、水产蔬菜、鑫源肉类、粮油4个农副产品批发市场疏解工作，腾退建筑面积8.6万平方米，疏解商户近1300户6500余人。撤销关停绿馨家园家居市场、西冉四佟市场、行知实验小学北侧废品回收站，建筑面积2.35万平方米，疏解人口1315人。永定河引水渠（四季青段）两岸拆违和环境整治工作完成，腾空院落37处、房屋2327间，建筑面积3.77万平方米，疏解人口9403人。整治集体土地上的低端企业32家，建筑面积2.94万平方米，疏解人口5334人。拆除违建379854平方米，遏制新生违建近8000平方米，疏解人口42325人。

实施总投资1.23亿元、建设工程总面积55.7公顷的园外园中坞片区生态景观提升工程。投资2765万元对长1660米的军福沟进行综合水环境治理。完成香山山区33.33公顷低效林改造工程。开展城市清洁日、环境整治周活动，多部门联合开展环境秩序专项整治行动。中央环保督查组督察期间，街道处理主办件14件、协办件15件。围绕“减煤换煤、清洁空气”、控车减油等重点领域，改善空气质量。

（白梦实）

【平安建设】 建立玉泉山周边反恐维稳应急指挥体系。在宝山、西冉、颐和园西门、北坞嘉园等市区级挂账地区，每周开展至少2次联合执法和1次专项检查。全面整治交通、游商和社会治安，建立横向到边、纵向到底、网格全覆盖的立体综治防控体系。出动志愿者、群防群治力量42470人次，巡防队员10890人次，保障玉泉山、香山周边安全和重大活动、重点时期的安全稳定。与镇域企业签订安全生产、交通、消防安全责任书，明确责任。开展食药安全专项检查。

（白梦实）

【民生建设】 出台四季青镇退休人员福利待遇补贴办法，1.46万余名正式退休人员每人每年享受6000元福利待遇。651名城乡劳动力实现就业。988人次申请农村劳动力转移就业补贴255.34万元；办理享受市属、区属灵活就业社会保险补贴1116人；开展职业指导培训567人次；为社会化退休及失业人员905人申请自采暖补贴79万元；为5535名失业人员发放失业金671万元。

（白梦实）

【基层党建和精神文明建设】 开展以“两学一做”为主题的理论中心组学习6次，集中交流研讨6次。对全镇4236名党员开展组织关系排查；141个基层党组织全部实现“应换尽换”；排查清理党员违纪违法情况；推进“两个覆盖”工作，710家非公企业党组织覆盖率达80%。

完成党委、政府、人大和第十届村委会换届选举工作，开展“党员示范岗”“党员服务队”等活动，让党员把身份“亮”出来，先锋形象“树”起来。层层签订党风廉政建设责任书。

打造“四季青宝贝之家”品牌，开展活动200余场。组织体育活动及赛事14次，惠及地区群众3000余人。举办“五月的鲜花”、《长征组歌》专场演出、第26届农民艺术节等群众性文化活动200余场次，惠及群众4.6万人次。编制《四季青报》34期，播出《四季青新闻》99期。

（白梦实）

西北旺镇（西北旺地区）

【概况】 2016年，西北旺镇辖区面积51.02平方千米，辖16个村民委员会、14个居民委员会、19个农村经济合作社、14个农村股份经济合作社、3家全额拨款事业单位、2家纳入规范管理事业单位、2家自收自支事业单位、4家民营敬老院。有户籍人口39927人，其中农业人口8745人，非农业人口31182人。常住人口130754人。全镇农村经济总收入34.57亿元，同比增长7.3%，其中集体经济总收入68950万元，同比增长17%；人均所得达29112元，同比增长7%；纯收入7.1亿元，同比增长10%。

完成2015年度村级组织专项设计，集体经济组织2015年财务收支审计，村级离任经济责任审计，镇属事业单位、二级企业项目竞价及财务收支审计。村级产权制度改革进入收尾阶段。

总投资9000余万元的唐家岭村京新高速西侧46.27公顷平原造林任务基本完成。调查核实603.53公顷生态林地，与各村委、管护公司签订租地及管护合同。总投资2000余万元的大牛坊村回迁房5.33公顷绿地改造项目的设计图纸和施工方案完成审批。

（张丽娟）

【城乡一体化建设】 推进占地147公顷的西北旺镇“一镇一园”集体产业建设，进行大牛坊、六里屯和亮甲店地块集体产业园规划设计工作。总建筑面积为19.41万平方米的唐家岭众唐兴业园一、二期项目已竣工验收，9.9万平方米的盛景创业园项目主体结构已完工。皇后店公租房项目地下结构完成施工。

审核屯佃早市关停、拆除指挥部等18项工程结算，完成其中5项工程审计，审计金额873万元。实施河道清淤维护项目等8项工程，共投资205.6万元。继续推动“中关村百旺科技园南区”项目谈判，编制备选方案。

完成唐家岭村、东北旺村整建制农转居554人。完成西北旺村、永丰屯村和西玉河村征地农转居1180人。推进西玉河村整体拆迁腾退改造工作，宅基地累计腾退面积15万平方米，完成82%。大牛坊安置房项目二期进入小市政施工阶段，三期工程进行主体施工。

（张丽娟）

【平安建设】 推进微型消防站建设，配备消防布控点位400余个、消防器材800余套。接待来访群众150批717人次。安装180个公共区域摄像头，上报社区民情33636条，接收、处理城市管理案件24030件。

（张丽娟）

【民生建设】 创建“充分就业镇”，220名就业困难人员实现就业，发放失业金1100人次，办理转移就业补贴963人。办理超转人员自采暖补贴1360余人次，新增城镇居民医疗保险431人，城乡养老保险协议缴费扣款3189人。完成六里屯、西北旺等村农转居918人，交纳保险费1.56亿余元。对低保户、失独家庭、残疾人及患大病的困难群众进行救助，慰问困难对象1258人。开展“春风送暖”“扶贫济困基金”“春雨行动”“冬衣送暖”等捐赠活动，筹集善款33.49万元，收到捐赠衣物2000余件。完成唐家岭等

4个社区区级社区规范化试点。培育社区社会组织，备案101个，其中志愿者队伍35个，开展便民惠民服务40项。指导大牛坊、屯佃等社区开启议事协商模式。组织11个村委会完成换届选举，推进村务监督和村务公开。

组织“科普之春”“科普之夏”等系列科普活动，推进“百场讲座进社区”“创建幸福家庭”工作。开展“全民终身学习”系列活动，围绕“六大关爱工程”，建成区级“心灵家园”，启动“百旺苑开心田园”基地建设，为“宝贝计划”基地配备玩具及训练器材，开设早教讲堂、亲子活动20余场。为独生子女家庭办理意外伤害保险4269份，为1820名妇女办理乳腺癌、宫颈癌保险。

（张丽娟）

【基层党建与精神文明建设】 开展党费收缴工作专项检查工作，49个党（总）支部完成党费收缴专项检查，涉及1866名党员，共补缴党费144.51万元。在唐家岭地区党建基地建立党代表联络室、谈心室等，为唐家岭地区及周边地区提供党建学习交流平台，全年接待各地学习代表团1000余人。西北旺镇党组织覆盖企业295家，党组织覆盖率84.29%；选派108名党建工作指导员联系企业350家，党的工作覆盖率达100%。镇党委新成立党组织30个，覆盖企业280家。完成第四届党代表选举工作，49家选举单位共选举产生镇党代表119人。

通过政府网站“最美西北旺”微信公众号，将“最美西北旺”主题实践活动打造为区域特色文化品牌。开展“五好文明家庭”等系列创建活动。创建第三批“国家公共文化服务体系示范区”，完成镇级文化服务中心和社区服务中心建设。为群众文化需求提供“菜单式”“订单式”服务。举办“第二十七届农民艺术节”“五月的鲜花”“夏日文化广场”“第十四届文化体育节”等群众性主题文化活动。

（张丽娟）

温泉镇（温泉地区）

【概况】 2016年，温泉镇面积33.23平方千米，其中农用地占62.24%。辖7个行政村、12个社区。有户籍人口28987人，其中农业人口181人，非农业人口28806人；流动人口15437人。全镇经济总收入18.2亿元，同比增长7%；经济纯收入3.7亿元，同比增长7%；人均收入22215元，同比增长7%。推进镇级产权制度改革，成立镇级股份经济合作社，帮助农民实现“土地变资产、农民变股东”，人均股份分红7446元，同比增长11.9%。

镇农资委出台镇属企业民主管理，规范村级集体组织经济合同续签工作，修订集体经济组织合同管理办法等文件，审议70件关系镇、村集体经济组织重大发展事项议题。开展镇属公司、事业单位及7个村级股份社的审计工作。健全“三资”管理台账，完成办公、生产、交通运输设备等资产清查工作。

完成杨家庄景观生态采摘园和白家疃果园公园化项目建设，樱桃年产值达600万元。

（彭秋艳）

【城乡一体化建设】 “一镇一园”351地块公租房转型升级为创客人才公寓，“创客公寓”接收租赁申请1572套，申租率达56.7%，“创客小镇”与5个孵化器及140家创客企业签订入孵意向协议，商业配套签约3637平方米，招商工作完成52%。翠湖云中心北区东、西组团37栋科研楼竣工交用，完成施工总进度的78.7%，引进企业近60家。协调推进北辰商业中心回购、C地块商业地块回购工作。配合推进翠湖科技园D21、D22地块，东埠头沟改造和市政道路等项目的征地工作。完成39.33公顷平原造林任务。温泉南山高端旅游区完成40.67公顷大西山彩化工程。

海淀北部文化中心对外开放。市级体育生活化社区实现村（社区）全覆盖。推进区、镇、社区宣传设施三级联网。实施天然气改造、监控网络改造、高清数字电视改造等工程。完成温泉村清洁能源改造。

（彭秋艳）

【平安建设】 开展街面环境、社区环境、市场经营秩序等专项整治，整改环境问题近4000处。上报处理市容环境、街面秩序的城市管理案件1万余件，签订“门前三包”489家。拆除违法建设近3万平方米，整治集体土地45处，整治无证照小门店63家，疏解人口1224人。推进“一村一策”功能疏解，采取关停转产、疏堵结合、综合治理等系列措施疏解人口。完成重大活动的服务保障任务。

建立政府法律顾问制度，办理依申请公开、履行法定职责、依法行政申请430余件。建立信访动态分析机制，开展矛盾纠纷排查调处工作，信访事项完结率达94%。开展社区矫正和帮教安置工作，走访矫正、帮教人员800余人次。

（彭秋艳）

【民生建设】 完成惠民实事15件。完成太舟坞、东埠头、杨家庄、温泉、辛庄5个村的整建制农转非工作，农转非8288人。开展一对一就业指导、100%跟踪回访等工作，组织144名农村劳动力参加专业技能培训。开发就业岗位1200余个，219名求职者与用人单位达成初步就业意向。失业人员动态管理系统正式上线，为失业人员提供精准援助。

新型农村合作医疗参合率100%。开展送医送药、便民诊疗、组织农民体检等专项工作，服务7000余人次。通过“爱心家园”“温馨家园”及“心灵家园”，为老人、残疾人以及困难家庭服务。开展城乡居民低保分类救助工作。建成镇级老年照料中心。与空巢老人、孤寡老人开展一对一结对帮扶活动。实现镇域老旧小区无障碍设施全覆盖。

开展社区教育，受训人数8000余人。向111名农村学生发放22.07万元奖学金，向31名低保及低保边缘困难家庭学生发放8.8万元助学金。

（彭秋艳）

【基层党建与精神文明建设】 开展“两学一做”学习教育，举办重温入党誓词、手抄党章一百天等活动。完成村委会换届工作。对1438名党员开展党组织关系集中排查、党员违纪违法排查清理。推进非公企业和社会组织“两个覆盖”工作，非公企业覆盖率83%，社会组织覆盖率100%。水岸家园“幸福泉”社区党群活动服务中心正式揭牌，成立“心桥”党代表联络室。

改版《温泉报》为半月刊，开设“泉镇通”官方微信号，通过电视、报纸、微信等各类媒体推送新闻、消息1500余条。组建文明市民学校讲师团，开展周末大讲堂12场，举办道德讲堂34次，参与人次1350人。建立30个志愿服务队，开展志愿服务活动95次。

开展文艺演出、比赛、电影放映等群众性文化活动近500场，举办“花会走街”“五月的鲜花”“优秀民间文体艺术组织评选展示”等10余个文化品牌活动，举办首届垂钓竞技、全民健步走、红色经典合唱等比赛；联合区文化馆开展民族舞、民乐、水兵舞、太极扇等文体培训，地区民间文艺团队蓬勃发展。

（彭秋艳）

苏家坨镇（苏家坨地区）

【概况】 2016年，苏家坨镇辖区面积84.57平方千米，有19个村委会、7个社区居委会、3个农村经济合作社、6家事业单位。有户籍人口37283人，其中农业人口13767人，非农业人口23516人；外来流动人口22496人。区域内旅游资源丰富，形成集自然山水、历史人文、都市休闲、民俗旅游为一体的旅游产业带。全镇完成经济总收入281892万元，同比增长7.98%；经济纯收入66610万元，同比增长9.76%；农民人均收入17118元，同比增长9.89%。

统筹19个行政村成立镇集体经济组织，与北京协同创新研究院下属企业共同推进“北京协同创新园”项目。镇集体经济联合社作为项目立项主体获得市政府批复。协同创新园集体用地项目控规调整方案编制完成。“一镇一园”项目用地涉及的西小营村和苏三四村非宅腾退稳步推进，项目取得阶段性进展。

审核通过48份经济合同，对13家镇属集体企业开展审计监督工作，完成19个行政村村干部的离任审计工作。强化腾退搬迁村集体资产管理，做好固定资产清查核实，避免集体资产流失；加强村级财务民主监督和审计监督，确保村级财务良性运营。

召开全镇合作经济联合社第一届社员代表大会第一次会议，审议通过《苏家坨镇合作经济联合社章程》和《苏家坨镇集体产业项目实施方案》，推进产权清晰、责权明确、民主监督、管理科学的村级集体经济管理体制、运行机制和发展模式创新，村级集体经济实力逐步增强。

（郭嘉月）

【苏家坨镇第四次党员代表大会】 9月14日，苏家坨镇召开第四次党员代表大会，125名正式代表、46名列席代表（包括党风政风监督员）参加会议。大会选举产生中国共产党苏家坨镇代表第四届委员会委员9人、纪律检查委员会委员7人和出席中国共产党海淀区第十二次代表大会代表6人。张春明当选为苏家坨镇党委书记，刘培宝、张娟当选为副书记，刘燕明当选为纪委书记。张春明代表中国共产党苏家坨镇第三届委员会作《凝心聚力谋发展，务实创新求突破——共同谱写苏家坨镇经济社会和谐发展新篇章》的主题报告。

（郭嘉月）

【城乡一体化建设】 严格执行市级新增产业禁限目录，严把产业准入关。清理整治集体土地上不符合区域功能定位的企业11家，关停苏家坨商品交易市场，完成3家养殖场退出工作。疏解流动人口2100人，完成人口疏解指标任务。

推进北安河、周家巷、南安河、徐各庄4个村的宅基地腾退收尾工作，腾退宅院110户。七王坟新农村建设126户住宅改造竣工，村庄规划获得区政府批复，小市政和大市政工程全部完工，办理产业项目前期手续。北安河6800余套安置房分配工作全面完成。

旅游路周边环境美化项目、苏家坨镇骑游示范线路项目、阳台山土地环境整治项目、大西山旅游网改造提升项目、旅游区环保公厕改造项目5个重点旅游项目落地实施。历时三年的骑游示范线路项目建成，中法遗址群周边环境整治工程竣工，推进西山风景环廊项目。周家巷土地复垦项目施工建设。协调翠湖南路、地铁16号线二期、南水北调等重点工程。

（郭嘉月）

【环境建设】 “西山文化带”百日专项整治行动取得突破性成效，旅游路两侧、大觉寺等景区周边新生违法用地和新生违法建设得到彻底防控。全年拆除违法建设77484平方米。完成温阳路、前沙涧片区、柳林村以及人口倒挂村庄等重点区域环境整治。

在梁家园等8个村实施“煤改电”工程，惠及群众3045户。完成6家单位的20台燃气锅炉低氮技术改造。办结中央环保督察组交办案件16件。全面落实“河长制”，加大河道治理、河道保洁工作力度。继续推进前、后柳林河治理工程，南沙河断面水质得到提升。实施“林长制”，建立生态林和古树名木巡查队伍，强化镇域内生态林管护和古树名木保护力度。森林健康经营项目实施面积200.60公顷，改造提升温阳路东侧林地28.89公顷。

（郭嘉月）

【平安建设】 开展重点领域大排查大整治活动，检查单位1121家，发现整改安全隐患1495处。建成微型消防站2个。

实行信访案件领导包案制度和会商制度，办结上级转办、本级接办来信来访、网上信访件及复查案件127件，办结率100%。接收区“96181”非紧急救助服务中心便民诉求案件2797件，回复率100%。改造视频监控大厅，强化立体化社会防控技术支撑。加大社会治安综合治理力度，群众安全感进一步增强。

（郭嘉月）

【民生建设】 完成9项为民办实事工程。举办“春风行动”招聘会，45家企业提供就业岗位796个。新型农村合作医疗报销1320万元，发放农业户籍劳动力转移就业、自主创业、灵活就业人员补贴576.97万元。为低保、残疾人等困难群众和弱势群体累计发放补助金161万余元。投入30万元为56户残疾家庭改造无障碍设施。完成南安河等3个村统筹使用征地农转非应转未转指标392人的转非任务。建成运营便民菜站6个，群众生活更加便利。加强食品药品安全监管和农产品质量安全监管。通过加强预警信息传递、强化责任落实、科学合理调度等举措，成功应对“7·20”强降雨天气，完成汛期防汛任务。车耳营村获评“全国美丽宜居村庄”。

投入50余万元，支持苏家坨艺术幼儿园改扩建操场及购置室外玩具。斥资1200万元建立5000余平方米的社区服务中心。在西小营新村、北分瑞利社区实施老旧小区改造工程。柳林村、车耳营村2个文化大院改造升级完成。成立文物巡查队，加大文物保护力度。

开展社区双“十佳”评选活动、小年俗“为老服务”等社区品牌活动，丰富社区居民生活。新建梁家园村等7个村（居）轨道棋11套55件，更新和新建20套全民健身设施，建设完成同泽园社区体育健身俱乐部。

（郭嘉月）

【基层党建与精神文明建设】 加强学习型党组织建设，开展中心组学习20次，举办党员干部素质能力提升工程专题讲座11期，开展党务干部业务工作专题培训9期。开展教育实践活动，征集镇领导班子成员意见建议144条、基层党组织意见建议293条，按照立行立改、近期整改和中长期整改完成9项整改任务。落实在职党员到社区（村）报到工作和党代表、党员联系群众制度。继续推进非公有制企业党建工作。

开展“立夏习俗”等传统活动和“五月的鲜花”等文艺会演，举办乒乓球、篮球、羽毛球比赛等体育赛事，完成890场数字电影放映、57场星火工程演出。

（郭嘉月）

上庄镇（上庄地区）

【概况】 2016年，上庄镇辖区面积38.45平方千米，有户籍人口26874人，其中农业户4775户，农业人口总数11099人；非农业户7395户，非农业人口总数15775人。流动人口31619人。下辖20个村民委员会、3个社区居委会、7家事业单位、6家镇属公司。镇域内有上庄水库，北京市唯一的国家级城市湿地公园——翠湖国家城市湿地公园。有享誉海内外的清代第一词人——纳兰性德之墓和北京市首批非物质文化遗产之一的“曹氏风筝”工艺坊等历史文化遗址。主要农产品有京西贡米、食用菌、芦笋、冬枣、草莓、樱桃、油桃、糯玉米等。地区经济总收入12.58亿元，较上年增加4003万元；纯收入4.39亿元，较上年增加2300万元；农民人均劳动所得14735元，较上年增加1794元。

功能疏解与人口调控统筹推进，“禁、关、控、调、转”综合施策，有序疏解低端产业存量。关停退出一般制造业和“散乱污”企业13家，关停取缔3处煤场、13处砂石厂和15处废品回收站，清退出租大院4处，关停并阻止新增6所未经审批注册的幼儿看护点。

农村集体经济产权制度改革和集体土地所有权确权基本完成。完成精灵农庄科普示范园项目、东马坊东路整治项目、北京白水洼益农核桃种植有限公司化肥及农用机械购置项目、北京上兴源泰建筑拆除工程股份有限公司工程机械购置项目共4项支农项目。

（方伟瑶）

【城乡一体化建设】 上庄路改扩建工程取得实质性进展，水库大桥重建已经开工。上庄再生水厂完成征地协议签订。“绿心”启动区配套道路建设、南沙河下游生态修复工程稳步推进，协调水库上游清淤和下游生态修复用地补偿及滨水绿廊景观改造等工程。完成上庄后河分洪排水工程、翠湖幼儿园抗震加固等重点项目。

（方伟瑶）

【环境建设】 推行“河长制”，完成镇管河道沟渠清理疏浚项目、双塔村南排水沟、梅所屯村中干排和李家坟沟整治等工程。完成白水洼路桥整修、翠湖国家城市湿地公园路桥整修工程施工。开展前章村沟综合治理、上庄后河老河道雨水湿地工程等政府投资项目前期工作。完成东小营南河、北沙河白梅边界干排等排污口截污治理。

开展非法侵占林地和二次发包专项治理，完成57.5万平方米平原造林任务。落实清洁空气三年行动计划，基本完成2个村1377户“煤改气”、15个村5791户“煤改电”和17个村5308户节能保温改造，回收改造住户存煤3905吨。

重点整治“三路两岸一街”、G7沿线（京新高速公路在北沙河和南沙河之间的路段穿过上庄镇东部）、261医院周边等点位，定期专项治理占道经营、无照游商、开墙破洞等经营行为。推进“一村一街一品”环境提升，完成东小营公园、白水洼公园改造，皂甲屯小公园绿化等19项村级环境提升工程。拆除台账内违法建设44671平方米，拆除新生违法建设8060平方米。推动3个村开展“美丽乡村”创建工作。

（方伟瑶）

【平安建设】 建成镇级城市服务监督综合指挥平台并投入运行，试点实施三嘉信苑小区数字监控系统建设项目。建立常态化管理机制，强化地区安全大检查和隐患排查整改。建立6座微型消防站，推进各村（社区）清理消防应急通道。

建成规范化的镇信访接待大厅，创建规范化调委会6个，全年调解民事纠纷723件。制定“七五”普法规划，建成白水洼、前章、西辛力屯等村级法治广场，实现每村配备1名“村居行”公益律师。

（方伟瑶）

【民生建设】 全镇就业率达98%，

成为“北京市充分就业示范镇”。发放低保金38万元，临时救助、重大疾病救助23人次19万元，发放无保障老人福利养老金1800人次838万元。新型农村合作医疗参合6234人，参合率99%，城乡居民养老保险参保率100%。

搭建“幸福上庄”微信平台，开展便民服务。镇级温馨家园建成并投入使用。完成八家、常乐等村太阳能路灯更换拆移，完成前章村农田路网整治、上庄村街坊路维修等项目。推进镇文化服务中心和东马坊、八家、双塔“三站一中心”提升改造项目，完成西辛力屯、白水洼村文体广场配套设施建设和馨悦家园、东小营等村（社区）健身器材安装。11个村实现村中保洁公司化外包、专业化管护，提升村域日常保洁水平。

完成第十届村委会选举。筹建翠北嘉园、馨悦家园和馨怡嘉园社区居委会，完成镇社区服务中心和4处居委会办公场所改造。推进“一刻钟社区服务圈”建设，为社区居民提供日间照料、老年餐桌、健身阅读等便民利民服务。培育红盾志愿帮扶小组、老党员宣讲团等一批特色服务品牌。支持白水洼村科普文化长廊、李家坟村文化传承促亲情项目申报区级社会治理专项资金。

（方伟瑶）

【基层党建和精神文明建设】 开展“两学一做”专题学习教育和“为官不为”“为官乱为”专项治理。落实“一岗双责”，推进政府系统廉政建设和反腐败斗争，加强对重点领域、关键环节的制度性约束管理，有效防控廉政风险。完成镇域土地清查与土地承包合同清查、村级财务年度审计和征地款专项审计。开展发现“上庄之美”、新春文艺会演等群众文体活动15场，举办乡村大舞台走进村（社区）演出40余场。西马坊、常乐、李家坟村分别与台湾满洲乡的3个村结成对子，推进农村社区文化交流。

（方伟瑶）

玉渊潭农工商总公司

【概况】 玉渊潭农工商总公司受玉渊潭股份经济合作社委托，对股份经济合作社所有资产进行经营与管理，是拥有酒店、物业、置业三大集团，集实业投资与资本运营为一体的集团企业。

（孟欣）

【经济建设】 玉渊潭农工商总公司完成集体总收入30.06亿元，完成集体净利润6.98亿元，上缴国家税金5.11亿元，员工劳均分配7万元。完成股金分红、农龄生活费发放等工作，调增各类退休职工的养老金补差待遇，解决资产处置遗留问题。

（孟欣）

【中关村玉渊潭科技商务区建设】 制定《玉渊潭2016—2020年发展规划》，提出“一个定位、两个平台”的战略定位，确定“打造一流商业地产，基本建成中关村玉渊潭科技商务服务区；再造一个业务板块，基本实现战略的有效转型”的发展愿景及战略目标，明确“业务战略有进有退，资源配置效率优先，战略布局内外并举”的战略措施，全面启动发展规划的落地实施。

加快中关村玉渊潭科技商务区和中关村互联网文化创意产业园的建设，制定商务区“一区多园”实施方案，关停经营形态低端的有形市场近4万平方米，启动集美家居城等区域转型升级，推进新建项目招商。

中关村玉渊潭科技商务区被北京市商务委员会授予“北京市服务贸易示范基地”称号。玉渊潭控股集团与北京银行中关村分行签署全面战略合作协议。中关村互联网文化创意产业园与北京银行玉渊潭支行签署全面战略合作协议，提供银行结算、零售银行、咨询顾问以及人才培养、创业贷款支持等多项金融服务，并合作建立创业者融资推荐机制，为创业团队提供金融产品与资金支持。海淀创业期科技型企业集中办公区迁址中关村互联网文化创意产业园并重装开业。中关村玉渊潭科技商务区与北京商务服务业联合会签订协议并授牌，合作共建北京商务服务中心，成功举办一次“睿商务·企业沙龙”。

（孟欣）

【重点项目建设】 西南饭店、阜石路东西商务楼、敬老院项目进行内部装修和室外工程施工。五路商务楼项目竣工完成验收。宝联体育中心项目和中裕花园改造项目正在办理施工审批手续。玲珑巷一级开发项目带设计方案入市已通过市土地储备开发项目成本预审会，正在积极办理嘉禾巷地块入市手续。

围绕“减人、添秤、服务”重点任务，加大建筑空间、出租房屋拆除力度，对不符合首都功能定位的业态进行调整，在存量有所减少的情况下提升项目和产业品质。完成疏解人口6723人，占区下达任务的134.46%；腾退房屋近6.8万平方米，拆除房屋近2.3万平方米；关闭无证照门店47家，清退租（商）户1140户。

（孟欣）

【基层党建与文化建设】 9月，召开中共北京市海淀区玉渊潭农工商总公司第二次党员代表大会，选举产生总公司第二届委员会和纪律检查委员会以及出席中国共产党北京市海淀区第十二次代表大会的代表，进一步健全党的组织机构。推进“两学一做”学习教育，制定学习台账，配发3000余册学习材料，组织支部召开集中交流研讨68次，1500余人次参加学习讨论。近700余名党员和入党积极分子接受教育。利用共产党员网、微信群等网络资源，增强党课覆盖面。开辟《玉渊潭》期刊和《工作信息》“两学一做”专栏。完成党员组织关系集中排查、党费收缴专项检查、“三级联创”检查、优化党员发展等重点任务，提升党建制度化水平。强化党风廉政建设“两个责任”的落实，严格“一岗双责”的落实。签订“责任制”及《承诺书》49份；召开集体决策会议90余次，落实“三重一大”会议事项260余项。组织开展职工健步走、乒乓球比赛等文体活动。

（孟欣）

人 物

先进人物

全国五一劳动奖章
(2016 年，共 1 人)

于 文（女） 北京市海淀区培智中心学校校长

中国好人榜“敬业奉献好人”
(2016 年，共 1 人)

谭 飞 北京市公安局海淀分局曙光派出所便衣打击队队长

首都劳动奖章
(2016 年，共 16 人)

王 松 北京信威通信技术股份有限公司芯片产业部经理
王军辉 北京市海淀区西北旺镇联合执法大队队长
牛震云 北京市八一学校党委书记、工会主席
冯 彤 北京实创科技园开发建设股份有限公司中关村壹号项目经理
刘玉亭 北京百度网讯科技有限公司副总监
刘宏伟 北京瑞星信息技术股份有限公司硬件产品经理
孙 昕 北京中科金财科技股份有限公司事业群经理
杜小宁 北京市海淀区卫生局卫生监督所公共场所科副科长
李建军 北京市海淀区东升镇塔院村党总支书记
杨 刚 北京市海淀区中关村第二小学校长
张 学 北京市工商行政管理局海淀分局海淀工商所所长
张世清 北京市海淀区北安河西区安置房第五项目部施工队队长
陈昶屹 北京市海淀区人民法院副庭长
林荣杰 北京马应龙长青肛肠医院有限公司外科主任
徐 涛 北京翠微大厦股份有限公司总经理
黄文祝 北京市公安局海淀分局西山派出所社区民警

首都精神文明建设奖
(2015—2016 年度，共 7 人)

于雪雁（女） 北京市海淀区地方税务局副主任科员
黄文祝 北京市公安局海淀分局西山派出所社区民警
曹 芳（女） 北京市海淀区教育工作委员会副科长
郭红阳 北京美尔斯通科技发展股份有限公司工会主席
张爱华（女） 北京市海淀医院主管护师
满广勋 北京海融达投资建设有限公司部门经理
浦天龙 中国政法大学硕士研究生

第十一届“首都见义勇为好市民
(荣誉市民和模范群体)”

首都见义勇为好市民：

马 昀 中国航天科工集团第二研究院第二〇六所工程师
李东伟 北京理工大学信息与电子学院教师
张同伟 北京凯道律师事务所办公室副主任
黎向伟 退休职工

首都见义勇为荣誉市民：

马哈牙 中国兰州伊哈亚餐厅经营者
王 洋 深圳富利财富管理有限公司北京分公司总经理

首都见义勇为模范群体：

刘树会　北京外国语大学动力科职员
江　皓　北京外国语大学教育信息技术中心职员
张铁钢　北京市地方税务局第三稽查局司机
杨翠英　北京外国语大学劳动服务公司职员

北京榜样
（2016 年，共 13 人）

程　京　清华大学医学院教授
杜佳楣　北京信息科技大学外国语学院教师
张志伟　北京市百瑞律师事务所律师
姚　宁　中国人民大学培训学院教师
赵　月　北京师范大学学生
王荷叶　北京博奥思教育科技有限公司教师
郭　翎　北京植物园副总工程师
陈淑华　海淀区北下关街道居民
米尔扎提·木莎　中国青年政治学院社会工作专业学生
程　静　北京硬创梦工场科技有限公司董事长
马志中　北京大学第三医院眼科中心主任
浦天龙　中国政法大学硕士研究生
黄文祝　海淀公安分局西山派出所民警

“感动海淀”十大文明人物
（2016 年度，共 10 人）

薛向东　东华软件股份公司董事长
卞海虹（女）　西木楼社区党委书记兼居委会主任
徐　越　人大附中翠微分校学生
杜泽宁　海淀清河居民
高亚娟（女）　海淀工读学校心理中心负责人、海淀区心理学科带头人
何绍森　中国地质大学（北京）地球科学与资源学院本科学生
李革非（女）　北京航天飞行控制中心专家
谭　飞　北京市公安局海淀分局曙光派出所便衣打击队队长
原永民　北京科源轻型飞机实业有限公司董事长
潘明康　中关村医院心血管内科主任医师

第十五届“海淀青年五四奖章”名单
（15 名）

王志勇　北京市海淀区人民法院信访办负责人、审判员
乔　宇　北京市公安局海淀分局甘家口派出所便衣探组组长
张海峰　北京智芯微电子科技有限公司技术总监
杜锦权　北京市海淀医院副主任医师、北京市海淀区援藏医疗队领队兼任拉萨市当雄县人民医院副院长
李　涵　北京超越青少年社工事务所副主任
李志刚　北京市公安局交通管理局海淀交通支队黄庄大队警长
周治成　北京市海淀区人民检察院侦查监督部检察官
赵　晨　安泰科技股份有限公司综合管理部业务经理兼团委书记
赵巍胜　北京航空航天大学费尔北京研究院院长
特木钦　中国人民大学经济学院在读硕士研究生
徐　洋　北京市海淀区城市管理行政执法监察局北太平庄执法队副队长
唐　城　清华大学化学工程系在读博士研究生
常　俊　新浪微博党委委员、新浪团委书记、娱乐事业部商业产品副总监
崔青慧　北京市海淀区万寿路青少年活动中心书记兼主任
韩银和　中国科学院计算技术研究所研究员、博士生导师，控制计算实验室主任

区政权机关、党派、群众团体、垂直领导单位，直属事业单位及街镇领导人（负责人）

中共海淀区委员会（第十一届）

书　记　崔述强
副书记　于　军　刘长利
常　委　尹燕京（9 月免）　吴祖安（9 月免）
肖韵竹（女，10 月任）　周志军（女，9 月任）
刘　勇　芦育珠（女，10 月免）
陈名杰　彭玉敬（挂职，3 月免）
傅首清　孟景伟
龚宗元（3 月任）
张欣欣（女，挂职，5 月任）
刘文萍（女，挂职，9 月任）

中共海淀区委员会（第十二届，12 月）

书　记　崔述强
副书记　于　军　刘　勇
常　委　肖韵竹（女）　周志军（女）
陈名杰　孟景伟
龚宗元
张欣欣（女，挂职，5 月任）

刘文萍（女，挂职，9 月任）
王际祥　　高念东

海淀区人民代表大会常务委员会（第十五届）

主　任　关成启（满族）
副主任　王鲁豫　臧桂武　杨　莉（女）
刘佩金（1 月任）　邓佑玲（女，土家族）

海淀区人民代表大会常务委员会（第十六届，12 月）

主　任　刘长利
副主任　王鲁豫　臧桂武　杨　莉（女）
刘佩金　邓佑玲（女，土家族）

海淀区人民政府（换届前）

区　长　于　军（1 月任）
常务副区长　孟景伟（3 月任）
副区长　龚宗元
刘文萍（女，挂职，11 月任）
郑海洋（11 月任）　陈　双（女）
徐永全（11 月免）　王际祥
李　宏（挂职，10 月免）　王卫明（挂职）
高念东
李长萍（女，8 月任）

海淀区人民政府（换届后，12 月）

区　长　于　军
常务副区长　孟景伟
副区长　龚宗元
刘文萍（女，挂职，11 月任）
郑海洋　陈　双（女）
王卫明（挂职）　李长萍（女）
吴计亮　刘圣国
梁　爽

中国人民政治协商会议北京市海淀区委员会（第九届）

主　席　彭兴业（满族）
副主席　刘　恪（女）　丁志明　胡淑彦（女，1 月任）
王训练　张维佳　王玉梅（女）

中国人民政治协商会议北京市海淀区委员会（第十届，12 月）

主　席　傅首清
副主席　刘　恪（女）　丁志明　胡淑彦（女）
张维佳　王玉梅（女）
徐凤芹（女）

中共海淀区纪律检查委员会（与区监察局、区预防腐败局合署办公）

书　记　芦育珠（女，10 月免）
肖韵竹（女，10 月任）
副书记　刘志平　曾　涛
李传峰（4 月任）
区监察局局长　刘志平（兼）
区预防腐败局局长　刘志平（兼）

北京市海淀区人民法院

院长、党组书记　鲁　为（6 月免）
焦慧强（12 月任）

北京市海淀区人民检察院

检察长、党组书记　王　伟（11 月免）
邹开红（12 月任）

民主党派·工商联

中国国民党革命委员会北京市海淀区工作委员会
主任委员　汤维建
中国民主同盟北京市海淀区委员会
主任委员　张维佳
中国民主建国会北京市海淀区委员会
主任委员　王玉梅（女）
中国民主促进会北京市海淀区委员会
主任委员　邓佑玲（女，土家族）
中国农工民主党北京市海淀区委员会
主任委员　徐凤芹（女）
中国致公党北京市海淀区委员会
主任委员　宛金章（回族，换届前）
安雪晖（6 月换届后）
九三学社北京市海淀区委员会
主任委员　王训练（换届前）
叶培贵（6 月换届后）
台湾民主自治同盟北京市海淀区工作委员会
主任委员　陈丽珠（女，换届前）

杨　旭（6月换届后）

北京市海淀区工商业联合会

主席　陈　双（女）

党组书记、副主席　卢克玉

群众团体

区总工会	主席	李国祥
团区委	书记	米　佳（4月免）
		李恺彦（8月任）
区妇联	主席	车苇歆（女）
区文联	主席	苗　地
区侨联	主席	石　岳（女）
区残联	理事长	张春华
区科协	主席	白春礼（中国科学院院长兼）
	常务副主席	李云飞
区红十字会	会长	傅首清（兼）
	常务副会长	黄春明

中关村科技园区海淀园管理委员会（海淀区科学技术委员会，挂核心区管委会牌子）

主　任　孟景伟（兼，10月免）

李长萍（女，兼，10月任）

常务副主任（区科委主任）　李长萍（女，11月免）

副主任　胡　岩

阎秀敏（女，10月免）

唐　颖（女，兼）

黄　英（女）

陈文良（挂职）

办公室　主任　胡　岩

科技发展处　处长　付晓明（6月免）

服务体系建设处　处长　阎秀敏（女，10月免）

对外合作处　处长　黄　英（女）

企业发展促进处（区经济和信息化办公室、区政府信息办）

处长（主任）何建吾

知识产权处（海淀区知识产权局、行政审批处）

处长（局长）王　英（女）

投资促进处（区投资促进局）

处长（局长）李长萍（女，10月免）

中共北京市海淀区委海淀园工作委员会

书　记　刘永水（4月免）　李长萍（女，12月任）

常务副书记　吴宝华（10月任）

副书记　李长萍（女，10月免）

龚茂淑（女，10月免）

海淀区北部地区开发建设委员会办公室（中关村大街建设办公室）

主　任　吴计亮（6月免）　沙海江（6月任）

副主任　申桂芳（女）　高志庆

魏　星（5月任）　张立红（5月任）

林　航(女,兼,6月免)　张春明（兼，7月免）

杜陈生（兼）　陈晓智（兼）

马光耀（兼，5月任）　张洪雨（兼，7月任）

刘培宝（兼，7月任）

区机关各部门、街镇及直属事业单位

区委系统

区委办公室	主任	傅首清（12月免）
		高念东（12月任）
	常务副主任	张　炜（4月免）
组织部	部长	刘　勇（12月免）
		周志军（12月任）
	常务副部长	甘丽平（11月任）
宣传部	部长	陈名杰
	常务副部长	牛爱忠（6月免）
		黄　英（女，10月任）
区委区政府研究室	主任	刘建民
统一战线工作部	部长	彭玉敏（4月免）
		刘　勇（4月任）
	常务副部长	杨志洪
台湾工作办公室	主任	王　锋
区委政法委员会	书记	刘长利（12月免）
		王际祥（12月任）
	常务副书记	王勇禄
	副书记	尹燕京（兼，10月免）
		郑海洋（兼，10月任）
		李　军
		王际宝（兼）
		刘　林（兼）

区维护社会稳定工作领导小组办公室（为区委政法委内设机构）

主任　王勇禄（兼）

社会管理综合治理委员会办公室（与政法委合署办公）

主任　王际宝

区流动人口和出租房屋管理委员会办公室

主任　孙金春

区直属机关工作委员会

书记　汤新秀（女）

区精神文明建设委员会办公室

主任　吴琢如（女）

区委防范和处理邪教问题领导小组办公室（挂区政府防范和处理邪教问题办公室牌子）

主任　朱元久

老干部局　局长、党组书记　张维明
人民武装部　部长　吴祖安（8月免）
政委　田敬军
中共海淀区委党校（海淀区行政学院）
校长、院长　刘　勇（兼）
常务副校长（常务副院长）
许　云（6月免）
何昭瑾（8月任）
区党史地方志办公室　主任　李　强
区机构编制委员会办公室　主任　张京玲（女，4月任）

区人大常委会机关

办公室（研究室）
办公室　主任　李劲涛（蒙古族）
研究室　主任　俞昌吉（朝鲜族）
代表联络室　主任　孙大钧
财政经济工作委员会办公室　主任　白　莉（女）
内务司法工作委员会办公室　主任　范　联（10月免）
李友成（10月任）
教科文卫工作委员会办公室　主任　郭景玉
城建环保工作委员会办公室　主任　郭少东
农村工作委员会办公室　主任　赵德法

区政府系统

区长助理　温　琤（挂职，4月任）
区政府办公室　主任　董殿毅（6月免）
吴计亮（6月任）
区商务委员会　主任、党组书记　王　澎（女）
区教育委员会（与区委教育工作委员会、区政府教育督导室合署办公）
区委教育工作委员会书记　尹丽君（女，回族）
区教育委员会主任　陆云泉
区政府教育督导室主任　王建忠（6月免）
乔　键（8月任）
区教育科学研究院　院长　吴颖惠（8月任）
区综合行政服务中心　主任　马学印
党组书记　田树奎
区民政局　局长　程培衡
党组书记　高　峰
区司法局　局长　周玉鑫
党组书记　李良轩（6月免）
区财政局　局长　刘圣国
党组书记　孙俊宏（女）
区人力资源和社会保障局
局长　李大成
党组书记　苏德琴（女）
区城市服务管理指挥中心（挂区突发事件应急委员会办公室牌子）主任、党组书记　张泽根（5月免）
李　伟（5月任）
区市政市容管理委员会（挂交通委员会牌子）
主任　李　伟（6月免）
赵　寒（6月任）
党组书记　任文彪（4月免）
王国强（4月任）
区住房和城乡建设委员会（挂区人民政府房屋征收办公室牌子）
主任　骆远骋
党组书记　张世芳（女）
区房屋管理局　局长　骆远骋
区农村工作委员会（挂区动物卫生监督管理局牌子，与区委农村工作委员会合署办公）
主任　林　航（女，7月任）
书记　王桐慧
区文化委员会　主任　陈　静（女）
党组书记　刘建朝
区委卫生工作委员会
书记　杨剑飞（10月免）
区卫生和计划生育委员会
主任　甄　蕾（女）
区政府公共服务委员会
主任　杨剑飞（10月免）
区发展和改革委员会　主任、党组书记
梁　捷（女）
金融办公室　主任、党组书记　唐　颖（女）
区人民政府国有资产监督管理委员会
主任　张连仲
党委书记　张连仲
区审计局　局长　王彩霞（女）
党组书记　王彩霞（女）
区安全生产监督管理局
局长　田一川
党组书记　曾子锋（4月免）
区环境保护局　局长　仲良喜
党组书记　刘培恩
区统计局　局长　王凌志
党组书记　刘精明
区水务局　局长　孙继光（11月免）
李劲松（11月任）
党组书记　翟小凡（女，10月免）
李劲松（10月任）
区旅游发展委员会　主任　黄亦红（女，回族，6月免）
曹宇明（女，7月任）
党组书记　常印怀（6月免）
曹宇明（女，10月任）
区体育局　局长　李景奇
党组书记　刘和平（4月免）
区民族宗教侨务办公室　主任　田桂茹（女，满族）
区法制办公室　主任　刘秀荣（女）

区社会建设工作办公室（与区委社会工作委员会合署办公）
主任 曹宇明（女，7月免）
书记 王玉方（6月任）
区信访办公室 主任 陈爱清（7月免）
区民防局 局长 韩顺新（7月免）
高 毅（7月任）
党组书记 陆 平
区城管执法监察局 局长 孙 鹏（6月免）
王志伟（6月任）
党组书记 李四友（6月免）
石立峰（6月任）
区新闻中心 主任、党总支书记 王言敏
区环境卫生服务中心 主任 郑秀山
党委书记 杨奋翮
区园林绿化局（海淀区绿化委员会办公室）
局长（主任）沙海江（7月免）
党组书记 沙海江（6月免）
圆明园管理处 主任 李 博
党委书记 王 强
区机关事务管理处 处长 赵玉宝（5月免）
于 锋（6月任）
区地震局 局长 刘振华
区档案局（馆） 局长（馆长）杨军昌
党组书记 崔仲军
区农村合作经济经营管理站（与区农村经济与集体资产管理办公室实行一套机构两块牌子合署办公）
站长 常印怀（6月任）
党组书记 王桐慧（兼）

区政协机关

秘书长 吴宝华（12月换届前）
杨剑飞（12月换届后）
办公室 主任 刘 玲（女）
研究室 主任 黄 英（女，12月换届前）
专委会工作一室 主任 刘 彦（女）
专委会工作二室 主任 吴明波
专委会工作三室 主任 李燕生（12月换届前）
刘秀荣（女，12月换届后）
专委会工作四室 主任 周文健（女）
专委会工作五室 主任 王欣焕（女）
专委会工作六室 主任 陈跃年（12月换届前）
孙继光（12月换届后）

垂直领导单位

北京市公安局海淀分局 局长 尹燕京（9月免）
郑海洋（9月任）
政委 刘少波
北京市公安局公安交通管理局海淀交通支队
队长 刘春利
政委 刘保君（4月免）
张文忠（4月任）
海淀区消防支队 队长 史 翀
政委 李久义
北京市国家安全局海淀分局
局长 刘 林
北京市工商行政管理局海淀分局
局长、党组书记 刘树昌（12月免）
海淀区国家税务局 局长、党组书记 胡文学
海淀区地方税务局 局长、党组书记 郭文武
海淀区食品药品监督管理局
局长、党组书记 李红杰
海淀区质量技术监督局
局长、党组书记 张厚明（12月免）
朱玉兵（12月任）
海淀区气象局 局长、党组书记 段欲晓(女,5月免)
刘建忠（5月任）
北京市规划委员会海淀分局
局长、党组书记 李景祥
海淀区烟草专卖局 局长、党组书记 李学治
北京市国土资源局海淀分局 局长 梁桂明（5月免）
王桂忠（6月任）
党组书记 梁桂明（5月免）
郎运波（5月任）
海淀出入境检验检疫局 局长 赵金生
国家工商行政管理总局商标局驻中关村国家自主创新示范区办事处 主任 谢乐军

街　道

万寿路街道 党工委书记 李 泉
办事处主任 张 伟（6月免）
侯 育（女，7月任）
羊坊店街道 党工委书记 王国强（4月免）
寇 平（4月任）
办事处主任 孙笑庸
甘家口街道 党工委书记 赤 飞（满族，4月免）
李振山（4月任）
办事处主任 李振山（5月免）
孙 鹏（6月任）
八里庄街道 党工委书记 李卫华
办事处主任 贺 捷（5月免）
姜之波（8月任）
紫竹院街道 党工委书记 白建平
办事处主任 王曼谕（女）
北下关街道 党工委书记 李旭东（4月免）
张泽根（4月任）

	办事处主任	毕淑琴（女）
北太平庄街道	党工委书记	郭 淼
	办事处主任	齐明军
海淀街道	党工委书记	陈国启
	办事处主任	高 毅（6月免）
		张 伟（6月任）
中关村街道	党工委书记	张京玲（女，4月免）
		张 鑫（4月任，10月免）
		许 云（10月任）
	办事处主任	张 鑫（5月免）
		许 云（6月任，10月免）
学院路街道	党工委书记	刘佩金（4月免）
		张 炜（4月任）
	办事处主任	张之放
清河街道	党工委书记	张西渭（4月免）
		贺 捷（4月任）
	办事处主任	张立红（女，5月免）
		米 佳（5月任）
青龙桥街道	党工委书记	魏开锋
	办事处主任	张文涛（6月免）
		王 方（11月任）
香山街道	党工委书记	胡淑彦（女，兼，4月免）
		苏国斌（5月任）
	办事处主任	张建水（6月免）
		刘来奇（11月任）
西三旗街道	党工委书记	王志伟（6月免）
		张启兵（6月任）
	办事处主任	张启兵（6月免）
		付晓明（6月任）
马连洼街道	党工委书记	李劲松（10月免）
	办事处主任	朱利忠
花园路街道	党工委书记	王玉方（6月免）
		牛爱忠（6月任）
	办事处主任	胡宗江
田村路街道	党工委书记	寇 平（4月免）
		冯志明（4月任）
	办事处主任	冯志明（5月免）
		杜 宇（8月任）
上地街道	党工委书记	王京立
	办事处主任	冀国瑞
曙光街道	党工委书记	林德江
	办事处主任	梁 珍（女）
燕园街道	党工委书记	严敏杰
	办事处主任	严敏杰
清华园街道	党工委书记	高 斌
	办事处主任	许立冬
永定路街道	党工委书记	王新明
	办事处主任	李啸龙

镇（地区）

东升镇（东升地区）

党委（党工委）书记	高念东（4月免）
	武 凯（5月任）
镇长（办事处主任）	武 凯（5月免办事处主任，11月免镇长）
	张文涛（6月任办事处主任，11月任镇长）

海淀镇（万柳地区）

党委（党工委）书记	赵 寒（4月免）
	梁 爽（5月任）
镇长（办事处主任）	梁 爽（5月免办事处主任，11月免镇长）
	苏建华（6月任办事处主任，11月任镇长）

四季青镇（四季青地区）

党委（党工委）书记	胡淑彦（女，5月免）
	苏国斌（5月任）
镇长（办事处主任）	苏国斌（5月免办事处主任，11月免镇长）
	陈爱清（6月任办事处主任，11月任镇长）

西北旺镇（西北旺地区）

党委（党工委）书记	赵小云（女）
镇长（办事处主任）	魏 星（5月免）
	马光耀（蒙古族，5月任）

温泉镇（温泉地区）

党委（党工委）书记	方海强
镇长（办事处主任）	林 航（女，6月免办事处主任，11月免镇长）
	张洪雨（7月任办事处主任，11月任镇长）

苏家坨镇（苏家坨地区）

党委（党工委）书记	祝的春（6月免）
	张春明（7月任）
镇长（办事处主任）	张春明（7月免办事处主任，11月免镇长）
	刘培宝（7月任办事处主任，11月任镇长）

上庄镇（上庄地区）

党委（党工委）书记	刘 涵
镇长（办事处主任）	杜陈生

玉渊潭农工商总公司

总经理	杨 琪
党委书记	杨 琪

新闻人物

高宝来

高宝来，男，1956年出生，海淀区恩济庄派出所社区民警。他扎根基层一线，总结出一套系统的驻区民警工作办法。从2010年起，高宝来在海淀实验小学义务疏导交通护送孩子，一做就是5年，被誉为“孩子眼中的警察爷爷”。2015年5月22日因病去世，享年58岁，被追授“全国道德模范”“全国公安系统一级英雄模范”等称号。根据他的遗愿，亲属将他患病期间收到的捐款共计44万余元全部捐出，用于牺牲伤残民警抚恤和白血病患儿的救治。2015年6月，以民警高宝来命名的200余个“高宝来爱民服务岗”在全市挂牌启动。该岗位的主要任务是在学校门前疏导车辆，分流人员，维护治安及交通秩序，引导学生平安入校等。新华社、《人民日报》《光明日报》、中央电视台等中央媒体报道高宝来平凡而感人的事迹，向广大读者展示他作为一名普普通通的人民警察，兢兢业业履职尽责，踏踏实实为民服务，用实际行动塑造出新时期共产党员的崇高形象。2016年8月26日，中共中央宣传部在中央电视台向全社会公开发布“时代楷模”高宝来先进事迹，宣读《中共中央宣传部关于“时代楷模”高宝来和刘芳的表彰决定》。他的故事，升华成一种精神，首都民警称之为“宝来精神”。

（周南南）

逝世人物

史定潮

2016年6月24日，海淀区人大常委会原主任史定潮因病在京逝世，享年85岁。

史定潮，女，1931年11月出生，浙江余姚人。1952年毕业于南京大学农学园艺系，1956年加入中国共产党。1952年—1953年，任上海市华东农林部国营农场管理局技术员。1953年—1954年，任江苏省东辛农场技术员。1954年—1966年，先后担任北京西郊农场技术员、园艺队队长、上庄大队副大队长、生产科科长、党委委员。1966年—1971年，下放到北京西郊农场园艺一队、实验站参加劳动。1971年—1973年，先后参加“一打三反”宣传队和清产核资工作组。1973年—1981年，先后担任海淀区四季青公社生产组组长、党委常委、革委会副主任、党委副书记、革委会主任。1981年—1984年，先后担任海淀区人民政府副区长兼科委主任、区委常委、常务副区长。1984年—1991年，任海淀区委副书记、区长。1991年—1994年，任海淀区人大常委会党组书记、主任。历任第六、第七届全国人民代表大会代表，中共北京市第六次代表大会代表，北京市第九届人民代表大会代表，海淀区第八、第九、第十届人民代表大会代表，海淀区第十届人民代表大会常务委员会主任。1998年4月退休。

（周勇）

统 计 资 料

2015 年—2016 年海淀区主要经济社会指标一览表

表 28

项目	单位	2016 年	2015 年
人口与就业			
人口			
年末户籍人口	万人	240.2	239.5
年末常住人口	万人	359.3	369.4
户籍人口自然增长率	‰	6.4	5.8
户籍人口机械增长率	‰	4.4	7.1
劳动就业			
城镇登记失业率	%	0.94	0.90
城镇登记失业人员再就业率	%	63.10	67.60
宏观经济			
国民经济核算			
地产生产总值	亿元	5395.2	4922.9
第一产业	亿元	1.8	1.8
第二产业	亿元	601.1	598.5
第三产业	亿元	4792.3	4322.6
人均地区生产总值	美元	22293.0	21443.3
投资			
全社会固定资产投资	亿元	872.5	870.5
#房地产开发投资	亿元	271.7	249.8
#住宅投资	亿元	155.5	147.0
房地产业房屋施工面积	万平方米	1062.0	954.6
房地产业房屋竣工面积	万平方米	118.8	194.9
财政			
区域财政收入	亿元	2387.4	2184.0
地方财政收入	亿元	477.1	455.8
区级一般公共预算收入	亿元	386.1	357.5
地方财政支出	亿元	689.6	622.8
产业			
农村经济			
农林牧渔业总产值	亿元	5.2	5.3
农村经济总收入	亿元	270.9	262.7
农村经济纯收入	亿元	71.6	65.4

续表 28

项目	单位	2016 年	2015 年
工业			
规模以上工业企业总产值	亿元	2108. 6	2216. 5
建筑业			
建筑业总产值	亿元	1610. 8	1649. 9
商业			
社会消费品零售总额	亿元	2213. 2	2094. 7
文化创意产业			
文化创意产业收入合计	亿元	6389. 2	5699. 0
旅游业			
旅游业营业收入	亿元	—	522. 5
对外经济贸易			
新批项目数	个	256	409
合同外资额	亿美元	46. 9	78. 6
实际利用外资额	亿美元	18. 9	13. 0
海关进出口总额	亿美元	282. 7	303. 6
进口额	亿美元	196. 4	214. 8
出口额	亿美元	86. 3	88. 8
金融			
银行存款余额	亿元	29692. 7	29368. 2
#城乡居民储蓄存款余额	亿元	4777. 9	4850. 4
银行贷款余额	亿元	7233. 6	6355. 3
教育、科技、卫生			
教育			
中小学学校数	所	171	207
小学	所	84	118
普通中学	所	76	78
职业中学	所	11	11
中小学毕业生数	人	53206	54984
小学	人	20444	19032
普通中学	人	30421	32072
职业中学	人	2341	3880

续表 28

项目	单位	2016 年	2015 年
科技			
技术合同成交总额	亿元	1523.9	1436.8
专利申请数	个	70327	59095
专利授权量	个	34899	31181
卫生			
卫生机构个数	个	1080	1053
卫生机构病床数	万张	1.24	1.12
卫生技术人员数	万人	3.0	2.90
每千人拥有执业医生人数	人	3.2	2.9
每千人拥有注册护士人数	人	3.6	3.4
每千人拥有医院床位数	张	3.2	2.8
生活与环境			
人民生活			
全区居民人均可支配收入	元	67022	62325
全区居民人均消费支出	元	46630	44626
劳动工资			
城镇单位从业人员平均人数	人	1762150	1689285
城镇单位在岗职工工资总额	亿元	2178.5	1923.5
城镇单位在岗职工平均工资	元	139591	129810
城市公共事业			
万元地区生产总值能耗	吨标煤	0.13	0.16
城市绿化覆盖率	%	52.2	51.9
污水处理率	%	98.0	98.0
人均绿地面积	平方米	35.3	34.2
空气质量二级及好于二级的天数	天		
园区经济			
海淀园			
总收入	亿元	18355.4	16357.3

海淀区城镇单位从业人员与劳动报酬情况一览表

表 29

项目	从业人员平均人数（人）	从业人员劳动报酬总额（万元）	从业人员平均劳动报酬（元）
合计	**1762150**	**23460720**	**133137**
按行业分			
农、林、牧、渔业	2530	16450	65019
采矿业	71	465	65549
制造业	116667	1494886	128133
电力、燃气及水的生产和供应业	2971	30762	103541
建筑业	77156	758024	98246
批发与零售业	119888	1187623	99061
交通运输、仓储和邮政业	97170	937833	96515
住宿和餐饮业	49452	284465	57523
信息传输、软件和信息技术服务业	448297	7578038	169041
金融业	53146	925290	174103
房地产业	69524	555077	79840
租赁和商务服务业	114233	1409593	123396
科学研究和技术服务业	267615	3857247	144134
水利、环境和公共设施管理业	19217	181860	94635
居民服务、修理和其他服务业	14019	94577	67464
教育	172500	2266069	131366
卫生和社会工作	35732	561549	157156
文化、体育和娱乐业	47557	784703	165003
公共管理、社会保障和社会组织	54405	536210	98559

海淀区工业企业主要经济指标一览表

表 30　　　　　　　　　　　　　　　　　　　　　　　　　　　　　单位：家、万元

项目	企业单位数	亏损企业	工业总产值	工业销售产值
合 计	**433**	**46**	**21086012**	**20554693**
按隶属关系分				
中央	50	6	6484271	6364817
地方	383	40	14601742	14189876
按登记注册类型分				
内资	373	39	13103008	12850848
国有	11	1	840092	894313
集体	3	1	13146	13010
股份合作	1	0	2520	2520
联营	—	—	—	—
有限责任公司	154	20	5282492	5131719
股份有限公司	79	5	5839773	5708179
私营	125	12	1124986	1101107
其他				
港澳台商投资	23	4	6897260	6637594
外商投资	37	3	1085745	1066251

海淀区工业企业主要经济指标一览表（二）

续表 30　　　　单位：万元

项目	从业人员平均人数	资产合计	流动资产合计
合 计	**113405**	**43976426**	**25768147**
按隶属关系分			
中央	24004	8482119	4819541
地方	89401	35464307	20948606
按登记注册类型分			
内资	85942	33985427	17232908
国有	5245	974647	838812
集体	411	83007	58526
股份合作	185	10966	6989
联营	—	—	—
有限责任公司	27769	6708351	4891923
股份有限公司	35931	23322030	9522293
私营	16401	2886426	1914363
其他			
港澳台商投资	17034	8510578	7388456
外商投资	10429	1480422	1146783

海淀区工业企业主要经济指标一览表（三）

续表 30 单位：万元

项目	存货	产成品	应收账款（净额）	固定资产合计	固定资产原价
合 计	**3933137**	**1128381**	**7292767**	**2114099**	**3712035**
按隶属关系分					
中央	813556	293604	1571122	703860	1194001
地方	3119580	834777	5721645	1410240	2518034
按登记注册类型分					
内资	2697063	804020	5283310	1670613	2860944
国有	223294	95389	247241	74636	189869
集体	7907	3446	11868	6537	8546
股份合作	710	0	1619	3208	5998
联营	—	—	—	—	—
有限责任公司	982535	276535	1639570	341002	723860
股份有限公司	1132271	332717	2753941	1049406	1634705
私营	350346	95934	629071	195824	297967
其他					
港澳台商投资	1012895	299414	1827180	313329	408682
外商投资	223179	24947	182277	130157	442410

海淀区工业企业主要经济指标一览表（四）

续表 30 单位：万元

项目	负债合计	流动负债合计	应付账款	所有者权益合计	实收资本
合 计	**22408398**	**19958446**	**6656315**	**23578251**	**7033867**
按隶属关系分					
中央	5835123	4872812	1798082	4351750	1718214
地方	16573275	15085634	4858233	19226501	5315653
按登记注册类型分					
内资	14811878	12792067	3193910	21183771	5789147
国有	472421	437109	201907	502226	146804
集体	60457	60457	5340	22550	2030
股份合作	4772	4772	466	6194	1350
联营	—	—	—	—	—
有限责任公司	5103259	4765945	1492010	3536545	1529300
股份有限公司	8148215	6655204	1200884	15252585	3545494
私营	1022756	868580	293303	1863671	564170
其他					
港澳台商投资	7087312	6707266	3257748	1423265	990870
外商投资	509207	459114	204657	971215	253850

海淀区工业企业主要经济指标一览表（五）

续表 30 单位：万元

项目	营业收入	主营业务收入	营业成本	主营业务成本	营业税金及附加
合 计	**28708432**	**28106733**	**23555631**	**23270427**	**188404**
按隶属关系分					
中央	7099279	7007117	5977757	5910072	126050
地方	21609153	21099616	17577873	17360355	62354
按登记注册类型分					
内资	14800091	14581813	11407557	11282591	172151
国有	974878	949306	765189	750137	5711
集体	16108	13181	12833	12833	122
股份合作	6931	6931	3952	3952	109
联营	—	—	—	—	—
有限责任公司	5916497	5882193	4741098	4724194	28749
股份有限公司	6607007	6475644	5116602	5036258	129217
私营	1278669	1254557	767883	755217	8242
其他					
港澳台商投资	12735368	12370655	11321211	11172236	7913
外商投资	1172973	1154264	826863	815600	8341

海淀区工业企业主要经济指标一览表（六）

续表 30　　　　单位：万元

项目	主营业务税金及附加	销售费用	管理费用
合 计	**184656**	**1880977**	**1944344**
按隶属关系分			
中央	123550	166141	470264
地方	61106	1714835	1474080
按登记注册类型分			
内资	168410	750504	1434500
国有	5618	17585	92613
集体	79	506	2554
股份合作	109	296	1429
联营	—	—	—
有限责任公司	28016	268260	513020
股份有限公司	126373	325574	621790
私营	8214	138283	203094
其他			
港澳台商投资	7913	1050642	415709
外商投资	8334	79831	94136

海淀区工业企业主要经济指标一览表（七）

续表 30　　　　单位：万元

项目	财务费用	利润总额	应交增值税
合 计	**178637**	**2291913**	**591167**
按隶属关系分			
中央	42882	538718	159100
地方	35755	1753195	432067
按登记注册类型分			
内资	120511	1920718	430623
国有	1653	129478	50365
集体	361	98	366
股份合作	111	1041	262
联营	—	—	—
有限责任公司	36894	404015	184408
股份有限公司	70601	1198049	137088
私营	10892	188038	58134
其他			
港澳台商投资	46273	212312	119620
外商投资	11853	158883	40924

2016年海淀区文化创意产业情况一览表

表31

项　目	2016年
单位数（个）	**2531**
文化艺术服务	93
新闻出版及发行服务	117
广播电视电影服务	96
软件和信息技术服务	1648
广告和会展服务	150
艺术品生产与销售服务	5
设计服务	127
文化休闲娱乐服务	149
文化用品设备生产销售及其他辅助	146
从业人员（人）	**609252**
文化艺术服务	15165
新闻出版及发行服务	15979
广播电视电影服务	24814
软件和信息技术服务	481304
广告和会展服务	12114
艺术品生产与销售服务	677
设计服务	26968
文化休闲娱乐服务	13376
文化用品设备生产销售及其他辅助	18855
资产总计（万元）	**11767. 3**
文化艺术服务	202. 5
新闻出版及发行服务	396. 8
广播电视电影服务	1738. 1
软件和信息技术服务	8157. 2
广告和会展服务	365. 9
艺术品生产与销售服务	15. 5
设计服务	545. 6
文化休闲娱乐服务	130. 1
文化用品设备生产销售及其他辅助	215. 6

续表 31

项　目	2016 年
收入合计（万元）	**6389.2**
文化艺术服务	80.0
新闻出版及发行服务	180.4
广播电视电影服务	558.6
软件和信息技术服务	4361.3
广告和会展服务	551.7
艺术品生产与销售服务	33.1
设计服务	226.9
文化休闲娱乐服务	128.5
文化用品设备生产销售及其他辅助	268.6
税金合计（万元）	**302.0**
文化艺术服务	1.6
新闻出版及发行服务	9.1
广播电视电影服务	18.1
软件和信息技术服务	241.2
广告和会展服务	13.2
艺术品生产与销售服务	0.9
设计服务	7.8
文化休闲娱乐服务	2.5
文化用品设备生产销售及其他辅助	7.6
利润总额（万元）	**601.6**
文化艺术服务	0.8
新闻出版及发行服务	24.0
广播电视电影服务	23.3
软件和信息技术服务	500.9
广告和会展服务	10.3
艺术品生产与销售服务	1.8
设计服务	33.1
文化休闲娱乐服务	2.9
文化用品设备生产销售及其他辅助	4.5

2015 年—2016 年海淀园主要经济指标增长情况一览表

表 32

项目	单位	2016 年	2015 年	2016 年为 2015 年的%
总收入	亿元	**18355. 4**	**16357. 3**	**112. 2**
#技术收入	亿元	4076. 1	3520. 9	115. 8
产品销售收入	亿元	4655. 5	4449. 8	104. 6
商品销售收入	亿元	7124. 1	6699. 2	106. 3
实缴税费总额	亿元	46. 8	645. 1	115. 8
出口总额	亿美元	73. 8	110. 9	66. 6
利润总额	亿元	1407. 9	1180. 8	119. 2
园区企业数	家	9886	9073	109. 0
#年收入亿元以上企业数	家	1461	1313	111. 3
从业人员期末人数	万人	109. 1	101. 4	107. 6
孵化器数	个	170	155	109. 7
累计孵化企业数	家	21391	13119	163. 1
加速器数	个	7	7	100. 0
大学科技园数	个	17	17	100. 0
#国家级大学科技园	个	13	13	100. 0

2015 年—2016 年海淀园高新技术产业情况一览表

表 33 单位：万元

项 目	单位	2016 年	2015 年	2016 年为 2015 年的%
总收入				
#电子与信息	元	12433.6	11068.7	112.3
生物工程和新医药	亿元	280.0	216.6	129.2
新材料及应用技术	亿元	1016.9	874.5	116.3
先进制造技术	亿元	685.5	514.3	133.3
新能源与高效节能技术	亿元	884.6	952.3	92.9
环境保护技术	亿元	441.0	433.8	101.7
利润总额				
#电子与信息	亿元	799.7	696.5	114.8
生物工程和新医药	亿元	26.5	22.5	117.5
新材料及应用技术	亿元	45.2	51.4	88.0
先进制造技术	亿元	78.7	66.8	117.8
新能源与高效节能技术	亿元	35.9	19.0	189.3
环境保护技术	亿元	63.0	58.7	107.4
实缴税费总额				
#电子与信息	亿元	469.3	416.8	112.6
生物工程和新医药	亿元	17.1	14.5	117.7
新材料及应用技术	亿元	19.3	14.9	130.0
先进制造技术	亿元	39.5	29.8	132.5
新能源与高效节能技术	亿元	46.3	38.0	121.8
环境保护技术	亿元	34.0	22.3	152.5
出口创汇总额				
#电子与信息	亿美元	38.0	65.6	57.8
生物工程和新医药	亿美元	1.9	1.6	114.5
新材料及应用技术	亿美元	7.5	7.5	99.6
先进制造技术	亿美元	5.8	2.3	250.9
新能源与高效节能技术	亿美元	1.2	2.8	43.6
环境保护技术	亿美元	0.2	0.3	50.5

附　录

2016年中共海淀区委文件目录

表34

序号	文号	标题	印发日期
1	京海发〔2016〕1号	中共北京市海淀区委关于印发《区委常委会2016年工作要点》的通知	2016年3月8日
2	京海发〔2016〕2号	中共北京市海淀区委印发《关于加强和改进党的群团工作的实施意见》的通知	2016年4月1日
3	京海发〔2016〕4号	中共北京市海淀区委印发《关于认真做好2016年镇领导班子换届工作的实施意见》的通知	2016年5月18日
4	京海发〔2016〕5号	中共北京市海淀区委印发《关于加强换届风气监督工作的实施方案》的通知	2016年5月18日
5	京海发〔2016〕6号	中共北京市海淀区委关于命名表彰海淀区优秀共产党员、优秀党务工作者和先进基层党组织的决定	2016年6月24日
6	京海发〔2016〕7号	中共北京市海淀区委 北京市海淀区人民政府关于转发《中共北京市海淀区委宣传部北京市海淀区司法局关于在全区开展法治宣传教育的第七个五年规划（2016—2020年）》的通知	2016年8月5日
7	京海发〔2016〕8号	中国共产党北京市海淀区第十一届委员会第十次全体会议关于召开中国共产党北京市海淀区第十二次代表大会的决议	2016年8月5日
8	京海发〔2016〕9号	中共北京市海淀区委 北京市海淀区人民政府印发《关于加快全国科技创新中心核心区建设提升城市规划建设管理水平的若干措施》的通知	2016年8月10日
9	京海发〔2016〕10号	中共北京市海淀区委关于做好中共北京市海淀区第十二次代表大会代表选举工作的通知	2016年8月16日
10	京海发〔2016〕11号	中共北京市海淀区委 北京市海淀区人民政府印发《关于进一步加强创新创业人才队伍建设的若干措施》的通知	2016年11月11日
11	京海发〔2016〕12号	中共北京市海淀区委印发《关于推进领导干部落实党风廉政建设主体责任全程纪实工作的实施细则》的通知	2016年11月15日
12	京海发〔2016〕13号	中共北京市海淀区委关于十二届区委常委工作分工的通知	2016年12月22日

2016年海淀区人民政府文件目录

表35

文号	名称
海政发〔2016〕1号	
海政发〔2016〕2号	关于印发2016年政府工作报告的通知
海政发〔2016〕3号	关于开展2015年度土地卫片执法检查工作的通知
海政发〔2016〕4号	关于开展第三次全国农业普查工作的通知
海政发〔2016〕5号	关于印发《海淀区2016年全社会固定资产投资推进方案》的通知
海政发〔2016〕6号	关于印发《进一步统筹区域资源创新推动智慧社区养老助残服务体系建设的工作方案》的通知
海政发〔2016〕7号	关于印发《海淀区2016年度保障性安居工程用地供应计划》的通知
海政发〔2016〕8号	关于印发《区政府党组“三严三实”专题教育整改方案》的通知
海政发〔2016〕9号	关于印发《2016年本区有形市场调整疏解计划安排》的通知
海政发〔2016〕10号	关于印发《海淀区2016年为群众拟办的重要民生实事》的通知
海政发〔2016〕11号	关于印发《北京市海淀区国民经济和社会发展第十三个五年规划纲要》的通知
海政发〔2016〕12号	关于印发《海淀区2016年清洁空气行动重点任务分解方案》的通知
海政发〔2016〕13号	关于印发《核心区技术转移三年行动计划（2016—2018）》的通知
海政发〔2016〕14号	关于印发《海淀区人民政府依法行政工作报告》的通知
海政发〔2016〕15号	关于印发《海淀区人民防空袭方案修订工作实施方案》的通知
海政发〔2016〕16号	关于进一步加强政务大厅服务体系建设提升政务服务水平的意见
海政发〔2016〕17号	关于印发本区“十三五”时期法治政府建设规划的通知
海政发〔2016〕18号	关于落实机关事业单位工作人员养老保险制度改革工作的实施意见
海政发〔2016〕19号	关于印发本区空气重污染应急预案（2016年修订）的通知
海政发〔2016〕20号	关于印发《北京市海淀区创建第三批国家公共文化服务体系示范区建设规划》和《北京市海淀区创建第三批国家公共文化服务体系示范区工作机制》的通知
海政发〔2016〕21号	关于印发《海淀区2016年重点建设项目任务分解方案》的通知
海政发〔2016〕22号	关于印发《海淀区2016年人口调控重点任务实施方案》的通知
海政发〔2016〕23号	
海政发〔2016〕24号	关于印发《海淀区水污染防治工作方案》的通知
海政发〔2016〕25号	关于印发《北京市海淀区行政规范性文件制定和备案规定》的通知
海政发〔2016〕26号	关于公布权力清单责任清单和建立清单管理制度的通知
海政发〔2016〕27号	关于印发《2016年政府投资建设项目全年安排方案》的通知
海政发〔2016〕28号	关于印发《海淀区“互联网+”行动实施方案（2016—2018年）》的通知

续表 35

文号	名称
海政发〔2016〕29 号	关于授予见义勇为积极分子（模范群体）和见义勇为权益保护工作先进单位称号的决定
海政发〔2016〕30 号	关于印发《北京市海淀区农业水价综合改革及管水员改革实施方案》的通知
海政发〔2016〕31 号	关于印发《海淀区财政预决算编制及审批管理办法》的通知
海政发〔2016〕32 号	关于《海淀区水系生态治理工作方案（2016—2020 年）“水清岸绿”行动计划》及其工作任务分解的通知
海政发〔2016〕33 号	
海政发〔2016〕34 号	关于加快推进残疾人小康进程的实施意见
海政发〔2016〕35 号	关于开展企业登记注册全程电子化试点工作的意见
海政发〔2016〕36 号	关于印发《海淀区“十三五”时期食品药品安全保障发展规划》的通知
海政发〔2016〕37 号	关于 2016 年度符合安排工作退役士兵安置指标的通知
海政发〔2016〕38 号	关于印发《海淀区发展冰雪运动行动计划（2016—2022 年）》的通知
海政发〔2016〕39 号	关于印发本区“十三五”时期消防事业发展规划的通知
海政发〔2016〕40 号	关于印发本区“十三五”时期加强全国科技创新中心核心区建设规划的通知
海政发〔2016〕41 号	关于印发《关于创建全国社区治理和服务创新实验区实施方案》的通知
海政发〔2016〕42 号	关于海淀区唐家岭地区和北坞村土地综合整治项目整改及新增耕地核查认定的批复
海政发〔2016〕43 号	关于落实粮食安全区长责任制的实施方案
海政发〔2016〕44 号	
海政发〔2016〕45 号	关于印发 2017 年政府工作报告的通知
海政发〔2016〕46 号	关于印发《海淀区 2016 年土地督察关注问题自查整改任务分解表》的通知
海政发〔2016〕47 号	关于印发本区全民健身实施计划（2016—2020 年）的通知
海政发〔2016〕48 号	印发本区关于进一步深化预算管理制度改革若干措施的通知

2016年海淀区行政区划基本情况一览表

表36

序号	地 区	社区居委会（个）	村委会（个）	辖区面积（平方千米）
	全区	576	84	430.77
1	万寿路街道	35	—	8.78
2	羊坊店街道	31	—	6.61
3	甘家口街道	24	—	6.49
4	八里庄街道	31	—	6.49
5	紫竹院街道	22	—	6.23
6	北下关街道	31	—	6.04
7	北太平庄街道	37	—	5.17
8	海淀街道	32	—	6.90
9	中关村街道	30	—	5.28
10	学院路街道	28	—	8.49
11	清河街道	28	—	9.37
12	青龙桥街道	21	—	18.59
13	香山街道	6	—	20.40
14	西三旗街道	27	—	8.23
15	马连洼街道	17	—	10.74
16	花园路街道	26	—	6.33
17	田村路街道	31	—	7.77
18	上地街道	12	—	9.52
19	曙光街道	17	—	5.45
20	燕园街道	7	—	1.84
21	清华园街道	9	—	3.49
22	永定路街道	16	—	1.45
23	东升镇	6	5	8.28
24	海淀镇	2	4	4.79
25	四季青镇	12	13	40.83
26	西北旺镇	14	16	51.02
27	温泉镇	12	7	33.23
28	苏家坨镇	7	19	84.51
29	上庄镇	5	20	38.45

说明：海淀区对外公布面积为430.77平方千米，本表各街镇面积为2006年2月13日北京市测绘设计研究院制图中心图测数据，精确到小数点后第二位

海淀区域内工作或居住的两院院士名单[①]

中国工程院院士

（院士姓名分学部按汉语拼音排序）

机械与运载工程学部（29 名）

陈懋章　崔国良　朵英贤　范本尧　冯培德　甘晓华　顾国彪　顾诵芬
关　桥　胡正寰　李椿萱　刘大响　刘永才　柳百成　陆元九　路甬祥
闵桂荣　戚发轫　邱志明　苏哲子　屠善澄　汪顺亭　王　浚　王玉明
王华明　尤　政　于本水　张　军　钟群鹏

信息与电子工程学部（51 名）

陈敬熊　陈俊亮　陈良惠　陈志杰　戴　浩　邓中翰　方滨兴　费爱国
樊邦奎　高　文　何德全　何新贵　胡光镇　胡启恒　黄培康　姜景山
金国藩　金怡濂　李伯虎　李德毅　李国杰　李三立　李幼平　梁骏吾
吕跃广　毛二可　倪光南　沈昌祥　宋　健　孙家广　童志鹏　王　越
王任享　王小谟　魏正耀　邬贺铨　吴　澄　吴建平　吴伟仁　许祖彦
姚骏恩　叶铭汉　于　全　俞大光　张广军　张履谦　张尧学　赵沁平
钟　山　周立伟　周仲义

化工、冶金与材料工程学部（33 名）

才鸿年　陈丙珍　陈立泉　陈祥宝　陈蕴博　丁文华　干　勇　金　涌
李大东　李东英　李恒德　李龙土　李正邦　李仲平　李　卫　刘伯里
舒兴田　谭天伟　屠海令　汪燮卿　汪旭光　王淀佐　王海舟　王震西
翁宇庆　吴以成　徐惠彬　徐匡迪　谢建新　殷瑞钰
张国成　赵振业　朱永赡

能源与矿业工程学部（34 名）

安继刚　蔡美峰　陈毓川　杜祥琬　范维澄　郭剑波　顾大钊　韩大匡
韩英铎　胡见义　胡思得　蒋洪德　康玉柱　毛用泽　倪维斗　彭士禄
彭苏萍　彭先觉　苏义脑　唐西生　童晓光　万元熙　武　强　谢和平
许绍燮　杨奇逊　杨裕生　于润沧　袁士义　岳光溪　张信威　赵文智
郑绵平　周永茂

土木、水利与建筑工程学部（30 名）

曹楚生　陈厚群　陈肇元　崔俊芝　崔　愷　冯叔瑜　关肇邺　韩其为

① 截至 2016 年 5 月 1 日零时。

何华武 胡春宏 黄 卫 江 亿 李道增 刘先林 龙驭球 孟兆祯
聂建国 钱七虎 沙庆林 王 浩 王梦恕 王瑞珠 吴良镛 肖绪文
杨秀敏 郑哲敏 周 镜 周丰峻 朱伯芳 邹德慈

环境与轻纺工程学部（16 名）

陈联寿 丁一汇 郝吉明 贺克斌 季国标 李泽椿 钱 易 曲久辉
孙宝国 汤鸿霄 唐孝炎 徐祥德 许健民 张 懿 杨志峰 张远航

农业学部（22 名）

戴景瑞 范云六 方智远 冯宗炜 郭予元 金宁一 康绍忠 李德发
李文华 刘 旭 卢良恕 任继周 沈国舫 沈建忠 石元春 孙九林
唐华俊 汪懋华 吴孔明 万建民 尹伟伦 张子仪

医药卫生学部（24 名）

巴德年 陈冀胜 陈君石 陈香美 程 京 付小兵 高长青 胡盛寿
黄维和 李连达 李 松 刘玉清 卢世璧 秦伯益 沈倍奋 沈渔邨
盛志勇 王琳芳 吴德昌 肖碧莲 肖培根 俞梦孙 詹启敏 庄 辉

工程管理学部（10 名）

傅志寰 胡文瑞 李京文 陆佑楣 栾恩杰 孙永福 王礼恒 王陇德
徐寿波 郑静晨

中国科学院院士

（院士姓名分学部按汉语拼音排序）

数学物理学部（80 名）

白以龙 陈佳洱 陈建生 陈木法 陈难先 陈十一 陈式刚 程开甲
戴元本 鄂维南 范海福 方守贤 甘子钊 高鸿钧 郭柏灵 郭尚平
郝柏林 何祚庥 贺贤土 洪朝生 姜伯驹 江 松 邝宇平 李邦河
李德平 李方华 李家春 李家明 李惕碚 李荫远 林 群 马志明
欧阳颀 欧阳钟灿 沈文庆 石钟慈 苏肇冰 孙昌璞 田 刚 万哲先
汪承灏 王鼎盛 王恩哥 王乃彦 王诗宬 王绶琯 王 元 王梓坤
王贻芳 文 兰 吴文俊 吴岳良 席南华 向 涛 解思深 谢心澄
徐叙瑢 严加安 杨国桢 杨 乐 杨应昌 于 渌 于 敏 袁亚湘
张殿琳 张恭庆 张涵信 张 杰 张仁和 张肇西 张平文 章 综
赵光达 赵忠贤 郑厚植 周光召 周向宇 周毓麟 朱邦芬 朱诗尧

化学部（39 名）

陈家镛 程津培 方维海 费维扬 高 松 韩布兴 何鸣元 黄春辉

黄志镗　江桂斌　江　雷　江　龙　黎乐民　李洪钟　李静海　李亚栋
李永舫　李玉良　梁敬魁　刘若庄　刘元方　刘忠范　刘云圻　唐有祺
佟振合　万立骏　王　夔　席振峰　严纯华　姚建年　张存浩　张礼和
张　希　张锁江　赵进才　赵玉芬　周其凤　朱道本　朱起鹤

生命科学和医学学部（52 名）

曹晓风　陈可冀　陈文新　陈宜瑜　程和平　方精云　方荣祥　高　福
韩济生　韩启德　贺福初　洪德元　蒋有绪　康　乐　匡廷云　李季伦
李家洋　李振声　李　蓬　梁栋材　孟安明　饶子和　尚永丰　施一公
石元春　隋森芳　孙曼霁　孙儒泳　邵　峰　唐守正　田　波　童坦君
王大成　王文采　王志新　魏江春　吴常信　吴祖泽　武维华　许智宏
杨福愉　翟中和　张树政　张新时　张学敏　赵进东　郑光美　郑儒永
朱作言　朱玉贤　庄巧生　庄文颖

地学部（51 名）

巢纪平　陈　颙　陈运泰　丑纪范　戴金星　丁国瑜　符淙斌　傅伯杰
高　锐　郭正堂　黄荣辉　金之钧　李德生　刘昌明　刘光鼎　吕达仁
莫宣学　欧阳自远　秦大河　邱占祥　孙鸿烈　孙　枢　陶　澍　童庆禧
涂传诒　万卫星　王成善　王铁冠　魏奉思　吴国雄　吴新智　吴福元
徐冠华　姚檀栋　姚振兴　於崇文　曾庆存　曾融生　翟明国　翟裕生
张本仁　张弥曼　张人禾　张培震　赵柏林　赵鹏大　钟大赉　周成虎
周秀骥　周忠和　朱日祥

信息技术科学部（45 名）

陈定昌　陈翰馥　陈俊亮　戴汝为　董韫美　房建成　龚旗煌　顾　瑛
郭　雷　侯朝焕　怀进鹏　黄　琳　黄民强　黄　如　简水生　李启虎
李树深　李　未　李衍达　刘　明　林惠民　陆汝钤　陆元九　陆建华
梅　宏　秦国刚　宋　健　谭铁牛　王启明　王守觉　王　巍　王　圩
王阳元　王　越　王占国　吴德馨　吴宏鑫　吴一戎　夏建白　杨芙清
尹　浩　张　钹　周炳琨　周巢尘　周志鑫

技术科学部（63 名）

蔡其巩　曹春晓　陈创天　陈能宽　陈祖煜　范守善　方岱宁　高德利
高镇同　葛昌纯　顾秉林　顾诵芬　顾逸东　过增元　何满潮　胡海岩
胡文瑞　胡聿贤　黄克智　金红光　柯　俊　柳百新　卢　强　路甬祥
雒建斌　闵桂荣　南策文　倪晋仁　欧阳予　潘际銮　邱　勇　任新民
申长雨　沈保根　宋家树　孙家栋　王补宣　王崇愚　王大中　王淀佐
王光谦　王希季　王自强　汪卫华　吴承康　吴良镛　徐采栋　徐建中
徐性初　薛其坤　严陆光　闫楚良　叶培建　俞鸿儒　俞大鹏　张楚汉
张兴钤　张　泽　郑哲敏　周国治　周孝信　周　远　朱　静

索 引

说 明

本索引采取主题索引也称内容分析索引法编纂。主题词以《北京海淀年鉴（2017）》正文中出现的专业名词、名词词组为主。

本索引按汉语拼音音序排列，汉字打头的标目按首字母的音序音调依次排列，首字相同时，则以第二字排序，依此类推；以阿拉伯数字打头的主题词，排在最前面；以英文字母打头的主题词，列于其后。

索引词条后的阿拉伯数字表示内容所在的页码，数字后的英文字母（a、b、c）表示正文中的栏别（从左至右）。

同一主题的内容在文中多处出现的，在索引中按页码顺序依次列出。

本刊的《党和国家领导人与海淀》《特载》《专文》《大事记》《区情概述》《人物》《统计资料》《附录》栏目内容不在索引范围内。

0～9

A

B

D

E

F

H

K

N

P

Q

R

S

X

Y